Administrative Rule of Law
Under
Practical Perspective

实践视角下的行政法治

沈福俊 著

北京大学出版社
PEKING UNIVERSITY PRESS

图书在版编目(CIP)数据

实践视角下的行政法治/沈福俊著. —北京：北京大学出版社，2019.7
ISBN 978-7-301-30575-1

Ⅰ. ①实…　Ⅱ. ①沈…　Ⅲ. ①行政法—研究—中国　Ⅳ. ①D922.104

中国版本图书馆 CIP 数据核字(2019)第 126999 号

书　　名　实践视角下的行政法治
SHIJIAN SHIJIAO XIA DE XINGZHENG FAZHI
著作责任者　沈福俊　著
责任编辑　徐　音　李小舟
标准书号　ISBN 978-7-301-30575-1
出版发行　北京大学出版社
地　　址　北京市海淀区成府路 205 号　100871
网　　址　http://www.pup.cn　新浪微博：@北京大学出版社
电子信箱　sdyy_2005@126.com
电　　话　邮购部 010-62752015　发行部 010-62750672　编辑部 021-62071998
印 刷 者　北京虎彩文化传播有限公司
经 销 者　新华书店
730 毫米×980 毫米　16 开本　29.25 印张　509 千字
2019 年 7 月第 1 版　2019 年 7 月第 1 次印刷
定　　价　98.00 元

前　言

（一）

这本书中记载的文字，是我最近二十多年研习行政法与行政诉讼法的一些主要成果。

在二十多年的时光里，我一直关注着我国行政法与行政诉讼法制度的建设与发展历程，考察着我国依法行政与法治政府建设的实践与制度改革，聚焦着诸如《行政处罚法》《行政许可法》《行政强制法》《行政复议法》《行政诉讼法》《政府信息公开条例》《国有土地上房屋征收与补偿条例》等法律、法规以及最高人民法院关于行政诉讼的司法解释、司法政策在实践中的运行状况，思考着这些行政法制度在实施过程中凸显出来的困境与问题，记录下了点点滴滴的所思所想，提炼成相关的能够写成论文的问题，再经过细致的构思与谋划，铺开稿纸或者打开电脑记录下这些“思想的火花”，由此便形成了一些陆续发表的论文。正因为这些论文中的绝大多数内容，最早形成的“点点星火”大多来自行政法治的实践进程之中，而研究的问题也基本涉及行政法与行政诉讼法制度在实践中的运行，故将其命名为《实践视角下的行政法治》。

本书并没有按照论文发表的时间顺序编排，而是依照从行政法治的理念、原则、主体、相关行政行为，到行政复议，再到行政诉讼的大致顺序排列。这种基本上模仿教科书的编排方式，目的就是使本书内容的安排与大家所基本认可和熟悉的阅读顺序大体吻合，从而也基本符合大家对行政法治问题认识的一般规律。

（二）

记得 20 世纪 90 年代中期开始转行从事行政法与行政诉讼法教学与研究的时候，我曾经对行政自由裁量权问题产生了一定的兴趣。记得那是个阳光明媚的周日下午，当我坐在华东政法大学美丽的长宁校区东风楼二楼那间朝南的办公室里，铺开学校发的印着浅绿色 500 个格子的大稿纸，在第一行写下“论行政自由裁量权及其控制”这个标题的时候，心里还是有那么一点点忐忑和莫名的激动。现在想想，这似乎应当是一部专著，或者是一个大型课题的题目，不太适合成为一篇论文的题目。这篇让我忐忑和激动的文字发表在上海社会科学院法学研究所主办的《政治与法律》1995 年第 5 期上。过后不久，《中国人民大学复印报刊资料》转载了这篇文章。我的这篇行政法学“处女作”就以这样的一种“姿态”面世了。

但是，从那以后一直到现在的日子里，不像一些优秀的学者那样有自己相对固定的研究范围，并通过长期的努力使自己成为某一个领域法律问题的专家，我的研究和写作兴趣并没有一个特定的主题和范围，而是表现得相对比较分散，有一种“随心所欲”的感觉。

第一，正像前面所说的，我平时比较关注实践，尤其关注实践中行政机关或者司法机关对行政法或者行政诉讼法制度的具体运用，也比较喜欢阅读专业性的报刊，尤其是《法制日报》上的“政府法制”栏目。这个习惯使我对实践中产生的一些行政法问题产生了较为浓厚的兴趣，在“力所能及”的情况下尽可能地进行了思考。这些思考一部分被我用在了课堂教学之中，另一部分则在思考成熟的前提下形成了论文，如《行政法原理的司法适用：困境与选择》《立法本意与行政执法实践的冲突与协调》《不合理的行政收费应当彻底革除》《论“穷尽行政救济原则”在我国之适用》《“大政府”理念应当彻底革除》《和谐统一的行政诉讼协调和解机制》等多篇论文，都属于在这种“勤奋”阅读报刊情形下所产生的“心得体会”。

第二，既然关注实践，当然也会关注制度，关注制度在实践中能否合理地运作，关注制度本身的内涵与规制要求。同时，随着阅读法律条文和了解实践内容的增加，我自然会对某些法律条文产生一些“不满”，随之而来的便是研究如何完善某些制度和法律条文了。因此，法律规范中某个条文的合法性、合理性、可操作性，或者这个法律规范与那个法律规范之间的关系安排得是否合理，也就成了我对行政法制度进行思考和研究的主要“缘由”。这应当属于对法律、法规所进行的“检讨”性质的研究。这些灵感，有的来自课堂上正在激情讲课时一瞬间的“怦然心动”，也有的来自平时仔细阅读法条时的“心灵闪念”，如《部门规章行政处罚设定权的合法性分析》《国务院决定行政许可设定权：问题与规制》《建立与政府信息公开制度相适应的保密制度》《网络预约出租车经营服务行政许可设定权分析》《行政复议应当拥有最完善的行政程序》等，应当都属于这种状态下所产生的文字。

第三，在制度与实践之间“游走”，试图用实践中产生的问题去说明制度的问题。我一直以为，一个法学学者，除了具有对制度、对规则、对法理较为高超的领悟力之外，还应当对制度中的具体内容能够提出问题，表达“不满”，检讨制度存在的某些不足，并为不完善的制度提供必要的改进建议。在很多情况下，我可能是在参加行政法治实践过程中对某个法律条文所蕴含的问题产生了“切身体会”，由此产生写作的冲动与灵感，如《论行政诉讼被告举证规则的优化》《我国土地储备范围的法学透视》《法律应当如何保障行政权的有效行使》《非诉行政执行裁执分离模式的法律规制》等，便是对现行某个规范所体现的制度“不满”和如何进行完善所进行的思考。

第四，积极关注法律规范的变动情况与行政法制改革的进展。法律修改与变动是法律不断走向成熟和完善的重要标志。但是，法律的完善是一个相对的过程，被修改的条文是对过去的制度某种程度的否定，而这一变动是否合理，是否与社会需求相适应，是值得关注、研究和探讨的。同时，已经成型的行政法律制度在实践中运行，也可能产生一些与社会实践不相适应的体制弊端，这就需要通过实践（或者试点）去克服，去改革，为法律制度的创新与发展提供一定的实践性“养料”。例如，《行政复议委员会体制的实践与制度构建》《对行政复议的司法监督：现实问题与解决构想》等，便是与《行政诉讼法》的修改、行政复议制度的改革相关联的一些思考。

（三）

这些文字是我多年来的研究成果。就像前面所说的，这是我对实践、制度以及对制度的完善进行思考的结果。每一思考，都是在特定环境、特定时期、特定的制度背景下进行的。因此，本书中所有的文字，除了近年来的一些论文外，应当说都打上了那个特定环境、特定时期和特定制度的烙印，那是用什么方法都不能抹掉的。

然而，这么多年来，法律、法规、司法解释已经发生很多变化，当时赖以进行思考和行文的很多依据都可能发生了变化。譬如，《行政诉讼法》在 2014 年 11 月 1 日进行了第一次修正，在 2017 年 6 月 27 日进行了第二次修正；行政诉讼的司法解释在这二十多年中也是几经变迁，2018 年 2 月又有新的司法解释出台；等等。在编辑本书的时候，为了使其中所论述的内容与现实相“贴近”，曾经有同事好心建议，将其中所有过去的规定都改成现行规定。我本想从之，但转而一想，还是不改为好。其一，书中所思所想所记，正是基于当时的那个规范、那个制度、那个条文所进行的，如果将其改为现在的制度和条文，那么当时论证的语境、问题形成思路和论证的背景将会与现在的制度和条文产生一定的不协调。其二，书中记载的我对一些法律问题所进行的思考和分析，其中有些问题并没有随着法律的修改和制度的变革而有所改变。这样看来，我在以前所进行的这些思考仍然是具有积极意义的。基于这样的考虑，我就保留了当时思考和作文的原貌，没有对新旧条文做技术上的变动和更改。但是，这毕竟对阅读形成了一定的不便。因此，如果涉及新旧条文的变化，还请读者诸君加以必要的注意。本人在此对本书所呈现出来的这一问题表示深深的歉意。

总的来说，这些文字体现了我二十多年来对行政法实践、行政法制度以及制度的运行与完善所做的一些思考，虽言之有物，但也未必完全合理与科学。尽管如此，我还是将它们收入书中，以对自己二十多年来的行政法与行政诉讼法研究和思考做一番必要的总结，同时也请各位方家对这些文字中可能会出现的错误之处不吝批评与指正。

沈福俊

2019 年 3 月

目录 Contents

第一章

行政法治理念与依法行政

第一节 行政许可法：中国当代行政法治理念的总结与深化*

近现代意义上的行政法，其诞生和发展无不与控制政府权力、维护行政相对人合法权利的理念逐渐深入有关。在我国，《行政许可法》的颁布，一方面体现了对我国十多年来的行政法治经验的总结，另一方面表明了我国当代社会行政法治理念的不断深化。

一、行政许可法：中国当代行政法治经验的阶段性总结

《行政许可法》的颁布，引起了社会各界的广泛关注，被誉为“中国社会主义法制建设的里程碑”。笔者认为，这一赞誉对于我国《行政许可法》这样一部世界上独一无二的单独以政府的行政许可行为为规范对象的法律来说并不为过。该法基于行政许可制度所确立和引申出的若干行政法律制度，不仅为行政许可制度自身所必需，更是对我国二十多年来厉行法治，尤其是近十多年来推行行政法治原则实际经验的阶段性总结，集中体现了我国行政法治发展的脉络。行政法律制度是伴随着行政权力的不断膨胀和由此所产生的对行政权力的控制而产生和发展起来的，其根本宗旨在于对公民权利的维护。基于行政权力固有的扩张性、侵略性和易被滥用性以及权力和权利的不平等性，近代行政法从产生之初即充分贯彻了个人自由至上和有限政府原则，形成了控权模式的行政法。然而，在

---

* 原载《华东政法学院学报》2004年第4期。

我国传统的计划经济体制下，政府的作用是全方位的，不仅要发挥维护公共秩序和社会利益的“守夜警察”作用，而且要发挥分配资源、安排生产、照顾社会的“家长”作用。同时，普通百姓也认为政府是他们衣食住行的唯一依靠。于是，政府的职能日益增加，机构不断膨胀，地位日趋显赫，行使权力自然没有任何边界可言。事实上，这是传统计划经济造就的一个神话，也是人治社会的一个显著标志。政府不可能是万能的，也不应该要求它万能，否则就会为此付出沉重的代价。实际上，我们已经付出沉重的代价。随着我国“入世”，这种全能政府的执政理念必将发生或者正在发生革命性的转变。①

沉痛的历史教训使我们认识到，在市场经济体制尤其是以宪治为基础的体制之下，政府的权力不但应当是有限的，而且应当是受到监督的。“社会必须创立一种机制。在扩大行政权的同时，加强对行政权的控制和制约，使之正当行使即不致被滥用，这种控制和制约的重要环节就是行政法。”②

改革开放以来，我国的行政法经历了从以前的被人遗忘到逐渐被高度重视，再到得到前所未有的发展的历程。有学者归纳，这一时期行政法的发展有以下几个特点：行政机关从主要依政策办事到主要依法办事；官民关系从只可“官告民”到亦可“民告官”；行政侵权责任从“落实政策”到国家赔偿；人事管理从实行“干部制度”到推行公务员制度；政府和政府工作人员从只监督他人到自己也接受监督；对行政权的控制从只注重实体制约到同时注重程序制约。③ 在当代社会，行政权拥有越来越多的干预经济和社会生活的权力，授权行政官员自由裁量的事项也日趋增多。行政权的范围也从税收、警察等对公众权益具有负面影响的权力，扩展到宏观经济调控、社会保障、资金支付、公用事业运营、科技开发等对公众具有正面作用的权力，行政权也从消极、亦步亦趋、机械的行使方式转向积极主动的方式；政府发挥职能的手段也不再仅仅限于行政强制，行政计划、行政指导、行政合同等强制色彩淡化的行政手段同样被广泛运用，而这些变化也反映了行政相对人权利发展的特征——从古典自由主义时期“对立于”政府的权利，演化为现代福利国家中“通过”政府的权利。④ 行政权力的扩大，必然带来对行政权力的控制。中国当代行政法治的发展，就是通过从法律制度上确立对行

---

① 参见马怀德：《WTO与政府执政理念》，载《法制日报》2001年11月26日第5版。

② 姜明安主编：《行政法与行政诉讼法》（第二版），北京大学出版社、高等教育出版社2005年版，第4页。

③ 参见姜明安主编：《中国行政法治发展进程调查报告》，法律出版社1998年版，第1—9页。

④ 参见沈岿：《平衡论：一种行政法认知模式》，北京大学出版社1999年版，第176页。

政权力的控制来逐步实现的。

从制度角度说，我国当代行政法制的真正实现，是从《行政诉讼法》的颁布开始的。我国在着手进行行政治体制改革与经济体制改革之后，为适应社会经济之发展，制定了大量的行政管理方面的法律、法规，但这些法律、法规尚不足以证明现代行政法已经形成。真正有现代意义的行政法，是 1989 年制定的《行政诉讼法》。行政诉讼法对行政的管理和监督，不是从行政权内部寻找力量，而是从外部引进审判权，以审判权监督行政权。由于这首先必须以宪法上的审判权和行政权相互分立作为前提，因此我国现代意义上的行政法制开始形成。[①]《行政诉讼法》所确立的政府行为受司法监督的制度，不但进一步扩展了我国宪法中的平等观念，还将法律面前人人平等的观念扩展到官民之间。在法律面前，行政权力和公民权利是平等的，若有争议，则通过法治的途径解决。所以，《行政诉讼法》直接促进了行政法治理念的形成。

1993 年第八届全国人大第一次会议通过的政府工作报告，正式以政府文件的形式确立了依法行政原则。报告明确提出，各级政府都要依法行政，严格依法办事。同年，国家公务员制度的建立，使对行政机关工作人员的法治化管理成为可能。1994 年《国家赔偿法》的颁布，使得包括国家行政机关在内的国家机关对自己的违法行为所导致的损失要承担法律上的赔偿责任有了明显的法律依据，"国家赔偿法使得国家走下神坛"。[②] 1996 年《行政处罚法》的颁布，更是中国当代行政法治理念的一次飞跃。该法规定了行政处罚的法定制度，从而遏制了实践中的乱处罚现象。其内容涉及行政处罚的种类与设定、实施机关、管辖和适用，尤其是对行政处罚程序的规定，如行政处罚执法时的出示身份证件表明身份制度、作出行政处罚时的说明理由制度、调查和收集证据的规则、听取当事人陈述和申辩制度等，更是体现了现代行政法的民主法治精神。同时，《行政处罚法》第一次将现代行政程序法的核心制度——听证作为行政处罚程序中的重要一环加以规定，在中国法制史上具有划时代的意义。这种听证制度的出现，"改变了传统行政法上以行政效率优先的行政法原则，而代之以保障公民基本权利和对行政权的行使加以控制的行政法原则"[③]。

如果说《行政诉讼法》使行政权的司法监督制度和公民面对行政权违法行使

---

① 参见罗豪才主编：《现代行政法制的发展趋势》，法律出版社 2004 年版，第 39 页。

② 同上书，第 41 页。

③ 高志新主编：《中华人民共和国行政处罚法释义》，红旗出版社 1996 年版，第 102 页。

时的司法救济途径得以实现，那么《行政处罚法》则在行政权的具体运作过程之中逐步实现了行政法治的制度化，从而在更大程度上实现了对公民权利的保护。1999 年《行政复议法》的颁布，使行政行为的行政救济制度在原有的基础之上又有了较大的发展。[①] 令人瞩目的是，该法除扩大了可以申请复议的具体行政行为范围之外，还明确规定了一部分抽象行政行为的合法性在行政复议过程中可以一并接受审查，从而在相当大的程度上解决了抽象行政行为无法接受救济审查的状况，拓展了公民权利受保护和行政权受监督的范围。2000 年第九届全国人大第三次会议通过的《立法法》，确立了我国包括行政立法在内的相对完善的立法体制，明确规定了"法律优位""法律保留"原则和授权立法制度，为实现国家的法制统一奠定了法律基础。二十多年的改革开放使行政法治在整个社会法治进程中的作用日益凸现。在这种背景之下，《行政许可法》的出台，不仅是多年来行政法治实践的一种延续，也是在更高层次上对中国行政法治理念的一次总结。

笔者认为，行政许可法是对我国若干年来实行行政法治经验的总结，最关键的是通过对行政许可制度的规范，从根本上归纳了法治政府的形成所应当具备的要件。根据人类近两百年的宪治和法治实践，人们对于法治政府的某些要件应该说已经达成了和正在达成共识。这些要件主要包括：限制政府的权力，建设有限政府；保障市场自由，建设法制统一政府；实施政务公开，建设透明、廉洁政府；确立正当法律程序，建设公正、诚信政府；简化行政手续，建设便民、高效政府。[②] 行政许可法总结了我国多年来行政法治实践的经验，从政府行政许可行为规范的角度将现代行政法治的诸多理念渗透其中，成为推动我国政府走向法治政府的一个重要里程碑。

（一）行政许可法通过控制行政许可的权限，确立有限政府的理念

我国行政许可制度中存在的最严重的问题是许可范围的设定与行政许可的组织和权限问题。针对这一状况，行政许可法的首要任务就是限制政府行政许可的权力，以减少政府规制过多、随意设定以及实施行政许可对公民权利和自由所带来的限制，以从根本上体现法治政府所必须具备的"保障人民自由，限制政府权力"的根本要义。尤其是行政许可法限制和取消了地方和部门的行政许可

① 中华人民共和国建立之初就有关于行政复议的规定，如 1950 年公布的《中央人民政府财政部设置财政检查机构办法》《税务复议委员会组织通则》等。1990 年，为配合《行政诉讼法》实施，国务院颁布了《行政复议条例》，行政复议作为一项法律制度在我国开始较为全面地建立起来。1994 年，国务院又对该条例进行了修改。

② 参见姜明安：《追求法治政府：〈行政许可法〉的贡献》，载《法学》2003 年第 10 期。

设定权力，这不但是对政府行政权力的一个重大约束，是根据我国行政管理的实际状况对行政权力的一次重新整合，还是建设法制统一政府、防止地方保护和部门分割的一个重大举措，其意义绝不限于行政许可法本身。

（二）行政许可法通过行政许可程序的控制机制，确立透明政府和高效政府的理念

行政许可法要体现现代行政程序所必需的公开、公平、公正原则，确立透明政府和高效政府的理念，理清公正与效率之间的关系。

首先，行政许可法针对长期以来许可条件和标准以及实施过程等方面存在的诸多问题，明确规定了行政机关负有及时制定、公布许可条件和标准的义务以及申请人以最为便捷经济的手段获得这些信息的权利，与行政许可相关事项的规定应当公布，未经公布的，不得作为行政许可的依据。行政许可的实施和结果，除涉及国家秘密、商业秘密或者个人隐私之外，应当公开。行政机关应当将行政许可的事项、依据、条件、数量、程序、期限以及需要提交的全部材料目录和申请书示范文本在办公场所公示，有条件的还应当将公示的内容在其网站、公报上公布；申请人要求行政机关对公示材料的内容加以说明、解释的，行政机关应当给予说明、解释，不得拒绝。

其次，为了解决许可中的公平与公正问题，行政许可法在许可程序中规定了先来后到原则和救济原则。例如，对于没有数量限制的行政许可，申请人符合法定条件的，行政机关应当依法作出准予行政许可的决定；对于有数量限制的行政许可，两个或者两个以上申请人均符合法定条件的，行政机关应当根据申请的先后顺序作出行政许可决定。行政机关工作人员办理行政许可时，不得与申请人进行私下接触，不得接受申请人的宴请、财物或者获取其他利益；作出不利于当事人的许可决定时，应当及时向当事人说明理由，并交代申请复议或提起诉讼的权利和期限。当事人或利害关系人对于行政许可的实施有要求举行听证的权利。利害关系人对于申请人不符合法定条件而获得的许可，可以以行政复议和行政诉讼的形式进行救济；符合法定条件和标准的，申请人有平等获得行政许可的权利。

最后，为了提高行政许可的效率、精简许可机关和减少许可环节，行政许可法规定，经国务院批准，省级人民政府根据精简、统一、效能的原则，可以决定一个行政机关行使有关行政机关的行政许可权。一个行政机关实施行政许可，应当确定一个内设机构统一受理行政许可申请、送达是否准予行政许可的决定，不得由多个内设机构对外。依法由地方人民政府两个以上部门分别实施的行政许

可，本级人民政府可以确定由一个部门受理行政许可申请并转告有关部门分别提出意见后统一办理，或者组织相关部门联合或集中办理。上述规定不但从制度上解决了长期以来在行政许可环节中存在的“没有明确的条件、标准、时限等程序性的规范，环节过多，手续烦琐，时限过长”[①]等弊端，也从一个具体制度的视角确立了现代行政程序所必需的若干规则。

（三）行政许可法通过确立信赖利益保护原则，促进诚信政府的建立

笔者认为，行政许可法首次肯定了行政许可领域的合法信赖利益保护原则，在促进政府的诚实信用方面具有重大意义。这一原则的基本含义是：政府实施行政许可行为必须诚实守信。行政机关作出许可行为后，不得擅自改变已经依法生效的行政许可。如果相关的法律、法规、规章修改、废止或者准予行政许可所依据的客观情况发生重大变化，为了公共利益的需要，行政机关可以依法变更或者撤回已经生效的行政许可。由此给公民、法人或者其他组织造成财产损失的，行政机关应当依法给予补偿。信赖保护原则要求行政许可机关与相对人双方互相信任，而政府的诚信是前提。政府的承诺必须兑现，不能以政策变化、工作失误或经验不足为由，随意收回、变更或撤销已经作出的行政许可。同样，行政许可申请人也不能通过欺诈、胁迫或行贿的方式骗取行政许可或某种利益，也不能在明知政府某一行为违法或因重大过失不知该行为违法的情况下要求保护其利益。行政许可法的这一规定，可以从制度的角度解决政府失信的问题，促进政府由“任性”走向“守信”。因为在整个社会诚信体系的建设过程中，政府的守信尤为重要。同时，这一规定对于促进政府和公民乃至整个社会的诚信观念以及对法律的信仰方面起到十分积极的推动作用，即同时也可以进一步完善政府与人民之间的关系。

因此，行政许可法所体现的法治政府的要件，明确昭示了我们的社会之所以追求行政法治所要达到的从根本上维护最广大人民群众的根本利益和“建立稳定的社会秩序、建立公民和政府之间的信任关系”[②]的目的之原因。

二、从行政许可法的若干制度看行政法治理念的深化

不同的法律制度体现了不同的价值理念。从行政许可制度的角度来说，它是一国政治制度和经济制度的具体反映。因此，随着国家政治或经济等方面的

① 汪永清主编：《中华人民共和国行政许可法释义》，中国法制出版社2003年版，第2页。
② 王名扬：《法国行政法》，中国政法大学出版社1988年版，第204页。

客观情况发生变化，必然出现某些许可制度方面的调整或变更。例如，我国20世纪50年代的行政许可制度主要倾向于治安管理方面，而20世纪80年代以后，行政许可转为以调整经济生活为其主要任务；又如，在政治民主尚不健全的国家，行政许可制度无异于限制公民等行政相对人权利和自由的手段，行政许可权无异于行政官僚们攫取私利、中饱私囊的特权，而在政治民主比较健全的国家中，行政许可制度却是保护行政相对人权利和利益的真正屏障之一。[①] 所以，法治的真正意义在于法律的正当性。

有法律并不表明有法治。在我国，某些法律在制定的时候就存在“先天不足”，没有正确反映当时社会的现实需要，或者是在社会飞速发展的情况之下，由于缺乏前瞻性而使其价值减弱或者丧失，甚至某些法律在经过一段时间的实施之后，不但不能起到对公民权益的保护作用，反而成为公民维权的障碍。在中国传统行政法意识中，以权力为本位、重国家利益而轻个体利益、视行政法律规范为管理工具的观念曾经起主导作用。虽然这种“管理论”的行政法理念在一定历史条件下，对于社会的稳定和发展也曾起过积极的作用，但这种以管理者为本位、以管理为使命、视法律为管理工具、无视行政相对人的权利、忽视对管理者进行监督、过于强调行政效率和行政特权的行政法，是无论如何也无法体现现代行政法治的精神实质的。一部不能体现现代法治精神的法律，不但不能推进法治的进步与发展，反而还会阻碍社会的进步和文明的实现，成为公民权利实现的“法律障碍”。即使这样的法律在国家强制力的保障下得以强制执行，它所达成的仍然不是法治，而是专制。所以，法治的真正含义是良法在国家机制和社会生活中的具体落实和运行。为此，有学者从五个方面分析了法治理念所体现的内涵，即法治是一种宏观的治国方略、法治是一种理性的办事原则、法治是一种民主的法制、法治是一种文明的法律精神、法治是一种理想的社会状态。[②] 这种对法治的理解固然正确，但不免失之宽泛和抽象。我国著名行政法学家罗豪才教授提出，现代行政法治不仅要追求形式法治，重视行政法律规范的地位和作用，而且还要关注实质法治，以确保行政法律规范的正当性，符合现代社会的价值观念、顺应历史发展的潮流、符合人民群众的根本利益。也就是说，现代行政法治应当是“法律至上”和“法律正当”的有机统一，以实现亚里士多德所谓的“已成立

---

① 参见张正钊、韩大元主编：《比较行政法》，中国人民大学出版社1998年版，第441页。

② 参见孙笑侠：《法律对行政的控制——现代行政法的法理解释》，山东人民出版社1999年版，第9页。

的法律获得普遍的服从,而大家所服从的法律又应该本身是制定得良好的法律”的法治状态。[①]

笔者认为,法治的理念是要通过法治的实践来体现的。一部法律是否包含现代法治理念,并不是靠抽象的概念来表达,而是靠其具体制度的设计和操作来体现的。同时,法治理念的体现还必须反映当时的社会需要和特定历史阶段的价值观念,尽量做到法律价值和社会价值的统一。从这一角度来说,任何社会的法治理念都不会是一成不变的,法治理念的内涵也是随着社会的不断进步和发展而发展和深化的。前文所提到的在中国改革开放之后对行政法治的形成起了重要作用的几部法律,它们在中国行政法治建设的初期以及发展过程中,对于中国行政法律制度和行政法治理念的形成等曾经起到过非同寻常的作用。但是,在今天看来,很多我们曾经引为自豪的一些法律已经不合时宜,面临着被修改的命运。例如,1989 年 4 月《行政诉讼法》的颁布,无疑是在中国这块古老的土地上空响起的一声惊天动地的春雷。因为就在这一震动中国大地的法律颁布的四年之前,一本由当时著名法学家组成的编辑委员会所编撰的大型综合性百科全书的“法学卷”,在解释“行政诉讼”的词条时,还认为行政诉讼是在西方国家中,个人在其权利或利益受到行政机关的违法行为或不行为侵害时,向法院申诉请求撤销或制止这种违法行为和命令行政机关作出某种行为或赔偿其所受损失的一种救济手段。[②]

实际上,早在 1982 年颁布的《民事诉讼法(试行)》第 3 条第 2 款就已经有行政诉讼的规定。[③] 在这里,笔者丝毫不责怪这些著名学者的疏忽,因为法律的产生和实施需要特定的条件,尤其是行政诉讼这样一种以民主政治为前提的制度的实施,更需要特殊的土壤。在 1984 年我们还认为行政诉讼是“在西方国家中”所建立的制度,而在 1989 年我们的《行政诉讼法》就经全国人大通过并颁布,这本身就是对法治理念的一种递进性认识。《行政诉讼法》颁布至今,确实在促进政府的依法行政以及保护公民、法人和其他组织的合法权益方面起到了前所未有的重要作用。但是,我们也必须看到,随着中国多年来的法治建设尤其是行政

---

① 参见罗豪才主编:《现代行政法制的发展趋势》,法律出版社 2004 年版,第 5 页。

② 参见中国大百科全书出版社编辑部编:《中国大百科全书·法学》,中国大百科全书出版社 1984 年版,第 675 页。

③ 《民事诉讼法(试行)》第 3 条第 2 款规定:“法律规定由人民法院审理的行政案件,适用本法规定。”学界一般认为这一规定是我国行政诉讼制度正式建立的标志。参见应松年主编:《行政诉讼法学》(修订第 2 版),中国政法大学出版社 2002 年版,第 37 页。

法治建设的不断推进，特别是中国“入世”以后对转变政府职能的需要，这部法律所固有的不足也日益显露。再看1996年颁布、在当时来说也是颇受瞩目的《行政处罚法》，这部法律所确立的行政处罚的法定原则及若干现代行政程序制度，在当时来说应当是体现了现代行政法的民主法治精神，[①]而且其中的程序制度也被认为是较为全面地体现了行政程序的价值和功能。[②] 在这里，笔者同样也并不怀疑学者们对这部法律所作出的评价的准确性，因为笔者自己也曾撰文指出这部法律所确立的程序制度“无疑在推动中国行政程序立法向着现代化迈进方面具有历史性的意义”。应当说，在当时，《行政处罚法》的颁布确实意义重大，学者对它的评价也是恰如其分的。但是，社会是发展的，而社会的发展必然会带来法治理念的进一步更新。《行政许可法》的颁布就非常明确地说明了这一点。这是我们的社会向良性状态转化的标志。当然，行政许可法所确立的现代行政法治理念并不是中国行政法治发展的终结，其后肯定还会有更高层次的发展。但是，这种发展或者说由于这部法律所带来的法治理念的深化，却是客观存在的。

（一）独树一帜的行政许可立法模式为行政行为立法创立了典范

从形式上说，行政许可法的立法模式和思路，是专门就一类行政行为，从立法目的、原则、设定到实施过程，再到行为的结果直至救济进行全方位的规范，其中既有总体性的规定，又有实体性和程序性的规定。从对这类行政行为的规范来说，已经基本上做到了面面俱到。从这部法律中，我们似乎可以找到很多与行政处罚法相类似的立法模式的痕迹。但是，当我们将行政许可的立法放入世界范围来观察的话，这种专门而统一的立法模式，无疑开创了行政许可立法乃至行政行为立法的先河。当初，行政处罚法的制定在立法模式上有外国立法的先例可供借鉴，但行政许可法的统一立法并无外国立法先例可资参考和借鉴。在国外，尚未见专门关于可适用于全部领域的许可行为的统一法典。因此，中国行政许可法的制定，实质上不但是为行政许可行为的统一规范制定了充分的依据，而且更重要的是为行政行为的立法创立了一个典范。因为它比行政处罚法的规定更为细致和科学，是更具体系的完善。如果说行政处罚法的制定是在我国行政法的立法史上开辟了一条新的途径的话，那么行政许可法的出台则是进一步从

---

① 参见罗豪才主编：《现代行政法制的发展趋势》，法律出版社2004年版，第45页。

② 参见湛中乐、王敏：《行政程序法的功能及其制度——兼评〈行政处罚法〉中程序性规定》，载《中外法学》1996年第6期。

法治与社会、经济乃至政治制度同步发展的角度体现了对行政权力的法律制约，更加具有法所应当具备的时代精神。

（二）制度功能的合理发挥和制度弊端的有效抑制相统一

有学者指出，一项制度的意义或作用往往是两方面的，既有存在的必要性和有益性，又有消极的影响。就行政许可制度而言，它之所以存在于现代社会中，就是因为它能够有效地限制特殊行业和特殊行为，将其纳入国家宏观调控范围，起到规范和制约公民、法人行为的作用。与此同时，行政许可制度也存在消极方面，它可能限制公民法人的公平竞争权，导致垄断行为。如果无视行政许可制度的负面影响，而一味扩大其使用范围，必然会不适当地剥夺一些原本无任何限制的公民行为自由，这有悖于设立行政许可制度的初衷。① 所以，我们说行政许可是必要的，并不意味着所有的行政许可都是必要的，也不是意味着有了行政许可，就必定能够实现正当的目的，发挥其应有的作用。同时，如果行政许可过多过滥，不仅会使公民本身应有的自由和权利受到限制，而且还会在很大程度上使政府权力无限扩大。这种现象所产生的结果，不仅会不可避免地导致机构的膨胀和臃肿，导致国家财政的超额支出，导致对民间活动的过度拘束，影响经济主体发挥其应有的创造性和能动性，而且还可能导致腐败的产生，为“仆人”变成“主人”再变成“蛀虫”创造条件。②

由此可见，作为以法律的一般禁止为前提的行政许可制度的存在，必将在一定程度上对公民、法人或其他组织的自由有所限制。某种禁止的存在是否必须，应当由代表人民意志的法律作出合理的规定。所以，行政许可法的可贵之处，在于通过法律的规定，将行政许可制度“控制危险、配置资源、提供社会公信”的制度功能的发挥作为设定行政许可的出发点。具体而言，第一，规定了行政许可设定的基本原则，即设定行政许可应当遵循经济和社会发展规律，这有利于发挥公民、法人或者其他组织的积极性、主动性，维护公共利益和社会秩序，促进经济、社会和生态环境协调发展。同时，这一规定既从法律上确立了设定行政许可的法定目的，又依法限定了行政许可设定的合理界限，对促进行政权的正当行使、防止行政权运作方向的“偏离”具有导向性作用。第二，设定范围的合理确立和“可以不设定行政许可”的规定，对减少政府规制、促进社会主体的自主性方面具有重要作用，从本质上说，是对公民自由和权利的切实维护。第三，行政许可设

① 参见马怀德：《行政许可》，中国政法大学出版社 1994 年版，第 23 页。

② 参见孙琬钟、江必新主编：《行政管理相对人的权益保护》，人民法院出版社 2003 年版，第 85 页。

定权的分配，进一步体现了中国走向法治的决心。为了防止行政许可制度走向利益化、地方化和部门化，立法者可谓“煞费苦心”，精心设计了行政许可设定权的分配制度，从制度的源头上杜绝了“谁都可以设定许可”的混乱状况，为使我们的政府从“利益政府”走向法治政府创造了条件。第四，规定了设定行政许可的定期评价制度，从而使所设定的行政许可随着社会、经济环境的变化而变化。

从以上分析可以看出，行政许可法对许可设定权的规定，既考虑了制度功能的有效发挥，又从法的规范角度对制度可能产生的弊端进行了有效的法律控制，而这些内容也通过法律条文明确地反映和表述了出来。立法者的意图用法律条文公开表达，这在我国以往的立法尤其是行政法的立法中也是较为鲜见的。较之于我国行政处罚法的行政处罚设定权“过粗”的毛病（当然，行政处罚设定权的规定在当时来说也是意义重大的），这种立法模式更为完善和科学。同时，它为今后的行政行为立法树立了典范，反映出现代法律并不是简单的条文组合，而必须既注重条文设计的合理性，又注重公共意念的表达。这也反映了我国行政法在立法理念和立法技术上的进步。

（三）行政许可的程序规则较为完整地体现了现代行政法的程序正义理念

作为行政法治原则的内容来说，程序的地位是非常重要的。在英国、美国等国家，行政法治的原则体现为司法权力以及公民的程序权利对行政权的控制。[①] 行政许可法中关于行政许可程序的规定，也体现了我国现代行政程序理念的进一步深化。我国行政处罚法所建立的行政处罚程序在当时来说，对于行政程序方面的立法具有非常重要的示范意义。但是，对照目前的行政许可法，它显得过于简单和不够完整。可以说，行政许可法对于行政许可程序的规定，无论是在保障公正性方面，还是在促进政府的高效行政方面，又或者是在公民程序法权利的保障方面，都比包括行政处罚法在内的以往的行政法律规范有历史性的进步。行政许可法中有关程序的规定达 29 条之多，说明立法者对于程序问题的重视，也说明我国的行政法已经实现从强调实体法到注重程序法的转变。第一，许多关于申请人申请许可的简便、快捷和方便的规定，行政机关办理行政许可事项的过程和时限的规定等，说明便民、高效理念已经通过许可程序从制度上得到落实。第二，说明理由、许可事项的说明和解释、当场许可以及一次性告知等制度的建立，体现了行政许可法对于“服务政府”理念的追求。第三，听证制度在行政处罚法的基础之上有了较大的发展。一方面，规定了行政机关的主动听证。例

① 参见甘文：《行政与法律的一般原理》，中国法制出版社 2002 年版，第 111 页。

如，法律、法规、规章规定实施行政许可应当听证的事项，或者行政机关认为需要听证的其他涉及公共利益的重大行政许可事项，行政机关应当向社会公告，并举行听证。另一方面，扩大了听证申请人的范围。例如，行政许可涉及申请人与他人之间重大利益关系的，不但申请人有权要求听证，而且利害关系人也享有要求听证的权利，从制度上保证行政许可这一"复效性"行政行为的合法性。第四，招标、拍卖以及国家考试等方式和程序的规定，保证了当事人对于特定行政许可事项的公平竞争权。以上这些规定的出现，表明我国的行政程序制度已经从局部走向对行政行为全过程和各个侧面的规范，而且对公民程序权利的保护更加注重实效性，程序正义的理念已经逐步或者全面地渗透到我们的行政法之中。

（四）责任政府理念进一步确立

权力和责任本应当是联系在一起的，有权力必有责任。但是，长期以来，在我国的行政管理实际中，权力和责任在很大程度上是脱节的。虽然近年来制定的行政法律规范加强了政府及其公务员责任的规定，但不是过于简单，就是缺乏一定的可操作性，甚至形同虚设。政府行使权力本来无可非议，但如果把行使权力当作政府存在的唯一形式，甚至忘却了政府应当承担的责任，那就大错特错了。事实上，承担责任是政府的第一要义，它不仅意味着政府行使的每一项权力背后都连带着一份责任，拒绝行使应该行使的权力也是一种失职，还意味着违法行使权力必须承担法律责任。[①] 我国行政许可法在促进政府从"权力政府"走向"责任政府"方面比其他法律更进了一步。该法在规定行政处分等责任制度时，相比于其他行政法律规范的特点在于：其一，规定了行政机关对行政许可的监督检查责任，设定了行政机关违法实施行政许可的赔偿责任。其二，明确了行政监察机关对行政许可行为的监督，使行政许可监督主体更为全面。

三、结语

法治的进步依赖于社会的进步与发展，法治理念的更新或者说深化也同样是社会需求的结果。在我国，由于历史的原因，行政法治原则只是近十多年来的一种新的提法，对其认识的逐步发展或者深化是十分正常的，也是必需的。正是由于有所不足，才应当有所进步。新的进步并不是终点，而是继续发展的又一个起点。从《行政诉讼法》标志着我国行政法治理念的形成，到《行政处罚法》对行政法治理念的逐步丰富，再到《行政许可法》对行政法治原则的进一步认识，我们

① 参见马怀德：《WTO与政府执政理念》，载《法制日报》2001年11月26日第5版。

可以清晰地听到我国行政法治发展的坚定脚步声。同时，这也标志着我国以行政权的正当行使为规范对象的行政法体系正在形成自己的特点，也正在逐步走向成熟。从行政法的历史来看，公共利益与个人利益的冲突和协调已经成为各国行政法的主要问题。无论是英美法系国家还是大陆法系国家，行政法最根本的问题都是如何协调公共利益和个人利益之间的冲突。① 通过法律限制行政权力、扩大和保障公民权利，应当是行政法的理性选择。正是从这一角度说，我国行政许可法的进步是明显的，它也为今后我国行政法治的更大进步奠定了基础。

第二节　论政府应对突发事件过程中的依法行政*

——兼论抗击汶川大地震过程中依法行政原则的适用

长期以来，我们对依法行政原则的研究，一般集中于常态下的政府管理活动和政府依法行政问题，这是很重要的，也理应是我们运用依法行政原则对政府行为进行规范的重点所在。然而，我们也必须看到，从美国的"9·11"事件到"卡特里娜"飓风，从法国巴黎郊区的骚乱到西班牙的连环大爆炸，从印度洋的地震海啸灾难到南亚大地震，从乌克兰切尔诺贝利核电站爆炸到印度博帕尔毒气泄露事件，当今世界可以说是一个公共危机多发的世界。在我国，2008 年 5 月 12 日四川汶川爆发大地震之前，已经发生了 2003 年的 SARS 危机、2006 年的禽流感事件、2008 年年初的南方雪灾以及同年 3 月份的安徽阜阳手足口病等。一系列由突发事件所引发的公共危机表明，现代社会越来越发达，但却十分脆弱，无论是发达国家还是发展中国家，没有一个国家是绝对安全的，各种公共危机随时都可能发生。② 德国学者乌尔里希·贝克通过《风险社会》一书提出了他的"风险社会理论"，认为风险社会是继工业社会后传承工业化社会所有风险的一个新社会阶段，因此风险社会的特征是"坐在文明的火山上"。③ 这一描述非常形象地展示了现代社会与风险相伴的特点。因此，研究非常规状态下的政府依法行政问题，同样是推进政府依法行政的重要内容之一。

汶川爆发的大地震，使政府应对突发公共事件的行政能力受到了严峻的考验。在突发事件面前，政府是否仍然要坚持依法行政的原则和理念？在这次地

① 参见甘文：《行政与法律的一般原理》，中国法制出版社 2002 年版，第 50 页。

* 原载《东方法学》2008 年第 4 期。

② 参见黄顺康：《公共危机管理与危机法制研究》，中国检察出版社 2006 年版，"前言"第 1 页。

③ 参见余潇枫：《非传统安全与公共危机治理》，浙江大学出版社 2007 年版，第 7—8 页。

震中，我国政府所采取的一系列应对措施，给了我们一个很好的回答，也使我们真切地感受到了依法行政原则在特定情境下所发挥的功能。因此，研究政府在突发公共事件面前的依法行政问题，就成为一个很有现实意义的话题。

一、应对突发公共事件与政府职责

突发事件，通常又称紧急事件，一般是指突然发生并危及公众生命财产安全、社会秩序和公共安全，需要立即采取措施加以面对的重大事件。[①] 国务院于2006年1月8日发布的《国家突发公共事件总体应急预案》中对突发公共事件的表述是："本预案所称突发公共事件是指突然发生，造成或者可能造成重大人员伤亡、财产损失、生态环境破坏和严重社会危害，危及公共安全的紧急事件。"它包括自然灾害、事故灾难、公共卫生事件和社会安全事件四类。我国自2007年11月1日起实施的《突发事件应对法》将突发事件的含义界定为："突然发生，造成或者可能造成严重社会危害，需要采取应急处置措施予以应对的自然灾害、事故灾难、公共卫生事件和社会安全事件。"[②]基于突发事件对公共安全和公共秩序所产生的巨大危害，它也被称为公共危机或公共危机事件。

对于因突发事件所引发的公共事件特征或特点的描述，学者有几种观点。有学者认为，突发公共事件因其"大"而成为一种"事件"，因其"急"而体现出"突发性"，因其"公"而具有"公共性"。[③] 也有学者认为，突发公共事件所产生的公共危机具有以下特征：一是社会性和公共性，二是突发性或紧迫性，三是危害性和破坏性，四是不确定性和扩散性，五是结果的双重性（即危机既是通向地狱之门，也是通向安定幸福的重要转机）。[④] 更有学者对我国转轨时期的社会突发事件所具有的特点进行了概括，认为是覆盖面广、危害严重、发生频率高、种类复杂以及国际化趋势加强。[⑤] 以上学者对于突发事件的特征或者特点的表述虽有不同，但都确认了其公共性的特征（其实覆盖面广本身也就体现了其公共性）。在社会生活中，无论是自然灾害、事故灾难，还是公共卫生事件和社会安全事件，突发公共事件所导致的公共危机频发，给国家和社会以及民众的权利造成了极大

---

① 参见中国行政管理学会课题组：《建设完整规范的政府应急管理框架》，载《中国行政管理》2004年第4期。

② 《突发事件应对法》第3条第1款。

③ 参见宋功德：《行政法的均衡之约》，北京大学出版社2004年版，第438页。

④ 参见黄顺康：《公共危机管理与危机法制研究》，中国检察出版社2006年版，第10—17页。

⑤ 参见薛澜、张强、钟开斌：《防范与重构：从SARS事件看转型期中国的危机管理》，载《改革》2003年第3期。

的损害，严重危及公共秩序。因此，对于由于突发事件所引发的公共危机管理，必然要与政府应当承担的公共管理职责相联系。在现代行政法中，政府的基本职责就是积极维护公共秩序和公共安全。突发公共事件是对政府行政能力的一个考验。面对因突发事件而引发的公共危机，政府理应“挺身而出”，直接应对。

（一）积极应对突发公共事件是政府的职能

“政府的目的在于为人民谋福利”[①]，洛克的这句话，非常准确地说明了政府运作的目的所在。政府作为一个行使公共权力的组织，其根本目的在于维护社会的公共秩序，保障公共利益。因此，公共利益是现代行政权存在的意义和目的。在现代社会，政府的一个重要职责就是要为公众提供高质量的公共服务。现代行政的功能是向社会成员提供有效的公共服务和合格的公共产品，而现代行政的价值取向在于不断满足社会成员人道生活的需求。[②] 现代行政权不再仅仅是对社会进行管制的权力，它更多地具有了服务的职能，“行政权是一种管理公共事务和提供公共服务的权力”[③]。作为一种对社会来说可能或者已经产生消极危害的突发事件，个人的力量在其面前显得微不足道，必须通过政府的力量来与其抗衡。因此，积极应对突发事件是政府的重要职责所在。《国家突发公共事件总体应急预案》在总则部分所规定的编制目的为：“提高政府保障公共安全和处置突发公共事件的能力，最大程度地预防和减少突发公共事件及其造成的损害，保障公众的生命财产安全，维护国家安全和社会稳定，促进经济社会全面、协调、可持续发展。”可见，积极应对各种突发事件，保障公共安全，既是政府行政能力的一个体现，也是政府的根本职责所在。

在“5·12”汶川大地震中，灾情发生后不到半个小时，国家领导人、中央各部委、各级政府、民间组织都迅速地行动了起来，积极、全面地开展抗震救灾工作。5月12日深夜，中共中央政治局常务委员会召开会议，全面部署当前抗震救灾工作，成立了以温家宝总理为总指挥的抗震救灾指挥部，并设立了由军地人员组成的救援组、预报监测组、医疗卫生组、生活安置组和生产恢复组等8个抗震救灾工作组。温家宝总理更是当即飞赴四川地震灾区，现场指挥抗震救灾工作。随后，各个负有法定职责的政府职能部门，也纷纷组织开展积极、全面的救援行

① 〔英〕洛克：《政府论》（下篇），叶启芳、瞿菊农译，商务印书馆1964年版，第139页。

② 参见杨海坤、章志远：《中国行政法基本理论研究》，北京大学出版社2004年版，第11页。

③ 沈福俊、邹荣主编：《行政法与行政诉讼法学》，北京大学出版社、上海人民出版社2007年版，第7页。

动。“我们看到，交通、铁路、民航等部门，迅速组织了对被损毁道路、铁路、水港、空港和有关设施的抢修与恢复工作；我们看到，电力通信部门，正在全力组织对被破坏的电力与通信设施的抢修、恢复工作，全力保证抗震救灾电力通信的畅通；我们看到，卫生医疗部门，立即组织了急救队伍，利用各种医疗设施全力抢救伤员，及时检查、监测灾区的饮用水源、食品；我们看到，解放军、武警官兵、公安民警，正在全力向一些交通已经瘫痪的灾区挺进，全面开展道路抢修与人员抢救工作……”①

突发事件所产生的公共危机管理是任何国家的政府都必须面对的重要问题。“如果政府不能够有效地防范和控制危机的发生，或者及时修正危机问题带来的困境，那么政府将失去实现社会发展目标的基础条件，甚至将危及政府统治权力本身，为此，危机事件的处理显然是对政府组织的管理能力和效力的全面考察与综合鉴定，是衡量和反映政府统治力量的重要方面。”②

我国自改革开放以来，制定了如《防震减灾法》《传染病防治法》《矿山安全法》《破坏性地震应急条例》《防洪法》《国防法》《水污染防治法》《安全生产法》等一系列应对和处置突发事件的法律、法规。尤其是自 2003 年 SARS 危机以来，我国更是通过法律、法规进一步强化了政府在应急管理中的责任，《突发公共卫生事件应急条例》《突发事件应对法》《国家突发公共事件总体应急预案》等规范的制定就是明显的例证。

根据行政法的职权法定原则，一切行政职权皆来源于法律的授予，行政活动必须依据法定职权进行，越权无效；法定的行政职权必须得到积极、充分的行使。因为“法定行政职权既是行政机关的权力，又是职责”③。同时，政府在危机治理中的效能应通过强有力的执政能力得以体现；危机导致的社会混乱、经济衰退、秩序失衡、心理失调等问题，需要通过政府功能的发挥得以治理。因为危机对社会安全构成最直接的破坏，也对社会稳定构成最直接的威胁。政府针对危机进行及时、有效的治理，不仅能够尽快恢复社会稳定，也能够保持公众对政府的信心和信任。④ 因此，从积极行政的角度出发，政府积极履行应对突发公共事件的

---

① 阮占江：《地震救灾凸显政府依法应急能力的提升》，载《法制日报》2008 年 5 月 14 日第 3 版。

② 薛澜、张强、钟开斌：《危机管理——转型期中国面临的挑战》，清华大学出版社 2003 年版，第 9 页。

③ 沈福俊、邹荣主编：《行政法与行政诉讼法学》，北京大学出版社、上海人民出版社 2007 年版，第 64—65 页。

④ 参见余潇枫：《非传统安全与公共危机治理》，浙江大学出版社 2007 年版，第 53 页。

职责，并通过这一职责的履行展示其法治政府、服务政府的本质，是现代政府执政能力的一个集中体现。我国政府在应对"5·12"汶川大地震中所采取的一系列积极行为，非常明显地说明了这一点。

（二）政府积极应对突发事件所引发的公共危机是特殊情境下对国家安全的保障

在对国家安全问题的认识上，我们应该跳出传统的思维和理念。公共安全是国家安全的组成部分。国家安全不仅是生存概念，更是发展概念。与自然经济的国家安全观念不同，我国国家安全应是以维护发展权为核心的世界概念。[①]中共十六届六中全会通过的《中共中央关于构建社会主义和谐社会若干重大问题的决定》指出："增强国家安全意识，完善国家安全战略，健全科学、协调、高效的工作机制，有效应对各种传统安全威胁和非传统安全威胁，严厉打击境内外敌对势力的渗透、颠覆、破坏活动，确保国家政治安全、经济安全、文化安全、信息安全。"同时，在"完善社会管理，保持社会安定有序"的总要求之下又提出："完善应急管理体制机制，有效应对各种风险。建立健全分类管理、分级负责、条块结合、属地为主的应急管理体制，形成统一指挥、反应灵敏、协调有序、运转高效的应急管理机制，有效应对自然灾害、事故灾难、公共卫生事件、社会安全事件，提高危机管理和抗风险能力。按照预防与应急并重、常态与非常态结合的原则，建立统一高效的应急信息平台，建设精干实用的专业应急救援队伍，健全应急预案体系，完善应急管理法律法规，加强应急管理宣传教育，提高公众参与和自救能力，实现社会预警、社会动员、快速反应、应急处置的整体联动。坚持安全第一、预防为主、综合治理，完善安全生产体制机制、法律法规和政策措施，加大投入，落实责任，严格管理，强化监督，坚决遏制重特大安全事故。"在当今世界，自然灾害、事故灾难、公共卫生事件和社会安全事件所引发的突发公共事件，对国家安全同样存在巨大的威胁。

现代国家安全的理念应当包括传统安全和非传统安全。传统安全主要是指军事安全或国防安全，其工作的重点是军队建设、国防建设和外交斗争；非传统安全是指传统安全领域之外的国家安全，主要包括经济安全、政治安全和社会安全等范畴，其工作的重点是通过维护公民的人身、财产、民主权利，实现社会稳定，保障国家安全。就政府而言，安全应当是其提供的公共服务产品，主要表现为对国家安全的护卫和使每个公民感受到公共安全的现实化。安全作为一种公

---

① 参见黄顺康：《公共危机管理与危机法制研究》，中国检察出版社 2006 年版，第 53 页。

共产品，在应然层面，对上要能够保证国家利益的实现，对下要成为公民权利实现的保障。[①] 突发事件对公共秩序必然产生极大的破坏，从而影响公共安全，也必然对国家安全构成实然的威胁。因此，从公共安全是国家安全的组成部分角度而言，政府积极应对和依法妥善处置突发事件，就成为一种在特殊情境之下对国家安全的保障。这同样是政府应当承担的一种法定职责。

二、政府应对突发事件过程中依法行政原则的适用

政府在应对突发事件的过程中，涉及行政紧急权力的行使。行政紧急权力是一种非正常状态下的政府权力，由于突发公共事件而产生。在行政紧急权力的行使过程中，是否同样必须遵循依法行政原则的要求，这是我们在探究行政紧急权力问题时必须认真加以考虑的。笔者认为，行政紧急权力同样是一种行政权力，它也必须符合依法行政原则的基本要求。尤其是在突发公共事件的紧急状态下，政府能够以理性的姿态“挺身而出”，并能做到严格依法行政，更能凸显其法治政府的魅力。“5·12”汶川大地震中，我国政府面对这一特别重大的地震灾害，临危不乱，严格依法行政，获得了普遍赞誉。因此，能够有效治理危机的政府是“好政府”，[②]或者说是成熟的政府，而“好政府”或者成熟政府的标志之一，就是在任何情况包括突发事件状态下都能严格依法行政、维护公民权利。正如边沁所言：“法律的全部作用可归结为以下四个方面：供给口粮、达到富裕、促进平等和维护安全。”[③]有媒体称，抗击汶川大地震是2006年1月公布的《国家自然灾害救助应急预案》、2007年11月1日起施行的《突发事件应对法》、2008年5月1日起施行的《政府信息公开条例》与《防震减灾法》《破坏性地震应急条例》联合实战大演练的经典范例。[④] 此外，在地震发生之后不久的2008年6月8日，国务院又公布了《汶川地震灾后恢复重建条例》，且自公布之日起施行。这是我国首次为一个地区制定单独的行政法规，不仅体现了政府对灾后恢复重建工作必须依法进行的决心，更是凸显了其依法行政水平的提升。

---

① 参见汤啸天：《非传统安全考验执政能力》，http://theory.people.com.cn/GB/49150/49152/4699558.html，2008年7月5日访问。

② 参见余潇枫：《非传统安全与公共危机治理》，浙江大学出版社2007年版，第1页。

③ 转引自〔美〕E.博登海默：《法理学：法律哲学与法律方法》，邓正来译，中国政法大学出版社2004年版，第111页。

④ 参见陈煜儒：《法律框架下中国政府抗击强震迅疾有力》，载《法制日报》2008年5月13日第8版。

（一）在应对突发公共事件过程中遵循依法行政原则是法治政府建设的重要内涵

依法行政原则，是指一切行政权力的行使，都必须依照法律。它是法治国家、法治政府的基本要求。法治要求政府在法律范围内活动，依法办事；政府和政府工作人员如果违反法律，超越法律活动，即要承担法律责任。[①] 在应急状态下，通过制定法律，并主要由政府来实施这些法律，以便有效防治突发公共事件，几乎成为各国构建突发公共事件防治机制的一个通例。之所以如此，主要缘于突发公共事件的公共性注定了与其匹配的防治机制的公共性；而在现代公共治理体系中，由政府所主导的公共行政无疑居于核心地位。[②] 所以，在常规状态下政府的依法行政，必然要延伸至非常规领域。可以说，依法行政原则是政府在一切状态下所必须遵循的基本准则。

国务院于 2004 年 3 月发布的《全面推进依法行政实施纲要》，提出了对于建设法治政府的要求："在继续加强经济调节和市场监管职能的同时，完善政府的社会管理和公共服务职能。建立健全各种预警和应急机制，提高政府应对突发事件和风险的能力，妥善处理各种突发事件，维持正常的社会秩序，保护国家、集体和个人利益不受侵犯。"在全面推进依法行政、建设法治政府的背景下，要求建立健全公共突发事件的应急机制，其本身就表明应急处理机制只能在依法行政的框架之内进行，各种防治措施不能置各种具体的法律制度于不顾，更不能违背依法行政的基本要求。现代政府的权力是受到法律的严格制约的。在突发公共事件的应对过程中，法律理应授予政府在紧急情况下进行紧急处置的权力，政府也应当是通过实施法律来维护公共秩序和公共安全，从而实现对突发公共事件的依法治理，体现法治政府应有的职能。"危机状态下行政机关危机管理权的运行并不能绝对排斥平常时期行政权运行应遵循的一切原则的适用，否则绝对的排斥将会破坏常规时期长期培育形成的规范、和谐的秩序，甚至违背宪政的精神，阻碍法治的实现。"[③]

《突发事件应对法》第 8 条规定："国务院在总理领导下研究、决定和部署特别重大突发事件的应对工作；根据实际需要，设立国家突发事件应急指挥机构，

---

① 参见姜明安主编：《行政法与行政诉讼法》（第二版），北京大学出版社、高等教育出版社 2005 年版，第 64 页。

② 参见宋功德、李娟娟：《直面公共危机——突发公共事件政府防治的实证分析》，载罗豪才主编：《行政法论丛》（第 7 卷），法律出版社 2004 年版，第 103 页。

③ 杨临宏等：《行政法学新领域问题研究》，云南大学出版社 2006 年版，第 92 页。

负责突发事件应对工作；必要时，国务院可以派出工作组指导有关工作。”法律只是要求国务院总理“部署、指挥”，温家宝总理却把抗震救灾指挥部设在余震连连的灾区。在黄金救援72小时期间，温家宝总理辗转重灾区视察灾情，亲临抗震救灾的第一线进行部署、指挥。这种积极依法行政的举动不但体现了人民政府高度的责任感，更体现了一种积极的服务行政理念，使政府与民众之间的良性互动得到了淋漓尽致的体现。

由此可见，建设法治政府的要求，昭示了我们的社会之所以追求行政法治所要达到的从根本上维护最广大人民群众的根本利益和“建立稳定的社会秩序、建立公民和政府之间的信任关系”[①]的目的之原因。

（二）与政府应对突发事件密切相关的若干依法行政原则的适用

依法行政是政府行为的总要求。在依法行政原则的体系之中，尊重和保障人权原则、职权法定原则、正当程序原则和比例原则是与政府应对突发事件最为相关的行政法原则。

1. 关于尊重和保障人权原则的适用

尊重和保障人权原则，既是宪法的基本原则，也是行政法的基本原则。作为一个法治政府，自然应该尊重和保障人权，切实维护行政相对人的合法权益，使之不受侵犯，更不能以自己的行为侵犯公民的人权，损害行政相对人的合法权益。[②] 笔者认为，尊重和保障人权原则是依法行政原则的根本所在，行政法的整个制度都应当体现这一原则的要求。近现代意义上行政法的诞生和发展，都与行政相对人权利的保护密切相关。同样，在政府应对突发公共事件的过程中，也必须遵循和体现这一原则的要求。突发公共事件所产生的社会危害，一是损害公共财产，二是危及公共安全，三是破坏公共秩序，四是减损公共福祉。[③] 实际上，从根本上说，突发公共事件所导致的危害，就是对公民权利的极大损害。无论是自然性突发公共事件还是社会性突发公共事件，其所侵犯的公共财产、所破坏的公共秩序、所损害的公共安全，以及所侵害的个人与组织的人身权、财产权、政治权利、经济文化权利等，通常都是为宪法与法律所明确规定的权利，是主要由政府通过全面实施法律来予以体现的权益。政府全面实施法律、保障这些权

① 王名扬：《法国行政法》，中国政法大学出版社1988年版，第204页。

② 参见姜明安主编：《行政法与行政诉讼法》（第二版），北京大学出版社、高等教育出版社2005年版，第66页。

③ 参见宋功德：《行政法的均衡之约》，北京大学出版社2004年版，第451—454页。

利的过程，无疑要包括防治突发公共事件。[①] 在“5·12”汶川大地震中，政府第一个想到并且付诸实践的，就是对人的救助，政府始终把“救人是第一位的”作为贯穿抗震救灾全过程的一个最根本的价值取向，“只要有一线希望，就要尽百倍努力，我们绝不会放弃”，这是政府以人为本的执政理念在抗震救灾过程中的具体体现。从权利的角度说，公民有权获得平等的救助。此外，以人为本还表现为对逝者的哀悼，让人们感受到自己与同胞之间虽然素昧平生却又血脉相连，体现了政府对生命的无比尊重和万分珍惜。这是行政法尊重和保障人权原则在这次抗震救灾中最直接、最生动的体现。

在突发事件背景之下积极保护公民基本权利，也是世界各国紧急状态法的通例。例如，加拿大《紧急状态法》在序言中规定，总督的法令应当遵守《公民权利和政治权利国际公约》，该法第 4 条第 2 款列举了 7 项即使在紧急状态下也不能被克减的权利。例如，生命权，免于酷刑和其他不人道或有辱人格的待遇或处罚的权利，免受奴役的权利，免受刑法追诉的权利，免于因无力履行约定义务而被监禁的权利，被承认在法律面前人格的权利，以及思想、良心和宗教自由权利。[②] 同样，我国一系列的关于应急机制的法律、法规都体现了一个重要的准则，就是将人的生命置于至高无上的地位。以人为本的价值导向是应急管理机制中最为重要的一环。可以说，政府在危机管理过程中表现出的悲悯情怀和人道主义精神最能缓解危机给人们造成的超乎寻常的压力，从而赢得民心。因为公共安全是人权最基本、最重要的内容。

2. 关于职权法定原则的适用

职权法定，即行政职权法定。它一方面要求政府所行使的权力应当来源于法律的授予，另一方面要求政府依法获得的行政权力必须得到充分的行使。在因为突发事件所引发的危机管理中，政府行政紧急权的行使，必须依据法律的规定，根据法律的授权进行。同时，法律所赋予政府的权力，必须得到充分的行使。例如，根据《破坏性地震应急条例》的规定，发生破坏性地震之后，各政府职能部门负有如下几种法定职责：(1) 交通、铁路、民航等部门应当尽快恢复被损毁的道路、铁路、水港、空港和有关设施，并优先保证抢险救援人员的安全、物资的运输和灾民的疏散。(2) 通信部门应当尽快恢复被破坏的通信设施，保证抗震救

① 参见宋功德、李娟娟：《直面公共危机——突发公共事件政府防治的实证分析》，载罗豪才主编：《行政法论丛》(第 7 卷)，法律出版社 2004 年版，第 104—105 页。

② 参见戚建刚：《法治国家架构下的行政紧急权力》，北京大学出版社 2008 年版，第 233 页。

灾通信畅通。(3) 供水、供电部门应当尽快恢复被破坏的供水、供电设施,保证灾区用水、用电。(4) 卫生部门应当立即组织急救队伍,利用各种医疗设施或者建立临时治疗点,抢救伤员,及时检查、监测灾区的饮用水源、食品等,采取有效措施防止和控制传染病的暴发流行,并向受灾人员提供精神、心理卫生方面的帮助。(5) 医药部门应当及时提供救灾所需药品。(6) 民政部门应当迅速设置避难场所和救济物资供应点,提供救济物品等,保障灾民的基本生活,做好灾民的转移和安置工作。(7) 公安部门应当加强灾区的治安管理和安全保卫工作,预防和制止各种破坏活动,维护社会治安,保证抢险救灾工作顺利进行,尽快恢复社会秩序。(8) 公安消防机构应当严密监视灾区火灾的发生。(9) 抗震救灾指挥部可以请求非灾区的人民政府接受并妥善安置灾民和提供其他救援,并负责接受和安排国内非灾区提供的紧急救援。(10) 民政部门负责接受和安排国际社会提供的紧急救援。此外,该条例还明确规定,中国人民解放军和中国人民武装警察部队是地震应急工作的重要力量。在"5·12"汶川大地震中,各个政府部门严格按照规定履行职责,全面体现了政府执政能力和依法行政水准的提升。

3. 关于正当程序原则的适用

在突发事件应急处理过程中,政府应当做到程序正当。政府处置突发事件,同样是一种行政权力的运行过程,而行政权力的运行必须遵循正当程序,这是现代法治政府理应遵循的一个基本准则。"程序不是次要的事情,随着政府权力持续不断地急剧增长,只有依靠程序公正,权力才有可能变得让人能容忍。"①政府在预防和处理突发公共事件的过程中,应当严格按照法律、法规的规定,履行遵守正当程序规则的义务,注意听取行政相对人的意见,除涉及国家秘密、商业秘密和个人隐私外,应当公开相关信息,保障行政相对人的知情权和参与权。程序正当原则作为行政法的一个基本原则,在政府对突发事件的应对中最主要的体现就是必须贯彻行政公开原则。《突发事件应对法》第 53 条规定:"履行统一领导职责或者组织处置突发事件的人民政府,应当按照有关规定统一、准确、及时发布有关突发事件事态发展和应急处置工作的信息。"在"5·12"汶川大地震发生之时,正值我国《政府信息公开条例》实施不久。地震以后的情况表明,各政府职能部门的信息发布满足了公众的要求,折射出政府执政能力的快速发展和依法行政的法律水准。在以往的一些突发事件中,社会公众面对重大危机产生的恐慌,主要源于获取信息的不足。因此,地震以后政府信息公开的实践证明,一

---

① 〔英〕威廉·韦德:《行政法》,徐炳等译,中国大百科全书出版社 1997 年版,第 94 页。

个具备完善应急管理机制的政府，在危机发生后，应利用各种主流媒体，建立公开、顺畅、权威的沟通管道，及时、全面、准确地发布相关信息，以稳定人们的心理预期，增强政府的凝聚力和公信力。汶川大地震中对信息的处理方式，应当成为中国应急管理乃至平常时期信息公开实践的典范。

4. 关于比例原则的适用

比例原则是指行政权虽然有法律上的依据，但必须选择使相对人利益受到限制或者损害最小的方式来行使，并且使其对相对人个人利益造成的损害与所追求的行政目的或所实现的公共利益相适应，从而达到既实现公共利益又保护公民合法权益的目的。[①] 在应对突发公共事件的过程中，政府根据实际需要，有可能要对公民的人身权、财产权进行一定的限制。例如，《传染病防治法》第 42 条规定："传染病暴发、流行时，县级以上地方人民政府应当立即组织力量，按照预防、控制预案进行防治，切断传染病的传播途径，必要时，报经上一级人民政府决定，可以采取下列紧急措施并予以公告：(一) 限制或者停止集市、影剧院演出或者其他人群聚集的活动；(二) 停工、停业、停课；(三) 封闭或者封存被传染病病原体污染的公共饮用水源、食品以及相关物品；(四) 控制或者扑杀染疫野生动物、家畜家禽；(五) 封闭可能造成传染病扩散的场所。上级人民政府接到下级人民政府关于采取前款所列紧急措施的报告时，应当即时作出决定。紧急措施的解除，由原决定机关决定并宣布。"但是，政府这一紧急措施的实施，应当与其所要达到的行政目的相适应，不能过多地侵害公民的权利和自由。正如有学者所指出的，国家为了实施紧急权力，可以对人民的基本权利进行暂时的限制，但必须遵循比例原则，即不可以任意及过度地限制人民的基本权利。[②] 因此，因突发事件所产生的行政应急权力，本身也是法律规范下的一种权力，其权力的行使理应要有"边界"的限制，受到比例原则的规范。《突发事件应对法》第 11 条规定："有关人民政府及其部门采取的应对突发事件的措施，应当与突发事件可能造成的社会危害的性质、程度和范围相适应；有多种措施可供选择的，应当选择有利于最大程度地保护公民、法人和其他组织权益的措施。"这是比例原则在我国应急法律中的具体规定。在汶川大地震所进行的应急管理中，政府所采取的应急措施很好地体现了《突发事件应对法》的这一规定，从而在政府应急权力和民众权益保护之间实现了较为完美的平衡。

---

① 参见周佑勇：《行政法基本原则研究》，武汉大学出版社 2005 年版，第 220 页。

② 参见陈新民：《德国公法学基础理论》(下册)，山东人民出版社 2001 年版，第 664 页。

以上是笔者对政府在应对突发事件中所涉及的依法行政原则体系中的主要原则,并结合汶川大地震中的政府行为所进行的分析。当然,政府在应对突发事件过程中并不仅仅限于上述几个原则,依法行政原则下的其他原则,如法律优先、法律保留以及责任行政等原则,在应对突发事件的过程中也应当得到准确的适用。

三、完善对突发事件常规管理的思考

在"5・12"汶川大地震之后,我国政府依法应对突发事件的举动赢得了全国人民的信赖和世界的赞誉。我们的政府和人民经历了灾难的磨炼,政府依法行政的水平在应对地震灾难过程中得到了极大的提升。灾后不久,国务院就依法制定了《汶川地震灾后恢复重建条例》,将汶川灾后重建置于一种法治化的环境中。作为首部为一个地方地震灾后恢复重建所制定的行政法规,更是凸显了政府依法行政、建设法治政府的决心,这一前所未有的举动也引起了世界的关注。"西方媒体和民众对中国地震持续关注,他们看到了团结奋进的中国人民,组织有力的中国政府,以法引导的震后重建工作和一个更加开放的信息社会。"[①]笔者认为,从汶川大地震所体现出来的政府依法行政水平的极大提升,必将为今后政府行为进一步走向法治化奠定坚实的基础。可以预言,我们将会置身于一个更民主、更开放的社会,伴随着我们的将是一个更注重民生、更加将人民的利益置于至高无上地位的政府。

从现代危机管理理论的角度而言,因突发事件而产生的公共危机具有双重性。危机既是通向地狱之门的"钥匙",也是通向安定幸福的重要转机。危机包括两层含义,即危险与机遇。第一,任何危机都具有危害性和破坏性。也就是说,危机会给人们的正常生活秩序带来巨大的负面影响。但是,任何危机,不管其负面影响有多大,都会带来不同程度的正面影响,甚至会带来一些重大的转机。除了危机本身孕育着某种转机外,若人类对危机处理得当,也可以化险为夷,争取到很多人为的转机,使危险成为未来良性发展的坚实基础。第二,危险与转机总是相伴而生的,甚至是不可分离的。每一次危机来临,它带来的不可能都是正面的影响,也不可能都是负面的影响。也就是说,每一次危机既会带来危险,也会带来机遇。这突出地表现了危险与机遇的辩证关系。例如,美国 2001

① 李满奎、施鹏鹏、张雪莲:《外媒关注中国以法引导震后重建》,载《法制日报》2008 年 6 月 15 日第 14 版。

年的“9·11”恐怖袭击案中死亡和失踪数千人，美国遭受了巨大的经济损失。但是，“9·11”恐怖袭击发生后，美国制定了有关反恐战略的四项长期政策，全面反思了其公共危机管理能力，调整、整合了全国的危机管理机构，成立了国土安全部。该部由22个联邦机构合并而成，工作人员达17万人，年预算近400亿美元。美国还通过了一系列的法案，为今后可能发生的各种危机做好了详细周密的预防、预警和预控、应对的准备，从而完善了美国的公共危机管理体系，大大提高了美国的危机管理能力。① 笔者认为，汶川大地震对中国乃至整个世界，都可以说是一场灾难。但是，如果我们除了能够积极应对之外，还能够在灾难发生之后，对我们的危机应对体制进行一定的反思，从而更好地完善我们的危机管理制度，则更加有利于我们从容地应对今后可能出现的各种危机。因为“现代危机管理论强调必须以民主的制度框架为前提，将危机管理决定过程予以制度化”②。汶川大地震所展示出来的政府依法行政的能力固然值得称道，但是如果我们将非常规状态下的依法行政与常规状态下的依法行政结合起来，则更能体现依法行政原则的全面实施。因此，重视非常规突发事件在常规状态下的依法管理，同样应当是政府贯彻依法行政原则的体现。

（一）严格执行法律、法规所规定的防范措施同样是政府的职责

许多事件往往突如其来，出乎人们的意料。但是，偶然中存在着必然。在很多情况下，偶然发生的突发事件是因为经常性制约、防范机制失效或缺失所造成的。因此，加强对非常规突发事件的常规管理就成为防范和有效应对突发事件的一个重要课题。从2003年SARS疫情发生之后的一系列安全生产事故暴露出来的问题看，重事后处理、轻事前预防的情况还较为严重。SARS疫情中暴露出来的公共卫生体系建设问题、安全生产事故中暴露出的监管体系漏洞等，都说明了这个问题。此外，从应急预案的层面看，自2006年开始，国家和省市一级基本上都制订了应急预案，但存在一些问题。首先，预案很多还停留在文件层面，没有进行演习、演练，不知道实际效果如何。其次，相关的机构、责任还不是很明确。这些也是总体应急预案实施时面临的挑战。《突发事件应对法》和《破坏性地震应急条例》等法律、法规均设立了针对破坏性地震等突发事件的常规预防制度，这些制度理应在常规管理中得到严格的贯彻执行。《突发事件应对法》第20条就明确规定了各级政府对于突发事件的防范职责，如“县级人民政府应当对本

① 参见黄顺康：《公共危机管理与危机法制研究》，中国检察出版社2006年版，第17—18页。

② 杨建顺：《论危机管理中的权力配置与责任机制》，载《法学家》2003年第4期。

行政区域内容易引发自然灾害、事故灾难和公共卫生事件的危险源、危险区域进行调查、登记、风险评估，定期进行检查、监控，并责令有关单位采取安全防范措施”；“省级和设区的市级人民政府应当对本行政区域内容易引发特别重大、重大突发事件的危险源、危险区域进行调查、登记、风险评估，组织进行检查、监控，并责令有关单位采取安全防范措施”；“县级以上地方各级人民政府按照本法规定登记的危险源、危险区域，应当按照国家规定及时向社会公布”。法律、法规所规定的政府职责应当作为各级政府的经常性职责予以切实履行。

（二）强化公民和组织防范突发事件的意识

积极防范和应对突发事件的发生，不仅是政府的责任，也是公民和组织的义务。“5·12”汶川大地震发生后，绵阳市安县桑枣中学 90 多位教师、2200 多名学生全部集中到操场，用时 1 分 36 秒，全校师生无一伤亡。该校校长叶志平也因此被称为“最牛校长”。究其原因，就在于该学校平时经常性地落实防范措施。《突发事件应对法》第 22 条规定：“所有单位应当建立健全安全管理制度，定期检查本单位各项安全防范措施的落实情况，及时消除事故隐患；掌握并及时处理本单位存在的可能引发社会安全事件的问题，防止矛盾激化和事态扩大；对本单位可能发生的突发事件和采取安全防范措施的情况，应当按照规定及时向所在地人民政府或者人民政府有关部门报告。”第 24 条第 2 款规定：“有关单位应当定期检测、维护其报警装置和应急救援设备、设施，使其处于良好状态，确保正常使用。”现代行政法治强调公民参与，但公民参与不仅表现为被征求意见和参加听证，还应当有更加广泛的空间。同时，对于公民和组织积极防范和应对突发事件，政府同样有责任进行积极引导，并进行必要的监督。

（三）让地震中实施的制度成为常态的制度

我国政府在汶川大地震中对依法行政原则的贯彻以及以人为本举措的实施，已经成为抗震救灾中的一个亮点而引人注目。同时，媒体、公民和企业也在这次抗震救灾中提升了自己的责任意识。然而，在地震之后，如何使这一转机成为常态的制度并延伸下去，则是一个值得深思的问题。例如，有学者指出，可以以这次削减政府机关行政支出为契机，使节约型政府和公共财政制度成为常态，进而将以建设服务型政府为目标的改革大大推向前进。又如，有学者认为，人们有理由相信，我们在突发灾害时都能够做到如此的信息公开，那么在平常的日子里，就更加应该做到信息公开。只要信息公开，与公共利益有关的一切事情就好办得多。“这些转机是以巨大的生命代价获得的。我们不能将这些转机所带来的建设性作用和影响持续下去，并使之成为常态的制度，就对不起那些在大灾中逝去的生命"，"抗震救灾带来的转机，通过制度化的工作，使之成为现代文明社会常态的制度，这就是我们所期盼的"。[①] 通过这次抗震救灾，我们对于政府在非常规状态下的依法行政已经有了切身的感受，我们同样期盼的是各级政府在常规状态下对依法行政原则的贯彻与落实。我们欣喜地看到，国务院已经于2008年5月12日发布《国务院关于加强市县政府依法行政的决定》，对市县政府的依法行政问题作出了全面规定，而这一切的目的就在于进一步强化行政的基础性建设，形成依法行政的长效机制。

四、结语

近年来，我国突发公共事件逐渐增多。多发的突发事件也使政府依法应对各种危机事件的能力有了前所未有的进步，依法行政的意识、水平也在应对突发事件的过程中不断得到锤炼和提升。有学者在对2007年的法治政府建设进行归纳时，将危机应对作为"迎接政府能力大挑战"加以总结，并认为："在2007年，国家高度重视突发事件应对法制建设，在已经制定涉及突发事件应对的法律35件、行政法规37件、部门规章55件、国务院和地方人民政府突发事件应急预案体系初步建立的基础上，正式颁布实施《突发事件应对法》，政府应急管理机构和应急保障能力建设得到进一步加强。"[②]汶川大地震中所展示出来的政府依法行政的良好形象，将作为一个具体而生动的行政法治实践案例，并因其前所未有的标本意义而被载入史册。

汶川大地震中政府应对突发事件的过程，其实也是和公众进行合作、沟通与交流的过程。这种合作、沟通与交流，不仅仅限于语言，更多的是一种行动，是政府在行政法治背景下的强有力的行动。这种行动恰恰体现的是政府与民众之间心灵的交融，不仅体现了政府公共危机处理能力的提升和治国理念的转变，更体现了行政法人文精神。

---

① 参见陈宪：《让非常态的转机成为常态的制度》，载《解放日报》2008年6月19日第6版。

② 刘丹、彭中礼：《2007年中国法治政府建设大盘点》，载《行政法学研究》2008年第1期。

第二章

行政法原理的司法适用问题研究

第一节　行政法基本原则的司法适用问题探究

——以行政判例制度的建立为视角*

一、行政法基本原则:从理论高阁走向司法审判前台

如果以 1990 年 10 月 1 日《行政诉讼法》的实施为起点,我国的行政诉讼制度已经走过十多年的历程。在这一制度的发展与演进过程中,各种观念的碰撞、行政诉讼理论与司法审查实践的冲突以及不断的磨合与协调始终伴随其间,其中突出的焦点之一就是行政法基本原则在行政诉讼中的适用问题。虽然争议犹在,实践中的问题也在不断产生,但这并没有完全阻却司法机关将行政法基本原则运用于审判实践的脚步。下面几个案例就很能说明司法机关使行政法基本原则从理论高阁走向司法审判前台的不懈努力。

案例一:原告田永系被告北京科技大学学生。1996 年 2 月,因在参加课程补考时携带记有公式的字条而被该校以考试作弊为由予以退学处理。但是,该退学处理决定不但未向田永本人直接宣布,也未得到实际执行。此后的两年中,原告一直继续参加学期注册,交纳学费,使用学校各项设施,享受学校补助金,并修完所有学分,完成实习和毕业设计。原告毕业时,被告以原告已被退学为由拒绝向原告发放毕业证、学位证、派遣证等。原告遂向法院提起行政诉讼。法院经审理认为被告对田永所作的处理不符合《普通高校学生管理规定》。同时,退学

---

* 原载《华东政法学院学报》2006 年第 3 期。本篇系与研究生林茗(现为上海市人大常委会干部)合作撰写。

处理涉及被处理者的受教育权利，从充分保障当事人权益的原则出发，作出处理决定的单位应当将该处理决定直接向被处理人本人宣布、送达，允许其提出申辩意见。被告没有照此原则办理，忽视当事人的申辩权利，该行政管理行为不具有合法性。被告实际上也从未给田永办理过注销学籍和迁移户籍、档案等手续。此后发生的田永在该校修满 4 年学业，还参加了该校安排的考核、实习、毕业设计，其论文答辩也获得通过等事实，均证明按退学处理的决定在法律上从未发生过应有的效力，田永仍具有北京科技大学的学籍。法院遂判令被告向原告田永颁发毕业证书，召集本校的学位评定委员会对原告田永的学士学位资格进行审核，并为原告办理派遣证等有关手续。[①]

案例二：2001 年 6 月，原告冯某向陈某购买其名下的房产，约定转让面积以实测为准。2001 年 6 月 20 日，常熟市房产测绘队测定该房产面积为 595.14 平方米。常熟市房地产管理处根据该面积向冯某颁发了所有权证。但是，2001 年 9 月，向冯某转让房产的陈某对测得面积提出异议并申请复测，房地产管理处受理申请并委托同一测绘队进行复测，结果复测面积与前次相差较大。常熟市房地产管理处以房屋建筑面积与原告冯某所持有的房屋所有权证建筑面积不符为由，作出注销冯某房屋产权证的决定，并在要求冯某于 7 日内“将原所有权证送达本处，办理有关换证手续”未能实现的情况下，于 2001 年 12 月 4 日在《常熟日报》上公告注销了其房屋所有权证。原告冯某不服该注销决定，向常熟市人民法院起诉。常熟市人民法院在该案的判决中确认：被告常熟市房地产管理处作出注销产权证的行为，涉及原告的权利与义务，按照行政法原理，涉及行政相对人权利义务重大变更的，应当在作出行政行为之前适用告知程序，但本案被告未向法庭提交有关作出决定前的告知材料，也没有向原告送达告知材料。法院以此为由认定被告所作具体行政行为程序违法。

案例三：武汉市规划局为凤凰公司颁发建设工程规划许可证，同意其将临长江大街的 2 层楼房翻建为 4 层楼房。其后，凤凰公司在申请增建 4 层未获批准的情况下，建成 8 层的凤凰大厦。规划局下达行政处罚决定，认为：凤凰公司超出批准范围建成凤凰大厦，属违法建设；同时，凤凰大厦 5—8 层遮挡了长江大街的典型景观天主教堂尖顶，严重影响长江大街景观，限凤凰公司拆除大厦 5—8 层。凤凰公司在请求减少拆除面积遭到拒绝后诉至法院。法院认为，凤凰大厦 5—8 层是违法建设，但经现场勘察，其中只有一小部分遮挡天主教堂尖顶。规划局依职权作出的处罚决定必须同时兼顾行政目标和相对人权益，在确保实现

---

① 参见《中华人民共和国最高人民法院公报》1999 年第 4 期。

行政目标的同时，保证相对人遭受的损害最小。规划局要求拆除5—8层整体明显超出遮挡范围，额外增加了原告的损失，显失公正。故判决变更处罚决定为：拆除凤凰大厦5—8层一小部分，对违法建设其余部分罚款若干。[①]

从“田永诉北京科技大学案”和“冯某诉常熟市房地产管理处房产证注销案”中法院对“正当程序原则”的确认，到“凤凰公司诉武汉市规划局案”中法院对“比例原则”的运用，法院一次次地将行政法基本原则作为审判的依据，从而使一直被视为理论研究成果的行政法基本原则从后台走向了司法实践的前台。即使行政法基本原则在司法实践上的法律效力一直由于其非正式法源的地位而不同程度地受到否认或者质疑，或者说否认与肯定并存、赞许与质疑同在，但是最高人民法院通过《中华人民共和国最高人民法院公报》的形式公开发布田永案的举动，被认为是确认“正当程序原则”等行政法基本原则的先例，并对此后一系列的同类案件产生了非同寻常的指导性作用。可以说，无论是行政法学者还是一部分司法审判人员，似乎都已经在较大程度上认可法院在对具体行政行为进行司法审查时可以适用行政法基本原则作为审判依据。

然而，法院在行政诉讼中适用行政法基本原则是否顺理成章？在此，笔者要追问两个问题：其一，法院“依法审判”所依之“法”是否包括行政法基本原则？其二，如果法院可以援引行政法基本原则作为行政审判的依据，那么这些被援引的行政法基本原则是否会因为被《中华人民共和国最高人民法院公报》作为“典型案例”公布而获得法律上的正当性呢？这正是笔者所要探究的问题。

二、理论前提：行政法基本原则能够并应该在行政诉讼中得到适用

要探究法院“依法审判”所依之“法”是否包括行政法基本原则，就必须对行政诉讼中适用行政法基本原则的可行性与应然性进行分析，这也是探讨的理论前提。只有在理论上厘清行政法基本原则不但可以而且应当在行政诉讼中得到适用时，适用途径的建构才有意义。

（一）行政法基本原则的法律效力——行政诉讼中适用行政法基本原则的可行性分析

1. 成文法固有的局限性是行政法基本原则能够适用的理论基础

成文法能够被公认为司法审判的依据，不仅仅是因为我国所拥有的成文法传统，更是因为成文法所表现出的确定性的技术特征使人们对成文法的法律效

① 参见周红耕、王振宇：《比例原则在司法审查中的应用》，载《人民法院报》2001年4月22日第3版。

力有了普遍的认同。成文法具有鲜明的外在载体,并且明确地规定了人们的行为模式、行为后果以及一定行为与一定后果之间稳定的因果关系,执法与司法的过程因此而被格式化、规范化和简单化,使执法与司法过程中对法律的适用也变得较为容易。

然而,正所谓“网密则僵,网疏则漏”,由于自身预见能力的有限性,立法者根据其自身对未来社会发展的预见为人们设定的法律必然具有不周延性。换言之,立法者能为人们制定的法律只能是行为通则,不可能事无巨细、包罗万象。“历史已经证明了立法者并非万能,他们不过是被推到立法者位置的常人,我们预料不到的事情,他们可能同样预料不到。”[①]成文法用一般的、抽象的术语表达了社会关系的共性,而摒弃了特殊性,又使成文法适用于一般共性时表现出正义,运用到特殊个性中却非常有可能表现出非正义。“像世界上任何事物一样,法律作为社会规范也同样具有两面性。法律以其普遍性、确定性、预告性、强制性等特点赢得了无私、不偏、效率、安全等信誉的同时,也暴露出教条、僵硬、划一、公式化的弊端。法律本身优劣并存。”[②]更有学者对法律的局限性问题作了详细的论述,将法律的局限性概括为不合目的性、不周延性、模糊性和滞后性四个方面,并分析了法律局限性与法律价值的二律背反背景,提出了如何克服法律局限性的方法。[③] 可以说,正是由于法律所表现出来的这种“优劣并存”现象以及其不可避免存在的局限性,人们在具体的法律条文之外寻求行为准则以克服法律的局限性才成为必要。

在行政法领域,成文法所固有的这些局限性表现得格外明显。行政法调整对象复杂多变,很难制定出一部能够涵盖行政管理方方面面的统一法典。如果一味要求法院在对行政行为的合法性进行审查时严格适用成文法条款,必然会在一定情况下出现行政审判无法可依的现象。尤其是在我国,行政法制相对于许多西方国家来说尚处于起步和建设阶段,而且在相当一些行政领域,由于行政法制不完善导致“成文法主义”陷入困境,部分规范的过于陈旧使法律适用不合时宜,部分规范的过于抽象有时也使法律适用无统一标准等现象存在,不但使行政审判陷入困境,也使公众对行政诉讼制度产生怀疑,从而从根本上动摇我们当

---

① 徐国栋:《民法基本原则解释——成文法局限性之克服》,中国政法大学出版社 1992 年版,第 30 页。

② 董皞:《司法解释论》,中国政法大学出版社 1999 年版,第 89 页。

③ 参见徐国栋:《民法基本原则解释——成文法局限性之克服》,中国政法大学出版社 1992 年版,第 137—145 页。

初建立这一制度的根基。[①] 此时，那些经过长期的司法实践和学说讨论以及学者的专心研究而形成的成熟的行政法基本原则，就应该担当起克服成文法局限性的任务。审判人员可以通过规范的推理和论证，发挥法律原则涵盖面广的特点，将法律原则的一般规定和具体个案事实结合起来，克服其过于抽象和模糊的缺陷，推导出适用于具体个案的事实构成和处理模式，并据以作出承载法律价值和法律精神的判决。

2．法律原则是法不可或缺的构成要素之一

就法的模式理论的演进过程而言，从哈特的“规则中心主义”到德沃金的“原则中心主义”，“法”经历了从“规则”的集合体演变为包含“原则”等其他法律要素的转变过程。虽然这种转变被认为是从“绝对严格规则主义”的极端转变为“绝对自由裁量主义”的另一种极端，但种种批判都无法抹杀人们为了摆脱“绝对严格规则主义”和“绝对自由裁量主义”这两种极端而做的努力和尝试——将法律原则引入了法的构成要素。这种努力和尝试正是为弥补成文法规则之不足而为，“成文规则在内容上的具体性和特定性以及在结构上的相对封闭性决定了其在事项上的狭窄性和适用上的僵硬性，而原则在内容上的模糊性和结构上的相对开发性以及在事项上的广延性恰恰可以弥补规则的以上不足”[②]。可以说，法的规范依其对社会关系调整的确定性程度和细密程度，可分为规则、原则、基本原则三类。行政法基本原则，则是指导和规范行政法的立法、执法以及指导、规范行政行为的实施和行政争议处理的基础性规范。[③] 在司法实践中，法律原则的引入为司法活动的创造性与能动性提供了依据，同时又为司法能动性界定了合理的范围。从现代法学理论来看，法律一般被认为“是作为整体的法律，即作为法律规范、法律原则和法律概念等法律要素成分有机结合的一个个具体的法律”[④]。正如庞德所言：“法律的功能是在于纠正各个方面的人群关系，而一切人群关系又错综复杂，国家必不能预先制定一部规则，使法院以之御繁应变于无穷。故法律的本身必不是单纯的一种规则。换言之，少数规则可以用条文记载，但法律不局限于条文，在任何法系，法律本体实为原理，原理实蕴蓄于条文内之

---

① 参见沈福俊：《行政法原理的司法适用：困境与选择》，载华东政法学院科研处编：《华东政法学院学术文集》(2003)，浙江人民出版社 2004 年版，第 55—57 页。

② 李可：《原则和规则的若干问题》，载《法学研究》2001 年第 5 期。

③ 参见姜明安主编：《行政法与行政诉讼法》(第二版)，北京大学出版社、高等教育出版社 2005 年版，第 62 页。

④ 姚建宗：《法律效力论纲》，载《法商研究》1996 年第 4 期。

字里行间。必有原理,法吏乃能有所依据,复由类推方法而求出新例。然后可以御繁,可以应变。由此观之,法律的界说,与其称其为一部规则,毋宁称为一部规则及原理。"[①]据此可见,行政法基本原则与法律规则都是法的基本构成要素,那些符合正义原则、法定程序,并能在实际生活中起作用的行政法原则,通过国家的制定、认可或解释而成为行政法基本原则。同法律规则一样,行政法基本原则具有普遍性的法律效力,必须得到贯彻执行。违反行政法基本原则的行政行为也构成一种违法行政行为。"也就是说,无论是国家制定的成文法,还是国家认可的习惯法或判例法,抑或是它们所再生的解释,都能够成为行政法基本原则的效力渊源,而不应只局限于成文法。"[②]我国很多行政法学者在论述行政法基本原则的功能时,无论其表述多么的不一致,但"规范功能(规制功能)"或者说行政法基本原则具有法律性和规范性都是必不可少的一项。[③] 这说明,行政法基本原则具有法的属性至少已经在行政法学理论上得到了明确的确立。这对于我们探究依法行政之"法"和依法审判之"法"的内涵具有重要意义。

(二)行政法基本原则的价值——行政诉讼中适用行政法基本原则的应然性分析

1. 作为弥补行政法律漏洞的依据

现代法治国家中,"法网恢恢,疏而不漏"已经被公认为只是一种理想。就行政法本身而言,纷繁复杂的行政法律关系几乎涉及人们生活的方方面面,致使任何一个高明的立法者在制定行政法律时都无法逃脱思维的局限。面对这些漏洞,我们并非束手无策,适用行政法基本原则就是可行之选。但是,由于行政法产生的历史比较短、行政事务增加的速度比较快,完全按照成文法形式难以解决行政发展中的问题。特别是行政法本身没有采取像民法、刑法那种统一法典的形式,因而在发挥调整功能时自然会出现法律调整与行政现实之间的距离,而成文法本身的局限性又扩大了这种距离。因此,在行政法理论上,承认其不成文法源与行政法治的价值并不矛盾。其中,以判例、法的一般原则及行政法学基本原

---

① 转引自方洁:《论行政法的不成文法源》,载胡建淼主编:《公法研究》(第一辑),商务印书馆 2002 年版,第 130—131 页。

② 周佑勇:《行政法基本原则研究》,武汉大学出版社 2005 年版,第 272—291 页。

③ 例如,杨海坤、章志远认为,行政法基本原则具有指导功能、解释功能、规制功能、整合功能和补缺功能,参见杨海坤、章志远:《中国行政法基本理论研究》,北京大学出版社 2004 年版,第 108—112 页;胡建淼认为,行政法基本原则具有特殊性、普遍性、法律性和规范性,参见胡建淼:《行政法学》(第二版),法律出版社 2005 年版,第 45 页。

理所构成的行政法不成文法源起到了不可替代的作用。[①]

行政法基本原则作为行政法律规则的灵魂，直接体现行政法律规则的价值取向和立法目的，弥补了成文法规则的不足，既指导行政执法，又在较大程度上规范司法实践。所以，允许法官依照由法律精神演绎出来的行政法基本原则进行审判，并以此为行政裁判的依据，就是承认法官在必要的情况下可以通过适用法律原则来补充立法，填补法律漏洞。这对强化法官责任、促进法官依照社会发展和法治水平进行司法审判、进一步提高法官的司法审判水平将大有裨益。

2. 作为法律解释和推理的依据

一方面，法律虽然应当是肯定而明确的规范，但是由于立法技术以及立法语言文字本身的表意功能，成文法规则也经常表现出模糊、歧义和不确定。当这种模糊和不确定出现时，往往无法马上通过制定法律或修改法律来达到补救的目的。因此，在司法活动中，从隐含于法律规则背后的法律原则出发，对之加以解释成了常用的手段。

另一方面，法官在运用法律规则进行审判时，也不可避免地要对法律规则进行解释和推理。此时，被视为法律规则生命的法律原则就成为法律解释和推理正当化的根据。在个案审判中，法官以法律原则为理解法律和进行法律推理的基点，也只有借助这些原则才能对法律进行合乎立法本意的解释，同时保持法律推理结果与法律目的的一致性。在一般案件中，法律原则就是立法目的、法律精神与法律规则之间的桥梁和中介。行政法基本原则完全应当担当起这样的重任。有学者甚至认为，离开基本原则，行政法就不能存在。[②] 行政法基本原则在行政法中的重要作用可见一斑。同时，行政法基本原则作为行政法的构成要素之一，其法律效力是不言而喻的。基于行政诉讼保护行政相对人的合法权益，使之不受行政主体违法行政行为侵害的现代行政法治理念，以及司法机关通过适用行政法原则来实现公平、正义的法律价值，是社会发展、法制健全的必然需要。

三、大陆法系主要国家的实践之路：通过判例确认与发展法律

在前文的论述中，笔者一直力图阐明行政法基本原则在行政诉讼中可以并应当得到适用。确认了这一理论前提之后，问题的关键开始逐渐显露出来——行政法原则在行政诉讼中的适用机制，即笔者的第二个追问。在回答这个追问

---

① 参见张正钊、韩大元主编：《比较行政法》，中国人民大学出版社 1998 年版，第 45、49 页。

② 参见应松年主编：《行政法学新论》，中国方正出版社 1998 年版，第 37 页。

之前，我们不妨先来看一下几个主要的大陆法系国家在此问题上的司法实践。在此需要指出的是，笔者之所以回避了对英美法系国家的分析，而选取了几个主要的大陆法系国家作为探讨的样本，是基于我国与大陆法系国家共有的成文法主义传统的考量，以此确保可比性和经验的可借鉴性。

在法国，行政法的重要原则几乎全都由行政法院的判例产生。这些重要原则大都先由法官或法学家们在案件发生后提出或创造出，经过长期实践的检验，有的被成文法所吸收，有的则仍然保持判例状态，但在不断适用中得到丰富和完善。“如果我们设想立法者大笔一挥，取消全部民法条文，法国将无民法存在；如果他们取消全部刑法条文，法国将无刑法存在；但是如果他们取消全部行政法条文，法国的行政法仍然存在，因为行政法的重要原则不存在成文法中，而存在于判例之中”[①]，这一说法足以说明判例法对法国行政法基本原则的确立和适用的意义之重大。

在德国，“行政法一般原则是通过司法判决和法律学说演变形成的，早期的行政法总则几乎都是没有成文法规则的”[②]。行政法中的许多基本原则也并非成文法律明文规定的法律原则，而是联邦宪法法院在处理实际案件中通过判例发展起来并逐步得到广泛承认的。例如，1882 年 7 月 14 日普鲁士高等法院在著名的“十字架山案”[③]中确立的比例原则；1956 年德国柏林高级行政法院在“德国西柏林安置金给付案”[④]中所确立的信赖保护原则。时至今日，这些原则不但在德国得到广泛运用，而且经过不断的引进和介绍，成为很多国家行政法所公认的原则，在世界范围内得到了肯定和运用。由此可见成熟的行政法基本原则所具有的强大的影响力、生命力和对社会生活的规范力度。

---

① 王名扬：《法国行政法》，中国政法大学出版社 1988 年版，第 21—22 页。

② 于安编著：《德国行政法》，清华大学出版社 1999 年版，第 20 页。

③ “十字架山案”的基本案情为：在柏林市郊有一座“十字架山”，该山上建有一个胜利纪念碑。柏林警方为使全市市民抬头即可看见此令人鼓舞的纪念碑，遂以警察有“促进社会福祉”的权力与职责为由，公布了一条“建筑命令”，规定今后该山区附近居民建筑房屋之高度，有一定的限制，不得阻碍柏林市民眺望纪念碑的视线。原告不服，遂向普鲁士高等法院起诉。参见陈新民：《德国公法学基础理论》，山东人民出版社 2001 年版，第 399 页。

④ “德国西柏林安置金给付案”的基本案情为：德国西柏林内政部书面答应给予民主德国某个公务员的寡妻一定数额的生活补助，她随即从民主德国迁徙至西柏林。在她到达后，内政部即开始给予其安置金。但是，后来事实证明她并不符合取得安置金的法定的条件，给予其安置金是违法的。内政部因而决定停止对她发放补助并通知她归还已取得的补助。柏林高级行政法院作出了支持该寡妇的判决（该判决后来得到联邦行政法院支持）。法院认为，在依法行政原则和法律安定性原则之间存在着冲突。给予津贴的决定确实是违法的，然而该寡妇又有正当理由信赖这样的决定是合法有效的。参见姜明安主编：《行政执法研究》，北京大学出版社 2004 年版，第 91—92 页。

日本虽然拥有成文法主义传统，但其行政法理论与实践却都认为，由法律规则规范所有事项是困难的。所以，日本行政法承认判例与“条理”为非成文法源，作为成文法的补充，当产生纷争时，便委任给法院判断。因此，在日本，被称为“条理”的行政法基本原则大多是通过学说和判例而形成的，这些“条理”经过判例形成，被法院反复适用，进而形成稳定的法规范，在成文法没有规定时，行政机关和行政法院可以适用这些一般原理。①

综观上述几个大陆法系国家的司法实践，我们不难发现其中的共性：这些与我国一样拥有成文法传统的大陆法系国家，虽以成文法为主要法源，但是判例在行政法基本原则的适用上却扮演着重要角色。这些国家大多没有也不可能有统一的行政法典，因而行政法基本原则并没有也不可能通过行政法典的形式得到明确和统一，只能辅之以其他的方法，即判例的确认。

行政法基本原则经过法官判决阐述后，以判例形式得到确认，并经过反复的适用和理论上的抽象、提炼、归纳和总结。在这一点上，这些主要的大陆法系国家的成功经验无疑值得我国借鉴和学习。“在行政诉讼方面，现行的制度和原则乃至观念，几乎都是在20世纪70年代末改革开放以后，在移植外国的经验的基础上建立起来的。”②笔者认为，在建立并通过判例制度推进行政法基本原则的司法适用方面，我们也应当汲取他国之长，在符合本国实际的情况下，以通过判例形式促进行政法的发展为目标，适时建立相应的行政判例制度，推动行政法基本原则在我国司法审判实践中的运用。

四、制度化构想：我国行政法诉讼中以判例形式适用行政法基本原则机制之建构

在考察了几个主要的大陆法系国家的司法实践之后，我们看到了判例在行政法基本原则适用中的成功实践。然而，面对不同的国情和不同的司法制度，又让我们不得不思考第二个问题：对于国外的成功经验，我们如何取舍？在我国，通过判例确认并推动行政法基本原则的适用之路是否可行？

（一）我国的现状分析

基于成文法主义的法律传统，制定法一直是我国唯一的正式法律渊源，我国的行政法著作或教材中很少论及行政法的非成文法源，只是在介绍国外行政法

---

① 参见胡建淼：《比较行政法——20国行政法评述》，法律出版社1998年版，第320—322页。

② 何勤华：《新中国移植西方司法制度反思》，载《法学》2002年第9期。

渊源时才有所涉及,而行政法基本原则和判例却一直因为居于非正式渊源的地位而不具有法律拘束力。在传统的司法实践中,行政法基本原则一般并不作为行政审判的法律依据被适用。然而,近年来,行政法治不断进步,司法理念不断优化。在司法实践中,自1985年起最高人民法院以公报的方式发布的"典型案例"虽然尚不能被称为"判例",但其所引起的广泛的社会关注和一定程度上所具有的事实上的拘束力已经远远超过"案例"这个词所能够包涵的作用。1995年出版的《中华人民共和国最高人民法院公报全集》在其出版说明中就曾介绍,《中华人民共和国最高人民法院公报》所公布的案例,具有典型性、真实性、公开性和权威性特点,是最高人民法院指导地方各级人民法院审判工作的重要工具。这里的"典型性"可以被理解成是为审理同类案件提供了"样板","权威性"则暗示这些"样板"具有事实上的司法拘束力。①

在最高人民法院公布的这些案例中,也有相当数量的行政法案例。这些行政案例中的相当部分判决内容表述全面、法理论述透彻,已经具备或初步具备"判例"的基本要求。因此,笔者也曾经撰文认为,在我国实行行政判例制度应当说已经具备一定的事实和法律基础。②

例如,前文所提到的"田永诉北京科技大学拒绝颁发毕业证、学位证行政诉讼案"被最高人民法院公布之后,判决中所涉及的相关行政法原则就被不少行政法学者认为是以司法审判的形式确认了我国行政法上"正当程序原则""比例原则""信赖保护原则"的先例,对之后一系列的高校与学生纠纷案以及其他相同类型的案件产生了指导作用和一定程度的规范作用。

又如,在一些非高校纠纷案件中,如"汇丰实业发展有限公司诉哈尔滨规划局案"③等案件,法院亦适用行政法的"比例原则"原理进行了判决。说明这些案例实际已经起到一定程度的指导和规范审判的作用。

---

① 参见姜明安主编:《行政法与行政诉讼法》(第二版),北京大学出版社、高等教育出版社2005年版,第502—503页。

② 参见沈福俊:《行政法原理的司法适用:困境与选择》,载华东政法学院科研处编:《华东政法学院学术文集》(2003),浙江人民出版社2004年版,第61页。

③ "汇丰实业发展有限公司诉哈尔滨规划局案"的基本案情为:汇丰公司未全部取得建设工程规划许可证即在哈尔滨市中央大街建成一幢九层的商业服务用楼,受到哈尔滨市规划局的处罚,从而产生了行政争讼;最高人民法院在该案的上诉判决中指出,规划局所作的行政处罚决定应针对影响的程度,责令汇丰公司采取相应的改正措施,既要保证行政管理目标的实现,又要兼顾保护相对人的权益,应以达到行政执法目的和目标为限,尽可能使相对人的权益遭受最小的侵害。但是,上诉人所作的处罚决定中,拆除的面积明显大于遮挡的面积,不必要地增加了被上诉人的损失,给被上诉人造成了过度的不利影响。参见姜明安主编:《行政执法研究》,北京大学出版社2004年版,第73—76页。

可见，最高人民法院发布的“典型案例”已经在事实上起到一定的补充法律漏洞、使法律规范具体明确、对各级人民法院待决案件的裁判进行导向、推动法律发展等方面的作用。甚至有学者认为，这些案例虽未被赋予“判例”之名，但已经被赋予和最高人民法院的司法解释同等的司法权威，并被视为一种特殊形式的司法解释，被称为“具有司法解释性质的判例”。[①] 这段话可以说是道出了这些并不具有“判例”之名的“典型案例”的实际功能。但是，关键在于，我们如何从制度建设的角度采取措施，使我们的“典型案例”从“犹抱琵琶半遮面”的朦胧状态进一步走向“名正言顺”。

然而，我们又不得不承认，这种司法权威只是人民法院在司法过程中对上级人民法院权威的一种自觉遵循行为，是制度压力所导致的一种服从，存在着明显的不规范性、任意性及服从性。同时，最高人民法院始终未能给这些“典型案例”以“判例”之名，判例制度从法律制度上还无从建立，导致这些案例所拥有的拘束力的正当性也就无从得到法律制度有效的确认。法院在行政审判中对行政法原则的适用也因此始终处于“名不正言不顺”的尴尬境地。为了缓解这种尴尬，笔者认为，我国应该逐步建立起行政判例制度，并以此实现和推动行政法基本原则在行政诉讼中的适用，由此吸收行政法学研究的最新成果，推动行政法治的发展。

（二）通过判例制度实现行政法基本原则的适用之优势所在

基于对判例自身特点以及判例功能的考虑，笔者认为，判例制度在确认和推动行政法基本原则的适用上可谓独具优势。

如前文所述，行政法基本原则作为法规范的构成要素之一，具有内容较为模糊、结构相对开发、涵盖面较宽的特点。这些特点使得行政法原则在成文法规则缺失时得以走到前台，充当起弥补成文法不足的角色。但是，也恰恰是因为这些特点的存在，法官在行政审判中适用行政法基本原则时面临诸多困境。就我国的成文法传统而言，我国法官通常倾向于循规蹈矩、机械地适用成文法规则，而不愿（或不敢）在审判实践过程中发挥更多的能动性。因此，当面临成文法规则缺失或模糊时，法官往往不知从何也不知依何法断案，而不得不逐级层层请示（这种层层请示制度本身就是对上诉制度的破坏，使上诉审程序流于形式）。另外，行政法基本原则适用机制的缺失，也成为法院在行政诉讼中适用行政法基本原则的最大障碍。

---

① 参见赵正群：《行政判例研究》，载《法学研究》2003 年第 1 期。

然而，相对于成文法，判例的内容更为具体，更具有针对性，同时又具有较大的柔性。这些特性恰与行政法基本原则的特性互补，可以成为法院在行政诉讼中适用行政法基本原则的桥梁。行政法原则在某一个案中被适用，并不能直接使该原则成为行政法基本原则，其普适性是有待证明的。但是，该案例一旦通过一定的程序得到认可和确定并成为判例，其所适用的行政法原则就能够成为法官日后在审判同类案件时所援引的依据。

就判例的功能而言，在成文法国家，判例通常被认为具有弥补成文法漏洞的功能。行政法基本原则因为其内容相对模糊、涵盖面相对广泛而凸现其弹性，运用者也就因此被授予了广泛的价值判断的空间。在行政法成文规则缺失时，法官适用行政法基本原则进行审判所达到的效果，既补充了成文法规则的漏洞，又与判例所具备的功能不谋而合。“当代行政法所调整的社会关系范围之广泛与复杂，已经表明单一的成文法模式已无法适应社会发展的需要，必须以权威性形式确立我国行政法学研究中的新鲜成果，使之成为行政审判中具有依据作用的法律规则。”①因此，通过判例实现对行政法基本原则的适用，有助于更好地发挥二者在弥补成文法漏洞上的功能，共同推进行政法的发展和完善。

（三）我国未来的选择

当依据法律明文规定对案件进行判断确有困难时，法官依赖对公平的直觉和对判决结论能够被社会接受的充分把握作出价值选择。在他们作选择之后，便开始了“找法”——行政法基本原则的适用。法官凭借自己善良的信念和精湛的法律技巧，结合行政事务的特殊规律，将这些根源于公平、正义的法律价值进行整理并运用于个案中，以判例的形式一步步确立起来。结合行政法自身的特点和我国司法体制的现状，并借鉴许多大陆法系国家的经验，为了使行政法基本原则在我国行政诉讼中发挥其应有之义，通过判例实现对行政法基本原则的适用应当成为中国未来的可循之径。

1. 赋予“典型案例”以“判例”之名，明确其法律效力

在中国判例制度建立的道路上，首先要克服的障碍即是为“典型案例”正名，而为“典型案例”正名的过程也就是肯定判例在我国行政法中法源地位的过程。一旦肯定了判例是我国行政法的法源之一，判例的法律效力就获得了确认，而这种法律上的效力是“典型案例”所不具有的。也就是说，审判人员在审判活动中

---

①　沈福俊：《行政法原理的司法适用：困境与选择》，载华东政法学院科研处编：《华东政法学院学术文集》(2003)，浙江人民出版社2004年版，第61页。

对典型案例的参考和借鉴具有很大的选择权，但对是否参考和借鉴案例的选择权却因为判例制度的建立而受到了一定程度的限制。如果法官在对某一具体个案进行审判时适用了某一项行政法基本原则，而该案例通过一定的程序被确认为判例，那么该判例就成了具有法律约束力的“法”，该判例中所适用的行政法基本原则也就因此而得到了确认。此后，该项行政法基本原则的适用不仅可以通过判例比对来确定适用的情形，还可以通过对判例的援引而获得适用。

2. 建立判例的创制和出口机制，提高判例的司法权威

判例制度的建立有赖于规范的判例创建机制，只有经过法定程序，判例才能获得其应有的司法权威。这就要求我们对现行的最高人民法院发布典型案例的做法进行制度化的改造，建立行政案件的收集、整理、编纂、公布、变更和废止制度。为了防止滥发判例，影响法律的统一实施，笔者认为，目前判例的创制主体只能是最高人民法院，即由全国人民代表大会授权并监督最高人民法院制定判例法。根据《宪法》第 127 条的规定，最高人民法院是国家最高审判机关，它监督地方各级人民法院和专门人民法院的审判工作。因此，由最高人民法院创制具有法律约束力的判例，可以作为实现最高人民法院对审判工作指导和监督的有效方式。同时，最高人民法院也可以在宏观上保持判例的数量和质量，避免判例过于庞杂的状况出现。

在创制程序上，最高人民法院应当成立专门机构负责对各级人民法院的判决进行收集、整理和筛选。与此同时，地方各级人民法院也应将本地区的典型案例和有争议的疑难案件随时逐级报送至最高人民法院，以便最高人民法院能够及时从中有选择地审议和颁发判例。在挑选出具有典型意义的判决之后，由最高人民法院审判委员会对这些典型案例进行确认和编纂，并从中抽象出原则或理论，附注于案例之后，从而便于审判人员今后的适用。这些经过编纂的典型案例经过最高人民法院审判委员会的认可后，由最高人民法院通过专门判例集的形式向社会公布，从而保证判例的严肃性和权威性，便于司法人员和社会公众查询。判例一经公布即具有了法律约束力，成为司法审判中的法律依据。

当然，随着法律的发展和完善，某些判例所确立的规则或原则可能为成文法所吸收。此时，为了避免判例法与成文法的冲突，最高人民法院应依据实际情况主动变更或废除判例，即判例的出口机制。有变更或废除判例的需要时，可由专门机构提出建议，经最高人民法院审判委员会讨论作出决定，在专门判例集上予以公布，并注明变更或废除的主要理由。

3. 明确判例的适用规则,规范审判活动

经由判例所确认的行政法基本原则,虽然有了判例作为其载体而显得相对具体,但是行政审判人员在适用这些判例时,依然不能任意而为,必须受到一定适用规则的限制。

首先,各级人民法院在行政审判中发现缺乏明确的成文法规则而需要适用行政法基本原则时,必须对待决案件和相应判例进行比对,比对的目的是区别本案事实和相应判例是否具有相同或类似之处。这种比对并不是要求待决案件与判例绝对一致,而是要求法官在进行比对时,明确判例所确认的行政法原则是否能够适用于本案。经过比对,对于与判例相同或类似的案例,法官可以援引判例进行裁判。

其次,在援引判例时,必须进行充分的说理。这种说理是为了使行政法基本原则所蕴含的法律价值在具体的个案中得到具体化,同时表明法官所作出的价值判断,说服当事人和律师,使当事人和社会公众了解法院判决的事实根据和法律理由,从而认同判决的合理性和公正性。可以说,即使在援引判例来适用法律原则的过程中,也必须通过判决书中充分的说理和论证来建立判决最终的司法权威,否则行政法基本原则只能沦为空洞的口号。应当说,法官在判决书中的论证和推理与判决结果同样重要。

在此,笔者建议改革我国现行判决书的制作模式,改变现行判决书过于简单、缺乏说理论证的状况,以适应判例制度的推进,增强判决的法理性和科学性。同时,提高法官理解与运用判例的能力。因为推动判例制度的建立、判例的运用是一个反复说理、充分比对的过程,而适用判例所抽象和提炼出来的行政法基本原则更是需要明晰的说理才能对当事人产生说服力和拘束力。因此,要妥善运行判例制度来实现和推动行政法原则在行政诉讼中的适用,就必须有一批高素质的法官。他们应当具有很强的逻辑思维能力,能够深刻领悟行政法治的精神,并且熟练掌握行政法律规则,能正确评价各种行政案件的性质,正确理解与运用行政判例所宣示的行政法基本原则。

然而,从我国现状来看,由于长期局限于制定法的思维模式,行政审判人员普遍缺乏判例思维和判例方法的训练。对于法官而言,如何在个案中有创造性地运用行政法原则,本身就是对其能力的挑战。因此,在建立和运用判例制度的过程中,需要全面提高法官理解与运用判例的能力,保证判例得到正确的理解和适用。法官素质的提高与判例和行政法基本原则的适用之间也能因此而形成一种良性互动的局面。

总之，判例制度的建立的确不是一蹴而就的事情，需要一个渐进的过程。通过判例制度实现和推动行政法基本原则在行政诉讼中的适用也并非易事。判例制度的建立、行政法基本原则的适用所面临的困难中，不乏制度缺陷所造成的障碍，可以说整个改革过程是“牵一发而动全身”的。但是，困难和障碍并不能成为举步不前的借口，我们应该竭尽所能地在中国当前的司法改革过程中发挥作用。相信在碰壁和跌撞之后，较为成熟的中国行政法基本原则的适用之路必将出现在我们面前。

第二节　行政法原理的司法适用：困境与选择*

一、关于我国首例依行政法原理判决的行政诉讼案件

2002 年 4 月 8 日，江苏省常熟市人民法院对一起行政诉讼案件作出一审判决，其基本案情[①]是：在常熟一家广告公司任职的原告冯某，因不服常熟市房地产管理处注销其房屋所有权证，于 2002 年 1 月向常熟市人民法院提起行政诉讼，要求判令撤销被告常熟市房地产管理处作出的注销决定。原告诉称，2001 年 6 月 5 日，他与陈某经常熟市房产置换事务所介绍签订售房协议，约定由他向陈某购买其名下的金龙大酒店房产，转让面积以实测为准。6 月 20 日，常熟房产测绘队测定该房产面积为 595.14 平方米。7 月 25 日，常熟市房地产管理处向冯某颁发了所有权证。但是，在 9 月 21 日，向冯某转让房产的陈某对测得面积提出异议并申请复测，房地产管理处受理了其申请并委托测绘队进行复测，结果 10 月 10 日的复测面积与前次相差较大。11 月 23 日，常熟市房地产管理处作出《关于注销房屋产权证的决定》，称：“应陈某要求对上述房屋进行复测，该处房屋建筑面积与房屋所有权证建筑面积不符。根据建设部《城市房屋权属登记管理办法》第 25 条，经研究决定以下事项：一、注销并收回房屋所有权证；二、换发经复测核准面积的房屋所有权证。请冯某在接到决定 7 日内，将原所有权证送达本处，办理有关换证手续。”由于冯某未按此决定前往换证，同年 12 月 4 日，房地产管理处在当地的《常熟日报》上公告了该注销决定。原告冯某认为，被告常熟市房地产管理处作出注销决定的行政行为认定事实不清、主要证据不足、程

---

* 原载华东政法学院科研处编：《华东政法学院学术文集》(2003)，浙江人民出版社 2004 年版。

① 参见陈红梁、戴卫忠：《江苏常熟法院在审理一起行政诉讼案件时依法理对行政行为程序合法性作裁断》，载《民主与法制时报》2002 年 7 月 2 日第 6 版。

序违反法律。被告则辩称，其根据申请进行复测，发现初测面积有误，原已向原告颁发的所有权证确属“登记面积不实”，理应依职权更正登记，作出注销决定，仅是更正登记的一个环节，此行为是重新界定房屋权属关系的行政确认行为。被告依照建设部《城市房屋权属登记管理办法》第 25 条第 2 款规定，将决定书送达原告，而原告拒绝按期送交原证，被告依法发布注销公告，被告所作注销决定证据充分、程序合法，请求法庭驳回原告诉请。常熟市人民法院经审理后认为，被告向法庭提交的证据材料，尚不能足以证明其作出注销决定这一具体行政行为的合法性。在事实认定上，法庭认为，两种测量结果同为市房地产测绘队测得，被告无证据证明两种结果证明力的强弱，被告以后一结果推翻前一结果之证据不充分。原产权证是被告依法发给原告，当然具有法律效力，变更该产权证，必须有比原来更高证明力的证据来支撑。在该行政行为的程序合法性判断上，法庭认为，被告作出注销产权证的决定，涉及原告的权利义务，按照行政法原理，涉及行政相对人权利义务重大变更的，应当在作出行政行为之前适用告知程序，但本案被告未向法庭提交有关作出决定前的告知材料，也无向原告送达告知材料的手续。此外，被告作出行政行为涉及原告的权益，原告作为行政相对人有权得到司法救济，被告理应在注销决定书中告知原告诉权和起诉期限，但被告的决定书中未有此内容。故被告所作出的行政行为的程序不合法。在法律适用上，被告在决定书中援用的依据是建设部《城市房屋权属登记管理办法》第 25 条，但合议庭认为，该办法第 25 条有两款规定，其中第 1 款有 4 项内容，适用四种不同情况，会产生不同的法律后果，被告只是笼统地适用第 25 条，而没有针对具体情形适用具体的条、款、项，应属适用法律不具体。此外，被告在决定书中为原告设定“7 日内”的期限，应视为行政机关为行政相对人设置的行政法律义务，而依照行政法律规定，行政义务的设置应当有明确的法律、法规规定，但被告未在决定书中适用具体法律规定，也未向法庭提供法律依据。综上分析，法庭认为被告常熟市房地产管理处所作具体行政行为证据不充分、主要事实认定不清、行政程序违法、适用法律不当，据此判决撤销被告所作的注销决定。

值得关注的是，法院在审查本案所涉及的行政行为程序合法性时，由于没有可供断案的明确条文规定，法院在判决书的说理部分直接援用了“行政主体在作出行政行为之前，应将决定的事实和法律理由依法定形式告知给相对人”的行政法原理。在司法界对法理是否能据以直接断案仍有争议的情况下，此判例被认为是“一次颇有勇气的尝试和突破”。[①]

对于这一起全国首例以行政法原理作为依据判决行政机关的行政行为程序违法的行政案件，笔者认为值得研究。《行政诉讼法》第52条规定：“人民法院审理行政案件，以法律和行政法规、地方性法规为依据。地方性法规适用于本行政区域内发生的行政案件。人民法院审理民族自治地方的行政案件，并以该民族自治地方的自治条例和单行条例为依据。”第53条第1款规定：“人民法院审理行政案件，参照国务院部、委根据法律和国务院的行政法规、决定、命令制定、发布的规章以及省、自治区、直辖市和省、自治区的人民政府所在地的市和经国务院批准的较大的市的人民政府根据法律和国务院的行政法规制定、发布的规章。”同时，《行政诉讼法》又规定，人民法院审理行政案件，是对具体行政行为的合法性进行审查。可见，在我国，行政审判的依据是法律、行政法规和地方性法规，并参照规章。由于我国奉行的是较为严格的成文法主义，因此在成文法之外，尚难以找寻行政审判的其他依据。由此看来，上述判决的合法性令人怀疑。然而，由于成文法的不周全性和滞后性，法院在对一个具体的行政案件进行审理的过程中，又可能在某一个问题上难以找到确切的成文法依据，而行政法学的某一个原理对相关问题的阐述又已经得到公认，或者说已经成为普遍认同的公理。在这样的条件下，法院以相应的行政法原理来进行判决也未尝不可。尤其是在我国统一的行政程序法尚未制定、行政程序方面的许多问题尚未有明确的法律规定的情况下，适用比较成熟的行政程序法理论进行判决，无疑是一次有益的尝试。但是，这一尝试在我国目前的行政法律规范中，又难以找到相应的依据加以支撑，从而使我国的行政审判出现这样一种困境：当成文法在某一领域出现空白尚不足以规范行政行为的全部内容时，人民法院究竟依据什么来对具体行政行为的合法性进行审查？这是摆在我们面前的一个十分现实的问题，它关系到我国行政诉讼法所确立的合法性审查原则将如何实现、行政诉讼的目的将如何达到。同时，这一案例实际上也反映了这样一个问题：行政法原理在行政法中的地位究竟如何。

二、西方国家行政法原理在行政法中的地位

探讨行政法原理在行政法中的地位，必然要涉及行政法的法源问题。所谓

---

① 参见陈红梁、戴卫忠：《江苏常熟法院在审理一起行政诉讼案件时依法理对行政行为程序合法性作裁断》，载《民主与法制时报》2002年7月2日第6版。

行政法的法源，就是指行政法的存在形式，即法规范构成的来源。行政法是有关行政的法，是“国家整体法规范之一部，在现代的法治国家中依法行政原则又是所有行政行为所必须遵奉之圭臬，讨论行政法的法源问题，即在于探究哪些规范是可以用来规范行政行为之准则。易言之，行政法的法源即是在形式上及实质上规范行政行为的法规总称也”[①]。从世界各国行政法的基本结构看，行政法的法源可以分为成文法源和不成文法源。

各国的法律制度和法律传统不同，法源也不相同。一般来说，大陆法系国家的法源主要限于成文法，而在英美法系国家，以判例、习惯、法理等构成的不成文法却在法源中占有重要地位。但是，在行政法上，这一“通例”并不完全适用。

在法国，行政法的形式法源（指法律规则表现的形式，即法律规则出现在哪里，什么地方可以找到法律规则）分为成文法源和不成文法源，前者是指宪法、和行政事项有关的条约、议会制定的关于行政组织和活动的法律、总统和总理所制定的行政法规、部长和地方政府所制定的行政规章，后者是指法的一般原则、判例、习惯法；行政法的实质法源（指构成行政法规则的资料来自什么地方，行政法规则包括什么内容）包括来自法律方面的资料（行政法以外的其他法律部门中的规定、过去的法律制度、外国关于同类行政事项的立法和判例以及法学著作中的行政法学理论），来自经济事实、社会事实、政治、哲学、伦理、道德观念，以及各种社会科学和自然科学的研究成果。[②] 在不成文法源中，法的一般原则效力和法律相等，内容十分丰富，它是指法国大革命时期的某些传统思想，以及某些事项的立法精神、社会生活的需要、公平正义感觉的一种表现；而判例又是行政法的重要渊源，行政法上很多原则，在法律没有规定的情况下，由判例产生。即使在成文法有规定的时候，成文法的适用也由判例决定。因此，法国行政法的重要原则由判例产生。[③]

在德国，行政法的法源是指宪法、正式法律、法规命令、规章、习惯法和行政法的一般原则、法官法、行政规则和特别命令、国际法和欧共体法。其中，行政法的一般原则主要是通过司法判决和学理形成并发展起来的，具体包括四种途径：其一，由实践中被长期遵守的习惯形成。其二，从宪法的规定和原则中引申出来，这些一般规则被称为“具体化了的宪法”。其三，通过对法律材料（法律、法

① 陈新民：《中国行政法学原理》，中国政法大学出版社 2002 年版，第 45 页。
② 参见王名扬：《法国行政法》，中国政法大学出版社 1988 年版，第 16—18 页。
③ 同上书，第 16、21 页。

规、判例等)进行系统、抽象、典型的整理而获得。在浩如烟海的有关各行业的特别行政法规范,特别是联邦行政法院的判决之中,总是存在着适用于其他行业的而不是限于被处理案件的规则。其四,从所谓的法律原则中引申出来。根据学理上一种代表性的观点,从正义原则中可以得出一些因其普遍性而适用于任何人的法律原则(基本法律规范)。这种法律原则因其一般性而不能适用于具体案件,但它们可以构成有效的实在法律条款的法律基础,这些法律规范在行政法领域里即成为一般行政法原则。①

美国的行政法法源分为五类,即宪法、立法(指联邦国会的立法,如联邦国会1946年制定的《联邦行政程序法》适用于全部联邦行政机关的活动,具有重要地位)、总统的行政命令、行政法规和判例法,前四类都属于成文法源。然而,美国行政法的重要原则,不是来源于成文法,而是来源于判例法,其中有的判例法是法院对宪法条文或成文法条文的解释,但大部分判例法是在没有宪法或成文法的依据时,由法官发挥创造性所产生的规则或原则。例如,在美国司法审查中,大部分规则由法院的判例产生。联邦政府和行政官员的行政赔偿责任,在未由成文法规定以前,已由判例产生。②

在英国,行政法的法源主要由不成文法构成,因为在英国,连宪法在总体上都是不成文的,行政法的自然正义原则等也是通过法理、判例等不成文形式确定的。③

在日本,其行政法法源也分为成文法源和不成文法源两种,日本的"成文法中心主义"使成文法在其行政法中占据第一位的地位,其成文法源主要是指宪法、法律、命令、条约、条例与规则(地方政府根据其自治权制定的自主法)。但是,为了填补成文法规的空白,或者为了补充解释成文法规的规定事项,不成文法源也有其存在的意义。主要的不成文法源有习惯法和判例法,一般法原则有时也被作为法来运用。这里所说一般法原则,不一定是法令上明文规定的。一般说来,作为合乎正义的普遍原理而得以承认的诸原则,被称为一般法原则或条理,如平等原则、比例原则、禁止翻供原则、信义诚实原则等。这些一般法原则也是不成文法之一,不仅约束私人间的法律关系,而且也约束行政上的法律

---

① 参见〔德〕哈特穆特·毛雷尔:《行政法学总论》,高家伟译,法律出版社2000年版,第55—82页。

② 参见王名扬:《美国行政法》(上),中国法制出版社1995年版,第46—47页。

③ 参见姜明安主编:《行政法与行政诉讼法》(第二版),北京大学出版社、高等教育出版社2005年版,第29页。

关系。[1]

通过上述分析可以看出，在许多西方国家(无论是英美法系国家，还是大陆法系国家)，行政法不仅以成文法为法源，而且还以判例、习惯、权威法学著作、学说所确立的行政法原理、行政法基本原则为法源。首先，成文法和不成文法相辅相成，构成行政法法源的完整体系。行政活动需要成文法的规范，原因在于：基于行政本身的特性和执行性，有必要向社会明确有关行政组织的存在形态和行政活动的依据；有利于行政作用的统一性与行政活动的公正性；通过现实的法律制度，能为公民权利的保障与救济提供行政法依据；有利于发挥行政法的预测功能，为公民权利的保护与社会秩序的稳定发挥作用。但是，由于行政法产生的历史比较短，行政事务增加的速度比较快，完全依靠成文法的形式难以解决行政发展中的问题。特别是行政法本身没有采取像民法、刑法那种统一法典的形式，因而在发挥调整功能时自然会出现法律调整与行政现实之间的距离，而成文法本身的局限性又扩大了这种距离。因此，在行政法理论与实践的发展过程中，不成文法源又具有特殊重要的意义。在行政法理论上，承认其不成文法源与行政法治的价值并不矛盾，以不成文法形式存在的行政惯例、判例、法的一般原理(条理)，可以对依法行政原则起到协调与补充作用。[2] 其次，以判例、法的一般原则及行政法学基本原理所构成的行政法不成文法源起到了不可替代的作用。例如，在德国，除判例与习惯法以外，行政法一般原理是重要的不成文法源；[3]在法国，作为行政法法源的法的一般原则，按照我国法律术语就可以被称为法理。[4]同时，经常为西方国家法院司法审查引用的自然正义原则、不准翻供原则、越权无效原则、比例原则、穷尽行政救济原则等，均是通过学说确定的。当然，这些原则在为法院适用后即转换成判例法规范，有的国家甚至通过成文法加以固定。[5] 由此可见，在西方许多国家，行政法原理是行政法规范的重要来源，它在弥补成文法的不足和为判例法的产生提供依据等方面，起到了不可替代的作用。

---

① 参见杨建顺：《日本行政法通论》，中国法制出版社 1998 年版，第 151—157 页。

② 参见张正钊、韩大元主编：《比较行政法》，中国人民大学出版社 1998 年版，第 40、45 页。

③ 同上书，第 49 页。

④ 参见王名扬：《法国行政法》，中国政法大学出版社 1988 年版，第 17 页。

⑤ 参见姜明安主编：《行政法与行政诉讼法》(第二版)，北京大学出版社、高等教育出版社 2005 年版，第 30—31 页。

三、我国行政审判依据中单一成文法主义的不足

《行政诉讼法》第 5 条明确规定，人民法院审理行政案件，是对具体行政行为的合法性进行审查。因此，行政审判的依据就是指人民法院在解决行政争议时，确认所诉具体行政行为合法性的法律标准和尺度。根据第 52 条和第 53 条第 1 款的规定，我国行政审判的依据是法律、行政法规、地方性法规，并参照规章。这一规定，实际上明确了在我国行政审判活动中，人民法院只能依据成文法对行政案件进行审理和判决，实行的是单一的成文法依据模式，排除了不成文法在行政审判中的运用。近二十年来，我国的行政法制建设已经取得举世瞩目的成就，尤其是《行政诉讼法》自 1989 年颁布并于 1990 年 10 月实施以来，对我国行政法治所起到的推动作用已经有目共睹，受世人公认。但是，毋庸讳言，由于我国实行的是单一的成文法模式，成文法本身的局限性、滞后性及缺乏预见性的矛盾十分突出，由此所产生的问题也令人不无担忧。

（一）行政法制不完善导致“成文法主义”陷入困境

我国行政法制并不完善，在诸多的行政领域，还缺乏相应的法律规范。虽然已经制定行政诉讼法、行政复议法、行政处罚法、国家赔偿法等行政法律规范，众多的行政法规、地方性法规和规章也为行政审判提供了一定的依据和参照，但由于行政活动的广泛性和变动性等特点，成文法难以对之作周密和稳定的规范。因此，在一定的行政领域，仍然缺乏必要的行为规范，这不仅使行政行为无章可循，而且也使人民法院的行政审判陷入困境：既要依法审判，实现行政诉讼法所确立的宗旨，又因为缺乏相应的具体法律依据，使法院的“合法性审查”无从入手，从而对一些违反“公平”“正义”原则要求的行政行为束手无策。尤其是我国已经加入世界贸易组织，伴随着“入世”，大量的涉外行政案件也将产生。由于我国涉外行政法律规范并不健全，在许多方面仍存有空白，法院的行政审判也就无法可依。笔者认为，有法不依固然是一种对法律的漠视，但无法可依更显尴尬和无奈。

（二）部分规范过于陈旧使法律适用不合时宜

由于部分法律、法规制定的年代久远（如作为法律的《户口登记条例》于 1958 年 1 月 9 日颁布并施行至今，作为国务院行政法规的《公证暂行条例》也于 1982 年 4 月 13 日起“暂行”至今），其中的部分规定只反映了当时社会的需求而不再符合当今社会的要求。但是，这些法律、法规只要不被废除或修改，就仍然

合法有效地存在着,也仍然是人民法院在行政诉讼中对具体行政行为进行合法性审查的依据。不过,当今快速发展的社会使得人民法院如果再以这样陈旧的依据进行审判,就明显不合时宜了。

(三) 部分规范过于抽象使法律适用无统一标准

从现有的法律、法规和规章来看,有的规定过于笼统、概括和抽象,缺乏相应的可操作性。虽然我们有相应的法律解释制度,但是现有的法律解释并不可能覆盖法律规范的全部,而且有的法律解释(如行政机关为维护自身权力所作的有些行政解释)是否完全符合立法的本意,本身就令人怀疑。部分行政法律规范的这一状况不但给行政执法带来很大的随意性,也使行政审判工作陷入进退两难的境地。比如,虽然行政诉讼法规定人民法院对"显失公正"的行政处罚,可以判决变更,但行政诉讼法实施至今,对何为"显失公正",却无明确的法律规定和权威机关的解释。再如,"滥用职权"将构成人民法院判决撤销具体行政行为的理由,但对何为"滥用职权",并无一个统一而明确的司法标准。

(四) 行政规范大量适用使行政权的优越性明显显露

行政机关制定规范的大量存在,使法院的行政审判不得不向行政机关有所倾斜。由于行政审判只能依据法律、法规,并参照规章,而实践中行政法规和规章的数量远远大于法律,许多行政行为又都仅仅是依照行政法规或规章作出的,并无严格意义上的法律作为依据;由于行政机关制定的规范有可能会"尽力"扩大行政权力而随意限制公民权利,而大量的行政行为却都是以其为依据作出的,因此法院不但不能对此规范置若罔闻,反而应当根据行政诉讼法的规定,将其作为审判的依据。甚至,在没有法律、法规依据的情况下,法院只能依据行政规章进行判决,使本来只有参照地位的规章一下子成为审判依据。这种以行政机关规范作为审判依据的案例,其结果只能是以行政机关的胜诉为结局。这使行政权的优越性及法院受制于行政机关的现状显露无遗。这也正是为什么"行政在司法面前,总有一种莫名的优越感"①的真正原因所在。

以上状况的存在,不但使行政审判陷入困境,也使公众对行政诉讼制度产生怀疑,从而可能从根本上动摇我们当初建立这一制度的根基。在很大程度上,我国只奉行单一的成文法主义,而由行政法原理所确立的行政法治原则的若干要求未能通过一定的法定渠道进入司法领域,是导致这些状况愈演愈烈的重要原

① 宋功德:《行政法的制度变迁》,载罗豪才主编:《行政法论丛》(第4卷),法律出版社2001年版,第73页。

因之一。

四、以司法解释与判例相结合的形式确立行政法原理在司法审查中的地位

从世界各国来看,行政法不同于刑法、民法等其他法律,没有一部统一的成文法典,其规范通常散见于大量各种不同的法律规范文件和各种成文或不成文的判例、一般原则(或称条理)之中。在我国,行政法的法源来源于各类国家机关所创制的具有法律效力的规范,包括宪法、法律、行政法规、地方性法规、民族自治条例和单行条例、行政规章、国际条约、法律解释等,[①]不成文法目前尚不能成为我国行政法的法源。但是,这种单一的成文法模式在我国行政审判中所显露出来的弊端已使法院步履艰难。要使法院走出困境,发挥其在行政审判中应有的功能,必须改变我们目前的行政审判依据体系,使一些成熟的行政法原理通过一定的法律途径成为行政审判的依据,从而使司法权规范行政权依法行使的功能得到全面发挥。

(一)以司法解释的形式对行政法的基本原则加以确立

由于行政法没有统一的法典,其基本原则一般都通过具体的规范(包括成文或不成文的各种规范)加以体现,因此西方国家一般都承认行政法基本原则是行政法重要法源之一。英国行政法学者韦德称行政法是"管理公共当局行使权力、履行义务的一系列普遍基本原则"[②],把行政法的整个法源归结为法的基本原则。这虽然是就英国的不成文法传统制度而言的,但由此也可以看出法的基本原则在普通法国家行政法法源中的重要地位。即使在成文法国家,法的基本原则在行政法法源中也具有相当重要的地位。在法国,法的一般原则是具有法律效力的不成文法规则。这些规则如同成文法律一样,能够拘束行政机关。违反这些规则的行政行为将被行政法院撤销。[③] 在我国,行政法的基本原则经过学者的归纳、总结,很多内容已被行政法规范吸收(如行政处罚法所确立的基本原则)。虽然学者们多认为行政法的基本原则是指导行政法制定、执行、遵守以及解决行政争议的基本准则,贯穿于行政立法、行政执法、行政司法和行政法制监督的各个环节之中,具有普遍性、特殊性、有效性的特点,并认为"离开基本原则,

---

① 参见应松年主编:《行政法学新论》,中国方正出版社1998年版,第17—21页。

② 〔英〕威廉·韦德:《行政法》,徐炳等译,中国大百科全书出版社1997年版,第6页。

③ 参见王名扬:《法国行政法》,中国政法大学出版社1988年版,第211页。

行政法就不能存在”[①]，但由于在一些领域尚无立法，这些原则还无法通过具体的行政法律规范得到全面的适用。为此，笔者建议，在目前尚无法全面制定行政法律规范的前提之下，可以通过最高人民法院以司法解释的形式，将学术界已经成熟的关于行政法基本原则方面的理论研究成果加以确立，使之成为行政审判的依据。

首先，通过司法解释确立行政法原理所归纳、总结的行政法基本原则在司法审查中的地位，可以使符合现代法治精神的行政法治原则得到全面运用，从而使行政法原理与具体司法实践相结合。“无论立法者多么高明，规章条文也不能网罗一切行为准则，不能覆盖一切具体案件。因此，在某种意义上可以认为，法律本身的局限性就是法律解释学的根源。”[②]因此，通过司法解释确立行政法基本原则在行政审判中的地位与作用，可以使相关的学理通过一定的法定途径成为司法审判中的依据，从而弥补成文法的不足。

其次，以司法解释的形式确立和发展行政法学理论，在我国也已有成功的范例。有学者归纳，《最高人民法院关于执行〈中华人民共和国行政诉讼法〉若干问题的解释》不仅对行政审判工作具有重要指导意义，而且还丰富和发展了我国行政法学中的行政法律关系主体理论、行政行为理论和行政救济理论。[③] 也有学者认为，正是这一司法解释，显示了司法审查之手已渐次地伸向一些传统的拒绝行政诉讼的领域，如受理学生告高校诉讼、受理村民告村民委员会诉讼、质疑纪要的合法性、质疑社会中介组织行为的合法性等。[④] 由此可见，通过司法解释确立行政法原则从而发展行政法，显然对我国行政审判制度的发展意义深远。

最后，我国法律和行政法学普遍承认包括司法解释在内的法律解释是行政法的法源之一，而且司法解释在司法实践中所发挥的重要作用也有目共睹。通过司法解释阐释行政法基本原则，使其具有司法适用力，可以进一步强化司法权威，促进司法权对于行政权监督职能的全面实现。

（二）以行政判例形式确立行政法原理的司法适用

判例，即具有约束力的司法先例。行政判例，则指在行政审判实践中，由具

---

① 应松年主编：《行政法学新论》，中国方正出版社 1998 年版，第 37 页。

② 季卫东：《法律解释的真谛——探索实用法学的第三条道路》，载季卫东：《法治秩序的建构》，中国政法大学出版社 1999 年版，第 87—88 页。

③ 参见江必新：《司法解释对行政法学理论的发展》，载《中国法学》2001 年第 4 期。

④ 参见宋功德：《行政法的制度变迁》，载罗豪才主编：《行政法论丛》（第 4 卷），法律出版社 2001 年版，第 91 页。

有权威性的审判机关作出的可以影响或在事实上拘束今后审理同类案件的权威性行政判决。[①] 判例在行政法中的重要地位已为各国行政法所证明。在法国，行政法院的判例是行政法的重要法源，法国行政法的重要原则几乎全由行政法院的判例产生。例如，行政行为无效的理由、行政赔偿责任的条件、公产制度、行政合同制度、公务员的法律地位等极为重要的法律原则都由判例产生。一位法国行政法学家用生动的语言说："如果我们设想立法者大笔一挥，取消全部民法条文，法国将无民法存在；如果他们取消全部刑法条文，法国将无刑法存在；但是如果他们取消全部行政法条文，法国的行政法仍然存在，因为行政法的重要原则不存在于成文法中，而存在于判例之中。"[②]这几句话虽然有些夸张，但可以看出判例对于行政法的重要性，也说明法国行政法的特点。在素有判例法传统的英美国家，其判例制度对行政法同样起到了不可替代的作用。在当代美国行政法中，"立法的作用虽然在扩张，但判例法仍然占有重要地位"[③]。可见，判例并非为英美法系所专有，大陆法系国家对其也予以高度重视。尤其是在素有成文法传统的法国，判例在其行政法制度中被演绎得淋漓尽致，形成了许多蕴含有关行政法原理与基本原则的重要判例，并实际支配了其行政法的发展。但是，我国至今未能在法律中明确规定判例在行政法中的地位，从而使许多行政法的重要原理与原则无法通过判例加以确立和适用。这不仅是一种理论资源的浪费，有些时候更使法院的行政审判由于缺乏一定的依据而变得十分艰难。早在我国行政诉讼法颁布之初，就有学者提出在我国建立行政判例法制度的建议，[④]但一直未能实现。本章第一节所介绍的案例报道中，当地法院人士称，在法无明文规定的情况下，依法理断案当属"无奈之举"，[⑤]就很能说明我国目前行政审判依据方面存在的问题。

笔者认为，由于行政法本身的分散性及其调整社会关系领域的广泛性和复杂性，运用判例对行政法学的相关原理进行确认，从而使其在行政审判中具有适用依据的地位，是除司法解释之外，解决行政法原理的司法适用问题的又一

---

① 参见姜明安主编：《行政法与行政诉讼法》(第二版)，北京大学出版社、高等教育出版社 2005 年版，第 501 页。

② 王名扬：《法国行政法》，中国政法大学出版社 1988 年版，第 21—22 页。

③ 王名扬：《美国行政法》(上)，中国法制出版社 1995 年版，第 47 页。

④ 参见吴剑平、冯耀习、王祖德：《在我国确立行政判例法的探讨》，载罗豪才主编：《行政审判问题研究》，北京大学出版社 1990 年版，第 427—446 页。

⑤ 参见陈红梁、戴卫忠：《江苏常熟法院在审理一起行政诉讼案件时依法理对行政行为程序合法性作裁断》，载《民主与法制时报》2002 年 7 月 2 日第 6 版。

途径。

首先，应当吸收和借鉴国外行政判例制度的经验，特别是法国以行政判例发展行政法的经验，运用判例形式，确认行政法学一般原理和一般原则在行政审判中应当成为人民法院审查具体行政行为合法性的依据，从而真正发挥法学理论对司法实践的指导和促进作用。同时，以蕴含行政法学理论的判例作为审判依据，也可以从另一角度大力促进法官法学理论素养的进一步提高。这也是司法改革进程中法官职业化的一个重要内涵。

其次，以司法解释与判例相结合，确认行政法原理的司法适用。一般来说，司法解释主要是从抽象解释的角度，对行政法原理的司法适用进行较为综合的确认，而判例则结合个案确立某一个行政法原理的司法适用问题。从某种角度说，司法机关针对个案中行政法原理的适用所制定的判例，更具有可操作性。

最后，在我国，《中华人民共和国最高人民法院公报》所公布的案例，实际上也已经初步具备判例的含义。1995 年出版的《中华人民共和国最高人民法院公报全集》在其出版说明中就曾介绍，《中华人民共和国最高人民法院公报》所发布的案例，具有典型性、真实性、公开性和权威性的特点，是最高人民法院指导地方各级人民法院审判工作的重要工具。这里的"典型性"可以被理解为是为审理同类案件提供了"样板"，"权威性"则暗示这些"样板"具有事实上的司法拘束力。所以，如果将这些案例称为"具有司法解释性质的判例"，也属顺理成章。[①] 同时，这些案例中也有一定数量的行政案例。因此，在我国实行行政判例制度应当说已经具备一定的事实和法律基础。更何况，当代行政法所调整的社会关系范围之广泛与复杂，已经表明单一的成文法模式无法适应社会发展的需要，必须要以权威性的形式确认我国行政法学研究中的新鲜成果，使之成为行政审判中具有依据作用的法律规则。

五、结语

法律的生命在于适用，而更重要的是在适用过程中求得其本身的发展与完善。这才是法律作为一种社会规范在人类社会中求得生存并不断发展的关键因素所在。行政诉讼制度建立以来，对我国行政法治与行政法学研究所起到的重要作用，已经为世人公认。我国行政法学的蓬勃发展，又为行政法与行政诉讼制

① 参见姜明安主编：《行政法与行政诉讼法》(第二版)，北京大学出版社、高等教育出版社 2005 年版，第 502—503 页。

度的发展与变革提供了契机。我国行政审判中单一的成文法依据模式已经无法适应当代行政法治飞速发展的需求，必须加以改革。如果我们坚持单一的成文法主义，那就等于说我们的法律已经或肯定面面俱到、绝对完备。但是，各国法制发展的实践已经表明，那是绝对不可能的。西方许多国家以成文法与不成文法相结合（有时甚至更重视不成文法的作用）的方式所建立的行政审判制度，正是考虑到了行政法在调整社会关系方面的特殊性。因此，反映社会需求，体现法治新理念，将行政法学研究的理论成果引入审判依据，为行政法注入新鲜血液，更是体现了行政法本身的与时俱进。

第三章

行政主体相关问题研究

第一节 “大政府”理念应当彻底革除*

一、行政频频干预司法显示了个别地方政府的“强权”与“霸道”

频频发生的政府干预司法的事件，引起了社会广泛的关注，使人们对一些地区政府机关的“强权”与“霸道”有了新的直观认识。一起发生在陕西省榆林市横山县的矿权纠纷官司，在审理过程中，最高人民法院却收到一份来自“陕西省政府办公厅”的函件。函件中这样表述：“如果维持省高院的判决，将会产生一系列严重后果，对陕西稳定带来较大的消极影响……”同样发生于该地的另一起因矿权纠纷而引发的群体性械斗事件，在榆林市中级人民法院 2005 年判决、陕西省高级人民法院 2007 年裁定维持原判后，数年得不到执行。2010 年 3 月，陕西省国土资源厅竟然召开“协调会”，以会议决定否定生效的法院判决之做法，最终导致矛盾激化，引发横山县波罗镇山东煤矿和波罗镇樊河村在 2010 年 7 月 17 日发生群体性械斗。另外，在此之前发生在重庆的一起政府“警告”法院的事件，也使人对政府的“牛气冲天”和个别法院的“唯命是从”不无担忧。重庆农民付强的蛙场被划入了工业园区，在补偿没谈好的情况下，施工者放炮开山，大批蛙在炮声中死去。付强为此提起诉讼。出乎付强意料的是，一审法院判决其败诉。在 2010 年 6 月的上诉过程中，付强的律师查阅卷宗时，发现了一份由重庆市涪陵区李渡工业园区管委会于 2009 年 10 月 15 日发给法院的“公函”，称：“一审（法

---

* 原载《东方法学》2010 年第 6 期。

院)不应采信(西南大学司法鉴定所的)错误鉴定结论,应作出驳回原告诉讼请求的判决……如果一审法院不采信我们的意见,而一意孤行或者基于其他原因,硬要依据上述错误鉴定结论作出判决……将会造成原告缠诉或者上访,并且不利于处理另外三户养殖户的诉讼。我们想:这也是一二审法院都不希望发生的后果!"此前,与政府未达成补偿协议的付强,还被当地警方多次调查。他期待着不受政府干预的二审判决。① 上述事例中,政府的"公函"或"研讨会"所显示的对司法的颐指气使和指手画脚,处处透露着政府的优越与傲慢。个别法院在某种程度上的迁就与屈尊则更加助长了政府的"霸气"。于是,一次又一次的干预纷至沓来,以致给人感觉司法机关似乎成了政府下属的一个部门。上述关于行政屡屡干预司法的报道,给人的感觉就是,司法的权威遭到了行政的频频挑战。这些司法被政府屡屡挑战的现象,引起了人们的深思:究竟是什么原因导致这种现象屡屡发生?我们应当如何杜绝这种行政权对司法权的侵犯?这是在建设法治国家的进程中不得不认真考虑和严肃对待的问题。

二、行政频频干预司法的原因在于"大政府"理念下行政与司法的"一体化"

我国《宪法》第126条规定:"人民法院依照法律规定独立行使审判权,不受行政机关、社会团体和个人的干涉。"同时,《刑事诉讼法》《民事诉讼法》和《行政诉讼法》都明确规定了"人民法院依照法律规定独立行使审判权,不受行政机关、社会团体和个人的干涉"的原则。然而,在我国,行使行政权的行政机关与行使审判权的法院之间应当是一种什么样的关系,却是一个很值得研究的问题。从《宪法》以及诉讼法的角度而言,法院理应是独立行使审判权的机关,不应当受到任何的干扰;行使行政权的行政机关理应尊重和服从法院的裁判。但是,为什么政府会经常运用"公函"或者"指示"的方式对司法"指手画脚",甚至以"研讨会"的方式断然否定法院已经生效的判决?笔者认为,根源还是在于我们的体制和观念,应当从历史角度去找原因。

从传统的体制角度而言,中国的司法机制乃是大行政体制中的一个组成部分,即法院名为依法独立行使审判权的司法机关,但从实际操作角度来说,它仍然被认为是行政体制中的一块,很难摆脱与行政机关之间千丝万缕的联系。行政机关总认为司法机关和政府机关本身就是"一家人",甚至还觉得自己应当是司法的领导者。这可以从历史发展中找到根源。我们在夺取政权和建立革命政

① 参见杨万国:《政府公函警告法院勿"一意孤行"》,载《新京报》2010年6月28日第A15版。

权的进程中，司法一直被认为是政府体制的一个组成部分。以抗日战争时期的陕甘宁边区政府为例，它是由边区参议会选举的13人组成的政府委员会，并在委员会中选举正副主席各1人。边区政府下设机关，除秘书处、民政厅、财政厅、教育厅、建设厅、保安司令部、保安处、审计处及各种专管机关等部门外，还有高等法院。再以解放战争时期解放区的人民民主政权为例，在大行政区的形成及其政府的建立过程中，法院也是被作为政府机关的一个组成部分来对待的。1948年，华北人民政府宣告成立。在该政府机关中，除设民政、教育、财政、工商、农业、公私合营、交通、卫生、公安、司法等部外，还设立财政经济、水利和法制三个委员会以及华北人民法院、人民监察院、劳动局、办事处、华北银行、秘书处等工作部门。[①] 由此可见，法院与行政机关“同为一体”有其历史渊源。

中华人民共和国建立初期，司法体制也几经沧桑。在过渡时期，中央人民政府下设最高人民法院和最高人民检察署，作为最高国家审判机关和检察机关。地方也建立了相应的司法机构。省级以上行政机关设立法制委员会或政法委员会，负责指导和协调法院、检察院、公安等部门的工作。在县、市一级，经政务院批准，设立人民法庭，以便及时惩处犯罪分子；人民法庭的一审判决即为终审判决，审判长由县、市行政首长担任。这表明当时的法制建设和司法程序及其组织形式还很不完备。同时，重大刑事案件及其判决，实行党内审批制度。这一制度一直被延续下来。

1954年《宪法》颁布以后，检察署改为检察院，司法体制开始进入正规化建设阶段。但是，到了1958年，这种正规化建设受到批评，被指责为“忽视党的领导”，“过分强调独立行使职权”。从此，人民法院和人民检察院被认为是“党的驯服工具”。在领导关系上，司法机关由向人民代表大会负责转为向各级党委及政府负责，人民检察院改垂直领导为双重领导，即在接受上级检察机关领导的同时接受当地行政部门的领导。在组织机构上，司法部、厅、局自1959年起被撤销，刚刚建立起来的公证、律师机构也全部被取消。1960年，中央决定公、检、法合署办公，由公安部党组统一领导。这个决定实际上等于取消法院和检察院。上述变化使刚刚开始走向健全的司法体制受到破坏，司法机关行使职权的相对独立性大大减弱，其作用也大为降低。“文化大革命”更是排斥任何法制和秩序，发

---

① 参见余潇枫编著：《比较行政体制——政治学理论应用》，浙江大学出版社1999年版，第85—87页。

生了“砸烂公检法”的严重事件，法院陷于瘫痪，检察院被正式取消。[①] 由此可见，在“文化大革命”之前，司法机关一般也是作为大行政体制之中的一个组成部分而存在的，服从政府的领导成为当时司法机关的主要特征。

1976 年 10 月以后，司法机关得到重建，尤其是中共十一届三中全会以来，社会主义法制建设取得了令人瞩目的成就。根据 1982 年 12 月颁布的《宪法》，人民法院的独立审判权得到了具有最高法律效力的国家根本大法的庄严确认。特别是 1999 年的《宪法修正案》，更是将“依法治国，建设社会主义法治国家”的基本方略写入了国家的根本大法。我国在改革开放以后先后颁布的三大诉讼法也明确规定人民法院依照法律独立行使审判权，不受行政机关、社会团体和个人的干涉。

但是，由于长期以来实际形成的政府与司法之间的紧密联系，尤其是政府机关认为其应当领导司法工作的“大政府”理念，[②]使得宪法与诉讼法所确立的人民法院独立审判的原则难以得到全面的贯彻。行政机关几十年来将司法机关视为“一家”甚至“下属”的观念，并不会因为宪法和诉讼法的规定而得到根本性的改变。一些发生在基层的典型事例就很能够说明实践中政府与法院之间的实际关系。媒体在介绍浙江省台州市法院探索行政诉讼“异地交叉管辖”经验时，曾经提到一个“刺激神经”的事例：某基层人民法院有起行政案件牵涉到一个行政单位，开庭之前，市长打电话找到该基层人民法院院长，在将该院长数落一顿后竟然把传票扔给他说：“拿回去，胡闹！”由于种种原因，台州在 2000 年到 2002 年 3 月间审结的 1763 起一审行政案件中，原告撤诉率高达 50.65%。[③]

同时，在具体的公务员制度中，我们又奉行法院的法官与行政机关的公务员都对应地具有相同行政级别的做法。这更使政府行政工作人员与法官在性质上的区别无从体现，也使司法权的独特特性无法得到显现，行政与司法趋同的理念更加根深蒂固。尤其是在行政诉讼中，行政机关可以对司法机关，尤其是在司法机关的经费上，形成有效的影响。中国现行的财政制度，虽然是由权力机关最终确定预算并审议预算的执行情况，但实际上是由行政机关编制预算，权力机关只是对行政机关编制的预算进行审议而已，而且司法机关所需的经费也需要经过

① 参见谢庆奎主编：《当代中国政府》，辽宁人民出版社 1991 年版，第 51 页。

② 在实践中，各级地方政府专门设有主管政法工作的行政副职。按照我国流行的说法，法院是政法机关的组成部分。如此看来，法院也应归主管政法的行政副职领导了。

③ 参见章再亮、陈佳：《“异地交叉管辖”破解行政诉讼难》，载《民主与法制时报》2007 年 4 月 2 日第 A07 版。

相应行政机关的审议。这就使得司法机关受制于行政机关，在行政诉讼中就难以保持独立、公正。[①] 这种长期以来形成的行政与司法一体化的体制，必然会使行政机关在观念上形成对司法的“轻视”，司法机关则表现为在一定程度上对政府依附和迁就。可以说，我们所持的政府观念，仍然是广义的政府理念。所谓广义的政府，泛指一切国家政权机关，包括立法、行政、司法机关和其他一切公共机关。[②] 在这样的体制与观念的支配下，政府频频向司法“发号施令”，甚至随意地否定法院依法作出的裁判，也就不足为奇了。

这种广义的政府理念，实际上是一种“大政府”理念。在这种理念的支配下，实际上难以有真正独立的司法。政府随意干预司法的行为不仅违反了法律，更重要的是违反了宪法关于法院独立行使审判权的规定，也越出了政府行政权力的边界。最终的结果就是，政府主宰一切，司法在一定程度上成了行政的附庸。重庆市涪陵区人民法院根据李渡工业园区管委会的“公函”作出一审判决的事例，就非常明显地证明了这一点。实践中大量的行政诉讼案件更是说明，法院的独立审判权受到了政府严重的干预。一位法官曾经深有感触地指出，我国行政诉讼困难重重，其中最主要的原因是行政权优越于司法权，司法权微弱。[③] 这种现象导致法院无法依据法律进行独立审判，只能根据政府的旨意作出审判。一个不争的事实是，如果法院不守法在实践中也成了惯例，就会有越来越多的政府机关对法院的审判提出要求，其结果只能是法治的根基遭到破坏，依法治国、依法行政就很容易成为一句空话。因此，这种“大政府”理念应当被彻底摒弃。

三、摒弃“大政府”理念应当以尊重司法的独立品格和依法行政为前提

笔者认为，建设社会主义法治国家这一重要命题，本身就决定了司法权应当得到尊重和政府依法行政的内涵。频频发生的行政挑战司法的事件，给我们的启示就是，司法应有的权威应当得到尊重。行政权是政府应当依法行使的权力，行使时应当遵守合法的边界；行使司法权是依法解决特定争议的活动。两者应当有明确的界限。虽然我们从制度和观念上否定西方国家的“三权分立”，但政府的行政权和法院的司法权属于两种不同的国家权力，应当有一定的制衡，则是法治的常识问题，也是人类在反对专制和人治进程中共同经验的总结，具有普适

① 参见王学辉、宋玉波等：《行政权研究》，中国检察出版社 2002 年版，第 376 页。

② 参见辛向阳：《新政府论》，中国工人出版社 1994 年版，第 6 页。

③ 参见王振宇：《行政审判难在何处》，载《法制日报》2001 年 3 月 24 日第 7 版。

性。所以,作为司法机关的法院不但不能依附于政府和听命于政府,还应当依照法律规定的审判权制约和监督政府可能出现的"为所欲为"行为。我国行政诉讼制度的建立就说明了这一点。这是因为,政府所拥有的行政权具有天然的扩张性和侵略性,必须运用包括司法手段在内的法律机制对其进行必要的制约,否则一切法治都将变为空谈。因此,在大力推进法治的进程中,树立司法的权威,尊重司法的独立品格,并且在一定程度上树立司法高于行政的理念,从而促进政府的依法行政,是我们建设社会主义政治文明,推进法治政府建设,进而实现建设社会主义法治国家目标过程中的一个非常紧迫的问题。从以上的分析以及实践中司法频频被政府随意干预的事实可以看出,虽然法院依照法律独立审判的地位早已得到宪法和诉讼法的确认,但在实践中,行政对待司法的观念却没有得到根本的改变。这说明,摒弃政府机关的"大政府"理念,尊重司法的独立品格,进一步促进政府的依法行政,仍然是我们推进法治的一项重要任务。

四、尊重司法的独立品格是现代政府应当具备的基本素质

司法是一种解决纠纷的专业性活动,其本质目的是实现司法机关的自主性与社会纷争过程和结果的公正性。要实现这一目的,司法机关的中立性是一个最为基本的前提。要实现司法的公正,除要求在所裁决的争端中不得含有裁判者自己的利益以及不得对任何一方当事人抱有偏见外,更为重要的是防止裁判者在裁判过程中因受到争议事实之外的其他因素的干扰而作出偏私的决断。裁决者一旦听命于他人作出裁决,尽管其可能作出或者作出了公正的裁决,但在人们的心理上,这种公正难以令人信服,至少在形式上不可避免地遭到怀疑。[①] 有学者指出,随着社会分工特别是市场经济条件下高度社会分工的发展,法律机构会发生一种趋势性的变化,即法律的专门化,具体包含三方面的内容:首先是社会中从事法律事务的人员的专门化;其次是伴随法律事务人员的专门化出现的法律机构具体设置的专门化;最后是相对独立的法律机构运作,尤其是司法机构活动在社会生活中的相对独立。[②] 宪法和诉讼法所确立的人民法院独立审判原则,正是基于司法活动的特殊要求所作出的规定。可以说,独立而不受干扰的司法活动和司法结果,是司法的品格所在,政府不仅不能干预,反而应当对其保持

① 参见马怀德主编:《司法改革与行政诉讼制度的完善》,中国政法大学出版社 2004 年版,第 6 页。

② 参见苏力:《论法律活动的专门化》,载苏力:《法治及其本土资源》,中国政法大学出版社 1996 年版,第 137 页。

应有的尊重。尤其是在以"民告官"形式所表现的行政诉讼中,更是要强化政府对司法权的尊重。因为实践证明行政诉讼是艰难的,法院要让力量悬殊的诉讼当事人平等地接受司法裁判,就必须抵御来自被告政府的各种干预和压力。法院难以抵挡之际,就是裁判不公之时。[①] 尊重司法的独立性,服从司法的裁判,这是现代政府应当具备的最基本素质。

五、尊重司法的独立品格同样应当以政府依法行政为前提

在一个社会中,行政权是最为庞大的一种权力。然而,国家任何一种权力的扩张,若不加以节制,不仅会伤及国家的其他权力,而且会危及整个宪治民主制度。伴随行政权力扩大的一个持续性话题就是,如何限制行政权力的扩大。[②] 因此,强调政府必须尊重司法、尊重和服从法院依法作出的裁判,就必须强化政府依法行政的意识和水平,让政府依照法律的规定进行活动。

法院的司法活动是通过其专业性的判断和裁决,保护公民的权益,从而实现社会公正。政府随意干预司法机关独立判断和独立裁判的行为,不仅是对公民权利的损害,也是对法治的根本性破坏,本质是一种滥用权力的表现。因此,必须通过进一步完善行政法治,杜绝这类现象的发生。因为行政法的最初目的就是要保证政府权力在法律的范围内行使,防止政府滥用权力,以保护公民。[③] 我们从行政法治发展的历史也可以看到,近现代意义上的行政法,其诞生和发展都与法治理念的不断演进有关。无论是法国资产阶级革命进程中产生的行政法院,还是英国普通法上的自然公正原则和美国宪法所确立的正当法律程序规则,都已成为各国行政法上最具特色、最为重要的行政法律制度,并为世界上许多国家所仿效,成为现代行政法治的重要标志。这些制度的建立与发展,无不与控制政府权力、维护行政相对人合法权利的理念逐渐深入有关。基于行政权力固有的扩张性、侵略性和易被滥用性以及权力和权利的不平等性,近代行政法从产生之初即充分贯彻了个人自由至上和有限政府原则,形成了控权模式。"行政法定义的第一个含义就是它是关于控制政府权力的法。"[④]然而,在我国传统的计划经济体制之下,政府的作用却是全方位的,不仅要发挥维护公共秩序和社会利益

---

① 参见章再亮、陈佳:《"异地交叉管辖"破解行政诉讼难》,载《民主与法制时报》2007年4月2日第A07版。

② 参见王学辉、宋玉波等:《行政权研究》,中国检察出版社2002年版,第83页。

③ 参见〔英〕威廉·韦德:《行政法》,徐炳等译,中国大百科全书出版社1997年版,第5页。

④ 同上。

的“守夜警察”作用，而且要发挥分配资源、安排生产、照顾社会的“家长”作用。普通百姓也认为政府是他们衣食住行的唯一依靠。于是，政府的职能日益增加、机构不断膨胀、地位日趋显赫，行使权力自然没有任何边界可言。

“大政府”理念一再被强化。事实上，这是传统计划经济造就的一个神话，也是人治社会的一个显著标志。政府不可能是万能的，也不应该要求它万能，否则就会为此付出沉重的代价。在市场经济体制尤其是在以宪治为基础的体制之下，政府的权力不但应当是有限的，而且应当是受到监督的。“社会必须创立一种机制，在扩大行政权的同时，加强对行政权的控制和制约，使之正当行使不致被滥用，这种控制和制约的重要环节就是行政法。”①以司法权监督行政权，让政府的行政权在法律所规定的范围内行使，不得随意超越其应有的边界，更不能通过滥用行政权干预法院的司法活动，成为法治建设中的一个关键问题。有学者曾经明确指出，法治的精义在于限制不受限制的权力，创造法律支配权力的格局，因为政府的守法对于实现法治更为关键。中国法治最大的困难在于政府官员肆意将公权力变成私权力，破坏法治的基础。② 因此，强化依法行政意识，完善依法行政的各项制度，是保证政府依法办事的基础。“依法行政原则，是指一切行政权力的行使，都必须依照法律。它是法治国家、法治政府的基本要求。法治要求政府在法律范围内活动，依法办事；政府和政府工作人员如果违反法律，超越法律活动，即要承担法律责任。”③2010 年 8 月 27 日，国务院召开全国依法行政工作会议，再次强调要“贯彻依法治国基本方略，推进依法行政，建设法治政府”④，这说明依法行政、建设法治政府已经成为我国各级政府追求的目标。

六、尊重司法和推进政府依法行政应当完善相应责任机制

笔者认为，在宪法的统领之下，司法、行政应当泾渭分明。必须从体制上改变司法、行政实际上是一家的状况，应当有具体的制度保障法院独立行使审判权。对于干预司法的行政，以及心甘情愿被干预甚至主动成为行政附庸的司法，

---

① 姜明安主编：《行政法与行政诉讼法》（第二版），北京大学出版社、高等教育出版社 2005 年版，第 4 页。

② 参见钱弘道：《中国司法改革再思考》，载江平主编：《比较法在中国》（2003 年卷），法律出版社 2003 年版，第 216 页。

③ 姜明安主编：《行政法与行政诉讼法》（第二版），北京大学出版社、高等教育出版社 2005 年版，第 64 页。

④ 姚大伟：《国务院召开全国依法行政工作会议 温家宝作讲话》，http://www.gov.cn/ldhd/2010-08/27/content_1689840.htm，2010 年 8 月 31 日访问。

应当规定明确的法律责任。既强化政府的依法行政意识，也要强化法院的依法审判意识。同时，要通过各级人大监督这一制度的执行。司法应当要有权威。对于藐视法院判决、违法否定法院判决，尤其是拒不履行法院已经生效的行政判决的行政机关，应当根据刑法规定追究刑事责任。在讨论《行政诉讼法》修改的时候就有学者提出，为保证行政判决的执行，如果行政机关拒不履行判决、裁定，应当向该行政机关的负责人和直接责任人员追究行政法律责任以及进行司法拘留、罚款，情节严重的，还应以藐视法庭罪论处。[①] 这一建议对于改善司法环境、提升司法权威可以起到积极的政策导向作用。

七、结语：革除"大政府"理念并让政府谨慎行使权力是法治的重要目标之一

现实中发生的几起政府随意干预法院审判活动的事例，说明一些地方政府部门在观念上还没有完全树立法治政府、有限政府的理念，依法行政还没有真正成为一些地方政府的自觉行动。这说明，依法控制、规范政府的权力，仍旧是我们推行法治尤其是行政法治进程中的一项重要任务。"基于人性的弱点，对行政权必须加以限制。这是现代行政法始终恪守的一条基本信念，也正是在这个意义上，'控权法'几乎成了现代行政法的代名词。"[②]笔者认为，在对行政权加强控制、防止其滥用的基础上，应让司法的回归司法、行政的回归行政。行政不应当成为司法的领导，法院更不能成为政府的下属和附庸。司法、行政各自独立并且行政还必须接受司法监督的法治秩序如果被破坏和颠倒，社会秩序必然大乱，我们所追求的法治目标也必然不会实现，已经在《宪法》条文中庄严写上的"依法治国，建设社会主义法治国家"的基本方略，只会成为一纸空文。在大力推进法治、建设法治国家的今天，不仅要树立政府尊重司法的观念，还要鼓励和支持法院自强不息地依法对政府的行政权力加以切实的监督和制约，尤其是通过行政诉讼中的司法审查手段。因为"司法审查不仅在其实际应用时可以保障个人的权益，而且由于司法审查的存在对行政人员产生一种心理压力，可以促使他们谨慎行使权力"[③]。促进政府依法行使权力、谨慎行使权力，从而使政府机关实际存在的"大政府"理念得到彻底革除，应当成为当前法治建设中的一个重要目标。

---

① 参见马怀德主编：《司法改革与行政诉讼制度的完善》，中国政法大学出版社 2004 年版，第 402 页。

② 章剑生：《现代行政法基本理论》，法律出版社 2008 年版，第 34 页。

③ 王名扬：《美国行政法》（下），中国法制出版社 1995 年版，第 566 页。

第二节 企业作为被授权组织的有关问题探讨*

一、企业作为被授权组织问题概说

行政法上所称的被授权组织，是指除行政机关以外经具体法律、法规授权而行使特定行政职权的其他行政主体。① 行政主体的提法是到我国行政诉讼法制定前后才在行政法学研究中出现的，在此之前的行政法学研究一直局限于行政机关或行政组织，而将其他非行政机关的管理者排斥在研究领域之外。我国现行行政主体理论的通说认为，行政主体是指享有国家行政权，能以自己的名义行使行政权，并能独立地承担因此产生的相应法律责任的组织。

从理论上看，传统观点认为，国家行政职能只能由国家行政机关及其公务人员行使，一定的行政事务只能由相应主管行政机关办理。但是，随着社会发展，使政府承担的不少公共管理职能及具体内容由非政府组织来承担，不仅是可能的而且是可行的，公共行政领域有必要也事实上存在国家与社会的分权。正是行政主体理论的出现，推翻了“公共行政属国家专有职能”的假设，把“被授权的组织”作为行政主体范畴的基本组成部分。学界对此的看法基本一致，只是在具体的称呼上有所差异。

现今，通过法律、法规授权非行政机关的组织行使部分国家行政职能，成为各国一个普遍的“例外”现象。政府管理公共事务的唯一性被逐渐打破，行政主体多样化成为发展趋势。关于授权非行政机关的组织行使行政职能，我国在许多单行法律、法规、行政规章中作了比较明确的规定，在行政救济和司法救济的法律、法规中也都作了明确的肯定。例如，《行政诉讼法》第 25 条第 4 款规定：“由法律、法规授权的组织所作的具体行政行为，该组织是被告。由行政机关委托的组织所作的具体行政行为，委托的行政机关是被告。”《国家赔偿法》第 7 条第 3 款规定：“法律、法规授权的组织在行使授予的行政权力时侵犯公民、法人和其他组织的合法权益造成损害的，被授权的组织为赔偿义务机关。”《行政复议

---

* 原载《华东政法学院学报》2003 年第 3 期。本篇系与研究生周春莉（现为浙江省宁波市海曙区人民政府干部）合作撰写。

① 尽管当下流行的行政主体内涵存在不少无法自圆其说的缺憾，受到种种批评，但笔者认为总体上并不意味着对行政主体概念的否定。参见薛刚凌：《我国行政主体理论之检讨——兼论全面研究行政组织法的必要性》，载《政法论坛》1998 年第 6 期。

法》第 15 条第 1 款第 3 项规定："对法律、法规授权的组织的具体行政行为不服的，分别向直接管理该组织的地方人民政府、地方人民政府工作部门或者国务院部门申请行政复议。"《行政处罚法》第 17 条规定："法律、法规授权的具有管理公共事务职能的组织可以在法定授权范围内实施行政处罚。"同时，我国在实践中也越来越多地将过去民法和行政法两不管的非行政机关组织之公共管理行为纳入行政法控制范围。这亦促使这些组织开始注意以行政法的原则、精神办事，追求行政的合法性和合理性。

被授权组织的范围在实践中是相当广泛的，往往可归纳为社会团体、行政机构、事业组织和个别企业组织。[①] 企业组织作为被授权组织的现象是比较少的。这主要是因为企业组织主要以营利为目的，往往可能与一定的行政职能行使具有利害关系。有学者明确将不以营利为目的列为被授权组织作为行政主体应具备的组织要件之一。[②] 这一观点从企业具有的营利性出发，认为企业单位不宜承担行政职能，并以对授权行政没有严格规范为由解释现实中授权企业的存在。这一观点在法律法规授权的组织中将企业列入，却又在法律法规授权的组织应具备的组织要件中将企业排除在外，其矛盾性主要归咎于对企业的营利性的认识。传统上企业被认为是营利的，但事实上，当下营利性与非营利性的界限模糊，具体表现在以不以营利为目的作为非营利性的内涵，即以 not-for-profit 取代 non-profit。营利性与非营利性的区分标准不应是按照传统所谓的是否营利。在市场经济的环境下，非营利性组织也需要核算经营成本和营利。所以，两者之间的区别仅是是否以营利为目的，即有所收益后的结果。这同样也是对于"营利性"概念的重新认识。另外，从行政学的角度看，"公共行政的许多工作是通过为数众多的私人团体和个人协作完成的。'私营'和'公共'之间的界限现在确实已变得模糊不清，人们难以说清政府的界限在哪里终止而私营企业的界限又从哪里开始。"[③]政府与企业之间也有着一种合作伙伴关系。

---

① 另外，常见的行政性公司也称专业公司，是指政府机构改革时从原国家机关转变为公司，但又保留行业管理职能的组织。有学者将其归入企业组织这一类，与其他企业并列。参见杨解君、肖泽晟：《行政法学》，法律出版社 2000 年版，第 125 页；叶必丰：《行政法学》，武汉大学出版社 1996 年版，第 74 页。有学者将其与企业组织并列，作为法律法规授权组织的主要类型之一。参见罗豪才主编：《行政法学》（新编本），北京大学出版社 1996 年版，第 81 页；陈瑞洪：《中国行政法》，法律出版社 1998 年版，第 37 页；方世荣主编：《行政法与行政诉讼法》，中国政法大学出版社 1999 年版，第 113 页。

② 参见方世荣主编：《行政法与行政诉讼法》，中国政法大学出版社 1999 年版，第 75—77 页。

③ 〔美〕菲利克斯 · A. 尼格罗、劳埃德 · G. 尼格罗：《公共行政学简明教程》，郭晓来等译，中共中央党校出版社 1997 年版，第 11 页。

按照国外授权法的理论，行政法治一要控制行政权力，加强法治；二要对行政权力做必要的转移。政府通过法律、法规授权非政府组织对市场的干预仍属行政干预的范畴，但与政府的直接干预有较大差别，可谓间接行政干预。间接行政干预是被授权组织以自己的名义依法行使被授予的职权，并由其承担所行使职权的法律后果。这实际上是对行政权力做了必要的转移，即将政府可做可不做的事情交由企业或者市场中介组织来完成，实现政府机构精干、运作高效之功效。

在我国，已有相当一部分企业通过法律、法规的授权而取得行政主体资格，如《烟草专卖法》授权全国烟草总公司和省级烟草公司行使下达卷烟产量的行政职能。《铁路法》第 3 条第 2 款更是明确规定："国家铁路运输企业行使法律、行政法规授予的行政管理职能。"

我国交通随时代演进而迅速发展，轨道交通亦属交通之范畴，较之传统的铁路公路等为一崭新的领域。上海市自 2002 年 7 月 1 日起实施的《上海市轨道交通管理条例》，是全国第一个关于该领域的地方法规。该条例第 4 条第 2 款规定："轨道交通线路运营单位负责其运营范围内轨道交通运营的日常管理工作。经市交通局认定具备实施行政处罚条件的轨道交通线路运营单位，按照本条例的授权实施行政处罚。"地铁运营企业根据该条例获得授权行使行政处罚权。

所以，并非不能授权一定企业行使一定的行政职权。只是这两个"一定"就要求企业作为被授权组织，在成为行政主体的机会、范围及其能够行使行政职权的内容方面，相较其他组织需受到更为严格的条件和规则的限制。

二、企业作为被授权组织的条件

目前，我国法律对于什么样的企业可以被授权成为行政主体并未作详细规定。笔者认为，并非任何企业都能被授权行使一定的行政职能。企业被授权成为行政主体，至少必须符合下列几个条件：

（一）具有公益性质

根据我国行政法学的通说，公共利益的代表者即行政主体，包括行政机关和法律法规授权的组织。行政是行政主体维护和分配公共利益的一种国家职能，而行政主体实际上就是代表公共利益的抽象人格，是公共利益维护者和分配者的法律化。[①]

---

① 参见叶必丰：《行政法学》，武汉大学出版社 1996 年版，第 68 页。

强调公共利益是成为被授权组织的首要条件。企业要成为被授权组织，首先就应具有公益性质。

那么如何判断公共利益？公共利益并非恒定，而是随着时代的发展而演变，并且在其所处的时代中经常充满冲突。尤其在当今国家事务多元化的时代，关于什么是公共利益，以及发生利益冲突时如何选择重点，总是令人疑惑不解。[①]公益的概念极具抽象性。从行政上看，公益条文既拘束行政行为之相对人，亦可拘束行政主体，德国学者沃夫即认为，公益条款是任何一个公行政行为之合法性及界限之理由。[②] 职权的利益指向应为公共利益。在宪治的背景下，国家权力派生于公共权力而服务于公共利益。判断公共利益，可以与普遍性的个体利益相联系，公共利益是普遍性的个体利益的集合。某种个人利益具有社会普遍性，因而它就成为社会公共利益而不仅仅是个人利益；[③]个别化的个人利益则被认为是纯粹私人的而与公共利益无涉。换言之，当公共利益作为普遍性的个体利益的集合时，公共利益与普遍性个体利益在形式上是合一的，或者说，前者可以表现为后者。这样做可以摆脱公共利益的抽象性，使公共利益不再虚幻。

尽管目前法律法规没有明确规定被授权组织的条件，但在 1996 年 3 月 17 日通过的《行政处罚法》第 17 条规定："法律、法规授权的具有管理公共事务职能的组织可以在法定授权范围内实施行政处罚。"《行政处罚法》对授权主体、被授权组织的范围、被授权组织的条件作了明确的规定，而在其之前，单行法律中没有如此严格的限制。从第 17 条的规定看，只要具有管理公共事务职能，企业、事业组织或社会团体均可被授权实施行政处罚权，通过执行公共事务职能达到追求公共利益实现的目的。

（二）具有一定的公共事务职能

我国授权行政主体有些类似于法国行政法中的公务法人。公务法人是除国家和地方团体之外，依法从事一定公务活动，独立享有行政法上权利和义务的行政主体。公务法人不同于政府。因为它不属于政府系统，不受政府组织法调整。公务法人也不同于地方团体。地方团体和公务法人都是实施公务的行政主体，但前者的公务以行政区域为基础，后者则以公务的内容不同而设置。设立公务法人的主要原因在于：一是为了避免一般行政上的官僚主义习气，如僵化的手

① 参见〔德〕哈特穆特·毛雷尔：《行政法学总论》，高家伟译，法律出版社 2000 年版，第 6 页。

② 参见陈新民：《德国公法学基础理论》（上册），山东人民出版社 2001 年版，第 197 页。

③ 参见孙笑侠：《法的现象与观念》，群众出版社 1995 年版，第 70 页。

续，以保持一定程度的精神自由；二是公务法人容易得到社会的赞助，因为捐赠人的目的是赞助某项事业，不愿把钱捐给一般行政机关。[①]

19 世纪，法国行政法的基本观念是"公共权力学说"，到 19 世纪末为"公务学说"所取代。这是因为，行政机关的活动大大超越了行使公共权力的范围，有不少活动不属于行使公共权力，而是为了满足某些公共利益的需要而提供服务，如教育、卫生、救济、交通等。这些活动以公共利益为目的，不同于私人行为，因此不受民法规则支配而适用行政法规则。尽管二战后出现的新情况使公务学说面临危机，但在新的、统一的行政法学观念形成之前，公务观念仍在法国行政法中占据着重要地位。[②] 行政公务的分权即行政与企业、事业单位、社会团体之间的分权。国家从提高效率、加强民主等方面考虑，常常将其部分的统治权授予其他组织，从而使自身取得行政主体的资格，能够较为独立地进行活动。这就造成行政主体的多样化。尽管我国在理论上未以公务分权为基础，但学界也存在从公务角度出发界定被授权组织的做法。例如，有学者用"经过特别授权的公务组织"的概念来替代"法律法规授权的组织"这一传统术语。[③] 不少行政法学教材中均有公务组织概念。[④]

德国有关行政主体的分类较为详尽，其中有一类即为被授权人或者被授权组织。在特定的条件下，国家可以授权私法主体在相应范围之内行使国家权力。被授权人在法律上独立并且自负其责地执行特定的行政任务。

日本行政法上的行政法人又称营造物法人，是指由国家或地方公共团体出资设立的法人，具有公共财团法人的性质，如国营公司、公库、金库、基金等。我国台湾地区也将行政主体归纳为私人和公法人两大类。

我国行政主体理论研究的侧重点在于行政主体的行政行为，强调行政主体对外管理职能以及行政主体同行政管理相对人之间的关系，忽视甚至排斥了对行政主体之间应然关系的研究。当下的首要问题是借鉴法、德、日等国家的行政主体理论，将国家行政权从公共事务的角度科学、合理地分配给不同的行政主体行使，实现真正意义上的自负其责，从而减轻国家行政机器的负担，充分发挥法律法规授权组织的积极性。

---

① 参见王名扬：《法国行政法》，中国政法大学出版社 1989 年版，第 123 页。

② 参见胡建淼：《比较行政法——20 国行政法评述》，法律出版社 1998 年版，第 196—198 页。

③ 参见沈岿：《重构行政主体范式的尝试》，载《法律科学》2000 年第 6 期。

④ 参见张树义主编：《行政法学新论》，时事出版社 1991 年版，第 74 页；王连昌主编：《行政法学》（修订版），中国政法大学出版社 1997 年版，第 63 页。

（三）具有法人资格

具有法人资格是企业作为被授权组织成为行政主体应具备的组织要件。成为行政主体的企业必须是企业法人，应具有民事权利能力和民事行为能力，依法独立享有民事权利和承担民事义务。企业法人的概念是我国民法学者的新创，企业法人相当于传统分类中的营利性社团法人，我国《民法通则》中将法人分为企业法人、机关法人、事业单位法人和社会团体法人。企业法人以营利为目的，拥有归其所有或经营的独立财产，并依核准登记程序成立。作为行政主体，其必须是一个依法成立的组织，而作为企业被授权成为行政主体，其当然应当是一个具有法人资格的组织。

三、企业被授权应具备的法律特征

（一）行政职权的独立性

所谓行政职权的独立性，是指所授行政职权应与企业组织无利害关系，否则有违行政法的公正原则。企业当然具有营利性，但企业的经营和管理应分开来看，营利主要体现在经营过程中，为了在市场竞争中获胜。因此，市场竞争方面的行政事务不能授权给企业来行使，因为这一方面的事务属非公共事务。行政机关对具有经济性的某些公共事务管理可能比较陌生，若授权给具有一定经营管理经验的企业组织，无疑更有效率。

（二）行政职权的法定性

有明确的授权依据是被授权企业作为行政主体的法律要件，被授权组织行政主体资格的取得随授权机关的授权行为而发生。当然，被授权组织主体资格的丧失亦基于所授之权的收回或授权已到期限。企业行使职权必须有授权，那么授权以何为依据？按照行政主体理论，行政机关以外的组织经法律、法规授权后成为行政主体，而经规章授权的不具有行政主体资格。我国《行政诉讼法》第25条的规定也体现出，法律法规以下的规范性文件不能作为授权的依据，行政授权的规范性依据是法律和法规。

然而，1999年11月24日通过的《最高人民法院关于执行〈中华人民共和国行政诉讼法〉若干问题的解释》（以下简称《若干解释》）将行政诉讼被告的资格作了扩大。根据《若干解释》第20条、第21条的规定，行政授权的规范性依据扩大为法律、法规和规章，这种制度变革是为了适应行政管理实践的发展。但是，该制度变革事实上突破了我国行政主体概念与行政诉讼被告认定之间一直具有的紧密联系，从而使实体法主体和诉讼法主体不完全一致。这一矛盾的出现，实际上也呼唤着法律必须对行政法上的授权规则作出统一规定，以进一步明确法律、法规作为授权依据的主导地位，从而使行政权的授予更具有规范性。

（三）行政职权来源的直接性

关于行政授权的概念往往涉及两种含义。简言之，一是行政权设定，一是行政权转让，两者又被称为直接授权和间接授权。

有学者主张，中国行政法理上的行政授权应指行政机关把自己职权转让给有关组织的行政行为，即将行政授权的概念限为间接授权。[①] 这是值得探讨的。事实上，这种界定更多的是类似于内部的行政委托行为。例如，1989 年发布的《森林防火条例》第 33 条第 1 款规定："第三十二条规定的行政处罚，由县级以上林业主管部门或者其授权的单位决定。"若某县林业局将该条例中规定的行政处罚权授予乡林业站行使，那么这种授权属于间接授权。间接授权是指法律法规规定某项行政管理职权可由某一行政机关授予某一组织行使，在行政诉讼中将这种授权视为行政委托的性质。间接授权的组织不能成为行政诉讼的被告，因而不能成为被授权的行政主体。

《行政诉讼法》第 25 条第 4 款规定："由法律、法规授权的组织所作的具体行政行为，该组织是被告。由行政机关委托的组织所作的具体行政行为，委托的行政机关是被告。"这里所讲的授权是指法律、法规的直接授权，即法律、法规明确将某项行政管理职权授予某类组织，不包括间接授权。本文所指的授权是前者的含义，企业直接从立法那里获得一定的行政管理职权，有权在特定领域以自己的名义扮演行政管理者的角色，具有了行政主体资格，这亦是行政法中授权的真正含义。

（四）行政职权的有限性

行政机关的管理事项往往比较全面、综合。相对而言，被授权组织所行使管理权的事项要片面、单一，其职权限于相应法律、法规明确规定的某项具体职权或具体事项。授权的职权应具体可操作，而不应笼统，否则容易导致超越职权、滥用职权的现象。授权者在授予被授权者行政职权时，必须明确授权范围。例如，1989 年国务院发布的《石油、天然气管道保护条例》第 24 条规定："对维护管道及其附属设施安全做出显著成绩的单位和个人，能源主管部门或管道企业可

---

① 参见胡建淼：《有关中国行政法理上的行政授权问题》，载《中国法学》1994 年第 2 期。

以给予表彰和奖励。”这样，管道企业取得了行政奖励权。否则，被授权组织也就无法确定其行政职能的范围并承担相应责任。被授权组织仅在以自己名义行使法律法规所授职权时，才享有与行政机关相同的行政主体地位，并就行使所授职权的行为对外承担相应的法律责任；执行其本身的非行政职能时，则不享有行政权，亦不承担行政法上的责任。

四、企业作为行政主体应与其民事主体身份加以区分

我国对企业作为被授权组织行使行政职权缺乏严格规范，而这不利于确保行政权的依法行使、保护相对方的合法权益。为此，有必要专门就行政授权进行立法。如前所述，这类能成为行政主体的企业以公用企业为主，它们的设立更多是以提高政府效能、满足公众需要和改善公共福利为目的，从而被授予某些行政职权来从事公共事务活动，为公众提供服务。

关于公用企业的定义可见国家工商行政管理局于 1993 年 12 月发布的《关于禁止公用企业限制竞争行为的若干规定》，其第 2 条明确指出：“本规定所称公用企业，是指涉及公用事业的经营者，包括供水、供电、供热、供气、邮政、电讯、交通运输等行业的经营者。”公用企业一般指以提供公共服务为职能的企业，具有公益性质。由于公用企业所具有的对管道和线路的依赖性、成本的递减性和沉淀性，其长期以来被认为是自然垄断行业，为反垄断法的适用例外。[①] 随着市场经济的发展，这种行业垄断经营的经营管理体制弊端日益明显，公用企业具有的双重法律地位使其在活动时的主体性质模糊。一方面，公用企业是向消费者提供服务的企业组织，与交易相对人处于平等的民事主体的法律地位。另一方面，因公用企业提供的服务具有公益性质，经授权可以成为行政主体，拥有相应的行政职权，所以与行政相对人对应，共处于不平等的行政法律关系中。但是，在实践中，公用企业往往更看重行政主体资格和手中的行政权力，忽视民事主体资格。这给区分企业的行政主体身份和民事主体身份带来困难。

行政行为是指行政主体代表国家行使行政职权作出的能直接或间接产生行政法上法律效果的行为。行政行为是与民事行为相对应的一种法律行为，是行政权运行的外在表现形式。民事行为是指能够引起民事法律关系产生、变更或消灭的行为，是私法行为；行政行为是行政主体行使行政职权的行为，是行使公

---

① 参见闫小龙：《公用企业的政府管制和反垄断问题》，载《河北法学》2001 年第 4 期。

共权力的行为。两者在理论上的界限是清楚的。我国行政主体理论给予被授权组织行政主体的定性,就是将它们与行政诉讼被告的确认联系起来,以解决实践中出现的大量非行政机关组织行使行政职权时引起纠纷的救济问题。要判断被授权组织在何种情况下成为行政诉讼被告,标准是其行为是否为行政行为,进而确定其法律身份,然后才通过司法来判断行政行为合法、违法或无效。

但是,在实践中,特别是在有些政企不分或政企合一的场合,行为的性质有时难以准确认定。《法制日报》曾报道安庆市供电局政企不分、滥行处罚而成为行政诉讼被告的案件,[①]揭示其深层次原因还是长期以来的行业政企不分、高度垄断经营。垄断者一方面控制整个行业经营,另一方面又拥有相应的行政管理职权,并利用这种身份谋求"左右逢源"的局面。企业可以通过法律法规授权成为行政主体,但从事经营活动时仍是民事主体,两者不能混淆。如果企业以行政主体的身份对待民事活动,那么势必构成滥用职权。企业成为行政主体的机会、范围以及能够行使行政职权的内容,一般来说是受严格限制的。由此,为维护法律的严肃性、确保行政权的依法行使、切实保护相对方的合法权益,需要正确判断企业的法律身份。

事实上,问题的解决办法依然是政企分开。人们对政府管理与企业经营必须分离的重要性已认之甚深,现代行政法的原则与政企不分格格不入。政企分开一旦放在公用企业领域,就由于其较之一般企业具有更明显的自然垄断性与公共性,并长期实行高度集中的计划经济而举步维艰。虽说垄断现象是世界性的,但中外表现形式却有所不同。外国多半是行业垄断,而我国却是行政垄断。在我国,几十年计划经济形成的行政垄断是根深蒂固的,并具有明显的中国特色。在我国的铁路运输、通信、电力、煤气、自来水等许多基础设施产业,政府既是管制政策的制定者和监督者,又是具体业务的实际经营者。但是,行政垄断往往会导致企业组织管理的低效率和资源运用的低效率。近年来,我国开始对公用企业进行引入竞争机制的改革。例如,1997 年在电力行业成立国家电力公司,1998 年撤销电力工业部,由国家经贸委承担电力产业的政府管理职能,在中央层面实现了政企分开。同时,我国开始在一些省市进行试点改革,规划新一轮竞争化改革。我国虽然进行了力度较大的改革,但仍实行管理与经营二合一的模式,公用企业政企分开的目标远未真正实现。为此,笔者认为,被授权的企业

---

① 参见李评:《安庆这起行政诉讼引人深思》,载《法制日报》2002 年 7 月 14 日第 2 版。

履行行政职能，一是必须认清自己的身份，明确自己是在履行国家的行政职能，以避免行政主体身份与民事主体身份混淆；二是要明确授权法的授权范围和内容，避免超越权限和滥用行政职权；三是应在企业内部建立行政管理和企业经营行为的区分规则，明确职责权限，严格做到依法行政。

第四章

行政裁量权与规范性文件监督问题研究

第一节 论行政自由裁量权及其控制*

所谓行政自由裁量权,是指在行政管理活动中,作为行政执法主体的行政机关所拥有的,可以根据具体情况和自己的意志自行判断、自行选择,采取最为合适的行为方式及内容的权力。它是行政权力的一项重要内容,也是行政机关在行政执法中最广泛、最经常运用的一种权力。有的学者甚至认为,行政自由裁量权是行政权中最显著、最独特的部分。诚然,为了行政管理的需要,行政自由裁量权必须存在。但是,与此同时,由于行政自由裁量权的"自由度"较大,在实践中常常可能会被滥用,而损害行政相对人的权益,因此它也是行政机关与相对人之间产生行政争议的一个重要导源。因此,正确认识并运用行政自由裁量权,加强对行政自由裁量权必要的法律控制,是当前行政法制建设中的一个重要课题。

一、行政自由裁量权存在的合理性与被滥用的可能性

行政自由裁量权的存在有其合理原因,一是行政权不断扩大的结果,二是由行政管理的特殊要求所决定,三是法律不可能规范全部行政活动。

首先,行政权的不断扩大是行政自由裁量权存在的前提。在西方资本主义国家,现代意义上的行政法是资产阶级启蒙思想家"三权分立"学说的产物。在早期的资产阶级国家观念中,行政职能只是根据法律的规定,对内维持秩序,对

---

* 原载《政治与法律》1995 年第 5 期。

外保障安全。主要的行政活动在于征税、征兵和维持公共安全，全部经济活动属于个人的工商业自由，政府不能干预。由于行政管理的范围极小，议会有能力制定相应的法律来全面规范行政活动。但是，20 世纪以来，随着经济的发展和科学技术的进步，社会生活日渐复杂，从而导致政府职能日趋扩大。行政权涉及的范围不仅是治安、国防和外交，还扩展到生产、生活、社会福利、教育文化等领域。由于行政权涉及领域的不断扩大，再加上行政管理专业性、技术性的不断增强，愈来愈多的行政事务需要行政机关根据客观实际情况和自己的意志灵活地加以处理，行政自由裁量权便随着行政权的扩大而出现并不断发展。

其次，行政管理的特殊性决定了行政自由裁量权必须存在。随着行政权及其涉及领域的扩大，行政机关在行政管理中所面对的社会情况日益复杂。同立法活动和司法活动相比，行政活动更具有广泛性、直接性、具体性和多样性的特点，尤其是行政管理的专业性、技术性因素随着社会的进步和科学技术的发展而进一步增多，使行政管理更趋复杂。但是，作为行政管理活动本身来说，又必须强调效率。因此，为了满足行政管理的需要，愈来愈多的行政管理领域需要行政机关"自由地"制定有关规范性文件进行调整，愈来愈多的行政事务需要行政机关灵活地加以处理。

最后，法律规范的不全面使行政自由裁量权的存在成为必要。行政事务的广泛性和复杂性，使立法机关不可能制定出详尽、周密的法律来满足行政管理各个方面的需要。即使有相应的法律规范存在，也不可能对行政活动的每一个环节甚至所遇到的突发情况作事无巨细、详尽无遗的全面规范。在这样的情况下，就应当赋予行政机关灵活地处理各种行政事务的权力。因为既然法律不能完全约束各种行政行为，那么就不得不在事实和法律上承认行政机关在一定程序上的行为选择权，即行政自由裁量权。

行政自由裁量权的合理存在，并不意味着它会永远地被合理运用。事实上，无论是在中国还是在世界其他国家，行政自由裁量权被滥用的情况大量存在。同时，从行政自由裁量权本身来说，也存在着被滥用的可能性。

第一，行政自由裁量权的"自由"属性是其可能被滥用的条件。由于行政自由裁量权为行政机关留有一个自由活动的"空间"，因此法律、法规对行政机关实施行政行为规定了一定的范围和幅度，在这种范围和幅度之内，行政机关享有自行决定的权力。同时，行政权又是一种对社会可以产生较大影响的力量，具有对行政相对人强制支配的功能。这一权力运用得当，可以对社会起到积极作用。反之，就有可能构成行政自由裁量权的滥用。

第二,法律、法规对行政自由裁量权的约束较少是其可能被滥用的原因。在我国有关行政管理的法律、法规和规章中,对于行政自由裁量权的规范很多,但大都显得过于宽泛,无一定的标准可循,尤其是反映在对行政处罚自由裁量权上。例如,1982 年颁布的《食品卫生法(试行)》第 37 条规定,对违反本法情节较重的,可以处 20 元以上、3 万元以下罚款。自由裁量的幅度如此之宽,而且都是以"情节严重"为衡量标准,不得不使人觉得难以掌握。此外,还有些法律、法规和规章只规定了处罚的种类,却无处罚的幅度。甚至有的连处罚种类都未规定,只规定了对违法的行政相对人"可以处罚",但究竟是何种处罚却不清楚。由于相应的法律、法规和规章对行政自由裁量权的约束较小,因此留下了行政自由裁量权被滥用的隐患。

第三,行政管理的特殊要求也是行政自由裁量权可能会被滥用的因素之一。行政管理要讲究效率,这是行政自由裁量权合理存在的因素之一。但是,问题在于,这可能造成片面强调效率而滥用行政自由裁量权,甚至以讲究效率为借口而滥用行政自由裁量权的后果。

二、行政自由裁量权与行政合理性原则

行政自由裁量权存在的合理性与其被滥用的可能性构成了一对矛盾。要解决这对矛盾,就必须承认行政自由裁量权并不是任意裁量权,其存在并不意味着行政机关可以任意作为。为此,行政自由裁量权必须受到一定的约束。强调行政自由裁量权要受到一定的约束,并不是否定其"自由"的一面,而是将其控制在适度的范围之内。简言之,行政自由裁量权的行使必须符合行政合理性原则。

行政合理性原则是基于行政自由裁量权而产生的,它与行政合法性原则一起,构成了行政法的基本原则。行政合理性原则的提出,一方面承认了行政自由裁量权的合理存在;另一方面要求行政机关在行使行政自由裁量权时,不仅应当在法律、法规规定的条件、种类和幅度范围内进行,而且应当合理和适度。西方国家常常根据所谓"法律精神"等理论,通过具体的判例等形式提出一些执法、适法的原则和滥用自由裁量权的标准,来认定行政自由裁量权是否合理地被使用。例如,美国在这方面的标准有:(1) 不符合法律规定的目的;(2) 不相关的考虑;(3) 不合理的决定;(4) 违背自然公正原则。作为"行政法母国"的法国,其行政法院判例通常认定的不适当的自由裁量行为是:(1) 行政行为的目的不是公共利益,而是个别人的利益或所属集团的利益;(2) 符合公共利益但不符合法律所规定的特别目的;(3) 程序滥用。

笔者认为，运用行政合理性原则对行政自由裁量权进行约束，必须具体考虑下列三方面内容：

第一，运用自由裁量权作出行政行为必须符合法律规定的目的。法律是社会需要的反映，任何法律的制定都是着眼于某一方面社会实践的特殊需要，并以调整特定的社会关系为目的而进行的。例如，《治安管理处罚条例》第 1 条规定："为加强治安管理，维护社会秩序和公共安全，保护公民的合法权益，保障社会主义现代化建设的顺利进行，制定本条例。"因此，公安机关根据该条例的规定运用行政自由裁量权对有关行政相对人进行处罚时，应从该条例的特定目的出发。如果违反这一特定目的进行处罚，就构成对行政合理性原则的违反。

第二，运用行政自由裁量权作出行政行为，必须具备正当的动机。自由裁量行为应出于正当、合理的动机，而不是出于不正当的动机。如果出于发泄私愤而故意从重处罚，或者出于个人亲朋关系而故意从轻或减轻处罚，即便在法律规定的幅度之内，也不是合理的自由裁量行为。

第三，运用行政自由裁量权作出行政行为，必须建立在正当考虑的基础上，并符合情理。所谓正当考虑，是指行政机关在作出行政行为时，对于相关因素应当考虑，对于不相关因素应当排除。同时，对于法律所要求的因素必须考虑。例如，在治安行政处罚中，对于可以从重、从轻和免予处罚的条件应当予以考虑，对于其他不相关的因素则不应予以考虑。此外，运用自由裁量权作出行政行为，还必须符合情理。这里的情理是指事物的客观规律以及大多数人普遍认为的公平合理的标准。

在我国，对于行政自由裁量权的行使必须符合行政合理性原则的要求还未引起足够的重视。社会主义法制建设要求行政活动不但要合法，也要合理。在社会主义市场经济体制条件下，随着经济的发展，行政管理领域进一步拓展，行政权的范围不断扩大，行政自由裁量权的运用也更为广泛和经常。因此，强调行政自由裁量权行使的合理性更具有现实意义。

三、对自由裁量权的依法控制是行政法制建设的重要内容

在现代法治国家，权力的行使与控制总是相伴而行。从行政法制的角度来说，在行政机关权力扩大的情况下，必然发生的问题就是如何监督行政权的行使。英美法系行政法学者认为，行政法就是"控权法"，即是控制行政机关行政权力滥用的法律。这一观点是顺应西方国家市场经济的发展而提出的，具有一定的积极作用。笔者认为，从建立社会主义市场经济体制、促进依法行政的角度出

发，应当建立符合中国国情的“新控权体系”，使行政机关的活动完全置于法律和有关规则、原则的控制之下，尤其是对于行政自由裁量权的行使，更应从法律的角度予以控制，以防滥用。这些控制的内容有：

首先，将行政合理性原则贯穿于各种行政法律规范中，使其成为各行政法律规范的法定原则。行政法的特点之一就是，它不像刑法、民法那样可以法典化，而是具有分散性。行政法的基本原则是行政法学者从行政法的特殊要求中归纳出来的理论，它们尚未完全成为各种行政法律规范的法定原则。在这种情况下，行政的任意性尤其是行政自由裁量的任意性不可避免。因此，只有在制定有关行政法律规范时将行政合理性原则的具体内容作为一项法定原则加以规定，才能使其成为行政机关在行使自由裁量权时普遍遵守的一项原则。

其次，进一步明确行政自由裁量权行使的范围和幅度，改变有关自由裁量规范过于宽泛、“自由度”过大的局面。诚然，行政自由裁量权需要一定的灵活空间。法律、法规如果规定过细，那么必然会使自由裁量权不复存在，而成为羁束裁量权，这将违背行政管理的特殊要求。但是，如果自由裁量的幅度过宽，裁量行为的方式和种类不明确，那么势必会导致任意裁量行为的发生。笔者认为，在承认行政自由裁量权合理存在的前提下，在今后的行政立法中，对于每一种应当运用自由裁量权作出的行政行为，应明确其主要种类和幅度。对于有些幅度过大的行为，可以适当规定一定的标准，由行政机关在标准范围内自由选择。

再次，以强化行政程序来促进行政自由裁量权行使的合理化。行政自由裁量权的运用，不仅表现在实体方面，也与行政程序密切相关。但是，行政程序问题在我国的行政立法中并未引起足够的重视。从世界各国的行政法来看，许多国家都制定了相应的行政程序法来保证行政行为的正确合法，有的国家甚至明确以“正当程序”来作为行政行为的基本准则。笔者认为，在行政自由裁量权领域中，也必须建立相应的行政程序规则，以促使行政自由裁量权合理行使，如公开原则、听证原则、顺序原则及审查审批原则。

最后，加强对行政自由裁量权的法律救济，这是矫正滥用自由裁量权行为的有效途径。在我国，对于行政自由裁量权的法律救济主要是通过行政复议和行政诉讼两种制度进行。当前，必须进一步强化这两个方面的控制职能，使法律对行政自由裁量权的控制落到实处。

其一，行政复议属于行政机关自身的监控和调节机制。公民、法人或者其他组织对于行政机关的自由裁量行为不服，可以向上一级行政机关申请行政复议。我国《行政复议条例》第 7 条规定，复议机关依法对具体行政行为是否合法和适当进行审查。行政复议机关既可以审查具体行政行为的合法性,又可以审查具体行政行为的合理性,对于不合理的行政自由裁量行为,复议机关拥有全面的变更权。同时,上级行政机关对于所管理的行政事务比较熟悉,可以迅速纠正下级行政机关在自由裁量方面的不合理之处。这是行政复议的优越之处。因此,由行政复议机关来审查具体行政行为是否适当、合理和公正,是对行政自由裁量权行使的有效控制。但是,复议机关在行使复议职能时,必须严格遵循合理性原则,以行政自由裁量行为必须适当、公正为基本准则,杜绝一切维护下级行政机关的倾向,严格履行复议职责。

其二,行政诉讼属于人民法院的司法监督。由人民法院对行政自由裁量行为实施司法监督,是行政法治原则的基本要求。有的学者认为,自由裁量权是行政机关在法律范围内行使的职权,司法机关不能干涉。笔者认为,第一,行政合法性和行政合理性原则均是行政法治原则的重要内容,不合理的行政行为同样会损害行政相对人的合法权益。如果司法监督置合理性于不顾,那么势必产生滥用自由裁量权的行为。第二,我国行政诉讼法关于构成法院判决撤销条件之一的"滥用职权"的具体行政行为,既包括违法,也包括不合理、不适当达到滥用职权程度的情况。行政诉讼法明确规定,对于显失公正的行政处罚,人民法院可以判决变更。行政诉讼法强调对具体行政行为的合法性审查,并不完全排除对合理性的审查。因为滥用职权行为或显失公正的行政处罚是违反行政法治原则的,法院应当有权予以撤销或变更。第三,在各国,越来越多的国家对自由裁量权实行司法监督,只是有的国家把滥用自由裁量权的行为作违法论罢了。美国、英国、法国等国有关法律和判例中都有对滥用自由裁量权进行司法审查的规定。这说明,运用司法手段控制行政自由裁量权的滥用已成为各国司法审查制度的主要内容之一。因此,走向法治的中国在行政诉讼中也必须强化这一方面的内容。第四,人民法院对行政自由裁量行为的司法审查,其目的是对滥用职权的行为予以撤销和纠正,并非是对合法、合理的行政行为予以干涉,因此不存在以司法权代替行政权的问题。同时,人民法院的司法审查,不但不会侵犯行政职权,相反只会促进行政机关依法行使职权,使其更加合法、正当地行使行政自由裁量权,从而使行政管理的目标顺利实现。

第二节 完善对行政立法之外的其他抽象行政行为监督的思考*

抽象行政行为是指行政机关针对不特定的人和不特定的事制定具有普遍约束力的规范的行为。它既包括行政立法行为，也包括行政立法之外的、由行政机关制定具有普遍约束力的决定、命令和行政措施的行为，即本文所称的其他抽象行政行为。在行政管理实践中，其他抽象行政行为大量存在，而且与行政立法相比，所受的制约又较少，所以在实践中暴露的问题也较多，依法对这类行政行为进行规范和监督就显得尤为重要。1999 年 4 月 29 日颁布的《行政复议法》，第一次以法律的形式确认了在行政复议中可以对其他抽象行政行为进行审查，从而为进一步完善对其他抽象行政行为的法律监督提供了有益的法律经验。

一、现状与问题

在行政管理实践中，行政机关作为国家行政权的行使者，必须同时运用抽象行政行为和具体行政行为两种手段来实施有效的管理。我国宪法和法律也规定了国家各级行政机关拥有发布具有普遍约束力的决定、命令以及规定行政措施的权力。因此，其他抽象行政行为的存在，不仅是必需的，而且具有合法的依据。然而，任何权力的行使，既会产生正面、积极的效应，也可能带来负面、消极的后果。行政权的行使也是如此。行政机关的其他抽象行政行为在行政管理中起着无可否认的作用，但在实践中所产生的消极后果也十分突出，主要问题表现为：

第一，违背职权法定原则，超越职权、滥用职权的现象较为严重。有的行政机关不是根据自己的法定职责和行政管理的需要作出其他抽象行政行为，而是根据部门或地方利益需要作出，随意性较大。这导致越权现象严重，既有上下级行政机关的纵向越权，也有同级行政机关的横向越权，规范性文件内容与上一级文件不相符合或抵触的情况屡见不鲜。甚至有的部门或地方利用制定规范性文件的权力为自己牟取私利，使国家行政权应具有的严肃性和统一性遭到破坏。例如，某县政府规定，全县农药、化肥由县农资集团统一定价、统一销售，不许农民出县购买，并成立稽查队，在全县境内设立十多个关卡，查堵外来农业生产资料，阻止农民购买外县较为便宜的化肥、农药。这种利用制定行政规范性文件的

* 原载《华东政法学院学报》1999 年第 4 期。

权力搞地区垄断的行为，直接损害了农民的利益。

第二，违背其他抽象行政行为应当遵循的规则，随意设定公民、法人或者其他组织的权利义务。实践中所出现的乱收费、乱罚款、乱摊派、乱许可的“四乱”现象，大部分来源于行政机关的其他抽象行政行为。很多其他抽象行政行为不仅自行设定了收费权、处罚权、许可权等，还规定了法律责任条款，使自身具有了与国家法律、法规同等的功能。这不能不说是对法制的破坏。因为这些抽象行政行为不但不会促进行政管理的正常进行，而且是对实施依法行政原则的严重阻碍。

第三，在规范性文件的制定程序上随意性程度相当严重。虽然我国目前对其他抽象行政行为尚无统一的程序性规范，但也必须遵循公认的、合理的程序性要求。然而，有相当一部分行政机关不经调查研究，不去认真论证可行性和合法性如何，往往凭一次会议决议或者某个领导人的一次指示、一句话就匆匆起草一个规范性文件，不听取各方面的意见便草率发文公布，从而使其他抽象行政行为应有的规范性和严肃性丧失。

笔者认为，上述问题的存在与我国长期以来淡化了对行政机关其他抽象行政行为的监督不无关系。在我国，宪法和法律规定的对行政机关其他抽象行政行为的监督途径主要是两个，一是权力机关的监督，即各级国家权力机关有权撤销各级人民政府作出的与宪法、法律相抵触的或不适当的决定、命令；二是行政机关的监督，即各级人民政府对其所属部门或上级人民政府对下级人民政府所发布的与行政法规、行政规章相抵触的行政规范性文件，有权予以撤销或改变。但是，在具体实践中，对这一类抽象行政行为的监督却是完全没有到位，主要状况是：

其一，权力机关的监督没有真正落到实处。法律的生命力在于实施，如果法律不能很好地付诸实施，那么再好的法律也只能是一纸空文。但是，法律虽然规定了权力机关有权对行政机关违法的其他抽象行政行为予以撤销，但由于在具体操作上尚缺乏完备的机制，权力机关尤其是地方各级权力机关实施这方面的监督无法得到有力的保证。在实践中，行政机关作出一个其他抽象行政行为，往往既不提请权力机关进行审查，也没有设立一定的备案制度，从而导致随意性、短期性的情况时有发生。更何况，人民代表大会一般每年只举行一次会议，要对某一个其他抽象行政行为实施监督，还需要由一定数量的人民代表提出议案，而该议案要经过一系列程序才能被列入会议议程进行审议。同时，由于行政机关的其他抽象行政行为涉及的行政管理领域较为广泛，各种领域所表现出来的专业性又较强，而有些权力机关组成人员的知识水平难以适应现代化行政的要求。

因此，权力机关也就疏于行使监督权，一切由行政机关说了算。这种监督不力的状况，使宪法和法律规定的国家权力机关依法对行政机关的其他抽象行政行为实施监督的权力无法得到真正而全面的体现。

其二，行政监督机制不完善，上级行政机关对下级行政机关的其他抽象行政行为的监督无法从根本上发挥作用。应当说，在对其他抽象行政行为的监督过程中，上级行政机关的监督应当更为直接和有效。一方面是由于上下级行政机关之间本身就是一种命令、服从关系，上级行政机关的决定，下级行政机关理应服从；另一方面是由于上级行政机关具备了比其他国家机关更为熟悉某一专业领域行政管理的条件，对于某个其他抽象行政行为是否违法或不当更加容易鉴别，实施监督也更加有力。但是，由于我国还未建立起一套完备而又科学的且具有强制性的对其他抽象行政行为的行政审查、备案制度，因此很多上级行政机关事先根本无法了解下级行政机关作出了一个什么样的规范性文件，即使在规范性文件实施后通过各种途径了解到，可能产生的消极作用也已经发生。事实上，上级行政机关袒护下级行政机关以及不纠正、不撤销违法或不当规范性文件的状况也时有发生。虽然在行政复议中，复议机关可以对违法或不当的其他规范性文件依职权进行撤销或改变，或提请有权机关予以处理，但是由于原行政复议条例并未建立复议申请人对违法或不当的其他规范性文件的提请审查制度，而且规定其他抽象行政行为是行政复议的依据，因此复议机关改变或撤销其他抽象行政行为的情况微乎其微。

此外，我国目前行政诉讼受案范围对抽象行政行为的排除性规定，决定了行政机关的其他抽象行政行为无法受到司法机关的强有力监督。有学者认为，人民法院除了要通过司法审查活动审查行政机关具体行政行为，还要对作出该具体行政行为所依据的各种规范性文件是否合法进行鉴别、评价和评断，由此得出其他抽象行政行为实际上也受司法监督的结论。对此，笔者认为，《行政诉讼法》第 12 条明确禁止对抽象行政行为提起行政诉讼；第 52 条明确规定了人民法院审查具体行政行为合法性的依据是法律、行政法规和地方性法规，并不包括其他规范性文件。因此，人民法院在审判实践中根本就无法对行政机关的其他抽象行政行为进行实质性的审查，更无法对其作出司法裁决。即使具体行政行为被判定违法，其所依据的规范性文件仍然存在。所以，我国目前并不存在对行政机关的其他抽象行政行为的司法监督机制。

从上述分析可以看出，当前在行政机关的其他抽象行政行为领域所存在的问题，与我国目前对这一类行政行为监督体制的基本状况密切相关。但是，这一现状与我国当前民主与法制建设的要求以及依法治国基本方略的实现还存有一定的距离。因此,必须大力改变目前这种监督不力、监督机制不尽完善的状况,使行政机关的行政权受到较为全面的监督,从而使依法治国的基本方略在行政管理领域尽快得到实现。

二、强化对行政机关的其他抽象行政行为的监督是促进依法行政进而实现依法治国的基础

依法治国、建设社会主义法治国家的基础应当是依法行政。因为在任何一个国家中,行政权往往最为庞大,行政权所涉及的领域和所产生的作用也最为广泛。实现依法行政,就能在更为广泛的领域中体现人民的意志,使国家确定的符合大多数人意志的行政管理目标得到切实的实现。尤其是在我国当前市场经济体制之下,自由、平等地进行竞争和交往的市场经济环境更是需要行政机关的依法行政。然而,依法行政的实现,在很大程度上又必须依赖于行政机关各种规范性文件的科学性和合法性。行政机关作出的其他抽象行政行为所发挥的经常性和广泛性作用,与推进依法行政密切相关,也是实现依法治国的关键步骤之一。因此,加强对行政机关的其他抽象行政行为的监督,在实现依法治国的进程中就显得尤为必要。

(一)加强对其他抽象行政行为的监督是保证具体行政行为合法的关键

抽象行政行为是国家行政法制的重要组成部分,从法律管理的手段看,各级行政机关都必须同时运用抽象行政行为和具体行政行为两种手段。其他抽象行政行为虽然不是一种行政立法,但它介于行政立法与行政执法之间,常常起着一种中介作用。其他抽象行政行为本身所具备的普遍约束力,使之常常成为具体行政执法的依据。所以,一个违法或不当的其他抽象行政行为,往往会导致数个违法或不当的具体行政行为,其消极影响也远远大于具体行政行为。同时,由于其他抽象行政行为具有连续适用性,如其违法或不当行为未能被及时撤销或改变,其违法或不当状况将在一段时期内继续存在,极有可能再导致新的违法具体行政行为出现。这对正确执行法律、保护行政相对人的合法权益极其不利,会对建立人民与政府间的信任关系、保障市场经济的健康发展产生重大的负面影响。因此,加强对其他抽象行政行为的依法监督,能在较大程度上及时堵住违法行政的源头,以保证依法行政原则在更大范围内得到实施,为依法治国奠定良好的基础。

（二）加强对其他抽象行政行为的监督是完善国家监督体系的重要内容

市场经济体制和民主政治制度的建立，一方面要求各项国家权力依法行使，树立权力服从于法律的观念；另一方面要求对权力的行使实施必要的监督，以保障权力行使的合法性。行政权是一种可以对社会产生极大影响的力量，其权力行使的合法性尤显重要。而行政机关作出其他抽象行政行为是行政权行使的重要内容之一，已成为政府实现宏观调控和管理的重要手段，是宏观管理和微观管理相结合的重要途径，加强对这一类行政行为的监督，能保障政府宏观管理行为的合法化。在具体行政行为领域，我国建立了相对完备的行政复议和司法审查制度，使具体行政行为的违法或不当状况得到了较为有效的控制。但是，在抽象行政行为领域尤其是行政立法之外的其他抽象行政行为领域，宪法和法律所规定的权力机关监督和行政机关监督尚未完全到位，司法监督更是未能实现。这与当前市场经济体制的发展和民主政治的建设不相适应。在任何一个国家，都必须通过立法监督、行政监督和司法监督三大监督体系实现对行政权的监督，防止行政权的腐败倾向，以保障国家行政职能的顺利实现。同时，在任何一个法治国家，不能只重视对具体行政行为的监督，而不重视对比具体行政行为影响力更大的抽象行政行为尤其是行政立法之外的其他抽象行政行为的监督。因此，进一步加强对行政机关的其他抽象行政行为的监督，能进一步完善国家监督体系，实现国家监督职能，使行政机关的行政活动真正成为一种置于监督状态下的依法行政，从而促进民主政治制度的真正实现。

（三）加强对其他抽象行政行为的监督是完善民主制度、保障行政相对人合法权益的需要

随着市场经济体制的建立和完善，政府行政管理的民主性也将得到进一步加强。市场经济体制强调的是确立政府与企业、公民间的新型的法律关系以及对政府行政权力行使实现有效的监督，使作为行政相对人的公民、法人或者其他组织在行政法中的权利得到应有的保障。现代行政管理领域的广泛性决定了行政权行使的合法性在部分领域非常可能由于法律的滞后或其他人为的因素而失控，从而侵犯行政相对人的合法权益。对行政行为的监督，不仅是法律制度建设本身的需要，更是全面保护公民、法人和其他组织权益以及体现社会主义人权保障原则的需要。与具体行政行为相比，行政机关的其他抽象行政行为更有可能在更为广泛的领域侵犯更多行政管理相对人的合法权益，因此对其实施监督更为重要。从我国宪法来看，由于国家机关或国家机关工作人员的违法行为而受

到“侵害”的人,都依法享有得到救济的权利。依法加强对其他抽象行政行为的监督,同样是实施救济、保障相对人权利的有效途径之一。

三、关于我国《行政复议法》第7条的规定和进一步加强对行政机关的其他抽象行政行为法律监督的思考

1999年4月29日由第九届全国人大常委会第九次会议审议通过的《行政复议法》在规定了公民、法人或其他组织认为行政机关的具体行政行为侵犯自己合法权益时可依法提起行政复议以外,第一次将对其他抽象行政行为的审查也纳入了行政复议制度之中。该法第7条第1款规定:“公民、法人或者其他组织认为行政机关的具体行政行为所依据的下列规定不合法,在对具体行政行为申请行政复议时,可以一并向行政复议机关提出对该规定的审查申请:(一)国务院部门的规定;(二)县级以上地方各级人民政府及其工作部门的规定;(三)乡、镇人民政府的规定。”第2款规定:“前款所列规定不含国务院部、委员会规章和地方人民政府规章。规章的审查依照法律、行政法规办理。”这一规定对于促进行政机关依法行政具有十分重要的意义。其一,这一规定可以进一步规范行政机关的其他抽象行政行为,进而保证各项具体行政行为的合法性,从源头上起到遏制不当或违法的具体行政行为的作用。其二,这一规定为全面地监督行政机关依法行政、最大限度地保障公民、法人或其他组织的合法权益以及完善国家的行政监督制度创造了一定的法律基础。这意味着行政机关将在更大的范围内接受人民的监督,人民有更多的合法权益将依法得到保护。

《行政复议法》第7条的规定,开创了我国在行政救济过程中将对其他抽象行政行为的审查纳入救济范围的先河,从而使对其他抽象行政行为实施救济监督成为一种现实可能。但是,行政复议过程中对其他抽象行政行为的审查毕竟只是一种依赖申请的行政行为,其本质也仅属于行政监督的一个方面的内容。因此,除了在行政复议制度中加强监督之外,还必须充分发挥对这类抽象行政行为的其他监督功能,从而使其他抽象行政行为不但在行政复议中受到监督,而且还可以从其他渠道得到全面、有效的监督。

首先,必须加强权力机关对其他抽象行政行为的监督,从制度上保证其监督的切实可行性。宪法规定,国家行政机关由国家权力机关产生,对权力机关负责并接受权力机关的监督。各级国家权力机关有权监督各级人民政府的工作,有权撤销各级人民政府作出的与宪法、法律相抵触的或不适当的决定、命令。针对权力机关的监督主要侧重于抽象行政行为的特点,笔者认为,第一,权力机关应

当设立一个专门委员会负责审查行政机关的其他抽象行政行为。行政机关在作出一个行政规范性文件之前，应将文件草案连同可行性实施意见一并报送权力机关的该专门委员会，由该委员会进行审查。第二，权力机关必须对其他抽象行政行为在实践中的实施情况进行经常性的监督、检查。一旦发现抽象行政行为违法或不当，应切实履行监督职能，及时予以撤销。只有这样，才能充分发挥权力机关监督法律正确实施的职能。

其次，行政机关也必须在行政复议之外建立一套完整的监督机制，使上级行政机关对下级行政机关其他抽象行政行为的监督成为一项经常性工作。从行政复议角度说，它必须由行政相对人申请才能够产生，而且行政复议要有时效的规定。如果相对人未能申请复议或申请复议已过法定时效，那么可能出现违法情况的其他抽象行政行为仍将存在。因此，在行政复议之外进一步完善对其他抽象行政行为的行政监督体制也就非常重要。在具体操作上，应该建立一套完整的审查、备案制度，由上级行政机关负责法制工作的机构（如法制局、法制办等）履行对下级行政机关其他抽象行政行为的审查、备案职能，并进行经常性的监督检查，一旦发现违法或不当，应提请上级行政机关不予批准发布或者及时予以撤销或改变，从而使上级行政机关真正实现对下级行政机关其他抽象行政行为的行政监督职能。

最后，进一步扩大行政诉讼受案范围，将部分其他抽象行政行为纳入司法审查的范围之中。司法审查是现代法治国家实现对行政机关行政行为进行审查和监督的最为有效的手段和方式，司法机关的权威性也表明这是一种局外的、有严格程序保障且受社会公众信赖的司法监督方式。在世界各国，无论是设立独立的行政法院的以法国为代表的大陆法系国家，还是强调普通法院对行政机关的行政行为实施司法审查的英美法系国家，都注重一部分抽象行政行为在行政诉讼中的可审查性。我国行政诉讼法只规定部分具体行政行为才是司法审查的对象，并明确将抽象行政行为排除在司法审查范围之外，是与我国当前的民主与法制建设以及全面实现对行政权进行监督的要求不相符合的。笔者认为，我国的政治体制和具体国情决定了司法不能审查立法，因此行政立法不受司法审查是完全应当的。但是，具有立法性质的抽象行政行为不能接受司法审查，并不意味着全部抽象行政行为都不可能接受司法审查。为此，笔者建议，应当尽早修改我国现行行政诉讼法，进一步扩大行政诉讼的受案范围，使其与行政复议法的规定相配套。同时，明确将行政法规、行政规章之外的其他抽象行政行为纳入司法审查的范围之中，从而更加全面地体现我国人民法院的司法监督职能，更加全面地保护公民、法人和其他组织的合法权益。

第五章

行政处罚相关问题研究

第一节　立法本意与行政执法实践的冲突与协调

——以行政处罚听证范围的理解与适用为分析对象*

一、案例引申出的话题

2005年3月8日，苏州市沧浪区人民法院以苏州市工商局对当地的东丰公司所作出的没收违法所得68万余元的行政处罚“没有告知东丰公司有要求听证的权利，违反了法律规定，属程序违法”为由，判决予以撤销。该案的基本案情是：苏州市工商局于2004年9月在执法调查时发现，当地的东丰公司从2003年3月开始，根据与上海市两公司所签订的加工合同，为这两家公司加工生产男女系列服装。在合同履行过程中，东丰公司将两公司提供的“上海”产地标识佩挂在服装上。苏州市工商局据此认为，东丰公司涉嫌伪造产地，并于2004年9月13日向东丰公司发出行政处罚告知书，告知其有陈述和申辩的权利，东丰公司也提交了书面申辩意见。苏州市工商局于同年9月20日作出行政处罚决定，认定该公司因生产伪造产地的服装获取加工费价税合计80万元，扣除税款后为68万元，责令东丰公司改正错误行为，并作出没收其违法所得68万元的行政处罚决定。东丰公司在缴纳了该款项之后，向苏州市沧浪区人民法院提起了行政诉讼。东丰公司在起诉时诉称，苏州市工商局在没收其财产时，没有告知其有要求举行听证的权利，属于程序违法。苏州市工商局则认为，《行政处罚法》和国家

---

* 原载《法商研究》2007年第6期。

工商行政管理总局颁布的《工商行政管理机关行政处罚案件听证暂行规则》都没有规定对"没收违法所得"这一处罚要求举行听证，而且在处罚作出前，已经依法告知当事人可以进行陈述和申辩，东丰公司也行使了上述权利，所以行政处罚决定程序合法。苏州市沧浪区人民法院经审理认为，根据《行政处罚法》第 42 条的规定，行政机关作出责令停产停业、吊销许可证或者执照、较大数额罚款等行政处罚决定之前，应当告知当事人有要求举行听证的权利。在该案中，没收违法所得的数额较大，并对原告的利益产生重大影响，而在作出处罚前工商部门没有告知东丰公司有要求听证的权利，违反了法律规定，属程序违法，依法应予撤销。[①]

在关于该案的后续报道中，笔者注意到，最高人民法院于 2004 年 9 月对新疆维吾尔自治区高级人民法院作出的《最高人民法院关于没收财产是否应当进行听证及没收经营药品行为等有关法律问题的答复》（以下简称《答复》）对该案的判决起到了决定性作用。《答复》规定："人民法院经审理认定，行政机关作出的没收较大数额财产的行政处罚决定前，未告知当事人有权要求举行听证或未按规定举行听证的，应根据行政处罚法的有关规定，确认该行政处罚决定违反法定程序。"媒体称，这一答复是法院撤销工商局行政处罚决定的主要法律依据。[②]

笔者非常赞成当事人对较大数额的没收违法所得以及其他对其权利产生重大影响的行政处罚，应当有要求举行听证的权利的观点，并主张《行政处罚法》应当明确规定当事人的这一权利。《行政处罚法》第 42 条规定了当事人对责令停产停业、吊销许可证或者执照、较大数额罚款等行政处罚，有要求举行听证的权利。那么，其中的"等"字是否还包括该条所列举的三种行政处罚之外的其他行政处罚种类？笔者发现，全国人大法律委员会关于《行政处罚法（草案）》审议结果的报告中指出："草案第 42 条规定，对行政机关作出的'责令停产停业、吊销营业执照、较大数额罚款'三种行政处罚，当事人可以要求举行听证。有些代表指出，这一规定对保证行政机关正确地处理违法行为，维护当事人合法权益是必要的，但这项制度仅适用于这三种行政处罚，范围较窄，吊销各种许可证和执照也是对当事人权益影响较大的行政处罚，建议扩大允许听证的范围，更充分地保护当事人权益。因此，建议将这一规定修改为：'行政机关作出责令停产停业、吊销许可证或者执照、较大数额罚款等行政处罚决定之前，应当告知当事人有要求举

---

① 参见张留兵、徐青：《未经听证没收"违法所得"68 万——法院撤销苏州工商局一处罚决定》，载《法制日报》2005 年 3 月 23 日。

② 参见陈煜儒：《苏州对没收"违法所得"举行听证》，载《法制日报》2005 年 5 月 18 日；陈煜儒：《工商局没收"违法所得"该不该举行听证》，载《法制日报》2005 年 4 月 27 日。

行听证的权利；当事人要求听证的，行政机关应当组织听证。'"[①]由此可见，《行政处罚法》第 42 条的立法本意是听证的范围并不局限于法条所列举的三种行政处罚，而是扩大允许听证的范围，更充分地保护当事人权益。但是，由于正式通过的法律对于条文中的"等"字未作任何说明，法律通过以后又未见任何相应的立法解释，因此无论是在理论上还是在实践中都对"等"字有不同的理解。

笔者认为，现代行政法治的理念，就是应当最大限度地保障行政相对人的权利，设置行政处罚听证制度的宗旨也在于此。所以，从这一角度来看，最高人民法院对新疆维吾尔自治区高级人民法院所作的上述《答复》符合现代法治理念和行政处罚听证制度的基本精神。然而，在上述案件中，这个理念和精神在实践中的适用是通过最高人民法院的司法解释所"揭示"出来的，而且是行政处罚作出之后的司法审查依据。行政机关的依法行政毕竟不能完全依据司法解释，而应当严格依据相应的法律、法规和规章。更何况，《行政诉讼法》也规定，人民法院审理行政案件，以法律、行政法规、地方性法规为依据。因此，这个案例所折射出来的问题就是：苏州市工商局为什么会认为"没收违法所得"不属于行政处罚听证程序适用的范围？这恐怕不是一个个案所反映的问题，也并不仅仅是个案中行政执法与法院判决之间的冲突，而是一个在行政处罚实践中具有普遍性的问题。这一问题既涉及对《行政处罚法》第 42 条的正确理解与适用，又涉及当事人在行政听证程序面前的平等权，还涉及行政法"正当法律程序原则"的具体运用和现代行政法治精神的彰显。同时，在这一案例中《答复》所起的关键性作用，也折射出一些法律条文在实践中所处的尴尬境地。由于《行政处罚法》的规定在表述上确实不甚明确，探究这一规定在实践中的理解和适用，进而探索法律在实践中的统一执行问题，就成为一件很有现实意义的事情。

二、现实的冲突：对行政处罚听证范围的不同认识

（一）各地和各部门对行政处罚听证范围的理解

笔者发现，在《行政处罚法》颁布之后，以各种法规、规章乃至行政规范性文件形式出台的行政处罚程序规定或听证程序规定层出不穷，其中关于听证范围的规定有较大的出入。

---

① 薛驹：《全国人大法律委员会关于〈中华人民共和国行政处罚法(草案)〉和〈中华人民共和国刑事诉讼法修正案(草案)〉审议结果的报告——1996 年 3 月 16 日第八届全国人民代表大会第四次会议主席团第三次会议通过》，载《中华人民共和国全国人民代表大会常务委员会公报》1996 年第 3 期。

1. 沿用《行政处罚法》对听证范围的规定

这类形式就是其表述与《行政处罚法》第 42 条完全一致，即规定，责令停产停业、吊销许可证或者执照、较大数额的罚款等行政处罚可以要求举行听证。如《上海市行政处罚听证程序试行规定》第 2 条规定："本规定适用于本市行政区域内拟作出责令停产停业、吊销许可证或者执照、较大数额罚款等行政处罚的行政机关和法律、法规授权的具有公共事务管理职能的组织以及与听证相关的单位和个人。"作出同样表述的还有《劳动行政处罚听证程序规定》《浙江省行政处罚听证程序实施办法》《林业行政处罚听证规则》《司法行政机关行政处罚程序规定》《卫生行政处罚程序》《通信行政处罚程序规定》《价格行政处罚程序规定》《文化部行政处罚程序规定》等。但是，以上规定均没有对其中的"等"字作出任何解释性的界定。

2. 在三种行政处罚种类之外又规定其他行政处罚也可以要求举行听证

这又分为四类：第一类是明确列举三种处罚之外的其他行政处罚，如没收财产，也可以适用听证。如国务院颁布的《海关行政处罚实施条例》第 49 条规定："海关作出暂停从事有关业务、暂停报关执业、撤销海关注册登记、取消报关从业资格、对公民处 1 万元以上罚款、对法人或者其他组织处 10 万元以上罚款、没收有关货物、物品、走私运输工具等行政处罚决定之前，应当告知当事人有要求举行听证的权利；当事人要求听证的，海关应当组织听证。"作出类似规定的有《测绘行政处罚程序规定》《深圳市城市管理行政执法工作程序规定》等。第二类是规定在三种行政处罚之外，如果法律、法规、规章有规定的也可以适用听证。如《中国证券监督管理委员会行政处罚听证办法》第 2 条规定，法律、法规和规章规定的可以要求听证的其他处罚也可以举行听证。作出类似规定的还有《公安机关办理行政案件程序规定》等。第三类是规定行政机关对是否适用听证程序享有决定权。如《中国人民银行行政处罚程序规定》第 26 条规定，处罚机关对其他情况复杂或重大违法行为作出行政处罚决定时，可以举行听证。第四类是可以根据当事人的要求举行听证。如《九江市行政处罚程序若干规定》第 12 条第 3 款规定，对应当告知听证的行政处罚以外的其他行政处罚，在作出行政处罚决定前，当事人要求听证的，行政机关可以根据情况决定是否举行听证。①

3. 明确规定仅有责令停产停业、吊销许可证或者执照、较大数额的罚款三类行政处罚可以适用听证

例如，《江苏省行政处罚听证程序规则（试行）》第 2 条规定："本规则适用于

---

① 参见胡锦光、刘飞宇：《行政处罚听证程序研究》，法律出版社 2004 年版，第 114 页。

本省行政区域内的行政机关和法律、法规授权的具有公共事务管理职能的组织拟作出的责令停产停业、吊销许可证或者执照、较大数额罚款的行政处罚。”《湖南省行政处罚听证程序规定》《商务部行政处罚实施办法(试行)》《民用航空行政处罚实施办法》《工商行政管理机关行政处罚案件听证暂行规则》等也作了同样的规定。其中,《民用航空行政处罚实施办法》更是明确规定,不属于本办法规定情形的,不组织听证,由法制职能部门提出行政处罚意见,报民航行政机关作出行政处罚决定。

4. 听证范围明显小于《行政处罚法》所列举的范围

这类规定仅仅规定了《行政处罚法》所列举的听证范围中的一部分行政处罚案件适用听证程序。如 2003 年发布的《海上海事行政处罚规定》第 112 条规定:“在作出较大数额罚款、吊销证书的海事行政处罚决定之前,海事管理机构应当告知当事人有要求举行听证的权利;当事人要求听证的,海事管理机构应当组织听证。”该规定对其他的行政处罚没有规定可以要求举行听证。

从以上归纳可以看出,上述规定对听证范围的理解是非常不一致的。其中,虽然有与《行政处罚法》表述完全一致的规定,但这并不表明其在实践中的具体适用也完全与《行政处罚法》的立法本意一致,因为制订这些规定者对“等”字如何理解并不明确。根据笔者所知,在实践中,很多行政机关基本上都是从“等内等”角度来理解行政处罚的听证范围的。在《行政处罚法》所列举的三种处罚种类之外又规定其他行政处罚也可以适用听证的,其中将听证范围扩大到没收违法所得、没收非法财物等的规定比较符合《行政处罚法》的立法精神。有些规定虽然从形式上看比其他的规定有所进步,但其中有关“法律、法规、规章规定的可以要求听证的事项”的规定,实际上也是一种消极的等待,在法律、法规和规章作出具体而明确的规定之前,很难根据《行政处罚法》的立法本意去理解和适用。明确规定只有责令停产停业、吊销许可证或者执照、较大数额的罚款三种行政处罚属于听证范围的规定,则表明其对听证范围的规定是绝对的“等内等”,其他行政处罚根本不在其听证范围之列。至于对《行政处罚法》所列举的听证范围进行“缩减”的规定,则明显是误解甚至曲解了法律的规定。从严格意义上说,这应当是一种明显违反《行政处罚法》的规定。以上各种各样的规定,使《行政处罚法》所规定的行政处罚听证程序的适用范围呈现出“五花八门”“各自为政”的景象。鉴于我国行政管理的实际情况,各地、各部门的具体规定对行政处罚听证制度的实践起着关键性的作用,而我们在多大程度上能真正贯彻《行政处罚法》关于听证范围规定的立法本意就可想而知了。例如,本文开头所述之案中苏州市工商局的工作人员称，对东丰公司作出行政处罚是在2004年9月份，最高人民法院对新疆维吾尔自治区高级人民法院的《答复》的下达日期也是9月份，“我们根本无法知道这个《答复》的内容，这样造成我们执法很被动”[①]。这说明，至少对于该案所涉及的苏州市工商局来说，在案件发生之前的很长一段时间内，不可能依照《行政处罚法》所规定的立法本意去理解和适用听证范围。再结合实践中各地、各部门对行政处罚听证范围的不同理解和适用，这一现象与立法本意之间的距离理应引起我们的重视。

（二）学者对行政处罚听证范围的理解

如果说各地、各部门对行政处罚听证范围的理解反映了其在实践层面上的认知水平的话，那么理论界部分学者对这一问题的认识，同样使人感到其与实践层面的认识竟然会如此相似。在一些行政法学教材、有关行政处罚的专著和有关释义性的著作中，对行政处罚听证程序适用范围的理解就是《行政处罚法》第42条所列举的三类行政处罚，即责令停产停业、吊销许可证或者执照、较大数额的罚款。除这三项以外的行政处罚，“当事人不服可以依法提起行政复议或者行政诉讼，通过事后救济手段保护其合法权益，但在行政处罚决定阶段不举行听证会”[②]。有学者在关于行政处罚的专著中指出：“适用于听证程序的行政处罚决定是：责令停产停业、吊销许可证或者执照、较大数额的罚款……行政机关在正式作出上述三类行政处罚决定之前，应当告知当事人有要求举行听证的权利，如果在法定期限内，当事人没有提出举行听证的要求，即视为当事人放弃要求举行听证的权利。”[③]至于对《行政处罚法》第42条中“等”字的理解，该学者解释道：“此处的‘等’是否包含除责令停产停业、吊销许可证或者执照、较大数额罚款外其他严厉的行政处罚？从行政处罚法关于听证程序的立法背景及该条的行文看，此处的‘等’，就目前而言，并没有实际含义，不能理解为包含除责令停产停业、吊销许可证或者执照、较大数额罚款外其他严厉的行政处罚。此处的‘等’并不是在列举不尽情况下所作的概括规定，而只能理解为是一种立法上的技巧，即在将来条件成熟需要进一步扩大听证的适用范围时，无须修改行政处罚法的规定，只需要在单行法律中增加听证程序适用范围，就能够达到扩大听证程序适用

① 陈煜儒：《工商局没收“违法所得”该不该举行听证》，载《法制日报》2005年4月27日。

② 关保英主编：《行政法与行政诉讼法》（第二版），中国政法大学出版社2004年版，第361页。

③ 胡锦光：《行政处罚研究》，法律出版社1998年版，第195页。

范围的效果。”[①]至于没收违法所得或非法财物、没有纳入听证程序适用范围的行政处罚，建议“将来在有条件扩大听证程序适用范围时，也应当将没收一定数额以上的违法所得或者非法财物的行政处罚纳入听证的适用范围”[②]。

由上可见，学者们对《行政处罚法》规定的“等”有不同的认识，有人认为是“等外等”，也有人认为是“等内等”。但是，行政机关制定的有关行政处罚的规章都解释为“等内等”，实践中也是按“等内等”来运作的，包括人民法院在行政诉讼中也承认是“等内等”。“应当承认，《行政处罚法》的本意就是‘等内等’，当初制定《行政处罚法》设立听证制度，就是专为这三种处罚所列的，只不过预留了一个‘口子’，试图用‘等’字来为将来发展扩大听证范围保留一点‘空间’。现在，从实践来看，只限于三种处罚适用听证，是不适应需要的，也是不合理的。”[③]另一本以研究“行政管理相对人的权益保护”为内容的著作，一方面认为将没收违法所得、没收非法财物排除在听证范围之外，会使行政相对人丧失申辩的机会，不利于救济权的充分保障，也显然不符合《行政处罚法》的立法本意；另一方面又认为《行政处罚法》第 42 条中的“等”字应当是“等内等”而不是“等外等”，并因此建议有权机关作出明确解释，将较大的没收违法所得、没收财物纳入听证范围。[④] 这种明显自相矛盾的观点，实际上体现了一些学者对《行政处罚法》第 42 条的规定理解不准确，而这种不准确的理解不可避免地会对行政执法实践产生一定的负面影响。

可见，对于行政处罚听证范围，有相当一部分学者的理解仅仅是从《行政处罚法》所列举的三种处罚种类的角度来认识的，对于其中的“等”字，实际上是理解为将来“法律、法规、规章有规定”的时候才使用的一种“立法技术”而已，并没有看透“等”字后面蕴含着丰富的立法本意。笔者尤其要指出的是，由全国人大常委会法制工作委员会国家法、行政法室编著的《〈中华人民共和国行政处罚法〉释义》对该问题进行解释时也是如此：“当事人对什么样的行政处罚案件可以提出听证要求？依照本条规定，当事人要求听证的，首先具备的一个前提，就是当事人对行政机关关于违法事实的认定不同意，双方有重大分歧……其次，是属于本条规定的限定范围内的行政处罚案件，只有给予责令停产停业、吊销许可证或

---

① 胡锦光：《行政处罚研究》，法律出版社 1998 年版，第 198 页。

② 同上书，第 199 页。

③ 杨小君：《行政处罚研究》，法律出版社 2002 年版，第 277—278 页。

④ 参见孙琬钟、江必新主编：《行政管理相对人的权益保护》，人民法院出版社 2003 年版，第 160 页。

者执照、较大数额罚款的行政处罚案件,才可以举行听证。”[①]

当然,也有学者已经注意到这种认识以及实践的片面性,并非常明确地指出,从《行政处罚法》的立法原意看,越是对被处罚人利益影响大的处罚就越应当经过听证作出。那么,比责令停产停业、吊销许可证或者执照、较大数额罚款更为严厉的拘留、劳动教养、标的额巨大的没收等处罚,是否也应当经过听证作出?很显然,这些问题在《行政处罚法》中都没有明确的答案,在实践中往往都坚持所谓的“等内等”,不敢也不愿意“越雷池半步”。如此一来,《行政处罚法》保障权利的宗旨又如何得以体现呢?[②] 还有学者对“等”字作了更为明确的诠释:“一般认为,这里的‘等’字表明了立法对行政相对人有权要求听证的行政处罚种类的不穷尽列举,其功能不外是:首先赋予行政机关根据实际情况决定行政相对人对某些法律不明文规定的行政处罚享有听证权;其次为今后立法扩大行政处罚听证范围提供法律依据。因此,这里的‘等’应当理解为可以听证的行政处罚除责令停产停业、吊销许可证或者执照、较大数额罚款外,还应当包括其他可以听证的行政处罚种类,其他诸如较大数额的没收违法所得、没收非法财物也应当给予当事人听证的权利。将行政处罚的听证范围扩大到没收违法所得、没收非法财物是符合《行政处罚法》立法精神的。”[③]

上述学者的观点,应当说比较准确地表达了《行政处罚法》设立听证制度的立法本意,也符合法律建立这一制度的宗旨。但是,实践中对这一问题的理解和适用情况并不令人乐观,“五花八门”的规定使人们对这一问题认识的准确性大打折扣。试想,在上述案例乃至全国范围内许许多多相同类型的案件中,如果没有最高人民法院对新疆维吾尔自治区高级人民法院的《答复》作为“后盾”,那么我国很多地方人民法院很有可能就会以“程序合法”为由作出维持工商局行政处罚决定的判决。这样的判决与《行政处罚法》的立法本意将会产生很大的距离,而这正是我们在推进行政法治化的进程中所要避免的。在我们的行政执法实践乃至司法审查过程中,立法的本意在很大程度上没有得到统一的体现和贯彻,仅仅从行政处罚听证范围的理解和适用方面所折射出来的这种现象,理应引起我们的深刻反思。更为重要的是,我们应当积极采取有效措施改变目前这种与法律的内涵存在明显差距的状况。否则,“无论多么完美的程序立法都将成

① 全国人大常委会法制工作委员会国家法、行政法室编著:《〈中华人民共和国行政处罚法〉释义》,法律出版社 1996 年版,第 121 页。

② 参见杨海坤、章志远:《中国行政法基本理论研究》,北京大学出版社 2004 年版,第 284 页。

③ 章剑生:《行政程序法基本理论》,法律出版社 2003 年版,第 123 页。

为字面上美丽的符号而已”[①]。

三、对行政处罚听证范围的理解：以现代法治的正当程序理念为基础

对行政处罚听证范围的不同理解和实践中的不同适用，使我们真切地感受到法律在一定程度上与现实的距离。这也从一个侧面反映了要将法律准确、完整地运用于实践确实需要我们付出不懈的努力，依法行政目标的实现任重而道远。《行政处罚法》第 42 条虽然规定了当事人对责令停产停业、吊销许可证或者执照、较大数额的罚款等行政处罚可以要求举行听证，行政机关也有义务告知当事人有要求举行听证的权利。但是，一个看似简简单单的“等”字，却使我们处于云雾之中而难以辨明方向。于是，各种各样的以行政处罚程序“具体细则”“实施办法”为名的规定纷纷出台。这种大量且有着不完全相同内容的规定不但扰乱了我们的视线，而且使我们的行政执法实践陷入了迷茫和误区之中。仔细探究起来，出现这种状况的原因之一在于，《行政处罚法》颁布和实施之后，我们的很大一部分注意力和兴趣花在了对行政处罚听证制度建立的关注之上，很少去探究这一制度背后所蕴含的精神实质。另一个原因则是行政机关并不善于透过具体条文来认识法律规范所蕴含的立法精神。长期以来，行政执法机关往往缺乏一种对法律从其体系到精神实质进行研究和探索的习惯，仅仅从某一法律条文出发孤立地去理解法律制度似乎已经成为一种比较固定的思维模式。这就不可避免地会出现“唯条文是从”的状况。加之我国各地、各部门基本上都是依照自己的理解去制定相关的“实施办法”“实施细则”，而行政机关又往往习惯以本地、本部门的“具体规定”作为执法的依据。因此，出现法律立法本意与执法实践的冲突就在所难免。

行政执法是一种适用法律的活动，完整、正确理解法律是行政执法合法的前提。从行政处罚的角度来看，《行政处罚法》第一次将现代行政程序的理念注入我国的行政法体系中，特别是关于听证程序的规定，更是该部法律的“亮点”。但是，我们的目光不能孤立和机械地集中于某个“亮点”，而应从总体上理解这部法律。

（一）应当从法律功能的角度全面理解行政处罚听证范围的规定

《行政处罚法》第 1 条规定其立法目的是：“为了规范行政处罚的设定和实施，保障和监督行政机关有效实施行政管理，维护公共利益和社会秩序，保护公

---

① 王万华：《论我国尽早制定行政程序法典的必要性与可行性》，载《中国法学》2005 年第 3 期。

民、法人或者其他组织的合法权益。"有学者认为,可以将上述立法目的归纳为《行政处罚法》的两项基本功能,即行政处罚行为的正当性(合法性)证明功能和维护当事人权益功能。行政处罚听证程序制度是行政处罚决定形成过程中的一个环节,因此这一制度也自然应承担这两项法定功能。[①] 鉴于此,对行政处罚听证范围的理解,就不能仅仅拘泥于《行政处罚法》第 42 条的字面含义,而应当结合《行政处罚法》的立法目的以及从该目的所体现的法定功能来理解其在实现功能方面的法律实质和立法精神。以本文开头所论及的没收较大数额的违法所得案例为例,作为一种对行政相对人权利影响重大的行政处罚,如果不经过听证就可以作出甚至执行,那么至少在工商行政管理机关与被处以较大数额罚款的当事人之间,明显存在着法律上的不公平。[②] 这种不公平从表面上看,似乎仅仅是程序上的一种不同对待而已,但是相对人的程序权利具有双重价值,一是保障实体权利实现的价值,二是程序权利自身独立的价值。[③] 如果因为程序权利的缺失而导致当事人实体权利无法实现,那么这样没收违法所得的行政处罚就难以实现《行政处罚法》的法定目的和功能,该行政处罚的合法性证明功能当然也就无从实现。

(二)应当透过法律条文理解《行政处罚法》第 42 条所蕴含的精神实质

同样,我们也不能从某一个条文所包含的字面含义的角度孤立地去理解法律。理解一项制度,不能仅仅依靠某一个法律条文所传递的文字表述。要正确理解法律,就不能仅限于具体条文,而是要探究条文之后的法理,追溯条文背后的法律精神。法律条文传递的仅仅是字面含义,是表面现象,潜藏在条文背后的法理、法律精神才是支撑法律条文的灵魂。法律条文是僵化的,单纯依靠条文很难应对日新月异的社会生活;法理和法律精神则是灵动的,具有相当的普适性,能够应付纷繁复杂的社会现实。[④] 正如应松年教授所言:"《行政处罚法》只规定较大数额的罚款可以进行听证,但没有列举没收较大数额的违法所得可以进行听证,因此对被没收违法所得的人拒绝进行听证,从字面理解工商部门似乎并没

---

① 参见朱芒:《行政处罚听证制度的功能——以上海听证制度的实施现状为例》,载《法学研究》2003 年第 5 期。

② 国家工商行政管理总局于 2007 年 9 月公布《工商行政管理机关行政处罚案件听证规则》,同时废止《工商行政管理机关行政处罚听证暂行规则》,对公民处以 5000 元、对法人或者其他组织处以 5 万元以上的罚款,就应当告知当事人有要求举行听证的权利。

③ 参见姜明安主编:《行政执法研究》,北京大学出版社 2004 年版,第 25 页。

④ 参见李富成:《探究法条背后的法律精神》,载《法制日报》2005 年 8 月 24 日。

有错。但是透过浩如烟海的法律条文，熠熠发光的是条文背后的法治思想。从《行政处罚法》的立法原义讲，作较大数额的罚款可以召开听证会，没收较大数额的违法所得在法律精神上理所应当也可以召开听证会。”[①]《行政处罚法》第42条规定对于责令停产停业、吊销许可证或者执照、较大数额的罚款等行政处罚，当事人可以要求举行听证，实际上传递了这样一种精神，即对于重大的行政处罚当事人有权要求举行听证。因为重大的行政处罚有可能对当事人的权利产生重大影响，而通过法定的听证程序，为行政机关与当事人之间就将要作出的相应行政处罚是否具备合法性要件，以对抗方式展开论证，确定了可交涉的范围以及提供了交涉的法定方式。换言之，《行政处罚法》第42条为论证行政处罚行为的合法性设定了一个法定“平台”。法定的应当通过听证程序的行政处罚行为只有在该程序中对法定构成要件进行确认之后，才能够最终决定是否应该使该行为产生法律效力以及产生怎样的效力。[②] 通过这样的程序，可以为最大限度地保护行政相对人的权益提供充分的法律保障。这正是法律为一部分对当事人权益产生重大影响的行政处罚行为设置听证程序的根本精神所在。有学者非常明确地指出，行政处罚听证程序适用的首要条件就是：“较重的行政处罚……对于某些重大的违法行为事实、行为人可能会受到较重的行政处罚的，则适用听证程序。”[③]该学者的这一观点，应该说与《行政处罚法》设置听证制度的立法本意相一致。

（三）要从实质法治的角度去理解行政处罚的听证范围

强调应当从立法本意和法律精神的角度去理解行政处罚的听证范围，实际上就是强调应当从实质法治的角度，即从行政程序正当性的角度，去理解法律所蕴含的法律精神和法律理念。可以说，对行政处罚听证范围的理解是如此，对其他法律的理解也应当是如此。在现代社会，依法治国、依法行政目标的真正实现不仅仅是（或者说不主要是）行政所依据的法规范体系在形式方面的发展和完备，而是这种规范所追求的价值目的。因为“如果法治仅仅要求法律体系具备形式上的完备性和统一性，那么依法行政与专制并不是绝对无缘之物”[④]。笔者认为，实践中出现大量的与行政处罚程序目标不一致的规定，其中很大一部分不但

---

① 转引自陈煜儒：《苏州对没收“违法所得”举行听证》，载《法制日报》2005年5月18日。

② 参见朱芒：《行政处罚听证制度的功能——以上海听证制度的实施现状为例》，载《法学研究》2003年第5期。

③ 杨解君：《行政法学》，中国方正出版社2002年版，第303页。

④ 朱芒：《依法行政：应依何法行政》，载《法学》1999年第11期。

使行政程序的基本精神缺失，而且还造成了立法资源的浪费和重复“消费”，甚至有可能导致制度上的冲突。实际上，这些规定仅仅是一种追求形式法治之举，明显地偏离了实质法治的轨道。

当然，作为一项行政法制度，行政处罚听证制度的适用确实有一定的范围，也并不是说包括警告在内的所有行政处罚都必须适用听证。全国人大常委会法制工作委员会国家法、行政法室的专家认为：“限定听证案件的范围，一是考虑公平与效率兼顾的原则，二是考虑我国国情。既保证行政机关处理行政处罚案件的效率，也注重行政处罚程序中的民主程序的建设，同时这一制度在我国刚刚建立，不论是群众的素质，还是基层行政机关的工作水平，建立这样一种制度不可操之过急，否则，可能‘欲速则不达’。听证尽管是行政处罚当事人的一项重要的权利，但是听证并不是行政处罚必经程序，只有符合法律规定的适用范围内的行政处罚案件，才举行听证。”①然而，笔者认为，《行政处罚法》之所以要规定听证制度，是因为它实际上是一种以程序的正当性理念来统率我们的行政执法实践。作为一部“体现出了现代行政法的民主法治精神”②的法律，听证制度的建立，“改变了传统行政法上以行政效率优先的行政法原则，而代之以保障公民基本权利和对行政权的行使加以控制的行政法原则”③。笔者认为，虽然在《行政处罚法》立法之初，其听证程序适用范围的着眼点确实主要在于(但不是仅仅)责令停产停业、吊销许可证或者执照、较大数额的罚款方面，但这一法律条文所蕴含的立法本意，即对重大的行政处罚可以要求举行听证的观念却是一成不变的，为我们根据法治发展情况和现代法治的正当程序理念对其作进一步理解留下了一定的空间。法治是发展的，社会生活也是不断变化的，社会的不断发展和进步必然给法治带来更高的要求。因此，根据制度建立的宗旨去理解和探索蕴含在法律条文背后的法律精神、法律理念和法治思想，并以与时俱进的思路来理解法律和适用法律，应当是我们正确把握法律真谛的前提。

四、走出行政执法的误区：完善立法解释机制

正确理解法律是准确适用法律的前提和基础。一个法律条文，如果既可以这样理解，又可以那样理解，那么它在实践中的适用力必然降低，法律本身在公

---

① 全国人大常委会法制工作委员会国家法、行政法室编著：《〈中华人民共和国行政处罚法〉释义》，法律出版社1996年版，第120页。

② 罗豪才主编：《现代行政法制的发展趋势》，法律出版社2004年版，第45页。

③ 高志新主编：《中华人民共和国行政处罚法释义》，红旗出版社1996年版，第102页。

众心目中的信仰度也将随之降低。理论和实践中对行政处罚听证范围的不同理解和执行,不但造成了规范之间的冲突,而且严重地妨碍了《行政处罚法》中最具“亮点”条款的正确实施。这些结果的出现,都是与我国推进依法治国、依法行政的宗旨背道而驰的。因为“一个国家创制了‘好’的法律而不能在社会生活中转变为现实,无异于一纸空文”①。笔者甚至认为,从某种程度上说,它比“一纸空文”的后果更严重和更令人担忧,因为它造成了执法的混乱,导致了法制在一定范围内的严重不统一。

然而,笔者也在思考这样一个问题,从所述及的案例以及其他相类似的案例来看,虽然最高人民法院的《答复》解决了法院在司法审查中关于“没收较大数额的违法所得是否属于听证范围”的难题,但我们仍需要解决的是行政执法过程中法律依据的明确性问题。《行政处罚法》第42条中的一个“等”字衍生出如此众多的不同规定,确实对在行政执法过程中准确理解和适用法律带来了许多不利。要解决这一领域中的法制统一问题,不能仅靠最高人民法院的文件,而是必须强化我国的立法解释机制。

第一,行政执法活动作为一种执行法律的活动,其依据理应是国家的法律、法规和规章,不能完全依照司法解释来进行执法活动。正如姜明安教授所指出的:“行政机关执法的依据当然是法律、法规、规章和其他规范性文件,而不是法院的判决、批复或司法解释。”②根据1981年6月10日第五届全国人大常委会第十九次会议通过的《全国人民代表大会常务委员会关于加强法律解释工作的决议》的规定,最高人民法院所作司法解释的权限范围是属于法院审判工作中具体应用法律、法令的问题。最高人民法院于2007年3月23日发布并于同年4月1日起施行的《最高人民法院关于司法解释工作的规定》也明确规定,人民法院在审判工作中具体应用法律的问题,由最高人民法院作出司法解释;司法解释以最高人民法院公告形式发布;司法解释应当在《中华人民共和国最高人民法院公报》和《人民法院报》刊登。因此,从司法解释的发布途径可以看出,其效力是有限的,仅仅对司法审判产生依据力和约束力。“司法解释的效力就是司法强制力。”③虽然行政机关为避免在行政诉讼中败诉可以在执法过程中自觉遵守司法解释的规定,但不能因此认为司法解释就是行政执法的依据,因为司法活动与行

---

① 孙国华、朱景文主编:《法理学》,中国人民大学出版社1999年版,第309页。

② 转引自陈煜儒:《苏州对没收“违法所得”举行听证》,载《法制日报》2005年5月18日。

③ 董皞:《司法解释论》,中国政法大学出版社1999年版,第21页。

政活动毕竟属于不同领域的活动。我们所强调的依法行政是依法律行政，而不是依司法解释行政。

第二，让我国的立法解释机制真正发挥其应有的作用是解决法律认识问题的有效途径。很多学者在谈到我国规范冲突的原因时，除了指出法律规则的多义性和模糊性、立法者价值取向或价值判断具有相异性和地区差别以及立法主体多元和立法权限不清、地方保护和部门垄断等原因外，都不约而同地提到了另一个重要原因——法律解释机制存在缺陷或法律解释机制的规范失缺，[①]并认为“因为立法任务繁重，又缺乏动力和压力，甚至存在一定阻力，所以实践中很少进行立法解释，使这个制度实际上处于虚置状态”[②]。然而，社会的需求和法律赋予的使命都迫使我们的立法解释制度应尽快地被“激活”。

虽然我们强调要从法律精神和立法本意的角度来理解法律，但在某些特定情形之下，法律毕竟还是比较抽象的。同时，我国的行政法治进程仍在推进之中，行政机关工作人员的法律素养还有待进一步提高，要求行政机关一下子从习惯于对法律条文的字面理解跳跃到能够透过法律条文的文字表述来准确理解法律精神和立法本意的高度，至少在目前还有一定的难度。因此，从对行政处罚听证范围的具体理解和适用的角度看，还应当对这一制度在我国的具体实施进行一番探讨和研究，从而使这种在外国土地上产生的制度能够在我国生根开花。我国的法律是解决我国的现实问题的，它必须立足于我国的现实与需求，也必须符合我国的行政执法实践。正如苏力先生所说，法律是实践的，是要解决问题的，是要解决我们的问题的，是要解决我们眼下的问题的。[③] 在我国的行政执法中，以成文法为主要依据的观念长期占据主导地位，行政机关对法律的理解主要来源于实定法上的条文。行政机关很少能够从法律精神和法律理念的角度去理解和适用法律。《行政处罚法》所确立的听证制度虽然在10年前就已经建立，但传统的思维方式并不会因为一项制度的建立而马上得到改变。这也是我国行政执法的现实，而这一现实恰恰就是我们完善立法解释机制的现实基础。

因此，法律在实施一段时间以后，根据实践中所出现的问题，以严格的立法解释制度来明确和完善其具体适用既是必要的，也是可行的。这样可以澄清思

---

① 参见刘莘主编：《国内法律冲突与立法对策》，中国政法大学出版社2003年版，第60—93页；姜明安主编：《行政执法研究》，北京大学出版社2004年版，第170—172页。

② 姜明安主编：《行政执法研究》，北京大学出版社2004年版，第171—172页。

③ 参见苏力：《送法下乡——中国基层司法制度研究》，中国政法大学出版社2000年版，第12页。

想认识，明确法律的具体意图，使法律得到正确的实施，以保障法律实施的统一性。《立法法》第42条规定："法律解释权属于全国人民代表大会常务委员会。法律有以下情况之一的，由全国人民代表大会常务委员会解释：（一）法律的规定需要进一步明确具体含义的；（二）法律制定后出现新的情况，需要明确适用法律依据的。"这里所称的法律解释，实际上就是指立法解释。另外，第47条规定："全国人民代表大会常务委员会的法律解释同法律具有同等效力。"因此，由立法机关对法律的含义作出明确的解释，就能够很好地解决法律在实践中的理解和适用不一致的问题，从而保证法律的统一性。这正如有的学者所指出的那样，在我国，立法解释的主要任务是：（1）阐明法律实施中产生的疑义。对法律规定本身不十分清楚、明确的条文进行说明，或者规定本身虽然清楚、明确，但因实施法律的人不了解立法者的立法精神，而进行立法解释。（2）适应社会发展，赋予法律规定以新的含义。在没有对原有法律进行修改、补充、废止之前，通过赋予法律规定新含义的方法补充法律。（3）解决法条冲突以及司法解释之间的冲突。① 因此，笔者认为，在对《行政处罚法》所规定的听证范围的理解和适用上，无论从哪个角度看，都符合立法解释的任务和条件。全国人大常委会应当对《行政处罚法》第42条的听证适用范围作出解释，以明确其"听证范围"的立法本意，尤其要对其中的"等"字作出明确的阐释。

五、结语

人们创制并实施法律是为了实现一定的目的，而这一目的是以法律的基本价值为基础的。理解法律，不能仅看其文字表述，而应探索其精神实质。在对行政处罚听证范围的认识上，我们似乎更应该从当代行政法应具有的人文精神的角度加以理解，即《行政处罚法》不仅仅是在我国创立了一项行政法上的听证制度。更重要的是，"这部法律使政府与公众之间形成一种相互信任与沟通的关系，政府是一个开放的非武断的政治体系"②的现代行政法理念得以凸显。本文虽然是从个案的角度展开分析，但这一个案所折射出来的问题并不是个别的，而是在我国行政执法实践中较具普遍性的问题。这就需要我们在行政执法领域加强对行政机关法律理念的培养，促进其执法水平的提高。同样重要的是，必须根据本国实际和法治发展情况，通过立法解释进一步阐释法律的具体内涵和法律

---

① 参见沈宗灵主编：《法理学》（第二版），北京大学出版社2003年版，第387页。

② 叶必丰：《行政法的人文精神》，北京大学出版社2005年版，第232页。

所蕴含的法治理念。这理应成为现阶段提高行政执法机关乃至全社会法治认识水平的一个重要途径。因此,从这个角度来看,我们对这一问题进行讨论的意义就不局限于行政处罚听证范围本身了。

第二节 部门规章行政处罚设定权的合法性分析*

一、前言

根据《立法法》第71条第1款的规定,国务院各部、委员会、中国人民银行、审计署和具有行政管理职能的直属机构,可以根据法律和国务院的行政法规、决定、命令,在本部门的权限范围内,制定规章。制定于1996年3月17日的《行政处罚法》规定了国务院部门规章的行政处罚设定权,其中第12条第1款规定:"国务院部、委员会制定的规章可以在法律、行政法规规定的给予行政处罚的行为、种类和幅度的范围内作出具体规定。"同条第2款规定:"尚未制定法律、行政法规的,前款规定的国务院部、委员会制定的规章对违反行政管理秩序的行为,可以设定警告或者一定数量罚款的行政处罚。罚款的限额由国务院规定。"同条第3款规定:"国务院可以授权具有行政处罚权的直属机构依照本条第一款、第二款的规定,规定行政处罚。"该条第1款规定了部门规章在上位法已经设定的行政处罚的行为、种类和幅度范围内的具体规定权,而第2款和第3款对于部门规章行政处罚设定权的规定,实际上在法律上明确赋予部门规章在相关领域还没有制定法律、行政法规状态下的行政处罚创制权。然而,2004年7月1日起实施的《行政许可法》却没有赋予国务院部门规章任何行政许可设定权。同时,《立法法》在其第71条第2款中对部门规章的立法权限作了限定性规定,即部门规章规定的事项应当属于执行法律或者国务院的行政法规、决定、命令的事项。作为立法基本法的《立法法》的这一规定,非常明确地表明部门规章不是创制性的立法,而只能是执行性的立法。因此,有必要根据《立法法》所确定的部门规章立法权限,从法制统一的角度对其行政处罚设定权进行合法性分析。

---

* 原载《华东政法大学学报》2011年第1期。

二、执行性立法：我国《立法法》规制下的部门规章权限

从《立法法》的规范对象来看，部门规章属于立法的表现形式之一。[①] 从行政法学的角度而言，部门规章属于行政立法的一种，其本质上是一种行政行为。[②] 对于行政立法，国内学者有多种表述。一般来说，行政立法行为的概念都是以行政机关作为形式标准界定的。[③] 但是，从性质上说，并非行政机关制定的所有规范性文件都属于行政立法。行政立法既应当从机关性质，又应当从制定法律规范的性质角度来界定，即只有行政机关制定行政法规范的活动才是行政立法。

自 20 世纪 80 年代末以来，我国行政法学界的通说认为，行政立法是行政机关根据法定权限并按法定程序制定和发布行政法规、行政规章的活动。[④] 可见，包括国务院部门规章和特定的地方政府规章在内的行政规章，和国务院的行政法规一样，都属于行政立法的范畴。

“规章”首次作为一个立法术语出现，是在 1982 年《宪法》中，其第 90 条第 2 款规定：“各部、各委员会根据法律和国务院的行政法规、决定、命令，在本部门的权限内，发布命令、指示和规章。”这一规定是国务院部委具有行政规章制定权的宪法依据。《行政处罚法》第 12 条则在对国务院部委规章的行政处罚设定权进行规定的同时，也规定了国务院可以授权具有行政处罚权的直属机构享有与部委规章同等的行政处罚设定权，使国务院直属机构在一定范围内设定行政处罚有了基本法律上的依据。《立法法》则进一步肯定了上述法律和行政法规的规定，这部规范我国基本立法制度的宪法性法律在其第 71 条第 1 款中规定：“国务院各部、委员会、中国人民银行、审计署和具有行政管理职能的直属机构，可以根据法律和国务院的行政法规、决定、命令，在本部门的权限范围内，制定规章。”这就使“部门规章”一词不但在行政法学理论上得到了肯定，也在立法制度上得到

---

① 《立法法》第 2 条第 2 款规定：“国务院部门规章和地方政府规章的制定、修改和废止，依照本法的有关规定执行。”该法第四章第二节专门对国务院部门规章和地方政府规章的制定进行了规定。

② 参见应松年主编：《行政法与行政诉讼法学》(第二版)，法律出版社 2009 年版，第 127 页。但是，也有学者对行政立法属于行政行为持否定态度，认为将国务院制定行政法规、有关行政机关制定规章的行为纳入行政行为是不妥的，因为国务院制定行政法规、有关行政机关制定行政规章的行为属于由《立法法》规制的“立法”行为，而不是“行政”行为。参见胡建淼：《行政法学》(第三版)，法律出版社 2010 年版，第 148 页。

③ 参见应松年主编：《行政法学新论》，中国方正出版社 2004 年版，第 136 页。

④ 参见姜明安主编：《行政法与行政诉讼法》(第二版)，北京大学出版社、高等教育出版社 2005 年版，第 204 页。

了进一步的确立。其后，国务院在其制定的《法规规章备案条例》第 2 条中对部门规章作了重申性的界定。由此，国务院部门规章属于我国行政立法的表现形式之一已经是一个不争的事实。“部门规章既是各部委履行职责的主要手段，又是国家法制体系的重要组成部分，它具有国家强制性，一经颁布，就在全国范围内具有法律规范力。”[①]

在我国，行政立法并不是一个法律术语，而是行政法学上的概括和归纳，其含义专指特定的行政机关所进行的立法活动。从行政机关从属于权力机关的宪法角度而言，行政立法所称的行政机关的立法，也仅仅是国家立法权的一种补充和例外。在很多国家，立法权属于国家权力机关是一般原则，而由行政机关行使立法权是一种例外和补充，是权力机关立法的延伸和具体化。因此，行政机关立法必须要有法律的明确授权依据，并且应当由经过法律授权的特定的行政机关行使立法权。在英美国家，与我国行政立法相类似的概念是委任立法，它是指行政机关根据议会授权制定各种行政管理法规。[②] 在日本，行政立法的含义则与委任立法等同。[③]

虽然在理论上和制度中，我们已经明确承认部门规章的立法属性，但这类规章的制定主体毕竟属于国务院的部门，即国务院各部、委员会、中国人民银行、审计署和具有行政管理职能的直属机构。作为国务院的部门，其职责必然就是执行法律和国务院的行政法规、决定、命令，其所制定的规章同样必须体现这种执行的性质，发挥这种执行的功能。正因为如此，《立法法》第 71 条第 1 款在肯定国务院部门规章制定权的同时，在第 2 款对其立法权限作了限定性的规定，即部门规章规定的事项应当是属于执行法律或者国务院的行政法规、决定、命令的事项。这一规定非常明确地表明，部门规章不是创制性立法，而只能是执行性立法。所谓执行性立法，是指“行政机关为了执行或实现特定法律、法规的规定而进行的立法”[④]。因此，可以看出，部门规章应当以执行和实施法律或国务院的行政法规、决定、命令为主要功能。

有学者作了比较详细的论述。这种执行性立法的“执行性”表明，部门规章

---

① 张伟国:《部门规章的作用与效力探析》，载刘莘等主编:《中国行政法学新理念》，中国方正出版社 1997 年版。

② 参见王名扬:《英国行政法》，中国政法大学出版社 1987 年版，第 108 页；王名扬:《美国行政法》(上)，中国法制出版社 1995 年版，第 347 页；〔英〕威廉·韦德:《行政法》，徐炳等译，中国大百科全书出版社 1997 年版，第 557 页。

③ 参见杨建顺:《日本行政法通论》，中国法制出版社 1998 年版，第 335 页。

④ 应松年主编:《行政法与行政诉讼法学》(第二版)，法律出版社 2009 年版，第 131 页。

不应该是自主性立法、“职权立法”或创设性立法，部门规章应当出现在执行上位法或上位法明确授权时。具体而言，首先，部门规章规定的具体内容范围，不超过上位法规定的内容；其次，部门规章是将上位法的原则性规定或比较概括性的规定“细化”为比较具体的、可操作性的规定；最后，部门规章的实施性体现在它所规定的内容不能超出其职权范围。[①] 根据《立法法》的规定，“部门规章一定要有上位法才能制定，是非常明确的了”[②]。这应当是从《立法法》范畴内对我国部门规章立法权限的直接诠释，也是我们从基本立法制度的角度认识部门规章立法权限的逻辑起点，更是部门规章在立法过程中必须遵循的“限度”。

因此，从我国《立法法》的规定而言，部门规章虽然是一种立法，但这种立法仅仅具有执行性，严格来说，它是一种在执行法律或者国务院的行政法规、决定、命令的过程中使权利义务具体化的立法活动。[③] 部门规章执行性立法的具体表现，不但要以执行法律和行政法规为内容，而且还要以执行并不属于法的渊源的国务院的决定与命令为内容，这就明显突出了其作为最高国家行政机关的部门对法律意志与国务院意志的执行功能。

三、部门规章行政处罚设定权：与既有立法权限的矛盾与冲突

部门规章的执行性权限决定了它不可能是一种创制性立法，而只能是一种以执行法律、国务院行政法规、决定、命令为己任的立法活动。据此，笔者认为，《行政处罚法》第 12 条第 2 款以及第 3 款中关于部门规章拥有创设行政处罚的规定，明显与《立法法》所规定的部门规章立法权限不相符合。

（一）行政处罚设定权是一种立法创制权

自《行政处罚法》颁布之后，“设定”一词便成为一个专门的法律术语而存在于我国的行政法律规范中，并与行政处罚的规定权相区别。2003 年 8 月颁布的《行政许可法》也在其第二章中专门规定了“行政许可的设定”，并在明确设定权的同时对行政许可的规定权进行了规定。一般认为，“设定”是指对一项权力的创设和规定，“设定”不同于“规定”，主要区别在于设定有创设之意。[④] 因此，行政处罚的设定是指国家机关依照职权和实际需要，在有关法律、法规或者规章中

---

① 参见刘莘：《行政立法研究》，法律出版社 2003 年版，第 72 页。

② 同上书，第 87 页。

③ 参见杨建顺：《行政规制与权利保障》，中国人民大学出版社 2007 年版，第 232 页。

④ 参见高志新主编：《中华人民共和国行政处罚法释义》，红旗出版社 1996 年版，第 25 页。

自行创制设定行政处罚的权力，其特点是国家机关依据职权自行创设，属于立法权的范畴。与此相对，“国家机关在上一层次法律规范关于行政处罚规定的行为、种类和幅度内作出具体化规定，是一种规定权，属于执法权力范畴”①。可以说，行政处罚的设定属于一种立法上的创制权的观点，已经基本被行政法学界普遍接受，很多学者都在其论著中阐述了这一观点。② 所以，“设定”使行政处罚从无到有，“规定”使行政处罚从有到有，无非更详细而已。③ 更有学者简洁明了地给行政处罚设定权下了定义：行政处罚设定，就是立法创造行政处罚；行政处罚设定权，就是立法创造行政处罚的权力。④ 笔者认为，从本质上看，行政处罚设定权就是一种创设行政处罚的权力，它可以使本来不属于行政处罚的行为，从法律制度的角度被规定为应当受到行政处罚的行为，而行为人就有可能受到相应处罚。例如，《上海市公共场所控制吸烟条例》将在公共场所吸烟的行为规定为一种违法行为，并设定了警告和罚款的行政处罚。可以说，在上海市公共场所吸烟应受到行政处罚的设定，正是由上海市的这一地方性法规所创制的。

从法理角度而言，行政处罚是一种制裁性质的行政行为，它必然要损害被制裁者的既有权利。既然如此，创设行政处罚，就应当受到严格规范，以法律的形式对这种权力进行严格的控制。在世界各国，对行政处罚设定权的控制非常严格，一般都由议会掌控。因为哪些违法行为应处罚、实施什么种类的处罚、在某一种类中实施什么程度的处罚、由什么机关去实施处罚、该机关依据什么程序去处罚、受处罚人不履行义务时如何去强制执行、受处罚人在处罚过程中的权利义务是什么等问题，无不涉及权利义务关系。正因为如此，行政处罚设定权通常由立法机关行使，其他国家机关和组织不得行使，以防止这些国家机关和组织从自身利益出发，通过设定行政处罚侵犯公民受宪法保护的人身权和财产权。例如，在奥地利，其《行政处罚法》规定，行政处罚只依法律实施；在德国，设定权集中在联邦议会，联邦政府和各地原则上不能超越联邦议会规定的原则另行设定新的行政处罚；在美国，处罚的设定权由国会行使；在日本，设定权主要集中在国会，内阁及内阁各省非经法律的特别授权不得制定罚则；在意大利，设定权只掌握在

---

① 汪永清编著：《行政处罚法适用手册》，中国方正出版社 1996 年版，第 52 页。

② 参见应松年、刘莘主编：《行政处罚法理论与实务》，中国社会出版社 1996 年版，第 83 页；胡锦光：《行政处罚研究》，法律出版社 1998 年版，第 60—62 页；杨小君：《行政处罚研究》，法律出版社 2002 年版，第 62—63 页；杨解君：《秩序·权力与法律控制——行政处罚法研究》（增补本），四川大学出版社 1999 年版，第 164 页；关保英主编：《行政处罚法新论》，中国政法大学出版社 2007 年版，第 60 页。

③ 参见胡建淼：《行政法学》（第三版），法律出版社 2010 年版，第 293 页。

④ 参见杨小君：《行政处罚研究》，法律出版社 2002 年版，第 63 页。

国会和 20 个地区议会手中；在新加坡，设定权集中在议会，行政机关只能依据议会的法令规定处罚的具体标准。[①] 各国对于行政处罚设定权的严格限制，正是基于行政处罚的设定权是一种立法上的创制权，而这种与限制和剥夺公民权利、增加公民义务相关的创制权，受到法律的严格限制是理所当然的。这也是当代行政法强化对公民权利进行保护的一个具体表现。

因此，《行政处罚法》赋予部门规章设定行政处罚的权力，实际上就是赋予其在行政处罚方面的创制权，而这是与部门规章所具有的立法权限相违背的。

（二）赋予部门规章行政处罚设定权是“权宜之计”

我国行政规章分为国务院部门规章和地方政府规章。在研究部门规章行政处罚设定权时，不能不涉及地方政府规章的行政处罚设定权问题。虽然我国《行政处罚法》将特定的地方政府规章的行政处罚设定权与部门规章的行政处罚设定权分条规定，但无论是部门规章还是特定的地方政府规章，其在性质上都属于行政规章。因此，对这两者的立法权限就有进行比较的必要。

《立法法》第 73 条第 2 款规定：“地方政府规章可以就下列事项作出规定：（一）为执行法律、行政法规、地方性法规的规定需要制定规章的事项；（二）属于本行政区域的具体行政管理事项。”由此看出，地方政府规章的立法权限范围，不仅包括执行法律、行政法规、地方性法规的规定，还包括本行政区域的具体行政管理事务。地方政府规章既是执行性立法，也可以是一定程度上的创制性立法，即在属于本行政区域的具体行政管理事项的范围内，地方政府规章拥有一定的创制权。

《立法法》第 73 条第 2 款第 2 项关于“属于本行政区域的具体行政管理事项”的规定并不是偶然的，是立法政策上深思熟虑的结果。因为“各地方间限于客观因素、自然环境或历史背景，都存有极大的差别，所以良好的行政权实施，必须因时、因地、因对象，采取不同的对策”[②]。这正是部门规章与地方政府规章在立法权限方面的区别所在。也正是从这一角度而言，《行政处罚法》赋予地方政府规章一定范围内的行政处罚设定权，既符合现实需要，又与地方政府规章具有一定范围内的立法创制权的权限相匹配，应当予以保留。

应当承认，在制定《行政处罚法》的过程中，对于包括部门规章和地方政府规

---

① 参见胡锦光：《行政处罚研究》，法律出版社 1998 年版，第 61—62 页。

② 陈新民：《中国行政法学原理》，中国政法大学出版社 2002 年版，第 115 页。

章在内的所有规章是否应当具有行政处罚设定权，确实也曾经产生过争议。[①]但是，这种争议并不是体现在部门规章与地方政府规章权限的不同上，而是体现在对规章功能的整体认识上。可以说，我们在制定《行政处罚法》时，对于部门规章和地方政府规章在立法权限上究竟有无区别是缺乏认识的。对部门规章与地方政府规章立法权限有不完全相同的认识，则是在《立法法》制定过程中以及颁布之后，并体现在具体条文之中。[②] 在《行政处罚法》制定之初，《行政处罚法》中对规章设定权的规定，应该说只是过渡性规定，随着法制的不断完善，规章设定行政处罚的权力应当是逐步消亡的。[③]《行政处罚法》赋予部门规章和地方政府规章设定行政处罚的权力，是解决部分领域尚缺乏法律、行政法规，需要暂时性地通过规章或者说部门规章去进行管理的权宜之计。如果以部门规章单一的执行性立法权限加以对照，其行政处罚设定权作为行政管理的“权宜之计”或者“过渡性规定”的特征更为明显。

由此可见，既然是为适应行政管理需要而制定的“过渡性规定”，而且在《行政处罚法》之后的《立法法》又明确规定部门规章仅仅具有执行性的立法权限而不具有创制性，那么这种与基本的立法制度所不相符合的部门规章行政处罚的设定权就有改革的必要。更何况，这种“过渡性规定”已经存在十几年，与我国行政法制建设，尤其是与我国行政立法制度规范与完善的要求不相符合。

（三）行政处罚设定权与行政许可设定权不统一

赋予部门规章行政处罚设定权，与《行政许可法》关于行政许可设定权的规定不一致。因为《行政许可法》对于部门规章，没有赋予任何行政许可设定权。《行政许可法》之所以作如此制度安排，正是因为遵循了《立法法》关于部门规章与地方政府规章在立法权限方面的区别性规定，是依照《立法法》对规章立法权限的规定所进行的立法。

行政处罚与行政许可是行政行为体系中最为重要，也是最为基本的两类行政行为。首先，行政处罚与行政许可在对公共利益的维护方面具有相同的目标。从行为的性质角度而言，行政处罚是对特定相对人的制裁性行为，而行政许可是对特定相对人的授益性行为。然而，对特定相对人违法行为的制裁，必定表现为

---

① 参见全国人大常委会法制工作委员会国家法、行政法室编著：《〈中华人民共和国行政处罚法〉释义》，法律出版社 1996 年版，第 29—30 页。

② 《立法法》对部门规章和地方政府规章立法权限的不同规定，证实了笔者的这一观点。

③ 参见全国人大常委会法制工作委员会国家法、行政法室编著：《〈中华人民共和国行政处罚法〉释义》，法律出版社 1996 年版，第 32 页。

对不特定多数人权利的保护，即公共利益的维护；而行政许可中对特定相对人权利的赋予，也必然会使不特定多数人在不符合法定条件的情况下无法获得从事特定活动的权利，同样体现为对公共利益的维护。其次，从对行政行为进行规范的角度而言，行政处罚和行政许可都是在实践中实施频率较高、对当事人权利影响较为广泛的具体行政行为，在依法设定与依法实施方面应当有基本相同的要求。从《行政处罚法》与《行政许可法》关于立法宗旨的规定中可以看出，两者的表述除了规范对象一个是行政处罚，一个是行政许可，以及语言的顺序有所不同之外，其他基本一致。由此可见两者在规范目的上的基本一致性。最后，从立法制度的角度而言，《行政处罚法》与《行政许可法》均为我国对基本行政行为进行规范的法律。这两部法律中关于行政处罚设定权和行政许可设定权的规定，都属于在特定行政管理领域赋予一定立法权的行为，都必须符合我国《立法法》确立的立法体制与依法行政的要求。可以说，《立法法》对部门规章立法权限的规定与限制，并不存在行政处罚与行政许可事项之间的区别。相反，从统一立法体制的角度而言，无论是对于行政处罚还是行政许可，乃至于其他行政行为领域行政权的设定，在部门规章的立法权限方面，规定应当是统一的。

在《行政处罚法》赋予部门规章行政处罚设定权，而《行政许可法》没有赋予部门规章任何行政许可设定权的情况下，法制的统一受到了影响。

四、走法制统一之路：取消部门规章行政处罚设定权

法制统一是建设社会主义法治国家所应当遵循的基本原则。《立法法》也明确规定了法制统一原则。作为立法表现形式之一的部门规章，必须严格遵循国家的基本立法制度，着力维护国家的法制统一。笔者认为，对制定于《立法法》之前的《行政处罚法》中关于部门规章拥有行政处罚设定权的内容进行修改，是遵循法制统一原则的必然选择。

根据《行政处罚法》第 12 条第 2 款的规定，部门规章对违反行政管理秩序的行为，仅仅可以设定警告或者一定数量罚款的行政处罚，而且罚款的限额由国务院规定。加之《国务院关于贯彻实施〈中华人民共和国行政处罚法〉的通知》也作出了具体规定，使部门规章的行政处罚设定权的权限范围受到了严格的限制。但是，对照《立法法》所规定的立法权限，与规范行政许可行为的《行政许可法》不赋予部门规章任何行政许可设定权的内容相比，《行政处罚法》的冲突与矛盾仍然非常明显。

此外，对特定行政相对人而言，行政处罚表现为对相对人权利的剥夺与限

制，是一种行政法上的制裁，对其的设定理应要比体现为赋予特定相对人权利的行政许可的要求更高。有学者甚至认为，对于行政处罚，只能由地方性法规以上的规范性文件予以设定；地方性法规以下的规范性文件，都不能设定行政处罚。[①]

对于《行政处罚法》中关于行政处罚设定权的规定，有学者认为："处罚法采取太概括授权的方式，让法律、行政法规、地方性法规及规章都可设立行政处罚，这种授权过于浮滥，造成几乎所有的行政处罚都可以轻易地获得了法规的依据，而非仔细的，且事前由立法者预估的法律授权。为了矫正这种'稀释'了行政罚必须要有法律依据的法定原则，也使行政罚之秩序可获得法治国家原则的保障，处罚法日后修法时应当加以调整。"[②]这一观点值得今后修改《行政处罚法》时参考。笔者也注意到，在行政法学界，已有学者认识到《行政处罚法》关于部门规章行政处罚设定权的规定与《立法法》关于部门规章立法权限的规定之间的矛盾。该学者指出，对于《立法法》第 71 条第 2 款与《行政处罚法》第 12 条第 2 款之间的矛盾，可以通过两种规则加以认识。一是新法优于旧法的规则，即根据《立法法》第 83 条后半句的规定，新的规定与旧的规定不一致的，适用新的规定。依此规则，《行政处罚法》（自 1996 年 10 月 1 日起施行）第 12 条第 2 款的内容在《立法法》施行（2000 年 7 月 1 日）之后，会因与新法抵触而不能被适用。二是特别法优于一般法的规则，即根据《立法法》第 83 条前半句的规定，同一机关制定的法律中特别规定与一般规定不一致的，适用特别规定。依此规则，如果《立法法》第 71 条第 2 款的规定属于一般规定，而《行政处罚法》第 12 条第 2 款的规定属于特别规定，那么即使二者之间存在矛盾，在行政处罚的设定方面，部门规章依然拥有创设性的立法权限。在这种适用不同规则可能出现不同结论的情况下，需要在具体案件中，针对具体问题作出应该适用哪项规则的选择和解释。[③]

笔者认为，应当适用《立法法》中"新法优于旧法"的规则对上述问题加以处理，最好修改《行政处罚法》，取消部门规章的行政处罚设定权，从而使《立法法》第 71 条第 2 款的规定在行政处罚设定权领域得到具体实现。

---

① 参见关保英主编：《行政处罚法新论》，中国政法大学出版社 2007 年版，第 63 页。当然，笔者对此并不完全赞同。因为在目前情况下，完全取消地方政府规章的行政处罚设定权既不现实，也与地方政府对地方特定的具体行政事务所拥有的一定范围内的自主性管理权不相符合。

② 陈新民：《中国行政法学原理》，中国政法大学出版社 2002 年版，第 217 页。

③ 朱芒教授在其参编的著作中持这一观点。参见应松年主编：《行政法与行政诉讼法学》（第二版），法律出版社 2009 年版，第 233—234 页。

五、结语

取消部门规章的行政处罚权并不是一件简单的事情，必定有一个较为复杂的过程。据统计，目前，在我国233部法律、699部行政法规、9000多部地方性法规、5030部国务院部门规章和8960多部地方规章中，95%涉及行政处罚项目。[①]可以估计，在5030部国务院部门规章中，包含对行政处罚进行设定的内容一定不在少数。要取消如此大量的行政处罚设定内容，工程肯定浩大，工作肯定繁重。同时，相关领域的管理依据尤其是行政处罚的依据也将在一定时期内存在问题。然而，法制统一毕竟是我们建设法治社会所必须追求的目标，依法立法也应当是我们制定《立法法》的目的所在，行政处罚的立法应当符合基本的立法制度同样是我们推进行政法治、贯彻依法行政原则所应当遵循的准则。更何况，随着时间的推移，在行政处罚设定权不作修改的情况下，部门规章设定行政处罚的项目只会增多，将来再取消部门规章的行政处罚设定权可能更加困难。

为此，笔者建议，在立法取消部门规章的行政处罚设定权的前提下，由全国人大及其常委会进行授权，明确在一定的时间段内，由国务院在对法规、规章进行经常性的清理过程中，逐步对部门规章所设定的行政处罚项目进行甄别和清理。对于应当继续保留的行政处罚，可以以制定行政法规的形式加以设定。其中有些行政处罚，也可以由国务院在向全国人大及其常委会提出立法草案时"吸收"到法律之中。对于不再需要继续保留的行政处罚，应当及时予以取消。经过一段时间的努力，可以使部门规章设定行政处罚的状况得到逐步改变，使部门规章逐渐在行政处罚方面只具有对上位法所设定的内容进行具体规定的"执行性"功能，而不再具有行政处罚的创设性功能，从而使行政处罚的设定与行政许可的设定一样，符合《立法法》关于部门规章立法权限的规定。

---

① 参见李立：《酒类流通办法被指隐性违法》，载《法制日报》2010年7月28日第6版。

第六章

行政许可相关问题研究

第一节　国务院决定行政许可设定权:问题与规制*

一、问题的提出

《行政许可法》第 14 条第 2 款规定:“必要时,国务院可以采用发布决定的方式设定行政许可。实施后,除临时性行政许可事项外,国务院应当及时提请全国人民代表大会及其常务委员会制定法律,或者自行制定行政法规。”这一规定赋予了国务院可以决定的方式设定行政许可的职权。依据这一规定,国务院于 2004 年 6 月 29 日公布《国务院对确需保留的行政审批项目设定行政许可的决定》(以下简称《行政许可决定》),自 2004 年 7 月 1 日起施行。《行政许可决定》称:“依照《中华人民共和国行政许可法》和行政审批制度改革的有关规定,国务院对所属各部门的行政审批项目进行了全面清理。由法律、行政法规设定的行政许可项目,依法继续实施;对法律、行政法规以外的规范性文件设定,但确需保留且符合《中华人民共和国行政许可法》第十二条规定事项的行政审批项目,根据《中华人民共和国行政许可法》第十四条第二款的规定,现决定予以保留并设定行政许可,共 500 项。为保证本决定设定的行政许可依法、公开、公平、公正实施,国务院有关部门应当对实施本决定所列各项行政许可的条件等作出具体规定,并予以公布。有关实施行政许可的程序和期限依照《中华人民共和国行政许可法》的有关规定执行。”同时,《行政许可决定》以附件的形式发布了《国务院决定

---

* 原载《社会科学》2012 年第 5 期。

对确需保留的行政审批项目设定行政许可的目录》。

2009年1月29日，国务院又发布《国务院关于修改〈国务院对确需保留的行政审批项目设定行政许可的决定〉的决定》，明确对《行政许可决定》附件中的部分项目进行修改："一、将第12项的项目名称，由'跨省区或规模较大的中小企业信用担保机构设立与变更审批'修改为'融资性担保机构的设立与变更审批'；将实施机关，由国家发展改革委改为省、自治区、直辖市人民政府确定的部门。二、将第373项的项目名称，由'外国通讯社及其所属信息机构在中国境内开展经济信息业务审批'，修改为'外国机构在中国境内提供金融信息的服务业务审批'；将实施机关，由新华社改为国务院新闻办公室。三、将第374项的项目名称，由'外国通讯社在中国境内发布新闻信息业务的审批'修改为'外国通讯社在中国境内提供新闻的服务业务审批'；将实施机关，由新华社改为国务院新闻办公室。"根据《行政许可法》第14条第2款的规定，国务院以决定形式设定的行政许可应当属于临时性行政许可。

但是，自2004年6月《行政许可决定》设定了500项行政许可后，除了直至2009年1月国务院才对其中部分事项进行局部修改之外，该500项行政许可中的大部分仍然以国务院决定设定的形式存在，从而使《行政许可法》第14条第2款所规定的"国务院应当及时提请全国人民代表大会及其常务委员会制定法律，或者自行制定行政法规"的职责基本处于一种虚置状态。为此，加强对国务院决定行政许可设定权的规范与制约，就成为保障《行政许可法》第14条第2款实施的一个重要问题。

二、国务院决定行政许可设定权之性质

一般认为，国务院制定决定的职权，来源于《宪法》第89条关于国务院职权的规定，国务院有权根据宪法和法律，规定行政措施，制定行政法规，发布决定和命令。国务院决定是针对某个方面的具体事项，是不按照行政法规制定程序制定的规范性文件。

根据《宪法》规定，国务院决定并不是行政法的渊源，对于国务院以"决定"的形式设定行政许可，在《行政许可法》立法阶段是有争议的。国务院提请审议的《行政许可法(草案)》规定："本法规定可以设定行政许可的事项，尚未制定法律的，行政法规、国务院有普遍约束力的决定可以设定行政许可。"在审议中，一些委员、地方和专家指出，设定行政许可是一种立法行为，"国务院有普遍约束力的决定"在制定程序和法律效力上与行政法规有所不同，不宜与行政法规并列。考

虑到一些临时性的、紧急的事项，在来不及或者不需要制定法律、行政法规的情况下，还需要国务院以行政许可的方式进行管理，草案二次审议稿对此作了修改："必要时，国务院可以采用发布决定的形式设定行政许可。实施后，除临时性行政许可事项外，国务院应当及时将该行政许可事项提请全国人大及其常委会制定法律，或者自行制定行政法规。"这样的修改规定了两个方面的限制，一是国务院发布决定只有在"必要时"，即在确有需要的情况下，才可以采用这种方式；二是在决定颁布之后，应当尽快制定法律或者行政法规。在对草案进行三审时，有的常委委员和有关专门委员会仍然认为，应当取消国务院采用决定的形式设定行政许可的规定。也有委员指出，对国务院设定行政许可的决定，需要规定一个期限，比如有效期一年。经研究认为，行政许可涉及公民、法人的权利，一般应由法律、法规作出规定。但是，考虑到我国现阶段的实际情况——在社会公共管理的某些领域，立法的条件和时机尚不成熟，但又需要实施必要的行政管理，在有些情况下，也需要国务院采取临时性的行政许可措施。比如，新闻、出版等意识形态领域里的一些事项比较复杂和敏感，立法的条件不成熟，又需要管住、管好，需要运用行政许可来管理；改革开放过程中，在国企改革、社会保障等方面有一些试点、试验的事项，由于是局部地区实施，或者还有待积累经验，需要国务院发布决定设定行政许可；我国加入世界贸易组织后，一些国家在贸易方面对我国采取禁止、限制或其他歧视性措施，为了采取相应的"报复性"措施，需要实施进口许可和配额管理等临时性行政许可。基于以上考虑，规定国务院采用发布决定的方式设定行政许可是必要的。[①]

可见，由于国务院决定的非法律渊源性质，导致规定其行政许可设定权过程中的争议不断。有学者甚至认为，《行政许可法》第 14 条第 2 款之所以是一个"破天荒"的规定，[②]原因就在于一个并不属于法律规范的国务院决定被赋予了理应由立法性文件承担的职能。然而，虽然国务院决定的行政许可设定权最终被法律所确定，但考虑到国务院发布的行政决定在制定程序上不够规范和完善，也缺乏有效的事后监督审查机制，立法对国务院采用决定的方式设定行政许可作出了严格限制：一是国务院发布决定设定行政许可只有在"必要时"，即在确有需要的情况下，才可采用这种方式。在正常的情况下，国务院应通过制定行政法

① 参见乔晓阳主编：《中华人民共和国行政许可法及释解》，中国致公出版社 2003 年版，第 76—78 页。

② 参见应松年、杨解君主编：《行政许可法的理论与制度解读》，北京大学出版社 2004 年版，第 187 页。

规的方式设定行政许可。二是在决定实施后，除临时性行政许可事项外，国务院应当及时提请全国人大及其常委会制定法律，或者自行制定行政法规。

因此，《行政许可法》赋予国务院决定的行政许可设定权，是一种"来不及立法"且又为行政管理所必需的"临时性权力"。这种权力的行使，应当严格遵循法律的规定，不仅要符合法律所规定的"必要性"准则，而且对于在实施以后还将继续实施的行政许可，应当及时提请全国人大及其常委会制定法律，或者由国务院自行制定行政法规，将非正常状态下所设定的行政许可转化为正常状态下的行政许可，从而体现法律对社会事务的常态管理。因为"行政许可的内容是国家一般限制或禁止的活动。许可行为是对符合条件的对象解除限制或禁止，允许其从事某项活动，享有特定权利和资格的行为……许可事项必须有明确的法律规定，许可是建立在普遍限制和禁止基础上的解禁行为。因而，对于大多数人而言，它是限制公民法人活动自由的行为"①。从《行政许可法》对行政许可设定权的规定也可以看出，对于行政许可这样一种对公民、法人个体授益而以限制大多数人的权利和自由为宗旨的行政行为来说，其设定权必须严格加以控制。但是，授权国务院可以决定的方式设定行政许可，仅仅是在特定情境之下对特殊情况的一种"照顾"，而非行政许可设定权的正常状态。同样，在国务院决定所设定的行政许可实施以后，及时将其转化为法律、行政法规设定的行政许可，不仅是国务院应当履行的一项义务，更是将行政许可设定权纳入法治轨道的一项重要举措。

三、《行政许可决定》以及实施状况分析

（一）《行政许可决定》存在的问题

国务院以《行政许可决定》的方式设定的500项行政许可，应当属于一种非正常状态下所设定的行政许可。正如《行政许可决定》所言："依照《中华人民共和国行政许可法》和行政审批制度改革的有关规定，国务院对所属各部门的行政审批项目进行了全面清理。由法律、行政法规设定的行政许可项目，依法继续实施；对法律、行政法规以外的规范性文件设定，但确需保留且符合《中华人民共和国行政许可法》第十二条规定事项的行政审批项目，根据《中华人民共和国行政许可法》第十四条第二款的规定，现决定予以保留并设定行政许可，共500项。"可以确定，国务院以《行政许可决定》的方式设定的500项行政许可，是在《行政

① 应松年主编：《行政法学新论》，中国方正出版社1998年版，第245页。

许可法》实施之前，由法律、行政法规之外的规范性文件（包括部门规章）所设定的行政许可。法律、行政法规之外的规范所设定的、在全国范围内实施的行政许可，包括部门规章和一般规范性文件所设定的行政许可，随着《行政许可法》的实施，将归于无效。因为《行政许可法》明确排除了国务院部门规章有设定行政许可的权力。同时，《行政许可法》第 17 条又明确规定，除法律、行政法规、国务院决定、地方性法规以及省、自治区、直辖市人民政府规章外，其他规范性文件一律不得设定行政许可。因此，从这一角度而言，国务院以《行政许可决定》的形式将确需保留的行政许可进行设定，有其合理性和必要性。然而，在仔细研究《行政许可决定》之后，笔者还是发现它存在如下几个方面的问题：

第一，设定的行政许可数量过于庞大，涉及的部门过多。严格来说，《行政许可法》第 14 条第 2 款所规定的国务院决定的行政许可设定权，与常规性职权相比，理应是一种辅助性、临时性的权力，是在特别“必要”的情况下才可以行使的权力。因此，行政许可设定权不应当是一种涉及范围广泛的权力，而是针对个别情况实施的权力。正因为如此，笔者认为，国务院通过《行政许可决定》一次性地就设定了 500 项行政许可，其数目实在是过于庞大，而且涉及众多的行政管理领域与部门。一般的法律、法规设定行政许可，项目都较为单一，一般只设定一两项，涉及的行政机关也较为单一。例如，《律师法》仅设定了律师职业资格许可，所涉及的许可机关仅为司法行政机关；《城乡规划法》仅设定了建设用地规划许可和建设工程规划许可，其许可的实施机关也仅涉及城乡规划主管部门或者省、自治区、直辖市人民政府确定的镇人民政府。从立法实践看，几乎所有以法律、法规形式设定的行政许可，其数量一般是一项，或者有一定联系的两项。以一个决定的形式一次性设定几百项行政许可，实属罕见。

第二，设定的行政许可内容不完全符合法律规定。《行政许可法》第 18 条规定：“设定行政许可，应当规定行政许可的实施机关、条件、程序、期限。”但是，《行政许可决定》却没有直接规定行政许可的条件等事项，而是要求：“国务院有关部门应当对实施本决定所列各项行政许可的条件等作出具体规定，并予以公布。”当然，由于《行政许可决定》设定的行政许可数量特别庞大，涉及的领域十分广泛，无法逐项明确许可条件而由各个部门自行规定也在情理之中。但是，如果严格按照《行政许可法》关于行政许可设定的规定，仅仅设定行政许可项目并确定一个实施机关是不够的，还应当有行政许可的条件。如果国务院有关部门没有按照要求明确相关的许可条件，就有可能导致所设定的行政许可应当具备的条件处于不确定的状态之中。但是，在行政许可制度中，行政许可的条件恰恰又是最为重要的内容，因为行政许可只能对符合法定条件的相对人解除禁止，使其获得从事某种活动的权利或者资格。有些地方通过地方立法的形式对行政许可的条件加以具体化，却又明显不符合《行政许可决定》中“国务院有关部门应当对实施本决定所列各项行政许可的条件等作出具体规定”的要求。

第三，某些行政许可的实施主体不够规范，不具备相应法定职权。在《行政许可决定》中，有些行政许可的实施主体并不符合法律的规定。例如，在境内举办华侨、外籍华人国际性联谊活动审批，由国务院侨务办公室实施；港澳记者来内地采访审批，由国务院港澳事务办公室实施；外国通讯社及其所属信息机构在中国境内开展经济信息业务审批、外国通讯社在中国境内发布新闻信息业务的审批，由新华社实施等。应当明确的是，国务院侨务办公室、国务院港澳事务办公室均为国务院办事机构，而新华社属于国务院直属事业单位。它们既不是依法拥有行政职权的行政机关，也不属于法律、法规授权的组织。《行政许可法》第22条和第23条规定：“行政许可由具有行政许可权的行政机关在其法定职权范围内实施。”“法律、法规授权的具有管理公共事务职能的组织，在法定授权范围内，以自己的名义实施行政许可。”因此，实施行政许可权的行政机关应当拥有“法定职权”，而具有管理公共事务职能的组织，也只有在“法定授权范围内”才能实施行政许可。国务院侨务办公室、国务院港澳事务办公室以及新华社依法不具有这样的法定职能。2009年1月，经修改后的《行政许可决定》虽然已经将个别许可事项的实施机关由新华社改为国务院新闻办公室，但并不改变国务院新闻办公室属于国务院办事机构、不具有法定的行政职能的性质。《行政许可决定》赋予没有行政职权的国务院办事机构对外实施行政许可的权力，其合法性值得商榷。

（二）《行政许可决定》实施状况分析

《行政许可法》第14条第2款规定，国务院以决定的方式设定的行政许可实施后，除临时性行政许可事项外，国务院应当及时提请全国人民代表大会及其常务委员会制定法律，或者自行制定行政法规。因此，以国务院决定形式设定的行政许可是一种临时的行政许可，如果实施之后要改变其“临时性”的性质，应通过制定法律、行政法规将其转化为常规性或经常性行政许可。虽然《行政许可决定》设定的行政许可中有些已经通过立法转化为经常性行政许可，如附件第195项设定的“营业性演出内容核准”，已由国务院于2005年7月制定的《营业性演出管理条例》明确规定，但其中大部分项目的实施与《行政许可法》的规定还有一定距离。

1. 临时性行政许可演变成为常规性行政许可

由于《行政许可法》第 14 条第 2 款“应当及时提请全国人民代表大会及其常务委员会制定法律，或者自行制定行政法规”的规定中，对“及时”的期限没有作出明确规定，导致《行政许可决定》设定的这些“临时性”行政许可中有很多项目实施至今，“临时性”演变成了“常规性”。它们虽然至今都没有上升到法律、行政法规所设定的行政许可层面，但仍有效地存在。

2. 部分国务院部门至今没有能够按照规定明确许可条件等事项

虽然《行政许可决定》要求“国务院有关部门应当对实施本决定所列各项行政许可的条件等作出具体规定，并予以公布”，但实际情况是，一方面，其中有些行政许可在《行政许可法》实施之前已有相关规定，现在行政机关仍在适用原来的规定。例如，《行政许可决定》附件第 199 项设定的“外籍医师在华短期执业许可”，已由卫生部于 1992 年制定的《外国医师来华短期行医暂行管理办法》所规定；第 238 项设定的“烟草广告审批”，已由国家工商行政管理局于 1995 年颁布、1996 年修改的《烟草广告管理暂行办法》所规定；第 197 项设定的“设置社会艺术水平考级机构审批”，也已由文化部于 2004 年制定的《社会艺术水平考级管理办法》所规定。① 另一方面，国务院有关部门中仍有一些部门没有按照这一要求对相关行政许可的条件等事项作出明确规定。这会产生以下不良后果：一是导致在行政管理实践中条件不明；二是虽然有些地方立法制定了有关规定，但与《行政许可决定》要求由国务院有关部门就“实施本决定所列各项行政许可的条件等作出具体规定”的规定不符。比如，《行政许可决定》附件第 66 项所规定的“涉及国家安全事项的建设项目审批”，其实施机关为国家安全部、地方各级国家安全机关。严格说，应当由国家安全部等有关部门在《行政许可决定》实施以后制定这一项目的行政许可条件，但由于至今没有制定，因此一些地方应行政管理之需，制定了相关规范。例如，河南省人大常委会于 2008 年 7 月颁布了《河南省国家安全技术保卫条例》，天津市人民政府于 2011 年 4 月发布《天津市建设项目涉及国家安全事项管理规定》，分别规定了河南省、天津市建设项目涉及国家安全事项行政许可的条件等内容。

应当指出的是，地方立法对相关行政许可问题的规定不符合《立法法》规定的立法主体与立法权限。《立法法》第 64 条第 1 款规定：“地方性法规可以就下

---

① 笔者认为，这些制定于《行政许可法》实施之前的“办法”“规定”，理应按照《行政许可法》的规定进行修订与完善。

列事项作出规定：(一) 为执行法律、行政法规的规定，需要根据本行政区域的实际情况作具体规定的事项；(二) 属于地方性事务需要制定地方性法规的事项。”第 2 款规定：“除本法第八条规定的事项外，其他事项国家尚未制定法律或者行政法规的，省、自治区、直辖市和较大的市根据本地方的具体情况和实际需要，可以先制定地方性法规。在国家制定的法律或者行政法规生效后，地方性法规同法律或者行政法规相抵触的规定无效，制定机关应当及时予以修改或者废止。”同时，《立法法》第 73 条第 2 款也规定：“地方政府规章可以就下列事项作出规定：(一) 为执行法律、行政法规、地方性法规的规定需要制定规章的事项；(二) 属于本行政区域的具体行政管理事项。”对照上述规定，笔者认为，其一，《行政许可决定》属于国务院决定，并非行政法规，它理应不属于制定地方性法规和地方政府规章的上位法；其二，由《行政许可决定》设定的行政许可应属于全国性事务，并非“地方性事务”或“本行政区域的具体行政管理事项”，也不符合“本地方的具体情况和实际需要”，对理应作为全国性事务的行政许可项目进行地方立法明显不妥；其三，通过地方立法对国务院决定设定的行政许可进行规定，还可能涉嫌改变这类行政许可的“临时性”性质，有通过地方性法规的形式将临时性行政许可转化为常规性行政许可之嫌，明显违反了《行政许可法》第 14 条第 2 款关于应当通过制定法律、行政法规将临时性行政许可转化为常规性行政许可的规定。

四、对国务院决定行政许可设定权的规制

根据《行政许可法》第 14 条第 2 款的立法原意，严格说来，国务院决定设定的行政许可属于一种临时许可，设定这种许可的条件更加苛刻，必须符合以下几个条件：一是法律、行政法规尚未设定该许可。二是确有“必要”。这种必要性表现在还来不及制定法律和行政法规，即“等不及立法”，却又为行政管理所必需。三是实施后，应当及时提请全国人大及其常委会制定法律或者自行制定行政法规。[①] 针对《行政许可决定》及其实施过程中的相关问题，笔者认为，应当加强对国务院决定行政许可设定权的规范与制约。鉴于《行政许可法》已经以一般授权的方式明确国务院决定在必要情形下的行政许可设定权，所以对于这种在特殊

① 参见胡建淼：《行政法学》(第三版)，法律出版社 2010 年版，第 258 页。

情况下的行政职权应当如何行使，应当由国务院通过自身的规定加以规范[①]，以保障《行政许可法》第 14 条第 2 款规定的实施。

（一）应当明确国务院决定设定行政许可的“必要性”标准

国务院应当以行政法规的形式设定行政许可，以决定的方式设定行政许可只是应对现实迫切需要许可但难以及时制定法律、行政法规这种紧急情况的权宜之计。[②] 如前所述，根据《行政许可法》第 14 条第 2 款的规定，国务院只有在“必要时”才可以采用发布决定的方式设定行政许可。因此，既应当厘清国务院以行政法规的形式与采用决定的形式设定行政许可的界限与标准，也应当具体明确国务院采用决定的形式设定行政许可的“必要性”标准，从而使这一权力的行使有章可循，以避免临时性行政许可与常规性行政许可之间出现混淆与界限不清。

（二）应当规定国务院决定设定行政许可的基本数量

应当承认，《行政许可决定》一次性地设定了 500 项行政许可，着实令人惊讶。当然，这有其客观背景和需要，但数量确实过于庞大，会给设定以后的立法工作带来诸多不便与障碍。原则上说，国务院决定不得设定行政许可。但是，基于《行政许可法》中明确排除了国务院部门规章的行政许可设定权，制定行政法规又来不及，而适应行政管理需要必须实施行政许可进行管理的现状，国务院先发布决定设定行政许可，赋予行政机关必要的管理手段以履行职责，维护社会公共利益，是必要的。但是，必须明确的是，国务院决定设定行政许可只能是少数情况。[③] 为此，建议明确国务院决定设定行政许可的基本数量，从而避免由于数量过多而可能产生的立法障碍，也便于依法运用行政许可的方式实现对社会公共事务的正常管理。

（三）应当明确国务院决定设定行政许可的程序以及明确“临时性”与“及时”的标准

首先，应当明确国务院决定设定行政许可的具体程序。《行政许可法》第 4 条规定：“设定和实施行政许可，应当依照法定的权限、范围、条件和程序。”《行政许可法》第 19 条对法律、法规以及省、自治区、直辖市人民政府规章草案拟设定

---

① 国务院在遵循法律规定的前提下，通过自身的规范约束自己权力与行为的做法也有先例，如国务院于 2001 年 11 月 16 日公布的《行政法规制定程序条例》。

② 参见应松年主编：《当代中国行政法》（上卷），中国方正出版社 2005 年版，第 729 页。

③ 参见张兴祥：《中国行政许可法的理论和实务》，北京大学出版社 2003 年版，第 115 页。

行政许可的程序进行了规定，由于国务院决定设定行政许可属于一种必要情形之下的紧急权力，因此法律对其具体程序没有规定。但是，从行政许可法定原则出发，应当明确国务院决定设定行政许可的具体程序。其次，要明确"临时性行政许可事项"中"临时"的期限。《行政许可法》对同样属于临时性行政许可的省、自治区、直辖市人民政府规章设定的行政许可明确了"实施满 1 年"的要求，而对国务院决定设定的临时性行政许可却不规定任何期限，这明显有点"显失公平"。这可能将导致这种名为"临时性"而实为"常规性"的行政许可长期存在，与立法的意图完全不符。最后，明确"临时性"的具体期限，也可以使法条中的"及时"规定具体化，从而促使国务院依法履行职责，及时提请全国人大及其常委会制定法律，或者自行制定行政法规。因为国务院决定仅仅是一种规范性文件，而"规范性文件设定的行政许可应当迅速上升为法律或者行政法规"①，则是法律的一个明确要求。

（四）明确国务院决定设定行政许可的评价、监督机制

《行政许可法》第 20 条规定了行政许可设定机关应当定期对其设定的行政许可进行评价，行政许可的实施机关可以对已设定的行政许可实施情况及存在必要性进行评价，公民、法人或者其他组织向行政许可设定机关和实施机关就行政许可的设定与实施提出意见和建议的机制。上述机制同样应当适用于国务院决定设定与实施的行政许可。但是，从《行政许可决定》实施多年以来的情况看，这样的机制还没有实施。笔者认为，正因为国务院决定设定的是特殊状态下的临时性行政许可，其存在必要与否，更需要健全的评价、监督机制。

五、结语

"法治所要求的并不是消除广泛的自由裁量权，而是法律应当能够控制它的行使。"②行政许可的本质是一种政府管制，以国务院决定设定的行政许可，更是一种特殊状态下的政府管制，理应对其设置严格和必要的法律控制，从而使这类行政许可处于法律的规范之中。由于《行政许可法》第 14 条第 2 款对国务院决定行政许可设定权的制约较为抽象，导致实践中对这一条款的实施还存在与法律规定不够符合的状况。因此，理应通过相关的规则明确相关标准、确立若干准

① 关保英：《行政法教科书之总论行政法》（第二版），中国政法大学出版社 2009 年版，第 431 页。

② 〔英〕威廉·韦德：《行政法》，徐炳等译，中国大百科全书出版社 1997 年版，第 55 页。

则，使临时性行政许可和临时性行政许可转化为常规性行政许可的过程都能够受到法律和制度的规制，从而使《行政许可法》第14条第2款的规定得到切实的实施。

第二节　部门规章为什么没有行政许可设定权*

一、问题的提出

2004年7月1日起实施的我国《行政许可法》在其第14条和第15条有关行政许可设定权的规定中，规定了法律、行政法规、国务院决定、地方性法规以及省、自治区、直辖市人民政府规章的行政许可设定权，而没有授予国务院部门规章行政许可设定权。同时，该法在其第17条中强调："除本法第十四条、第十五条规定的外，其他规范性文件一律不得设定行政许可。"在第71条中又规定："违反本法第十七条规定设定的行政许可，有关机关应当责令设定该行政许可的机关改正，或者依法予以撤销。"按照职权法定的行政法原则，上述规定意味着国务院部门规章并不具有行政许可的设定权。① 对于《行政许可法》为什么要作如此安排，有学者认为，主要是"为了消除法制和市场的部门分割，建设法制统一政府"。因为"过去我们的法律由于没有对部门和地方的规制权加以限制，一些中央政府部门和一些地方政府通过规章，甚至通过一般规范性文件滥设行政许可，通过许可乱收费，通过许可为本部门争权，为本地方谋利，通过许可搞部门分割"，所以"为了克服部门保护主义的弊害，保障国家法制的统一和市场的统一，这次《行政许可法》取消了中央政府部门的许可设定权"②。全国人大法律委员会也认为："关于国务院部门规章的行政许可的设定权问题，法律委员会经研究认为：国务院在进行行政审批制度改革中，决定取消国务院部门规章的行政许可设定权，是经过认真研究的，主要的考虑是各部门不宜自我授权，为本部门或者

---

* 原名《部门规章为什么没有行政许可设定权——部门规章功能分析》，载《政治与法律》2005年第6期。

① 对于《行政许可法》的这一安排，有许多学者认为是"取消"了国务院部门规章的行政许可设定权。《全国人大法律委员会关于〈中华人民共和国行政许可法（草案）〉审议结果的报告》也持这一观点。笔者认为，"取消"一词值得商榷。因为在我国，作为行政许可基本法律规范的《行政许可法》是第一次对行政许可的设定权问题作出明确的规定，以前的法律也从未授权国务院部门有行政许可的设定权。既然从未授权，何来"取消"之说？

② 姜明安：《追求法治政府：〈行政许可法〉的贡献》，载《法学》2003年第10期。

本系统设定或扩大权力。”[①]应当说，以上这些说法无论从理论还是实践角度，或者从规范和控制行政许可设定权的角度来说都很有道理。但是，笔者认为，《行政许可法》之所以授予省、自治区和直辖市人民政府规章一定范围内的行政许可设定权，而没有授予国务院部门规章以任何的行政许可设定权，其原因和意义还应当与部门规章的立法权限或者说与部门规章的法律功能有关。具体说，这与部门规章和地方政府规章之间在由于权限不同而产生的法律功能上的区别有密切的关系。为此，笔者认为，有必要透过《行政许可法》的上述规定，进一步准确地认识部门规章在功能上应有的法律属性。这也许更有助于我们对部门规章的正确认识。

二、我国行政立法语境下的部门规章

在我国，部门规章是行政立法的表现形式之一。对于行政立法，国内学者也有多种表述。第一种行政立法概念是相对于刑事立法、民事立法或“经济立法”而言的，指制定行政法律，即全国人大及其常委会制定行政性法律的活动。第二种行政立法概念指制定行政法，即人民代表大会和行政机关制定行政管理的法律规范的活动。这一概念是从实质内容来界定的，比前一概念的外延宽泛得多，构成行政法渊源的所有法律文件的制定都包括在内。第三种行政立法概念，指所有行政机关制定行政规范性文件的活动。这一概念是以外在形式界定行政立法的。第四种行政立法概念是在行政法学研究范围内所使用的，指享有制定行政法规或规章权力的行政主体依法定职权和法定程序制定规范性文件的活动。这一概念将行政机关制定规范性文件的活动区分为两类：一类是拥有行政法规和规章制定权的行政机关制定规范性文件的活动，即行政立法活动；另一类是没有行政立法权的行政机关制定规范性文件的活动，以及有行政立法权限的行政主体未按照行政立法程序制定的其他规范性文件。一般来说，行政立法行为的概念都是以行政机关作为形式标准界定的。[②] 但是，从性质上说，并非行政机关制定的所有规范性文件都属于行政立法。行政立法既应当从机关性质，又应当从制定法律规范的性质角度来界定，即只有行政机关制定行政法规范的活动才是行政立法。

---

① 《全国人大法律委员会关于〈中华人民共和国行政许可法(草案)〉审议结果的报告》，载乔晓阳主编：《中华人民共和国行政许可法及解释》，中国致公出版社 2003 年版，第 266 页。

② 参见应松年主编：《行政法学新论》，中国方正出版社 2004 年版，第 136 页。

自20世纪80年代末以来，我国行政法学界普遍认为，行政立法是行政机关根据法定权限并按法定程序制定和发布行政法规和行政规章的活动。[①] 可见，包括国务院部门规章和特定的地方政府规章在内的行政规章和国务院的行政法规一样，都属于行政立法的范畴。然而，长期以来，行政规章在我国能否作为法的渊源还有争论，这种争论可以说源于我国1989年《行政诉讼法》第53条的规定，即在行政诉讼中，国务院部、委根据法律和国务院的行政法规、决定、命令制定、发布的规章以及省、自治区、直辖市和省、自治区的人民政府所在地的市和经国务院批准的较大的市的人民政府根据法律和国务院的行政法规制定、发布的规章，不能作为人民法院审判的依据，只能作为参照。这一规定尽管是针对行政诉讼所作出，但其影响和作用远远超出了行政诉讼领域，涉及行政行为的整个领域，很多学者由此对行政规章的行政法渊源地位产生怀疑。但是，也有学者指出，国务院部门能否行使立法权，相比国务院可否行使立法权，在一段时间里，更是一个见仁见智的问题。1982年《宪法》确定国务院部委可以发布规章，以根本大法的形式赋予国务院部委拥有先前不曾有过的法定的制定规范性法律文件的权力。但是，由于当时部门规章能否作为办案依据尚不明了，人们对于国务院部门规章是否属于法的范畴难免发生歧义。1989年《行政诉讼法》规定人民法院审理行政案件参照国务院部门规章和地方政府规章后，对于行政规章属于法的范畴，至少属于准法的范畴这一观点，逐渐少有争议。经过近年的发展，国务院所属部门也可以行使一定立法权，在认识上和实践上已大体不成问题。[②] 从立法制度的角度说，2000年3月15日颁布的《立法法》将行政规章和法律、行政法规、地方性法规一起，都作为我国立法的一种状态加以规定，从而使行政规章在立法体系中的合法地位得到了国家基本立法规范的确认。

当然，行政立法并不是一个法律术语，而是行政法学上的概括和归纳。从行政机关从属于权力机关的宪法角度说，行政立法所称的行政机关的立法，也仅仅是国家立法权的一种补充和例外。在很多国家，立法权属于国家权力机关是一般原则，而由行政机关行使立法权是一种例外和补充，是权力机关立法的延伸和具体化。因此，行政机关立法必须要有法律的明确授权依据，并且应当由经过法律授权的特定的行政机关行使。例如，在英美国家，与我国行政立法相类似的概

---

① 参见叶必丰：《行政法学》，武汉大学出版社2003年版，第64页。

② 参见周旺生：《立法学》，法律出版社2004年版，第212—213页。

念是委任立法，它是指行政机关根据议会授权制定各种行政管理法规的活动；[①]在日本，行政立法的含义与委任立法等同，“现代国家中的许多法律，都是仅限于对应该实施的行政措施的目的、要件及其内容作出大纲性、方针性规定，而将有关具体事项的实质性内容的规定，交付各个行政部门，即委任给行政权来具体制定。这就是行政立法的委托”[②]。然而，我国行政法学将国务院制定行政法规的活动、国务院部门制定部门规章和特定的地方政府制定地方政府规章的活动，作为行政立法看待。这种学术上或者说理论上的概括与归纳并不是无本之木，而是与我国宪法和相关法律、法规的规定相吻合的。尤其是在对国务院部门的规章立法权的认识上，我们似乎更应从宪法、法律和法规的明确依据上认识其根源所在。

我国《宪法》第 90 条第 2 款规定：“各部、各委员会根据法律和国务院的行政法规、决定、命令，在本部门的权限内，发布命令、指示和规章。”这一规定是国务院部委具有行政规章制定权的宪法依据。值得注意的是，《宪法》规定了国务院部委可以制定规章，却并未规定国务院直属机构有制定规章的权力。但是，1990 年 2 月 18 日国务院发布的《法规规章备案规定》第 2 条第 2 款规定：“本规定所称规章包括部门规章和地方人民政府规章。部门规章是指国务院各部门根据法律和国务院的行政法规、决定、命令在本部门的权限内按照规定程序所制定的规定、办法、实施细则、规则等规范性文件的总称。”这一规定将“部委”改成了“部门”，就将国务院直属机构所制定的规范性文件提升到与部委规章同等的地位，“部委规章”由此成了“部门规章”。同时，1996 年 3 月 17 日由全国人大通过的《行政处罚法》第 12 条在对国务院部委规章的行政处罚设定权进行规定的同时，也规定了国务院可以授权具有行政处罚权的直属机构享有与部委规章同等的行政处罚设定权，使国务院直属机构在一定范围内设定行政处罚有了基本法上的依据。其后，2000 年 3 月 15 日颁布、同年 7 月 1 日起实施的《立法法》进一步肯定了上述法律和行政法规的规定，这部规范我国基本立法制度的宪法性法律在其第 71 条第 1 款中规定：“国务院各部、委员会、中国人民银行、审计署和具有行政管理职能的直属机构，可以根据法律和国务院的行政法规、决定、命令，在本部门的权限范围内，制定规章。”这就在基本的立法制度上肯定了国务院部委和国

---

① 参见王名扬：《英国行政法》，中国政法大学出版社 1987 年版，第 108 页；王名扬：《美国行政法》（上），中国法制出版社 1995 年版，第 347 页；〔英〕威廉·韦德：《行政法》，楚建译，中国大百科全书出版社 1997 年版，第 557 页。

② 杨建顺：《日本行政法通论》，中国法制出版社 1998 年版，第 335 页。

务院直属机构的行政规章制定权,使"部门规章"一词不但在行政法学理论上得到了肯定,也在立法制度上得到了进一步的确立。2001 年 12 月 14 日,国务院在《规章制定程序条例》之后制定的《法规规章备案条例》第 2 条中,又一次对部门规章作了界定,明确指出:"部门规章,是指国务院各部、各委员会、中国人民银行、审计署和具有行政管理职能的直属机构(以下简称国务院部门)根据法律和国务院的行政法规、决定、命令,在本部门的职权范围内依照《规章制定程序条例》制定的规章"。

可以说,宪法和上述法律、行政法规对部门规章的规定和界定,与我国行政法学对行政立法的认识是一致的。无论是说行政法学研究顺应了实践的需要,还是说实践中的立法制度和相关规定与行政法学理论研究相互适应,国务院部门规章属于我国行政立法的表现形式之一已经是一个不争的事实。我国行政法学者也已经比较普遍地将这类规章列入行政法的渊源体系之中,很多学者在论述依法行政的依据时也自然地提到了部门规章。这从一定程度上体现了部门规章在行政法体系中的地位。中华人民共和国建立后,"特别是改革开放以来,国务院各部门制定发布了大量规章,对调整社会关系,规范社会成员(包括个人和组织)行为,发挥了重要作用,部门规章已成为我国社会主义法制体系的重要组成部分"。同时,"国务院大量的行政领导职能是通过各职能部委来行使的,各部委就是国务院行使权力的臂膀。而部门规章既是各部委履行职责的主要手段,又是国家法制体系的重要组成部分,它具有国家强制性,一经颁布,就在全国范围内具有法律规范力"。① 可以说,作为一种由行政机关所制定的规则,部门规章在实践中的作用不可低估。

西方国家也有相类似的情况。美国行政法学家欧内斯特·盖尔霍恩就曾经指出:"在过去的 20 年里,行政法最重要的发展之一是行政机关日益依赖于规则(rules)制定——将其作为制定政策的一种手段。……规则制定程序较之个案的裁断要更为有效,因为前者可以解决单一活动中的大量问题。一条明确的普遍规则能够在受到影响的公司或个人中间产生迅速和统一的遵守行为;而经裁断的先例的范围却难以界定,因为先例的适用在一定程度上通常取决于特定案件的事实。同时,规则制定可为个人提供重要保障。……在未来的岁月里,规则

---

① 参见张伟国:《部门规章的作用与效力探析》,载刘莘、马怀德、杨惠基主编:《中国行政法学新理念》,中国方正出版社 1997 年版,第 205、211 页。

制定过程完全有可能是行政法最有生气的领域之一。"[①]这说明，包括规章在内的行政机关所制定的规则在当代各国行政法中的作用日趋显现。当然，正如有的学者指出的，从立法理论和实践来看，国务院部门立法，按其性质而言，属于行政立法，其内容不应当超过行政管理的范围。[②] 然而，部门规章属于一种行政立法的观念，无论是在理论上还是在制度中，都已经得到明确的确立，只不过这种立法是一种必须依据法律而进行的从属性立法而已。

我们虽然承认部门规章的行政立法属性，但这类规章的制定主体毕竟属于国务院的部门。作为国务院的部门，其职责就是执行法律和国务院的行政法规、决定、命令，其所制定的规章同样必须体现这种执行的性质，发挥其执行的功能。所以，《立法法》第 71 条第 2 款对部门规章的立法权限作了限定性规定，即"部门规章规定的事项应当属于执行法律或者国务院的行政法规、决定、命令的事项"。这一规定非常明确地表示，部门规章不是创设性的立法，而是执行性的立法，其不但要根据法律、行政法规或者国务院的决定、命令制定，而且还应当以执行和实施法律和国务院的行政法规、决定、命令为主要功能。所以，部门规章只能是细则性的，而不能是创设性的。关于这一点，有学者作了比较详细的概括，即这种执行性立法的"执行性"表明，部门规章不应该是自主性立法、"职权立法"或创设性立法，而应当出现在执行上位法或上位法明确授权时。首先，部门规章规定的具体内容不超过上位法规定的内容；其次，部门规章是将上位法的原则性规定或比较概括性的规定"细化"为比较具体的、可操作性的规定；最后，部门规章的实施性体现在它所规定的内容不能超出其职权范围。[③] 这应当是从法律规定的角度对我国行政立法语境下的部门规章功能的比较直接的诠释。笔者认为，这应当是我们认识部门规章，或者更具体地说，应当是我们探究《行政许可法》为什么不将行政许可权授予国务院部门规章的逻辑起点。

三、部门规章与地方政府规章比较：不同的立法功能决定了部门规章没有行政许可设定权

《行政许可法》对部门规章不授予行政许可设定权，却对同属于行政规章的省级地方政府规章"另眼相看"。该法在其第 15 条中规定，对于法定的行政许可

---

① 〔美〕欧内斯特·盖尔霍恩、罗纳德·M. 利文：《行政法与行政程序概要》，黄列译，中国社会科学出版社 1996 年版，第 188—190 页。

② 参见周旺生：《立法学》，法律出版社 2004 年版，第 213 页。

③ 参见刘莘：《行政立法研究》，法律出版社 2003 年版，第 72 页。

事项,"尚未制定法律、行政法规和地方性法规的,因行政管理的需要,确需立即实施行政许可的,省、自治区、直辖市人民政府规章可以设定临时性的行政许可。临时性的行政许可实施满一年需要继续实施的,应当提请本级人民代表大会及其常务委员会制定地方性法规"。这一规定明确赋予省、自治区和直辖市人民政府规章对临时性行政许可的设定权。虽然法律所规定的这一设定权并非是常规性的,而是临时性的,被授权的对象也仅仅是省、自治区和直辖市人民政府规章,而不包括较大市的地方政府规章,但与国务院部门规章绝对无任何行政许可设定权的情况相比,明显地体现了两种规章在法定权限或者说立法功能上的不同。笔者认为,原因不仅仅在于"各部门不宜自我授权,为本部门或者本系统设定或扩大权力"。《行政许可法》对部门规章和地方政府规章在行政许可设定权上的不同规定,无论是立法机关的有意安排,还是其"无心插柳",恰恰是对这两类规章立法功能正确认识的反映。同时,笔者认为,立法权限是相对于立法主体而言的,而不同权限的立法主体根据法定权限所制定的法律文件,实际上是法律文件不同功能的直接反映。我们有必要通过相关的比较,分析《行政许可法》对部门规章和地方政府规章行政许可设定权作出不同规定的真谛所在。

在我国行政立法体系中,部门规章和地方政府规章被统称为行政规章。然而,关于这两种规章是否具有相同的功能,在我国的行政法学中研究较少。许多行政法学的教科书对这两类规章是否具有不同的法定功能阐述不多。可以说,我国行政法学教材对行政规章的研究和阐述,一般是从行政规章这种立法形式的总体角度进行的,基本上较少涉及这两种规章的不同特性。诚然,部门规章和地方政府规章确实存在许多共同的属性。从行政规章乃至行政立法的总体角度看,其与权力机关的立法活动相比,确实存在着重大的区别,这种重大的区别就是行政规章或者说包括行政法规在内的整个行政立法活动从本质或者总体上来说的执行性,而这种执行性是从行政机关是权力机关的执行机关的角度而言的。从宪治角度来说,行政机关的基本活动就是贯彻执行由权力机关所制定的宪法、法律所设定的国家目的。行政立法的目的就是为了行政机关迅速、准确、有效地开展这种基本活动,使宪法和法律所确定的国家目标具体化。① 但是,这是从行政立法或者是行政规章的总体性质角度来说的。除了总体性质之外,还应当从具体层面进行具体的分析。《行政许可法》在行政许可设定权方面对部门规章和地方政府规章的不同规定,使我们不得不思考一个问题:除了共性以及本文所介

① 参见应松年主编:《行政法学新论》,中国方正出版社 2004 年版,第 138 页。

绍的上述学者和全国人大法律委员会在审议结果的说明中所持的理由之外，是否还有其他理由支持着这样的一个制度安排？这样的安排与我国部门规章和地方政府规章的法定功能是否有一定的关联？笔者认为，这种法定因素不但存在，而且是受法律所支配的。

地方政府的规章立法权，直接来源于《地方各级人民代表大会和地方各级人民政府组织法》(以下简称《地方组织法》)和《立法法》的规定。《地方组织法》第60条第1款规定："省、自治区、直辖市的人民政府可以根据法律、行政法规和本省、自治区、直辖市的地方性法规，制定规章，报国务院和本级人民代表大会常务委员会备案。省、自治区的人民政府所在地的市和经国务院批准的较大的市的人民政府，可以根据法律、行政法规和本省、自治区的地方性法规，制定规章，报国务院和省、自治区的人民代表大会常务委员会、人民政府以及本级人民代表大会常务委员会备案。"这一规定可以看作我国特定的地方人民政府有权制定规章的基本授权性规定。《立法法》不但对特定的地方人民政府的这一权力作了进一步肯定，而且还通过对"较大市"概念的具体界定，扩大了享有地方政府规章制定权的地方政府的范围。《立法法》第73条第1款规定："省、自治区、直辖市和较大的市的人民政府，可以根据法律、行政法规和本省、自治区、直辖市的地方性法规，制定规章。"同时，第63条第4款对"较大的市"作了界定，规定："本法所称较大的市是指省、自治区的人民政府所在地的市、经济特区所在地的市和经国务院批准的较大的市。"然而，上述规定的重要之处不仅仅是对于地方政府规章立法主体的确定，更重要的是对于这类主体立法权限或者说立法功能的确定。《立法法》第73条第2款规定："地方政府规章可以就下列事项作出规定：(一) 为执行法律、行政法规、地方性法规的规定需要制定规章的事项；(二) 属于本行政区域的具体行政管理事项。"根据以上规定，地方政府规章可以作出规定的权限范围，不仅是为执行法律、行政法规、地方性法规的规定需要制定规章的事项，而且本行政区域的具体行政管理事项也属于其中。可以说，地方政府规章既是执行性立法，也是一定程度上的创设性立法。

有学者认为，根据《地方组织法》第60条第1款的规定，由于地方规章的制定主体不同，层级效力亦有相应的区别，因而不同的行政规章制定主体，其权限不同。省、自治区、直辖市人民政府的规章，要求根据法律、行政法规和本省、自治区、直辖市制定的地方性法规制定；省、自治区人民政府所在地的市人民政府和经国务院批准的较大的市人民政府规章，要求根据法律、行政法规和本省、自治区的地方性法规制定。同时，由于《地方组织法》在其他条款中规定了上级政府对下级政府的指挥、命令权，以及下级政府要服从和执行上级政府的决定和命令，因此省会城市的市政府、自治区政府所在地的市政府的规章必然要服从省、自治区政府的规章。关于地方政府规章的权限，《立法法》第73条第2款的两项规定，同样强调的是地方规章的执行性也即它的从属性，它不属于“自主”立法，因此不可以创设新的法律义务或权利(权力)。[①] 笔者对于地方政府规章与国务院部门规章同样具有执行性功能并不否认。但是，从《立法法》对部门规章和地方政府规章权限的不同规定来看，两者的差异是显而易见的。

当然，地方政府规章按照《地方组织法》也具有执行性，但是按照《立法法》，其对部门规章的执行性规定得更为明确，除非法律、法规单独授权——基本上排除了部门规章创设性立法的可能性，因为部门规章规定的事项应当属于执行法律或者国务院的行政法规、决定、命令的事项。这实际上是在进一步强调部门规章不是创设性的立法，而是“执行性立法”。[②] 对于部门规章来说，根据《宪法》和《立法法》的规定，其可以作出规定的范围，仅仅是应当属于执行法律或者国务院的行政法规、决定、命令的事项。这就说明，虽然国务院部门规章属于中央立法的组成部分，但是它是从属性和受制性特别突出的立法。在多种层次、多种类别的中央立法体制中，国务院部门规章是位于最低层次的一种立法，其从属性和受制性的具体表现，就是不但要以执行法律和行政法规为内容，而且还要以执行并不属于法的渊源的国务院的决定与命令为内容。可以说，法律对部门规章立法权限的规定，更多的是突出了其作为最高国家行政机关部门的执行功能，即其任务和目的首先或者主要是贯彻执行法律、行政法规和国务院的决定、命令。[③]

笔者认为，尤其是法律关于部门规章除了执行法律、行政法规外，还必须执行并不被作为法的表现形式的国务院决定、命令之规定，更加突出了其执行性的功能。对于地方政府规章，法律虽然也规定了其权限是对为执行法律、行政法规、地方性法规的规定需要制定规章的事项作出规定，但同时又规定了其可以对属于本行政区域的具体行政管理事项作出规定。这就意味着，地方政府规章对地方的具体行政管理事项拥有一定范围内的创制性立法权。地方政府规章与部门规章在权限范围上的这种不同，主要是因为地方政府是综合性的行政机关，不是专门性的行政机关，所以其职权范围比较广泛；另外，由于我国各个地方的地

① 参见应松年、袁曙宏主编:《走向法治政府——依法行政理论研究与实证调查》，法律出版社2001年版，第243—244页。

② 参见刘莘:《行政立法研究》，法律出版社2003年版，第72页。

③ 参见周旺生:《立法学》，法律出版社2004年版，第212页。

理、经济、文化有很大的差异，为了做到因地制宜，不给地方规章稍微宽泛一些的权力是不合理的。[①] 这从《宪法》第107条的规定可以看出，县级以上地方人民政府依照法律规定的权限，管理本行政区域内的经济、教育、科学、文化、卫生、体育事业、城乡建设事业和财政、民政、公安、民族事务、司法行政、监察、计划生育等行政工作，发布决定和命令，任免、培训、考核和奖惩行政工作人员。《地方组织法》第57条也有相同的规定。这就譬如，上海市人民政府既可以制定《上海市设定临时性行政许可程序规定》《上海市行政许可办理规定》这样的以执行《行政许可法》为功能的地方政府规章，也可以制定《上海市南京路步行街综合管理暂行规定》之类的以本行政区域的具体行政管理事项为内容的地方政府规章。[②] 这样的立法实践不正对应了宪法和普通法律有关地方政府规章的相关规定吗？

可能有人会提出，如果说部门规章都是执行性的，那么《行政处罚法》为什么要赋予国务院部门一定的行政处罚设定权呢？对此，笔者认为，行政处罚的设定权的确是一种重要的立法上的创设权，处罚设定的事项也确实属于立法事项而非行政事务。原则上，从部门规章的执行性角度说，它本来是不应拥有行政处罚的设定权的。有学者甚至认为，整个行政立法都没有与生俱来的设定权。“从本源上讲，规章与行政法规一样，都是行政机关的规范性文件形式，没有‘固有的’设定权，但主要是基于现实需要，法律不得不授予规章处罚设定权，这与规章在现实生活中的地位与作用有关。”[③]因此，笔者认为，部门规章之所以具有行政处罚的设定权，是因为有最高国家权力机关所制定的法律的明确授权，而最高国家权力机关之所以授权，是因为现实行政管理的需要。在现实中，还有许多领域尚缺乏法律、行政法规，需要暂时通过规章或者说部门规章去进行管理。可以说，《行政处罚法》规定国务院部委乃至国务院的直属机构在一定范围内拥有行政处罚的设定权，乃是应对在某些领域法律、行政法规还处于“空白”状况时的一种权宜之举，是对特殊情况的一种特殊处理。同时，《行政处罚法》也印证了笔者的上述观点，其第12条规定了部门规章原则上可以在法律、行政法规规定的给予行政处罚的行为、种类和幅度内作出具体规定。因此，部门规章必须严格遵守“法律优位”原则。只有在尚未制定法律、行政法规的情况下，部门规章才可以对违

① 参见刘莘：《行政立法研究》，法律出版社2003年版，第73—74页。

② 《上海市设定临时性行政许可程序规定》于2004年12月13日由上海市人民政府以第38号令发布；《上海市行政许可办理规定》于2004年12月13日由上海市人民政府以第39号令发布；《上海市南京路步行街综合管理暂行规定》于1999年11月4日由上海市人民政府以第75号令发布。

③ 杨小君：《行政处罚研究》，法律出版社2002年版，第88页。

反行政管理秩序的行为设定警告或者一定数额罚款的行政处罚。但是，法律、行政法规一旦对某一事项的行政处罚作出设定，则设定同样事项行政处罚的部门规章只能在上位法已经设定的行政处罚的行为、种类和幅度内作出具体规定，以恢复其“执行性”的本来面目。同时，即使在特殊情况下所设定的罚款处罚，罚款数额也应当由国务院规定。这样的规定实际上也体现了法律对部门规章设定权的授予与控制是并举的。

通过以上对部门规章和地方政府规章不同立法功能的分析和比较，笔者认为，《行政许可法》之所以没有授予国务院部门规章行政许可的设定权，根本原因就在于这类规章的执行性。因为部门规章只能以执行法律、国务院的行政法规、决定、命令为内容，只能是细则性的，而不能是创设性的。此外，《行政许可法》第15条第1款之所以规定省、自治区、直辖市人民政府在没有制定法律、行政法规和地方性法规的情况下，因行政管理的需要，确需立即实施行政许可的，可以设定临时性的行政许可，而没有授予较大市的人民政府以任何行政许可设定权，正是因为考虑了规章作为行政立法在总体上应该具备的执行性功能和地方政府规章在一定范围内依法所具有的创设性功能。同时，《行政许可法》规定，即使是临时性行政许可，实施满一年需要继续实施的，也应当提请本级人民代表大会及其常务委员会制定地方性法规。由此可见，法律对地方政府规章在行政许可方面的创设权的规定也是有非常明显的限制的。一是对设定主体的限制。设定主体仅限于省级地方人民政府。二是对设定前提的限制。只能是在尚未制定上位法的情况下才能设定，而且是在“因行政管理的需要，确需立即实施行政许可”的情况下才能设定。三是对期限的限制。所设定的行政许可只能是临时性的，而且期限为一年。四是对事项的限制。根据《行政许可法》第15条第2款，地方政府规章不得设定应当由国家统一确定的公民、法人或者其他组织的资格、资质的行政许可，不得设定企业或者其他组织的设立登记及其前置性行政许可。地方政府规章设定的行政许可，不得限制其他地区的个人或者企业到本地区从事生产经营和提供服务，不得限制其他地区的商品进入本地区市场。

《行政许可法》的上述规定，既体现了法律对地方政府规章所具有的执行性功能的确定，也反映了法律尊重地方政府规章在一定范围内的创设权的同时又对其进行必要的法律控制之特点，符合我国《立法法》对这类规章功能的规定。

所以，在认识部门规章为什么没有行政许可设定权的问题上，我们必须从法律对该类规章所规定的立法权限上去理解。正如笔者在前面所论述的，权限是针对主体而言的，而通过法定的特定权限实施的行为所产生的作用，就是其法定功能所在。在我国，部门规章仅仅具有执行法律、国务院行政法规、决定、命令的功能，正是这种法定功能决定了其不可能也不应当具有行政许可的设定权。“在规章的行政许可设定权问题上，要区别政府规章和部门规章，不能简单地认为《行政许可法》授予地方人民政府规章行政许可设定权，就要赋予部门规章相应的行政许可设定权。第一，从我国行政权的分配看，宪法是将行政权分配到各级政府，而不是直接分配到各级政府部门的，地方管理本地方的行政事务，有必要通过立法运用行政许可手段。第二，政府制定规章一般是为政府部门立规矩，而部门制定规章则是为自己（本部门或者本系统）立规矩，从立法的公正原则看，行政许可的设定权与实施权应当适当分离，防止行政机关从自身利益出发通过设定行政许可设租，因此，对这两种规章应有所区别。……所以，对政府规章，只要不属于中央专属立法事项，在无上位法时，均可以规定，而对部门规章，即使法律、行政法规没有规定行政许可权，对其行政许可设定权，也应当加以限制。”[①]这段文字虽然没有直接从《立法法》规定的两类规章的区别角度进行论述，但其中关于行政权分配以及设定权（创设权）和实施权（执行权）的内容，对于我们正确认识部门规章为什么没有行政许可设定权，还是相当具有意义的。

四、结语：《行政许可法》规定的意义

法律贵在能够得到正确的实施，这是法律在社会生活中具有生命力的体现；法律和法律之间也贵在协调和统一，这是法律在社会成员中获得尊重和被崇尚的重要前提。《行政许可法》对地方政府规章和部门规章行政许可设定权方面的不同处理，其意义不仅仅是简单地在单个的行政许可设定制度上体现了我国宪法和法律所确立的立法制度对这两种规章在法定功能上的不同要求，更为重要的是，它为我们真正走向法治提供了一个可供进一步借鉴的典范，说明了我们的立法者是在真心诚意地推进我国法治尤其是行政法治的进步。从这一角度说，《行政许可法》给予我们这个正在走向法治的社会的，不仅仅是一种简单的制度建构，更为重要的是，它为我们这个社会创立了一种行政权必须符合现代法治的先进理念。所以，《行政许可法》中的关于部门规章没有行政许可设定权的制度安排，对于我们的启示就不仅仅局限于行政许可设定权本身了。

第一，法律对于行政权的配置尤其是行政立法权的配置应当更趋合法性。行政权是一种来源于法律的权力，而作为行政权重要内容之一、包括规章制定权

---

① 张兴祥：《制度创新：〈行政许可法〉的立法要义》，载《法学》2003年第10期。

在内的行政立法权，同样是法律严格支配下的一种权力。作为我国立法基本法的《立法法》对部门规章和地方政府规章权限和功能的不同规定，是其他法律对该两种规章配置具体立法权力的基础和依据。由于行政许可权涉及公民、法人和其他组织各种基本权利，因此法律对行政许可设定权的配置应当是慎重的，而慎重的首要要求就是符合法律。《行政许可法》对地方政府规章和部门规章在行政许可设定权问题上的不同处理，实际上体现了最高立法机关对法定的立法制度的尊重，也是对立法秩序的一种维护。这也为今后的立法在处理行政立法权的合法配置上，树立了一个较为成功的典范。

第二，法律确定的地方政府规章和部门规章所具有的不同功能应当得到显现。法律之所以对地方政府规章和部门规章的权限作出不完全一致的规定，主要是因为我国地方政府和国务院部门在法定职能上的区别，而这种法定职能上的区别又决定了它们所制定的规章在功能上的差异性。这种差异性应当被视为是具有中国国情的法理基础和现实基础。对于这一点，笔者在前面的分析中已作一定的论述。因此，行政规章在立法中如何更加符合立法制度的宗旨，尤其是部门规章在立法中如何进一步体现其执行性的功能，就不单是一个部门文件的制定权问题，而是一个如何依法立法的重要问题了。

第三，《行政许可法》体现了实质行政法治的要求。我国著名行政法学家罗豪才教授指出，现代行政法治不仅要追求形式法治，重视行政法律规范的地位和作用，还要关注实质法治，以确保行政法律规范的正当性，符合现代社会的价值观念，顺应历史发展的潮流，维护人民群众的根本利益。也就是说，现代行政法治应当是“法律至上”与“法律正当”的有机统一，以实现亚里士多德所谓的“已成立的法律获得普遍的服从，而大家所服从的法律又应该本身是制定得良好的法律”的法治状态。① 笔者认为，《行政许可法》不授予部门规章行政许可的设定权，从其符合我国基本立法制度的角度说，体现了“法律至上”；从部门规章应当依法具有执行性的功能角度说，体现了“法律正当”的基本要求，是保障行政许可设定权制度乃至全部行政许可制度走向实质法治的一个体现。因此，毫不夸张地说，《行政许可法》为今后我国行政法治的进程和走向创立了一个良好的基础。

第四，为行政机关在行政立法领域进一步体现依法行政原则，从而在更加广泛的范围内推进行政执法的法治化创造了法律基础。法治理念的树立和增强不但要靠灌输，更重要的是要通过具体制度的建设和实施给人一种对法治的信服

---

① 参见罗豪才主编:《现代行政法制的发展趋势》，法律出版社 2004 年版，第 5 页。

感和崇尚感。我国《行政许可法》对国务院部门规章不具有行政许可设定权的制度安排,反映了依法行政不仅仅是对执法者行政执法行为的要求,更是对立法者必须“依法立法”的要求。这种要求对实施依法行政原则具有基础和前提性质的作用。这就为我们实质性地、较为全面地推进行政法治奠定了良好的法律基础。

在2004年7月《行政许可法》实施之际,笔者曾撰文称这一法律是中国当代行政法治理念的总结与深化。[①] 通过对本文内容的研究,笔者更坚定了对《行政许可法》的这一基本认识,因为它与我国以前的一些立法相比,确实在很大程度上体现了一种立法理念的进步,即由《立法法》决定立法。同时,笔者也真诚地希望,这种先进的立法理念能够在我国的立法活动(包括权力机关的立法和行政机关的立法)中得到进一步的弘扬。

第三节 网络预约出租车经营服务行政许可设定权分析

——以国务院令第412号附件第112项为分析视角[*]

一、问题的提出

“互联网+”催生经济模式的创新与发展已是不争的事实。万众瞩目的“网约车”能否合法运营的问题终于在2016年的炎炎夏日有了最终结论:《网络预约出租汽车经营服务管理暂行办法》(以下简称《网络约车办法》)于2016年7月14日经交通运输部第15次部务会议通过,并经工业和信息化部、公安部、商务部、工商总局、质检总局、国家网信办同意,于2016年7月27日公布,自2016年11月1日起施行。根据《网络约车办法》第2条第2款,所谓网约车经营服务,是指以互联网技术为依托构建服务平台,整合供需信息,使用符合条件的车辆和驾驶员,提供非巡游的预约出租汽车服务的经营活动。同年公布的《国务院办公厅关于深化改革推进出租汽车行业健康发展的指导意见》也明确提出:“出租汽车是城市综合交通运输体系的组成部分,是城市公共交通的补充,为社会公众提供个性化运输服务。出租汽车服务主要包括巡游、网络预约等方式。城市人民政府要优先发展公共交通,适度发展出租汽车,优化城市交通结构。要统筹发展巡游出租汽车和网络预约出租汽车,实行错位发展和差异化经营,为社会公众提

---

① 参见沈福俊:《行政许可法:中国当代行政法治理念的总结与深化》,载《华东政法学院学报》2004年第4期。

* 原载《上海财经大学学报》2016年第6期。

供品质化、多样化的运输服务。”这一定位，为传统出租车的改革和网络预约出租汽车的生存和发展提供了制度基础，既是交通运输供给侧结构性改革的重要举措，又是实施“互联网＋”的具体体现。《中共中央关于全面推进依法治国若干重大问题的决定》指出，要促进合理竞争，维护公平竞争的市场秩序。因此，《网络约车办法》的出台，对于正确处理政府和市场关系、强化法治思维、完善出租汽车行业法规体系、依法推进行业改革，维护公平竞争的市场秩序、保护各方合法权益，具有重要的实践意义。

本文主要对《网络约车办法》中涉及网络预约出租车经营服务行政许可设定权的问题展开讨论。《行政许可法》第 2 条规定：“本法所称行政许可，是指行政机关，根据公民、法人或者其他组织的申请，经依法审查，准予其从事特定活动的行为。”行政许可的设定权，其实是对行政许可进行创设性规定的权力，属于使行政许可“从无到有”的一项法定职权。《行政许可法》第 11 条至第 21 条对行政许可的设定问题作了详细的规定。出租车行业本身涉及市场准入与运营安全问题，根据《行政许可法》第 12 条第 1 项关于“直接关系人身健康、生命财产安全等特定活动，需要按照法定条件予以批准的事项”可以设定行政许可的规定，出租汽车经营服务属于可以设定行政许可的范围。《网络约车办法》对事前准入的行政许可主要从以下三个方面进行了规定：

第一，经营单位应当取得《网络预约出租汽车经营许可证》。《网络约车办法》第 5 条规定：“申请从事网约车经营的，应当具备线上线下服务能力，符合下列条件：(一) 具有企业法人资格；(二) 具备开展网约车经营的互联网平台和与拟开展业务相适应的信息数据交互及处理能力，具备供交通、通信、公安、税务、网信等相关监管部门依法调取查询相关网络数据信息的条件，网络服务平台数据库接入出租汽车行政主管部门监管平台，服务器设置在中国内地，有符合规定的网络安全管理制度和安全保护技术措施；(三) 使用电子支付的，应当与银行、非银行支付机构签订提供支付结算服务的协议；(四) 有健全的经营管理制度、安全生产管理制度和服务质量保障制度；(五) 在服务所在地有相应服务机构及服务能力；(六) 法律法规规定的其他条件。外商投资网约车经营的，除符合上述条件外，还应当符合外商投资相关法律法规的规定。”第 6 条第 1 款规定：“申请从事网约车经营的，应当根据经营区域向相应的出租汽车行政主管部门提出申请，并提交以下材料：(一) 网络预约出租汽车经营申请表；(二) 投资人、负责人身份、资信证明及其复印件，经办人的身份证明及其复印件和委托书；(三) 企业法人营业执照，属于分支机构的还应当提交营业执照，外商投资企业还应当提供外商投资企业批准证书；（四）服务所在地办公场所、负责人员和管理人员等信息；（五）具备互联网平台和信息数据交互及处理能力的证明材料，具备供交通、通信、公安、税务、网信等相关监管部门依法调取查询相关网络数据信息条件的证明材料，数据库接入情况说明，服务器设置在中国内地的情况说明，依法建立并落实网络安全管理制度和安全保护技术措施的证明材料；（六）使用电子支付的，应当提供与银行、非银行支付机构签订的支付结算服务协议；（七）经营管理制度、安全生产管理制度和服务质量保障制度文本；（八）法律法规要求提供的其他材料。”第 6 条第 2 款、第 3 款规定：“首次从事网约车经营的，应当向企业注册地相应出租汽车行政主管部门提出申请，前款第（五）、第（六）项有关线上服务能力材料由网约车平台公司注册地省级交通运输主管部门商同级通信、公安、税务、网信、人民银行等部门审核认定，并提供相应认定结果，认定结果全国有效。网约车平台公司在注册地以外申请从事网约车经营的，应当提交前款第（五）、第（六）项有关线上服务能力认定结果。”“其他线下服务能力材料，由受理申请的出租汽车行政主管部门进行审核。”第 7 条规定：“出租汽车行政主管部门应当自受理之日起 20 日内作出许可或者不予许可的决定。20 日内不能作出决定的，经实施机关负责人批准，可以延长 10 日，并应当将延长期限的理由告知申请人。”第 8 条规定：“出租汽车行政主管部门对于网约车经营申请作出行政许可决定的，应当明确经营范围、经营区域、经营期限等，并发放《网络预约出租汽车经营许可证》。”

第二，从事网约车经营的车辆应当取得《网络预约出租汽车运输证》。《网络约车办法》第 13 条规定：“服务所在地出租汽车行政主管部门依车辆所有人或者网约车平台公司申请，按第十二条规定的条件审核后，对符合条件并登记为预约出租客运的车辆，发放《网络预约出租汽车运输证》。城市人民政府对网约车发放《网络预约出租汽车运输证》另有规定的，从其规定。”第 12 条对于车辆作了规定：“拟从事网约车经营的车辆，应当符合以下条件：（一）7 座及以下乘用车；（二）安装具有行驶记录功能的车辆卫星定位装置、应急报警装置；（三）车辆技术性能符合运营安全相关标准要求。车辆的具体标准和营运要求，由相应的出租汽车行政主管部门，按照高品质服务、差异化经营的发展原则，结合本地实际情况确定。”

第三，从事网络约车经营的驾驶员要获得《网络预约出租汽车驾驶员证》。《网络约车办法》第 14 条规定：“从事网约车服务的驾驶员，应当符合以下条件：（一）取得相应准驾车型机动车驾驶证并具有 3 年以上驾驶经历；（二）无交通肇事犯罪、危险驾驶犯罪记录，无吸毒记录，无饮酒后驾驶记录，最近连续 3 个记分周期内没有记满 12 分记录；（三）无暴力犯罪记录；（四）城市人民政府规定的其他条件。”第 15 条规定：“服务所在地设区的市级出租汽车行政主管部门依驾驶员或者网约车平台公司申请，按第十四条规定的条件核查并按规定考核后，为符合条件且考核合格的驾驶员，发放《网络预约出租汽车驾驶员证》。”

《网络约车办法》明确将网约车纳入客运监管体系，对平台、车辆和驾驶员实行许可管理。这是网约车取得合法地位的标志，也是政府大力发展“互联网＋”分享经济的直接成果之一。但是，按照《行政许可法》的规定，《网络约车办法》作为国务院部门规章，是没有行政许可设定权的，原因就在于我国《立法法》规定了部门规章是一种执行性立法，不具有创制性立法的功能。[①]那么，既然部门规章没有行政许可设定权，《网络约车办法》所规定的《网络预约出租汽车经营许可证》《网络预约出租汽车运输证》和《网络预约出租汽车驾驶员证》三项行政许可是否属于对行政许可的设定？该办法是依照怎样的规范作出的行政许可？同时，作为一项新生事物，在我国网络约车行业在今后较长的时间内将可能稳定存在的前提下，如何进一步规范和完善其行政许可设定权及依据？这些都应当是值得思考和研究的法律问题。

笔者注意到，自交通运输部于 2015 年 10 月向社会公布《网络预约出租汽车经营服务管理暂行办法（征求意见稿）》（以下简称《征求意见稿》）之后，引发了学者的相关争论。[②] 但是，这些争论基本都是以《征求意见稿》中的相关问题为主要研究对象的，与具体的行政许可设定权问题，尤其是正式公布之后的《网络约车办法》规定的行政许可所涉及的设定权问题关系不大。其中，引起笔者关注的是针对《征求意见稿》所设定的《道路运输经营许可证》等问题，张效羽副教授认为，《征求意见稿》存在明显的违法增设行政许可、违法增设行政许可条件和没有上位法依据就减损公民权利、增加公民义务的内容。《征求意见稿》之所以出现如此明显的合法性缺陷，是因为政府忽视了部门规章的执行性，试图通过部门规章立法规范法律、行政法规中留有法律空白的新兴产业。因此，有关互联网租约车监管的立法应当调整方向，将立法层次提升到法规立法，通过行政法规或地方

---

① 参见沈福俊：《部门规章为什么没有行政许可设定权——部门规章功能分析》，载《政治与法律》2005 年第 6 期。

② 参见高秦伟：《竞争的市场与聪明的监管》，载《财经法学》2016 年第 2 期；张冬阳：《专车服务：制度创新抑或违法行为？》，载《清华法学》2016 年第 2 期；张效羽：《互联网租约规章立法中若干法律问题分析》，载《行政法学研究》2016 年第 2 期；等等。

性法规立法为互联网租约车行政规制奠定较为坚实的法律基础。[①]

笔者对这一观点基本赞同，但《网络约车办法》中很多内容已经在《征求意见稿》的基础上进行修改。因此，本文的研究重点主要在于正式公布的《网络约车办法》所规定行政许可的设定权及其依据问题。本文的主要观点是：第一，国务院部门规章没有行政许可设定权，《网络约车办法》中关于网络预约出租车经营服务方面的行政许可，是对国务院决定所设定的行政许可作的具体规定。第二，依照《行政许可法》的规定，国务院决定所设定的行政许可为临时性行政许可，实施以后如果要继续实施的，国务院应当及时提请全国人民代表大会及其常务委员会制定法律，或者自行制定行政法规。因此，《网络约车办法》根据临时性行政许可规定网络预约出租车经营服务方面的市场准入，存在法律缺陷。第三，为体现对网络约车这一新型业态的常态化监管，应当在《网络约车办法》实施一段时间后，在各地实践的基础上，及时制定对包括网络约车在内的所有出租车行业进行监管的行政法规，将临时性许可转化为经常性许可，以体现法律对这一行业的正常管理。

二、网络预约出租车经营服务行政许可设定权之依据：临时性许可的不足

根据《立法法》第 80 条的规定，国务院各部、委员会、中国人民银行、审计署和具有行政管理职能的直属机构，可以根据法律和国务院的行政法规、决定、命令，在本部门的权限范围内制定规章。同时，部门规章规定的事项应当属于执行法律或者国务院的行政法规、决定、命令的事项。没有法律或者国务院的行政法规、决定、命令的依据，部门规章不得设定减损公民、法人和其他组织权利或者增加其义务的规范，不得增加本部门的权力或者减少本部门的法定职责。依照上述规定，部门规章只能是执行性立法，即部门规章规定的事项应当属于执行法律或者国务院的行政法规、决定、命令的事项，不能在上位法没有规定的前提下进行创设性立法。“执行性立法是指行政机关为了执行或实现特定法律和法规或者上级行政机关行政规范的规定而进行的立法。”[②]因此，作为国务院部门规章的《网络约车办法》并不具备行政许可的设定权已经为立法所确认。实际上，据考察，《网络约车办法》所规定的三项行政许可，来自《行政许可法》正式施行之前

---

① 参见张效羽：《互联网租约规章立法中若干法律问题分析》，载《行政法学研究》2016 年第 2 期。

② 姜明安主编：《行政法与行政诉讼法》（第六版），北京大学出版社、高等教育出版社 2015 年版，第 162 页。

公布的国务院令第412号《国务院对确需保留的行政审批项目设定行政许可的决定》(以下简称《行政许可决定》),以及其附件《国务院决定对确需保留的行政审批项目设定行政许可的目录》第112项"出租汽车经营资格证、车辆运营证和驾驶员客运资格证核发"。这是一项由国务院决定设定的行政许可。

《行政许可法》第14条第2款规定:"必要时,国务院可以采用发布决定的方式设定行政许可。实施后,除临时性行政许可事项外,国务院应当及时提请全国人民代表大会及其常务委员制定法律,或者自行制定行政法规。"这一规定明确赋予了国务院可以决定的方式设定临时行政许可的职权。依据这一规定,国务院于2004年6月29日公布《行政许可决定》,以决定的方式设定了500项行政许可,自2004年7月1日起施行。《行政许可决定》称:"依照《中华人民共和国行政许可法》和行政审批制度改革的有关规定,国务院对所属各部门的行政审批项目进行了全面清理。由法律、行政法规设定的行政许可项目,依法继续实施;对法律、行政法规以外的规范性文件设定,但确需保留且符合《中华人民共和国行政许可法》第十二条规定事项的行政审批项目,根据《中华人民共和国行政许可法》第十四条第二款的规定,现决定予以保留并设定行政许可,共500项。为保证本决定设定的行政许可依法、公开、公平、公正实施,国务院有关部门应当对实施本决定所列各项行政许可的条件等作出具体规定,并予以公布。有关实施行政许可的程序和期限依照《中华人民共和国行政许可法》的有关规定执行。"同时,以附件的形式发布了《国务院决定对确需保留的行政审批项目设定行政许可的目录》,其中第112项为"出租汽车经营资格证、车辆运营证和驾驶员客运资格证核发"。笔者注意到,既然是"法律、行政法规以外的规范性文件设定,但确需保留"的行政许可事项,那么应当有一个法律、行政法规之外的规范性文件曾经设定过相关行政许可。实际上,"出租车经营资格证、车辆运营证和驾驶员客运资格证核发"的许可来自由住房城乡建设部、公安部制定并于1998年2月1日起施行的《城市出租汽车管理办法》。[①] 因此,可以说,"出租汽车经营资格证、车辆运营证和驾驶员客运资格证核发"就是国务院在2004年6月《行政许可法》实施之前,依据《行政许可法》第14条第2款的规定,对《城市出租汽车管理办法》所设定的行政许可予以保留的行政许可项目。

---

① 《住房城乡建设部公安部关于废止〈城市出租汽车管理办法〉的决定》已经由住房城乡建设部常务会议、公安部部长办公会议审议通过,2016年3月16日予以发布,废止《城市出租汽车管理办法》的决定自发布之日起施行。

然而,由国务院决定设定的行政许可明显属于临时性行政许可。《行政许可法》第14条第2款中"实施后,除临时性行政许可事项外,国务院应当及时提请全国人民代表大会及其常务委员会制定法律,或者自行制定行政法规"的表述,就非常明确地说明了该类行政许可的临时性性质。从法理角度而言,国务院决定并不是行政法的渊源,当时在立法时之所以赋予国务院决定一定范围的行政许可设定权,主要是"考虑我国现阶段实际的情况,在社会公共管理的某些领域,立法的时机和条件尚不成熟,但又需要实施必要的行政管理,在有些情况下,也需要国务院采取临时性的行政许可措施"①。由于《行政许可法》没有赋予国务院部门行政许可设定权,由《城市出租汽车管理办法》所设定的出租车经营资格证、车辆运营证和驾驶员客运资格证核发的行政许可随着2004年7月1日《行政许可法》的实施而归于无效。国务院通过《行政许可决定》的方式将包括出租车许可在内的事项设定为行政许可,但根据《行政许可法》的规定,是一种临时性的许可。因此,《行政许可法》赋予国务院决定的行政许可设定权,是特定情形下行使的"临时性权力",并非是一种经常性权力。国务院以决定的形式设定的这类临时性许可,虽然至今已经十多年,但从法律规定的角度而言,其临时性许可的性质并未改变。

因此,可以说,《网络约车办法》对《网络预约出租汽车经营许可证》《网络预约出租汽车运输证》以及《网络预约出租汽车驾驶员证》的规定,是根据《行政许可决定》中关于"为保证本决定设定的行政许可依法、公开、公平、公正实施,国务院有关部门应当对实施本决定所列各项行政许可的条件等作出具体规定,并予以公布"的要求,对相关行政许可的条件所作的具体规定。笔者认为,以《行政许可决定》设定的临时性行政许可的方式对网络预约出租车经营服务进行监管,在依据上是欠缺的。可以说,《网络约车办法》所规定的行政许可,存在明显的"先天不足"。

其一,临时性许可使网络预约出租车的监管处于一种"临时状态"。从功能角度而言,行政许可是现代行政权的一种表现形式,是行政机关依法管理社会政治、经济、文化等社会事务的事前控制手段。②因此,行政许可既体现了对被许可人权利的尊重,也体现了对社会成员从事某种特定社会活动权利的监督与管理,更是从维护公共利益的角度体现了对特定社会事务的控制。然而,对于与城市

① 乔晓阳主编:《中华人民共和国行政许可法及解释》,中国致公出版社2003年版,第77页。

② 参见应松年主编:《当代中国行政法》(上卷),中国方正出版社2005年版,第706页。

交通运行安全、控制危险密切相关的网络约车这一新生业态，应当属于政府必须加以监管的新型产业，但其许可制度却仅仅是一种临时性许可，这明显与网络预约出租车监管应有的稳定性不相符合。针对网约车损害乘客权利的现象，乘客及专家呼吁加强监管、有效落实国家新政，有必要在法治和平等的框架下维护市场的公平竞争环境，为此政府要加强监管，为网约车"做规矩"。[①]笔者认为，一个靠临时性许可支撑起来的监管制度是难以具有稳定性效果的。

其二，临时性许可使公众对网络预约出租车的安全监管处于一种"非信任状态"。正如《行政许可法》第 12 条第 1 项所规定的那样，"直接涉及国家安全、公共安全、经济宏观调控、生态环境保护以及直接关系人身健康、生命财产安全等特定活动，需要按照法定条件予以批准的事项"属于可以设定行政许可的事项。这一规定明显突出了行政许可制度应有的控制危险功能。网络预约出租车可能存在危及人身健康、生命财产安全等隐患，需要政府部门通过行政许可的方式进行有效的监管，以杜绝危险的发生。行政许可的主要功能表现在三个方面：一是控制危险；二是配置资源；三是证明或者提供某种信誉、信息，而控制危险是行政许可最主要、最基本的功能。[②]正因为如此，如果一项与人身健康、生命财产安全紧密相关的行政许可制度，长时间地处于一种临时性的许可状态，那么公众有可能对其能否得到稳定的安全监管产生担忧情绪，从而可能影响网络预约出租车的正常发展。笔者甚至认为，对于网络预约出租车这一新型产业而言，其实质上与行政许可的三项功能都密切相关，除涉及控制危险外，出租车行业还明显涉及道路资源的配置，以及由于经过行政许可之后所具有的对从业者为合法经营者的证明作用等。所以，对于这样一种新经济业态，以临时性许可的方式予以对待显然不够合适。

其三，《网络约车办法》授权地方进一步规定许可条件与《行政许可法》相关规定不符。《网络约车办法》对相关行政许可的规定并不是完整的行政许可，还授权地方政府对下列事项作出其他规定：第一，第 12 条第 2 款规定，车辆的具体标准和营运要求，由相应的出租汽车行政主管部门，按照高品质服务、差异化经营的发展原则，结合本地实际情况确定。同时，第 13 条第 2 款规定，城市人民政府对网约车发放《网络预约出租汽车运输证》另有规定的，从其规定。第二，第 14 条第 4 项规定，从事网约车服务的驾驶员的条件，除《网络约车办法》第 14 条

① 参见金志刚、张欣平：《为网约车"做规矩"应加大力度》，载《新民晚报》2016 年 10 月 7 日第 2 版。

② 参见汪永清主编：《中华人民共和国行政许可法释义》，中国法制出版社 2003 年版，第 10 页。

第 1 至 3 项规定的条件外，还包括城市人民政府规定的其他条件。由此可见，《网络约车办法》根据《行政许可决定》附件第 112 项所规定的行政许可并不是完全的行政许可，关于《网络预约出租汽车运输证》和从事网约车服务的驾驶员的条件，其还授权地方政府可以作进一步的规定。不仅如此，第 40 条还规定："本办法自 2016 年 11 月 1 日起实施。各地可根据本办法结合本地实际情况制定具体实施细则。"这一做法与《行政许可法》第 18 条关于"设定行政许可，应当规定行政许可的实施机关、条件、程序、期限"的规定不符，将可能出现各地在行政许可标准、条件等方面规定的严重不一致现象，导致经营单位、驾驶员在从事网络约车经营方面市场准入条件的不一致，阻碍这一行业的正常发展。

其四，《网络约车办法》中行政许可依据存在缺陷。最严重的是，《网络约车办法》依据的是《行政许可决定》，后者作为临时性许可，本身存在法律缺陷和不足。《行政许可法》第 18 条规定，设定行政许可，应当规定行政许可的实施机关、条件、程序、期限。《行政许可决定》设定了 500 项临时性行政许可，但并未规定实施这些行政许可的条件，而是授权国务院部门对实施行政许可的条件作出规定。实际上，这种授权方式并不符合《行政许可法》精神。《行政许可法》要求国务院设定行政许可时规定行政许可实施条件，就表示行政许可的条件应由国务院规定。正如《行政许可法》第 17 条规定，除法律、行政法规、国务院决定、地方性法规和省、自治区、直辖市人民政府规章外，其他规范性文件一律不得设定行政许可。规定行政许可条件，也属于设定行政许可的范畴，国务院授权部委规定行政许可实施条件，显然违反《行政许可法》第 17 条规定。同时，《行政许可法》第 19 条规定，起草法律草案、法规草案和省、自治区、直辖市人民政府规章草案，拟设定行政许可的，起草单位应当采取听证会、论证会等形式听取意见，并向制定机关说明设定该行政许可的必要性、对经济和社会可能产生的影响以及听取和采纳意见的情况。《行政许可决定》没有广泛听取社会公众意见，也没有说明设定行政许可的必要性、对经济和社会可能产生的影响以及听取和采纳意见的情况。[①] 因此，《行政许可决定》本身存在一定的法律瑕疵，与《行政许可法》的规定并不完全符合，其所设定的行政许可依照《行政许可法》第 14 条第 2 款的规定属于临时性行政许可。可以说，《行政许可决定》附件第 112 项所设定的"出租汽车经营资格证、车辆运营证和驾驶员客运资格证核发"属于临时性行政许可，而根据这一临时性许可，在《网络约车办法》规定的相关许可无疑也属于临时性行

① 参见徐继敏：《国务院设定行政许可实践研究》，载《行政法学研究》2015 年第 1 期。

政许可规定。严格来说,对于长期许可,应当注意延续的程序;而对于临时许可,应当严格监督其“临时性”,防止将其变成长期许可。① 但是,《网络约车办法》在制定和发布时并没有对其临时性许可的情况进行说明,而很有可能是按照经常性许可的思路在进行运作,这在法律上其实是有明显缺陷的。

三、网络预约出租车经营服务行政许可设定权:从临时性许可走向完善的路径

网络出租车作为一个新型产业,是“互联网+”背景下分享经济发展的产物。就目前的发展形势来看,中国互联网发展亮点频现,分享经济就是其中一个不可忽视的亮点。无论在市场层面,还是在顶层设计层面,分享经济都迎来了发展的高峰。分享经济具有天然的互联网基因,是互联网搭建的共享平台,它将之前“沉睡”的闲置资源重新带入流通领域,从而催生新的商业模式。因此,如何发挥出“互联网+”对传统行业的升级改造作用,进一步释放社会主体的经济活力和创造力,不仅是政府所面临的一个重要课题,也是法律在“互联网+”背景下所面临的一个新问题。

《行政许可法》第 14 条第 2 款赋予国务院决定的行政许可设定权,是一种“来不及立法”且又为行政管理所必需的“临时性权力”。这种权力的行使,应当严格遵循法律的规定,不仅要符合法律所规定的必要性准则,而且对于在实施以后还将继续实施的行政许可,应当及时提请全国人大及其常委会制定法律,或者由国务院自行制定行政法规,将非正常状态下所设定的行政许可转化为“正常状态”下的行政许可,从而体现法律对包括经济事务在内的社会事务的常态管理。② 因为“行政许可的内容是国家一般限制或禁止的活动。许可行为是对符合条件的对象解除限制或禁止,允许其从事某项活动,享有特定权利和资格的行为。……许可事项必须有明确的法律规定,许可是建立在普遍限制和禁止基础上的解禁行为。因而,对于大多数人而言,它是限制公民和法人活动自由的行为”。从《行政许可法》对行政许可设定权的规定也可以看出,对于行政许可这样一种对公民、法人个体授益而以限制大多数人的权利和自由为宗旨的行政行为来说,其设定权必须严格加以控制。授权国务院以决定的方式设定行政许可,仅仅是在特定情境之下对特殊情况的一种“照顾”,而非行政许可设定权的正常状态。同样,在国务院决定所设定的行政许可实施以后,及时将其转化为法律、行

---

① 参见胡建淼:《行政法学》(第三版),法律出版社 2010 年版,第 265—266 页。

② 参见沈福俊:《国务院决定行政许可设定权:问题与规制》,载《社会科学》2012 年第 5 期。

政法规设定的行政许可，不仅是国务院应当履行的一项义务，更是将行政许可设定权纳入法治轨道的一项重要举措。

应当承认，《网络约车办法》的出台，确实顺应了互联网技术的发展和市场的需求，将长期以来的否定式管理变为肯定式管理，理应值得“点赞”。同时，《网络约车办法》的出台实现了网约车与传统出租车的公平竞争，公众享受到了互联网技术的发展所带来的便利。然而，作为一项临时性许可的产物，有关网络预约出租车的规范理应依据《立法法》《行政许可法》以及国务院关于简政放权、减少行政审批的要求进行。笔者注意到，除了《城市出租汽车管理办法》已经于 2016 年 3 月 16 日由住房城乡建设部、公安部决定废止以外，交通运输部已经于 2014 年 9 月 30 日发布《出租汽车经营服务管理规定》、于 2011 年 12 月 26 日发布《出租汽车驾驶员从业资格管理规定》。这两部交通运输部的规章中都包括出租汽车经营许可，明确规定经营范围、经营区域、车辆数量及要求、出租汽车车辆经营权期限等事项，并向被许可人发放《道路运输经营许可证》；出租汽车驾驶员从业资格考试全国公共科目和区域科目考试均合格的，设区的市级道路运输管理机构应当自公布考试成绩之日起 10 日内核发《道路运输从业人员从业资格证》等。但是，《网络约车办法》所规定的经营者应当获得的《网络预约出租汽车经营许可证》、运营车辆应当取得的《网络预约出租汽车运输证》以及驾驶员应当获得的《网络预约出租汽车驾驶员证》，与上述两部规章中规定的《道路运输经营许可证》和《出租汽车驾驶员从业资格管理规定》是什么样的法律关系，并不明确。按照笔者的理解，巡游出租车、网络预约出租车都属于出租车，理应受同一规范调整，只不过从专门制定《网络约车办法》的角度而言，网络预约出租车至少在制度上还没有被正式纳入出租车的范畴之中。

多年来，很多地方制定了出租车管理方面的地方性法规。例如，上海市于 1995 年就制定《上海市出租汽车管理条例》，并在 1997 年、2001 年、2003 年、2006 年和 2011 年多次修正，其中同样规定了出租车经营的资格和出租车驾驶员应当具备的条件。根据《立法法》第 73 条关于地方性法规的立法事项为“为执行法律、行政法规的规定，需要根据本行政区域的实际情况作具体规定的事项”和“属于地方性事务需要制定地方性法规的事项”的规定，国务院决定并不是地方性法规应当作为执行依据的立法事项。因此，在《行政许可法》实施和《行政许可决定》在附件第 112 项设定“出租汽车经营资格证、车辆运营证和驾驶员客运资格证核发”以后，照理说已经不需要地方性法规再来设定或者规定有关出租车经营方面的行政许可了。

笔者认为，仅仅靠在设定依据方面存在一定瑕疵的《网络约车办法》来规范网络预约出租车经营，实在是“强人所难”。一是其所规定的这些许可是否合理、合法尚有争议；二是其所规定的行政许可与交通运输部前几年所发布的《出租汽车经营服务管理规定》和《出租汽车驾驶员从业资格管理规定》之间是什么关系并没有厘清；三是其作为依据的《行政许可决定》本身是对临时性许可的设定，而且这一设定与《行政许可法》所规定的设定行政许可的内容、程序存在明显的不符合，其依据本身的合法性存在问题。因此，要使网络预约出租车经营活动得到健康的发展和正常的监督与管理，应当依据《行政许可法》的规定，在充分研究、论证的基础上，以行政法规的方式对网络预约出租车经营活动进行全面规范。同时，应当在《网络约车办法》试行一段时间以后，在地方实践的基础上，将所有的出租车经营活动都纳入行政法规（或称《出租车经营服务管理条例》）的管理范围，实现对整个出租车行业的有效监管。这是实现相关领域行政许可合法化的一个有效路径，具体包括以下几个方面：

第一，整合各种立法资源，以行政法规的形式对包括网络预约出租车在内的所有出租车经营活动进行规范，设定相关行政许可。根据前面的分析，我国涉及出租车经营活动和行政许可的规范较多，仅交通运输部的部门规章就有多部。唯一与出租车经营有联系的国务院行政法规《道路运输条例》，由于制定于 2004 年 4 月 14 日《行政许可法》颁布之前，虽然有关于客运经营和驾驶人员条件以及相关许可的规定，但不可能对近年来发生的客运经营互联网信息服务等道路运输相关业务作出相关规定。因此，应当依据《行政许可法》第 14 条第 2 款规定，对于国务院决定所设定的临时性行政许可，国务院应当及时提请全国人大及其常委会制定法律，或者自行制定地方性法规。同时，将包括网络约车在内的出租车行业的监督与管理纳入一部行政法规之中，完全是可行之举。

第二，制定出租车行业行政法规、设定相应行政许可应当严格遵循《行政许可法》相关规定。一是必须符合行政许可设定的基本原则。《行政许可法》第 11 条规定：“设定行政许可，应当遵循经济和社会发展规律，有利于发挥公民、法人或者其他组织的积极性、主动性，维护公共利益和社会秩序，促进经济、社会和生态环境协调发展。”二是必须符合行政许可设定的程序。《行政许可法》第 19 条规定：“起草法律草案、法规草案和省、自治区、直辖市人民政府规章草案，拟设定行政许可的，起草单位应当采取听证会、论证会等形式听取意见，并向制定机关说明设定该行政许可的必要性、对经济和社会可能产生的影响以及听取和采纳意见的情况。”三是依法完整设定相关行政许可。《行政许可法》第 18 条规定：

"设定行政许可,应当规定行政许可的实施机关、条件、程序、期限。"

第三,在制定行政法规的前提下,适时修改地方性法规。长期以来,很多地方出租车事务一直被视为地方性事务,由地方立法予以调整。但是,网络预约出租车这一新型经济形态的出现,超越了传统出租车的地方事务范围。可以说,传统的以巡游出租车为监管对象的地方出租车管理条例等地方立法,已经难以适应互联网技术发展背景之下的出租车管理。因此,在未来制定出租车经营服务管理方面的行政法规时,依据《立法法》第 73 条第 1 款的规定,各地的地方性法规应当以执行行政法规为宗旨进行必要的修订。根据《行政许可法》第 16 条第 2 款关于"地方性法规可以在法律、行政法规设定的行政许可事项范围内,对实施该行政许可作出具体规定"的要求,对出租车领域经营服务方面的行政许可,在行政法规已经设定的前提下,应从因地制宜的角度作出具体规定,从而形成完整的出租车监管体系。

四、结语

互联网技术对出租车经营模式的影响,可以说带来了新的机遇。它在方便人们出行、催生出一种新型业态的同时,也产生了新的问题,而新问题的出现,需要政府的依法监管。这些依法监管,包括合法有效的事前监管——行政许可。网络预约出租车的出现,打破了传统的由巡游出租车"一统天下"的体制。这实质上是社会发展进程中的一种新经济运行模式,虽然它仅仅出现在出租车领域。然而,如何为这种新经济模式设定相应的法律制度,尤其是对于其应有的行政许可如何设定,是行政法必须关注和回答的问题。笔者必须明确指出的是,作为一种临时性权力的产物,《网络约车办法》根据《行政许可决定》所制定的规章存在一定的法律瑕疵,可能对其制度功能的发挥产生消极影响。依据十多年前《行政许可决定》所设定的临时性许可设计网络预约出租车经营监管,是否完全符合现实需要,是否科学与合理,尤其是能否应对当今社会日新月异的经济发展,是值得政府考量的一个重要问题。因为"一种制度(体制)安排要发生效力,必须是一种纳什均衡。否则,这种制度安排便不能成立"。正如有学者所言,未来三到五年,为了赶上分享经济的快速列车,发挥出"互联网+"对传统行业的升级改造的作用,进一步释放社会主体的经济活力和创造力,必须由中央政府出面对行政许可制度进行改革,为网约车行业量身打造适应新形态的新监管模式。笔者认为,这种新监管模式不是将十多年前的临时性行政许可拿来就用,而是要根据《行政许可法》的规定,在促进经济、社会和生态环境协调发展的前提下,适应"互联网

＋"对传统行业的升级改造的作用，以进一步释放社会主体的经济活力和创造力为目标，从全国的角度进行整体性立法，以体现互联网时代法律对新经济模式的重视。尤其是针对实践中网络约车所产生的问题，加强常态性监管应当是我们努力的方向。笔者认为，随着互联网技术与社会事务尤其是经济运行模式的广泛结合，一种适合这种发展趋势的立法需求和政府监管模式必将会出现。

第七章

行政强制相关问题研究

第一节　法律应当如何保障行政权的有效行使*

——以《行政强制法》第 44 条和上海市拆除违法建筑规定为分析起点

一、问题的提出

自 1989 年 4 月我国《行政诉讼法》颁布以来，我国行政法学与行政法制度建设和发展的重点在于，强调对行政权的规范和控制，强化对公民权利的保护。“所谓行政法，是指调整行政关系的、规范和控制行政权的法律规范系统。”①这无疑是正确的价值取向，也符合行政法对行政权加以控制的根本功能。我国先后制定的《行政处罚法》《行政许可法》和《行政强制法》以及《政府信息公开条例》《国有土地上房屋征收与补偿条例》等法律、法规正是这一理念指导下的产物。尤其是 2012 年开始实施的《行政强制法》，明确规定了许多对行政强制权进行限制的条款，如第 43 条对行政机关强制执行的限制性规定：“行政机关不得在夜间或者法定节假日实施行政强制执行。但是，情况紧急的除外。行政机关不得对居民生活采取停止供水、供电、供热、供燃气等方式迫使当事人履行相关行政决定。”尤其在对违法建筑的强制拆除方面，该法第 44 条规定：“对违法的建筑物、构筑物、设施等需要强制拆除的，应当由行政机关予以公告，限期当事人自行拆除。当事人在法定期限内不申请行政复议或者提起行政诉讼，又不拆除的，行政

* 原载《东方法学》2016 年第 1 期。

① 姜明安主编：《行政法与行政诉讼法》(第六版)，北京大学出版社、高等教育出版社 2015 年版，第 18 页。

机关可以依法强制拆除。”然而，基于实践中违法建筑不断蔓延，上海市城乡建设和管理委员会等九个部门于 2014 年 6 月 23 日联合发布《关于进一步加强本市违法建筑治理工作的实施意见》(以下简称《实施意见》)，以《城乡规划法》《土地管理法》《消防法》《治安管理处罚法》《上海市城乡规划条例》《上海市拆除违法建筑若干规定》《上海市住宅物业管理规定》等法律、法规为依据，对违法建筑的查处与拆除作出了与《行政强制法》第 44 条不一致的规定，明确规定对在建违法建筑可以“快速拆除”，[①]使得在《行政强制法》框架下显得“束手无策”的行政机关拆除在建违法建筑的职权能够得以快速“突围”，从而在实践中使违法建筑蔓延的趋势得到了有效遏制。

违法建筑的增加及其危害一直是各级政府在社会治理过程中所面临的一个十分突出的问题。尤其是在上海，违法建筑的大量存在给城市管理带来了诸多难题。但是，如果依据《行政强制法》第 44 条所规定的程序进行强制拆除，“砖头”早就成为“楼房”，无论是对于当事人还是行政机关，都存在着成本加大、矛盾激化的突出问题。而上海市的《实施意见》对拆除在建违法建筑工作的探索，则明显体现出这样一个社会需求：法律应当在维护公民个体权利的前提之下，从维护社会秩序和公共利益的角度出发，保障行政权的有效行使。

二、《行政强制法》第 44 条：与违法建筑强制拆除的社会需求之间的矛盾

根据《行政强制法》，行政机关采取行政强制执行的一般程序是：(1) 作出行政强制执行决定前的书面催告；(2) 当事人进行陈述和申辩；(3) 充分听取当事人的意见，对当事人提出的事实、理由和证据进行记录、复核；(4) 经催告后，当事人逾期仍不履行行政决定且无正当理由的，作出书面强制执行决定；(5) 行政强制执行决定书送达当事人；(6) 实施行政强制执行。同时，《行政强制法》第 44 条又在上述一般程序的基础上，专门为违法的建筑物、构筑物和设施等的强制拆除规定了特别的程序，规定“应当由行政机关予以公告，限期当事人自行拆除”，“当事人在法定期限内不申请行政复议或者提起行政诉讼，又不拆除的，行政机关可以依法强制拆除”。根据这一规定，对拆除违法建筑的行政强制执行，不仅要遵守《行政强制法》所规定的一般程序，还要符合该法对拆除违法的建筑物、构筑物、设施等所设置的特别程序。《行政强制法(草案)》四次审议稿曾规定：“对违法的建筑物、构筑物、设施等需要强制拆除的，应当由行政机关予以公告，限期

① 参见叶松亭：《两小时到现场不停建可强拆》，载《文汇报》2014 年 7 月 3 日第 5 版。

当事人自行拆除。当事人逾期拒不拆除的，行政机关可以依法强制拆除”，原本没有赋予当事人申请行政复议或提起行政诉讼的权利。在法律草案审议过程中，考虑到为了避免一些认定起来有争议的建筑物、构筑物、设施等尚未得到行政复议或行政诉讼的救济就被行政机关强制拆除，损害当事人利益，所以增加了一个程序规定，即当事人在法定期限内不申请行政复议或者提起行政诉讼，又不拆除的，行政机关可以依法强制拆除。而对于那些认定起来有争议的建筑物、构筑物、设施等，行政机关可以依法采取查封等措施使当事人停止施工，待行政复议或行政诉讼结果出来之后再决定是否强制拆除。[①] 由此可见，依照《行政强制法》第 44 条的规定，无论是在建的违法建筑，还是已经建成的违法建筑，都应当适用法律所规定的这一特殊程序规则。随着 2012 年 1 月 1 日《行政强制法》的实施，行政机关强制拆除违法建筑必须依照这一流程进行，“这使得违法建筑拆除案件的处理实际期限至少需要半年”[②]。而实际情况是，这一期限远远大于半年。例如，根据 2014 年 11 月 1 日修改的《行政诉讼法》第 46 条的规定，公民、法人或者其他组织直接向人民法院提起诉讼的，应当自知道或者应当知道作出行政行为之日起 6 个月内提出。这一规定比修改前的《行政诉讼法》的规定又增加了 3 个月。《行政强制法》第 44 条所规定的拆除违法建筑的程序从期限上来说更加延长，对行政机关及时制止违法建筑的扩张将可能更为不利。尤其特殊的情况是，根据《最高人民法院关于执行〈中华人民共和国行政诉讼法〉若干问题的解释》第 41 条规定，行政机关作出具体行政行为时，未告知公民、法人或者其他组织诉权或者起诉期限的，起诉期限从公民、法人或者其他组织知道或者应当知道诉权或者起诉期限之日起计算，但从知道或者应当知道具体行政行为内容之日起最长不得超过 2 年。如果行政机关强制拆除违法建筑的决定符合该条规定的“未告知公民、法人或者其他组织诉权或者起诉期限”情形的，其强制拆除的期限将很有可能达到 2 年以上。

从依法规范行政强制执行权、防止行政机关权力滥用和发挥法律规制作用的角度而言，《行政强制法》第 44 条关于强制拆除违法建筑的规定，对于促进行政机关依法实施行政强制、保障公民合法权益确实具有积极意义。然而，现实生活中违法建筑的不断增多，已经成为城市管理中的一个突出问题。违法建筑物非法占用公共空间，危害邻里关系，引发环境污染，甚至滋生安全隐患，如建筑质

---

① 参见袁曙宏主编：《行政强制法教程》，中国法制出版社 2011 年版，第 123—124 页。

② 刘栋：《“搭了半堵墙”即可依法叫停》，载《文汇报》2014 年 7 月 4 日第 5 版。

量隐患、漏水漏电。此外，违法建筑的随意出租还会造成治安问题，给公共安全带来严重的负面影响。尤其是违法建筑的不断蔓延，更是会严重影响城市形象与公共利益，对城市规划的破坏作用也日趋显现。同时，其扩张的速度之快令人难以想象，“一堵墙，一夜之间就能搭出半间房，一个双休日就能搭起一层楼”。在上海市政府法制办公室与艾伯特基金会主办的一场研讨会上，黄浦区相关部门负责人表示，如果缺乏对正在搭建的违法建筑的有效管理，就很难从根本上遏制违法建筑蔓延的势头。“等到违法建筑建成，强制拆除对政府和当事人来说，成本都很大。”①从媒体报道的情况来看，在实践中，一些违法建筑的状况令人匪夷所思，对社会秩序和公共利益以及对违法行为人自身所产生的危害都十分严重。

事例一：在原油管道上搭建违法建筑。在上海市奉贤区，有人住在石油管道上方用塑料板自己搭建的违法建筑里。中石化白沪线原油管道奉贤段沿线存在严重的违法搭建，除了违法建筑，油管上方还有多处乱堆乱压。据介绍，大叶公路两侧后退 30 米就是宅基地，随着路边市场的兴起，不少村民把屋子出租给商家或自营木料、石材生意。由于从门口到马路有近 30 米空地，他们纷纷搭起简易屋棚堆放木料、石料。村里多次告诉村民空地下埋有石油和燃气管道，不能压放重物，可是口头劝说没人理会，治理行动又总是遭遇反复。②

事例二：高压线下搭起十多万平方米违法建筑。在上海市闵行区放鹤路近莲花南路路口，一块十多万平方米的耕地上，居然建起密密麻麻的厂房，入驻企业达上百家，其中既有在高压线下“玩火”的木材加工厂，也有违规存放、运输危化品的物流仓库。巨大的安全隐患令村民们寝食难安。现场涉事地块总面积近 200 亩。“根据法律规定，在电力设施保护区内严禁取土、兴建任何建筑物，更何况这家工厂还在搞木材加工，万一火星碰到了电线，后果不堪设想。”执法人员立刻责令工厂停工。在这里，违法建筑到处都是，机械制造厂、服装厂、物流仓库随处可见，工人楼下做工，楼上住宿，屋内根本没有消防设施。一街之隔则是一家废品收购站，空地上堆满废电池、纸箱子，旁边同样有高压线。③

事例三：高层楼顶居然造出“60 平方米花园”。8 年前居民开始投诉，物业先后 5 次下发“整改通知书”，但上海市浦东新区东方路某小区 64 号楼楼顶上违章

---

① 刘栋：《“搭了半堵墙”即可依法叫停》，载《文汇报》2014 年 7 月 4 日第 5 版。

② 参见叶松亭、何益：《违法建筑“压”住原油管道》，载《文汇报》2014 年 7 月 10 日第 2 版。

③ 参见房浩：《高压线下搭起十多万平方米违法建筑》，载《新民晚报》2015 年 6 月 15 日第 A12 版。

搭建的露台玻璃房始终未见拆除。楼顶是业主共有的公共空间，变为私人空间不但违规，而且隐藏了许多安全隐患。大楼为一梯两户，共 13 层，其中 13 楼为复合式住房，附带 14 楼。面对大楼向上望去，楼顶一间由玻璃围建起来的房间格外醒目，只见上楼的扶梯和墙壁都已经重新装潢，贴上了金色的壁纸，原本通向楼顶的门也已经换成铝合金防盗门，并上了锁。据介绍，违建玻璃房从 2006 年年底开始搭建，2009 年收尾，历时两年多。其间，物业公司也曾派人阻止，但拆了盖、盖了拆，规模越来越大，最终成了现在的模样。无奈之下，小区多位居民致电《新闻晨报》“夏令热线”，反映这一问题，也希望房管、拆违部门尽快介入，早日消除这一隐患。[①]

由此可见，实践中违法建筑的肆无忌惮和随心所欲，已经到了令人难以想象和难以容忍的地步。据悉，上海市松江区一小区 37 户独立别墅，29 户都曾推倒重建过。“小区里的房子几乎没有重样的，两层楼、三层楼、四层楼都有，200 平方米的合法面积，扩建到 1800 平方米也不稀奇。”[②]可见，违法建筑的不断扩张给社会秩序尤其是公共安全带来的威胁非常严重。然而，根据《行政强制法》第 44 条的规定，对于这种已经存在严重安全隐患的违法建筑，行政机关却不能立即予以拆除，要等到行政复议或者行政诉讼期限届满之后才可以强制拆除。面对不断扩张的违法建筑，《行政强制法》的这一规定，可能使行政权遏制违法行为的功能在现实中难以发挥应有的作用。

第一，公共安全不能得到有效维护。不可否认，《行政强制法》的这一规定在保护特定相对人的合法权益、规范行政强制执行方面具有明显的意义。但是，它也不可避免地客观上限制了行政机关对违法建筑物、构筑物以及设施的及时拆除，可能会导致公共利益与社会秩序难以得到及时的维护，尤其是公共安全隐患无法得到及时消除。违法建筑物没有依法取得规划许可，没有得到有关政府部门的监管与验收，其技术含量、房屋质量以及消防隐患等问题都很突出。当它出现在人们的视野中以后，即使行政机关能够觉察，由于《行政强制法》第 44 条的限制，也不能尽快将其拆除，只能等到法律所规定的程序、期限过了之后才能够实施强制拆除。试想，如果在这段期限之内，该违法建筑在风雨中“摇摇欲坠”，而且随时有可能从高空倒下砸向人群，行政机关能够采取立即拆除的强制执行

---

① 参见李东华、张飘飘：《高层头顶“60 平米花园”七年拆不掉》，载《新闻晨报》2014 年 7 月 23 日第 A6 版。

② 黄勇娣、毛锦伟：《九亭 1 天拆除 7 幢违法建筑》，载《解放日报》2014 年 7 月 11 日第 2 版。

措施吗？按照《行政强制法》第44条的规定是不能拆除的。那么，公共利益和公共安全如何维护？近年来，在楼顶上搭建违法建筑的事件时有发生，如果这样的建筑存在安全隐患，而且都在高空中“风雨飘摇”，要等待“当事人在法定期限内不申请行政复议或者提起行政诉讼，又不拆除的”，行政机关才可以依法强制拆除，那么公共安全事件的发生恐怕难以避免。因此，法律在对特定相对人权益保护的同时，如何通过法律规范避免公共安全、公共利益和社会秩序受到威胁，是一个值得思考的问题。

第二，行政权的有效性难以得到体现。违法建筑的扩张一直是各级政府在社会治理过程中所面临的一个十分突出的问题。尤其是在上海，违法建筑的大量存在给城市的管理带来了诸多难题。但是，由于《行政强制法》第44条规定的限制，行政机关维护正常社会秩序的职能难以发挥，行政权维护社会公共利益的特殊功能难以体现。上海市的《实施意见》对拆除在建违法建筑工作的探索，则明显折射出这样一个问题：法律规范在维护公民个体权利的前提之下，也应当从公共利益的角度出发，保障行政权的有效行使。行政法突出对公民权利的保护本无可厚非。前已述及，这正是行政法的宗旨所在。然而，任何事物都有“度”。如果法律过度在个案中强调保护公民个体权利，那势必会使本应对公共利益承担维护职责的行政权处于“捉襟见肘”的尴尬境地。最终的结果是，个体的权利得到彻底的保护了，而公共利益则实际上并没有得到根本的维护。那么，行政权保护公共秩序、维护公共利益的功能就难以实现。

第三，法律在人们心目中的公信力可能会受到影响。一个国家、一个社会之所以要制定法律，是为了实现良好的社会秩序，“确保使人类行为服从于规则之治”[①]。一部法律所创造的规则，应当是刚性的、值得遵守和信仰的，所有人都必须自觉服从。如果法律在面对违法行为（尤其是对公共秩序和公共利益有较大危害的违法行为）时“束手无策”，难以及时地对违法行为进行消除，不仅仅会使公共秩序和公共利益受到损害，而且更严重的是，可能会使法律制止和消除违法行为和违法现象的功能不能实现，最终使法律在人们心目中应有的公信力受到损害。

三、以及时恢复公共秩序为目的的地方探索：以上海的探索为例

违法建筑是一种“城市病”，几乎每个城市都有那么几个号称“最牛”的违法

---

① 〔美〕富勒：《法律的道德性》，郑戈译，商务印书馆2005年版，第107页。

建筑"屹立不倒"。违法建筑占用公共空间、破坏邻里关系、滋生安全隐患，已经成为拖累城市发展的突出性障碍。2014 年以来，各地由于违法建筑引起的火灾、垮塌等事故时有发生。至于违法搭建鸽棚、厨房、屋顶花园等引起的环境污染和漏水漏电，更是成了社区管理中的"老大难"。① 因此，全面整合和综合运用现有法律资源，积极挖掘现有法律规范中对行政机关依法、有效地行使行政权有益的内容，就成为一些地方政府积极履行政府职责、回应社会需求的一个重要举措。上海市的《实施意见》就是一个典范。

（一）上海在拆除违法建筑方面的积极探索

上海市对拆除违法建筑工作进行地方探索的目的，是尽快破解城市管理过程中的"顽症"，充分发挥行政机关在实现社会良性化治理过程中的积极作用，恢复被违法建筑破坏了的社会秩序。针对违法建筑不断扩张的趋势，上海市城乡建设和管理委员会等九个部门联合发布《实施意见》，以《城乡规划法》等法律、法规为依据，对违法建筑的调查和处理工作作出了规定，明确规定对在建违法建筑可以快速拆除。②

1. 主要针对正在建设的违法建筑。《实施意见》要求对在建违法建筑予以立即制止，因此对"在建违法建筑"进行了界定，明确"正在搭建的违法建筑是指尚未完工、还不具备或者不完全具备居住、使用功能的违法建设工程"，其目的在于遏制违法建筑的不断扩张。

2. 整合现有法律资源并综合运用责令停止违法、暂扣工具、强制拆除、代履行等多种行政手段遏制违法建设行为。(1) 综合运用各种法律资源整治违法建筑。《实施意见》要求严格按照《城乡规划法》《行政强制法》《土地管理法》《消防法》《治安管理处罚法》，以及《上海市拆除违法建筑若干规定》《上海市城乡规划条例》《上海市住宅物业管理规定》《建筑工程施工许可管理办法》等法律、法规和规章中对违法建筑查处的相关规定，加大违法建筑综合查处力度。(2) 运用各种法律、法规和规章中规定的多种行政行为。第一，采取"责令当事人停止建设、限期自行拆除""暂扣施工工具和材料"等措施；第二，对当事人拒不停止建设或者逾期不拆除的，拆违实施部门"依法采取强制拆除正在搭建违法建筑的措施"；第三，当事人拒不接受拆违实施部门送达的执法文书的，"拆违实施部门采取证人见证、制作现场笔录，以及拍照、录像等固定证据的方法实施留置送达"；第四，

① 参见施平：《"治理"之剑，把违建关进笼子》，载《解放日报》2014 年 7 月 4 日第 5 版。

② 参见叶松亭：《两小时到现场不停建可强拆》，载《文汇报》2014 年 7 月 3 日第 5 版。

规定了强制拆除违法建筑过程中的代履行措施，“在道路、河道、航道或者公共场所(包括公共绿地、公共活动场地、停车场、消防通道等对不特定对象开放的场所)搭建的违法建筑构成障碍物，当事人不能拆除的，拆违实施部门应依法决定立即代为拆除”。(3) 将违法建筑纳入消防监管的重要内容。“对占用消防车通道且拒不整改、存在重大火灾隐患难以整改、使用彩钢板搭建且耐火等级低等严重影响消防安全的违法建筑”，公安消防部门依照《消防法》规定，应依法采取临时查封、责令停产停业、停止使用、停止施工、强制执行等措施。

3. 运用行政处罚手段加大对违法建设当事人的处罚力度。第一，根据《城乡规划法》《上海市城乡规划条例》等法律、法规中关于行政处罚的规定，对于违法建设当事人在拆违实施部门作出和送达责令限期拆除决定后，拒不拆除或逾期不拆除的，拆违实施部门应当依法实施强制拆除并处以罚款；违法建设无法拆除的，由拆违实施部门没收实物或违法收入。第二，依法追究与违法建筑相关的设计和施工单位的法律责任，如《上海市城乡规划条例》第 41 条中关于“设计单位必须按照城乡规划、规划管理技术规范和标准以及规划行政管理部门提出的规划条件进行建设工程设计”和“施工单位必须按照建设工程规划许可证、乡村建设规划许可证及其附图、附件的内容施工”的规定。《实施意见》根据该条例第 57 条关于“对违反本条例第 41 条第 1 款规定造成违法建设的设计单位，由规划行政管理部门处以设计费百分之二十至百分之一百的罚款。对违反本条例第 41 条第 2 款规定造成违法建设的施工单位，由规划行政管理部门处以施工管理费的百分之二十至百分之一百的罚款”的规定，再次明确规定了对设计、施工单位未按照规划条件、建设工程规划许可证等进行设计、施工，造成违法建设的行为的行政处罚。同时，对施工单位未取得施工许可证擅自施工的行为，也进一步明确了相应的行政处罚。

4. 限制违法建筑当事人的相关权利。对限期责令拆除后当事人拒不拆除的，拆违实施部门书面告知有关部门，相关部门采取下列措施：第一，房地产登记机构将附有违法建筑的房屋在房地产登记簿上予以记载，不予办理房地产转让、抵押等登记。第二，工商部门、食药监部门不予办理营业执照和食品经营相关许可，对已办理的应责令经营者限期整改。第三，相关单位停止对用于生产经营的违法建筑的供水、供电、供气服务。第四，公安或人力资源和社会保障部门应当对租住在违法建筑中的来沪人员按照有关规定不予办理居住证、临时居住证，不享受持有居住证、临时居住证可以享受的相关权益待遇。

5. 强化物业服务企业的责任与信用管理。进一步强化物业服务企业在整治违法建筑中的责任，也是《实施意见》的特色之一。例如，《实施意见》要求物业服务企业“发现正在搭建违法建筑的违法建设行为，应立即予以劝阻制止，并在2小时内向区（县）政府指定的责任部门和房屋管理部门同时进行书面报告”。同时，根据《上海市住宅物业管理规定》第80条关于物业服务企业“对业主、使用人的违法行为未予以劝阻、制止或者未在规定时间内报告有关行政管理部门的，由区、县房屋行政管理部门责令改正，可处一千元以上一万元以下的罚款”的规定，《实施意见》中重申了处罚措施，并将相关信息“纳入企业和小区经理诚信档案，作为企业资质升降级、项目评优和项目招投标的重要依据”。

6. 建立发现、查处在建违法建筑的程序规则，体现快速处置原则。《实施意见》根据《上海市拆除违法建筑若干规定》的相关规定，要求“对正在搭建违法建筑的违法建设行为，要切实落实快速查处要求，做到案件受理后，两个小时内到现场处置、两天内反馈查处进展，半个月内反馈查处结果”。上海市建设管理委员会并为此专门发布了《拆除正在搭建违法建筑流程示意图》等文件，[①]其中规定的强制拆除流程为：(1) 发现违法建设行为；(2) 作出责令停止建设、限期拆除的决定，并出具决定书（停止建设并自行拆除）；(3) 若24小时内未自行拆除，拆违实施部门可提请人民政府强制拆除；(4) 发出限期拆除正在搭建的违法建筑的催告书；(5) 当事人陈述、申辩；(6) 无正当理由2日内未自行拆除的，人民政府作出行政强制拆除决定；(7) 送达《强制拆除正在搭建的违法建筑决定书》；(8) 组织实施强制拆除。

上述举措使得《行政强制法》第44条对行政机关在拆除违法建筑尤其是正在建设的违法建筑方面的限制得以解除，实践中违法建筑扩张的趋势得到有效遏制。

（二）《实施意见》以及上海地区实践探索的特点分析

上海市在拆除违法建筑方面所进行的探索，具有以下特点：

第一，体现执法依据的多元化。上海市之所以出台《实施意见》，是为了综合运用各种有关整治违法建筑的法律规范，体现执法依据的多元化，从而实现对违法建筑的综合有效治理。除了立即代履行措施依据《行政强制法》的规定外，其他措施主要依据《城乡规划法》《上海市城乡规划条例》《上海市拆除违法建筑若干规定》等法律、法规，其重点适用的是授权对违法建设行为，尤其是对正在进行

① 参见《上海市城乡建设和管理委员会关于印发〈拆除正在搭建违法建筑流程示意图〉〈拆除正在搭建违法建筑法律文书样式〉和〈查处违法建筑告知协同部门文书样式〉的通知》。

的违法建设行为进行制止，及其对在建违法建筑进行迅速拆除的相关规定。

第二，主要针对在建违法建筑。《行政强制法》第 44 条没有区分已经建成的违法建筑和尚未建成的违法建筑，只是笼统地规定“违法的建筑物、构筑物、设施等需要强制拆除的”。而上海通过《实施意见》，将主要对象“锁定”在正在建设的违法建筑上，如其第一部分的“工作目标”中就明确提出要“全面正确运用法律资源，整合行政管理手段……完善拆除违法建筑的执法流程。强化综合管理，加强执法联动，依法立即拆除在建违法建筑。集中整治一批社会矛盾突出、安全隐患大、群众反响强烈的违法建筑，逐步清除存量违法建筑”，这一要求虽不能说完全契合《行政强制法》第 44 条的立法原意，但从实际效果而言，却是很有创新意义的。

第三，以尽快恢复被破坏了的社会秩序为目标，强调对违法建筑的快速处理。在《实施意见》中，“快速处置”是一个非常重要的主基调，其目的就是尽快制止正在建设违法建筑的违法行为，尽快减少或者消除违法建筑对社会秩序和公共利益造成的损害。上海市闵行区是全市违法建筑情况最严重，也是打击力度最大的区域之一。对此，闵行区创设了“8 天快速拆违处置流程”：发现当天，即出具停止违规搭建的决定书；第二天出具拆除违法建筑的催告书，并给予当事人几天自拆时间；第七天出具拆除违法建筑的决定书；第八天由各街镇组织力量实施强制拆除。① 在闵行区都市路一小区内，一户主在 4 层楼的屋顶上私自加盖了一层房屋，拆违部门接到举报后，曾上门予以拆除。谁料该业主不思悔改，几天后竟再次动工，而且变本加厉，趁着双休日，“一鼓作气”又建造了一层 100 平方米砖混结构的房屋。拆违人员再次到场，叫停施工，并责令业主自拆。在此过程中，执法人员在小区内又发现一户人家正在搭建阳光房，铝合金门框已经到位，玻璃还没有安装。针对违法建筑，闵行区的应对机制是六个“快”、三个“2”：快发现，快到场，快判定，快派单，快谈话，快处置。违法建筑（在建）案件接诉后，20 分钟内派发承办单位；承办单位 2 小时内到达现场，24 小时内开具催告书，7 天后未拆除的开具强制拆除决定书。② 据笔者梳理，其主要依据一是《城乡规划法》第 68 条关于“城乡规划主管部门作出责令停止建设或者限期拆除的决定后，当事人不停止建设或者逾期不拆除的，建设工程所在地县级以上地方人民政府可以责成有关部门采取查封施工现场、强制拆除等措施”的规定；二是《上海市城

① 参见顾一琼：《闵行“8 天快拆”有效遏制新增》，载《文汇报》2014 年 7 月 4 日第 5 版。

② 参见陈杰：《六个“快”三个“2”处置违法建筑》，载《新民晚报》2014 年 7 月 30 日第 A4 版。

乡规划条例》第61条关于“规划行政管理部门作出责令停止建设或者限期拆除的决定后，当事人不停止建设或者逾期不拆除的，由项目所在地区、县人民政府责令有关部门采取查封施工现场、强制拆除等措施”的规定；三是《上海市拆除违法建筑若干规定》第12条关于“对正在搭建的违法建筑，拆违实施部门应当当场责令当事人暂停施工，依照有关法律、法规进行调查取证后，以书面形式责令当事人停止建设、自行拆除，并可以采取暂扣施工工具和材料等措施；当事人拒不停止建设或者拒不拆除的，拆违实施部门应当依法立即强制拆除，并可以依法予以罚款”的规定。

第四，整合各个行政机关的行政职权并明确职责分工。上海市的积极探索发挥了各个行政机关在整治违法建筑过程中的联动作用，整合各个行政机关在查处和拆除违法建筑过程中的行政职权。在《实施意见》中，城管、公安、消防、房地产管理、土地规划以及工商、食品药品监督管理等部门既分工明晰又能够保持联动，形成集问题发现、受理、指挥、处置为一体的监督管理平台。如在上海市黄浦区，针对擅自拆除公管房屋、无证违法施工搭建房子的现象愈演愈烈，造成诸多安全隐患，也给周边居民生活带来困扰的问题，黄浦区实行联勤联治机制治理违法搭建行为。① 正如《实施意见》所言，要“进一步健全由区(县)拆违办、拆违实施部门、相关管理执法部门，以及各街道(镇)共同参与的区(县)违法建筑治理工作体系，形成条块结合、各司其职、协调治理、联动执法的违法建筑治理格局”。通过各个部门的“联合联动”，形成对违法建筑的强大威慑机制，在一定程度上有效地阻止了违法行为的蔓延，发挥了行政权在社会治理过程中的积极作用。

四、启示：法律应当如何保障行政权的有效行使

不可否认，《行政强制法》第44条关于强制拆除违法建筑的规定，对于保护违法建筑行为人的权益确实具有积极意义。但是，对于社会秩序以及公共利益的维护来说，这一规定却很有可能成为有效行使行政权的一种阻力。如果仅仅考虑违法行为人的权利，而忽视其他相关人乃至公众的权利，社会秩序或他人权利可能遭到更加严重的损害。据《新民晚报》报道，上海市某康复医院在楼顶搭建多处违法建筑，严重影响附近居民房屋的通风和采光，上海市闸北区拆违办接到举报后却仅拆除其中一小部分墙体，剩余的违法建筑至今“屹立不倒”，居民多

① 参见江跃中：《治理违法建筑多方联勤联动》，载《新民晚报》2014年7月23日第A7版。

次举报,却收效甚微。[①] 本文第二部分所列举的“在原油管道上搭建违法建筑”“高压线下搭起十多万平方米违法建筑”和“高层楼顶居然造出‘60 平方米花园’”三个案例,都说明了一个问题:如果按照《行政强制法》第 44 条所规定的程序对上述案例所涉及的违法建筑进行查处的话,不仅手续烦琐、耗时过长而且收效甚微,还可能对公共利益造成一定的危害。上海市某区拆违办主任的一席话,很能说明《行政强制法》第 44 条规定在实践中对拆违工作所造成的不利影响:“违法建筑拆不完,最大原因是新的违法建筑生生不息。根据《行政强制法》,强拆违法建筑要按法定流程进行,处理一桩违法拆除案件至少要半年。等这么久,违法建筑早就成型了,而一旦投入使用,拆除成本会直线上升。”[②]《行政强制法》的这一规定,导致拆除违法建筑工作耗时过长,拆违效率和方式明显受到影响。在上海市人大常委会的一次治理城市顽症的专题询问会议上,上海市绿化市容局负责人面对人大代表关于“高档别墅拆违究竟难在何处”“拆不了的深层次原因是什么”的发问,坦言其首要原因就是“在治理违法搭建的过程中缺乏有效的法律支撑,导致羊群效应”。[③] 在实践中甚至有人利用《行政强制法》的有关规定来实施进一步的违法行为,如“有的居民专门趁着节假日、夜晚等时段突击搭建,前一天才砌起的半堵墙,一觉醒来,发现已经修建到了房顶,其实他们就是瞅准了‘不得在夜间或法定节假日实施行政强制执行’的法律空子”[④]。这说明,建立良好的社会秩序、维护公共利益,需要有保障行政权有效行使的法律规范。

卢梭曾言:“社会秩序乃是为其他一切权利提供了基础的一项神圣权利。”[⑤]《行政强制法》第 44 条突出对公民个体权利的保护本无可厚非,然而,任何权利的保护,都应有其公认的合理范围。前已述及,如果法律过度地在个案中强调对某一特定公民权利的维护,那么势必会使本应对社会秩序和公共利益承担维护职责的行政权处于极其尴尬的境地,公众的利益和社会秩序也无法得到根本的维护。笔者所阐述的违法建筑的扩张以及拆除过程中行政职权“捉襟见肘”的情景,不正说明了这一点吗?

笔者无意通过本文对上海的《实施意见》及其实践简单地从其是否合法的角度展开批评或评论,而是要通过《实施意见》与《行政强制法》第 44 条之间的不协

---

① 参见徐驰、房浩:《医院楼顶乱建 拆违“浅尝辄止”》,载《新民晚报》2015 年 6 月 22 日第 A11 版。

② 钱蓓:《社会治理聚焦点:法治、人、创新》,载《解放日报》2014 年 7 月 17 日第 1 版。

③ 参见言莹:《别墅拆违难在哪? 执法手段太单一》,载《新闻晨报》2014 年 9 月 26 日第 A15 版。

④ 王海燕:《听执法者说拆违“难事”》,载《解放日报》2014 年 7 月 7 日第 8 版。

⑤ 〔法〕卢梭:《社会契约论》,何兆武译,商务印书馆 2003 年版,第 4 页。

调所折射出来的行政权的尴尬处境所带来的问题，来探讨法律应当如何为行政权的有效行使提供依据和保障。虽然就《行政强制法》第44条规定的立法原意而言，防止尚有争议的未得到司法救济的强制拆除得以实施，防止损害当事人的合法权益，是对行政机关强制执行一般规定的例外，体现了公平、公正要求。[①]然而，我们也应当看到，从强制拆违行政执法实践来看，违法建筑具有搭建容易、拆除困难的突出特点，尤其是违法建筑建设速度极快，如不及时处理则迅速扩张。因此，必须确保拆违程序的便捷、顺遂、及时、有效。[②] 笔者认为，一个成熟的社会，绝对不是仅仅片面强调对行政权予以控制的社会，而是要实现行政权与公民权利之间的平衡，积极发挥行政机关在维护社会秩序和公共利益方面的作用。从是否能够及时拆除违法建筑所折射出来的问题是，法律应当如何保障有效的政府治理，如何进一步为有效的政府治理提供充分的依据，从而实现保护公民权利和维护行政权有效行使之间的平衡。

第一，应当重视法律维护公共利益和公共秩序的作用。法律确实应当保护公民个体的利益，尤其是在特定的行政关系之中，法律应当通过对特定公民实体权利与程序权利的保护来实现法律的"人文关怀"。但是，如果法律一味地强调对个人利益的保护，很有可能会使公共利益与公共秩序失去应有的保护，甚至还会牺牲另一些公民的个体利益。因此，对个人利益的维护和发展有赖于对公共利益的维护与发展。[③] 就违法建筑来说，违法建设行为人的目的，就是为了多占据公共利益，而这样的行为本身就是对公共利益的一种损害，应当允许行政机关通过合理的程序尽快消除这类违法行为，及时维护公共利益，这样才是对每一个公民合法权益的真正维护和尊重。

第二，应当重视法律对维护良好社会秩序与公共利益的引领作用。法律之所以成为法律，很大程度上在于它可以借助国家的强制力来达到调节社会关系之目的；法律之所以发挥作用，就在于它能影响人们的行为方式。正因为它的有用与有效，现代各国无不将它作为公共事务的治理工具。[④] 应当承认，我们的法律在总体上对良好社会秩序的建立与公共利益的维护确实是起到了引领作用的，但个别条款的设计还需要进一步斟酌。比如，笔者所述及的《行政强制法》的相关条款，在实现良好社会秩序与公共利益的维护方面还是值得进一步商榷的。

---

① 参见乔晓阳主编：《中华人民共和国行政强制法解读》，中国法制出版社2011年版，第146页。

② 参见宋刚、贾亚强：《强制拆除违法建筑案件的司法审查》，载《人民司法》2012年第17期。

③ 参见叶必丰：《行政法的人文精神》，北京大学出版社2005年版，第108页。

④ 参见杨解君：《走向法治的缺失言说》(3)，法律出版社2014年版，第53页。

第三，必须重视法律对维护行政权作用的有效性。例如，《行政强制法》第46条第3款规定："没有行政强制执行权的行政机关应当申请人民法院强制执行。但是，当事人在法定期限内不申请行政复议或者提起行政诉讼，经催告仍不履行的，在实施行政管理过程中已经采取查封、扣押措施的行政机关，可以将查封、扣押的财物依法拍卖抵缴罚款。"这一规定看似是对行政权的保障，实质是一纸空文。因为等到当事人在法定期限内不申请行政复议或者提起行政诉讼，查封、扣押的期限早已届满。按照《行政强制法》第28条的规定，如果查封、扣押期限已经届满的话，行政机关应当及时作出解除查封、扣押决定，而且应当立即退还财物，还如何"拍卖抵缴罚款"？这样的法律条文对于保障行政权的有效行使根本无法起到任何积极作用。因此，立法应当审慎，对每一个条文都应当仔细推敲，不能使法律条文成为难以遵守的"宣言"。

第四，在立法过程中要研究和预测法律条文实施后的效果。一般而言，在实践中，立法者与执法者的沟通相对较少，在具体立法过程中更是如此。很多情况下，等到立法被通过并且付诸实施后，执法者才发现法律与现实需求之间的距离。笔者认为，在立法过程中，要建立立法者与执法者相互之间的沟通协调机制。作为立法者，不但要考虑特定相对人在执法活动中的权利，还要注重执法部门，尤其是基层执法部门，在具体执法过程中维护社会秩序和公共利益的现实需求。而作为执法者，也应当经常关注立法的动向、立法的进程和立法的内容，积极主动地为立法建言献策，向立法机关反映基层执法部门在维护公共利益和公共秩序方面的需求，从而使立法机关的立法能够在保障行政权有效行使方面起到积极的作用。

第五，法律要为行政权的有效行使提供有力保障。从《实施意见》的制定与实施可以看出政府对保障其行政效率的法律依据的迫切需求。"当政府借助于行政权积极、主动地干涉社会经济、政治和文化生活领域时，相应的法律制度设置与运作必须以确保行政权的效率为宗旨，否则政府难以完成现代行政法的任务。"[①]当然，对《实施意见》以及相关实践有必要从学理上进一步研究和商榷，但其中所折射出来的对拆违法律依据的迫切需求是值得关注的，其中所体现出来的在较为困难的法律环境之下的探索创新精神也是值得肯定的。因此，笔者认为，仅从拆除违法建筑的角度而言，应从以下四个方面完善相关法律、法规：一是《行政强制法》第44条的规定"一刀切"，未规定特殊情形下的"快速处理"，应予

① 章剑生：《现代行政法基本理论》(上卷)，法律出版社2014年版，第93页。

改进。法律应当既规定一般情况下的适用条款，也规定特殊情况之下的适用条款。基于这一要求，至少应当有“紧急情况除外”的特殊规定。二是应当明确《行政强制法》第 44 条的适用范围，应对相关法律条文中的表述作出明确界定，如违法建筑物、构筑物、设施的含义，尚未建成的房屋究竟是否为“建筑物”等，应当有明确的法律规定。三是区分法律适用的不同具体情形，以利于行政机关根据不同的情形合法地选择不同的执法方式和手段。实际上，明确行政权在法律中的适用范围和适用情形等，其目的是为了更好地推动政府机关的依法行政。四是要明确相似法律规定之间适用的界限与区别，如明确《行政强制法》第 44 条与《城乡规划法》第 64 条、第 68 条规定之间的关系以及适用的不同情形，以利于行政机关准确把握各个不同的法律之间的适用，从而保障依法行政。同时，进一步加强法律解释，使某些模糊的法律规定变得清晰，以利于行政机关在具体执法中对法律规则的准确把握。

五、结语

当社会的需求与现行法律规定发生冲突，导致行政机关难以有效地发挥作用的时候，我们是否应该一味地指责政府的不作为？而当行政机关能动地采取相关措施时，我们是否可以只是指责其行为违法或者没有法律依据了事？笔者认为，从依法行政的角度而言，能够保证行政权有效行使的，还是符合社会实际需求的法律。

《中共中央关于全面推进依法治国若干重大问题的决定》提出了深化行政执法体制改革的要求，同时进一步明确要“根据不同层级政府的事权和职能，按照减少层次、整合队伍、提高效率的原则，合理配置执法力量”，并将“提高执法效率和规范化水平”作为一项重要要求提出。中央为什么要提出这样的要求？依笔者的理解，其目的之一就在于提高行政执法的效率，保障行政权在合法的前提下得到有效的行使。在行政执法实践中，执法效率和规范化水平确实还存在一定的问题，必须通过法律的规范提升执法效率。违法建筑的问题不仅仅是“建筑”的问题，还涉及其他诸多相关问题，如治安、消防、安全生产监督、危险品管理等等。当然，除了违法建筑之外，现实中的城市治理“顽症”还包括车辆非法营运、房屋群租、无证设摊经营等，都必须通过行政权的有效行使得到及时处理。因此，中央从“深化行政执法体制改革”的角度提出“推进综合执法”“完善市县两级政府行政执法管理”“理顺行政执法体制”“理顺城管执法体制”等要求，都是在全面推进依法治国背景下对提高行政权行使效率的要求，法律应当对此有积极的回应。2015 年 6 月 18 日，上海市第十四届人民代表大会常务委员会第二十一次会议通过了《关于修改〈上海市城市管理行政执法条例〉的决定》，并于同年 7 月 15 日起实施。新《上海市城市管理行政执法条例》已经将城市管理行政执法权从市、区、县一级延伸到乡、镇和街道一级，其中第 4 条第 3 款规定："区、县城管执法部门应当在街道派驻城管执法机构，以区、县城管执法部门的名义，具体负责本区域内的城市管理行政执法工作。街道办事处应当组织协调城管执法机构在辖区内开展城市管理行政执法活动。"第 4 款规定："乡、镇人民政府负责本辖区内城市管理行政执法工作，其所属城管执法机构以乡、镇人民政府名义，具体承担本辖区内的城市管理行政执法工作，并接受区、县城管执法部门的业务指导和监督。"同时，第 31 条第 3 款规定："区、县公安机关应当确定专门力量、明确工作职责、完善联勤联动机制，在信息共享、联合执法和案件移送等方面配合本区域内城管执法机构开展行政执法工作。"上海的这一城管执法体制改革探索所反映出来的"职权下沉"和"综合执法"，是否能够保障行政权对违法行为的有效遏制，实现行政权对社会秩序的有效管理，从而提高行政效率，真正实现行政权对社会秩序和公共利益的维护，确实是一件令社会各界充满期待的事情。

第二节　非诉行政执行裁执分离模式的法律规制*

2014 年 11 月 1 日，第十二届全国人民代表大会常务委员会第十一次会议通过了《关于修改〈中华人民共和国行政诉讼法〉的决定》。修改后的新《行政诉讼法》第 97 条关于行政强制执行的规定，没有采纳有些常委会委员和最高人民法院对非诉行政执行采取裁执分离制度的建议（即由法院对行政机关的执行申请进行审查并作出执行裁定，由行政机关组织执行），而是沿袭了原《行政诉讼法》第 66 条的规定，即"公民、法人或者其他组织对具体行政行为在法定期限内不提起诉讼又不履行的，行政机关可以申请人民法院强制执行，或者依法强制执行"。其理由是，"2011 年通过的《行政强制法》已经对执行体制作出了制度安排，司法实践如果确需建立裁执分离制度，也应该通过修改《行政强制法》来进行"[1]。这一举措说明，我国非诉行政执行领域的基本制度并没有在法律上发生

---

* 原载《法学》2015 年第 5 期。

① 信春鹰主编：《中华人民共和国行政诉讼法释义》，法律出版社 2014 年版，第 256 页。

改变，目前在实践中实施的裁执分离执行模式未能在法律上得到确立。

同时，新《行政诉讼法》第 12 条第 1 款第 2 项规定，“对行政强制执行不服的”属于行政诉讼的受案范围。但权威观点认为，“本项中的行政强制执行，仅指行政机关的强制执行，不包括法院的非诉强制执行”[①]。这也说明，非诉行政执行裁执分离模式中的“政府实施行为”尚难以如同一些法官和学者所主张的那样，可以顺利地被纳入行政诉讼的受案范围。

近年来，由于《国有土地上房屋征收与补偿条例》第 28 条第 1 款的实施，由最高人民法院司法解释确定的“法院裁定，政府实施”的裁执分离模式不仅在学界被很多学者推崇，而且在实践中也被各级人民法院积极实施，成为行政强制执行领域的重大改革，引起广泛的关注。从目前趋势来看，法院对实施这一模式的热情非常高，实践中已经出现的从房屋征收补偿领域向其他行政执法领域逐步拓展的趋势，[②]很有可能会通过司法实践将其演变为非诉行政执行中的常态。然而，与此形成鲜明对比的是，2012 年 1 月 1 日开始实施的《行政强制法》没有对“法院裁定，政府实施”的裁执分离模式作出规定；同时，新《行政诉讼法》对实践中的这一探索采取了冷淡的态度。新《行政诉讼法》是在实践中裁执分离模式开展得如火如荼的时候出台的，它对这一探索所采取的态度，非常值得我们深思：裁执分离模式的法律依据究竟在哪里？法院能否对非诉行政执行的体制进行实践性探索？如果要构建裁执分离的执行模式，应当通过怎样的法治途径？这些都是在全面推进依法治国的背景下实施裁执分离模式应当思考和研究的问题。

一、我国非诉行政执行的裁执合一与裁执分离体制

我国行政机关向法院申请强制执行的制度来源于 1989 年颁布的《行政诉讼法》。该法第 66 条规定：“公民、法人或者其他组织对具体行政行为在法定期间

---

① 信春鹰主编：《中华人民共和国行政诉讼法释义》，法律出版社 2014 年版，第 38 页。

② 例如，浙江省高级人民法院于 2014 年 2 月出台《关于推进和规范全省非诉行政执行案件“裁执分离”工作的纪要（试行）》，对“裁执分离”工作中的相关问题予以明确。最高人民法院司法解释在国有土地上房屋征收补偿领域确立“裁执分离”的强制执行新机制后，浙江高院积极推动集体土地征收补偿、国土拆违、责令交出土地以及环保责令停产停业等领域的“裁执分离”。2013 年，浙江高院与省政府就国土领域推行“裁执分离”达成一致意见，浙江省委转发了省高院文件，要求全面推进“裁执分离”机制。2012 年 4 月至 2013 年 11 月，全省法院共适用“裁执分离”机制处理案件达 5165 件，内容涉及征收补偿、拆迁裁决、违法建筑拆除、环境保护等多个领域。参见余建华、孟焕良：《浙江规范非诉行政执行裁执分离》，http://www.court.cn/content/20130418000033/20140217000009.html，2015 年 3 月 26 日访问。

不提起诉讼又不履行的，行政机关可以申请人民法院强制执行，或者依法强制执行。"根据这一规定，我国行政强制执行的途径分为两类：一类是没有行政强制执行权的行政机关申请法院强制执行，另一类就是依法拥有行政强制执行权的行政机关自行强制执行。其中，向法院申请执行行政行为的制度，与行政诉讼中具有法律效力的判决的执行相对应，前者也被称为非诉行政执行，"非诉行政执行是指法院根据《行政诉讼法》第 66 条规定，依行政机关的申请，对未经诉讼审查而已生效的具体行政行为进行受理、审查和执行的活动"①。

长期以来，我国非诉行政执行制度采取的是裁执合一的体制，即根据《行政诉讼法》和最高人民法院司法解释的规定，行政机关在不拥有行政强制执行权或者行政机关与法院都依法拥有行政强制执行权的情况下，行政机关向法院申请行政强制执行，由法院行使对被申请执行的行政行为的审查权、裁定权和执行权。其依据是《行政诉讼法》第 66 条和 2000 年 3 月 8 日公布的《最高人民法院关于执行〈中华人民共和国行政诉讼法〉若干问题的解释》（以下简称《若干解释》）第 93 条的规定。而法院强制执行的方式，则依据《民事诉讼法》的规定进行。可以说，自《行政诉讼法》实施以来，我国在非诉行政执行领域，一直采取的是裁执合一的体制。总的来看，《行政诉讼法》以及《若干解释》的宗旨是，一方面尽量限缩行政机关自行强制执行的权力，另一方面尽量扩大法院强制执行的权力，以体现司法对行政的监督与制约。

裁执合一的体制受到挑战或者质疑，是缘于 2011 年 1 月《国有土地上房屋征收与补偿条例》的颁布与实施。该条例第 28 条第 1 款规定："被征收人在法定期限内不申请行政复议或者不提起行政诉讼，在补偿决定规定的期限内又不搬迁的，由作出房屋征收决定的市、县级人民政府依法申请人民法院强制执行。"这一规定改变了原《城市房屋拆迁管理条例》所规定的"行政强拆"与"司法强拆"并存的"双轨制"，明确了只能向法院申请强制执行的"司法强拆"单轨制，在全社会引起了广泛热议，被认为是《国有土地上房屋征收与补偿条例》中最引人瞩目的亮点而备受关注与赞誉。"这在法理上避免了行政机关集运动员与裁判员于一身、自己做自己的法官的悖论，将征收补偿决定置于司法监督之下，无疑是制度上一大进步"②；"意图通过司法的公平正义为房屋强拆提供一种保护性的制度

① 傅士成：《行政强制研究》，法律出版社 2001 年版，第 280 页。

② 王才亮、程国顺等：《国有土地上房屋征收与补偿条例条文释义与案例指导》，法律出版社 2011 年版，第 231 页。

设置，这无疑是法治观念与制度设计的一大进步”[①]。国务院法制办、住房城乡建设部在该条例颁布后的答记者问中也认为：“取消了原条例中行政机关自行强制拆迁的规定，规定由政府申请法院强制执行，这样也有利于加强对政府征收补偿活动的制约，促使政府加强和改进群众工作……应当说，立法者的用意是极为明确的，即希望通过将强制拆迁权交给法院来规范目前的拆迁过程中所存在的违法乱纪，甚至是犯罪行为。”[②]

然而，法院却对由其实施强制拆迁产生了强烈的畏难情绪，主要原因在于司法强拆的艰难性、复杂性，以及法院所应具有的中立地位和实际司法资源的有限性。为此，一些地方法院开始探索“法院裁定，政府实施”的裁执分离模式。例如，在《国有土地上房屋征收与补偿条例》颁布实施以后，上海市高院发布《上海市高级人民法院关于〈国有土地上房屋征收和补偿条例〉施行前已取得拆迁许可证项目所涉案件有关审判、执行工作的若干意见》，该意见第 23 条规定了“强制搬迁在法院监督下由政府部门具体实施”的体制。上海法院的这一探索得到了最高人民法院的肯定。2012 年 2 月 27 日由最高人民法院审判委员会通过并于同年 4 月 10 日起施行的《最高人民法院关于办理申请人民法院强制执行国有土地上房屋征收补偿决定案件若干问题的规定》（以下简称《强制执行征收补偿决定案件规定》）第 9 条规定：“人民法院裁定准予执行的，一般由作出征收补偿决定的市、县级人民政府组织实施，也可以由人民法院执行。”至此，曾经被公众普遍赞扬并寄予厚望的“司法强拆”模式演变为“法院裁定，政府实施”的裁执分离的执行模式。这改变了我国原有的非诉行政执行体制中，由法院统一行使强制执行权的格局。

二、由法院主导的非诉行政执行裁执分离模式探索存在明显法律缺陷

近十多年来，随着我国城市化发展的不断推进，因房屋强拆引发的各类社会问题犹如一个个不和谐的音符跳跃在城市线谱的许多角落，自焚血案和暴力抗拆等恶性事件时有发生。这些事件在当今中国社会所呈现出的高度复杂性、敏感性及影响的广泛性前所未有，而且“从目前人民法院的职能定位、人员编制等现实条件来看，人民法院的执行力量还难以满足司法强制搬迁的要求”[③]。在

① 王锡锌：《司法强拆：挑战还是机遇》，载《中国审判》2011 年第 8 期。

② 沈开举主编：《国有土地上房屋征收与补偿条例条文解读与案例评点》，中国法制出版社 2011 年版，第 223—224 页。

③ 袁曙宏主编：《行政强制法教程》，中国法制出版社 2011 年版，第 169 页。

《国有土地上房屋征收与补偿条例》实施后，“司法强拆”并未有多大改观。最高人民法院于2011年9月9日发布的《最高人民法院关于坚决防止土地征收、房屋拆迁强制执行引发恶性事件的紧急通知》（以下简称《紧急通知》）指出：“一些地方在土地征收、房屋拆迁强制执行中引发的恶性事件屡屡发生。有的被执行人以自焚、跳楼等自杀、自残方式相对抗，有的以点燃煤气罐、泼洒汽油、投掷石块等方式阻挠执行，有的聚众围攻、冲击执行人员酿成群体性事件，有的法院干警不当使用武器致人死伤等等。……上述事件虽属少数或个别，但引起的社会关注度极高，造成的社会影响极为恶劣，其中的教训也极为深刻。”《紧急通知》的发布是为了防止司法强拆过程中恶性事件的发生，同时也反映出法院在现实的执行过程中确实面临着诸多难题。特别引人关注的是，《紧急通知》首次从最高人民法院的角度提出要“积极探索‘裁执分离’即由法院审查、政府组织实施的模式”。由此可见，实践中城市房屋拆迁所产生的剧烈冲突并没有随着司法强拆取代行政强拆而有所减弱。正因为如此，最高人民法院通过“紧急通知”的方式对各级人民法院积极探索裁执分离模式明确提出要求，而且半年不到，最高人民法院就通过《强制执行征收补偿决定案件规定》这一司法解释正式确立了行政机关向法院申请强制执行征收补偿决定采取“法院裁定，政府实施”的裁执分离模式，其“紧急”程度可见一斑！

对于《强制执行征收补偿决定案件规定》所确立的裁执分离模式，最高人民法院行政审判庭法官指出，所谓裁执分离，是指作出裁决的机关（机构）与执行裁决的机关（机构）应当分离，即同一机关（机构）不能既行使裁决权又行使执行权，从而体现权力的监督与制约，防止权力的滥用侵害相对人的合法权益。“这一规定的意义在于：征收补偿决定的合法性、正当性需要受到司法机关的监督，经人民法院审查确认合法有效的，才能进入执行程序”，“明确了人民法院裁定准予执行的，一般由作出征收补偿决定的市、县级人民政府组织实施。这也是从现实可行性出发，经有关国家机关反复协商后形成的共识，符合裁执分离的司法改革基本方向”①。这一阐释虽然有其顺应实践需求的合理一面，但裁执分离模式探索中所显现出来的法律依据的缺失，却是值得重视的一个问题。

其实，多年之前，在《行政强制法》《国有土地上房屋征收与补偿条例》的制定过程中，针对我国司法实践中非诉行政执行案件的数量远远高于行政诉讼案件

① 赵大光、马永欣、王晓滨：《〈关于办理申请人民法院强制执行国有土地上房屋征收补偿决定案件若干问题的规定〉的理解与适用》，载《人民司法》2012年第11期。

和法院行政案件审判权实际上已经被非诉行政案件执行权“喧宾夺主”的现实状况，有学者主张在非诉行政执行领域建立法院审查裁定、政府具体实施的裁执分离执行模式。[①] 但是，这类探讨毕竟仅仅停留在学术研究领域，还没有进入法律制度的构建阶段。在没有法律依据的前提之下，由法院推进和探索非诉行政执行的裁执分离模式，应该说是“先天不足”。《强制执行征收补偿决定案件规定》第 9 条“人民法院裁定准予执行的，一般由作出征收补偿决定的市、县级人民政府组织实施”的规定，与我国《行政强制法》《立法法》等法律存在着诸多的不相符合之处，理应引起足够的重视。具体而言：

(1)《行政强制法》没有为裁执分离模式的实施提供依据。《行政强制法》规定了我国非诉行政执行的基本制度。其中，第 13 条规定：“行政强制执行由法律设定。法律没有规定行政机关强制执行的，作出行政决定的行政机关应当申请人民法院强制执行。”第 53 条规定：“当事人在法定期限内不申请行政复议或者提起行政诉讼，又不履行行政决定的，没有行政强制执行权的行政机关可以自期限届满之日起三个月内，依照本章规定申请人民法院强制执行。”笔者认为，《行政强制法》的上述规定，不仅没有为法院探索裁执分离模式提供法律依据，而且还明确了行政机关在不拥有法律所赋予的行政强制执行权的前提之下必须向法院申请强制执行的机制。可以说，《行政强制法》对我国长期存在的行政强制执行体制是基本肯定并予以保留的。不同的是该法进一步强化了“行政强制执行只能由法律设定”的法治原则。[②]

《行政强制法(征求意见稿)》第四稿曾经根据我国非诉行政执行的制度与实

---

① 参见余凌云:《行政强制执行理论的再思考》,载《中国人民大学学报》1998 年第 4 期；郭延军:《行政强制执行权分配首先要解决好合宪问题——〈行政强制法(草案)〉相关条文评析》,载《政治与法律》2009 年第 11 期；姜明安:《行政强制立法若干争议问题之我见》,载《法学家》2010 年第 3 期；杨建顺:《司法裁判、裁执分离与征收补偿》,载《法律适用》2011 年第 6 期；程琥:《“裁执分离”与相对集中行政强制执行权研究》,载《法律适用》2012 年第 10 期；等等。

② 《若干解释》第 87 条规定:“法律、法规没有赋予行政机关强制执行权，行政机关申请人民法院强制执行的，人民法院应当依法受理……法律、法规规定既可以由行政机关依法强制执行，也可以申请人民法院强制执行，行政机关申请人民法院强制执行的，人民法院可以依法受理。”但根据《行政强制法》的规定，只有全国人大及其常委会制定的法律才能设定行政机关的强制执行权，法律没有赋予行政机关强制执行权的，行政机关只能申请法院强制执行。可以说，《行政强制法》维持了行政机关执行和申请法院执行的体制。而且，在维持这种“双轨制”体制的同时，又明确规定“法律没有规定行政机关强制执行的，作出行政决定的行政机关应当申请人民法院强制执行”。反言之，如果法律规定行政机关有强制执行权，行政机关就不得申请人民法院强制执行。该规定改变了《若干问题解释》中“法律、法规”作为行政强制执行依据和“法律、法规规定既可以由行政机关依法强制执行，也可以申请人民法院强制执行，行政机关申请人民法院强制执行的，人民法院可以依法受理”的规定。这是《行政强制法》对我国现行行政强制执行制度作出的调整，事实上也扩大了申请法院强制执行的行政行为范围。

践，就申请法院强制执行的案件，统一实行审查权与执行实施权合一的模式，即审查权和实施权均由法院行使。但2011年6月30日颁布的《行政强制法》删除了第四稿中的相关规定，对于"裁执合一"还是"裁执分离"未作规定。对此，《全国人民代表大会法律委员会关于〈中华人民共和国行政强制法（草案）〉审议结果的报告》（以下简称《〈行政强制法（草案）〉审议报告》的解释是，草案四次审议稿第60条规定："行政机关向人民法院申请强制执行的案件，裁定执行的，由人民法院执行。"最高人民法院提出，实践中向人民法院申请强制执行的案件，除依照现行体制由法院审查裁定并执行外，还正在探索将有的案件原来由行政机关强制执行或者申请人民法院强制执行的双轨制，改为均需由行政机关申请人民法院强制执行的单轨制；法院审查裁定执行的，由行政机关组织实施，建议《行政强制法》对此予以体现。全国人大法律委员会同最高人民法院、国务院法制办公室研究后认为，考虑到这种执行方式尚在改革探索阶段，草案对具体执行方式可不作规定，为法院探索改革执行方式留有空间。因此，建议删去草案四次审议稿中的相关规定。[①] 有学者由此认为这就是法律允许法院探索裁执分离模式的依据所在，并认为最终公布的《行政强制法》第53条虽规定了行政机关申请法院执行的体制，但并未规定法院审查裁定后的具体执行方式，之后《强制执行征收补偿决定案件规定》规定了裁执分离的执行模式，正是《行政强制法》立法原意的具体化。[②] 笔者认为，这一观点与职权法定的法律原则不符。无论是法院，还是行政机关，其职权的分配与行使都必须有明确的法律依据。《行政强制法》最终未作出明确规定，这说明立法对裁执分离的执行模式并没有明确地肯定。

为什么《行政强制法》最终没有对非诉行政执行的方式进行明确规定？"其最大的争议焦点便是有关权力尤其是行政权力与司法权力的配置问题。"[③]"立法者的这种审慎态度，表明了其对行政强制权违法侵害私人合法权益的担忧，也反映出行政强制领域所涉及利害关系人的复杂性，相关立法须继续'攻坚'。"[④]既然立法还必须继续"攻坚"，就不能将其作为法律上的最终定论来看待。因此，《行政强制法》删除了草案四次审议稿中"行政机关向人民法院申请强制执行的案件，裁定执行的，由人民法院执行"的内容，并不表示该法律已经授权最高人民

---

① 参见《全国人民代表大会法律委员会关于〈中华人民共和国行政强制法（草案）〉审议结果的报告》，载信春鹰主编：《中华人民共和国行政强制法释义》，法律出版社2011年版，第275—276页。

② 参见王华伟：《试论非诉行政执行体制之改造》，载《政治与法律》2014年第9期。

③ 杨建顺：《司法裁判、裁执分离与征收补偿》，载《法律适用》2011年第6期。

④ 孙乾：《行政强制法草案四次审议未通过》，载《京华时报》2011年4月23日。

法院甚至地方法院可以对强制执行的具体实施进行“自由探索”。笔者甚至认为，立法不作规定，一是默认了原有非诉行政执行制度的延续性和有效性，是维护原有制度稳定性的一个举措，尤其是在新模式的理论探索与实践准备都不够充分的时候；二是便于今后其他法律根据特殊需要对具体执行方式作不同于现行制度的具体规定，而并非是对目前申请法院行政强制执行制度实施过程中法院实施裁执分离模式的法律授权。

至于“为法院探索改革执行方式留有空间”，则是有特指对象的。经仔细研读《〈行政强制法(草案)〉审议报告》，笔者发现最高人民法院提出要探索的，是将既可以由行政机关自己强制执行，也可以申请法院强制执行的“双轨制”类型案件，[①]“改为均需由行政机关申请人民法院强制执行的单轨制，法院审查裁定执行的，由行政机关组织实施”，其他非诉行政执行则不属于最高人民法院的探索之列。因此，将这一段话作为最高人民法院对强制执行征收补偿决定案件以及在更广泛的范围内实施裁执分离模式的法律依据，明显张冠李戴。而在没有明确法律依据的情况下，最高人民法院通过司法解释将我国原有的非诉强制执行制度中的具体职权加以分解，将“司法强拆”的实施权通过司法解释分配给行政机关，不仅不符合法律，也难以在法理上成立。“若果真由人民法院以司法解释的形式对行政强制执行的具体实施问题作出安排的话，在理论上将会形成一个悖论——司法机关为行政机关设定职权。……由司法解释来作行政强制执行的具体制度安排，总体来说是讲不通的。”[②]

(2)《行政强制法》明确了法院在非诉行政执行中的职权与责任。《行政强制法》不但没有为裁执分离模式的实施提供依据，而且还通过一系列规定，明确了法院在非诉行政执行中的职权与责任。因此，可以说，这一法律并没有改变我国长期存在的非诉行政执行的体制。

第一，《行政强制法》为法院非诉行政执行规定了责任机制。《行政强制法》第 8 条第 2 款规定：“公民、法人或者其他组织因人民法院在强制执行中有违法行为或者扩大强制执行范围受到损害的，有权依法要求赔偿。”同时，第 67 条也作了相关规定：“人民法院及其工作人员在强制执行中有违法行为或者扩大强制执行范围的，对直接负责的主管人员和其他直接责任人员依法给予处分。”从字

---

① 我国确实存在这样的“双轨制”行政强制执行体制，如《税收征收管理法》第 88 条第 3 款规定：“当事人对税务机关的处罚决定逾期不申请行政复议也不向人民法院起诉、又不履行的，作出处罚决定的税务机关可以采取本法第四十条规定的强制执行措施，或者申请人民法院强制执行。”

② 杨建顺：《行政强制法 18 讲》，中国法制出版社 2011 年版，第 135 页。

里行间可以看出，法条的规定都是针对"人民法院"这一特定主体，以及"在强制执行中"这一特定情形。从这一责任机制的确立，可以非常明确地看出《行政强制法》是将法院作为非诉强制执行的主体来看待的；否则，法院在行政强制执行中责任机制的确立将丧失基础。

第二，从《行政强制法》的其他规定中也可看出非诉行政执行制度中强制执行权的主体为法院。如《行政强制法》第 59 条规定："因情况紧急，为保障公共安全，行政机关可以申请人民法院立即执行。经人民法院院长批准，人民法院应当自作出执行裁定之日起五日内执行。"第 60 条规定："行政机关申请人民法院强制执行，不缴纳申请费。强制执行的费用由被执行人承担。人民法院以划拨、拍卖方式强制执行的，可以在划拨、拍卖后将强制执行的费用扣除。依法拍卖财物，由人民法院委托拍卖机构依照《中华人民共和国拍卖法》的规定办理。划拨的存款、汇款以及拍卖和依法处理所得的款项应当上缴国库或者划入财政专户，不得以任何形式截留、私分或者变相私分。"从上述规定可以明显读出"申请法院强制执行制度中强制执行权的职权主体为人民法院，而不是行政机关"的含义。上述规定也为"司法实践如果确需建立裁执分离制度，也应该通过修改《行政强制法》来进行"的定论提供了法律依据。

(3) 国务院和最高人民法院均不宜对行政强制执行的职权作出规定。依据《行政强制法》第 13 条和第 53 条的规定，行政强制执行应当由法律设定。司法强制拆迁的本质是一种行政强制执行行为，对于该执行制度的设定应当符合《行政强制法》的原则与精神，由法律设定。由于《国有土地上房屋征收与补偿条例》出台于《行政强制法》之前，《行政强制法》颁布并实施以后，该条例第 28 条第 1 款关于司法强拆的内容就应当依照《行政强制法》第 13 条、第 53 条的规定执行。另外，《国有土地上房屋征收与补偿条例》第 28 条第 1 款还与《立法法》的相关规定相抵触。《立法法》第 8 条规定："下列事项只能制定法律：……（二）各级人民代表大会、人民政府、人民法院和人民检察院的产生、组织和职权……"可以说，《行政强制法》第 13 条的规定，是对《立法法》所确立的法律保留原则在行政强制执行领域的具体肯定。应当承认，要求法院履行行政强制执行的职责，实际上是给作为司法机关的法院配置了一项职权，而作为国务院行政法规的《国有土地上房屋征收与补偿条例》是根本不应具有这一权限的。

同样，作为司法机关的最高人民法院，也不能够以司法解释的形式对法院的强制执行作出不同于法律的规定，并且为行政机关设定义务。依据《立法法》第 104 条第 1 款"最高人民法院、最高人民检察院作出的属于审判、检察工作中具体应用法律的解释，应当主要针对具体的法律条文，并符合立法的目的、原则和原意”的规定，司法解释的功能在于对法律的某一具体条文在应用中的问题进行解释，而不是创造某一个制度。根据《立法法》第8条的规定，最高人民法院并不具有运用司法解释创制或者分解一种行政强制执行职权并对其进行重新分配的权力，因为不仅法院或者行政机关的非诉强制执行本身属于一种应当由法律设定的职权，而且从《立法法》的角度而言，作为市、县人民政府的职权，也应当由法律规定。因此，最高人民法院以《强制执行征收补偿决定案件规定》这类司法解释的形式，规定“人民法院裁定准予执行的，一般由作出征收补偿决定的市、县级人民政府组织实施”，其实就是在法律之外为政府设定了一项职权，与《立法法》的规定明显不一致。最高人民法院在此之前用连司法解释都不是的《紧急通知》要求各级人民法院积极探索裁执分离模式，更是与法不符。

因此，从我国《行政强制法》中难以找出法院探索裁执分离模式的法律依据，最高人民法院通过司法解释及司法文件的形式为市、县级政府设定非诉行政执行的实施职权，也与《立法法》法律保留原则的规定相违背。因为涉及行政权与司法权权限分配的问题，所以只能由全国人大及其常委会以法律的形式加以规定。这是我们建立法治国家应当具有的共识。

三、裁执分离模式中“政府实施”行为纳入行政诉讼受案范围的法律障碍

在《行政诉讼法》的修改过程中，有学者对行政强制执行的规定提出修改意见，其主要观点是对裁执分离模式从制度的角度作出规定，即法院只负责审查非诉行政行为，并在司法审查的基础上作出裁定或决定，余下的具体强制执行的组织实施活动，可交由特定的行政机关负责。① 然而，新《行政诉讼法》并没有采纳这一观点。因此，《行政强制法》对非诉行政执行所作的制度安排，仍然是今后法院和行政机关进行非诉行政执行的重要依据。

与此相关的一个值得探讨的重要问题，就是裁执分离模式中“政府实施”行为是否可诉的问题。最高人民法院在《强制执行征收补偿决定案件规定》公布后发布《最高人民法院关于认真贯彻执行〈关于办理申请人民法院强制执行国有土地上房屋征收补偿决定案件若干问题的规定〉的通知》，要求“对被执行人及利害关系人认为强制执行过程中具体行政行为违法而提起的行政诉讼或者行政赔偿

---

① 参见应松年主编:《行政诉讼法与行政复议法的修改与完善》，中国政法大学出版社2013年版，第131页。

诉讼,应当依法受理”。有学者认为,行政机关实施强制拆迁,有利于对强制执行的司法监督和事后救济。由于法院对非诉行政执行过程的审查不像诉讼案件那样严密,同时在执行过程中还暴露出一些新问题(如执行范围、执行对象错误等)。因此,由行政机关实施强制拆迁,法院就可能有机会及时审查和纠正强制执行中发现的违法性问题,为当事人提供必要的司法救济。但是,如果由法院直接执行,就可能少了许多发现问题以及为被征收人和其他相关人员提供司法救济的机会。[①] 依此观点,似乎是由于司法救济的方便,而故意将应由法院实施的执行行为让给政府实施,从而使该执行行为成为一个“行政行为”。至于“法院应市、县级人民政府的申请经审查作出的裁决的过程,只是发出一个通行证,而不是接过一根接力棒”。[②] 因此,如此改革的好处之一就是,当事人对“政府实施”的行政行为不服,可以提起行政诉讼,对保障当事人的合法权益有利。笔者认为,这一观点从探讨角度而言有其积极的一面,但在目前尚无明确法律依据的前提之下,值得进一步商榷。

首先,它与我国长期以来非诉行政执行的“司法权论”或“司法行为论”不一致。前已述及,长期以来,在非诉行政执行领域,无论是执行的裁定权,还是执行的实施权,其主体都是法院,一直到裁执分离模式被提出并被实施后。一个很有说服力的例证是,南京市中级人民法院于 2012 年 2 月 28 日成立专司行政诉讼案件执行和非诉行政案件执行的行政案件执行局,以应对《行政强制法》和《国有土地上房屋征收与补偿条例》实施以后“人民法院职能的拓展与延伸”。[③] 与此相适应的是,由于非诉行政执行一直由人民法院作为执行主体,权威的学术观点也一直将这项行政强制执行权视为一种司法权,或者司法程序中的制度,如“广义的行政强制执行则包括人民法院依行政机关的申请,强制执行行政机关的决定。人民法院实施的强制执行属于司法强制执行,是司法程序中的一种制度”[④];“强制执行行为在行政机关依法自行强制执行时,当然可以称为行政行为或具体行政行为,但在申请人民法院强制执行,经法院审查同意,下令强制执行时,它就是司法强制,不应再称为行政行为或具体行政行为”[⑤]。这种观点正是

① 参见王晓滨:《浅议国有土地上房屋征收中的强制执行实施权》,载最高人民法院行政审判庭编:《行政执法与行政审判》(2011 年第 2 集),中国法制出版社 2011 年版,第 100 页。

② 同上书,第 104 页。

③ 参见丁国锋、王磊磊:《全国首个行政案件执行局成立缘由》,载《法制日报》2012 年 3 月 1 日。

④ 张尚鷟主编:《行政法学》,北京大学出版社 1990 年版,第 232 页。

⑤ 应松年:《论行政强制执行》,载《中国法学》1998 年第 3 期。

当时我国非诉行政执行制度中法院裁执合一状况在理论上的一种反映，而“法院裁定，政府实施”的裁执分离模式则是对非诉行政执行体制的重大改变。权威学者目前也积极主张采取裁执分离模式，并对政府实施行为的性质展开分析，“根据裁执分离原则，对于行政决定的强制执行的操作，可以仍由行政机关承担，毕竟从实质上说，具体实施是一种行政行为”①。从学术角度而言，这样的探讨很有意义，但它毕竟是一种学术探讨，并没有制度上的约束力。况且，从认为法院的非诉执行是一种司法行为，到可以将其中的执行实施行为分解为政府的行政行为，其中的跨度太大，不但在理论上缺乏足够的论证和研究，而且也没有在制度上最终获得确认。因此，将其纳入行政诉讼范围为时过早。

其次，将非诉行政执行权进行分解没有法律依据，从而也决定了将“政府实施”行为纳入行政诉讼受案范围没有依据。裁执分离模式的理论依据是将强制执行权分为强制执行的裁决权和实施权两部分。其中，强制执行的裁决权属于司法性质的判断，由人民法院行使，而实施权不涉及判断的问题，应交由行政机关行使。“政府组织实施的行为系执行征收补偿决定的具体行政行为。……通过法院作出的是‘准予’或者‘不准予’执行征收补偿决定的裁定形式来看，法院依申请进行非诉审查后，只是进一步肯定征收补偿决定的强制执行效力。因此，政府组织实施的行为和一般的具体行政行为无异。如果被征收人认为政府组织实施的执行行为侵害其合法权益，仍然可以向人民法院提起行政诉讼或者国家赔偿请求。”②我们姑且不论这种将行政强制执行权进行分解仅仅是由最高人民法院通过司法解释所推行的探索性行为，至今也没有法律依据作为支撑，单是从政府实施行为本身来看，虽然该行为是以法院对基础行政行为已经审查后的裁定为前提的，但是将其与直接依据法律、法规作出的行政行为同等看待，在法理上也难以讲通。如果将没有法律依据，仅仅由司法解释作为依据的“行政行为”纳入行政诉讼范围，无论是政府还是法院都会处于非常尴尬的境地。试想，如果法院经过行政诉讼审理的结果与法院准予执行的裁定不一致，将如何处理？如果当事人以法院准予执行的裁定违法而对政府的实施行为提起行政诉讼，法院是否受理？如果受理又将如何审判？法院审查的依据是之前法院自己的裁定，还是法律、法规？如果是法律、法规，它们在哪里？这些都是非常现实的法律问题，在没有充分的理论论证乃至制度建设之前，就说可以被提起行政诉讼，而且

① 应松年：《行政强制立法的几个问题》，载《法学家》2006年第3期。

② 陈希国：《“裁执分离”模式中政府行为的性质辨析》，载《人民法院报》2014年4月23日。

还被付诸实践,[①]笔者认为不够慎重。另外,将法院的裁定仅仅视为一种"许可"或"通行证",同样没有相应的法律依据作为支撑,就目前而言,这充其量是一种探讨性质的观点。

最后,将"政府实施"行为纳入行政诉讼,缺乏司法审查的标准和要素。一个行政行为所涉及的职权、事实、程序等方面的问题,我们称之为"审查要素";而对这些方面是否合法的审查依据和尺度,则被称为"审查标准"。"审查要素"和"审查标准"是从法院的角度来说的,从行政行为合法要件的角度来说,也可以分别将其称为"合法要素"和"合法标准"。[②] 裁执分离中的政府实施行为如果可以被提起行政诉讼,根据《行政诉讼法》的规定,其审查标准是:主要证据是否充分、适用法律法规是否正确、是否违反法定程序、是否超越职权、是否滥用职权、是否明显不当。但法院要完成这样的司法审查,其前提是法律首先要确定这一类行政行为的合法标准。如对于行政处罚行为,《行政处罚法》以及其他涉及行政处罚行为的法律、法规和规章在相应的立法中都确定了其合法的标准,这样法院在行政诉讼中就具有了明确的审查标准。但是,如果将裁执分离模式中的政府实施行为起诉到法院,法院将如何审查政府这一行为的职权依据?难道仅仅根据最高人民法院的司法解释或者法院准予执行的裁定?同样,对于政府实施行为,至今没有任何程序规则,法院又如何判断其程序的合法性?因此,对于政府来说,其所实施的强制执行行为没有合法的行为标准;对于实施司法审查的法院来说,缺乏审查标准。如果没有法定标准,法院将如何进行行政行为的合法性审查?所以,目前将裁执分离中的政府实施行为作为一种可以被提起行政诉讼的行政行为进行探讨,确实因缺乏前提条件而显得不够成熟。由此可见,将裁执分离模式中的政府实施行为纳入行政诉讼范围,从目前的实践来说仅仅是法院的"一厢情愿",并没有明确的法律依据。正因为如此,权威观点指出的"行政强制执行,仅指行政机关的强制执行,不包括法院的非诉强制执行",应当说是明智和慎重的。

四、建立非诉行政执行裁执分离制度的法治化路径

虽然本文主要的观点是,在我国目前的体制之下,最高人民法院作为司法机

---

① 上海已出现区人民政府按照裁执分离模式实施法院的强制拆迁裁定而被提起行政附带赔偿诉讼并被法院受理的案件。参见顾文剑、陆兵:《七旬夫妇状告闵行区政府索赔 2 亿 激辩强迁是否合法》,载《东方早报》2013 年 12 月 12 日。

② 参见何海波:《行政诉讼法》,法律出版社 2011 年版,第 246 页。

关根本无权对非诉强制执行的体制和职权进行改变，裁执分离模式的实施缺乏相应的法律依据，但是若从现实需要和制度创新角度而言，进行这样的探索还是具有积极意义的。只是其规范主体应该是全国人大常委会，而不是最高人民法院。因此，应当通过法律的途径去实现这一改革。

（一）非诉行政执行裁执分离模式的客观评价

1．司法强拆确实使法院陷入困境。《国有土地上房屋征收与补偿条例》第28条第1款规定的“司法强拆”模式的实施，确实给法院的正常工作带来了一定的冲击。“让本来应当居间裁判的法院具体实施行政性质的强制执行，很有可能会把行政强制拆迁所引发的争议、矛盾和利益冲突转移到法院，法院作为权利救济的最后一道屏障的地位和作用便难免受到质疑，司法的权威亦将难以维护。并且，申请人民法院强制执行，在人民法院裁定予以执行的情况下，由人民法院负责行政强制执行的具体实施，在业务量上将大大增加法院的压力，使得法院不堪重负……这一制度架构使得全国各级人民法院处于极其被动难堪的境地。”[①]这一评价非常中肯。房屋拆迁直接影响到被拆迁人的重大利益，又与地方政府的政绩、财政收入等紧密相连，具有矛盾冲突激烈、化解难度较大、不当干预突出、群体抵抗普遍等特点。这对于法院来说确实是一道难题。最高人民法院自2011年9月发布规范“司法强拆”的《紧急通知》后不到1年，2012年6月又再次发布《最高人民法院关于严格执行法律法规和司法解释依法妥善办理征收拆迁案件的通知》，该通知指出，“今春以来，一些地区违法征收拆迁的恶性事件又屡有发生，并呈上升势头”，要求各级人民法院“严把立案、审查、执行关，切实体现‘裁执分离’的原则，不得与地方政府搞联合执行、委托执行”。由此可见法院受“司法强拆”困扰程度之严重！

2．由法院实施强制拆迁乃至其他执行确实不符合其应有的法律定位。“司法强拆”模式的确定，事实上将大部分的拆迁矛盾与风险转移给了法院，将本应为中立者的法院推向了对抗剧烈、矛盾尖锐的第一线。在多重阻力和冲突下，法院可能或者已经承担了难以想象的拆迁压力。依据宪法，法院是国家的审判机关，主要承担的是审判职能，执行相对而言只是附带性的权力，并不属于法院的主要职权。同时，司法的权威也主要是通过审判职能来实现的，而不是通过强制执行行政机关的行政行为甚至通过“司法强拆”来实现的。因此，当强制拆迁执行案件大量涌入法院时，法院的力不从心确在情理之中。从这一点而言，《国有

① 杨建顺：《行政强制法18讲》，中国法制出版社2011年版，第149页。

土地上房屋征收与补偿条例》规定的“司法强拆”既不够科学，也不够合法，甚至也不合情理。当然，该条例的这一规定，一方面是基于实现房屋拆迁领域公平正义的良好初衷，另一方面也是我国长期以来行政强制执行制度实行“以申请法院执行为主，以行政机关自己执行为辅”模式影响的结果。实际上法院在这样的困难情况下，也难以真正实现其应有的司法审判功能。进一步而言，若由法院来组织实施行政机关所作的行政决定，实际上是变相地将法院转变为行政机关最大的执行机构。这不仅不符合宪法对于法院的职能定位，也有悖于法律(尤其是包括《行政诉讼法》在内的各种诉讼法)对其职权的赋予。根据最高人民法院的统计，近几年来，全国法院每年受理的申请非诉行政执行案件在 30 万件以上，是行政诉讼案件的好几倍。[①] 从这一角度来说，裁执分离模式的提出，对于从宪法和法律角度确定法院应有的审判者地位，保持法院以裁判权为主是有积极意义的。因此，笔者并不反对在非诉行政执行领域积极探索裁执分离的强制执行模式，反而认为这对于创新我国非诉行政执行制度有一定积极意义。然而，这一模式或者说制度应当如何创建，尤其是其构建与实施如何在法律的框架内进行，则是值得研究的重要问题。

（二）非诉行政执行裁执分离模式的确立应当循法而行

笔者认为，非诉行政执行领域裁执分离模式的建立，应当在法律的框架内实行。笔者在前面的论述中已经阐明，无论是强制执行的裁定权，还是实施权，都属于强制执行权的范畴。依据《行政强制法》第 13 条第 1 款“行政强制执行由法律设定”以及《立法法》第 8 条关于人民政府职权的确定“只能制定法律”的规定，应当通过制定或者修改相应的法律来解决非诉行政执行领域裁执分离模式的制度建构问题。通过这一建构，实现对非诉行政执行裁执分离模式的法律规制。

1. 必须完善裁执分离模式的法律依据。笔者之所以在前面的论述中对最高人民法院主导非诉行政执行的裁执分离模式有不同意见，关键在于该模式在没有任何法律依据的前提下就付诸实践，违背了司法权和行政权都必须有明确的法律依据的原则，而且在法律依据阙如的情况下还规定其中的“政府实施”行为可以被提起行政诉讼，是不够慎重和严肃的。裁执分离模式的提出与实施是对我国长期以来实行的行政强制执行制度的一个重大改变，不能由司法机关一锤定音，而应当根据《行政强制法》的规定，由法律来确定。虽然最高人民法院在起草《法院强制执行征收补偿决定案件规定》时，“多次征求全国人大常委会法工

① 参见信春鹰:《我国的行政强制法律制度》，载《中国人大》2005 年第 9 期。

委、国务院法制办、本院内设部门和下级人民法院的意见，得到了各有关部门的大力支持和帮助”[①]，这一司法解释也已经依据《各级人民代表大会常务委员会监督法》第 31 条关于“最高人民法院、最高人民检察院作出的属于审判、检察工作中具体应用法律的解释，应当自公布之日起三十日内报全国人民代表大会常务委员会备案”的规定，办理了备案手续，但是它毕竟“属于审判工作中具体应用法律的解释”，并不具备在法律之外或者法律没有明文规定的情形下分配行政职权的职能。因此，当务之急是尽快通过法律依据的完善使裁执分离模式符合《行政强制法》第 13 条第 1 款“行政强制执行由法律设定”以及《立法法》第 8 条关于人民政府职权的确定“只能制定法律”的规定。

2. 如果要将非诉行政执行权分为裁定权与实施权，也应当由法律决定，不能由司法机关决定。笔者建议，应当由全国人大常委会为主导，引导行政法学界的专家学者以及司法机关的法官等对政府实施行为的法律性质进行充分的研究和论证，在充分研究和论证的基础上形成相应的立法征求意见稿，在向社会征求意见的基础上形成立法草案，供全国人大常委会审议。法律可以规定强制执行的裁定权和实施权分离，并且规定裁定权属于司法权，由人民法院行使；强制执行的实施权属于行政权，由行政机关行使。可以说，在法律制度中明确司法裁定行为与政府实施行为的法律性质是保证这一制度顺利实施的重要环节。

3. 可以通过渐进的方式逐步实现非诉行政执行的裁执分离。笔者认为，裁执分离模式的逐步实现，可以从三个方面推进：(1) 在目前状态下，鉴于《强制执行征收补偿决定案件规定》第 9 条规定了“人民法院裁定准予执行的，一般由作出征收补偿决定的市、县级人民政府组织实施”，而且已经付诸实施。因此，笔者建议全国人大常委会在充分研究和论证的基础上，根据《立法法》第 9 条关于“本法第 8 条规定的事项尚未制定法律的，全国人民代表大会及其常务委员会有权作出决定，授权国务院可以根据实际需要，对其中的部分事项先制定行政法规，但是有关犯罪和刑罚、对公民政治权利的剥夺和限制人身自由的行政强制措施和处罚、司法制度等事项除外”的规定，授权国务院修改《国有土地上房屋征收与补偿条例》，对国有土地上征收补偿领域裁执分离模式中的政府实施行为作出规定，以明确市、县政府对法院裁定进行具体实施的职权与程序，解决实践中没有法律依据的燃眉之急。除此之外，授权以及授权以后该制度的实施必须符合

---

① 赵大光、马永欣、王晓滨：《〈关于办理申请人民法院强制执行国有土地上房屋征收补偿决定案件若干问题的规定〉的理解与适用》，载《人民司法》2012 年第 11 期。

2015 年 3 月 15 日修改后增加的《立法法》第 10 条、第 12 条的规定。(2) 全国人大常委会授权国务院修改《国有土地上房屋征收与补偿条例》明确政府实施行为的规定，在国有土地上征收补偿领域实施一段时间后，依照《立法法》第 10 条第 2 款关于"授权的期限不得超过五年"的规定，在授权期限届满后，如果认为在国有土地上房屋征收补偿领域要继续实施裁执分离模式，应当依据《立法法》第 11 条关于"授权立法事项，经过实践检验，制定法律的条件成熟时，由全国人民代表大会及其常务委员会及时制定法律"的规定，制定《国有土地上房屋征收与补偿法》，从而使法院和政府机关在国有土地上房屋征收与补偿领域实施裁执分离模式有明确的法律依据。(3) 如果全国人大常委会认为还必须在国有土地上房屋征收补偿领域之外的其他领域继续推广裁执分离模式，则应当通过修改《行政强制法》第五章"申请人民法院强制执行"部分，来实现非诉行政执行的裁执分离模式在较广泛的范围内得到法律明确确立的问题。

4. 法律应当细化非诉行政执行裁执分离模式合法的标准。在对裁执分离模式进行立法规范的过程中，应当细化其合法标准。尤其是对政府实施行为，应当明确其主体资格、职权依据、程序依据、实施标准等。由于裁执分离模式是最高人民法院通过司法解释确立的一种探索性质的实践，根据其"一般由作出征收补偿决定的市、县级人民政府组织实施"的规定无法确定准确的实施行为合法的标准，因此必须通过具体的法律来规定。(1) 明确政府实施行为的主体与职权。由谁实施、在什么权限范围内实施，是政府实施行为合法的首要问题。以国有土地上房屋征收补偿为例，如果继续由市、县人民政府作为实施主体，那么对其权限范围应当作明确的规定。(2) 明确政府实施行为的法定程序。目前，对政府实施法院的执行裁定究竟依照什么样的程序进行，并没有任何法律规定。如果按照《行政强制法》第四章所规定的"行政机关强制执行程序"进行，明显属于错误的选择。因此，对于政府实施行为的方式、方法、顺序与步骤的程序规则，法律应当作出明确的规定，以避免政府在程序方面缺乏规则而导致行为的恣意。(3) 明确政府实施行为的实施标准，避免由于政府行为的违法与不当而对公民权利造成侵犯。确定合法标准对于依法规范非诉行政执行的裁执分离意义重大。因为"对行政机关缺乏真正意义上的制定法控制，会使公民失去用以对抗行政权滥用的有效保障；立法机关无法对所有行政行为实施持续的监督；法院在缺少具有引导作用的立法指令的情况下，就没有可以用来衡量行政权力主张的标准”[①]。同时，如果要将政府实施行为单纯地视为一种根据行政决定而实施的行政行为的话，还必须明确法院准予执行裁定的性质以及在执行中的法律地位。同时，即使要通过行政诉讼解决在具体实施过程中的争议，也必须通过明确裁执分离模式的合法标准来解决今后将其纳入行政诉讼受案范围后法院对其进行司法审查的审查标准问题。

五、结语

《中共中央关于全面推进依法治国若干重大问题的决定》要求“完善司法体制，推动实行审判权和执行权相分离的体制改革试点”。应当说，非诉行政执行制度中裁执分离模式的提出是符合这一要求的，尽管它是最高人民法院以司法解释和司法文件的形式提出并被付诸实施的。目前的任务是针对实践中实施的情况进行总结，尽快使这一尚没有法律依据的探索合法化，使其成为法律规范之下的一个制度。毕竟，包括裁执分离模式的探索在内的改革都必须在法律的框架内进行，这是实现依法治国的一个重要环节。可以说，这正是笔者通过本文探讨裁执分离模式存在的法律问题的根本目的。

① 〔美〕理查德·B. 斯图尔特：《美国行政法的重构》，沈岿译，商务印书馆 2002 年版，第 7 页。

第八章

行政征收与行政协议相关问题研究

第一节 不合理的行政收费应当彻底革除*

——从个体工商户管理费等行政收费被停征说起

2008年8月，财政部、国家发改委、国家工商总局联合发出通知，决定从2008年9月1日开始，全国统一停止征收个体工商户的管理费和集贸市场管理费。国家对个体工商户征收管理费和集贸市场管理费源于20世纪80年代，至今已有二十余年。对此举措，财政部表示，停征个体工商户管理费和集贸市场管理费，有利于减轻个体工商户和私营企业负担，实现市场经营主体公平竞争，促进个体、私营等非公有制经济持续健康发展；有利于加强和改进工商行政管理，促进工商行政管理部门依法行政和公正执法。① 此前，上海市宣布自2008年7月1日起取消和停收148项行政收费。② 杭州市政府也宣布自2008年9月1日起在全市范围内暂停征收152项行政收费。③ 在我国，政府的行政收费过多过滥，很多项目在收费依据上缺乏合法性是一个不争的事实。因此，以此为契机，探究政府在行政收费方面的行政法问题，进而从当代政府职能的角度进行必要的分析，就有着十分重要的现实意义。

---

* 原载《法学》2008年第9期。

① 参见罗沙、韩洁：《个体工商户管理费和集贸市场管理费9月1日起停征》，载《法制日报》2008年8月23日第3版。

② 参见张晓鸣：《上海市政府取消和停止征收148项行政事业性收费》，http://www.gov.cn/gzdt/2008-06/05/content-1006264.htm，2008年8月23日访问。

③ 参见《杭州暂停征收152项行政事业性收费》，载《资料信息》2008年第10期。

一、政府行政收费的合法性屡遭质疑

近年来,社会公众质疑政府行政收费不合理、不合法的呼声不绝于耳。

事例一:由"天价滞纳金"引发的"养路费风波"。2006 年 7 月,郑州市交通规费稽查处查获一辆小吊车,发现该车已超过报废期限,而且在 1992 年购车后就从来没有缴过任何交通规费。根据征稽收费标准,该吊车从 2003 年 2 月 1 日至查获之日,应缴纳养路费本金 59040 元、滞纳金 389894 元、罚款 177120 元,还应缴附加费本金 22960 元、滞纳金 75813 元以及运管费本金 7872 元、滞纳金 25993 元、罚款 1000 元,共计约 76 万元,这还不包括对报废车辆上路处以 3 倍漏税额的罚款。车主对这个"天价账单"不能接受。稽查人员的解释是,滞纳金是按照日率 1%计算,完全是依法征收。该车的滞纳金达到 49 万元,一举打破了最高 40 万元滞纳金的纪录。2006 年 7 月 5 日,郑州市交通规费征稽处向社会公布了 17 家欠费大户名单。在 17 家欠费大户中,河南某公司一辆载重为 15 吨的自卸货车成了欠费"冠军"。该车从 2002 年 3 月 1 日起欠费,截至 2006 年 6 月 30 日,共计欠费 78 万余元,其中滞纳金 40 万元。这一有关养路费及其滞纳金的征收,引起了社会公众广泛的质疑。[①] 同时,不但有关养路费的"天价滞纳金"引发争论,就连征收养路费本身,也被认为是一种违法行为。因认为路政局征收养路费的行为违法,律师宋成军于 2006 年 10 月一纸诉状将北京市路政局告上了法庭,要求路政局退还对其征收的养路费及滞纳金。[②] 2006 年 11 月 23 日,全国人大常委会法制工作委员会、国务院法制办公室负责人就交通税费改革进展和公路养路费的征收等问题答记者问,称:"在燃油税没有出台前,按现行规定征收养路费,符合法律规定。"[③]然而,这一风波并未因此而完全平息。2007 年 7 月 28 日,由于北京市第十二届人大常委会表决通过的《北京市公路条例》加大了对欠缴养路费车主的处罚,强化了对养路费的征收,律师周泽向全国人大法工委递交"审查《北京市公路条例》违法问题公民建议书",认为该条例关于养路费征收的规定,不仅违背《公路法》的原则规定和立法精神,也违背了《立法法》的具

---

① 参见申爱山:《律师质疑"天价滞纳金"》,载《法制日报》2006 年 8 月 2 日第 10 版;申爱山:《律师再说"天价滞纳金"》,载《法制日报》2006 年 8 月 9 日第 10 版。

② 参见李欣悦:《律师状告北京市路政局违法征收养路费》,http://www.022net.com/2006/10—17/43704927319840.html,2008 年 8 月 24 日访问。

③ 《交通税费改革进展如何》,载《人民日报》2006 年 11 月 24 日第 6 版。

体规定。[①]

事例二:诉民航局收取机场建设费不合法的"机场建设费争议"。河北律师韩甫政于2007年3月购买北京至海口的往返机票,航空公司向其收取了100元机场建设费。韩甫政查询相关规定后发现,机场建设费是航空公司代民航总局收取,他随即以"民航局征收自己私有财产的行为违反宪法和法律"为由,提起行政复议,请求返还机场建设费,并停止征收。同年5月,民航总局作出《行政复议不予受理决定书》。韩甫政立即向北京市第二中级人民法院提起行政诉讼,请求法院撤销决定,要求民航总局受理自己的申请。法院在审查后认为,韩甫政的诉讼请求不属人民法院行政诉讼受案范围,不符合法律规定的起诉条件。最终,这起全国首例机场建设费行政诉讼案被法院裁定驳回起诉。[②] 无独有偶,2008年6月17日,北京律师董正伟要求财政部信息公开收取机场建设费的依据和收支情况。财政部答复称,我国的民航机场仍属准公共基础设施,相关运营还难以完全市场化,需要政策的支持收取机场建设费。对此,董正伟提出了复议申请,认为收取机场建设费违反法律,要求取消机场建设费,或者就收取进行听证。[③]

事例三:"航道养护费"合法与公平之争。2002年,广东省物价局出台《关于航道养护费计征办法问题的复函》,对省内和省外船舶计征航道养护费规定了不同的标准,本省船舶根据船舶大小按月收取,即统缴;外省船舶则按进出港实际载重量乘以途经广东海里数计征。这使得外省船的费用远高于本省船,引起外省船运公司不满,纷纷要求同业同价。有五十余家船运公司曾联署要求有关部门规范收费行为,省内的船东协会也书面予以呼吁。由于不满"同业不同价"的收费行为,2006年10月,海口南青集装箱班轮公司(以下简称南青公司)向广东省航道局提出申请,要求对沿海航道养护费实行"同等待遇"。在申请未获批准的情况下,该公司单方面实施缓交,以示不满。2007年1月,该公司的船东振宇集团公司(以下简称振宇公司)收到广州航道局发来的"缴费函",要求缴付欠缴的沿海航养费及滞纳金。在没有得到回应的情况下,广州航道局于同年4月向广州海事法院提起民事诉讼,要求判令振宇公司和南青公司支付欠缴的航道养护费和滞纳金。广州海事法院受理后,南青公司认为,征收沿海航养费是行政收费,便以海事法院无权受理行政案件为由提出异议,但分别被广州海事法院和广

---

① 参见崔丽:《北京加大对欠缴养路费车主处罚 律师认为违法》,http://www.chinacourt.org/article/detail/2007/07/id/259422.shtml.php? Id=258529,2008年8月24日访问。

② 参见陈煜儒:《法院为什么不受理机场建设费案》,载《法制日报》2008年1月9日第7版。

③ 参见王殿学:《律师质疑机场建设费获财政部回复》,载《上海法治报》2008年7月18日第A8版。

东省高级人民法院驳回。同年7月，振宇公司和南青公司向广州市海珠区法院提起行政诉讼，认为广东省有关征收沿海航养费的规定与国务院《航道管理条例》的规定相抵触，广州航道局具体行政征收行为违反法律且侵犯其公平竞争权。海珠区法院受理后，以被告还没有作出具体征收行为，而原告也没有实际交付为由，认定起诉尚不符合条件，裁定驳回。两原告不服，向广州市中级人民法院提起上诉。① 但是，广州市中级人民法院在认定一审裁定适用法律错误和认定事实不清的同时，以《广东省行政事业性收费管理条例》中必须先缴费，再申请复议，然后才能起诉的规定为依据，驳回上诉，维持原裁定。②

事例四：关于"个体工商户管理费是否该寿终正寝"的争议。从2005年7月起，江西省鹰潭市眼镜行业个体经营者程元福，因认为工商部门收取"个体工商户管理费"不合理而拒绝缴纳。在工商局多次催缴的情况下，程元福仍没有答应。2006年4月，鹰潭市月湖区工商局对程元福"非法拒不缴纳个体工商户管理费行为"作出行政处罚决定：责令程元福立即停止拒不缴纳个体工商户管理费的行为，及时补缴拖欠的2005年7月至2006年3月的个体工商户管理费1350元，并对程元福处以拖欠个体工商户管理费一倍的罚款。同年7月，程元福不服处罚，以行政处罚违反法定程序，适用法律、法规错误为由，将月湖区工商局告上法庭。10月8日，月湖区法院作出一审判决，维持月湖区工商局行政处罚决定。程元福不服判决，向鹰潭市中级人民法院提起上诉。最终，二审法院判决驳回上诉，维持原判。③

事例五：关于"农民工该不该交纳绿化费"的争议。河南阿庆嫂集团（以下简称"阿庆嫂"）于2006年3月1日收到郑州市绿化委下发的"义务植树通知书"，要求该公司在两周内，到邙山植树点完成50人的植树任务。在此期间，郑州市金水区绿化委也通知"阿庆嫂"，要求其组织义务植树活动。因该公司人员不能按期参加植树，他们便分两次向街道办事处缴纳900元绿化费，旨在以费代劳。然而，同年3月22日，"阿庆嫂"又一次收到市绿化委下达的"义务植树通知书"，要求其在当月内到邙山植树点，完成398人的植树任务。市绿化委的依据是，根

---

① 参见《班轮船东"叫板"航养费不公平征收》，载《民主与法制时报》2008年1月21日第B02版；毛剑平：《广州航道局通过民事诉讼征收沿海航养费引发争议》，载《法制日报》2008年1月27日第2版。

② 参见广东省广州市中级人民法院(2008)穗中法行终字第131号行政裁定书。笔者认为，这一裁定在认定一审裁定适用法律错误和认定事实不清的前提下维持原裁定，违反了《行政诉讼法》第61条第1项关于"原判认定事实清楚，适用法律、法规正确的，判决驳回上诉，维持原判"的规定。引人注目的是，二审裁定的法律依据恰恰适用的是这一条文。

③ 参见王婧：《个体工商户管理费是否该"寿终正寝"》，载《法制日报》2007年4月22日第10版。

据调查,“阿庆嫂”共有11家酒店,按规模估算,其员工在1000人以上,所以核定实际植树的应为398人。50人的植树任务,眨眼间变成398人的植树任务,“阿庆嫂”不能接受。“阿庆嫂”认为,公司刚向金水区绿化委交过绿化费,而且酒店员工大都是外地来郑的农民工,他们在老家已经履行植树义务,如果再在郑州参加植树,等于是重复履行义务,这明显不公平。由于对市绿化委的这一做法不服,“阿庆嫂”未派员工去植树。2006年8月8日,市绿化委对“阿庆嫂”作出行政处罚决定,称“阿庆嫂”未组织398名员工按规定完成植树任务,又未缴纳9950元(按每人25元计算)绿化费,决定对其罚款19900元。同年12月,“阿庆嫂”将市绿化委诉至郑州市中原区法院,要求撤销市绿化委的处罚决定。一审法院判决维持了处罚决定。“阿庆嫂”不服,上诉至郑州市中级人民法院。二审法院经审理后认为,只有县级以上政府绿化委员会及其办公室有权下达植树任务和收取绿化费,“阿庆嫂”将绿化费交给了街道办事处,并不能证明其已经完成年度植树任务。同时,“阿庆嫂”也没有提供外来务工人员已在家乡履行植树义务的证据。因此,其上诉理由均不能成立。据此,二审判决驳回上诉,维持原判。①

事例六:高额滞纳金再起风波。继“天价滞纳金”之后,一场“滞纳金收费,是否忽悠了全国民众”的质疑再一次被掀起。事例一所介绍的养路费“天价滞纳金”风波暂时平息后,关于滞纳金过于“昂贵”的呼声再次被媒体所关注。深圳律师彭旦平于2008年4月24日去缴养路费时,由于迟缴了14天,被深圳市公路局要求多交了14元的滞纳金,而他应当缴的本金是400元。公路部门的理由是:“车主应在每月10日前缴纳当月养路费,逾期将按日收5‰的滞纳金,并处以三倍以下的罚款。”但是,律师的职业敏感让彭旦平感到不对劲:“400元钱只迟交14天,就要收取14元滞纳金,太高了”,并且产生了一连串疑问:滞纳金收取标准该不该如此之高?生活中各种各样的滞纳金收取是否合法?他在反复查阅法律资料后得出结论:不仅养路费的滞纳金收取不合法,生活中很多滞纳金收费均无法律依据!为此,彭旦平以深圳市公路局为被告,向罗湖区法院提起行政诉讼,要求判令被告返还14元滞纳金,并撤销滞纳金征收行为。6月30日,罗湖区法院正式受理此案。在此之前,广州的老伯萧俊雄因为拖欠了一年共2000元的养路费,就被公路部门收了1425元的滞纳金,多次理论均无功而返。他说:

---

① 参见郭丛生、刘娜:《“阿庆嫂”叫板绿化委:农民工该不该交纳绿化费》,载《民主与法制时报》2007年11月19日第A14版。

"只要彭律师赢了,我马上跟着告,无论花多少钱!"[①]在"14元滞纳金"事件发生之前,已经有媒体注意到我国各种行业滞纳金过于"昂贵"的问题,并期待有所规范。[②]

关于行政收费当然并不局限于上文所举的几个事例。此外,还有政府部门发文件征收"灯笼费"的。江西省宜丰县政府办公室出台文件规定,凡是在户外设置广告的经营者,都须先向城管部门申请,然后向城管部门缴纳户外广告资源有偿服务费。例如,当地一位从事酒业经销的经营者每年都会给当地酒店配送数十只宣传灯笼,按照宜丰县城管局的收费标准,一只灯笼挂在酒店门口,1天就要收费1元,1年就是365元,照此计算,仅在挂灯笼上,每年就要花费好几万元。[③] 同样,还有征收"空间资源费"的。浙江省一些地方近年来以经营城市规范收费为由,推出了一些广告设施费、场地费等"空间资源"收费项目,此举在全省引起了广泛的争议。例如,2006年8月,临安市政府下发了一个文件,称不管是公共还是私人所有的场地和建筑物,凡设置户外广告设施的,都必须向政府部门交纳户外广告场地费。浙江省一些地方政府部门已出台不少类似收费项目,受到企业和物权所有者的抵制。浙江省户外广告协会有关人士说,有些政府甚至对于商家在自家商店的玻璃上贴几个广告字,也要收取费用,否则就予以处罚或强行拆除砸掉。因此,有群众反映说,现在政府权力太大了。[④]

以上事例说明,实践中行政收费的现状已经使得社会公众产生极大的不满。但是,我们不能简单地对这些质疑进行指责和非难,而应当反思在行政收费的制度方面是否存在问题,是否有值得进一步完善和改进的地方。这是因为,毕竟经过30年的改革开放,公民和组织的法律意识空前觉醒,依法行政理念深入人心,公众对行政收费行为的质疑,体现了其对推进行政收费领域行政行为合法化的一种参与和支持。公众的监督、参与和支持,应当是构成依法行政不断向前发展的根本动力。[⑤] 因此,从公众对行政收费问题的质疑中发现问题,分析问题产生和存在的症结所在,是实现和推进行政收费行为合法化的重要环节。

---

① 参见杨大正:《滞纳金收费,忽悠了全国民众?》,载《南方周末》2008年7月17日第C18版。

② 参见李欣欣、殷正明:《昂贵滞纳金期待"行标"规范》,载《新闻晨报》2008年2月20日第A3版。

③ 参见李青:《红头文件竟充当"灯笼费"后台》,载《法制日报》2007年11月15日第7版。

④ 参见李蒨:《浙江征收"空间资源费"引发争议》,载《报刊文摘》2008年3月3日第4版。

⑤ 参见应松年、杨伟东:《奠定迈向法治政府基石的三十年——我国依法行政回顾与展望》,载《法制日报》2008年7月6日第7版。

二、实践中政府行政收费行为的合法性问题分析

从行政收费行为屡屡受到公众质疑的原因分析，我国现行行政收费制度在合法性方面确实存在着较多的法律缺陷。《人民日报》曾经专门发文指出，对于越权立项、无证收费、收费不公示、任意扩大收费范围、随意提高收费标准、搭车收费、坐收坐支、只收费不服务等现象，老百姓反应强烈，并不时有人提出诉讼，但均以败诉告终。专家表示，行政收费的混乱，源于依据之乱。[①]

(一) 行政收费的依据“乱”在何处

对实践中行政收费的现状进行分析，其依据之乱，主要体现在以下几个方面：

1．违反《宪法》和《立法法》所规定的法律保留原则

法律保留原则要求一定范围内的行政活动必须有法律的明确依据(法律的授权)，即《宪法》已经将一定的事项保留给立法机关，只有立法机关制定的法律才能对此加以规定，行政权也只有以法律为行为根据才能进行活动。法律保留原则所指的“法律”，仅指由最高国家立法机关所制定的规范性文件，即形式意义上的法律。[②] 我国《宪法》第 13 条规定：“公民的合法的私有财产不受侵犯。国家依照法律规定保护公民的私有财产权和继承权。国家为了公共利益的需要，可以依照法律规定对公民的私有财产实行征收或者征用并给予补偿。”在这里，《宪法》明确了征收公民的私有财产应当“依照法律规定”。同时，我国《立法法》第 8 条所规定的“只能制定法律”的事项中，包括“对非国有财产的征收”。该法第 9 条规定：“本法第八条规定的事项尚未制定法律的，全国人民代表大会及其常务委员会有权作出决定，授权国务院可以根据实际需要，对其中的部分事项先制定行政法规。”

行政收费同样是一种行政征收。根据学界的理解，行政收费又称行政征费，“是指行政主体直接行使行政征收权向特定的公民、法人或者其他组织强制收取一定额度的费用的行为”[③]。然而，在我们所看到的行政收费的依据中，却很少

---

① 参见黄庆畅：《行政收费法：缘何千呼万唤不出来?》，载《人民日报》2007 年 11 月 14 日第 13 版。

② 参见沈福俊、邹荣主编：《行政法与行政诉讼法学》，北京大学出版社、上海人民出版社 2007 年版，第 67 页。

③ 应松年主编：《当代中国行政法》(上卷)，中国方正出版社 2005 年版，第 957—959 页。

能够看到与《宪法》和《立法法》的上述规定相符合的状况。[①] 正如本文所介绍的事例，可以说几乎无一例外地缺乏法律依据，即没有一个事例中的行政收费符合上述规定的要求。全国人大常委会于 1999 年 10 月 31 日对《公路法》第 36 条进行修改，取消了关于征收公路养路费的相关内容，修改为"国家采用依法征税的办法筹集公路养护资金，具体实施办法和步骤由国务院规定"。该修改以法律的形式明确了自 1999 年 10 月 31 日起，公路养护资金只能通过征税来筹集。现行征收养路费的依据则是国务院于 1987 年 10 月 13 日发布、自 1988 年 1 月 1 日起实施的《公路管理条例》第 18 条，"拥有车辆的单位和个人，必须按照国家规定，向公路养护部门缴纳养路费。"同样，据以产生"天价滞纳金"的《公路养路费征收管理规定》，是交通部、国家计划委员会等部门于 1991 年 10 月联合发布并于 1992 年 1 月 1 日起实施的部门规章。其中有这样的规定："对拖、欠、漏、逃养路费的，除责令补缴规定费额外，每逾一日，处以应缴费额的 1%的滞纳金；连续拖、欠、漏、逃养路费三个月以上的，并处应缴养路费额度 30%—50%罚款；连续拖、欠、漏、逃养路费六个月以上的，并处以应缴养路费额度 50%—100%的罚款。"此外，收取机场建设费的依据，是 1995 年 11 月的《国务院办公厅转发民航总局、国家计委、财政部关于整顿民航机场代收各种建设基金意见的通知》，《民用航空法》等现行法律中，根本没有征收机场建设费的规定。征收沿海航道管理费的依据，则是广东省的地方性规定；征收个体工商管理费的依据，则是国务院于 1987 年 8 月 5 日发布的《城乡个体工商户管理暂行条例》和 1998 年 12 月 3 日国家工商局修订的《城乡个体工商户管理暂行条例实施细则》；至于其他诸如"灯笼费"和"空间资源费"的依据，则仅仅是个"红头文件"。有关部门的一项初步统计显示，截至 2007 年 7 月，全国涉及行政收费法律文件总共约 7600 件，但严格意义上的法律只有 30 多件，行政法规、规章有 400 件左右。余下的 7100 多件，都是被俗称为"红头文件"的部门文件和地方规范性文件。[②] 由此可见，上述行政收费行为明显违背了《宪法》《立法法》的规定。

2. 依据之间的矛盾和冲突以及越权现象频频出现

这些姑且被作为行政收费依据的规定也是矛盾重重，冲突和抵触频频出现，

---

① 目前在行政收费方面相对比较规范的是《行政许可法》。该法第 58 条规定："行政机关实施行政许可和对行政许可事项进行监督检查，不得收取任何费用。但是，法律、行政法规另有规定的，依照其规定。行政机关提供行政许可申请书格式文本，不得收费。行政机关实施行政许可所需经费应当列入本行政机关的预算，由本级财政予以保障，按照批准的预算予以核拨。"

② 参见黄庆畅：《行政收费法：缘何千呼万唤不出来？》，载《人民日报》2007 年 11 月 14 日第 13 版。

越权现象严重，主要表现为：

（1）在上位法之外，下位法随意设定行政收费项目。不仅《公路管理条例》与《公路法》相冲突，而且《公路养路费征收管理规定》关于养路费滞纳金的规定，又与《公路管理条例》相冲突。《公路管理条例》对于欠缴养路费的行为，只在第35条规定，可以由公路主管部门分情况责令补交或者返还费款并处以罚款，并无加收滞纳金的规定。因此，《公路养路费征收管理规定》关于加收养路费滞纳金的规定与《公路管理条例》相抵触，应属无效规定。同样，在《民用航空法》并没有设定机场建设费的前提下，由国务院的部门发布的一个连行政规章也算不上的“意见”，就能够征收机场建设费，显然与法律的规定相违背。

（2）在上位法之下，行政收费的范围被层层扩大。如事例三关于航道养护费的征收行为中，一共有五个层面的规定：第一个层面是国务院于1987年发布的《航道管理条例》，该行政法规规定只收内河航道养护费，沿海航道养护费被包括在港务费里面。第二个层面是1991年交通部发布的《航道管理条例实施细则》及1992年交通部、财政部、国家物价局发布的《内河航道养护费征收和使用办法》，后者第17条第2款增加了一个内容，即是否征收沿海航道养护费，由各地根据自己的实际情况分别制定。第三个层面是广东省人大及其常委会发布的《广东省航道管理条例》，规定“在我省沿海和内河航行、施工、作业或固定停泊的船舶、竹木排筏、浮运物体的所有者或经营者，应按规定缴纳航道养护费、过闸费等航道规费。收费标准和具体征收办法由省人民政府制定”。这一规定隐去了1987年《航道管理条例》第25条“经国家批准计征港务费的沿海和内河港口，进出港航道的养护费由港务费开支”的规定，将征收范围扩大到了“我省沿海”，明确了凡在广东省沿海和内河运行的船舶都要“按规定缴纳航道养护费、过闸费等航道规费”。第四个层面是广东省人民政府发布的《广东省航道养护费征收和使用办法》，其第2条规定“凡在我省江河、水库、沿海航行、作业、施工及固定停泊在通航水域上的各类船舶、竹木排筏和浮运物体的所有者或经营者，除第三条另有规定外，均应缴纳航道养护费”，则又将征收航道养护费的范围从江河、沿海扩大到了“水库”。但是，第7条第1项规定，外省（自治区、直辖市）船舶“在我省境内起运客、货时，其目的港属船籍省（自治区、直辖市）的，以其通过我省里程，按我省营业性运输船舶标准计征航养费；其目的港不属船籍省（自治区、直辖市）的，按我省营业性运输船舶标准计征其全程航养费”。其含义为“外省籍船舶只需在广东省港口起运客货时向广东省有关部门缴交一次航养费（即出港航养费）”，并没有规定外省籍船舶卸客货时也要被征收航养费（即进港航养费）。第五个层面是广东省物价局出台的《关于航道养护费计征办法问题的复函》，规定根据《广东省航道养护费征收和使用办法》，要向外省籍船舶征收进港航道养护费，即无论进港还是出港都要被征收沿海航道养护费。同时，该复函还对本省籍船舶及外省籍船舶设定不同航道养护费行政征收标准，导致"同业不同价"。这种在上位法之下层层擅自扩大行政收费范围的做法，与法治原则以及我国《立法法》的规定明显相悖。

（3）无权机关违法设定行政收费的标准。在行政收费过程中，有相当一部分机关无权但违法设定行政收费的标准。例如，关于个体工商行政管理费的征收中，《城乡个体工商户管理暂行条例》和《城乡个体工商户管理暂行条例实施细则》均规定，收费标准和管理办法应由国家工商局和财政部制定。1983 年，国家工商局和财政部曾联合下发《关于个体工商户管理费收支的暂行规定》，对收费问题作出规定，但该决定已经在 1998 年国家工商局第 87 号文件中被废止。1992 年由国家物价局、财政部发布的《关于发布工商行政管理系统行政事业性收费项目及标准的通知》中，虽然也确定了个体工商户管理费的收费标准及管理办法，但《城乡个体工商户管理暂行条例》第 13 条明确规定收费标准和管理办法由国家工商局和财政部共同制定，而不是由国家物价局和财政部共同制定。因此，可以说，国家物价局和财政部制定的个体工商户管理费的收费标准及管理办法没有《城乡个体工商户管理暂行条例》授权，就意味着没有上位法的依据，难以成为征收个体工商户管理费的法律依据。同样的问题也出现在航道养护费的征收中，在行政法规之下，航道养护费的征收范围被层层扩大。广东省的地方规定确定的对省内外船舶的不同征收标准，并没有法律、行政法规的授权，而广东省物价局以一个"红头文件"的形式扩大征收范围、设置征收标准，更是越权设定行政收费。

3. 行政收费尤其是滞纳金收费过于昂贵，没有科学、合法的标准

在行政收费中，各个地方、各个部门自行设置、自行扩大行政收费的范围，从而使所收取的费用对公民、组织来说过于昂贵。例如，在航道养护费的收取中，本来按国家规定只是要征收内河航道养护费，而广东省又规定了要收取沿海航道养护费。虽然广东省政府的规章规定只征收出港的航道养护费，但广东省物价局的规定却说无论出港、进港都要被征收航道养护费，从而导致相对人承担的费用不断被提高。尤其是在滞纳金的收取方面，更是昂贵得离谱。如果仅按照广东省关于养路费、航道养护费的规定，都是按日加收 5‰的滞纳金，那么滞纳金的年利率就是 182.5%，与目前银行活期存款 0.72%、贷款 6.57%的年利率

相比,竟然是银行活期存款利率的253倍,贷款利率的55倍!不仅如此,还要被处以高额罚款。《广东省航道养护费征收和使用办法》第19条第1款规定,凡是漏缴、欠缴、逃缴、拒缴航养费或瞒报营运收入者,各地级市以上航道部门除有权追缴其费款外,"每迟交1日加收应缴航养费额5‰的滞纳金,并可处以应缴费款5倍以下的罚款"。如果逾期缴纳罚款,每日加收的罚款标准是3%,超过了银行存款利率的1500倍!据《人民日报》披露,根据国家发改委有关部门公布的一组数字,2005年全国行政事业性收费总额达4000多亿元,加上各种基金征收总额2000多亿元,人头均摊约为500元。① 如此"昂贵"的行政收费,缺乏科学、合法的标准,不但违反了行政法的比例原则,也使得公民和组织不堪负担。

(二)行政收费在程序、救济途径和使用方面存在严重缺陷

1. 收费权的设定和实施均没有遵循正当程序

在行政收费权的设定中,没有严格的程序规则进行控制,缺乏必要的论证、听证、审批、公示或征求意见等制度,使现行行政收费制度失去了民意基础。同样,在收费过程中,也缺乏相应的程序规则,自定标准,自行收费,没有统一的程序规定。例如,关于滞纳金的收费中,各种收费标准都是由各部委自行设置,而且大都设置于20世纪90年代,基本上属于"自家说了算";许多执法部门出于各种原因,往往"故意"不履行催缴告知罚款的义务,促成了滞纳金或者罚款可以按日累计而滚成天价罚单。这在一定程度上有故意设置陷阱和"钓鱼执法"的嫌疑。② 同时,行政收费的去向,也没有任何法律规定其必须要向社会作公开的说明。可以说,无论是行政收费的设置,还是其具体的执法过程以及收费之后对所收款项的使用等,都缺乏正当法律程序规则的约束。

2. 救济途径存在严重缺陷

在行政收费领域,救济途径的缺陷也非常明显。《行政复议法》和《行政诉讼法》都规定,对违法要求履行义务的具体行政行为,可以依法申请行政复议或者提起行政诉讼。但是,在现实生活中,虽然不时有人提起行政复议和诉讼,但均以失败告终。究其原因,一是"不付钱不准告"。《广东省行政事业性收费管理条例》第23条规定,公民、法人和其他组织同收费单位因收费发生争议时,"必须先按收费单位的决定缴费,并在缴费后十五日内向收费单位的上一级机关或行政主管部门申请复议","当事人对复议决定不服的,可在接到复议决定书之日起十

---

① 参见黄庆畅:《行政收费法:缘何千呼万唤不出来?》,载《人民日报》2007年11月14日第13版。

② 参见杨大正:《滞纳金收费,忽悠了全国民众?》,载《南方周末》2008年7月17日第C18版。

五日内，或者国家法律、法规规定的期限内向人民法院起诉”。前述事例三中的广州市中级人民法院就是依照这一规定作出驳回当事人起诉的终审裁定的。按照这一逻辑操作，如果一个贫困者无力缴纳相关费用，那么他就永远丧失了救济的权利。在我们这样一个崇尚法治的社会中，这无论如何是难以说通的。二是囿于现行《行政诉讼法》的规定，法院无权对作为行政收费依据的抽象行政行为进行合法性审查。

3. 行政收费很多用于“养人”

从理论上说，行政收费理应取之于民，用之于民。然而，以合法的“面目”出现的很多行政收费，并没有完全用在与其“面目”相关的事项方面。例如，浙江审计部门对本省 2004 年至 2006 年公路养路费的征收使用管理及效益情况进行审计调查发现，浙江省该 3 年公路养路费收入大幅增长，共征收养路费 183.77 亿元。省交通部门将其中 4.23 亿元养路费用于非公路项目，包括省交通厅驻京办事处的 315 万元日常经费，还有省公路局下属学校经费支出 5549.72 万元和以教育资金名义安排省交通厅下属单位基建支出 7925 万元等。审计部门认为，养路费和以养路费为还贷来源的债务资金的投入对全省公路养护建设发挥了重要作用，但存在着养路费使用效益不高和违规使用的问题。据媒体报道，申苏浙皖高速公路有限公司在浙江省湖州市计划招聘 147 名收费员，却引来了近 1600 人报名，其中大学毕业生就有 700 多名。工作人员介绍，如此火爆场面在该市招聘市场很少见到。人们惊呼：“一个收费员岗位竟引来近 5 名大学生竞争，报名热度快赶上了公务员报考。”据浙江媒体透露，一些公路收费部门普通收费员的月薪达到 8000 元，有的超过万元，还不计平时的福利。他们的费用从哪来？种种表面现象，让人们猜测“羊毛出在羊身上”，取自养路费。[①] 由此可见，养路费并非都是在“养路”，其实是“养人”“养路”并进。行政收费取之于民但不用之于民的现象，恐怕并不仅仅是在养路费征收领域。由此可见，行政收费所收之费，并未完全用在服务民众方面，其中有很多是被行政机关用于“服务”自己。

根据以上分析，实践中政府的行政收费在合法性方面存在很多与我们所奉行的行政法治理念不相符合的一面，甚至可以说，就是一种乱收费。行政收费的过多过滥，是计划经济体制所遗留下来的一个问题。据学者分析，在我国，行政收费特别是乱收费滥觞于 20 世纪 80 年代，当时国家为了解决政府机关财政经

---

① 参见谢云挺：《百亿养路费到底养了谁？浙江审计部门调查内幕》，http://zjnewes.zjol.com.cn/05zjnews/system/2007/12/12/009046436.shtml，2008 年 8 月 25 日访问。

费不足的问题，允许少数行政事业单位收费，从而打开了乱收费的“闸门”，由此一发不可收拾。没有收费权的单位和部门“削尖脑袋”往收费行列中挤，有收费权的单位则想方设法扩大收费范围，提高收费标准。收费权由原先少数几个执法机关的特权，逐渐演变成为几乎所有的政府机关及享有一定公共管理职能的事业单位的一项普遍的权力，以至于大家形象地称执法机关“管理就是收费”。从费用的支出情况看，行政机关的这些收费绝大多数都用在了养人上。之所以需要以收费去养人，是因为政府机构预算内的经费已难以满足日常支出所需。[①]但是，“如果行政机关基于弥补财政经费不足的目的设定、实施收费，恰恰说明这是乱收费”[②]。

三、以《立法法》和《行政收费法》规制行政收费

在实践中，行政收费依据的混乱已经引起社会公众与学者的关注。尤其是仅仅凭一个文件就能设定行政收费的现象，实质就是一种乱收费，而乱收费恰恰是对法治的破坏。更重要的是，乱收费的泛滥，反映了国家对公民财产权的漠视以及国家对公民财产权保护制度的脆弱，也暴露出我国财政及税费征管制度的混乱和无序，因为在成熟的市场经济国家，国家财政收入的绝大部分来源于税收，严禁在税收之外再向公民收费。同时，乱收费的泛滥反映出我国行政权特别是征收权的失控、变质，以及治理收费立法、措施的缺位。[③] 我们应该看到，公民、法人或者其他组织对实践中行政收费的质疑，反映了社会对行政权力收缩与公民权利扩展的一种现实期待。同样，这种质疑也是公民权利的复苏与行政权力的限制在我国现实生活中的一种实践。

当然，笔者并不是反对所有的行政收费。正如有学者所说，必要的行政收费是合理的，但乱收费是应该反对的。[④] 为制止实践中行政收费的乱象，财政部曾于 1993 年 10 月颁布《关于对行政性收费、罚没收入实行预算管理的规定》，其中明确规定：“在法律、法规之外，任何地方、部门和个人均无权擅自设置收费、罚没项目。”然而，这一规章并没有遏止实际生活中行政机关的“收费冲动”和“收费行动”。过多过滥的行政收费，尤其是行政乱收费的存在，使政府应该具备的服务功能无法得到体现，而是与服务政府的本质要求渐行渐远甚至背离。

---

① 参见应松年主编：《当代中国行政法》(上卷)，中国方正出版社 2005 年版，第 968 页。

② 应松年主编：《行政法学新论》，中国方正出版社 2004 年版，第 229 页。

③ 参见应松年主编：《当代中国行政法》(上卷)，中国方正出版社 2005 年版，第 963—965 页。

④ 参见应松年主编：《行政法学新论》，中国方正出版社 2004 年版，第 229 页。

在现代社会，政府作为一个行使公共权力的组织，根本目的在于维护社会的公共秩序，保障公共利益。公共利益是现代行政权存在的意义和目的。同时，政府的职责在于通过保障公民权利，体现其公共服务本质，进而实现行政法治。“行政法保障公民的权利与自由是其永恒的主题。”[①]现代行政权不再仅仅是对社会进行管制的权力，其更多地具有了服务的职能，“是一种管理公共事务和提供公共服务的权力”[②]，公民设立政府并不是为了赋予政府有收费的权力，而是使政府更好地为公众提供必要的服务。可以说，公共服务是政府职能得以产生和存在的基础。近年来，随着依法行政理念的深入，尤其是公民法治意识的逐年提高，在行政收费领域，我们也看到了一些可喜的变化，如在本文开头部分所提到的一些行政收费被取消或停征的事例。但是，这些局部的微调尚不能从制度上撬动行政乱收费的根基。就在笔者为这些举措叫好的时候，又传来一些似乎和这一叫好声不太协调的消息：一是上海市人民政府于 2008 年 8 月 1 日颁布的《上海市城市生活垃圾收运处置管理办法》将自 2008 年 11 月 1 日起实施。这一适用于上海市中心城、新城、中心镇以及独立工业区、经济开发区等城市化地区的办法规定，产生生活垃圾的单位应当按照市物价局规定的收费标准缴纳生活垃圾处理费；产生生活垃圾的居民应当按照国家规定缴纳生活垃圾处理费；至于居民生活垃圾处理费开征的具体时间和收费标准，则由市物价管理部门会同市市容环卫部门提出方案，报市政府批准后执行。[③] 二是由于在奥运后还将加强环保工作，北京拟征机动车排污费。奥运会后北京还将加强机动车尾气排放管理，加大治理力度，深入研究机动车排污费征收政策。[④] 由此可见，治理行政收费中的问题，不能仅仅靠几个个案方面的举措，要从制度建设的角度，从整体上予以必要的规范。

在行政法学界，已经有学者对行政收费问题予以关注，并对规范行政收费、遏止行政乱收费提出了较有见地的设想。有学者认为，应当从法律对行政收费的事前控制、事中控制和事后控制三个方面进行规制。[⑤] 也有学者认为，行政收费应当遵循特别支出由特别收入满足、取之有度和用之得当、公开、收支分离的

---

① 罗豪才主编：《现代行政法制的发展趋势》，法律出版社 2004 年版，第 157 页。

② 沈福俊、邹荣主编：《行政法与行政诉讼法学》，北京大学出版社、上海人民出版社 2007 年版，第 7 页。

③ 参见殷正明、秦抒雁：《城市生活垃圾将征收处理费》，载《新闻晨报》2008 年 8 月 16 日第 A8 版。

④ 参见马力：《北京拟征机动车排污费》，载《新民晚报》2008 年 8 月 21 日第 A15 版。

⑤ 参见杨临宏、陈颖：《论行政收费规制的基本方法》，载中国法学会行政法学研究会编：《行政管理体制改革的法律问题》，中国政法大学出版社 2007 版，第 613—619 页。

原则，并从规范收费机关、缴费义务人、收费方式、收费程序和对违法行为的处理角度对行政收费的征管进行规范，同时从完善行政机关系统内的监督、其他国家机关的监督、社会监督以及争议解决等方面对行政收费进行规范。[①] 还有学者认为，一是应当建立公民财产权及其保护的宪法制度，以防范政府行政权对财产权利的任意侵犯；二是应当完善税收征管及财政制度，确立以税收为主体的财政收入制度及以预算为基础的财政支出制度；三是应当依法清理行政乱收费，并以《行政编制法》控制政府机构的膨胀。同时，应当遵循行政收费的法定原则，行政收费权的设定应当由国家立法机关以统一的法律设定，并建立设定行政收费的听证制度、行政收费的专项审批制度、适当集中收费主体和收费主体与收费行为分离制度、统一和规范的收费票据制度、行政收费统一纳入预算内财政管理和收支分离以及违法收费的法律责任制度等，对行政收费进行规范。[②]

笔者认为，在上述学者所提出的建议基础上，对行政收费行为的规范，还应当明确以下四点：

第一，严格按照《立法法》的规定规制行政收费。《立法法》规定，对非国有财产的征收，必须制定法律；如暂时不具备制定法律的条件的，应当由全国人大及其常委会授权国务院先制定行政法规。行政收费作为行政征收的一种，必须严格按照《立法法》的规定进行设定。除了法律和全国人大及其常委会授权制定的行政法规外，其他一切规范都不能设定行政收费。同时，应当根据《立法法》的这一要求，对现行的行政收费项目进行清理，及时废止不合法的行政收费依据。

第二，尽快制定《行政收费法》，以统一的法律制度对行政收费行为进行规范。根据一项权威调查，在未来 5 年我国继续制定的行政法律中，《行政收费法》被排在《行政程序法》《行政补偿法》《政务公开法》之后，与《行政强制法》并列第四。调查者认为，无论是《行政强制法》还是《行政收费法》，内容均与公民、法人、其他组织的人身权利和财产权利密切相关，涉及易于产生行政侵权的领域，在行政管理实践中存在的行政争议也非常多。没有高位阶的专门法律加以调整和规范，难以实现对前述主体合法权益的有效保护。因此，行政法制实践“千呼万唤”它们尽快出台。[③] 2005 年两会期间，就有代表提交议案，建议制定《行政收费

① 参见应松年主编：《行政法学新论》，中国方正出版社 2004 年版，第 234—239 页。

② 参见应松年主编：《当代中国行政法》（上卷），中国方正出版社 2005 年版，第 966—970 页。

③ 中国人民大学宪政与行政法治研究中心暨中国行政法研究所就未来五年我国亟需修改和制定哪些行政法律所开展的一项专项调查。参见莫于川、赵燕：《未来五年我国亟需修改制定哪些行政法律》，载《法制日报》2008 年 5 月 7 日第 8 版。

法》,还草拟了范本。2007 年 5 月,国家发改委相关负责人表示,收费项目的设定,应当以法律为依据,而不是以行政审批方式设立。其实,早在 2006 年 1 月,全国人大已将行政收费法列入立法规划。但是,时至今日,这部法律连草案还不见踪影。其中最大的原因是涉及部门太多,需要解决的问题太复杂,遇到的阻力太大。“毕竟谁也不愿意放弃自己的收费权。”①这也正应了一位立法部门老同志的话,改革开放 30 年来,“限制公权滥用的立法最艰难”②。然而,在推进法治政府尤其是服务政府、责任政府建设的今天,以统一的《行政收费法》对行政收费的设定、实施从实体、程序、监督的角度进行必要的规范,已是势在必行。同时,唯其问题复杂和阻力大,才更显得对行政收费制度进行大刀阔斧改革十分必要。

第三,建立对行政收费的说明理由和评价制度。应当借鉴《行政许可法》对行政许可设定中的说明理由和设定后的评估制度,③对行政收费项目的设定进行必要的听证和论证,充分提取意见。同时,对已经实施的行政收费,应当根据实施情况以及社会发展状况,进行必要的评价;对已经不符合社会发展需求和法治要求的行政收费项目,应当坚决取消和废止。

第四,完善对行政收费的行政救济制度。在完善对行政收费的救济制度方面,至少可以从两个方面进行:一是在确立行政收费设定权法定原则的基础上,针对行政收费的依据中很大一部分属于规章甚至一般规范性文件的特点,在《行政诉讼法》的修改过程中,进一步扩大行政诉讼的受案范围,使得规章以下的、包括众多一般规范性文件在内的部分抽象行政行为能够被纳入司法审查的范围,从而在较大的范围内实现法院对行政收费依据的合法性审查;二是根据《立法法》关于诉讼制度属于法律保留范围、属于全国人大及其常委会专属立法权的规定,取消法规、规章中必须缴费之后才能申请救济的规定,以切实保障公民、法人或者其他组织对不合理、不合法行政收费的行政救济权。

四、结语

国务院在 2004 年 3 月颁布的《全面推进依法行政实施纲要》中指出,要“清

---

① 黄庆畅:《行政收费法:缘何千呼万唤不出来?》,载《人民日报》2007 年 11 月 14 日第 13 版。

② 赵蕾:《限制公权力滥用是 30 年立法的大思想——专访原全国人大法工委副主任张春生》,载《南方周末》2008 年 7 月 24 日第 A8 版。

③ 《行政许可法》第 19 条规定了拟设定行政许可的,起草单位要采取听证会、论证会的方式听取意见,并向制定机关说明设定该行政许可的必要性、对经济和社会可能产生的影响以及听取和采纳意见的情况制度。第 20 条规定了行政许可设定和实施过程中的评价制度。详见《行政许可法》第 19 条、第 20 条。

理和规范行政事业性收费等政府非税收入”,“严格执行‘收支两条线’制度,行政事业性收费和罚没收入必须全部上缴财政,严禁以各种形式返还;行政经费统一由财政纳入预算予以保障,并实行国库集中支付”。要实现上述要求,用统一的《行政收费法》对行政收费进行规范是完全必要的。当然,我们也不能仅仅希望靠一部法律就能完全杜绝政府的乱收费现象,就像不能完全靠一部《行政许可法》革除所有的乱许可现象一样,关键还是靠行政管理体制的改革和政府观念的更新,尤其是政府服务理念的确立。法律是靠人来执行的,人的理念是否先进,是法律能否得到有效执行的关键。如果我们的观念还是停留在原来的水平,那么再好、再先进的法律也有可能成为一种摆设,仅仅起到“看上去很美”的作用。因此,在强调要由全国人大及其常委会根据《立法法》的规定依法制定《行政收费法》的同时,很多行政机关思想深处那种认为可以随意向民众征收费用的观念,应当得到彻底的革除。

第二节 我国土地储备范围的法学透视

——以我国土地储备的制度与实践为分析对象*

一、引言:备受争议的土地储备制度

既没有宪法和法律依据,也没有行政法规依据的土地储备制度在我国已经存在并运行十几年。于 20 世纪 90 年代中后期发端于上海、杭州等地,被我国很多城市广泛效仿的同时也被国务院部门以规章的形式加以确认的土地储备制度,正迅速地在各地推广。然而,这一以强化政府土地调控为目标的制度,由于其在实际操作中所产生的巨大负面作用,引起了社会广泛的争议。中国社会科学院发布的 2009 年《城市蓝皮书》指出,作为政府宏观调控重要手段的土地储备制度,在实践中暴露出一些缺陷,直接影响社会经济目标的实现。其中,土地收购价格机制因此而变得混乱,不仅给市场造成困扰,也给政府形象带来不良影响。“在实际工作中,往往是部门利益大于国家利益,很多土地储备机构热衷于收购增值潜力大的城市存量土地,土地供应也以追求增值为目的,忽视城市规划的限制和对市场的调控作用”①,这违背了制度设计的初衷。2010 年 4 月,有律

---

* 原载《政治与法律》2010 年第 12 期。

① 董伟:《社科院质疑土地储备制度:部门利益大于国家利益》,载《中国青年报》2009 年 8 月 20 日。

师致函全国人大常委会，要求对我国土地储备制度进行合法性审查。他们认为，我国当前的土地储备制度和《土地储备管理办法》正在形成“新的社会不公”，违反《物权法》《土地管理法》《立法法》等法律，并且“通过造成土地供求紧张从而实现政府的与民争利”。[①] 与此同时，《法制日报》也以“审视现行土地储备制度”为题，连续发表多篇系列报道，对我国土地储备制度的运行情况进行分析，分别从土地储备收益空间、土地储备的宏观调控目标、土地储备中的政府公信力、土地储备机构的法律地位和土地储备制度模式等方面进行了探讨。[②] 这说明，以地方政府为主体所实施的土地储备制度，无论是在制度层面，还是在具体运作层面，都受到了广泛的质疑。究其原因，是因为政府在实施这一制度过程中的角色错位而引发的土地价格的持续高涨，以及地方政府以“土地储备”的名义进行大规模的拆迁、征地而日益加剧和增多的社会矛盾。可以说，以“土地储备”的名义所带来的对公民、组织土地权益的侵犯，已经成为社会矛盾增长的一个突出原因。出现这一现象的根本缘由，则是对土地储备制度功能上的理解错误，以及由此而产生的实践中各地政府对土地储备范围上的错误认识。

二、“商业拆迁”是否属于土地储备的范围：源于案例与制度层面的思考

关于地方政府对土地储备范围上的错误认识，最近发生的一个案例就很能说明问题。据 2010 年 7 月 8 日《南方周末》报道，为了建设所谓的“国际商城”，安徽省芜湖市国有土地收购储备中心以土地储备的名义，经芜湖市发改委批复，同时经该市国土局和建设局批准，收储了处于芜湖市黄金地段的中江商场地块，并对该地块上的房屋实施拆迁。但是，拆迁户对此不服，认为其收储目的根本不是公共利益，而是借公共利益之名行商业牟利之实，遂向安徽省发改委申请行政复议。安徽省发改委在 2010 年 2 月 10 日作出的行政复议决定，撤销了芜湖市发改委的批文，认为芜湖市发改委“同意中江商场开展前期工作”的批文，属行政

① 北京律师张兴奎在总结了所代理的 470 多件土地案件之后，将一份《对土地储备制度和〈土地储备管理办法〉进行违宪、违法审查的公民建议》，寄给了全国人大常委会。参见何忠洲、魏娟：《律师炮轰土地储备制度违宪》，载《南方周末》2010 年 5 月 6 日；辛红：《请求审查土地储备制度合法性》，载《法制日报》2010 年 5 月 11 日。

② 参见辛红记者的一系列报道：《四问现行土地储备制度》，载《法制日报》2010 年 5 月 11 日；《土地储备营利空间有多大》，载《法制日报》2010 年 5 月 13 日；《土地储备何以未能调控住房价》，载《法制日报》2010 年 5 月 14 日；《“土地储备”考验政府公信力》，载《法制日报》2010 年 5 月 17 日；《“土地财政”下的储备模式还要走多远》，载《法制日报》2010 年 5 月 18 日。笔者认为，上述系列报道的基本观点，是对土地储备制度持批评态度。

越权,不得作为规划与拆迁的依据。接着,省国土厅也撤销了相关的国有土地使用权批准文件。由于利益攸关,更主要的是“国内这种打破土地财政潜规则的行为尚无先例”,安徽省发改委的行政复议决定被诉至法院。令人奇怪的是,提起诉讼的主体,既不是直接利益相关的被拆迁人,也不是利益相关的土地使用权受让方(国际商城项目开发商),而是一个政府机构——芜湖市国有土地收购储备中心。媒体认为,该案所揭示的一个在土地储备中屡试不爽的潜规则,就是地方政府借土地储备之名行商业拆迁之实,从而获取巨额土地利益。[①] 本案所引发的核心问题,恰恰是对我国土地储备范围的理解和适用问题。

（一）储备土地的取得方式并非土地储备的范围

土地储备的范围,即土地储备的对象,即哪些土地可以由土地储备机构予以储备。由国土资源部、财政部、中国人民银行于 2007 年 11 月 19 日联合发布的《土地储备管理办法》第 10 条规定:“下列土地可以纳入土地储备范围:(一)依法收回的国有土地;(二)收购的土地;(三)行使优先购买权取得的土地;(四)已办理农用地转用、土地征收批准手续的土地;(五)其他依法取得的土地。”根据该条规定,上述五类可以被纳入我国土地储备范围的土地,是国家已经依法获得土地所有权或者使用权已经被依法收回的土地。可见,土地所有权或者使用权如何取得,取得的方式是什么,严格讲并不是土地储备范围本身所规范的对象。

对照《土地储备管理办法》第 10 条所规定的土地储备范围,上述案例中芜湖市发改委等部门批复和批准的以“土地储备”为名所实施的房屋拆迁行为,并不符合规定。究其根源,在于对土地储备范围与土地储备范围中土地取得方式的错误理解,即将通过房屋拆迁获得土地等行为本身作为土地储备的范围。根据《土地储备管理办法》的规定,这恰恰仅是政府将城市土地使用权收回的一种方式,严格地说,是政府取得土地的一种方式,并不是土地储备范围本身。然而,在实践中,将获得土地所有权或者收回土地使用权的方式作为“土地储备”范围,即以“土地储备”的理由或名义实施房屋拆迁,甚至征收农村集体土地的行为时有发生。正如有的评论者针对上述案例所进行的评论,近几年来,随着地方经济建设的加速,以土地储备的名义大肆征地、拆迁的行为比比皆是。有媒体称此案是“以土地储备之名行商业利益之实”。但是,“以土地储备之名行商业利益之实”暗含的前提是:“土地储备”本身是合法的征地和拆迁依据。事实上,这一前提根

---

① 参见刘俊:《官告官,牵出政府拆迁潜规则》,载《南方周末》2010 年 7 月 8 日。

本就不存在,“土地储备”不是征地和拆迁的合法依据。[①] 由此可见,“商业拆迁”并不属于我国土地储备的范围。从制度规定角度来说,土地储备的范围,理应是国家已经“依法取得的土地”,并非是“尚未取得的土地”或者“尚未取得”但“竭力要设法取得的土地”。然而,实践中大量以“土地储备”为名所实施的征地、拆迁行为,则是在政府还没有“依法取得土地”之前就实施的行为。从这一角度而言,安徽省发改委以芜湖市发改委的批文“属行政越权,不得作为规划与拆迁的依据”为由所作出的“撤销芜湖市发改委的批文”的行政复议决定,符合相关制度的规定。

（二）以土地取得方式界定土地储备及其范围是实践中产生误区的制度原因

需要关注的是,虽然从我国土地储备制度的规定来看,可以纳入土地储备的是国家已经获得土地使用权的土地或者已经通过法定途径收回土地使用权的土地。但是,实践中为什么还会有相当多的地方以“土地储备”的名义实施拆迁或者征收农村集体土地呢?笔者认为,出现这种状况,源于我国土地储备制度中对土地储备的界定和《土地储备管理办法》第10条对土地储备范围的规定。我国对土地储备以及土地储备范围的规定,不是从政府“已经依法取得土地之后”的角度加以规定,而是以土地所有权取得或使用权收回方式来界定土地储备的概念和范围。如果用一句话概括,就是制度原因为实践中土地储备范围被“误读”埋下了“伏笔”。

《土地储备管理办法》第2条第1款规定:“本办法所称土地储备,是指市、县人民政府国土资源管理部门为实现调控土地市场、促进土地资源合理利用目标,依法取得土地,进行前期开发、储存以备供应土地的行为。”这一规定将“取得土地”作为土地储备的前提。《上海市土地储备办法》第3条规定:“本办法所称的土地储备,是指市、区(县)政府委托土地储备机构,依据土地利用总体规划、城市规划和土地储备计划,对依法征收、收回、收购或者围垦的土地,先通过实施征地补偿安置、房屋拆迁补偿安置或者必要的基础性建设等予以存储,再按照土地供应计划交付供地的行为。”《杭州市土地储备实施办法》第3条规定:“本办法所称土地储备,是指土地储备机构依据本办法的规定,将需盘活的土地收回、收购予以储存,并通过前期开发利用和受政府委托预出让等形式,盘活存量土地资产,

① 参见后向东:《“官告官”并非土地储备制度惹的祸》,载《法制日报》2010年7月13日。

有效配置土地资源的行为。"《武汉市土地储备管理办法》第3条规定:"本办法所称土地储备,是指土地储备机构依照本办法的规定,将其以收购方式取得的土地和政府依法收回、征用的土地纳入政府土地储备库予以储存,并进行前期开发整理,合理配置土地资源的行为。"以上地方性规定,基本上都是明确将"征收、收回、收购或者围垦"等取得土地的方式,乃至于实施这些方式后的"征地补偿安置、房屋拆迁补偿安置"等,都作为土地储备含义中的必备内容加以规定。从上述规定可以看出,无论是全国性规定,还是地方性规定,对土地储备含义的规定,其实都是从取得土地方式的角度进行的。

再从《土地储备管理办法》第10条的规定来看,它是通过对土地取得方式的列举来界定土地储备范围的。根据该条规定,可以被纳入土地储备范围的土地,主要是通过四类方式取得的土地:一是通过土地征收将原农村集体所有的土地征收为国家所有而获得的土地;二是依法收回国有土地使用权之后的土地,如因土地使用权人的原因导致在法律规定的期限内未动工开发建设或者不按批准用途使用而被政府依法收回的土地,以及因公共利益的需要而依法收回土地使用权的土地等;三是政府或土地储备机构依法在土地市场购买的土地,如根据土地储备计划收购土地使用权而获得的土地等;四是土地置换所获得的国有土地,如根据城市规划和城市布局调整用郊区土地与企业现使用的国有土地进行异地置换所取得的土地等。

从上述规定的立法本意分析,理应是已经获得的土地才能纳入土地储备的范围。然而,正是由于有关制度中规定了以土地取得的方式界定土地储备的范围,才引发了地方政府以"土地储备"的名义所实施的大肆拆迁城市房屋和征收农村集体土地行为的发生。土地储备中的土地来源方式成了土地储备的范围,"土地储备"成了拆迁和征地的依据以及最为充分的理由,这不仅仅是对制度的错误理解,更是制度运行过程中的一个极大偏差。正如有评论所言,世界各国的土地储备制度都有一个最大的共同点,就是其主要规范的对象,是对政府已经掌握的土地使用权的管理、运营等活动,而对于政府获取土地使用权的行为,一般不在该制度管辖范围之内。实际上,《土地储备管理办法》的规定与此是一致的。《土地储备管理办法》第10条所规定的可以纳入土地储备范围的土地,分别是依法收回的国有土地、收购的土地、行使优先购买权取得的土地、已办理农用地转用和土地征收批准手续的土地,以及其他依法取得的土地。从这一条规定可以很明显看出,这五类土地都是政府已经掌握的土地,没有涉及新获取土地使用权的内容。[1] 同时,根据《土地储备管理办法》第 6 条的规定,“各地应根据调控土地市场的需要,合理确定储备土地规模,储备土地必须符合规划、计划,优先储备闲置、空闲和低效利用的国有存量建设用地”。在实践中,很多地方政府却将土地储备中可以被储备土地的取得方式理解成了土地储备的具体范围,将追求增量土地的储备作为土地储备的主要目标,“土地储备”更是演变为以城市房屋拆迁和征收农村土地为主要形式的“土地争夺战”,其中所引发的对公民、集体土地权利的侵犯以及由此而产生的与宪法、法律的相关规定相抵触的现象,不能不引起高度重视。

三、土地储备制度功能偏差:土地储备范围被误读的关键原因

确定土地储备的范围,应当以土地储备的功能为标准。土地储备的功能是什么?这是研究土地储备制度必须解决的问题,也是确定和理解土地储备范围的一个关键问题。一个制度的功能,也可以理解为制度建设的目标。德国法学家耶林所创立的目的法学认为:“目的是全部法律的创造者。每条法律规则的产生都源于一种目的,即一种事实上的动机。”[2]我国学者也有相同的看法,认为:“法之目的,犹如指导法学发展的‘导引之星’,其在法学中的地位,犹如北极星之于航海者。”[3]因此,对于土地储备制度来说,其制度的具体功能或者说制度所达到的目标,是认识这一制度的关键,也是正确确定或认识土地储备的范围等制度的前提。

土地储备,也称“土地银行”制度,最早起源于 1896 年的荷兰。它是指城市政府依法运用市场机制,通过收购土地所有权或使用权,并依照土地利用总体规划和城市规划,对土地进行前期开发整理与储备,以供应或者调控城市建设用地需求的城市土地管理制度和运行机制。这一制度最早在荷兰、瑞典等欧洲国家实行,随后世界上许多国家都开始推行这个制度,并获得了成功,取得了良好的效果。[4] 这一制度的目的是在土地私有的条件下,通过对土地的事先收购储备,抑制土地投机与地价增长,促进城市有计划且均衡地发展,并通过为城市居民提

---

① 参见后向东:《“官告官”并非土地储备制度惹的祸》,载《法制日报》2010 年 7 月 13 日。

② 转引自〔美〕E. 博登海默:《法理学——法哲学及其方法》,邓正来、姬敬武译,华夏出版社 1987 年版,第 104 页。

③ 梁慧星:《民法解释学》,中国政法大学出版社 1995 年版,第 65 页。

④ 参见卢新海:《中国城市土地储备制度研究》,科学出版社 2008 年版,“前言”第 1 页。

供廉价住宅，提高整个社会的福利水平。① 比如，瑞典和荷兰进行土地储备的主要目标，是为国民提供一个良好的居住环境。由于以低廉的价格提供土地是实现这一目标的手段之一，因此土地租金或售价通常只包括土地的成本。进行土地储备的其他目标还包括减少私人投机行为，同时也源于这样一种信念，即公共部门可以通过介入土地市场来扭转规划中的不公平现象。② 20 世纪初，瑞典政府为抑制由本土移居美国的大规模移民潮，决定建立土地银行以便为民众提供大量的价位合理的土地和房屋，从而实施土地储备的行为。瑞典的土地银行是中央银行直接参与土地市场管理的机构，是由政府公共机构在土地尚未开发利用前获取并持有其所有权，用作未来开发以实现公共利益的机构。土地银行是瑞典政府土地管理机构实施土地管理和开发利用的主要机构，有效解决了城市发展中遇到的诸如住房短缺、市政与交通设施改造、绿地与学校等公益性用地、新区开发与旧城更新等问题。③ 再如，土地储备制度起步较晚的法国，进行土地储备必须具有一个法定的目的——公共利益。法国土地储备具有高度功能化导向与目标化导向，核心目标是解决城市住房困难问题。法国城市政府进行土地储备的直接原因是城市人口的增长与住房的短缺。所以，法国土地储备的核心目标是解决城市住房困难，然后是解决市政设施不足、区域发展（新区开发、旧城改造）和土地投机的问题。④ 可见，土地储备制度在各国的产生与发展，其总体目标都应当是基于公共利益的需要。至于其具体目标，要么是为了解决居民的住房问题，要么是为解决公共设施所需土地问题。从国外土地储备制度实施的情况可以看出，各国实施土地储备政策的目标基本定位在维护社会公共福利，具体体现为促进都市有计划且均衡地发展；提供住宅，改善都市生活环境；抑制土地投机，平抑地价。⑤

我国在上海首先实行土地储备制度。1996 年 11 月，上海成立了我国第一家土地收购储备机构——上海市土地发展中心。1997 年 3 月，上海市房地局、财政局联合发布《上海市国有土地使用权收购、储备、出让试行办法》。根据这一办法的规定，实施土地储备的目的，是“为了进一步深化本市国有土地使用制度

---

① 参见卢新海：《中国城市土地储备制度研究》，科学出版社 2008 年版，“前言”第 1 页。

② 参见顾长浩、何乃刚：《我国土地储备制度实证研究》，载上海社会科学院房地产业研究中心、上海市房产经济学会编：《土地储备制度实证研究》，上海社会科学院出版社 2008 年版，第 37 页。

③ 参见楼建波、张双根、金锦萍、吕飞飞主编：《土地储备及土地一级开发法律制度》，中国法制出版社 2009 年版，第 331—333 页。

④ 同上书，第 324—325 页。

⑤ 参见卢新海：《中国城市土地储备制度研究》，科学出版社 2008 年版，第 8 页。

的改革，增强政府对土地供给的宏观调控力度，盘活土地存量，规范供地方式，优化投资环境”。随后，杭州、南通、青岛、武汉等城市也纷纷成立了土地储备机构。1999年，国土资源部以内部通报形式转发《杭州市土地储备实施办法》和《青岛市人民政府关于建立土地储备制度的通知》，向全国推广杭州、青岛经验。2001年4月30日发布的《国务院关于加强国有土地资产管理的通知》明确指出：“为增强政府对土地市场的调控能力，有条件的地方政府要对建设用地试行收购储备制度。”各地自行进行的土地储备制度得到了国务院文件的确认。从此以后，全国各地纷纷建立土地储备机构。在2005年年初召开的土地收购储备制度建设座谈会上，国土资源部有关负责人透露，当时有土地储备机构1700余家，累计收购土地总面积超过230万亩，投入收购土地总费用达1965亿元。同时，通过土地开发整理，已使64万亩“生地”变为“熟地”，投入开发整理总费用达741亿元。[①] 到2006年，全国已有土地储备机构2000余家，其中中东部地区8成以上的土地主管部门成立了土地储备机构，在西部地区也达到6成。[②] 土地储备制度的大规模运用，是希望能够通过这一制度的运行，使国有土地的招标、拍卖、挂牌等市场化运作方式成为主流，实现“一个渠道进水，一个池子蓄水，一个龙头放水”的土地供应统一机制，不仅使政府成为土地供应的唯一主体，也使政府“经营城市”的理念得到具体的体现。

从各地对土地储备制度功能定位的规定来看，这一制度可以说是比较抽象的，并且基本上都没有提到其具体功能，尤其是对解决居民的住房需求、公共设施建设等具体目标，几乎没有涉及。例如，武汉市人民政府于2002年7月施行的《武汉市土地储备管理办法》第1条规定的土地储备制度的功能是“盘活存量土地资产，加强政府对城市土地供应的宏观调控，优化土地资源配置，合理利用土地”；重庆市人民政府于2002年8月颁布的《重庆市国有土地储备整治管理办法》第1条规定的土地储备制度目标为“加强地产市场的宏观调控，优化土地资源配置，合理利用土地”；上海市人民政府于2004年6月颁布的《上海市土地储备办法》规定的上海市实行土地储备的目标是“加强政府对土地市场的调控，有序实施城市规划，深化土地使用制度改革”。2007年11月19日，国土资源部、财政部和中国人民银行联合发布《土地储备管理办法》，以国务院部门规章的形式正式确立了我国的土地储备制度。《土地储备管理办法》第1条规定的我国土

① 参见李和欲：《全国累计收购土地超230万亩》，载《东方早报》2005年2月23日。

② 参见刘振国：《土地储备事业面临新的突破》，载《中国国土资源报》2006年7月4日。

地储备制度的功能为“完善土地储备制度，加强土地调控，规范土地市场运行，促进土地节约集约利用，提高建设用地保障能力”。笔者认为，这一规定的主要目标，一是进一步“完善”已经被各地政府所广泛实践的土地储备制度，并以部门规章的形式将土地储备确认为一种全国性的制度；二是通过部门规章进一步肯定和保障地方政府的土地供应能力，为政府经营土地提供法律依据。

从上述各地政府规章和部门规章对土地储备制度功能的定位可以看出，无论是全国性的规定，还是各地的规定，其实行土地储备制度的目标，一般都定位于加强政府对土地市场的调控方面。从完善政府对土地一级市场的控制与管理角度而言，这当然是必要的。然而，与国际上很多国家实行土地储备制度是为了解决城市住房困难问题和加强公益性基础设施建设的具体目标相比较，我国各地所规定的制度定位仍具有一定的局限性，即基本上都是从政府对土地市场的控制和管理角度进行定位，其公益性目标或者说为解决民生问题而进行储备的目标并不明显，甚至可以说是基本缺失。

由此可见，我国土地储备制度的功能定位，主要是从政府对土地供应的控制权角度进行的。实事求是地说，这一制度定位有其积极的一面。正如媒体所指出的，土地储备制度建立之前，主要是开发商通过协议出让的方式获得生地，由开发商负责拆迁和基础设施建设，这种方式虽然减轻了政府的负担，带动了城市的发展，但是也存在弊端：不利于政府宏观调控，开发商囤积土地，开发周期较长；容易损害原土地使用人的利益；协议出让的方式带来灰色交易和寻租空间。土地储备制度建立之后，政府将“生地”开发为“熟地”，开发商只能通过“招拍挂”的方式拿地。理论上，政府可以有效控制土地供应量，因此在有关主管部门看来，土地储备相当于城市用地的二次创新。但是，在实施过程中，地方政府将土地收益作为增加财政收入的重要手段。“中央政府的目标是控制土地价格，防止房地产市场泡沫；而地方政府不同，在土地价格持续走高时，势必会尽可能抛售存量土地，以获取高收益。这种短视行为大大弱化了政府的宏观调控能力。”[①] 以下一个典型的事例就很能够说明我国土地储备制度在公益性方面的缺失：2006年年底国土资源部拟定的《土地储备管理办法(征求意见稿)》规定，土地储备计划应优先考虑满足社会保障性住房、城市绿化、教育、交通等公益性项目用

---

① 北京大学法学院房地产法研究中心主任楼建波的观点。转引自辛红：《土地储备何以未能调控住房价》，载《法制日报》2010年5月14日。

地的发展需要。但是，在正式出台《土地储备管理办法》中，该条规定已经被删除。[①] 可见，为公益性需求而实施土地储备并没有被列入政府部门的考虑范围。

笔者认为，从世界范围来看，土地储备制度作为一项政府对土地实施宏观管理的制度，其根本作用在于提高土地的利用效能，抑制地价的不合理上涨，并运用政府或公共部门的土地控制权积极为公众提供合格的公共产品；其根本目标理应是解决民生问题，如廉价住房的保障等。然而，由于我国土地储备制度的功能定位主要在于政府对土地市场的调控，强化政府在土地供应一级市场的控制能力和垄断地位，而对公共利益的实现没有明确的要求，因此导致土地储备制度在实践中很大程度地背离了公共利益的要求，成为政府提高收益的工具。这一现象最集中地体现在对土地储备范围的理解和掌握上。可以说，土地储备制度的功能不全面或者过分偏离公益是导致各地政府对土地储备范围产生“误区”的重要根源。

四、“土地财政”理念下的土地储备实践：与政府职能和依法行政原则的背离

（一）实践中土地储备范围的确定与政府行政的公益性职能相违背

土地储备制度的运行，究竟是要求政府积极地以征收农村土地、拆迁城市房屋的形式进行，还是以城市存量土地为收储形式进行？是仅仅将能够获得巨大经济收益的经营性用地作为土地储备的对象，还是也应当包括公益性用地甚至应当以公益性用地为主？笔者认为，这涉及对土地储备制度中被储备土地来源的认识，而其中最根本的是对土地储备范围的准确确定。正是由于我国土地储备制度偏向于政府对土地市场的控制功能，因此在土地储备过程中，大量的土地储备行为都是将土地储备的土地来源方式理解为土地储备范围，而且以储备经营性用地为主要内容，以获得巨额土地收益，从而导致在实践中对农村集体土地所有权、城市居民房屋所有权及土地使用权的侵犯。很多地方政府甚至将土地储备制度理解和运作成了提高地价、获取土地收益的工具。在相当多的地方政府看来，其实施土地储备制度的目的，就是为了提高土地收益，并以此增加政府财政收入。例如，从各地实践来看，虽然在推行土地储备的过程中，大多将建立“一个渠道进水，一个池子蓄水，一个龙头放水”的土地储备作为发展方向，但即使是已经基本实现统一储备、统一供地的广州、青岛、杭州等城市，也仅限于储备

① 参见顾长浩、何乃刚：《我国土地储备制度实证研究》，载上海社会科学院房地产业研究中心、上海市房产经济学会编：《土地储备制度实证研究》，上海社会科学院出版社2008年版，第43页。

经营性土地，并没有将工业用地、重大基础设施建设用地、公益用地等纳入其中。由于资金成本压力，大部分的土地在完成征地及动拆迁后随即出让，为今后发展长期储备几乎是被忽略了。①

由国务院发展研究中心为主组成的“中国土地政策改革课题组”历时两年半，对广东、江苏、浙江、北京、四川、重庆、安徽、河南、陕西九省（市）进行了翔实调查，形成了反映中国土地制度现状的第一手实证研究报告。该报告认为，土地储备中心在实施土地储备时，基本上是以征收集体土地为主，成为政府将土地“低进高出”、实现利益最大化的工具。同时，除了垄断供地，政府的另一个做法是，通过储备土地，成为土地的直接经营者。“尽管各地的土地储备中心列举了可以收购土地的各种来源，但在真正实施土地储备时，基本上是以征用集体土地为主，凸现土地储备中心追求收益最大化的目的。”②在土地储备过程中，政府既是土地的经营者，又是监督者与管理者。同时，在实践中，各地所进行的土地储备，大多是以征收农村集体土地和进行城市房屋拆迁的方式进行，而且大都将经营性用地作为土地储备的主要内容，以提高政府的土地收益。例如，安徽省的土地储备主要是针对经营性用地，道路用地、公共基础设施用地等暂不纳入土地储备的范围。安徽省储备土地的来源包括收回的国有土地、收购的国有土地和征收的集体土地等。其中，采取征收方式储备的土地占全省储备土地的 90%以上。此外，安徽省经营性用地的收储周期都比较短，这一方面是由于土地资源比较紧缺，不能满足现有项目的需要；另一方面是由于安徽省为调控土地供应总量，要求土地储备必须带项目。

从调研中了解到的情况来看，合肥、黄山绝大多数的土地都是入储、平整以及市政建设完毕后，就马上进行出让，几乎没有一个“储存”的阶段。③ 在这种情形之下，政府俨然成了不需要任何营业执照的“土地公司”。这种以征收农村集体土地为主要存储方式、以经营土地为主要目标的土地储备，必然导致耕地的流失。有学者尖锐地指出，应当对当下中国耕地严重流失现象负责的是地方政府，而并非农民和农民集体。因为在当下中国，唯有政府才拥有将农地合法转为非农建设用地的垄断权力。“正是由于地方政府对土地规划和用途采取漠视的态

① 参见顾长浩、何乃刚：《我国土地储备制度实证研究》，载上海社会科学院房地产业研究中心、上海市房产经济学会编：《土地储备制度实证研究》，上海社会科学院出版社 2008 年版，第 40—41 页。

② 国务院发展研究中心“中国土地政策改革课题组”：《土地解密》，载《财经》2006 年第 4 期。

③ 参见楼建波、张双根、金锦萍、吕飞飞主编：《土地储备及土地一级开发法律制度》，中国法制出版社 2009 年版，第 166—167 页。

度，并大规模进行农地转用才导致耕地流失的加重。"[①]笔者同时认为，大量的耕地以"土地储备"的名义而流失，不仅是对农民土地权利的侵犯，更严重的是可能危及国家的粮食安全，理应引起高度重视。

从行政法角度而言，土地储备制度作为政府对土地这一公共资源进行控制和管理的制度，理应具有公益性特征，必须遵循依法行政和履行有效的公共服务职能的要求。"现代行政的功能是向社会成员提供有效的公共服务和合格的公共产品"；同时，"现代行政的价值取向在于不断满足社会成员人道生活的需求"。[②] 土地储备制度同样应当在现代行政法治的框架内确定其应有的功能。实践中地方政府将土地储备的范围理解为征收农村集体土地和拆迁城市房屋获得土地，仅仅将能够获得巨大经济收益的经营性土地纳入土地储备的范围，而且最终将土地储备制度理解为政府提高收益的"蓄水池"，并将其演变成牟取利益的手段的行为，不仅与土地储备的目的不相符合，也与现代政府行政必须以实现公共利益为目标的职能产生明显的冲突。有学者指出，从国际经验来看，土地储备制度是正常运作的房地产市场的有力补充，其主要来源于旧城区改造用地、清算或破产企业用地和城郊待开发用地，收购整理后的用途主要是政府自助住房、基础设施和公用设施建设等。因此，不应将所有土地入储，特别是那些可以由土地二级市场自行调节的部分。只有在充分尊重和发挥市场机制的基础上，让土地储备机构收购各市场主体无法处置的存量土地，政府才可能达到运用"适量"的储备土地"适时、适当"地调控市场的目的。反之，如果政府运用行政权力强制性地要求所有的存量土地都纳入土地储备的范围，不但会在经济条件不具备的情况下背负巨大的资金负担，还会陷入市场的"旋涡"中，不符合政府的公共管理职能。[③]

（二）以征地、拆迁为主要方式的土地储备实践与依法行政原则相背离

笔者认为，实践中地方政府错误理解土地储备的范围，将土地的取得方式理解为土地储备的具体范围，并且以牟取土地收益为目标，以经营性土地作为储备的对象，以大肆进行土地征收、房屋拆迁为主要形式的行为，与依法行政原则的要求严重背离。

---

① 沈开举、程雪阳：《中国土地管理制度的改革与法治化》，载姜明安主编：《行政法论丛》（第 12 卷），法律出版社 2009 年版，第 301 页。

② 参见杨海坤、章志远：《中国行政法基本理论研究》，北京大学出版社 2004 年版，第 11 页。

③ 参见楼建波、张双根、金锦萍、吕飞飞主编：《土地储备及土地一级开发法律制度》，中国法制出版社 2009 年版，第 82—83 页。

第一，土地储备中的行政征收违背公共利益原则。严格来说，在我国土地储备制度背景下所实施的土地征收、房屋拆迁等行为，是一种行政征收行为。无论是将农村集体土地征收为国有土地，还是在城市进行房屋拆迁而征收国有土地上公民、个人的房屋，都应当属于行政法上的行政征收。① 根据我国《宪法》和法律的规定，征收土地和房屋必须符合公共利益的要求。《宪法》第10条第3款规定："国家为了公共利益的需要，可以依照法律规定对土地实行征收或者征用并给予补偿。"《物权法》第42条第1款规定："为了公共利益的需要，依照法律规定的权限和程序可以征收集体所有的土地和单位、个人的房屋及其他不动产。"同时，《物权法》第43条也规定："国家对耕地实行特殊保护，严格限制农用地转为建设用地，控制建设用地总量。不得违反法律规定的权限和程序征收集体所有的土地。"《土地管理法》第2条第4款也规定："国家为了公共利益的需要，可以依法对土地实行征收或者征用并给予补偿。"土地储备制度中对农村集体土地的征收以及城市国有土地上所进行的房屋拆迁所表现出来的对公民、组织房屋的征收，都必须符合公共利益的要求，这是对公民、组织财产权利的尊重与保护的要求。然而，在土地储备的实践中，地方政府基于经营土地的理念，将转手出让就能够获取最大收益的经营性用地作为土地储备的范围，甚至基于商业目的不断地实施土地储备，明显是违背《宪法》和法律关于行政征收必须以实现公共利益为前提的规定的。虽然在理论上和制度中，公共利益的内涵尚难以具体确定，但商业利益绝对不可能是公共利益是人所共知的常识。

第二，以"土地储备"的名义实施土地征收和房屋拆迁违反我国《立法法》关于法律保留的规定。《立法法》第8条和第9条规定，"对非国有财产的征收"属于法律保留范围，应当由全国人大及其常委会以法律的形式进行规定。这体现了我国法律制度对公民财产权利的保护。"财产权利是公民的基本权利，要保证公民真正拥有人性尊严，国家就必须对公民的财产权利予以最大维护与尊重。"②即使在还没有制定法律的前提下，也应当由全国人大及其常委会授权国务院，先制定行政法规。但是，目前实践中仅仅凭作为国务院部门规章的《土地

---

① 国务院法制办公室于2010年1月公布的《国有土地上房屋征收与补偿条例(征求意见稿)》已经明确将在国有土地上所进行的房屋拆迁行为界定为"国有土地上房屋征收行为"，并明确对国有土地上单位、个人的房屋实行征收的前提应当是"为了公共利益的需要"。

② 杨解君、顾冶青:《公益收用之界定与行政补偿之完善》，载中国法学会行政法学研究会编:《修宪之后的中国行政法——中国法学会行政法学研究会2009年年会论文集》，中国政法大学出版社2005年版，第283页。

储备管理办法》、各地政府的规章甚至一般规范性文件，就以“土地储备”的名义进行土地征收和房屋拆迁的行为，明显违背了《立法法》关于法律保留的规定。

第三，土地储备中的行政征收违背法律、法规必须以建设项目的存在为前提的规定。根据《土地管理法》第五章“建设用地”中相关内容的规定，征收农村集体土地作为建设用地的，必须有建设单位和建设项目，并且应当履行严格的审批手续。同时，虽然作为国务院行政法规的《城市房屋拆迁管理条例》在实践中广受诟病，但其也明确规定城市房屋拆迁必须以建设单位的存在和具有具体的建设项目为前提。然而，在各地政府所实施的以征收农村土地、实施城市房屋拆迁为主要范围的土地储备实践中，很多却没有具体的建设单位和建设项目，仅仅以一个“土地储备”的名义就将土地或房屋征收，将土地所有权或者使用权收归国有，目的就在于通过转手出让获取高额土地收益。有些地方虽然已经有明确的建设单位和建设项目，但为了掩盖其商业目的，规避《宪法》与法律所规定的公益性目的与前提，同样不惜违法，以“土地储备”的名义实施拆迁或者土地征收。

总之，实践中很多地方政府在“土地储备”的名义之下，以对土地储备范围的曲解所实施的土地征收、房屋拆迁等行为，既不符合《宪法》和法律所明确规定的公共利益要求和《立法法》关于行政征收应当符合法律保留原则的规定，也不符合现行法律关于征收土地和进行城市房屋拆迁必须符合特定条件的具体要求，不但与政府行政必须维护公共利益的职能相违背，也与依法行政的要求相去甚远。

五、结语：土地储备范围的法治化前景

应当承认，我国土地储备制度是在缺乏相应的理论研究也缺乏严格的制度规范的背景下“横空出世”的。正是这一制度与地方政府经营土地、追求土地利益最大化的诉求产生了实际上的契合，使各地政府不遗余力地贯彻其意图，从而使“加强土地调控，规范土地市场运行”的制度初衷难以实现。可以说，实践中的土地储备制度以谋取土地收益最大化为目标，其根源就在于对土地储备范围的曲解和错误适用上，结果是导致了大量农村集体土地被征收和城市房屋的被拆迁，并且由于其中的公益性缺失和补偿机制的不足，引发了很多社会矛盾。[①] 同时，受

① 城市房屋拆迁所引发的社会矛盾的凸现，也是国务院颁布《国有土地上房屋征收与补偿条例》以替代《城市房屋拆迁管理条例》的重要动因。

政府“土地财政”理念的驱使，房价持续上涨，[1]使公民的住房权利难以得到有效实现。以上这些问题引起了党和政府的高度重视。党的十七届三中全会通过的《中共中央关于推进农村改革发展若干重大问题的决定》指出：“改革征地制度，严格界定公益性和经营性建设用地，逐步缩小征地范围，完善征地补偿机制。”此外，《土地管理法》的修改也在征求意见过程中，其中关于土地储备制度的规范与改革已经引起社会各界的普遍关注。[2]

从世界各国实施土地储备制度本身来说，这一制度明显具有其合理和成功的价值，如果其在我国能够得到严格规范和合理实施，应当能够对土地市场的调控起到一定的积极作用。为此，笔者认为，应当在《土地管理法》等法律中对土地储备制度，尤其是土地储备的范围进行明确的规范。同时，应当遏止地方政府实施“土地财政”的冲动，使土地储备制度朝着维护社会公益、保障公民和组织的合法权益、实现政府公共服务职能的方向健康发展。具体方法如下：

第一，缺乏法律依据的土地储备制度理应法治化。我国土地储备制度是在没有法律规定的前提下建立和实施的，其依据仅仅是国务院于 2001 年 4 月发布的《国务院关于加强国有土地资产管理的通知》中关于“为增强政府对土地市场的调控能力，有条件的地方政府要对建设用地试行收购储备制度”的内容，缺乏具体的法律规定。如果依照这样的一个规范性文件实施土地储备，其合宪性和合法性都是严重不足的。这是因为，“土地问题既是中国革命的核心问题，也是中国改革发展和建设的关键所在”[3]。因此，必须以《宪法》《立法法》《物权法》和《土地管理法》为依据，在充分论证和调查研究的基础上，对土地储备制度的功能定位、土地储备的范围、土地储备的程序乃至土地储备的行政救济等问题进行全面的制度设计，以全面规范我国土地储备制度的建设与运行。

第二，必须突出土地储备制度的公益性特征。从世界各国实施土地储备的目标来看，土地储备制度具有明显的公益性特征。因此，我国土地储备制度也应该朝着公益化方向发展。其中，最主要的是应当以土地用途确定土地储备的范围，将解决居民住房、建设公共设施等公益性用地作为土地储备的主要范围。同

---

① 政府将土地储备后，以“招拍挂”的方式进行土地出让，基本上都是价高者得。这在一定程度上推高了地价，同时也必然推高了房价。很多地方出现的“地王”现象就很能说明这一点。

② 参见贾海峰：《〈土地管理法〉修改再辩：政府土地储备制度需改革》，载《21 世纪经济报道》2009 年 5 月 5 日。

③ 沈开举、程雪阳：《中国土地管理制度的改革与法治化》，载姜明安主编：《行政法论丛》(第 12 卷)，法律出版社 2009 年版，第 290 页。

时,应该首先规定闲置土地收储的范围,不能将农地和农转建类的用地也纳入收储范围。

第三,明确界定和规范土地储备范围和土地储备方式。禁止以大肆进行农村集体土地征收和城市房屋拆迁的形式进行土地储备,从而遏制或杜绝以侵害公民、集体土地和房屋权益的方式收储土地。

第四,明确"土地财政"的法律责任。责任是法律的生命所在。对于以追求"土地财政"为目标、以"土地储备"为名义而违反《宪法》《物权法》《土地管理法》的规定,进行土地征收、城市房屋拆迁的违法行为,应当明确法律责任。

笔者认为,土地储备的范围是明确土地可以进行土地储备的基本界限。这个问题如果能够在我国法律中得到解决,那么土地储备制度就能够健康发展。这也是笔者撰写本文内容的根本目的所在。

第三节　司法解释中行政协议定义论析
——以改造"在法定职责范围内"的表述为中心*

行政协议或者行政合同,又称行政契约,是指行政机关与相对人双方的意思一致,所缔结的发生行政法上法律关系的合同。[①] 修改后的《行政诉讼法》首次明确规定了行政协议争议的可诉性,其第 12 条第 1 款第 11 项规定,认为行政机关不依法履行、未按照约定履行或者违法变更、解除政府特许经营协议、土地房屋征收补偿协议等协议的,属于人民法院行政诉讼受案范围。《行政诉讼法》仅仅规定了行政协议争议的可诉性,但对什么是行政协议没有作出明确的法律界定。为此,最高人民法院于 2015 年 4 月发布的《最高人民法院关于适用〈中华人民共和国行政诉讼法〉若干问题的解释》(以下简称《适用解释》)第 11 条第 1 款专门对《行政诉讼法》所涉行政协议进行了定义,规定"行政机关为实现公共利益或者行政管理目标,在法定职责范围内,与公民、法人或者其他组织协商订立的具有行政法上权利义务内容的协议,属于行政诉讼法第十二条第一款第十一项规定的行政协议"。

鉴于我国《行政诉讼法》是在行政行为的范畴之内规定行政诉讼受案范围

---

* 原名《司法解释中行政协议定义论析——以改造"法定职责范围内"的表述为中心》,载《法学》2017 年第 10 期。

① 参见陈新民:《中国行政法学原理》,中国政法大学出版社 2002 年版,第 175 页。

的，因此，对于行政协议的定义理应在行政行为的框架之内理解。笔者认为，这个定义中的“在法定职责范围内”的表述，与行政行为的基本概念以及行政协议本身所应具备的内涵不相一致，是一个并不科学的表述。这一表述对行政协议案件的依法受理、依法审判将产生重要影响。因此，为保证修改后的《行政诉讼法》的行政协议条款得到切实实施，对“在法定职责范围内”的表述展开研究，分析这一表述对于行政审判可能或者已经带来的影响，就显得十分必要。

一、行政行为范畴内的行政协议并不以“在法定职责范围内”为条件

（一）我国行政诉讼制度中的行政行为与行政协议

从修改后的《行政诉讼法》将行政协议纠纷纳入行政诉讼范围的角度而言，立法机关是将行政协议作为行政行为的一种来看待的。从诉讼制度设计的宗旨来看，行政诉讼就是对行政行为不服所产生的诉讼；而法院受理行政案件、审理行政案件，其宗旨就在于对行政行为的合法性进行审查。从立法机关对《行政诉讼法》中行政行为的解释可以看出，《行政诉讼法》中的行政行为，既包括行政机关的单方行为，也包括行政机关与相对人签订、履行行政合同的行为。[①]《行政诉讼法》第 2 条关于“公民、法人或者其他组织认为行政机关和行政机关工作人员的行政行为侵犯其合法权益，有权依照本法向人民法院提起诉讼”的规定，实际上就是明确了行政行为是行政诉讼中法院的审查对象，并通过第 12 条关于受案范围的规定来具体实现。因此，“人民法院在行政诉讼中的直接审查对象是被诉行政行为”[②]。这就涉及行政行为的界定问题。

从 20 世纪 80 年代我国行政法学研究开展以来，行政行为的概念就是一个不断被认识、探讨的学术概念。按照我国行政法学界的通说，“行政行为是指行政主体行使行政职权对相对人产生法律效果的行为”，其法律特征为：主体为行政机关，以及得到法律、法规或者规章授权的非行政机关组织体；必须是行政主体行使行政职权的行为；必须是对相对人的权利义务产生法律影响的行为。行政行为的种类包括抽象行政行为和具体行政行为、内部行政行为和外部行政行为、作为行政行为和不作为行政行为、单方行政行为和双方行政行为、行政法律行为和行政事实行为、依职权行政行为和依申请行政行为、羁束行政行为和裁量行政行为等。[③] 同时，从全部公法行为说的角度论述，行政行为是指行政主体为

---

① 参见袁杰主编：《中华人民共和国行政诉讼法解读》，中国法制出版社 2014 年版，第 8 页。

② 江必新、梁凤云：《行政诉讼法理论与实务》（第三版・上），法律出版社 2016 年版，第 43 页。

③ 参见应松年主编：《行政法与行政诉讼法学》（第二版），法律出版社 2009 年版，第 114—119 页。

规制行政关系、行使职权、具有行政法意义的行为，其分类同样也包括单方行政行为和双方行政行为、抽象行政行为和具体行政行为等。[①] 因此，行政行为的概念表述，一般都承认行政行为是一种行使行政权力、能够产生法律效果的行为，并不存在行政行为的成立必须合法或者必须“在法定职责范围内”之说。

当然，在行政法学发展过程中，确实曾经有过一种“行政行为合法行为说”的观点。该观点认为，行政行为应当是行政主体的一种合法行为，只有合法的行为才能发生预期的行政法效果；违法行为即使发生了相应的法律后果也不能得到法律的保护，并不是行政主体所期望的行政法效果。我国的少数学者和实务界人士支持该说法。显然，合法行为说受到了民事法律行为界定说的影响，同时也误解了行政行为的从属法律性这一特征，不适应行政复议和行政诉讼的现实需要。因此，它并没有得到学界的支持和实务界的认同，有的倡导者后来也自行放弃了这一观点。[②] “我们固然可以要求行政行为必须合法，但不等于说现实生活中发生的违法行政行为便不是行政行为。”[③]从行政行为的合法要件而言，其必须符合主体合法、权限合法、内容合法以及程序合法的要件，但从行政行为的成立与生效要件角度而言，并不要求行政主体作出行政行为必须是“在法定职责范围内”，其在“法定职责范围外”作出的权力性行为同样是行政行为。否则，我们就无法解释行政复议和行政诉讼乃至于行政赔偿等行政救济制度存在的合理性与必要性。从行政行为从属于法律或者依法行政的角度来说，行政行为固然应当符合法律的规定。但是，“行政行为的从属法律性，仅仅意味着行政行为从属于法律的应然性，与行政行为的界定无关。也就是说，行政行为的从属法律性，并不意味行政行为必然合法，也并不意味着只有合法的行为才是行政行为”[④]。

行政行为应当包括以行政合同或行政协议为表现形式的双方行政行为，这不仅是学术上的主流观点，也是最高人民法院司法解释长期所持的观点。2000年3月发布的《最高人民法院关于执行〈中华人民共和国行政诉讼法〉若干问题的解释》(以下简称《若干解释》)，改变了以往司法解释对“具体行政行为”进行界定的做法，规定“公民、法人或者其他组织对具有国家行政职权的机关和组织及其工作人员的行政行为不服，依法提起诉讼的，属于人民法院行政诉讼的受案范围”。但是，其中“行政行为”的内容必须与行使行政职权有关，不仅包括法律行

---

① 参见姜明安主编：《行政法与行政诉讼法》(第六版)，北京大学出版社、高等教育出版社 2015 年版，第 150—151 页。

② 同上书，第 150 页。

③ 应松年主编：《当代中国行政法》(上卷)，中国方正出版社 2005 年版，第 508 页。

④ 叶必丰：《行政行为原理》，商务印书馆 2014 年版，第 24 页。

为，而且包括事实行为；不仅包括单方行为，而且包括双方行为；不仅包括侵益性行为，而且包括赋权性行为；不仅包括受益性行为，而且包括制裁性行为；不仅包括刚性行为，而且包括柔性行为。① 可以说，现行《行政诉讼法》第12条第1款第11项关于行政协议纠纷纳入行政诉讼受案范围的规定，是《若干解释》中相关规定在法律上的一种提升与回归。

再回到本文所研究的行政协议问题。如何认定行政协议？笔者认为，最高人民法院在《适用解释》第11条第1款中认为，行政协议是“行政机关为实现公共利益或者行政管理目标，在法定职责范围内，与公民、法人或者其他组织协商订立的具有行政法上权利义务内容的协议”。这一定义中的行政机关、公共利益、协议的相对方公民、法人或者其他组织以及合同的内容为行政法上权利义务等表述，都符合行政协议的基本特征。然而，规定行政协议必须是“在法定职责范围内”，这不仅与作为行政协议上位概念的行政行为概念相冲突，而且也与行政协议本身的概念相矛盾。

从我国较早论述行政合同的专著认为“所谓行政契约就是以行政主体为一方当事人的发生、变更或消灭行政法律关系的合意”②，一直到修改后的《行政诉讼法》于2015年5月1日实施以后出版的行政法学著作所持的观点“行政合同即行政契约，是指行政主体和相对人以协商一致的方式，设立、变更或消灭行政法上权利义务关系的合同”③，其中都没有关于行政机关签订行政合同或者行政协议必须“在法定职责范围内”的要求。

（二）近年来地方行政程序规章中对行政合同的表述

再来看最近10年间从《湖南省行政程序规定》开始逐渐兴起的地方行政程序规章中对行政合同的规定。从表一可以看出，除了2017年1月1日起施行的《浙江省行政程序办法》第80条第1款从依法行使行政职权的角度规定的“行政机关为实现公共利益或者行政管理目的，可以在法定职责范围内，与公民、法人或者其他组织协商订立行政协议”外，其余对行政合同进行界定的规定都没有“在法定职责范围内”的表述。

① 参见江必新：《司法解释对行政法学理论的发展》，载《中国法学》2001年第4期。
② 余凌云：《行政契约论》，中国人民大学出版社2000年版，第40页。
③ 叶必丰：《行政法与行政诉讼法》（第三版），高等教育出版社2015年版，第81页。

表一　地方行政程序规章中关于行政合同的定义

名称	具体定义
《湖南省行政程序规定》 （自 2008 年 10 月 1 日起施行）	行政机关为了实现行政管理目的，与公民、法人或者其他组织之间，经双方意思表示一致所达成的协议
《江苏省行政程序规定》 （自 2015 年 3 月 1 日起施行）	行政机关为了维护公共利益，实现行政管理目的，与公民、法人和其他组织之间，经双方意思表示一致达成的协议
《宁夏回族自治区行政程序规定》 （自 2015 年 3 月 1 日起施行）	行政机关为了实现行政管理目的，与公民、法人或者其他组织之间，经双方意思表示一致所达成的协议
《山东省行政程序规定》 （自 2012 年 1 月 1 日起施行）	行政机关为了维护公共利益，实现行政管理目的，与公民、法人和其他组织之间，经双方意思表示一致达成的协议
《浙江省行政程序办法》 （自 2017 年 1 月 1 日起施行）	无定义，但提出“行政机关为实现公共利益或者行政管理目的，可以在法定职责范围内，与公民、法人或者其他组织协商订立行政协议”
《汕头市行政程序规定》 （自 2011 年 5 月 1 日起施行）	行政机关为了维护公共利益，实现行政管理目的，与公民、法人和其他组织之间，经双方意思表示一致达成的协议
《兰州市行政程序规定》 （自 2015 年 3 月 1 日起施行）	行政机关为了维护公共利益，实现行政管理目的，与公民、法人和其他组织之间，经双方意思表示一致达成的协议
《海口市行政程序规定》 （自 2013 年 8 月 1 日起施行）	行政机关为了维护公共利益，实现行政管理目的，与公民、法人或者其他组织之间，经双方意思表示一致达成的协议
《西安市行政程序规定》 （自 2013 年 5 月 1 日起施行）	行政机关为了实现行政管理目的，与公民、法人或者其他组织，经双方意思表示一致所达成的协议

因此，《适用解释》第 11 条第 1 款对行政协议定义中“在法定职责范围内”的表述，既与行政协议以双方行政行为的种类存在于行政行为范畴之中的理论概括不符，也与近年来地方行政程序规章中有关行政合同的定义不一致。

二、行政协议定义中“在法定职责范围内”与行政诉讼制度及实践之间的矛盾

将可以提起行政诉讼的行政协议定位于“在法定职责范围内”的思路，是顺着《行政诉讼法》第 12 条第 1 款第 11 项的规定进行的。“不依法履行、未按照约定履行或者违法变更、解除政府特许经营协议、土地房屋征收补偿协议等协议”中的行政协议，理应属于合法有效的协议，否则就不存在“不依法履行、未按照约定履行或者违法变更、解除”了。换句话说，既然是被“不依法履行、未按照约定履行或者违法变更、解除”的行政协议，必然应当是“行政机关为实现公共利益或者行政管理目标，在法定职责范围内，与公民、法人或者其他组织协商订立的具有行政法上权利义务内容的协议”。司法解释可能就是根据这一思路来界定行

政诉讼中的行政协议的。但是,这一表述明显忽视了诉讼制度作为一种程序制度的规律。因为在诉讼程序开展之初,被提请审查的行政协议是否属于“在法定职责范围内”是难以确定的,司法解释不能对被提起诉讼的行政协议的合法性作事先设定。

(一)“在法定职责范围内”与《行政诉讼法》及司法解释的相关条文之间的不协调

诉讼法是关于诉讼程序的法律制度,而且行政诉讼受案范围所规定的公民、法人或者其他组织对行政行为不服的状态,仅仅是一种原告作为起诉人的主观愿望。从这一角度出发,要确定属于行政诉讼受案范围的行政协议必须是行政主体“在法定职责范围内”所签订的合法有效的行政协议,无疑是最高人民法院的一种奢望了。同样的道理,《行政诉讼法》第 2 条第 1 款以概括的形式规定“公民、法人或者其他组织认为行政机关和行政机关工作人员的行政行为侵犯其合法权益,有权依照本法向人民法院提起诉讼”,第 2 款规定“前款所称行政行为,包括法律、法规、规章授权的组织作出的行政行为”,假设立法者再添加一款,规定“前款所称行政行为,是指行政机关为实现公共利益或者行政管理目标,在法定职责范围内,依法作出的影响相对人权利义务的行政职权行为”,那么任何学过行政法的人都会反对。如果行政行为都是“在法定职责范围内”作出的合法行为,那还要行政诉讼制度干什么?如此,《行政诉讼法》第 6 条“人民法院审理行政案件,对行政行为是否合法进行审查”的规定就没有任何意义。因此,笔者认为,将行政协议界定为“在法定职责范围内”,不仅是对行政行为概念和行政协议概念的一种误读,也必然与《行政诉讼法》第 75 条、《适用解释》第 15 条第 2 款的规定产生矛盾。

《行政诉讼法》第 75 条规定了行政行为无效的情形,而《适用解释》第 15 条第 2 款规定了原告可以请求确认行政协议无效。这两者之间是什么关系?应当明确的是,行政协议属于行政行为的一种,也适用《行政诉讼法》关于无效行政行为的规定。[①] 联邦德国《行政程序法》第 59 条关于公法合同无效的规定中,明确其中的情形之一就是“如行政行为具相应内容即无效的”,[②]即公法合同的无效适用行政行为无效的规定。《行政诉讼法》第 75 条规定的“行政行为有实施主体

① 参见江必新、梁凤云:《最高人民法院新行政诉讼法司法解释理解与适用》,中国法制出版社 2015 年版,第 160 页。

② 参见〔德〕平特纳:《德国普通行政法》,朱林译,中国政法大学出版社 1999 年版,第 241 页。

不具有行政主体资格或者没有依据等重大且明显违法情形”，当然也应当包括明显不具有法定职责或者严重超越法定职责范围的情形。对于行政机关而言，是否具有行政主体资格，主要看有关法律规定和是否符合编制。如果甲行政机关行使了乙行政机关的行政职权，就属于“超越职权”的情形。

实施主体不具有行政主体资格，更多发生在法律、法规和规章授权组织作出行为的情形中。对于授权组织而言，法律、法规和规章一般赋予其特定的职权，其才在授权范围内具有行政主体资格。同时，行政行为没有依据，是指行政主体作出行政行为时没有法律、法规和规章等规范性文件依据，包括行政行为毫无依据或者行政行为虽然有规范性文件依据，但是该规范性文件与上位法直接、明显抵触，视为没有依据。[①] 没有依据，应当包括没有法定的职权依据。

同样的道理，行政协议的无效，也应当包括作为行政职权行使者的一方当事人在没有行政主体资格或者没有依据的前提下签订以行政管理为目标的行政协议。有法官明确指出，当事人双方主体适格，这是行政协议合法有效的重要基础。行政协议主体包括行政主体和行政相对人。行政主体在其管辖事务以及职权范围内有权订立行政协议，这也是各国普遍通行的规则。在我国，虽然有关行政主体订立行政协议的权限并无统一规定，但是根据职权法定和越权无效的原则，行政主体只能在其权限范围内订立行政协议，不得超越权限范围。如果行政机关从根本上就没有订立相应行政协议的权力，则该协议就丧失了合法性基础，法院可以径行确认该协议无效。[②] 由此可见，违法无效的行政协议应当包括行政机关超越法定职权而签订的行政协议。《适用解释》第 15 条第 2 款所规定的“原告请求解除协议或者确认协议无效，理由成立的，判决解除协议或者确认协议无效”，就应当包括这类行政协议。然而，《适用解释》第 11 条第 1 款对行政协议的界定，明显与能够提起行政诉讼的行政协议纠纷理应包括违法无效的行政协议的原理相违背。这导致其与《行政诉讼法》第 75 条、《适用解释》第 15 条第 2 款的规定产生矛盾，实际上也使《行政诉讼法》第 75 条无法适用到行政协议纠纷之中，《适用解释》第 15 条第 2 款也将成为一条没有任何意义的规定。

在实践中，依照某些法院的逻辑，既然《适用解释》对行政协议进行了定义，在司法实践中要判断是否属于行政协议纠纷，就必须符合这个定义所确定的标准。如果是行政协议，就必须是在法定职责范围内；如果是在法定职责范围外，

---

① 参见梁凤云：《新行政诉讼法讲义》，人民法院出版社 2015 年版，第 455—456 页。
② 参见程琥：《审理行政协议案件若干疑难问题研究》，载《法律适用》2016 年第 12 期。

就一律不是“行政法意义上的行政协议”，所产生的争议也不属于行政诉讼的受案范围。这不能不说是一种教条主义的审判观念。如果按照这一逻辑，《适用解释》第 15 条第 2 款所规定的无效行政协议的认定就将不复存在，《行政诉讼法》第 75 条关于无效行政行为的规定也将不适用于行政协议案件。这显然不符合《行政诉讼法》关于行政协议诉讼的立法原意和制定《适用解释》第 15 条第 2 款的目的。因此，这样的理解是对《行政诉讼法》第 75 条和《适用解释》相关规定的曲解，不仅没有法理依据，也没有法律依据。只要协议的一方为行政主体，就符合行政协议的职责要素。至于是不是在法定职权范围内签订行政协议，那是判断行政协议是否合法、有效的问题。

（二）“在法定职责范围内”的界定对行政协议纠纷的审判产生不利影响

行政协议是行政行为的一种，既然是行政行为，就必然有合法与违法之分，也必然有法定职责范围内与法定职责范围外之分。《适用解释》第 15 条第 2 款之所以要规定原告可以请求确认协议无效、法院可以判决确认协议无效，正是基于行政协议的签订有可能符合《行政诉讼法》第 75 条所规定的“行政行为有实施主体不具有行政主体资格或者没有依据等重大且明显违法情形，原告申请确认行政行为无效的，人民法院判决确认无效”。但是，由于司法解释将行政诉讼受案范围中的行政协议确定为必须是“在法定职责范围内”的行政协议，因此“法定职责范围外”的行政协议就可能遭到“冷落”。实践中可能出现的情况是，要么不受理，要么受理后驳回起诉，从而使原告对违法的行政协议进行司法审查的请求难以实现，同时也使属于《行政诉讼法》第 12 条第 1 款第 11 项所规定的“认为行政机关不依法履行、未按照约定履行或者违法变更、解除政府特许经营协议、土地房屋征收补偿协议等协议的”范围内的请求，由于并非是“法定职权范围内”签订的，其协议的合法性无法得到有效审查与确认。因为在实践中，法院会将一些虽然符合行政协议的其他要件，却不符合“在法定职责范围内”签订的协议，以“不属于行政协议”为由拒之门外。

例如，根据《行政诉讼法》第 12 条第 1 款第 11 项和《适用解释》第 11 条第 2 款的列举性规定，土地房屋征收补偿协议无疑属于《行政诉讼法》所规定的行政协议范畴，而且最高人民法院第 76 号指导案例也已经明确“国有土地使用权出让合同”为行政协议。然而，在某地，一起由镇政府所属办公室会同区土地储备中心以“解除国有土地使用权出让合同协议书”为名，并以《国有土地上房屋征收补偿条例》为依据与相对人签订的征收补偿协议所产生的纠纷中，当事人认为镇政府所属办公室和区土地储备中心无收回国有土地使用权、征收国有土地上房屋、实施行政补偿的行政职权，不是合格的行政主体，并以修改后的《行政诉讼法》第 75 条和《适用解释》第 15 条第 2 款为依据，要求法院确认行政协议无效而提起诉讼。法院以“协议不是与土地管理部门签订”，与《适用解释》第 11 条第 1 款中所称行政协议必须“在法定职责范围内”的规定不符为由，认为其“不属于行政法意义上的行政协议”而裁定驳回起诉。①

这样的裁定就非常值得商榷。如果因为行政机关在“法定职责范围外”与相对人签订了以征收补偿为内容的协议，就以其不符合司法解释所规定的行政协议定义为由，认为其不属于“行政法意义上的行政协议”而驳回起诉，那么按照这个逻辑推而广之，行政机关超越法定职权作出的行政处罚就不是行政处罚，在“法定职责范围外”作出的行政许可就不是行政许可，行政主体超越职权作出的查封、扣押行为就不是行政强制措施。当事人如果诉诸法院，应当一律以“不属于行政诉讼受案范围”为由裁定不予受理或者受理后裁定“驳回起诉”。如果这样的裁定成立的话，行政法中的“超越职权”将不复存在。这不仅违背行政法理，而且与《行政诉讼法》所确定的行政诉讼制度的宗旨也相去甚远。

（三）“在法定职责范围内”的规定可能使部分行政协议纠纷难以进入司法审查之门

实际上，仔细研究《适用解释》第 11 条第 1 款规定制订过程中的解释，可以看出这一规定的本意，并不是强调被纳入行政诉讼受案范围之内的行政协议都必须是完全合法的。制定者其实也很明白，“在法定职责范围内”是司法解释所确定的行政协议应当具备的职责要素，是指行政机关签订行政协议必须是“在法定职责范围内”，在法定职责范围之外签订的行政协议无效。事实上，在《适用解释》起草过程中，有意见提出删除“在法定职责范围内”这一职责要素。因为在特定情况下，行政机关签订行政协议可能不是在法定职责范围内。如果拘泥于“在法定职责范围内”，可能将很多行政协议排除在外，行政机关也很可能以此为由拒绝司法审查。为此，《适用解释》的制定者认为，行政协议的定义，主要是为了

---

① 对于土地储备中心的法律地位，依据国土资源部、财政部、中国人民银行发布的《土地储备管理办法》，土地储备机构应为县级以上人民政府批准成立、具有独立的法人资格、隶属于国土资源管理部门、统一承担本行政辖区内土地储备工作的事业单位。土地储备机构设立的依据是作为规章的《土地储备管理办法》。该规章明确其应当隶属于国土资源管理部门，因此其实施的土地储备行为属于受委托的行为，公民、法人或者其他组织提起行政诉讼的，应当以其所隶属的国土资源管理部门为被告。参见江必新主编：《新行政诉讼法专题讲座》，中国法制出版社 2014 年版，第 134 页；上海市青浦区人民法院(2016)沪 0118 行初 59 号、上海市第二中级人民法院(2017)沪 02 行终 176 号行政裁定书。

引导行政机关依法签订行政协议，并不是认为只要是行政协议都是“在法定职责范围内”；是否属于“在法定职责范围内”，是需要通过行政复议和行政诉讼途径加以认定的。[①]

以上论述表明，不在法定职责范围内签订的与行使行政职权相关的协议，也是行政协议，只不过它应当是无效的行政协议罢了。就像超越职权的行政行为同样是行政行为，只不过应当依法被撤销而已。应当明确，对行政协议合法的要求与实践中产生行政争议的行政协议是否是在合法的前提下签订，完全是两个不同的概念。

笔者认为，虽然制定者所阐述的观点非常正确，符合行政法法理，但是这些正确的观点都是出现在学术性的著作中。实事求是地说，法官（尤其是每天必须面对大量诉讼案件的基层人民法院和中级人民法院的法官）是很少有时间和精力去关注这些学术著作中的论述的。法官是以适用规则为职业需求的，当事人也以规则为依据行使自己的权利。在实践中，如果法官仅仅以《适用解释》所确定的行政协议定义判断行政协议是否“在法定职责范围内”签订，进而确定其是否属于行政诉讼受案范围，那么势必会导致一些并不在法定职责范围内签订的行政协议所产生的争议难以进入司法审查之门。

三、在实现行政诉讼功能的前提下科学界定行政诉讼受案范围中的“行政协议”

（一）将行政协议纠纷纳入受案范围的目的就是实现对行政协议的司法审查

从行政协议的内涵和外延看，尽管行政协议具有合同属性，但从整体上仍然属于行政行为范畴。因此，审理行政协议案件也应当遵循合法性审查原则。《行政诉讼法》第 70 条列举了 6 类违法情形，被诉行政行为只要存在其中一类违法情形，就应当判决撤销。合法的行政行为应同时具备主要证据确实、充分，适用法律、法规正确，符合法定程序，不存在超越职权、滥用职权和不履行法定职责等问题的条件。如果将行政协议纠纷作为行政行为纠纷的组成部分来看待，行政协议的签订和实施也可能存在上述违法状态，也必须将其纳入司法审查的范围之中。“法院审查行政协议争议，不仅要审查其合约性，更要审查其合法性。”[②]

① 参见江必新、梁凤云：《行政诉讼法理论与实务》（第三版・上），法律出版社 2016 年版，第 341—342 页。

② 信春鹰主编：《中华人民共和国行政诉讼法释义》，法律出版社 2014 年版，第 205 页。

在实质法治观念之下，合法性和有效性之间形成密切的多维度互动关系。行政协议作为一种行政法律行为，其效力受到合法性问题的影响，可以产生如下多种法律后果：(1) 导致无效。民事合同违反法律、行政法规中的强制性规定的，被认定无效。行政协议存在明显严重违反强制性规定的情形时，也可以被认定无效。(2) 导致协议可撤销。行政协议可撤销包括两种情形，一类是意思表示不真实，另一类是合法性欠缺。① 在实践中，被提起行政诉讼的由行政协议所引发的行政争议有可能存在合法性问题，尤其是因违反行政法的职权法定原则的情形还是可能客观存在的。因此，对行政协议本身进行必要的合法性审查，是解决这一领域行政争议的前提所在。

其一，法院依据原告的请求解决《行政诉讼法》第 12 条第 1 款第 11 项所列纠纷时，必须先审查行政协议的合法性。涉诉行政协议即便符合《适用解释》第 11 条第 1 款所规定的"实现公共利益或者行政管理目标"和"具有行政法上权利义务内容"的要件，也未必符合"在法定职责范围内"这一要件。同时，法院如果是根据《行政诉讼法》第 78 条判决被告承担继续履行、采取补救措施或者赔偿损失等责任的，其前提必须是确定行政协议的合法性。

其二，法院根据《适用解释》第 15 条第 2 款规定处理"原告请求解除协议或者确认协议无效"理由成立的，"判决解除协议或者确认协议无效，并根据合同法等相关法律规定作出处理"时，其前提也涉及对涉案协议的合法性审查。从行政诉讼宗旨以及行政诉讼的核心原则"行政行为的合法性审查"的角度而言，法院对包括行政协议在内的所有行政行为所进行的合法性审查，是履行司法职能的具体体现。但是，法院在审查之前，无法判断包括行政协议在内的涉诉行政行为的合法性。因此，《适用解释》将行政协议定义为完全合法的范围内，甚至还要求其必须是"在法定职责范围内"，实在是对司法审查的一种误导，将有可能或者已经阻碍行政协议类行政纠纷正常进入行政审判领域，从而使《行政诉讼法》和《适用解释》中有关行政协议类纠纷的规定陷入尴尬的境地。

对此，最高人民法院法官也不无忧虑地指出，《适用解释》第 11 条第 1 款将行政协议事项限定于行政机关"在法定职责范围内"所签的协议，似有将越权协议排除在行政协议范围外之嫌，若删除"在法定职责范围内"一句，司法解释对行

① 参见江必新：《行政协议的司法审查》，载《人民司法》2016 年第 34 期。

政协议的定义将更为准确。[①] 这一见解不仅符合法理，更符合诉讼制度的规律以及运作的实际需要。因为"在法定职责范围内"强调的是行政协议的合法要件。《行政诉讼法》第12条第1款第11项所规定的内容，强调原告主观上认为对合法有效的行政协议的不依法履行、未按照约定履行或者违法变更、解除，是一种关于诉讼程序的规定，其对涉案行政协议是否合法并不能确定。司法解释在此基础上的规定也应当遵循诉讼制度应有的规律，不能从入门的角度就设定所涉行政协议必须"在法定职责范围内"。

（二）界定行政诉讼中的行政协议标准应当便于其纳入司法审查之门

《行政诉讼法》修改之后，鉴于司法实践中判断行政协议的难度较高，学者们透过行政法学理论和司法实践，对行政协议的基本含义做了诸多阐述。除了前文所提到的之外，有学者结合司法实践对行政合同的判断标准进行了概括，主要有以下类型：(1) 直接采主体说为划分行政合同与民事合同的标准，即行政机关作为合同主体，或者行政机关的授权主体、委托主体作为合同主体签订的合同，都可被认为是行政合同。因这些合同所引发的纠纷都可归入行政争议而纳入行政诉讼的受案范围。[②] (2) 主要以"行政法上的权利义务"作为标准，构建行政协议的判断标准。在界定是否为行政协议时，需通过三个层次进行判断，即协议中权利义务所包含的具体内容，协议中权利义务的来源，行政机关所享有的权利中是否有部分可能质变为行政权。[③] (3) 强调主体标准和内容标准，认为具有国家行政职权的机关和组织及其工作人员为实现行政管理目标或者公共利益，在行使行政职权过程中，与公民、法人或者其他组织协商订立的协议，属于《行政诉讼法》第12条第1款第11项规定的行政协议。从该定义看，除协商一致与民事合同一致外，区分行政协议和民事合同的标准主要是主体标准、内容标准（主要内容是行政法上的权利义务）。[④] (4) 判断行政协议的核心标准是公权力的运用，即公权力发生了法律效果。所谓的公权力发生法律效果，一般表现为合同缔结或者履行中的权力特殊作用，包括：① 主动的强制力；② 优势地位，如有显然偏袒行政机关一方的合同条款；③ 左右法律关系、法律事实或后果。只有公权力

---

① 参见郭修江：《行政协议案件审理规则——对〈行政诉讼法〉及其适用解释关于行政协议案件规定的理解》，载《法律适用》2016年第12期。

② 参见陈无风：《行政协议诉讼：现状与展望》，载《清华法学》2015年第4期。

③ 参见韩宁：《行政协议判断标准之重构》，载《华东政法大学学报》2017年第1期。

④ 参见杨科雄：《试论行政协议的识别标准》，载《中国法律评论》2017年第1期。

发挥了法律效果，才会产生合同的行政性。[①] 上述这些探讨，实际上从另一个角度证明了《适用解释》中的行政协议定义与行政法学原理和实际需求难以契合。

笔者认为，上述学者论述的共同之处就是，所阐述的行政协议的判断标准中没有"在法定职责范围内"这一条件，而这无疑是正确的理解和表述。行政诉讼是以解决行政争议、监督行政机关依法行政为宗旨的一种制度和活动。在这样一种诉讼活动中，作为争议裁判者的法院面对的，有可能是合法的行政行为，也有可能是不当的行政行为，更有可能是违法的行政行为。在违法的行政行为中，就包括"在法定职责范围外"的行政行为。例如，根据《行政诉讼法》第 12 条第 1 款第 11 项和《适用解释》第 11 条第 2 款，国有土地上房屋征收补偿协议应当是典型的行政协议。根据《国有土地上房屋征收与补偿条例》和《上海市国有土地上房屋征收与补偿实施细则》的规定，应当由区人民政府作出征收决定，区房屋行政管理部门作为房屋征收部门。同时，房屋征收补偿协议应当由房屋征收部门与被征收人、公有房屋承租人签订。如果在实践中发生区房屋行政管理部门之外的其他行政机关（如镇政府、街道办事处等）与被征收人签订相关"征收补偿协议"的行为，法院能否以违反了"在法定职责范围内"的规定而将由此产生的行政争议拒之门外？或者受理之后又以上述理由驳回起诉？依笔者之见，作为一个依照《国有土地上房屋征收与补偿条例》所签订的以征收国有土地上房屋并进行补偿为内容的协议，其无疑应当属于行政协议，所产生的争议理应属于《行政诉讼法》和《适用解释》所规定的行政诉讼受案范围。法院不能因为征收补偿协议的主体没有相应的"法定职责"而否定其属于行政协议的性质，并将其推出司法审查大门。

行政合同是以行政法律关系为客体，设立、变更或者消灭行政法权利义务的合同。[②] 这一从客体角度对行政合同进行的界定，值得我国借鉴。我国应当在此基础上，强调行政协议的公益目的或者行政管理目标。为此，为了给《行政诉讼法》第 12 条第 1 款第 11 项的实施创造条件，方便当事人诉讼，应当对目前《适用解释》第 11 条第 1 款所规定的行政协议定义进行必要的改造，使其契合行政行为和行政协议的法理，适应行政诉讼实践的需要。因此，在修改《适用解释》或者重新制定有关行政协议的司法解释时，应当对行政协议进行符合法理和行政诉讼实践要求的界定。

---

① 参见于立深：《行政协议司法判断的核心标准：公权力的作用》，载《行政法学研究》2017 年第 2 期。

② 参见〔德〕哈特穆特 · 毛雷尔：《行政法学总论》，高家伟译，法律出版社 2000 年版，第 349 页。

其一，正确理解行政协议的职责要素，将职责要素确定为“在行使职权过程中”或者“因行使行政职权”。根据法官们的观点，在司法实践中，可以从行政协议的五个基本要素进行审查判断：(1) 目的要素，行政协议必须是为了公共利益和实现行政管理目标。(2) 职责要素，行政协议必须与行政职权紧密相连，是行政机关履行行政职责的活动。(3) 主体要素，行政协议是行政机关与公民、法人或者其他组织订立的协议。(4) 行为要素，行政协议是行政机关与相对人协商一致达成的协议。(5) 内容要素，行政协议的内容应当是行政法上的权利义务。[①] 这五个要素基本上是符合行政协议的法定标准的，但笔者认为，其中的“职责要素”应当强调行政协议是行政机关“在行使职权过程中”或者“因行使行政职权”与公民、法人或者其他组织所签订的协议。

其二，修改行政诉讼中行政协议的定义，删除或者改造“在法定职责范围内”的内容。为了使行政协议的定义更为科学，更符合行政法理论对行政行为和行政协议的界定，尤其是为了使行政协议纠纷更加顺畅地进入法院的行政诉讼之门，使法院能够切实履行对行政协议合法性的监督职能，及时有效地解决行政协议纠纷，应当对《适用解释》中的行政协议定义进行必要的改造。例如，删除“在法定职责范围内”的内容，将行政协议定义为“行政机关为实现公共利益或者行政管理目标，与公民、法人或者其他组织协商订立的具有行政法上权利义务内容的协议，属于行政诉讼法第十二条第一款第十一项规定的行政协议”。又如，对“在法定职责范围内”的条文进行改造，可以表述为“行政机关为实现公共利益或者行政管理目标，在行使行政职权过程中(或者因履行行政职责)与公民、法人或者其他组织协商订立的具有行政法上权利义务内容的协议，属于行政诉讼法第十二条第一款第十一项规定的行政协议”，强调职权或职责要素，而不论该职权行为是否合法。由于在行政法上，行政职权从另一个角度而言就是行政职责，因此行政职权与行政职责具有同等意义。

根据以上分析，笔者认为，只要着重明确行政协议是“行政机关为实现公共利益或者行政管理目标”，与公民、法人或者其他组织协商订立的“具有行政法上权利义务内容的协议”，无论是行政机关在“法定职责范围之内”签订的合法协议，还是在“法定职责范围之外”签订的违法协议，都能够顺利地被提起行政诉讼，就能实现《行政诉讼法》将行政协议纠纷纳入司法审查范围的真正目的。

---

① 参见江必新主编：《中华人民共和国行政诉讼法及司法解释条文理解与适用》，人民法院出版社2015年版，第107页。

第九章

信息公开与服务行政

第一节 建立与政府信息公开制度相适应的保密制度

——以《保守国家秘密法》的修改为视角*

实施了20年之久的《保守国家秘密法》(以下简称《保密法》)已经正式进入立法修改程序。[①] 2009年6月22日举行的第十一届全国人大常委会第九次会议首次审议了《保密法(修订草案)》。在我国《政府信息公开条例》实施一年多、公民的知情权受到空前重视和保障的前提下,修改这部以规范保密制度为己任的法律,特别是其中的相关内容应当如何与政府信息公开制度相互适应,是一个非常值得关注的问题。

一、建设阳光政府需要修改《保密法》

(一)建设以阳光政府为内容之一的法治政府已经成为我国各级政府追求的目标

在当今世界,作为现代民主理论和基本人权理论发展的一个成果,政府信息公开已经成为各国政府和公众在行政公开制度乃至于行政程序法律制度建设方面所着力追求的目标。公开原则是20世纪中叶以后迅速发展和推广开的一项行政程序基本原则。它的基本含义是:政府行为除依法应保密的以外,应一律公

---

* 原载《法学》2009年第9期。

① 我国现行《保密法》于1988年9月5日由第七届全国人民代表大会常务委员会第三次会议通过,自1989年5月1日起施行。《保密法(修订草案)》及草案说明已于2009年6月27日由中国人大网公布。详细内容请见 http://www.npc.gov.cn/npc/xinwen/lfgz/2009-06/27/content-1508588.htm。

开进行；行政法规、规章、行政政策以及行政机关作出影响行政相对人权利、义务的行为的标准、条件、程序应依法公布，让相对人依法查阅、复制；有关行政会议、会议决议、决定以及行政机关及其工作人员的活动情况，应允许新闻媒体依法采访、报道和评论。第二次世界大战以后，人类从法西斯统治的教训中认识到社会公众、新闻媒体等对政府行为监督的极端重要性，提出了“政府公开”“行政公开”“情报自由”“政府在阳光下”“提高政府行为透明度”等口号，并陆续制定了各种相应的法律、法规，如行政程序法、政府会议公开法、行政规章公布法、信息自由法、监察专员法等。[①] 我国1996年制定的《行政处罚法》、1999年制定的《行政复议法》和2003年制定的《行政许可法》，均确立了各自领域的行政公开原则。2007年4月5日由国务院颁布并自2008年5月1日起实施的《政府信息公开条例》，则进一步表明了我国对行政公开原则的全面接受和全面贯彻实施，其宗旨就在于建设一个公开、透明的阳光政府。

政府信息公开制度的推行，其目的在于保障公民的知情权。知情权是公众对政府工作和行为进行了解和知悉的权利，其法理基础为人民主权和表达自由。知情权这一概念，早在两百多年前的美国制宪会议记录中就被多次提到。美国制宪会议在讨论国会记录应否公布时，威尔逊说：“人民有知情权，了解他们的代理人在做什么，做成了什么。”[②]通过法律制度保障公民的知情权，不但能够满足公民的参政议政意愿，更为重要的是能体现主权在民的宪治原则，实现公民对政府行为的监督，以防止政府的行政活动偏离法治的轨道。这是因为，“公开原则是制止自由裁量权专横最有效的武器”[③]。

国务院于2004年3月发布《全面推进依法行政实施纲要》，提出了建设法治政府的要求。在法治政府的内涵中，明确包括建设以政府行为的公开、透明为特征的阳光政府的要求。国务院指出：“推进政府信息公开。除涉及国家秘密和依法受到保护的商业秘密、个人隐私的事项外，行政机关应当公开政府信息。对公开的政府信息，公众有权查阅。行政机关应当为公众查阅政府信息提供便利条件。”建设以阳光政府、透明政府为内容之一的法治政府，已经被确定为我国政府依法行政的目标。同时，政府信息公开也已经成为建设法治政府进程中不可或缺的一个重要环节。党的十七大报告明确提出，要提高政府工作的透明度和公

---

① 参见姜明安主编：《行政程序研究》，北京大学出版社2006年版，第10—11页。

② 转引自〔美〕麦迪逊：《辩论：美国制宪会议记录》(下)，尹宣译，辽宁教育出版社2003年版，第500页。

③ 王名扬：《美国行政法》(上)，中国法制出版社1995年版，第109页。

信力，让权力在阳光下运行，保障人民的知情权、参与权、表达权、监督权。可以说，政府信息是否公开、透明，已经成为衡量行政机关是否依法行政、是否保障公民基本权利的一个重要指标。尤其是近年来一系列突发事件的发生，使政府信息公开已经成为促进社会稳定与和谐的一个关键制度而扮演着愈来愈重要的角色。[①] 在《政府信息公开条例》出台前，全国 31 个省、自治区、直辖市政府都已建立不同形式、程度的政务公开制度，中央有 36 个部委制定了政务公开的规范性文件。例如，上海等地出台了政府信息公开的专门地方立法，北京、湖南、贵州、辽宁、江苏、山东等地出台了行政公开考核办法，广东、重庆等地建立了行政公开责任追究制度，行政公开基本制度建设取得了成绩。[②] 通过政府信息公开制度的实践保障公民知情权，从而保障公民在国家与社会生活中的主体地位，已经成为政府行为的一个基本准则和追求目标。

（二）现行《保密法》与建设阳光政府的要求不相适应

综观我国现行《保密法》可以发现，这部制定于二十多年前的法律，和我们所着力推行的以政府信息公开为核心的阳光政府建设存在着很大的距离，它所奉行的“以保密为原则，以不保密为例外”以及“全民保密”的宗旨，与“以公开为原则，不公开为例外”的政府信息公开制度之间的矛盾十分明显。

第一，国家秘密的含义不确定，范围宽泛。现行《保密法》第 2 条规定：“国家秘密是关系国家的安全和利益，依照法定程序确定，在一定时间内只限一定范围的人员知悉的事项。”这一关于国家秘密的定义过于原则和宽泛。同时，该法第 8 条所列举的 7 个属于国家秘密的事项也相当宽泛，几乎将所有的社会事务都纳入国家秘密的范围，即“（一）国家事务的重大决策中的秘密事项；（二）国防建设和武装力量活动中的秘密事项；（三）外交和外事活动中的秘密事项以及对外承担保密义务的事项；（四）国民经济和社会发展中的秘密事项；（五）科学技术中的秘密事项；（六）维护国家安全活动和追查刑事犯罪中的秘密事项；（七）其他经国家保密工作部门确定应当保守的国家秘密事项”，而且还规定“政党的秘密事项中符合本法第二条规定的，属于国家秘密”。以上规定，不仅使得属于国家秘密的事项过于宽泛，而且还将最终确定是否属于国家秘密的自由裁

---

① 例如，在 2008 年 5 月应对四川汶川特大地震灾害的过程中，正值我国《政府信息公开条例》刚实施不久，地震发生以后的情况表明，各政府职能部门的信息发布满足了公众的要求，折射出政府执政能力的快速发展和依法行政的法律水准。参见沈福俊：《论政府应对突发事件过程中的依法行政——兼论抗击汶川大地震过程中依法行政原则的适用》，载《东方法学》2008 年第 4 期。

② 参见莫于川、林鸿潮主编：《政府信息公开条例实施指南》，中国法制出版社 2008 年版，第 9 页。

量权赋予国家保密工作部门，从而使国家秘密的范围有进一步扩大的可能。国家秘密的含义抽象、范围广泛，导致定密标准模糊，很多地方和部门没有适时调整国家秘密的范围，甚至将工作秘密、商业秘密等同于国家秘密进行管理。

第二，定密主体极其广泛，包括所有机关和单位。例如，现行《保密法》在第9条、第10条分别规定了“绝密”“机密”“秘密”三个密级以及确定了国家秘密及其密级范围的规定主体之后，在第11条规定：“各级国家机关、单位对所产生的国家秘密事项，应当按照国家秘密及其密级具体范围的规定确定密级。”同时还规定：“对是否属于国家秘密和属于何种密级不明确的事项，由国家保密工作部门，省、自治区、直辖市的保密工作部门，省、自治区政府所在地的市和经国务院批准的较大的市的保密工作部门或者国家保密工作部门审定的机关确定。在确定密级前，产生该事项的机关、单位应当按照拟定的密级，先行采取保密措施。”这实际上就规定了所有机关和单位都可以自行确定国家秘密及密级，对定密主体没有严格的限制，导致实践中出现定密随意问题，不少单位和机关对随意确定国家秘密的行为习以为常，甚至为避免“漏定”，宁可“错定”，国家秘密过多、过滥。根据全国人大对于《保密法》修订的立法调研，定密随意、解密不及时、国家秘密范围过宽，是多年来国家秘密确定体制的症结。据介绍，美国每年产生秘密文件10万件，我国则多达数百万件。[①]

第三，缺乏定密、变更以及解密的具体程序，“一密定终身”现象普遍。虽然《保密法》规定，对于国家秘密要“依照法定程序确定”，但是在实践中，定密、解密并没有明晰的法定程序可以遵循。虽然于1990年4月由国务院批准、同年5月由国家保密局发布的《保守国家秘密法实施办法》(以下简称《保密法实施办法》)第8条规定“各机关、单位对所产生的国家秘密事项，应当按照保密范围的规定及时确定密级，最迟不得超过十日”，但对于如何确定以及确定的具体程序却没有任何规定。同时，《保密法》和《保密法实施办法》虽然也对密级的变更和保密期限届满的解密问题有所规定，但也缺乏明确的程序性规则。例如，现行《保密法》第16条规定：“国家秘密事项的保密期限届满的，自行解密；保密期限需要延长的，由原确定密级和保密期限的机关、单位或者上级机关决定。”但是，同样由于缺乏具体的解密程序以及相关的程序监督机制，因此谁都不敢去解密，“一密定终身”现象在实践中比较普遍，导致大量已经没有保密意义的涉密载体堆积。

第四，缺乏公民对国家秘密认定不服的争议解决机制。现行《保密法》第13

---

① 参见张宗棠等：《保密法修改：应对网络时代“新问题”》，载《新华每日电讯》2009年6月23日。

条规定："对是否属于国家秘密和属于何种密级有争议的，由国家保密工作部门或者省、自治区、直辖市的保密工作部门确定。"《保密法实施办法》第 11 条规定，对是否属于国家秘密和属于何种密级不明确的事项，产生该事项的机关、单位无相应确定密级权的，应当及时拟定密级，并在拟定密级后的 10 日内，逐级报至国家保密工作部门审定的有权确定该事项密级的上级机关或者有权确定该事项密级的保密工作部门，由接到申请的机关或保密工作部门作出批复。但是，公民个人是否可以对实践中大量存在的国家秘密提出异议，则没有相关的规定。这实际上意味着，公民个人无权对国家秘密以及处于何种密级的认定提出异议。

第五，缺乏对随意认定国家秘密或者密级的法律责任制度。《保密法》和《保密法实施办法》中都有关于法律责任的规定，但都是针对"泄露国家秘密"的行为，对于机关、单位乃至保密工作部门可能出现的随意认定国家秘密或者密级的行为，则没有任何相关规定。

上述分析充分说明了我国传统体制下的保密模式是"保密是原则，不保密是例外"，这与建设阳光政府进程中政府信息公开制度所倡导的"公开是原则，不公开是例外"的理念是背道而驰的。正因为这一制度因素，实践中才出现了很多不尽合理甚至令人费解的"国家秘密"。比如，与宣传、推进多年的"阳光财政"相悖的是，1991 年下发的财政部、国家保密局《关于印发财政工作中国家秘密及其密级具体范围的规定的通知》中，机密级事项包括"各省、自治区、直辖市、计划单列市中、长期财政收支计划、年度收支计划、预算、预算执行情况和决算"。[①] 甚至有人想复印 2004 年中共中央印发的《中共中央国务院关于促进农民增加收入若干政策的意见》(即惠及几亿农民的"中央一号文件")，但当找到省委翻印的文件时，却发现首页上端赫然印着"秘密"两个黑体字。由国家保密局完成的一份调研材料称，现阶段政务信息公开与保密存在三大问题，其中包括"信息公开范围窄但保密范围偏宽"。根据这份材料的分析，一方面，有的部门对具体保密范围修订不及时，一些明显不属于国家秘密信息，仍然在保密；另一方面，在执行具体保密范围时，随意扩大范围，把不应当确定的事项确定为国家秘密。[②] 同时，据调查，在现有的政府信息公开申请中，大约有 7%至 20%的不予公开理由是"涉及秘密"，而其中大部分秘密是涉及个人隐私、商业秘密，而非国家秘密。[③]

---

① 参见苏永通、赵蕾：《内部秘密》，载《南方周末》2009 年 7 月 16 日。

② 参见罗昌平：《中国大力推行政务公开 保密制度重置"保密"底线》，http//gov. people. com. cn/GB/46737/3709800. html，2009 年 8 月 5 日访问。

③ 参见郑赫南：《定密当有一个明晰的程序》，载《检察日报》2009 年 4 月 20 日。

由此可见，现行《保密法》所确立的保密体制已经无法适应当今社会政府信息公开和建设阳光政府的要求，必须进行必要的修改。

二、强化保密还是强化公开:《保密法》修改的价值取向

现行《保密法》是基于"以保密为原则，以公开为例外"的原则所制定，随着社会的发展，其与公开、透明的政府执政理念和行为方式之间的不和谐日益凸现。尤其是国家秘密含义的模糊、国家秘密范围的过于宽泛以及定密主体和程序的不规范，已经严重阻碍公民知情权的实现。从科学与合理的角度而言，应当在将《保密法》修改之后再制定和实施《政府信息公开条例》。但是，现在我们不得不面临这样一个现实:在《保密法》没有作任何修改的前提下，颁布和实施《政府信息公开条例》，无论从制度角度还是从实践角度而言，都存在一定障碍。同时，由于《保密法》是全国人大常委会制定的法律，而《政府信息公开条例》仅属国务院制定的行政法规，因此从法律规范的位阶来说，如果两者之间存在不一致，应当首先适用《保密法》的规定;《政府信息公开条例》中出现的有关国家秘密的规定，应当依据《保密法》确定。例如，《政府信息公开条例》虽然明确了各级政府公开信息的义务和对公民知情权的保障，但也规定了"行政机关公开政府信息，不得危及国家安全、公共安全、经济安全和社会稳定"和"行政机关应当建立健全政府信息发布保密审查机制，明确审查的程序和责任。行政机关在公开政府信息前，应当依照《保守国家秘密法》以及其他法律、法规和国家有关规定对拟公开的政府信息进行审查"以及"行政机关不得公开涉及国家秘密、商业秘密、个人隐私的政府信息"。因此，在现行《保密法》所确立的保密体制之下，政府信息公开的范围不可能完全令公众满意，也不可能完全符合我们建立政府信息公开制度时所要达到的预期目标。近几年，甚至在《政府信息公开条例》颁布之前，我们在减少保密信息、扩大公众知情权方面作了一些努力，其中最为典型的是民政部和国家保密局于 2005 年 8 月 8 日共同发布《关于因自然灾害导致的死亡人员总数及相关资料解密的通知》，明确了自然灾害死亡人数不再属于国家秘密(正因为如此，在以后才有了突发公共事件尤其是四川汶川地震过程中遇难人数以及相关信息的准确公布)，这一切应当都属于推进阳光政府、透明政府建设的成果。

因此，在强化政府信息公开机制以及大力倡导建设阳光政府、透明政府的前提之下，对传统体制下的《保密法》进行修改时，就会不可避免地面临这样一个问题:修改后的《保密法》究竟是沿袭原来的观念和制度，强调以保密为主，还是顺应阳光政府建设的潮流，强化政府信息的公开？这应当是《保密法》修改中所要

追求的价值取向问题。

仔细研读提交给第十一届全国人大常委会第九次会议审议的《保密法(修订草案)》,笔者发现,这个修订草案中最值得关注之处,是针对信息技术的发展对保密工作所带来的挑战完善相关法律规定。不可否认,在互联网时代,保密形势在各国空前严峻。在社会信息化发展和电子政务应用的背景下,保密工作中出现了新情况和新问题。比如,信息存在的形态和运行方式由纸介质为主发展到声、光、电、磁等形式,在现代通信和计算机网络条件下存储、处理和传输;经济和社会的发展使得人员的流动性增强、流向复杂、信息管制难度加大等。《保密法(修订草案)》规定:"机关、单位对承载国家秘密的纸介质、光介质、电磁介质载体以及属于国家秘密的设备、产品,应当作出国家秘密标志。"同时还规定"存储、处理国家秘密的计算机信息系统(以下简称涉密信息系统)按照涉密程度分为绝密级、机密级、秘密级,实行分级保护。涉密信息系统应当按照国家秘密标准配备保密设施、设备。保密设施、设备应当与涉密信息系统同步规划,同步建设、同步运行",并禁止"将涉密计算机、涉密存储设备接入互联网及其他公共信息网络","在未采取防护措施的情况下,在涉密信息系统和互联网及其他公共信息网络之间进行信息交换","使用非涉密计算机、非涉密存储设备存储、处理国家秘密信息"等行为。全国人大内务司法委员会的一项调研报告发现,目前保密工作正处于泄密高发期,其中计算机网络泄密发案数已占泄密案发总数的70%以上,并呈逐年增长趋势,国家安全与利益受到严重威胁。事实上,随着信息技术的飞速发展和广泛使用,网络安全保密问题已经成为世界各国高度重视的问题。美国早在2003年就出台了国家网络空间战略;2008年1月,布什又签发了54号国家安全总统令和23号国土安全总统令,进一步提高网络监控、打击网络犯罪和应对网络安全威胁的能力,全面推进美国政府网络安全建设;奥巴马政府执政以来,继续将保护信息网络安全作为美国新时期国土安全策略的重点。① 这说明,针对网络时代国家保密工作所出现的新问题,《保密法(修订草案)》理应作出必要的应对性规定。

但是,公众希望通过修改《保密法》来最终确定政府信息公开与保密之间的界限,从而解决法律滞后所带来的妨碍透明政府建设和公民知情权保障等矛盾的愿望,在《保密法(修订草案)》中并没有得到实现。从国家保密局局长受国务院委托在第十一届全国人大常委会第九次会议所作的《关于〈中华人民共和国保

① 参见张宗棠等:《保密法修改:应对网络时代"新问题"》,载《新华每日电讯》2009年6月23日。

守国家秘密法(修订草案)〉的说明》中的五个方面的标题就可以看出修订的倾向:“增加了针对涉密信息系统的保密措施”,“加强了对涉密机关、单位和涉密人员的保密管理”,“完善了国家秘密的确定、变更和解除制度”,“明确了保密行政管理部门的行政管理职能”,“强化了保密法律责任”。媒体对《保密法(修订草案)》的解读则是“更严密的泄密责任”“国家秘密范围未见缩小”“越开放,越要保密”,认为“修订草案加强了对国家秘密的严防死守”,“超过一半的修改内容围绕如何加强保密”,并称对于“国家秘密谁来认定?不服认定怎么办?长时间不解密怎么办?”这些问题,草案均没有给出答案。这些恰是2008年5月1日《政府信息公开条例》正式实施后,亟待《保密法》作出配合修改的核心内容。[①] 笔者认为,《保密法(修订草案)》实际上还是一个以强化保密管理为主要内容的法律草案。

其一,对于国家秘密的含义和范围没有任何修订。《保密法(修订草案)》对于国家秘密的含义和范围,仍然沿用了20年来一直备受批评的笼统定义和宽泛列举,基本上没有作任何修改,这是非常令人遗憾的。尤其是第9条对国家秘密事项范围的规定,基本照搬现行《保密法》第8条的规定,而且仍将“经国家保密行政管理部门确定应当保守的其他国家秘密事项”列为国家秘密。这一规定实际上还是赋予了国家保密行政管理部门在国家秘密认定方面毫无限制的自由裁量权。此外,类似于“国家事务重大决策中的秘密事项”“国民经济和社会发展中的秘密事项”等的内容也值得商榷,如公民参加国家事务管理是现代民主的特征之一,如果国家事务中的决策都成了国家秘密,那么公民的参与权必然受到限制。国民经济和社会发展本应当是政府信息公开和公民知情权所指向的重点领域,如此笼统地在该领域规定秘密事项,将可能严重阻碍公民在该领域知情权的实现。同时,从总体上看,“这几项规定几乎涵盖了政府职能的全部范围,任何政府信息都可以纳入这几项而被定密,拒绝向公众公开。这种无所不在的保密范围使得该保密的保不准,不该保密的到处都是密,与这次保密法修改加强保密的精神背道而驰”[②]。因此,对于国家秘密的含义和范围理应进行重新界定,使其明确、具体;同时还应规定只有对于“法律规定属于国家秘密的事项”才应当予以保密,以杜绝国家保密行政管理部门没有限制的自由裁量权。

---

① 参见赵蕾、苏永通:《“越开放,越要保密”——修法内幕:保密与公开的角力》,载《南方周末》2009年7月16日。

② 蔡定剑:《国家秘密!国家秘密?——保密法应与政府信息公开的立法通盘考虑》,载《南方周末》2009年8月6日。

其二，定密主体仍然过于宽泛。《保密法（修订草案）》第 13 条规定："机关、单位对所产生的国家秘密事项，应当按照国家秘密及其密级具体范围的规定确定密级，同时确定保密期限和知悉范围。"这一规定仍然是将实践中的有关事项是否属于国家秘密以及属于哪一密级的决定权给了范围极其广泛的"机关、单位"。① 同时，第 17 条第 2 款规定："机关单位应当定期对所确定的国家秘密进行审核。对在保密期限内不需要继续保密的，应当及时解密；对保密期限需要延长的，应当重新确定保密期限。解密或者延长保密期限的，由原定密机关、单位决定，也可以由其上级机关决定。"这一规定同样是将解密权、保密期限的延长权都赋予了不确定的"机关、单位"。《保密法（修订草案）》第 12 条规定，"机关、单位负责人及其指定的人员为定密责任人，负责本机关、单位的国家秘密确定、变更和解除工作"，而且"机关、单位确定、变更和解除国家秘密，应当经定密责任人审核批准"。建立这种定密责任人制度，相对于现行《保密法》确实是一个进步，但这与一些学者建议参照的美国定密官制度相去甚远。美国定密工作体制有一个重要特点是实行定密官制度。只有定密官有权对信息进行定密，将其确定为国家秘密，其他人员不得随意确定国家秘密并对信息采取保密措施。定密官分为原始定密官和派生定密官，其中原始定密官是主要的。② 美国联邦政府原始定密官仅四千多人，须经总统行政命令或特别授权才有定密资格。③ 反之，我国现行《保密法》以及《保密法（修订草案）》所确定的如此宽泛的定密主体，就有可能导致定密的无序和随意，不但使真正的国家秘密难以得到科学的界定，还有可能使不属于国家秘密的事项被保密，影响信息的公开与合理利用。

其三，"全民保密"的要求不具合理性。《保密法（修订草案）》沿袭现行《保密法》的规定，在其第 3 条规定了"一切国家机关、武装力量、政党、社会团体、企业事业单位和公民都有保守国家秘密的义务"，这种将全民都设定为保密义务主体的规定不具合理性。对于公民和一般组织来说，只要是通过正当渠道所获得的信息，就应当属于公开的信息，对此没有保密的义务。更何况，国家秘密一般都产生于国家机关，甚至是达到一定级别的国家机关，公民个人和一般组织在通常

---

① 这一条文中的"机关"还尚可确定，而"单位"含义就模糊了，范围也非常广泛，难以明确确定。按照这一逻辑，所有的单位都有确定国家秘密以及密级的权力。如果一家商店面对消费者对自己所购商品主张知情权，以其已被认定为"属于国家秘密"为由拒绝，岂不令人啼笑皆非？

② 参见国家保密局法规处编：《美国保密法律制度》，金城出版社 2001 年版，第 28 页。

③ 参见赵蕾、苏永通：《"越开放，越要保密"——修法内幕：保密与公开的角力》，载《南方周末》2009 年 7 月 16 日。

情况下是产生不了国家秘密的。既然不可能产生并拥有国家秘密，何来与国家机关、武装力量等同等的保守国家秘密的义务？至于公民采取非法手段窃取国家秘密，则应当另当别论，与保守国家秘密没有直接的联系。笔者认为，虽然我国宪法将“保守国家秘密”作为公民的基本义务加以规定，但在具体设计保密制度时，一般公民的保密义务还是应当与国家机关有所区别。对承担保密义务的公民应当有一定的限定，一般应当限定在接受国家或特定的组织委托从事特定公务的公民中。例如，接受司法部委托参加司法考试试卷命题的教师、接受教育部门委托从事高考考卷命题的教师等，就应当依法承担对试题进行保密的义务。

其四，同样缺乏定密的严格程序和监督机制。在前面对现行《保密法》的评论中，笔者已对该法在认定国家秘密以及定密方面缺乏严格的程序监督机制进行过分析，但是对照《保密法(修订草案)》的规定，仍然缺乏明晰的定密程序规制。例如，《保密法(修订草案)》第 13 条规定中赋予机关、单位的定密权，在第 12 条中规定应当经定密责任人审核批准。同时，第 38 条规定了保密行政管理部门发现国家秘密确定、变更或者解除不当的，应当及时通知有关机关、单位予以纠正。但是，在认定国家秘密过程中具体应当适用什么样的认定、核准程序，以及如果将某种信息认定为国家秘密以及密级有错误，应当通过什么样的程序得到合理的纠正等，都没有具体的程序规定。对于机关、单位自行确定的国家秘密以及密级，也没有相应的备案审查机制。既然这样，第 38 条中有关保密行政管理机关发现国家秘密确定不当之后的通知纠正方面的规定，就有可能形同虚设。因为机关、单位有定密权，而且草案并没有规定定密之后要经过保密行政管理部门的审核、批准或者备案，所以机关、单位在定密问题上即使有错误，保密行政管理部门也难以发现。那么，既然难以发现，何来纠正？这就非常有可能使一些不应当被定为国家秘密的事项被定位为国家秘密，并被定上相应的密级而难以获得纠正，从而使本应公开的信息可能被罩上“国家秘密”外衣而不得公开。从根本上说，这应当属于对公民知情权的一种侵害和剥夺。

其五，泄密责任与滥用保密权责任没有被同等强调。相对于现行《保密法》，《保密法(修订草案)》确实如其说明所说，进一步强化了保密法律责任。现行《保密法》的法律责任方面的规定较为简单，只有两个条文，而且基本属于刑事责任和行政处分的规定。《保密法(修订草案)》所规定的法律责任部分，则增加到 6 个条文。一是对保密违法行为分项进行了细化；二是增加了行政处罚的规定，不再仅仅是刑事责任和行政处分；三是规定了保密管理工作人员在履行职责中滥用职权、玩忽职守、徇私舞弊的，依法给予行政处分，构成犯罪的，依法追究刑事责任。但是，纵观这些法律责任规定，有以下不足：第一，偏重于对泄密行为的责任追究，而对于机关、单位以及保密行政管理部门和工作人员违法认定国家秘密或者错误认定密级的法律责任规定不明确。笔者认为，机关、单位以及保密行政管理部门和工作人员违法认定国家秘密或者错误认定密级，是侵犯公民知情权的违法行为，理应受到追究。第二，对某些"违法行为"的规定值得商榷。例如，现行《保密法》第 24 条第 1 款规定的"不得在私人交往和通信中泄露国家秘密"，《保密法（修订草案）》在第 24 条第 3 款中将其规定为"禁止在私人交往和通信中涉及国家秘密"，而且在第 44 条第 6 项将"在私人交往和通信中涉及国家秘密"作为给予处分或者追究刑事责任的违法或犯罪行为之一。笔者认为，不仅是"涉及"比"泄露"的范围更为广泛，而且其具体含义难以被明确确定，很有可能在实践中被任意解释，导致"冤假错案"发生，使公民的权利受到侵犯。

其六，缺乏与现代行政法治的要求所匹配的保密行政争议解决机制。笔者注意到，在有关保密争议的解决方面，相对于现行《保密法》，《保密法（修订草案）》并没有作出明显的改善，仍然规定由国家保密行政管理部门或者省、自治区、直辖市保密行政管理部门决定，缺乏与现代行政法治的要求相适应的保密行政争议解决机制。但是，《保密法（修订草案）》已经将现行《保密法》规定的"国家保密工作部门"变更为"国家保密行政管理部门"，目的就在于试图在法律上对保密部门的行政主体资格进行明确。笔者认为，既然确立了保密部门的行政主体地位，依照现代行政法学原理，就应当明确公民、法人或者其他组织对其所作出的保密行政行为不服的争议解决机制。同时，对于机关、单位所认定的国家秘密以及密级，公民对其是否涉及国家秘密能否提出异议，是否可以要求国家保密行政管理部门进行重新认定等问题，《保密法（修订草案）》理应作出明确的规定。

根据以上分析，可以非常明确地得出结论：《保密法（修订草案）》是一个明显以进一步强化保密为宗旨的法律草案。可以说，《保密法（修订草案）》在缩小国家秘密的范围、建立符合现代法治发展趋势的保密制度、推动政府信息进一步公开方面，并没有作出实质性的贡献，与公众原先对这部修订草案所寄予的厚望相去甚远。实际上，这次修订草案还是沿袭了现行《保密法》的主要宗旨，即"以保密为原则，以不保密为例外"，强化保密成为这个修订草案所着力追求的目标。

当然，我们也应当注意到，修法者之所以如此安排，与当今社会的保密形势逐渐严峻有关。除了互联网与信息科技的高速发展与运用对保密工作所带来的新挑战以外，随着经济方面竞争的不断加剧，泄露国家秘密的危险不仅产生于国防与外交等传统领域，还可能产生于经济领域，从而危及国家的经济安全。澳大利亚力拓公司驻上海办事处4名员工因涉嫌窃取中国国家秘密，于2009年7月被上海市国家安全局拘捕的事例，就很明确地说明了保密形势的严峻。事实上，跨国公司在华间谍行为已是公开的秘密。在众多观察人士看来，力拓间谍案只是揭开了外国公司在华间谍行为的冰山一角。有学者警告，境外利益集团在华活动越来越活跃，越来越多地介入中国的经济决策，中国经济主权已遭到严重威胁。[①] 因此，为维护国家的安全和利益，运用法律的形式将一定范围内的事项设定为国家秘密，不仅是必须的，而且是维护国家安全与利益的必要选择。例如，在美国，虽然其于1966年制定的《信息自由法》对世界各国的信息公开制度产生了重大影响和推动作用，但1995年克林顿总统的12958号行政命令表明，保护涉及国家安全和利益的信息，从而保护美国政府和公民，仍然是政府的优先考虑。[②] 同时，根据国家保密局给《南方周末》的传真材料显示，奥巴马政府执政以来，采取了比布什政府更严格的信息安全和保密管理措施。[③] 如此看来，《保密法（修订草案）》强化保密的倾向，似乎有其合理性一面。

然而，政府信息公开毕竟已经成为一种世界潮流，建设阳光政府、透明政府也已经成为我国政府活动所追求的目标。在这样一种前提下，强化信息的保密，似乎是一种与当今社会的潮流背道而驰的表现。我们应当在倡导和推进政府信息公开的同时，寻求政府信息公开与政府信息保密之间的平衡。“民主政治的特点是在这种平衡中，尽量扩大公民对行政的参与和监督权利，限制官僚秘密活动的范围。”[④]更何况，正因为互联网的发展、经济竞争的加剧导致了保密形势的严峻，我们才更应当严格区分国家秘密与非国家秘密的界限，从而既准确地保守了真正的国家秘密，维护了国家的安全与利益，也使不属于国家秘密的信息得以及时地公开，保障了公民的知情权。为此，笔者认为，如何在信息公开、推进阳光政府建设的前提下完善我国的保密制度，并通过准确确定国家秘密的范围保护真正的国家秘密，就成为《保密法》修改的关键所在。

三、在政府信息公开的前提下寻求信息公开与信息保密的协调和统一

在现代社会中，社会政治、经济和文化的发展与公民个人自我价值实现的关系日趋密切。这种互为因果的密切性使公民对影响社会政治、经济和文化发展

---

① 参见漆菲、金微：《外国公司在华六大“潜伏”手段》，载《老年日报》2009年7月21日。

② 参见国家保密局法规处编：《美国保密法律制度》，金城出版社2001年版，第5页。

③ 参见苏永通、赵蕾：《保密风暴》，载《南方周末》2009年7月16日。

④ 王名扬：《美国行政法》（下），中国法制出版社1995年版，第975页。

的公共权力，尤其是行政权是否合法、正当地行使，寄予了更大的关注。[①] 作为对这种关注进行回应的制度，则是对公民政治参与权的法律保障，而要保障公民政治参与权，其首要的前提就是公民知情权的实现。因此，通过建立和发展信息公开制度，推进政府行为的透明，将政府活动置于阳光之下，就成为世界上很多国家保障公民知情权、鼓励公民积极参与国家事务管理，从而体现民主政治基本要求的最直接的途径之一。

然而，政府信息公开制度的推进从来就不是孤立的，它与一个国家的保密制度有着密切的联系。一般来说，国家在确立政府信息公开或者行政公开原则时，都会在这一前提之下同时对部分涉及国防、外交以及安全等方面的特殊事项作出不予公开的规定。信息公开虽然是民主政治的重要原则和措施，但并不是唯一的原则。在某些情况下，它可能会与国家安全利益发生冲突。同时，信息公开主要是指政府活动、公共信息（情报）的公开，但国家安全活动不同于或不完全等同于通常的政府活动，它所产生的国家安全信息也并非是一般的公共信息，这部分敏感的国家安全信息大多是需要保密的，不能像其他公共信息一样完全向公众开放。[②] 因此，公众的知情权如果遇到国家秘密等法律规定的特殊事项，是受到一定限制的。正如王名扬教授所言，公众的了解权以及对了解权的限制构成行政公开的主要内容。[③]

虽然很多国家在推进政府信息公开的同时还存在一定范围内的保密制度，但其特点在于：一是强调保密是在政府信息公开前提下的保密，是“以公开为原则、不公开为例外”原则规范下的保密，并且仅仅是政府信息公开制度中的一个特殊内容；二是保密制度的出发点是为了保障公民获得政府信息的权利，是为政府信息公开制度服务的，一般都对保密的具体范围作明确的限制性规定。以美国为例，美国在行政公开方面的立法比其他西方国家早，而且更为完备，在一定程度上对其他西方国家起了示范作用。[④] 美国政府在 1946 年制定了《行政程序法》，该法第 3 条规定了公众可以得到政府文件，但同时又规定了非常广泛的限制。行政机关可以以“公共利益”的理由拒绝提供政府文件，在实践中可以随意解释“公共利益”并将其作为拒绝提供文件的“正当理由”。更为严重的是，这部法律没有规定行政机关违法后的救济手段。这是《行政程序法》的一个致命缺

① 参见章剑生：《现代行政法基本理论》，法律出版社 2008 年版，第 313 页。
② 参见李竹：《国家安全立法研究》，北京大学出版社 2006 年版，第 151 页。
③ 参见王名扬：《美国行政法》（下），中国法制出版社 1995 年版，第 953 页。
④ 同上。

点。1966 年，美国国会制定了《信息自由法》，代替了 1946 年《行政程序法》第 3 条的规定，从 1967 年开始实施。根据情况的变化，美国国会曾于 1974 年、1976 年及 1996 年对《信息自由法》进行了重大修改，使其更趋完善。这部法律标志着美国政府第一次在成文法中保障了公民以个人名义取得政府信息的权利，这在美国历史上是一次革命。《信息自由法》确立了政府信息以公开为原则、不公开为例外以及获得政府信息的权利人人平等、政府对拒绝提供的信息负有举证责任、政府机关拒绝申请人所要求的文件时申请人可以向法院请求获得司法救济等原则，对公众了解和取得政府信息的途径进行了明确的规定。然而，《信息自由法》在规定了信息公开的原则、内容和方法之后，还规定了 9 项免除公开的文件。这是因为，信息公开原则有时可能会与国家安全、行政活动效率、商业秘密及个人隐私等发生利益冲突。因此，对涉及这些方面的信息可以免除公开。但是，除了免除公开的文件之外，其他文件在公众请求时必须公开。[①]《信息自由法》的目的是促进政府公开那些不应当保密的信息，扩大公众的知情权。根据《信息自由法》的规定，公民有权请求政府公开信息，对于需要保密的信息，政府要说明不予公开的理由；行政公开制度所追求的公共利益与行政不公开的公共利益应当相互平衡。正因为如此，美国《信息自由法》在第 1 条中规定了政府各机构应当“依法使公众可以利用信息”之后，在第 2 条中又明确规定了免除公布和公开的政府文件。政府文件的公开和不公开同时构成《信息自由法》的主要内容，是同一事物的两个侧面。这两个侧面构成矛盾的对立与统一，在这个矛盾统一体中，行政公开是主要的矛盾，起主导作用。行政公开是《信息自由法》的主要目标，免除公开起制约和平衡作用。[②] 同时，奠定现行美国联邦保密制度基础的克林顿总统 12958 号命令，即保密的国家安全信息，将国家安全明确定义为“美国的国家防御和外交关系”，框定的 8 类保密信息均限于国防、外交和安全领域。[③] 因此，在政府信息公开的前提下，寻求保密与公开的协调和统一，将保密制度作为信息公开制度中的一个特殊制度看待，并且通过严格而又明确地界定行政不公开的适用范围，从而更好地保障公民获得政府信息的权利，应当是一个明智的选择。

---

① 参见国家保密局法规处编：《美国保密法律制度》，金城出版社 2001 年版，第 10—15 页。

② 参见王名扬：《美国行政法》（下），中国法制出版社 1995 年版，第 975 页。

③ 参见赵蕾、苏永通：《“越开放，越要保密”——修法内幕：保密与公开的角力》，载《南方周末》2009 年 7 月 16 日。

（一）在符合信息公开原则的前提下完善保密制度

在《保密法（修订草案）》公布以后，有学者提出了应该把《保密法》与《信息公开法》一起制定的观点。否则，一个讲信息公开，一个讲保密，必然产生冲突。[①] 还有学者更是直截了当地建议国家制定统一的《信息公开法》，对信息的公开、保密、解密等一并作出规范，既确立信息公开的基本原则，也要加强对国家秘密的保护。[②] 对此，笔者表示赞同。我们从美国《信息自由法》处理公开与保密的关系中得到的启示是，政府信息的公开与在一定范围内的保密，都应当得到必要的关注。同时，在坚持政府信息"公开是原则，不公开是例外"的前提下，准确地界定保密的范围，同样是更好地建设信息公开制度的需要。我们不能把信息公开和保密制度人为地割裂开来，成为"两股道上跑的车"而互不相干。"各吹各的哨，各跑各的道"无论是对于信息公开还是对于保密制度来说，都是不利的。正如有学者所言："保密的理念注重的是国家安全的保护以及公共利益的保护，强调的是国家主义；公开的理念强调的是公民权利的保护，强调的是行政机关保有的信息来源于人民。公开信息是行政机关应尽的职责，而作为落实人民主权原则的行政信息公开强调的是'保密是例外，公开是原则'。"[③]因此，通过一部法律既保证政府信息公开、又规范特定范围内的保密，就可以避免政府信息公开制度强调公开而保密制度强化保密的尴尬，还可以有效地解决目前我国信息公开规范与保密规范法律位阶不一致的问题，促使我国信息公开制度与保密制度在现代法治的背景下协调发展。

然而，制定既促进信息公开、又规范保密的统一的《信息公开法》可能尚需时日，短期内不可能实现。那么，在对《保密法》进行修改的过程中，我们就应当尽量在信息公开的前提下完善保密制度，在服从信息公开原则的前提下将《保密法》与信息公开制度的要求结合起来通盘考虑。正如有学者所主张的，我国《保密法》修改应与信息公开法的精神结合起来通盘考虑，《保密法》应服从于信息公开和公民知情权的原则；以政府信息公开为原则，以政府信息保密为例外。[④] 因此，在符合政府信息公开的原则之下使我国保密制度进一步走向完善，应该是

---

① 参见蔡定剑：《〈保密法〉修改需体现四方面》，http://www.zgg.org.cn/2009-07/20/content_17147926.htm，2009年8月6日访问。

② 参见郑赫南：《定密当有一个明晰的程序》，载《检察日报》2009年4月20日。

③ 刘飞宇：《转型中国的行政信息公开》，中国人民大学出版社2006年版，第7页。

④ 参见蔡定剑：《国家秘密！国家秘密？——保密法应与政府信息公开的立法通盘考虑》，载《南方周末》2009年8月6日。

《保密法》修改所走的一条正确的道路。

（二）保密的事项范围应当在信息公开的前提下由法律作统一规定

笔者认为，无论是现在正在进行的《保密法》的修改，还是今后可能进行的将信息公开与保密在统一的法律中加以规定，都应当明确保密的事项应当由全国人大及其常委会制定的法律进行规定，而该规定的宗旨是：一是规定应当具体明确，避免抽象和笼统；二是保密范围相对于现行《保密法》的规定，要有明确的限制；三是将保密范围规定的出发点定位在保障公民依法获得政府信息和知情权的实现方面，从而限制行政机关在保密事项范围方面的自由裁量权。很多国家都规定，在信息公开前提下的保密事项由法律加以规定。例如，俄罗斯 1993 年《宪法》明确规定："任何人都享有以任何合法的方式自由地搜集、获取、转交、制造和传播信息的权利。构成国家秘密的情报清单由联邦法律确定。"因此，严格依照法律确定保密范围，应当是我国完善保密制度遵循的一个基本准则。

（三）对《政府信息公开条例》中所涉及的与保密相关的规定进行明确

我国《政府信息公开条例》中涉及与保密有关的问题，应当在法律中明确：第一，应当根据政府信息公开的要求清理涉及保密的相关规定。《政府信息公开条例》第 14 条规定，行政机关在公开政府信息前，应当依照《保密法》以及其他法律、法规和国家有关规定对拟公开的政府信息进行审查。对此，有学者考察，其中除了立法和行政法规之外，"国家有关规定"也被作为保密审查的依据。截至 2006 年 5 月，现行有效的保密规定共 88 件，有关保密范围的补充规定、说明、条款解释等还有 10 件，这些规定和说明作为"国家有关规定"似乎是没有争议的，因为《保密法》对此有明确的授权。但是，除此以外，有些"有关规定"的保密属性则缺乏相应的法律授权，这些规定往往是因为历史原因而作为政策出台，在现有的政治和法律环境下，仍然不具备上升为法律或规定的条件。如果以后者为依据拒绝信息公开申请，显然也容易引发争议。[①] 第二，应当对《政府信息公开条例》第 8 条规定的"行政机关公布政府信息，不得危及国家安全、公共安全、经济安全和社会稳定"进行明确的解释与界定。因为"国家安全""公共安全""经济安全"和"社会稳定"都属于非常抽象的概念，在实践中难以准确地把握，如果笼统地以上述理由拒绝政府信息公开，则有侵害公民知情权之嫌。

---

① 参见程洁：《政府信息公开的法律适用问题研究》，载《政治与法律》2009 年第 3 期。

（四）建立与政府信息公开制度相适应的保密争议解决机制

《政府信息公开条例》第33条第2款规定了政府信息公开的行政救济机制。然而，这一机制也应当适用于涉及国家秘密的行政争议。必须建立有关定密、涉密纠纷的处理和救济机制，将定密、涉密纠纷与《政府信息公开条例》中建立的政府拒绝公开信息的行政复议，特别是行政诉讼的救济相联系。如果政府将某一信息定为国家秘密，并拒绝公民对该信息的公开申请，那么可以由行政复议机关，最后由法院对该信息秘密性进行审查并裁决，该信息如不属于国家秘密则必须公开。[①] 笔者认为，依法建立定密、涉密方面的行政争议解决机制，能够更好地保障信息公开，也能在公开的前提下完善我国的保密制度，还能准确、客观地总结各地、各部门在实施《政府信息公开条例》方面的经验和教训。这无论是对于我们今后完善信息公开立法，还是对于进一步在强调政府信息的前提下规范保密制度而言，无疑都是非常有利的。

总而言之，以强化信息的保密、限制开放与公开为根本追求目标的我国传统保密制度，已经难以适应阳光政府、透明政府建设的需要，也与开放型政府应当具备的自信与豁达品格格格不入，理应得到较大规模的改革。但是，在政府信息公开以及推进开放型政府、透明政府、阳光政府建设的大环境下，修订我国的保密制度如果还是因循守旧，紧紧抱住原有的保密体制不放，将不是一个明智的选择。社会的迅速发展、社会事务的日趋复杂导致保密形势出现了新情况、新问题和新挑战，而应对新情况、新问题以及迎接新挑战的最好形式，就是在保障公民知情权的前提下，依法确定真正的国家秘密，从而保护真正的国家秘密。

第二节　城市群租者的居住权保护问题分析[*]

一、由群租现象所引出的话题

近年来，将一套房屋分割成为若干个空间，出租给多人居住的群租行为，随着城市房价的不断攀高和房租的不断攀升而形成一种态势。尤其是在上海、北京、广州、深圳等流动人口较多的城市，群租现象更是愈演愈烈，成为这些城市中

---

① 参见蔡定剑：《国家秘密！国家秘密？——保密法应与政府信息公开的立法通盘考虑》，载《南方周末》2009年8月6日。

* 原载《行政法学研究》2011年第1期。

一些居住小区一道独特的“风景”。在《上海商报》2006 年进行的网上调查中，就有 1003 位业主表示曾经听说或在自己的周边见过群租现象，比例高达 94%，在短短 3 天内就得到如此结果，出人意料。听说过的群租类型也花样百出，利益驱动使得越来越多的房东甚至是不相关的人介入其中，演化出了不同的模式，隐隐有成为一种“新职业”的架势。客观地说，群租行为影响了小区内正常住户的生活，也导致了其生活支出的增多，[①]因而群租行为引起正常住户的强烈不满也属情理之中。尤其是群租存在诸多安全隐患，如上下搭铺、乱拉线路、电线老化裸露、没有足够的消防设施等，而且在租赁过程中，由于多人居住，卫生、治安等问题较为突出，“扰民”现象严重。所以，群租现象引起了社会的广泛关注。[②] 正是由于群租所产生的消极影响，上海加大了对群租行为进行规范和查处的力度。

2006 年 11 月 30 日，上海市房屋土地资源管理局发布《关于加强居住房屋租赁管理的若干规定(试行)》，规定了八个方面的内容，其中包括“居住房屋应当以原规划设计的房间为最小出租单位，不分门进出的客厅、厨房间、卫生间等均不得单独出租；一间房间只能出租给一个家庭或一个自然人，出租给家庭的，家庭人均承租的居住面积不得低于 5 平方米”，“居住房屋不得分割搭建若干小间，按间或按床位出(转)租。违规从事社会旅馆经营的，由相关管理部门责令限期改正，逾期拒不改正的，按《上海市旅馆业治安管理实施细则》等规定进行查处”等内容。

据媒体报道，2007 年 9 月 7 日上午 7 时，沪上有史以来最大的一次“整治”群租房行动正式展开，一支由上海市普陀区综治办、房地局、公安、工商、宜川街道等联合组成的“行动小组”，开进了被称为“上海滩第一群租小区”的中远两湾城。相关部门负责人表示，将通过这次严厉的整顿，使得目前中远两湾城 633 家群租户在数月内消失，尽快恢复昔日安乐的居民生活。这是一次涉及范围广但保密性高的行动。即使是参与其中的一些部门，也只有带队人知道行动的具体时间和目标。在中远两湾城物业公司，一位值班负责人在回答记者询问时表示，虽然“听说要整治”，但至今仍不清楚细节。中远两湾城内的群租现象，在沪上可谓颇为有名，群租客的蜂拥而入，给这里原住户带来了极大的影响。正是因为群租户实在太多，有关部门才会在策划方案时担心走漏风声，使行动落空。据了

① 最典型的就是居住人数的激增使电梯的运营成本增加，从而使正常住户也增加了在这方面的支出。

② 笔者在 Google 网站上搜索，共有 3980000 条信息符合“群租”的查询结果，同时有 2270000 条信息符合“群租的法律完善”的查询结果，说明了公众对这一问题的强烈关注。

解，参与行动的包括公安、工商、卫生等多个部门，他们将联合执法，对已经“瞄准”的多家群租户进行“整治”，勒令其停止扰民行为。一位负责人透露，行动中甚至考虑到了“群租客锁门”等可能面临的突发情况，并做好了应急预案。[①]

笔者注意到，媒体在报道中说：“随着分割房间的‘壁垒’被拆除，八个独立小间消失，恢复了两室一厅的原貌……整治人员当即用榔头将房屋的隔离部分敲去。”[②]对于以上“整治”行动，媒体用了“‘上海第一群租小区’打响‘第一枪’”[③]这样类似于介绍南昌起义的语言来予以报道。

笔者毫不怀疑群租行为在一定程度上所产生的消极后果。然而，对于政府部门这种强行敲开房门的“急风暴雨”式的“整治”行为是否具有合法性，以及政府面对群租应当如何作为，笔者认为是一个值得探究的行政法问题。

二、“整治”群租所凸显的法律缺陷

应当承认，群租现象的出现有其深刻的社会原因，其根本原因在于近年来城市房价的不断攀升并由此引发的房租偏高。在高房租的情形之下，一些外来打工人员、刚从学校毕业的学生由于无法承受高昂的房租，只能选择群租的方式来解决自己的居住问题。然而，在依法行政的背景之下，由政府组成的一个个“行动小组”强行闯入他人住宅进行“整治”，并将因为无力租赁高昂房租的房屋而选择群租的群租客强行赶出其所租赁的房屋，这种现象无论从哪个角度来说，其合法性都是值得商榷的。

（一）“整治”群租的“行动小组”究竟属于什么性质

上文已提及，由上海市普陀区综治办、房地局、公安、工商、宜川街道等联合组成的“行动小组”，开进了被称为“上海滩第一群租小区”的中远两湾城进行大规模整治。这里的“行动小组”是一个什么样的组织，其是否依法拥有相应的“整治”权力，是一个首先值得研究的问题。

从“整治”的过程来看，这一“整治”行为属于一种行政执法活动已经确凿无疑。然而，从行政法角度来说，行政执法活动的主体是否合法，是行政活动中合法的主要问题。行政活动应当由一个依法拥有行政职权的行政主体来行使，不

---

① 参见罗菁：《上海启动最大规模整治群租行为 行动前高度保密》，载《劳动报》2007年9月7日。

② 李晓明、周夏莹、崔建栋：《中远两湾城群租整治启动 榔头敲掉群租屋还房原形》，载《新闻晨报》2007年9月8日。

③ 李晓明、周夏莹、崔建栋：《中远两湾城11月底告别群租》，载《新闻晨报》2007年9月8日。

仅已是法学界，而且还是全社会的一种共识。只有依法具有行政主体资格的组织才能代表国家行使行政职权，进行行政执法。“一个具有行政主体资格的组织才能对外管理。相对人对非行政主体所实施的行为没有服从的义务。”[①]但是，无论是法律、行政法规还是上海的地方性法规，对于“行动小组”都没有任何的行政授权。《上海市房屋租赁条例》和《物业管理条例》都明确规定，房地产管理部门是房屋租赁或者物业管理活动的行政主管部门。即使是属于违反《上海市旅馆业治安管理实施细则》的行为，也应当由公安机关作为执法主体。

所以，对于以群租形式所产生的房屋租赁以及由此出现的物业管理问题的执法主体上，只有房地产管理部门才是依法拥有行政职权的行政主体。《上海市居住房屋租赁管理实施办法》第 18 条也规定，违反《上海市房屋租赁条例》的有关规定出租或者转租居住房屋的，由区（县）房地产管理部门依法处理；租赁当事人不按照本办法的规定办理相关纳税申报和租赁合同登记手续的，由税务部门或者公安部门依法处理。可见，各个行政机关是各司其职、有明确分工的。因此，在这一“整治”活动中，由一个区的综治办、房地局、公安、工商、街道等联合组成“行动小组”，就可以开进小区进行大规模的“执法”，在主体上不具有合法性。

（二）“整治”行为是否具有合法的依据

“行动小组”不具有行政主体资格已是定论。但是，如果撇开主体资格不论（虽然主体合法是行政行为合法的前提所在），单就行为本身而言，这种闯入群租房强行“整治”的行为是否具有相应的依据，也是一个必须探讨的问题。

《上海市房屋租赁条例》第 8 条规定的不得出租的房屋是“（一）未依法登记取得房地产权证书或者无其他合法权属证明的；（二）共有的房屋，未经全体共有人书面同意的；（三）改变房屋用途，依法须经有关部门批准而未经批准的；（四）被鉴定为危险房屋的；（五）法律、法规规定不得出租的其他情形”。同时，第 30 条规定的不得转租的房屋是“（一）承租人拖欠租金的；（二）承租人在承租房屋内擅自搭建的”等。对此，第 46 条规定，租赁当事人违反上述规定，致使租赁合同无效的，应当依法承担民事责任。第 47 条规定：“出租人违反本条例第八条第（一）、（三）、（四）、（五）项的规定将不得出租的房屋出租或者承租人违反本条例第三十条规定将不得转租的房屋转租的，由区、县房地产管理部门责令其限期改正，没收违法所得，并处以违法所得一倍以下的罚款。”第 52 条规定：“当事人对行政管理部门的具体行政行为不服的，可以依照《行政复议法》或者《行政诉

---

① 应松年主编：《行政法与行政诉讼法学》，法律出版社 2005 年版，第 60 页。

讼法》的规定，申请行政复议或者提起行政诉讼。当事人对具体行政行为逾期不申请复议，不提起诉讼，又不履行的，作出具体行政行为的行政管理部门可以申请人民法院强制执行。”从上述规定可以看出，《上海市房屋租赁条例》根本没有赋予政府部门可以强制性地用“榔头敲掉群租屋还房原形”的职权。即使属于违反了《上海市旅馆业治安管理实施细则》第 8 条第 2 款“未取得开办旅馆许可证的任何单位和个人，不准开办旅馆”的规定的，也是由公安机关给予相应的警告或者处以罚款。

此外，正因为这一“整治”行为主体不合法且依据缺乏，其在法律上究竟是一个什么性质的行政执法行为，在行政法上值得探究。笔者认为，这应当属于强制取缔决定的行政强制执行行为。但是，从媒体的报道中，并没有看到取缔的具体行政决定。根据媒体所称，在“整治”之前，相关部门已对大房东、二房东、承租人进行了法律法规宣传，通知了整改期限。① 然而，媒体并没有说明这一“整治”行为的性质。根据笔者的理解，这应当属于一种行政法上的行政强制执行行为。行政强制执行的特征应当是以一个合法的具体行政行为的存在为前提，仅凭一纸整改通知就进行所谓的强制执行，无论如何是缺乏依据的。更何况，“行动小组”并不具备相应的行政强制执行权。即使是行政机关，在依法不具备行政强制执行权的情况下，也必须申请人民法院强制执行。

（三）强制“整治”的执法程序存在严重缺陷

“行动小组”在高度保密的情况下，在早晨 7 时破门而入地对群租房屋进行“整治”，应当说是严重违反了正当程序的要求。由于在行动前“高度保密”，因此也根本不可能事先听取过包括房东、承租人在内的相对人的意见。作为一种对相对人权益有较大不利影响的行政行为，不但在做出的过程中没有事先听取过有关相对人的意见，而且在采取强制执行的具体措施之前，也没有事实表明“行动小组”与相对人有过任何的沟通和协调。这实际上已经严重影响这一“整治”行为的程序公正性。因为“过程不公正会附带产生不公正的结局，其最终结果是，即使行政决定本身是公正的，即决定的实质是公正的，也可能因为过程的不公正产生不公正的影响”②。

笔者认为，对于一个政府的执法行为，强调程序的公正性是行政活动合法的重要内容。国务院于 2004 年 3 月 22 日颁布的《全面推进依法行政实施纲要》提

---

① 参见李晓明、周夏莹、崔建栋：《整治不忘“关照”群租客》，载《新闻晨报》2007 年 9 月 8 日。

② 姜明安主编：《行政执法研究》，北京大学出版社 2004 年版，第 195 页。

出了“程序正当”的要求，“行政机关实施行政管理，除涉及国家秘密和依法受到保护的商业秘密、个人隐私的外，应当公开，注意听取公民、法人和其他组织的意见；要严格遵循法定程序，依法保障行政管理相对人、利害关系人的知情权、参与权和救济权”。然而，在对群租所进行的“整治”过程中，依法行政原则所要求的告知、听取意见、说明理由、作出行政决定、强制执行前应有的告诫等一整套完整的程序，似乎未能够得到体现。

虽然房东将房屋进行隔断并出租给多人居住的行为对社会秩序产生了一定的不利影响，但是这些房屋设备仍属于房东的个人财产，政府是否可以进行强行处置仍值得商榷。即使在可以强行处置的情况下，遵守严格的程序规则仍是必要的。“正当法律程序是一个程序法的规则，称为程序上的正当法律程序。这种意义上的正当法律程序要求一切权力的行使涉及剥夺人的生命、自由或财产时，必须经过正当的程序，听取当事人的意见，要求有听证、陈辩等权利。”[①]同时，“公众们之所以把程序公正作为一个重要的方面来看待，不仅仅是因为它可以使公众对依靠政府权力而作出的决定持有积极配合的态度，也是因为它可以增进公众对自身法律体验的满意度，从而最终决定公众对法律的遵从和对社会权威合法性的评判。通过公正程序，国家的活动在许多情况下都会变得让公众易于理解和接受”[②]。尤其是在强调建设社会主义和谐社会的今天，以公正的程序促进和谐行政，让行政机关与公众在对一些社会事务的处理方面，尤其是对公民权利产生重大影响的事务的处理方面，充分听取相对人的意见，积极进行沟通和协商，乃是构建政府与民众之间和谐关系的重要一环。

（四）关于“整治”行为的行政救济问题

笔者注意到，在媒体的报道中，并没有对“整治”行为的行政救济问题有任何的表述。这给人的感觉是，政府机关的这种强行“整治”行为似乎是天经地义的。然而，对政府行为应当有明确的救济途径，是法治的真谛所在。遗憾的是，在有关“整治”的报道中，我们没有看到任何政府机关在“整治”行为活动中对相对人的行政复议权、行政诉讼权加以保障的内容。

救济权的存在，就根本而言，是为当事人提供一条发泄不满和说理的途径，

① 姜明安主编：《行政执法研究》，北京大学出版社 2004 年版，第 211 页。

② 杨寅：《中国行政程序法治化——法理学与法文化的分析》，中国政法大学出版社 2001 年版，第 73 页。

行政机关必须予以充分尊重,不能限制和剥夺当事人的救济权。[①]

《行政复议法实施条例》第17条规定,行政机关作出的具体行政行为对公民、法人或者其他组织的权利、义务可能产生不利影响的,应当告知其申请行政复议的权利、行政复议机关和行政复议申请期限。这是从行政机关法定义务的角度保障行政相对人行政救济权利的一种制度。同时,也必须保障行政相对人依法提起行政诉讼、请求司法审查的权利。“司法审查是法院监督行政机关遵守法律的有力工具,没有司法审查,行政法治等于一句空话,个人的自由和权利就缺乏保障。司法审查不仅在其实际应用时可以保障个人的权益,而且由于司法审查的存在对行政人员产生一种心理压力,可以促使他们谨慎行使权力。”[②]但是,在这一“整治”过程中,既然整个的“整治”行为在事前是“高度保密”的,那么就不可能在“强制”采取措施前告知当事人相应的救济权利。这种状况实际上明显反映了有关政府部门对公众行政救济权利的漠视。

总之,对于群租的强行行政执法行为,在合法性问题上是值得探究的。这一探究并不是对这一行为的责难,根本的目的在于通过这一探究,促进政府部门在涉及公民权益的行政活动过程中强化依法行政的理念。毕竟,我国已经将法治作为追求的目标,国务院也已经在《全面推进依法行政实施纲要》中将“全面推进依法行政,经过十年左右坚持不懈的努力,基本实现建设法治政府的目标”作为政府工作的出发点。因此,强化政府的法治意识,促进政府的依法行政,应当成为现代政府的一个重要目标。

三、面对群租,政府应当如何作为

群租问题的出现,从表面上说,是一部分低收入群体的生活窘迫问题;从本质上说,则是政府所必须提供的公共产品和公共服务不够到位的问题。

高房价态势下群租问题的出现,乃是一部分低收入群体的“无奈”之举。在现行房价的态势之下,一部分低收入群体只能去租赁价格低廉的“格子房”,而政府部门的一番“整治”,很有可能使他们失去暂时的“栖身”之地。据报道,在2007年9月7日清晨的突击行动中,群租“整治”小组清查了中远两湾城。首批55套以经营地下旅馆、盒饭和隔间泛滥的群租房得以恢复原貌。“整治”发现,25套房内竟住了231人。一位在现场收拾行李的胡先生说:“走的人都准备回

① 参见袁曙宏主编:《全面推进依法行政实施纲要读本》,法律出版社2004年版,第74页。

② 王名扬:《美国行政法》(下),中国法制出版社1995年版,第566页。

家，我现在一个月也就1000多元的工资，眼下根本租不起房。我所在的公司，已经有十几名同事因为这件事辞职，准备回老家。"[①]这一段描述非常清晰地为我们展示了一部分外来打工人员的生活状态。那么，我们的政府部门是在为他们排难解忧，还是在将他们"扫地出门"，确实是一个值得深思的问题。

在现代社会，政府的职能已经从传统的干预行政走向福利行政，为社会成员提供高效、便捷的服务已经成为行政的重要目的所在。现代行政的功能是向社会成员提供有效的公共服务和合格的公共产品。从本质上说，现代行政已经不再是单方的权力宣示，而是利用公共资源对个人给予"生存照顾"。服务理念的渗入是现代行政发展的基本走向，也是行政公共性在功能上的具体体现。同时，现代行政的价值也在于不断地满足社会成员的人道生活的需求。与私人活动以追求个人利益的最大化为目标不同，公共行政活动必须注重在民主政治的理念下保障公众的充分参与、实现更大的社会正义，以及承担为公众谋取福利的责任。因此，对于行政共同体来说，为每一个人提供最低限度的生存水准所需要的公共服务，就应当成为其首要的职责。质言之，行政共同体应当以满足社会成员的人道生活的需求为其行动的价值归依。[②]

为此，现代意义上的行政权就是国家行政机关或其他特定的社会组织进行行政活动，包括管理公共事务和为社会成员提供公共服务的国家权力。[③] 在对群租行为的"整治"过程中，"考虑到群租客的实际需要，整治小组在现场为租客提供了房产中介信息和免费法律咨询，以帮助他们尽快找到安身之所。沪上其他一些群租问题比较严重的小区，也在通过为群租客寻找低价房、合租房设寝室长等人性化的措施妥善解决群租问题"[④]。

然而，笔者认为，在群租客还没有解决后续住房的情况下就采取强制"整治"的措施是欠妥的。即使提供房产中介信息和免费法律咨询，也难以及时解决这些失去住所的群租客的"燃眉之急"，这样的"帮助"实际上是一种不解决问题的"帮助"，最起码是不能解决眼下问题的"帮助"。"为群租客寻找低价房"的措施，也并非政府行为，而是小区物业或者居委会所为，[⑤]政府部门在这次"整治"过程中似乎并没有出现大的作为。同时，上海市房屋土地资源管理局于2007年8月

① 覃贻花：《禁了群租会使城市秩序更好吗》，载《信息时报》2007年9月10日。

② 参见杨海坤、章志远：《中国行政法基本理论研究》，北京大学出版社2004年版，第11—12页。

③ 参见沈福俊、邹荣主编：《行政法与行政诉讼法学》，北京大学出版社2007年版，第8页。

④ 李晓明、周夏莹、崔建栋：《中远两湾城11月底告别群租》，载《新闻晨报》2007年9月8日。

⑤ 参见李晓明、周夏莹、崔建栋：《整治不忘"关照"群租客》，载《新闻晨报》2007年9月8日。

27日专门下发了《关于抓紧完善业主公约，增补规范租赁行为相关条款的通知》，对2005年版的《业主公约》《业主临时公约》示范文本进行增补，新增一些制约群租的新条款，如人均承租面积必须符合标准、业主不得擅自改变房屋原设计功能和布局等。然而，这个通知却引起了争论。其中引起最大争议的就是增加了“一间房间只能出租给一个家庭或一个自然人，出租给家庭的，家庭人均承租的居住面积不得低于5平方米”的条款。按照媒体的解读，这意味着即使是好朋友或者男女朋友也不能租住一间房。[①] 但是，引起广泛争议的这个条款只是对2005年版的《业主公约》《业主临时公约》示范文本进行增补，而示范文本并非强制使用，只是供各小区的业主大会在起草和制定《业主公约》时参考使用。《业主公约》是业主对小区管理实行自我治理的文件，在《业主公约》的制定上，每一个业主都是平等的，因此必须基于每一位业主的真实意思表示来起草、讨论、审议和表决通过。从这一意义上说，政府部门的“示范文本”仅仅具有指导意义，并不具有强制力。虽然除了进行群租的业主以外，其他业主可能会表示赞成，但从根本上说，《业主公约》是否应纳入制约群租的条款，其决定权在业主，而不在政府。

笔者认为，无论是上海市房屋土地资源管理局发布的《关于加强居住房屋租赁管理的若干规定(试行)》，还是该局发布的《关于抓紧完善业主公约，增补规范租赁行为相关条款的通知》，都难以从根本上解决群租问题。有学者指出，群租问题从根本上说是廉租房的问题，只有在廉租房的基础上才能解决。“不要去管群租本身，而要去管群租带来的消极后果和它的派生效应”；“不要说‘群租’是不允许的，而要说‘群租’里的不安全是不允许的，打扰别人是不允许的，但‘群租’本身和他人没有任何关系”；“群租的对象正是一部分没地方住、收入也不高的人，对这样的现象不应严厉处理，而应该加强管理”；“如果政府不能给中低收入者提供足够的廉租房，就应该由市场本身自发解决”。[②]

因此，对于群租问题的客观存在，政府部门不能仅仅靠突击“整治”来解决问题，如果仅仅依靠一时的“加大治理力度”的方式来“消灭群租”，只能取得暂时的效果。要真正解决这一问题，关键是政府必须积极作为，为低收入群体创造良好的创业和就业环境，着力解决他们的居住问题，以体现政府积极地为社会成员提供公共服务的职责。政府不能因为群租产生了不利影响就通过“整治”给低收入

---

① 参见梁文汇：《朋友也不能合租一间房》，载《东方早报》2007年8月28日。

② 上海大学社会学系教授顾骏的观点。参见周凯、张琦：《高房价下“群租”成为无奈的时尚》，载《中国青年报》2007年9月4日。

群体本来就比较艰辛的生活进一步增添难度。同时,针对群租所产生的负面影响,各个行政执法主体应当依照自己的法定职权积极引导群组行为,并对违法行为进行必要的查处。例如,对于消防隐患问题,应当由消防部门依照职权处理;对于变相经营旅馆的,应当由公安机关和工商行政机关依法处理等。至于群租所造成的影响其他居民正常生活的"扰民"现象,完全可以通过民事途径加以解决。政府部门不能以违法越权的方式解决群租问题。

四、结语

目前的群租客绝大多数都是低收入群体。他们来到上海,为上海的发展出力,就理应获得这座城市的关怀与呵护。上海作为一个具有包容心的大都市,不能不时刻留意他们的生存状况并给予其他方面的帮助。同时,应当充分考虑到群租客群体的实际处境,向弱势群体展示来自政府的善意与温情。[①] 上海这几年在关注民生问题上做了很多有益的工作。就在笔者行将结束本文内容的撰写时,看到了上海探索公租房新政的报道,首次将非沪籍人口纳入保障范围的《上海市发展公共租赁住房的实施意见(征求意见稿)》的意见征求期于 2010 年 6 月 13 日结束,相关细则明确后即推行。这意味着,公租房将与廉租房、经适房一起,共同拉动上海市保障性住房建设。无论是"上海人"还是"外乡人",也无论是蓝领还是白领,中低收入阶层或暂时买不起房的工薪阶层,都可能在未来的某一天享受到住房保障。[②]

由此可见,解决低收入者的居住问题,已经逐渐成为政府的一项职责。这些措施的行将出台本身也表明,解决群租问题并不能仅仅靠强制性的"整治"。

---

① 参见许莽:《"霹雳手段"之外,亦盼"菩萨心肠"》,载《新闻晨报》2007 年 8 月 30 日。

② 参见王晓庆、冯雅男:《上海探索公租房新政 学者建议穷人租房政府补贴》,http://news.sohu.com/20100621/n272937603.shtml,2010 年 6 月 30 日访问。

第十章

行政复议相关问题研究

第一节　论我国行政复议制度基本目标的重塑

——基于对现有制度与实践的反思*

为了实现新形势下行政法治的需要，我国行政复议制度近些年来不断地改革创新，其中也包括对《行政复议法》修改的酝酿和准备。据可靠消息，《行政复议法》的修改有可能在2013年或以后由全国人大常委会安排审议。① 在讨论《行政复议法》修改时，首先需要回应的一个问题便是：我国行政复议制度改革的基本目标是什么？有学者将行政复议制度的功能和作用归结为化解矛盾、权利救济和纠正错误。② 这三项功能自然是行政复议制度所应当具备的，但是都有各自不同的侧重点，而以不同功能作为基本目标进行的制度改革最终会形成不同面向的制度设计。因此，行政复议制度改革究竟是以这三个功能中的何者为基本目标，或是在此之外有何其他目标，是我们需要予以考虑和回应的。本文便是在分别对这三个功能进行分析和比较的基础之上，试图回答行政复议制度应当追求的基本目标这一问题。

一、以纠正错误为基本目标的局限性

（一）以纠正错误为基本目标的制度实践

纠正错误主要体现了行政复议对于行政机关行政活动的监督职能，而内部

---

* 原载《东方法学》2013年第4期。本篇系与研究生徐涛（现为中共上海市委党校教师）合作撰写。

① 参见陈丽平：《全国人大常委会确定今年立法和监督工作计划》，载《法制日报》2013年4月27日第1版。

② 参见李勇：《行政复议制度问题研究》，载中国法学会行政法学研究会编：《服务型政府与行政法——中国法学会行政法学研究会2008年年会论文集》，浙江工商大学出版社2009年版，第797页。

监督是我国《行政复议法》制定之时所确定的目的。全国人大常委会法制工作委员会编撰的《行政复议法释义》将行政复议制度定位为一种“与行政诉讼相结合的行政救济制度”,“是运用行政机关系统内部的层级监督关系,由上级行政机关纠正下级行政机关的违法或不当的行政行为,以保护相对人的合法权益”。[①] 但是,时任国务院法制办公室主任杨景宇于 1998 年 10 月 27 日在第九届全国人大常委会第五次会议上对《行政复议法(草案)》的说明中却明确指出,“体现行政复议作为行政机关内部监督的特点”是起草行政复议法的指导原则,同时强调行政复议“不宜、也不必搬用司法机关办案的程序,使行政复议‘司法化’”[②]。国务院法制办公室编写的《行政复议法释义》中强调体现“内部监督,拒绝司法化”的理由在于:司法化将会使得行政复议拥有行政权的简便、廉价和专业化的特点;行政复议没有行政权力的特点,也难以发挥司法权所固有的功能和特性;从国家权力过程来看,行政复议司法化将使解决一个特定的行政争议的成本增高。[③] 同时,国务院在《国务院关于贯彻实施〈中华人民共和国行政复议法〉的通知》中进一步强调了“行政复议是行政机关自我纠正错误的一种重要监督制度”。

由此可见,现行行政复议制度在构建之初,单从官方的见解上看,关于行政复议制度的定位就存在着冲突和矛盾。但是,从最后公布的《行政复议法》所确立的制度来看,我国现行的行政复议制度还是突出体现了内部监督的特点。这主要体现在:(1) 复议机关不单独设立。根据《行政复议法》第 12 条至第 15 条的规定,除另有规定外,我国不设有单独的行政复议机关,而是由部门的本级人民政府和上一级主管部门进行复议。同时,第 3 条规定,具体的事务由根据《行政复议法》所确定的行政复议机关中负责法制工作的部门负责。(2) 以书面审查为原则。根据《行政复议法》第 22 条的规定,行政机关进行行政复议,原则上采取书面审查的办法,但是申请人提出要求或者行政复议机关负责法制工作的机构认为有必要时,可以向有关组织和人员调查情况,听取申请人、被申请人和第三人的意见。(3) 可以对行政规范性文件进行附带性审查。《行政复议法》第 7 条第 1 款规定,在对具体行政行为申请复议时,可以申请对国务院部门、县级以上地方各级人民政府及其工作部门以及乡镇人民政府的规定进行审查。这些

---

① 参见张春生主编:《中华人民共和国行政复议法释义》,法律出版社 1999 年版,第 1 页。

② 杨景宇:《关于〈中华人民共和国行政复议法(草案)〉的说明——1998 年 10 月 27 日在第九届全国人民代表大会常务委员会第五次会议上》,载《中华人民共和国全国人民代表大会常务委员会公报》1999 年第 3 期。

③ 参见曹康泰主编:《中华人民共和国行政复议法释义》,中国法制出版社 1999 年版,第 3—4 页。

规定在学理上一般被认为属于抽象行政行为。(4)可以对所有具体行政行为审查合理性问题。与行政诉讼中除审查行政处罚显失公正外只能审查具体行政行为合法性问题不同的是,根据《行政复议法》第 28 条第 3 项,行政复议中对受理的所有类型的具体行政行为的明显不当之处予以处理。

(二)以纠正错误为基本目标在实践中的缺陷

经过多年的行政复议实践,我国行政复议机制这一定位带来的不利影响已经逐步显现,严重影响了行政复议制度的功能发挥,具体表现为:

其一,公民对于行政复议制度的信任度不高。有关数据表明,在现有的体制之下,我国大约有 70%左右的行政纠纷未经行政复议便直接进入了行政诉讼,也就是说,公众在解决行政争议时还是宁愿直接走行政诉讼程序。[①]

其二,行政复议机制的失效使得信访等非规范性争议解决机制急剧膨胀,反过来压缩正规行政争议解决途径的生存空间。[②] 这些年来,我国行政争议解决中一个最为人关注的现象就是信访越来越多,信访引发的社会问题也有愈演愈烈的趋势。一般说来,行政争议经过行政复议和行政诉讼的正规纠纷解决渠道解决之后,就应当不存在法律上的争议,信访主要负责解决法律自身所不能解决处理的问题。但是,现在的情势正好反过来,正规的渠道反而为人所抛弃,信访成为行政争议发生之时的首选。这不能不说是包括行政复议机制在内的正规解决机制救济职能不能充分实现的结果。

其三,行政复议案件的维持率居高不下使复议的公正性受到质疑。我国行政复议中一直存在的奇怪现象就是,行政复议的结果中以维持的居多,被予以纠正的不多。这就使人们对行政复议机关是否真正履行了复议职能产生怀疑。全国 2003 年至 2006 年共收到行政复议申请 33.67 万件,受理 29.95 万件,审结 26.81 万件,平均维持率是 58.5%,改变率是 17.9%,申请撤回率是 18.7%,83.9%的行政复议案件基本能实现"案结事了",但是在行政复议后当事人又起诉的案件中,平均维持率是 58.4%。[③] 行政诉讼中对行政复议结果较低的维持率或与客观上行政复议人员的法律素养、案件本身的复杂性有关,但是行政复议人员主观上怠于审查也不能免除质疑。这种现象的出现正是行政复议机制高度

---

① 参见李立:《行政复议委员会试水缘由》,载《法制日报》2008 年 12 月 12 日第 8 版。

② 参见周汉华:《中国行政复议制度的司法化改革方向》,载周汉华主编:《行政复议司法化:理论、实践与改革》,北京大学出版社 2005 年版,第 6—7 页。

③ 参见程红银:《行政复议要成为化解行政争议突破口》,载《中国改革报》2007 年 8 月 31 日第 1 版;李立:《行政复议案 87%市县政府化解》,载《法制日报》2007 年 9 月 3 日第 7 版。

行政化的结果。对行政复议案件予以维持对于行政复议机关来说是最佳的处理方案，一方面可以避免因为改正原具体行政行为造成的与被申请人之间的紧张关系，另一方面可以避免行政复议机关成为被告。根据我国《行政诉讼法》第25条第2款的有关规定，只要行政复议决定不对具体行政行为进行变更，行政复议机关就不会成为被告，而成为被告对其机构内的考评相当不利。正是由于行政化的高度发展，行政复议案件审理的公正性往往难以得到保证。

其四，行政化的发展有时候反而会造成效率的低下。在制度设计之初将行政复议机构定位为内部监督机构，一个重要的期待就是其行政化带来的高效率。但是，行政化的发展有时候反而造成效率低下。行政复议机构作为行政机关的一个内部机构，在进行行政复议时需要注意与其他机构甚至其他行政机关之间的协调。加之我国行政机关内部存有的批示文化，一个案件的审理往往需要经过许多关卡。有学者就举例，一个由市级人民政府办理的行政复议案件大致需要经历“经办人—分管副处长—处长—法制办分管副主任—法制办主任—分管副秘书长—秘书长—分管副市长—市长”的漫长过程。[①] 这个漫长的处理链条中只要有一个环节被压下来，整个案件的审理就会停滞，效率更是不可求。

（三）以纠正错误为基本目标的批评

从上文的分析中可以看出，我国《行政复议法》的出台是以内部监督、纠正错误为基本目标的，而以此为目标的制度构造在实践中造成了诸多的困境。这些困境主要集中在以下两个方面：

其一，行政复议制度的独立性缺失。由于我国行政复议制度中不设有独立的行政复议机构，行政复议工作附属于行政机关的法律工作部门，导致行政复议制度独立性缺失，直接造成了诸多制度性缺陷。例如，将复议当作一种内部监督制度，混淆了复议监督与其他监督的区别，影响了复议的质量和效率；过于行政化的程序，使办案程序极不规范，用办文的方式去办案，影响了案件处理的公正性；行政复议人员缺乏必要的资格和专业培训，素质和业务能力难以保障，基层行政复议机构在机构改革中甚至普遍面临生存危机；书面审理缺乏公开性和透明度，无法取信于民；许多问题缺乏相应的程序规定，一方面造成行政复议机构在处理案件过程中无所适从，另一方面引发行政复议机关与司法机关之间不必

① 参见杨海坤、章志远：《中国行政法基本理论研究》，北京大学出版社2004年版，第536页。

要的冲突。[①]

其二，行政复议制度程序设置过于简单，影响了功能的发挥。因为将行政复议定性为内部监督，行政复议机关也不独立，行政复议活动被淹没在行政活动之中，对其具体的制度构建还相当匮乏，审理程序、证据规则、审查标准等问题都没有明确的统一规定。这种程序建设本身的缺乏一方面使得如前文所说的行政复议人员在案件审理过程中无所适从，另一方面也导致了行政复议申请人对于行政申请的不信任感。

除了以纠正错误、内部监督作为基本目标的制度设计在实践中暴露出来的问题外，笔者认为，就制度设计本身而言，这一目标也根本不能成为行政复议制度的基本目标，主要是因为：

第一，行政复议是应申请的行政活动。与行政诉讼的“不告不理”原则一样，行政复议机关启动行政复议必须有行政复议申请人的申请，否则无法自动启动复议程序。这一工作特征使得行政复议就算被定位为一个纯然的内部监督机构，其发挥的作用也是极其有限的。如果行政复议机关被定位为主要的行政机关内部监督机关，那么这要求其能够对行政机关的活动进行日常的持续性监督，否则监督的作用无法实现。行政复议必须依靠行政复议申请人启动，只要没有申请，行政复议机关就无法对相关部门的活动进行审查，纵然将之定位为内部监督机关，它也无法担当起内部监督的职责。

第二，在行政机关内部已经有专职的行政监督部门，再将行政复议制度定位为监督机关属于叠床架屋的行为。机构内部职能的重复设置，一方面对于有限的行政资源来说无疑是巨大的浪费，另一方面在机构之间的协调上也会造成冲突，因而没有必要将内部监督功能定位为行政复议机关的主要功能。

第三，救济功能的充分实现也能实现监督的效果。曾有学者认为：“监督是救济的必然结果。”[②]行政复议是行政相对人和行政主体之间的两造对抗性活动。对于行政相对人来说是权利救济，对于被申请人来说就是权力的约束；充分保障了行政相对人的合法权益，也就同时对被申请人的行为进行了监督。至于如何提高监督的效果，完全可以根据复议的结果通过行政复议以外的其他制度设计来达到目的，没有必要单独将行政复议制度设计为监督机构。例如，对具体

---

① 参见周汉华：《中国行政复议制度的司法化改革方向》，载周汉华主编：《行政复议司法化：理论、实践与改革》，北京大学出版社 2005 年版，第 6 页。

② 张越：《行政复议法学》，中国法制出版社 2007 年版，第 41 页。

行政行为存在瑕疵但不足以撤销或者变更的，行政复议机关在作出维持决定的同时，向有关行政机关发送行政复议意见书、建议书，指出其作出具体行政行为存在的问题并限时改正，从而达到案结事了的目的，也有力地监督了行政机关依法行使职权。

鉴于将行政复议制度定位为内部监督机构带来的制度和实践中的种种困境，我国也一直酝酿着对行政复议制度进行改革调整。2007 年，国务院颁布施行了《行政复议法实施条例》。虽然说该条例是《行政复议法》的实施条例，是下位法，但是该条例尝试了在原有的制度框架下进行一定的突破。这首先就表现在对行政复议制度定位的调整上。《国务院法制办公室关于〈中华人民共和国行政复议法实施条例（草案）〉的说明》中开宗明义地提出："行政复议，是县级以上各级人民政府及其部门依法解决行政争议、化解社会矛盾、加强层级监督的一项重要法律制度。"[①]这已经将行政复议制度的监督功能予以弱化。同时，《行政复议法实施条例释义》明确对行政复议制度是以发挥监督功能为主还是以发挥救济功能为主进行了解答，认为新形势下的行政复议制度的功能和作用体现在四个方面，即化解矛盾、保护权利、纠正错误和教育引导。[②] 很明显，《行政复议法实施条例》有意淡化了内部监督机构的定位。因此，不宜将纠正错误或者内部监督作为行政复议制度的基本目标。

二、以解决纠纷为基本目标的局限性

应当承认，制定于 1999 年的《行政复议法》之所以将面临修改，是基于当前我国社会矛盾特别是行政争议急剧增加的现实情况所作出的一个重要选择。近年来，我国的社会纠纷迅速增加，尤其在土地征收、城镇拆迁、企业改制、劳动社保等热点领域问题集中、矛盾突出，而这些矛盾很多都体现为"官民"之间的行政争议。但是，《行政复议法》所确立的相关制度，却难以使这些矛盾得到有效的解决。特别是《行政复议法》所确立的过度行政化的"内部审查机制"，难以保证行政复议审理过程与最终决定的公正性、公开性、有效性，从而导致行政复议在解决行政争议方面的"无能为力"。因此，行政复议制度的功能在于"化解行政争议"就成为很多学者强调的一个重点，认为行政复议制度应当以解决争议作为其

---

① 转引自曹康泰主编：《中华人民共和国行政复议法实施条例释义》，中国法制出版社 2007 年版，第 263 页。

② 同上书，第 7—8 页。

根本目的，甚至认为“最根本的，行政复议更多是一种解决行政争议的制度”。[①]持有该说的学者认为，将行政复议功能定位于解决行政纠纷，就能在行政复议制度的修改与完善中充分把握和体现“公平”“公正”“高效”“廉价”“救济”“定分止争”的特性要求，发挥政府多角色作用，最终实现行政领域内法律关系的顺畅、稳定和连续，建设法治政府，构建和谐社会。[②] 此外，还有学者认为，我国行政复议制度的功能定位应当是解决行政争议，监控行政权的行使和保护行政相对人的合法权益是这一功能的“副产品”，而且是基于这一功能必然产生的“副产品”。从维护社会稳定、构建和谐社会的角度出发，强调行政争议的“案结事了”，强化行政复议制度对行政争议案件的化解力度，提出行政复议制度的功能在于“化解行政争议”本无可非议。从表面上看，确实是针对着我国目前社会矛盾突出和急剧增加的实际情况，符合当前社会稳定的需要。

然而，仔细探析行政复议的“化解行政争议说”后可以发现，这一论点具有明显的片面性与局限性。将行政复议制度的功能定位于“化解行政争议”有其合理的一面，如企图尽快建立起行政解决纠纷的机制，尽快解决因政府行政权的行使所产生的各种矛盾与争议，尽快解决纠纷，实现“官民”之间的和谐。但是，这一论点存在一个根本性的问题，即缺乏一个根本的价值判断标准，对于什么是“案结事了”，什么是官民之间的“和谐”，该说都没有予以回应。由于这一根本性的问题没有得到解决，以争议解决为根本目的的行政复议制度将会遇到以下几种困难：

第一，片面追求争议的解决将可能导致行政复议机关简单地以“化解行政争议”为目标。为了进一步发挥行政复议制度在解决行政争议、建设法治政府、构建社会主义和谐社会中的作用，2007 年制定的《行政复议法实施条例》将行政复议制度的功能和目标定位为四个方面，即化解矛盾、保护权利、纠正错误和教育引导。但是，将解决争议作为第一目的，行政机关极容易认为行政复议制度就是简单地为了解决行政争议，而忽视了其他目标的实现，如国务院法制办公室也强调畅通行政复议渠道、化解行政争议应当成为各地区、各部门行政复议工作的着力点和突破口，“通过多种方式，积极引导当事人通过行政复议这一法定途径解

---

① 在 2010 年 6 月由国务院法制办、中国法学会行政法学研究会联合举办的“行政复议浙江论坛”上所出现的主流观点。参见李立：《行政复议：从内部监督到解决争议》，载《法制日报》2010 年 6 月 28 日第 6 版。

② 参见王周户：《行政复议的功能应当是解决行政纠纷》，载《行政管理改革》2011 年第 9 期。

决行政争议”[1]。显然，解决行政争议并不能代表制度设计者的所有考虑，然而以争议解决为核心将会造成实践中其他功能目标被弱化，甚至被忽视。例如，片面追求争议的解决，将可能降低行政复议制度纠错的功能。有学者指出，从这几年的行政复议实务观察看，以“解决行政争议”作为立法目的的行政复议制度，有时不能同时兼顾“解决纠纷”和“纠错”这两个立法目的，甚至这两个立法目的可能被牺牲。尤其是在“大调解”工作思路被引入之后，在各种“维稳”指标的压力下，“监督”变成是非不分的“和稀泥”，“保权”则成为花钱买平安的替换词。其实，“解决行政争议”与“监督”“保权”之间，应当是一种手段与目的的关系，即通过解决行政争议的手段，达到“监督”“保权”的立法目的。把手段当作目的，实有本末倒置之嫌。

第二，片面追求争议的解决可能使行政复议制度的运行偏离法治的轨道。行政法治的要求就是行政权的运作要在法律的框架内运行，其中也就自然包括行政复议权的运作。因此，行政法治语境下的争议解决要求行政复议必须根据相关法律的规定解决行政争议，使处理结果符合法律的规定。然而，片面追求争议的解决会使行政复议机关忽视法律的约束，仅仅满足当事人不再争议，而并不追求过程和结果的合法性。实践中太多的维持原行政行为结果的行政复议决定就很能够说明这一点。

第三，片面强调争议的解决会使行政复议脱离制度功能本身的限定。目前，我国行政争议解决的路径主要有行政机关与当事人之间的协商解决、行政复议程序、行政诉讼程序以及信访程序等。这些纠纷解决的路径都可以在一定范围之内解决行政争议，但是各有各的特点。例如，信访侧重于法律途径无法解决的争议的解决，而行政诉讼侧重于司法的居中裁判实现权利的救济。各项制度之间的功能不清，将会造成有些制度负荷过重，有些制度则受到限制。最典型的如，由于信访制度“从提出建议到检举揭发，从批评政策到申冤告屈，其内容非常广泛”[2]，因此它与行政复议、行政诉讼之间的关系一直没有能够厘清，导致非正式救济渠道的信访制度不堪重负，行政复议和行政诉讼作为正式法律救济渠道却使用不充分，以致形成了“大信访、中诉讼、小复议”的行政救济格局，浪费了国家的公共资源。因此，片面强调争议的解决会造成行政复议与其他争议解

---

① 程红银：《行政复议要成为化解行政争议突破口》，载《中国改革报》2007 年 8 月 31 日第 1 版。

② 应星：《论作为行政相对人救济手段的信访》，载周汉华主编：《行政复议司法化：理论、实践与改革》，北京大学出版社 2005 年版，第 277 页。

决路径之间的功能定位不清，使得很多并不应该由行政复议解决的争议转化为行政复议机关的任务，从而影响了行政复议应有功能的发挥。

综上所述，虽然以解决争议作为行政复议制度的基本目标在行政争议频发的当下具有极为重要的现实意义，但是具有现实意义的目标可能仅仅是一种"暂时性"的社会需求。作为一项制度所应有的规范功能，应当具有其应有的稳定性，并对社会的长期稳定发展和长期有效具有规范作用。同时，也不能忽视"解决行政争议"这一目标的设定所可能带来的潜在问题。因此，笔者认为，"化解行政争议"不适宜作为我国行政复议制度改革中的一项基本目标。

三、以权利救济为基本目标的局限性

在行政复议制度的三个功能中，笔者已经证明纠正错误和解决争议这两个功能不能作为行政复议制度的基本目标，因此只剩下权利救济这么一个功能。我国行政复议实践经历了从纠正错误到解决争议的转变，目前尚无以权利救济为基本目标的实践。但是，在我国行政复议的制度实践中强调对公民的权利救济，无疑具有十分重要的意义。因为行政争议产生的原因就在于行政相对人认为其合法权益受到了行政主体行政行为的侵害，争议的焦点也在行政相对人的权益上；而行政复议制度的直接目的就是为了化解行政争议，行政申请人的权利问题必然是其工作的中心和重点。当事人的权利主张在行政复议过程中得不到公正的处理和对待，行政争议便不会得到解决，化解纠纷的目的也就难以实现。我国民众之所以对行政复议制度的信任度不高，就是因为其认为行政复议不仅不能有效地保障自己的权益，而且还会浪费自己的时间和精力。同时，强调行政复议的权利救济功能也符合行政法治建设的需求。尊重和保障人权是现代法治社会的一个核心命题，其不仅仅是宪法的基本原则，也是行政法的基本原则。[①]根据这一原则，在行政复议工作中也应当充分尊重和保障行政复议申请人的人权，而这首先就表现在对申请人的诉求予以公平公正的处理，使得行政相对人的权利能够得到有效的救济上。

虽然在我国行政复议制度实践中强调权利救济具有十分重要的意义，但是如果以权利救济作为行政复议制度的基本目标从学理上进行考察，可能遇到以下诸多问题：

---

① 参见姜明安主编：《行政法与行政诉讼法》(第二版)，北京大学出版社、高等教育出版社2005年版，第66—68页。

首先，将权利救济作为基本目标容易造成行政复议制度与行政诉讼制度在制度设计上的重合。从救济的角度出发，行政复议制度和行政诉讼制度各自代表了行政机关和司法机关给予行政相对人的救济，这两个制度相互配合构成了现代国家行政救济制度的基本框架。但是，相较于行政复议制度而言，行政诉讼制度更加侧重于对行政相对人的权利救济，这一点在《行政诉讼法》第1条中可以看出。在该条所列举的目标中，除了保证法院及时、正确地审理行政案件这一工具性目标之外，"保护公民、法人和其他组织"这一目标被置于"维护和监督行政机关依法行使职权"这一目标之前，显然是更为强调权利救济这一基本目标。行政复议制度如果以权利救济作为基本目标，则势必会造成与行政诉讼制度之间在制度设计定位上的过度重合，造成社会资源的浪费。

其次，以权利救济为目的的行政复议制度改革将会使行政复议制度丧失本来具有的特性。因为以权利救济为根本目的的改革势必会要求行政复议制度按照行政诉讼的模式来建构其程序。例如，以开庭审理的模式取代了书面审理，让独立于行政机关之外的其他人员进行案件的审理。但是，从整体制度安排上讲，与行政诉讼相比，行政复议的优点在于：范围广，绝大部分的行政行为都可以被纳入到行政复议的范围内；在行政管理专业技术上具有优势；程序相对简便快速，而且比较灵活，能够较快解决纠纷；当事人寻求救济的成本较为低廉；有利于树立政府的公信力。① 由于这些优点的存在，行政复议制度应当成为纠纷解决的主渠道。然而，《行政复议法》的修改如果采用以权利救济为根本目的的设计，势必会造成救济程序烦琐、成本上升，最后反而限制了行政复议行政救济功能的实现。

最后，以权利救济为根本目的还有可能使行政复议本身的制度功能得不到充分的发挥。行政复议制度不仅是一个处理具体行政争议的过程，从更宏观的视角看，也是行政系统对于违法行政行为的自我反省过程。通过处理行政争议，行政机关可以明晓行政活动中集中存在的合法性和合理性问题，从而得到进步提升的空间。然而，以权利救济为根本目的会将视角限定于个案的解决上，对于制度的整体缺乏一个反思性考虑，从而约束了行政复议整体功能的发挥。

从上述理由可以看出，行政复议制度改革过程中权利救济这一目的的强调是一个重要方向，但却不是根本的方向。一般程序的司法化构建并不等于是对诉讼程序的照抄，而是还必须照顾到行政复议程序相对于诉讼程序效率高、专业

---

① 参见应松年：《行政复议应当成为解决行政争议的主渠道》，载《行政管理改革》2010年第12期。

性强的特点。相应程序司法化的核心在于将司法程序中的基本要素放入到已有程序中，诸如回避制度、复议案件公开审理制、言词辩论、复议决定说明理由等。如果将行政复议机构完全独立出来实现司法化，反而会与诉讼制度的设定相冲突，并不可行，应当在行政性和司法性之间取得一定的平衡。[①] 因此，笔者认为，综合考量起来，有学者在行政复议制度改革中强调权利救济功能而提出的"准司法化"确实是一种较为适宜的观点。

四、行政复议制度应当以推进政府依法行政为基本目标

从上述分析中我们可以看出，内部监督、化解纠纷和权利救济这三个功能都只是折射出了行政复议制度的某个特定侧面，都不适宜作为日后行政复议制度中的基本目标，如果单独以其中一项作为制度设计的根本目的，会带来行政复议制度在运行过程中的偏颇。笔者认为，行政复议制度的基本目标应当是一个具有包容性的综合性目标，而非其自身某一特定功能的单独强调。以此观之，如果从整体上进行把握，行政复议制度的基本目标应当是促进政府法治、推进政府依法行政的实现。

（一）推进政府依法行政是行政复议制度的应有之义

现代法治原则的要求中包含保障基本权利、权力分立、国家机关受宪法约束、行政与司法受法律约束、比例原则、公权力须受司法审查、司法审查与诉讼上的权利、法的安定性要求、限制溯及既往原则等。政府法治的有关要求也被囊括在法治原则这一总的要求范围之内。具体而言，主要包括五个方面的内容，即民主型政府、有限型政府、治理型政府、责任型政府以及平权型政府。以此来看，近现代意义上的行政法，无论是法国大革命过程中产生的行政法院，还是英国普通法上的自然公正原则和美国宪法所规定的正当法律程序，都已经成为有关各国行政法上最具特色、最重要的行政法律制度，并为世界上许多国家所效仿，成为现代行政法中的重要内容。细细考察这些制度，其建立无不与控制政府权力、保护相对人合法权益有关。这一方面表明了现代社会对国家管理存在着巨大需求，另一方面反映了社会对行政权力滥用的极大恐惧。[②] 也就是说，这些制度的设计都是围绕着实现政府法治、推进政府依法行政这一目标而开展的。既然政府的制度设计中应当融入实现政府法治、推进依法行政这一目标，那么政府架构

---

① 参见李秋高：《行政复议机构公信力问题研究》，载《求索》2011 年第 7 期。

② 参见孙琬钟、江必新主编：《行政管理相对人的权益保护》，人民法院出版社 2003 年版，第 1 页。

中重要组成部分之一的行政复议制度自然也要围绕政府法治、规范行政权的依法行使这一核心目标展开。

（二）通过权利救济合法地解决争议、推进政府依法行政

实现政府法治、推进依法行政这一目标能够作为行政复议制度的基本目标，不仅是因为它是该制度的应有之义，也是因为它具有高度涵括性。它必然包括对违法行政行为的监督、对公民权利的救济以及合乎法律的纠纷解决过程与结果，以最终实现对政府依法行政的促进与规范。

首先，实行有效的监督、纠正行政机关可能存在的执法错误是行政复议制度促进依法行政的重要环节。当代行政法治强调的是行政权力来源的合法性和行政权行使的正当性，主要是指政府的行政权力来自民主代议机关通过的宪法和法律的授权，即行政权力的运行必须在法律的框架内进行，越过法律划定的界限即不可行。行政复议机关通过对行政权的监督，纠正行政权力不在法律框架范围内运行的情形，使行政权再度回归到法律所设定的运行轨道中。可以看出，纠正错误正是包含在促进依法行政的要求之中，两者的精神内涵是一致的。

其次，合法有效地解决争议是促进行政机关依法行政的必然要求。对于行政复议机关而言，其所承担的行政任务即为运用法律所规定的程序规则，合法有效地解决行政复议申请人向其提交的行政争议。合法有效地解决行政争议，并不是简单地以“化解行政争议”为目标，而是以争议解决结果的实体合法为目的，并通过这一结果，促使被申请复议的行政机关能够认真地审视其可能存在的违法或不当，从而促进其依法行政。在这一点上，合法有效地解决行政争议正是政府依法行政的内容之一。

最后，依法对公民的权利进行救济是行政复议制度推进政府依法行政的重要目标。法治政府的要求之一就是政府对其权力运行的结果承担责任；权利救济主要处理的是行政行为所造成的法律后果，对行政活动给行政相对人造成的损失予以及时的救济。因此，责任型政府要求中所包含的责任不仅仅局限于行政相对人的责任，也有可能包括行政责任、政治责任等。但是，对公民权利救济进行合法、有效的救济是可以完全被涵盖在依法行政、建设法治政府这一目标之中的。

（三）推进依法行政和实现政府法治是我国政府体制完善的方向

行政行为的合法性机制，是近现代政治文明发展到追求“确定性”政治阶段的产物。在确定性政治中，权力必须依照良好、明确、稳定、精细的规则运行，以

满足人们对稳定的社会秩序的追求。因此,如何确保行政权力的行使符合法律,实现行政行为的合法性,就成为国家政权建设的关键之一。政治权威必须通过寻找有效的治理技术,形成行政行为的合法性机制实现;而行政行为的合法性机制必须能有效地监督、约束、导控行政机关依法行政,保证行政行为的合法性,尽量减少事后补救,使得公民的合法权益不被随意侵害。①

我国目前频频出现的政府和公民之间的冲突与矛盾,其原因正如有的学者在分析了众多争议纠纷案例之后指出的那样,几乎所有的矛盾中都有公权力的影子,都有公权力行使不规范的表现,或者隐藏了公权力行使不规范的原因。有学者明确指出,“官民冲突是社会矛盾的主要形态”,“老百姓对公权力行使的不满,对公权力违法违规、不作为、乱作为的一种负面情绪,是社会的主要矛盾。从数量上,虽然直接的官民冲突并不是最多的,但分析了无数个争议纠纷案例之后发现,几乎所有的矛盾中都有公权力的影子”。其中,“暴力执法、不规范执法、不文明执法,甚至执法过程中的违法犯罪行为,也容易引发激烈的社会冲突”。②由此可见,在我国,政府法治与依法行政的理念还很难说得到了贯彻落实。政府活动中所出现的问题并不是仅仅靠“化解行政争议”就能够解决,也不是仅仅强调权利救济就能够实现政府法治。因此,在制度建构过程中,不宜仅着眼于某个特定方面的问题的解决,还需要突出强调政府法治、推进依法行政这一理念并加以实践,而这其中自然也就包括行政复议制度。

笔者认为,将促进政府法治的实现作为行政复议制度的基本目标,不仅是法治理念下行政复议制度的应有之义,而且还可以克服片面强调某一方面的要求作为根本性目标的偏颇。同时,建设法治政府、推进依法行政的实现也是当下政府建设所要坚持和强调的。因此,将这一目标作为行政复议的基本目标是适宜的。

五、行政复议制度推进政府依法行政的可能路径

我们已经确定在未来的行政复议制度中以促进政府法治的实现为基本目标。围绕这一目标,在具体制度的构建上,我国现有的行政复议制度可以从以下几个方面加以改进:

---

① 参见解志勇、陈国栋:《从严格规则主义到程序主义——行政行为合法性机制演进论纲》,载罗豪才主编:《行政法论丛》(第10卷),法律出版社2007年版,第26—27页。

② 参见王璨:《马怀德:官民冲突的主要原因是公权力行使不规范》,http://fzzfyjy.cupl.edu.cn/info/1138/3617.htm,2013年5月20日访问。

（一）以行政复议委员会机制的设立为契机推进政府依法行政

现行行政复议制度存在的一个重要缺陷在于机构设置上的不独立，这直接影响到了行政复议功能的发挥。因此，对于行政复议制度的机构改革已经成为当务之急。目前，域外的行政复议组织机构大致可以分为三种：(1) 欧陆模式，行政复议机构一般不具有独立性和实质裁决权，缺乏专门工作程序；(2) 英美模式，行政复议机构一般具有较强的独立性，组织体系的统一性不断提高，程序规则的司法化明显；(3) 东亚模式，行政复议机构逐步趋于相对独立，行政机关拥有相当的裁决权、准司法化。我国正在进行的改革采取的是第三种模式，即设立相对独立于行政机关的行政复议委员会。

国务院从 2008 年开始着手进行行政复议委员会的试点，在《国务院法制办公室关于在部分省、直辖市开展行政复议委员会试点工作的通知》中指出，“开展行政复议委员会试点工作，是优化行政复议资源配置、充分发挥行政复议制度功能的重要途径”；“推行相对集中行政复议审理权，可以有效集中现有分散的行政复议资源，有效强化政府依法解决行政争议的功能，保障行政复议制度功能的充分发挥，也是在不大规模增加现有编制的前提下，加强行政复议力量的途径”。从 2008 年开始试点截至 2011 年年底，我国已经有 19 个省市区共计 108 个行政单位进行行政复议委员会的试点改革。[①] 从试点工作开展以来，行政复议改革的工作成效非常明显。这体现在行政复议机构独立性逐步确立、行政复议功能加强、机构改革带动了行政复议机制的整体改革上。通过行政复议委员会的试点工作，行政复议的公众认可度得到了提高。例如，哈尔滨市行政复议委员会设立之后，不仅行政复议案件超过了行政诉讼案件，而且 2007 年 7 月以来经过委员会程序的案件都没有被上访或诉讼；[②]河南省郑州市、山东省济宁市、福建省厦门市等十多地开展试点以来，行政复议案件受理量同比均超 100%。[③] 由此可见，我国行政复议委员会对于推进政府依法行政的实现效果已经逐步显现。从行政复议制度的改革角度来看，行政复议委员会应当成为日后行政复议机构模式的首选。

（二）以行政复议制度的专业化、规范化建设推进政府依法行政

行政复议委员会的设立只是行政复议制度改革中的一个环节，仅仅从外在

① 参见李立：《多地行政复议案大幅攀升信访量下降》，载《法制日报》2011 年 11 月 25 日第 6 版。

② 参见李立：《行政复议改革推“哈尔滨经验”》，载《法制日报》2010 年 8 月 9 日第 6 版。

③ 参见李立：《多地行政复议案大幅攀升信访量下降》，载《法制日报》2011 年 11 月 25 日第 6 版。

形式上解决了行政复议制度的一些问题。但是,行政复议制度功能的实现还离不开行政复议制度本身的完善。在实践中,全国各地都出现了一些对行政复议制度进行改革的尝试。例如,湖北省积极推行行政复议专家组制度;[①]江苏省扬州市要求被申请人的行政首长也要出席行政复议的审理过程;[②]云南省大理市建立了州县两级政府法律顾问参与行政复议办案制度、行政复议专家库和群众观察员代表参与复议的制度。[③] 这些试点改革都在一定程度上促进了行政复议制度的发展。然而,这些成果最终的发挥效果还是离不开行政复议制度的规范化建设。目前,我国 31 个省份中已经有 15 个省份出台行政复议制度的规范化建设方案。[④] 这些规范化方案主要包括:受理机构基层化,如设立乡镇受理点;加强行政机构,充实行政复议人员,缓解行政复议任务与行政复议力量之间不相称的问题;将行政复议工作纳入到政府绩效考核的内容中;落实行政复议机构的硬件要求。这些规定是给行政复议制度的改革赋予制度上的保证。在今后的行政复议制度改革中,已有的改革成果应当被总结、提升从而得以规范化,使得行政复议制度实现促进政府法治的效能。

(三) 规范行政复议法律文书的制作以推进政府依法行政

行政复议法律文书的制作虽然看起来只是一项对于行政复议活动外观上的形式要求,但是通过这种外部形式上的规范化,可以促使行政复议机关强制性地遵从法律制度上的诸多要求,以实现制度设计的预期目标。我国《行政复议法》及其实施条例中仅仅对行政复议调解书作了形式上的要求,即应当载明行政复议请求、事实、理由和调解结果,并加盖行政复议机关的印章,经双方当事人签字后生效,而对其他法律文书,如行政复议决定与行政诉讼和解协议,则没有作出相应的要求。法律文书规范的缺失将会导致行政复议的整个过程和结果处于不明晰状态,当事人难以根据所获取的文书进行救济,而法律监督部门也难以根据法律文书对行政复议活动进行监管。因此,新的《行政复议法》中应当对于行政复议中法律文书的基本要求作出规定,如行政复议决定要全面认定案件事实、正确阐述理由、明确所适用的法律法规等。同时,行政复议制度中还应当设立行政复议文书备案制度。《哈尔滨市行政复议文书备案审查办法》第 10 条指出,行政

① 参见《湖北省行政复议实施办法》(2007 年 10 月 1 日施行)第 10 条。

② 参见李立:《行政首长须出席行政复议听证会》,载《法制日报》2011 年 5 月 26 日第 6 版。

③ 参见马光辉:《我州行政复议工作得到国务院法制办肯定》,载《大理日报》2007 年 8 月 30 日第 A1 版。

④ 参见万静:《15 省份已出台规范化建设方案》,载《法制日报》2012 年 8 月 25 日第 6 版。

复议文书备案审查制度是“上级行政复议机构掌握了解下级行政复议工作情况，开展工作交流，进行业务指导”的重要方式。第 8 条规定备案审查的主要内容为：行政复议文书格式是否规范；行政复议文书用印是否准确；适用法律、法规、规章和规范性文件是否准确；能够通过备案进行审查的其他情况。对于审查过程中出现问题的，第 9 条规定接受备案的行政复议机关可以要求备案的行政复议机关进行整改。在日后的立法中，可以参考哈尔滨市的这一立法实践，以确保行政复议规范要求的实现。

（四）建立行政复议案例指导制度以推进政府依法行政

对于法律执行者而言，案例指导制度的优点在于能够在保持法律相对稳定的情况下，通过典型案例的确立统一各个案件审理机构在某一法律问题上的认识，避免了对规则制定路径的过度依赖和法律实践上的不统一。2010 年通过的《最高人民法院关于案例指导工作的规定》在司法审判领域正式确立了案例指导制度。同为个案审理的行政复议制度，也可以考虑案例指导制度的引入。目前，我国行政复议工作中已经着手开展相应的实践。例如，《国务院法制办公室关于征集行政复议典型案例的通知》要求各省市选报在复议案件审理过程中出现的典型案例；山东省组织所辖各市县行政复议机关的复议人员学习研讨行政复议中的典型案例；[①]《浙江省全面推进依法行政“十二五”规划》中明确要求，在“十二五”期间内，探索建立行政复议案例指导制度是行政复议工作的一项重要内容。由此可以看出，行政复议工作中对于案例指导制度还是有需求的。因此，在日后的行政复议制度中也应该对此有所回应，主要是对典型案例的遴选程序和法律效力要能够予以明确。

（五）明确政府行政复议工作的责任以推进政府依法行政

随着行政复议制度的机构改革，如行政复议委员会的创设，一个不可忽视的问题便是行政复议工作的责任机制问题。这其中自然包括参与行政复议审议的人员的责任。例如，有学者就建议建立行政复议错案追究制度，行政复议委员如果有明显超越职权、认定事实不清、适用依据错误、行为明显不当的，给予行政处分，一年累计三次的，取消行政复议委员资格。[②] 行政复议机构虽然需要增强其独立性，但是由于其系属行政系统内的制度设计，并非是一个完全独立的制度存在，因此仍然需要接受所在机关的管理，其中最为重要的是本级人民政府对本级

---

① 参见《山东省人民政府法制办公室关于召开全省市县行政复议案例研讨会的通知》。

② 参见胡晓利：《论我国行政复议关键制度的精密化》，载《社会科学战线》2009 年第 9 期。

政府的行政复议工作承担的责任。由于我国行政机关采取行政首长负责制，本级政府的责任自然也就表现为行政首长负责制。湖北省人民政府、辽宁省人民政府分别在《湖北省行政复议实施办法》(2007 年 10 月 1 日施行) 第 4 条和《辽宁省行政复议规定》(2009 年 3 月 5 日修正)第 4 条中确定，行政复议工作实行行政复议首长负责制，行政复议工作被纳入到本级政府的工作责任考核中。强调政府对行政复议工作的责任，使得行政机关的工作与行政复议之间的联系更为紧密。这一方面是要提高行政复议工作在政府工作中的重要性，促使政府增强对行政复议工作的认识；另一方面是要加强行政复议工作对行政日常活动的反馈功能，使行政机关对复议中出现的问题能够从宏观上予以考虑，从而完成制度的整体改进，促进政府法治的实现。

六、结语

德国法学家鲁道夫·冯·耶林认为："目的是全部法律的创造者。每条法律规则的产生都源于一种目的，即一种事实上的动机。"[①]我国学者也有相同的看法，认为"法之目的，犹如指导法学发展的'导引之星'，其在法学中的地位，犹如北极星之于航海者"[②]。法律条文构成的法律制度本身并不能代表制度的全部面貌。在制度的实践中，这些条文所勾勒出的制度会不断地发展，而法律的根本目的决定了制度在实践中的走向，行政复议制度也概莫能外。单纯以"化解行政纠纷"为目的的行政复议功能无法全面涵盖行政复议制度所应有的促进和规范政府依法行政的本质功能。"只要行政机关坚持依法行政，严格依照法律规定的权限、程序履行职责，规范执法、公正执法、文明执法，就可以从源头上最大限度地减少行政争议的发生。"同时，"全面推进依法行政、加快建设法治政府，是加强和创新社会管理的基础性工作，是化解行政争议、维护社会和谐稳定的治本之策。"[③]围绕这一目的的实现，行政复议制度改革可以从更为全面的视角来着手考虑。笔者认为，通过促进政府法治、推进政府依法行政实现这一目的，不仅可以克服之前制度中的弊端，而且更能充分发掘行政复议本身的制度潜力，为法治社会的实现发挥应有的作用。

---

① 转引自〔美〕E. 博登海默：《法理学——法哲学及其方法》，邓正来、姬敬武译，华夏出版社 1987 年版，第 104 页。

② 梁慧星：《民法解释学》，中国政法大学出版社 1995 年版，第 65 页。

③ 曹康泰：《从源头化解行政争议》，载《人民日报》2012 年 9 月 12 日第 20 版。

第二节 行政复议委员会体制的实践与制度构建*

国务院法制办公室于 2008 年 9 月 16 日发布了《国务院法制办公室关于在部分省、直辖市开展行政复议委员会试点工作的通知》(以下简称《通知》),从此拉开了我国行政复议体制改革的序幕。国务院在 2010 年 11 月 8 日发布的《国务院关于加强法治政府建设的意见》中,再次提出了“探索开展相对集中行政复议审理工作,进行行政复议委员会试点”的要求。目前,各地的行政复议委员会体制正在逐步建立和完善。2010 年 12 月召开的全国行政复议年度工作会议,明确了《行政复议法》的修改工作已在进行之中。[①] 可以预见,改革行政复议体制、建立和完善行政复议委员会制度将成为《行政复议法》修改中的重要内容。然而,当前进行的行政复议委员会试点工作与现行《行政复议法》确立的行政复议体制存在明显区别。同时,各地行政复议委员会的试点仍在探索过程中,具体试点过程中还存在着很多“地方色彩”,在统一性上还有待于进一步探讨。因此,加强对行政复议委员会体制的研究就成为推进行政复议体制改革、完善我国行政复议制度的一个重要内容。

一、我国行政复议体制的缺陷在于对“内部监督制度”的刻意追求

我国《行政复议法》规定,除了国务院不直接受理行政复议案件以及乡镇人民政府不承担行政复议职责以外,几乎所有的行政机关都能够成为行政复议机关,从而使行政复议机关呈现出多层级、多部门、内部化以及行政复议力量极度分散的局面。其原因在于,国务院当时起草《行政复议法》的初衷,是将行政复议制度定位为“行政机关内部自我纠正错误的一种监督制度”[②]。所以,我国制定《行政复议法》的指导思想,是刻意回避其与司法活动之间的等同,着力将其打造成一个由上级对下级进行监督的纯粹的行政机关内部监督制度。这实际将行政复议制度等同于一般的行政监督制度,尤其是等同于层级监督制度,而忽视了其解决行政纠纷、化解行政争议的功能,导致其向高度行政化发展,所带来的弊端

---

* 原载《政治与法律》2011 年第 9 期。

① 参见李立:《行政复议法修改进程紧锣密鼓》,载《法制日报》2010 年 12 月 20 日第 1 版。

② 杨景宇:《关于〈中华人民共和国行政复议法(草案)〉的说明——1998 年 10 月 27 日在第九届全国人民代表大会常务委员会第五次会议上》,载《中华人民共和国全国人民代表大会常务委员会公报》1999 年第 3 期。

也随着实践的推进逐步显现。其弊端主要表现为:一是内部审查机制的强化导致公正性不足。无论是由上级行政机关审查下级行政机关所作的具体行政行为,还是由作出具体行政行为的行政机关"自我审查",都属于"内部操作",行政机关既当"运动员",又成为执法纠纷的"裁判员",而没有任何外部力量的介入。这严重违背了"自己不能做自己法官"的行政法准则,使得行政复议活动接受外部监督的力度较弱,更有可能在案件审理过程中向被申请人倾斜,损害申请人的合法权益。加上我国行政机关上下级之间千丝万缕的联系和"相互照顾",导致其公正性严重不足。二是处理行政复议事务的行政机关内设机构缺乏独立性。根据《行政复议法》的规定,我国不设置专门的行政复议机关,具体行政复议事务由行政复议机关负责法制工作的机构负责,行政复议工作无法从行政机关的日常工作中剥离以保持独立性。具体履行行政复议职责的机构,实际为各级政府以及政府部门的内设机构,没有独立的复议决定权;而复议决定实行"首长负责制",难免受到首长意见的影响。这种"审者不决、决者不审"的决策方式以及上级复议下级的运行机制,在实践中广受诟病,公民对行政复议普遍心存"官官相护"的疑虑。正是这种缺乏独立性的行政复议体制,使行政复议制度应有的对公民权利进行救济的功能难以实现。三是对行政化的刻意追求致使保障公正的合理机制缺失。由于我国行政复议制度要刻意体现其内部监督的特点,一些保障公正的机制在制度中难见踪影,如片面强调书面审查而缺乏公开开庭审查机制、为体现行政首长负责而缺乏合议机制、为强化内部监督而缺乏审查人员的回避机制、为刻意追求行政审查程序的特点仅允许申请人和第三人查阅被申请人提供材料而对其复制权加以排斥等。这些对行政复议制度行政化的绝对追求,使其丧失了最基本的程序公正机制。

尤其值得指出的是,行政复议机关的过于广泛及其非专业性,导致行政复议力量严重不足,复议质量难以保证。这也是我国行政复议体制最主要的症结所在。《通知》指出:"受现行行政管理体制的制约,我国行政复议机关较为分散。据初步统计,有行政复议权的机关有 1.8 万多个,但地方三级政府的专职行政复议人员仅有 1532 人,区县级人民政府专职行政复议人员平均仅有 0.2 人,行政复议力量严重不足。同时,原本有限的行政复议资源被分散在各个政府工作部门中。由于行政管理工作的不同特点,政府工作部门的行政复议工作任务又很不平衡,有的部门有人没案办,有的部门有案没人办,行政复议资源不能得到优化利用,加剧了行政复议资源的紧张,成为制约行政复议制度发挥应有作用的瓶颈。"正因为将行政复议制度定位为"行政机关的内部监督制度",将有限的行政复议资源分散在各个部门之中，才难以发挥制度的整体效能。同时，行政复议机构职能的多元化、非专门化也分散了其对行政复议工作投入的精力。政府法制机构的职责远非行政复议一项，它还承担着监督协调、备案审查、法规规章或规范性文件起草、宣传咨询、法制研究等众多“法定”事务。一些市县更是在机构改革中撤并复议机构，将复议机构和信访、秘书、提案或督察科室合署办公，导致复议机构应该具有的法定职责基本被淹没或覆盖。这样一来，非复议工作挤占、侵蚀复议工作空间和时间的情况必然大量存在，行政复议工作的质量也就可想而知了。同时，行政复议人员的非专职化和非专业化也影响了行政复议工作的质量。一般而言，行政复议工作人员就是行政复议机关中的公务员或者其他工作人员，并无任何特殊的资格限制。再加上行政复议的工作量大、待遇低、条件艰苦，一些素质较高、较专业的人才逐渐从复议队伍流失；而行政机关内部频繁或长期抽调复议人员、非正常地调整复议队伍的做法，更加速了实际从事复议工作的人员数量萎缩和质量下降，一些地方政府的复议队伍已是青黄不接，复议工作难以为继。①

实践中将适用法律、解决纠纷的行政复议工作与一般行政管理工作同样看待，从而使行政复议的独特要求和应有的品格无法得到体现，是由于一些复议机关所考虑的并不是法律法规的正确适用和纠纷的合法解决，而是上下级机关之间的协调和互相照顾，以及对行政机关形象的片面维护，从而导致复议质量不高、公民权利受损。可见，虽然行政复议制度经过了多年行政法治的推进，但在实践中的运作仍不尽如人意。“我国现阶段的行政管理状况尚不尽如人意，行政复议制度又具有便民、快捷、不收费的特点，行政复议案件至少应当保持为行政诉讼案件的 2 至 3 倍，才算基本上达到制度设计的本来目标”，但实际情况是“行政复议制度的功能远未发挥到理想状态，相反此前《行政复议条例》曾经经历的由初期短暂的社会期望到后期长久的社会失望的困境，又渐渐显露端倪”。② 由于社会转型期行政争议的复杂性与多样性，以及相应制度设计本身的局限，行政复议在实际运行中的状况非常尴尬。实践中有 70％的行政争议案件未经行政复议便直接进入行政诉讼，③就鲜明地说明了行政复议制度的实际运行状况，而

---

① 参见刘东生：《行政复议制度发展障碍分析》，载罗豪才主编：《行政法论丛》（第 8 卷），法律出版社 2005 年版，第 345—347 页。

② 参见方军：《论中国行政复议的观念更新和制度重构》，载《环球法律评论》2004 年第 1 期。

③ 参见李立：《遭遇行政纠纷 申请行政复议应是您的首选》，载《法制日报》2009 年 2 月 19 日第 10 版。

将行政复议与信访进行比较，其数量更是悬殊得惊人。应当说，行政复议作为行政救济制度的重要组成部分，与行政诉讼、信访制度一样，都是相对人维权的法定途径。相对于行政诉讼，行政复议具有方便、快捷、不收费等优点；相对于信访，行政复议更具法律程序的保障。因此，行政复议本应具备的经济、便利、快捷以及专业的特征与优势，决定了当公民与行政机关发生争议时，其首选的救济途径理应是行政复议，而不应当是行政诉讼或者信访。

现实中的情况却恰恰相反，行政救济格局呈现出"大信访、中诉讼、小复议"的状态。① 在我国，通过行政复议途径每年解决的行政争议是 8 万件左右，而近年来行政诉讼案件数每年平均在 10 万件左右。但是，在其他国家，行政复议的数量远远超过行政诉讼案件，两者之比，美国是 24∶1，日本大约为 8∶1，韩国约为 7∶1。② 行政复议是解决行政纠纷的主渠道，只有一小部分争议才最终进入诉讼程序。由此可见，我国行政复议制度的专业优势没有能够得到充分发挥，应当成为解决行政争议主渠道的行政复议制度时时被人冷落。同时，即使是被申请复议的案件，其维持率也一般都在 50%以上，从而更使公民对行政复议产生一种畏惧感。一位法官曾经从审判经验角度指出，通过审理先经过行政复议再提起行政诉讼的案件可以发现，行政复议大多是以复议机关的维持决定为结果的，这样的结果无疑使行政复议制度在一定程度上形同虚设。③ 这种现象说明，行政复议制度还难以起到定分止争的作用，还无法提供有效的权利救济和保障。因此，针对我国行政复议体制的缺陷与实践中的问题，如何进行体制创新就成为走出行政复议困境的一个重要课题。

二、建立行政复议委员会是走出行政复议困境的体制创新之举

近年来，我国行政复议制度的种种体制缺陷，以及由这些缺陷导致的行政复议被人称为"维持会"以及"官官相护"浓厚的问题，引起国务院的高度重视。在

---

① 行政相对人通过信访申诉的案件数量居高不下，远远超过行政复议量。1994—2004 年，全国县级以上党政机关的信访量持续上升，2000 年突破 1000 万件（人）次的大关，达到 1024 万件（人）次。2005 年以后虽然有所下降，但仍在 1000 万件（人）次以上的高位运行，与行政复议量形成了鲜明的对比。以 2005 年为例，当年信访量达到 1265.6 万件，而同年行政复议案件只有 90624 件。其中有相当比例的信访案件本来属于行政复议范围，依法应当并且可以通过行政复议解决的，这类潜在的行政复议案件是实际发生的行政复议案件的好几倍。参见金国坤：《行政复议委员会：行政复议困局的突破口》，载《国家行政学院学报》2009 年第 6 期。

② 参见刘晓鹏、褚晓亮：《政府强化"自我纠错" 依法化解行政争议》，载《人民日报》2007 年 8 月 2 日第 10 版。

③ 参见贺荣：《行政争议解决机制研究》，中国人民大学出版社 2008 年版，第 248 页。

2006年12月召开的全国行政复议工作会议上，国务院对“有条件的地方和部门可以开展行政复议委员会的试点”作出了具体部署。国务院法制办公室于2008年9月发布的《通知》中指出：“根据行政管理体制改革的要求和步骤，在行政复议委员会试点过程中探索并逐步推行相对集中行政复议审理权，可以有效集中现有分散的行政复议资源，有效强化政府依法解决行政争议的功能，保障行政复议制度功能的充分发挥，也是在不大规模增加现有编制的前提下，加强行政复议力量的途径。”可见，行政复议委员会试点的目标之一就是“强化政府依法解决行政争议的功能”，这也应当是行政复议体制创新的目标所在。

（一）国外和我国台湾地区行政复议委员会的经验

从世界范围看，行政审查制度已经与司法审查制度形成各有分工、密切合作、广为衔接的共生共存关系。具有专业和效率优势的行政审查，在经济全球化和福利国家现象进一步蔓延的情况下，已为传统司法审查所不可替代。[①] 行政审查机构的独立与公正、对专业化的要求，以及采用的保障公正解决行政争议的制度，是世界各国和地区行政审查制度得到民众认可的理由所在。在与我国行政复议委员会试点工作相类似的制度方面，韩国的行政审判委员会和我国台湾地区的诉愿审议委员会制度，非常值得我们关注。

韩国《行政审判法》规定，原则上以作出行政行为的行政机关的上级机关为复议机关。在各种复议机关之下，均设置了行政审判委员会。行政审判委员会不是一个单纯依附于行政复议机关的咨询机关，而是实际承担着审理复议案件并最终得出复议裁决结论的职责。行政审判委员会针对当事人的复议申请终结审理之后，应当以决议的形式确定裁决的内容，并通知复议机关。复议机关接到行政审判委员会的通知之后，应当毫不迟疑地依照行政审判委员会的决议内容，作出最终的裁决。应当注意的是，根据《行政审判法》第31条，复议机关必须“依照”行政审判委员会的决议内容，即必须受行政审判委员会关于复议结论的决议的羁束，不得作出与其内容不同的裁决。这一规定无疑加大了行政审判委员会在复议中的自主性和独立性。同时，《行政审判法》在各行政审判委员会的构成上作了较为详细的规定。地方行政审判委员会由15名以内的委员组成，委员长由复议机关负责人担任，也可以由其下属的公务员代行其职务；国务总理行政审判委员会由50名以内的委员组成，委员长由法制处长担任，也可以由其下属的公务员代行其职务。无论是地方行政复议机关下设的行政审判委员会，还是国

① 参见方军：《论中国行政复议的观念更新和制度重构》，载《环球法律评论》2004年第1期。

务总理行政审判委员会，其委员除了是复议机关的公务员（地方行政审判委员会的情形下）或者是总统令规定的行政机关的公务员（国务总理行政审判委员会的情形下）之外，都必须是符合下属条件的人士：有律师资格的人士、在《高等教育法》第 2 条第 1 项或者第 3 项规定的学校中担任或者曾经担任教授法律学等的副教授以上职务的人士、曾是行政机关 4 级以上公务员的人士或者其他有行政复议知识和经验的人士。同时，行政审判委员会开会时，必须有过半数的来自复议机关外部且符合上述三项条件之一的人士参加。国务总理行政审判委员会还设有两名常任委员，作为特别职务国家公务员，由法制处处长在 3 级以上并有 3 年以上工作经验的公务员以及其他有丰富行政复议知识和经验的人士中推荐，经国务总理同意后，由总统任命。委员会会议需由组成人员中的过半数出席并有过半数出席人员的赞成，方可以形成最终的决议。此外，为保证各委员能够公正地审理案件，防止与相关案件或者当事人存在特殊牵连而影响案件的审理，《行政审判法》规定了详细的委员回避制度，同时还明确规定行政审判委员会的组织、运作以及委员的任期、身份保障等由总统令予以规定。[①] 由此可见，韩国通过《行政审判法》的明确规定，强化了行政审判委员会的独立性和权威性，再加上一些准司法程序的引入（如回避、口头审理等），行政复议的公正性得到了保障。

我国台湾地区共设置了 60 个诉愿机关。在最高一级，共有“行政院”以及包括“财政部”“经济部”“内政部”等所属部门在内的 34 个诉愿机关；在“地方”一级，共有“省”“市”“县”政府 26 个诉愿机关。“地方政府”所属部门不再专门设置诉愿机关，而由上一级政府集中力量办理诉愿案件。诉愿机关的案件承办机构一律采取诉愿审议委员会的形式。以台北市为例，台北市政府的诉愿委员会由 17 位委员组成，虽然按照法律规定应当有 1/2 以上的委员是专家，但台北市的诉愿委员会实际上专家占 2/3 的比例。[②] 我国台湾地区“诉愿法”第 52 条规定：“各机关办理诉愿案件，应设诉愿审议委员会，组成人员以具有法制专长者为原则。诉愿审议委员会委员，由本机关高级职员及遴聘社会公正人士、学者、专家担任之；其中社会公正人士、学者、专家人数不得少于二分之一。诉愿审议委员会组织规程及审议规则，由主管院定之。”第 53 条规定：“诉愿决定应经诉愿审议

---

① 参见吕艳滨：《韩国的行政复议制度》，载周汉华主编：《行政复议司法化：理论、实践与改革》，北京大学出版社 2005 年版，第 400—403 页。

② 参见刘莘：《台湾诉愿制度见闻录》，载《法制日报》2010 年 10 月 20 日第 12 版。

委员会会议之决议，其决议以委员过半数之出席，出席委员过半数之同意行之。”与韩国基本一致的是，我国台湾地区的诉愿审议委员会作为受理诉愿机关的内部单位，不具有机关的地位，并且诉愿决定是以复议机关名义对外行文。依照“诉愿法”的整体精神，委员会决定毫无例外地采取多数决的方式，无论是对本机关职员之兼任委员者，还是对来自外界遴选的委员，机关首长均不得影响其独立判断。诉愿委员会采取混合组成方式，即要兼顾业务专长和客观公正，并增强诉愿决定的公信力。[①] 韩国和我国台湾地区的经验表明，通过建立由多方人士组成的行政复议委员会制度，可以汲取社会资源审理行政复议案件。同时，通过行政复议委员会制度所形成的专业性和权威性，可以有效地保障行政复议的公正性和公信力，增强公众对行政复议决定的可接受程度。我国目前进行的以“政府主导、专业保障、社会参与、民主决策”为主要内容的行政复议委员会试点，正是在总结我国行政复议制度的成败得失，并借鉴这些有效经验的基础上进行的。

（二）我国行政复议委员会试点的实践在一定程度上实现了体制创新

对于行政复议制度自身存在的诸多问题，理论和实践部门都尝试从不同角度予以解决，尤其是实践部门对于改革行政复议制度表示了极大的兴趣和热情。近年来，诸如敞门接待、网上申请、积极受案、实地调查、阳光听证、多元结案等措施，都是各地对行政复议制度改革的积极探索。[②] 其中，由国务院出面开展的行政复议委员会的试点工作尤其为相关部门所重视。

根据《通知》的要求，必须“探索建立政府主导、社会专家学者参与的行政复议工作机制。行政复议委员会可以由主任委员、副主任委员和一般委员组成。主任委员原则上应当由本级政府领导担任，副主任委员由本级政府法制机构负责人担任，一般委员可以由经遴选的专职行政复议人员和专业人士、专家学者等外部人员担任。行政复议委员会可以下设办公室，与行政复议机构合署办公，具体负责受理、审查行政复议案件以及行政复议委员会的其他日常工作”。这就为各地行政复议委员会试点工作明确了基本的框架。根据这一思路，试点地区的省、市、县均设立了相应的行政复议委员会审理行政复议案件，在一定程度上实现了行政复议体制上的创新。

---

① 参见李洪雷：《我国台湾地区的诉愿制度——以 1998 年修改为中心》，载周汉华主编：《行政复议司法化：理论、实践与改革》，北京大学出版社 2005 年版，第 551 页。

② 参见李立：《地方涌动优化行政复议创新潮》，载《法制日报》2009 年 2 月 19 日第 10 版。

根据实践的情况，行政复议委员会试点在优化行政复议资源、保证行政复议质量、提升行政复议公信力等方面取得了明显的效果。第一，吸收外部力量参与行政复议案件审理，保障行政复议的公信力和权威性。例如，黑龙江省行政复议委员会试点较好地解决了因行政复议职能分散导致的行政复议人力资源分散、办案力量不足的问题，按照科学决策、民主决策、依法决定的要求，根据专业特长选择人大代表、政协委员、法学专家、执业律师、相关行政复议人员参与到具体案件的研究处理中，并按照民主集中制原则行使决策权。这既可以监督政府依法行使职责，保证案件处理的公平、公正，也可以有效解决单纯由上级主管部门裁决案件而使公民产生的“官官相护”的疑虑，增强了行政复议决定的说服力和社会公信力。再如，北京市聘请 30 位学有所长的专家学者任非常任委员，直接主持案件听证，并进行实地调查取证等工作，同时还建立了非常任委员工作考核评价机制。截至 2010 年上半年，北京市政府行政复议委员会共召开行政复议案件审理会议 18 次，审议重大、疑难行政复议案件 44 件。哈尔滨市行政复议委员会中的市政府以外的“外部委员”占委员总数比例高达 81%，全市行政复议受案量已经大大超过全市行政诉讼案件数量。由于行政复议委员会拥有相对独立的审理地位，老百姓较为认可，权衡后多数愿意找上门。第二，实现了行政复议资源的集中与优化，行政复议的独立性得到了强化。例如，黑龙江省行政复议委员会集中受理、集中审查、集中决定应当依法由省政府及省直单位受理、审查、决定的行政复议案件，省政府和省直单位不再单独受理、审查、决定行政复议案件，省政府和省直单位分别按照行政复议委员会主任委员或者行政复议委员会决定意见作出行政复议决定，由行政复议委员会办公室送达案件至当事人。再如，广东省中山市所有案件均由行政复议委员会独立审理和议决，原行政复议机关不再参与。第三，保证了复议案件的质量。例如，在 2009 年全国行政复议平均纠错率为 33.59% 的情况下，黑龙江省人民政府行政复议委员会的纠错率已经达到 47%，不仅远远高于全国平均水平，也比实行行政复议委员会制度以前该省各政府部门分别办理行政复议案件的纠错率仅为 8.5% 的比例高出几倍。同时，以前的行政复议维持率在 90% 以上，而现在维持率只有 28%。其创新行政复议体制机制的成果是在已审结的案件中没有一起诉讼，也没有一起信访，真正实现了定分止争、案结事了。同样，自 2009 年中山市开展试点以来，经过行政复议之后再去法院行政诉讼的，行政复议决定没有一起被撤销。第四，行政复议逐渐成为解决行政争议的主渠道。2009 年至 2010 年 5 月中旬，黑龙江省人民政府及其部门受案 807 件，案件量比 2008 年同期上升明显。另外，2010 年前 4 个月，按照行政复议委员会机制运转的中山市，行政复议受案数同比增长近 3 倍，达 240 宗。这一受理数量超出同级人民法院 20%，同期信访案件则下降 10%。[①] 对此，国务院法制办负责人也表示，在土地征收、城镇拆迁、劳动社会保障、信息公开等社会热点领域，群众越来越倾向于选择行政复议作为理性维权的重要途径。[②] 这表明，我国行政复议委员会试点工作已经取得初步成效，其公信力正在逐步复苏，社会公众的可接受程度也在逐日提升。

笔者认为，我国行政复议委员会的试点为行政复议制度逐步走向独立和公正奠定了基础。行政复议委员会的构建将行政复议工作从现有的各部门中剥离出来，使其有了自己的组织和机构，在政府组织中凸显自己的功能和作用，直接促进了行政复议制度的独立化发展。另外，根据目前试点的情况，行政复议委员会对于对行政复议案件最终结果具有不同程度上的决定权，这就使得行政复议委员会成员更能充分表达自己对于案件审理的意见。借助行政复议委员会的设立统合分散在政府各个部门内的行政复议力量，还可以在不增加行政复议人员、经费的基础上迅速提升行政复议工作的地位，彰显其独立地位。同时，通过引入社会力量、吸收专业法律人士参与案件的审理工作，可以实现法律专业知识和行政管理经验的统一，从而在实质上使行政复议质量提高，更能保证结果上的公正和权威。因此，由国务院为主导推进的行政复议委员会制度试点，为我国行政复议制度的进一步改革创造了一个契机。行政复议制度不仅仅具有对行政机关行政行为的监督功能，更具有解决行政争议、实现社会和谐的功能。这一理念在我国行政复议委员会制度的试点过程中已经得到逐步彰显。

三、修改《行政复议法》促进行政复议委员会体制的规范化和法治化

行政复议体制改革的影响不仅仅局限在行政复议组织的调整上，而且对于行政复议制度的整体改革有推动作用。特别是行政复议委员会的设立，对于我国行政复议制度的理念可以说是起到了一种颠覆性的作用。行政复议委员会的设计是基于行政复议应当是一种准司法性质活动的理念，与《行政复议法》中对

---

① 参见郭毅：《黑龙江创新行政复议方式力克"官官相护"》，载《法制日报》2010 年 6 月 1 日第 6 版；李立：《行政复议委员会应运崛起》，载《法制日报》2010 年 7 月 1 日第 6 版；李立：《行政复议纠错率高达 47%》，载《法制日报》2010 年 8 月 6 日第 1 版；邓新建：《中山市创新行政复议制度》，载《法制日报》2011 年 1 月 6 日第 6 版。

② 参见曹红涛《行政复议委员会 12 个省区市试点 有效化解"官民"纠纷》，载《北方新报》2010 年 8 月 7 日第 6 版。

于行政复议仅仅是一种“内部监督制度”的定位截然不同。行政复议委员会的设立，使行政复议制度逐步摆脱了行政化的色彩，增加了行政复议案件审理的公平性，更加注重公民权益的保障，也更有益于化解行政争议。我们应当摒弃原先的“行政机关内部监督制度”的理念，在各地行政复议委员会试点的基础之上，以化解行政纠纷、解决行政争议和对公民权利进行有效救济为主的思想去设计行政复议体制。因此，通过法律的方式确立行政复议委员会制度，使其进一步规范化和法治化，就成为《行政复议法》修改中的一个重要内容。

第一，改革我国现行行政复议体制，优化行政复议资源。改革的主要内容就是基本取消各级政府主管部门的行政复议管辖权，确立以县级以上政府为主的行政复议体制。因此，法律应当规定，在国务院和省（自治区、直辖市）、市、县（区）政府逐级设立行政复议委员会，并在行政复议委员会之下设行政复议办公室作为常设机构，使其也具有对行政复议委员会所管辖之外案件的管辖权。当然，一些专业性较强的部门（如商标、专利等）可以保留行政复议权。通过这样的改革，一是可以使各级政府部门逐层进行行政复议而产生的行政复议力量分散的局面得到较为彻底的改变，实现行政复议资源的集中和优化；二是可以消除政府部门复议自己所主管部门的行政行为因“条条管辖”而产生的不公正现象，保证复议结果的公正。

第二，明确行政复议委员会的地位与组成。曾有学者建议，撤销各行政机关办理行政复议的职权，按照省以下垂直管理的模式，从中央到地方设立专门的行政复议委员会。① 但是，笔者认为，设立完全独立于政府之外的行政复议委员会既不符合我国国情，也与国务院要求的“政府主导、专业保障、社会参与、民主决策”的行政复议体制改革方向不符。因此，应当在保证行政复议委员会独立性和公正性的前提下，在县级以上政府设置与各级政府相配套的行政复议委员会，并在此基础上，明确各级政府与行政复议委员会的关系。对于行政复议委员会依法作出的决定，各级政府应当执行，并以政府的名义对外作出行政复议决定；对于行政复议委员会的决定有异议的，各级政府可以书面提出要求召开行政复议委员会会议进行审查，并可派员参与会议讨论，但没有表决权。行政复议委员会的最终决定为行政复议决定。同时，在行政复议委员会的组成上，应当明确规定学者、专家和政府以外的法律实务部门的人数比例不得少于总数的 1/2。这样

① 参见周婉玲：《试论我国行政复议制度的改革》，载周汉华主编：《行政复议司法化：理论、实践与改革》，北京大学出版社 2005 年版，第 64 页。

既保证了我国行政复议体制改革与我国现行行政管理体制相适应,又保证了行政复议委员会的相对独立。更重要的是,这与我国现行实践中行政复议委员会的试点内容基本一致,保持了制度实践与发展的延续性和稳定性。

第三,明确区分行政复议委员会及其办公室的审理权限,实现繁简分流。《通知》建议:“区别轻重缓急,探索不同案件的不同运行模式。要明确行政复议委员会和行政复议委员会办公室的职责分工,在充分探索的基础上,明确哪些案件可以由行政复议委员会办公室直接审理并以行政复议机关名义作出行政复议决定;哪些行政复议案件需要由行政复议委员会办公室审查后提出初步处理意见,经行政复议委员会审议后以行政复议机关名义作出行政复议决定;哪些行政复议案件在行政复议委员会审议的基础上还需要行政复议机关首长批准或者经集体讨论后以行政复议机关名义作出行政复议决定。”对此,各地实践情况不一。例如,北京市没有按照《通知》的建议作出区分,仅仅要求重大复杂的案件要经过行政复议委员会审议,而且审议的结果属于参考性质。贵州省基本按照《通知》进行,将案件按不同层次审理;在前两个层次中,行政复议委员会及其办公室虽然是以行政复议机关的名义作出行政复议决定,但拥有实际的议决权;在第三层次的案件审理中,行政复议委员会的决定处于咨询参考地位。中山市直接明确行政复议委员会是行政复议案件的议决机构,行政复议机关需要遵循行政复议委员会的决议,行政复议委员会实质为行政复议的决定机关。笔者认为,法律应当对行政复议委员会审理的范围作出明确规定,明确重大复杂的案件由行政复议委员会审理,而一般案件则可以由行政复议委员会办公室进行审理,并都以所在政府的名义作出行政复议决定,从而将行政复议案件繁简分流,实现行政复议的公正和效率在一定程度上统一。

第四,行政复议委员会或行政复议办公室设专职行政复议人员。《行政复议法实施条例》明确要求行政复议机关应当配备专职行政复议人员。在行政复议委员会的试点工作中,行政复议委员会的委员成员包括政府人员,也包括以法律专家为主的社会人士,没有提到专职行政复议人员的配备。试点单位试图通过引入法律专家等社会力量解决这一问题。同时,从试点情况看,对于一般的行政复议案件采用委员集体讨论的不多,而是由行政复议办公室复议人员处理,这就产生了对专业行政复议人员的需求。由于行政复议委员会兼职委员都有本职工作,不可能专门从事行政复议工作,因此行政复议的日常运转应由行政复议委员会或办公室的专职工作人员进行。笔者认为,修改后的《行政复议法》应当明确规定专职行政复议人员的配备，并规定其应当具备的专业素质（如通过国家司法考试等）。

第五，以公正解决行政争议为核心，完善行政复议委员会及其办公室审理、决定行政复议的程序。目前，实践中各地行政复议委员会审理、议决行政复议案件的具体程序不尽一致，这种根据各地特点所进行的探索无可厚非。然而，作为一项行政救济制度，其程序理应统一。为此，应当以保证行政争议的依法解决、行政纠纷的公正化解为基本目标，构建行政复议委员会审查启动程序，委员会会议公开审理程序、议决程序，行政复议机关以行政复议委员会议决内容作出的行政复议决定的程序以及行政复议委员会委员告知程序、申请或主动回避程序等，从而保障行政复议委员会体制的有效运行。

第六，明确行政复议委员会的责任机制。一般而言，行政复议委员会以集体讨论、民主表决的方式作出行政复议决定，理应由集体负责。然而，不能排除个别委员有可能出现滥用职权、阻扰正确的行政复议决定的作出或者严重违反公正立场的行为（如私下会见当事人、非正常地透露会议信息等）。因此，建议在修改后的《行政复议法》中建立行政复议委员会委员责任追究制度，行政复议委员如有明显违纪违法行为的，或者行为明显不当的，应依法追究法律责任，其中包括委员资格的取消等。

我国行政复议制度的改革，应当以强化行政复议的解决行政争议功能为主要目标。要实现这一点，就应当在制度上保证行政复议公正性的有效实现。“一个法治国家，如果把法律救济请求跟消极后果捆绑在一起，就不仅会给公民留下可怕的印象，而且也违背了广义上的信赖保护原则，并且还会让人怀疑，这种救济，实际就是对那些不愿意痛快地忍受不利行政行为的相对人的‘惩罚’。”[①]因此，由国务院为主导推进的行政复议委员会制度的构建，不仅为现阶段我国行政复议工作的科学化奠定了基础，更为重要的是为我国行政制度功能的发挥提供了一个契机，为我国《行政复议法》的修改与完善提供了相当丰富的实践基础。可以说，行政复议委员会体制的实践和今后行政复议体制的改革，将是我国行政复议制度的价值功能得以充分发挥的重要起点。

---

① 〔德〕弗里德赫尔穆·胡芬：《行政诉讼法》（第 5 版），莫光华译，法律出版社 2003 年版，第 126 页。

第三节 行政复议应当拥有最完善的行政程序
——兼议行政复议程序与一般听证程序的比较*

行政复议制度是行政机关内部自我纠正错误的一种监督机制，是民主政治体制中的一项重要制度。作为一种对一般行政行为进行事后监督的行政救济制度，其程序上的设计理应比一般行政行为的程序更趋完美，以体现其救济制度的本质特征。因此，确立行政复议应当拥有最完善的行政程序的观念，既是行政救济制度本身的要求，也是进一步完善民主政治制度的重要保证之一。

一、行政复议的特殊性决定了它必须拥有最完善的行政程序

行政复议，是指国家行政机关在行使行政管理职权时，与公民、法人或者其他组织之间发生行政争议，根据公民、法人或者其他组织的申请，由法律规定的行政机关依法对引起争议的具体行政行为进行复查并作出决定的一种活动。从本质上说，行政机关进行行政复议活动，仍然属于一种行使行政权的活动，行政复议决定仍是具体行政行为的一种表现形式。因此，行政复议同样必须遵循行政行为的一般程序要求。但是，由于行政复议是一种解决行政争议的活动，它与一般行政行为相比，带有明显的特殊性，而这种特殊性又决定了它必须具有比一般行政行为更高的程序要求。

第一，行政复议的救济性决定了它应当拥有最为完善的行政程序。行政复议是公民、法人或者其他组织认为行政机关的具体行政行为侵犯了其合法权益而请求行政复议机关进行复查并作出裁决予以救济的制度。现代法治国家的行政管理活动范围越来越广泛，行政机关所实施的具体行政行为与公民、法人或者其他组织的利益有着非常密切的关系。鉴于对法律的认识水平以及长期执法观念的影响，行政机关及其工作人员的具体行政行为不可避免地会产生违法或不当的问题，从而对公民、法人或者其他组织的合法权益产生消极影响，引起相应的行政争议。因此，行政复议的起因通常是因为公民、法人或者其他组织认为行政机关及其工作人员所作出的行政行为侵犯了其合法权益，甚至造成了其合法权益的损害或损失，应当排除不法行政行为，给受损的合法权益以赔偿或补偿。可以说，在行政复议中，作出原行政行为的行政机关与申请复议的公民、法人或

---

* 原载华东政法学院法律系编：《2001 法学新问题探讨》，上海社会科学院出版社 2001 年版。

其他组织之间处于一种争执状态。为了妥善解决行政机关与公民、法人或者其他组织之间产生的行政争议，保护公民、法人或者其他组织在行政法上的合法权益，国家必须建立起解决这类争议的行政救济制度，以此纠正行政机关违法或不当的行政行为，赔偿由此给公民、法人或者其他组织造成的损失。行政复议就是对违法或不当的具体行政行为可能导致的损害进行补救而建立起来的一种救济制度。我国《行政复议法》在第 1 条中明确阐明其立法目的之一就是"保护公民、法人或者其他组织的合法权益"。要达到这一目的，就必须建立一套比一般行政行为更为完善的程序制度加以保障。从当代行政法的发展来看，它一般都是沿着对国家行政权的运转进行规范和限制这个轨道前进的。这是对公民权利的一种保护，也是行政程序法越来越受到普遍重视的一个重要原因。作为一种救济制度，虽然行政复议仍属行政权行使的范畴，但由于其具有救济性质，因此在程序上应当更加完备。尤其在我国目前行政诉讼范围还有较大限制的条件下，通过完善的行政复议程序来保障公民、法人或者其他组织获得行政救济的权利，就显得尤为必要。

第二，行政复议的监督性表明其应当具备最为完善的行政程序。监督和制约，促进和保护，是一个问题的两个方面。行政复议制度正是通过对行政行为实施过程的监督和制约，来促进和保护行政权力的实现。行政复议既是一种行政救济活动，也是行政机关内部对行政行为实施监督的一种活动。防止和纠正违法或者不当的具体行政行为，保障和监督行政机关依法行使职权，同样是行政复议制度建立的宗旨之一。行政复议机关在复查具体行政行为时发现有违法或不当情况的，就必须予以矫正，或予以撤销，或加以变更。复议机关复查原具体行政行为的过程，实质上就是复议机关依法对作出原具体行政行为的行政机关实施监督的过程。通过这种监督，可以对不法行政行为予以排除，使公民、法人或其他组织受损的合法权益得到恢复和弥补，更重要的是可以通过这种监督体现社会公正和民主功能。这也是各国建立和完善行政复议制度的主要目的。因此，不能将行政复议法律关系简单地与一般行政法律关系等同。在一般行政法律关系中，由于一般行政行为强调行政管理的稳定性，因此其效率性要求较高。行政复议由于是对已经作出的具体行政行为的一种事后监督，因此其程序方面的要求应当更高，这样才能使这种监督产生实际效果。作为一种独立的监督形式，行政复议应当具备较一般行政行为更为完备的行政程序，如在申请、受理、复议审查的方式和步骤以及期限等方面都必须有比较完善的规定。这种完善的行政复议监督体制可以促进各级政府和政府各部门依法行使行政职权，从严治政，为建立廉洁、勤政、务实、高效的政府以及树立政府良好行政的形象打下坚实的基础。

第三,行政复议的行政司法性要求其应当具备最为完善的行政程序。行政复议是一种裁决行政争议的活动,在行政法学上一般称这种由行政机关作为行政法律关系的第三方运用国家行政职权,依据法律、法规等规范性法律文件解决争议的活动为行政司法。美国法学家伯纳德·施瓦茨指出:"尽管有三权分立的迂腐教条,向行政机关授审判权却一直没有中断过。复杂的现代社会需要行政机关具有司法职权,使这种授权不可避免。"[①]美国1887年联邦州际商业委员会的成立,标志着美国行政司法权已为宪法所认可。至今类似的独立管理机构已增加到五十余个,这些独立的管理机构设置行政法官,审理有关行政纠纷,从而创立了一套类似普通法院诉讼程序的行政司法程序。[②] 在我国,由行政复议制度所确立的解决行政争议的活动,也应当被视为是一种行政司法活动。作为一种行政司法活动来说,其法制化程度一般都比较强,复议机关运用法律手段依据法律程序对行政机关滥用职权、超越职权、适法错误、违反法定程序等违法或不当行政行为予以撤销、变更,体现了对争议的裁决。因此,其应当拥有一种类似于法院司法活动的程序,这种程序在法律上的要求应当是高于行政执法程序,从而体现行政司法的特点。当然,我们认为应当建立类似于法院司法程序的行政复议程序,并不是要求行政复议要照搬法院司法程序。无论如何,行政复议程序仍旧属于行政程序,为体现行政程序保障行政效率的特点,它无须照搬法院司法程序中那种繁杂的规定,而应当体现行政程序简洁、高效的特点。但是,由于行政复议是由不服行政行为的公民、法人或其他组织申请而启动的,因此行政复议就不能像一般行政行为那样通常只有一方当事人,而是有两造,即复议申请人与被申请人。如果说一般行政行为在形式上是双方关系(行政机关与相对人)的话,那么行政复议就和司法活动一样,是三方关系,[③]其程序就应当比一般行政程序更为严密。为了保证行政复议本身应具备的合法、公正要求,使解决行政争议的活动得到正常进行,应当使行政复议活动拥有比一般行政执法程序更为完善的行政程序规则,只有这样才能体现公正性。

---

① 〔美〕伯纳德·施瓦茨:《行政法》,徐炳译,群众出版社1986年版,第55页。

② 参见章剑生:《行政程序法学原理》,中国政法大学出版社1994年版,第278—279页。

③ 参见应松年、刘莘主编:《中华人民共和国行政复议法讲话》,中国方正出版社1999年版,第6页。

二、我国目前行政复议程序与听证程序之比较

行政复议与听证都是带有司法性的行为，都是由第三者听取争议双方意见后再作出决定的行为。不同的是，听证一般属行政行为的事中程序，而行政复议属行政行为的事后监督与救济程序。一般来说，事后监督与救济程序应当比一般行政行为的事中程序更为完善和严密。笔者试图通过对这两者的比较，阐明我国行政复议程序的优点与不足。

听证是行政程序中的一项核心制度，它是指行政机关在作出影响行政管理相对人权益的决定之前听取相对人意见的制度。从当今世界各国的行政立法来看，听证制度是现代行政程序立法的一项重要制度。自从美国在1946年制定的《联邦行政程序法》中对听证制度作出规定以后，许多国家的行政程序立法中都规定了听证程序，如西班牙1958年的《行政程序法》、德国1976年的《行政程序法》以及日本1993年的《行政程序法》等。听证制度的确立改变了传统行政法中以行政效率优先的行政法原则，而代之以保障公民基本权利和对行政权的行使加以有效控制的行政法原则。由于世界各国国情和法律制度不同，听证制度的内容也存在着差异。我国《行政处罚法》首次规定了听证制度。一般来说，听证程序应当包括下列几项内容：

（1）通知。通知要求行政机关在举行听证之前应将有关听证的事项告知行政相对人，在程序上发挥着行政机关和行政相对人之间的沟通作用。通知是听证必不可少的程序，是行政相对人获得听证权的一种程序保障。我国《行政处罚法》第42条规定："行政机关作出责令停产停业、吊销许可证或者执照、较大数额罚款等行政处罚决定之前，应当告知当事人有要求举行听证的权利；当事人要求听证的，行政机关应当组织听证。……行政机关应当在听证的七日前，通知当事人举行听证的时间、地点；……"美国1946年《联邦行政程序法》第554条规定，通知告知的范围应当是"a. 审讯的时间、地点、性质；b. 举行听讯的法律根据和管理权；c. 审讯所涉及的事实问题和法律问题"。这说明，听证的通知程序是听证程序得以正常进行的首要步骤，也是行政相对人获得听证权的一项前提性程序。

（2）听证主持人。听证主持人是指负责主持听证的人员，一般应由拟作出行政处理决定的行政机关指派具有相对独立地位的本机关人员担任此职。国外对听证主持人资格有较严格的规定。例如，英美法系国家强调"自然公正"原则，其核心内容是"当事人不能作为自己案件的法官"，依据这一原则，追诉人与听审

人应予分离。我国《行政处罚法》也明确规定："听证由行政机关指定的非本案调查人员主持；当事人认为主持人与本案有着直接利害关系的，有权申请回避。"这一系列规定，目的就是要使听证主持人处于一种超然于调查人员与相对人之外的独立地位，以体现听证的公正性。听证主持人如果与本案有直接利害关系，应主动回避，当事人也有权要求他们回避。

（3）听证参加人。听证参加人包括当事人及其代理人、案件调查人员等。当事人是指被事先告知将受行政机关处理的人，在我国主要是指可能受行政处罚的人。当事人有权要求举行听证或放弃听证，有权申请回避，有权委托代理人参加听证，有权进行陈述、申辩和质证以及对听证笔录进行审核。案件调查人员是指行政机关中具体承办案件的执法人员，主要从事案件的调查、取证工作，是听证的主体。国外有关听证程序的规定，一般也把这类人员视为广义的当事人。但是，我国《行政处罚法》所称的听证程序当事人不包括这类人员。在听证过程中，调查人员有权提出当事人违法的事实、证据和行政处罚建议，可以就有关事实及适用法律与当事人展开辩论。

（4）听证的公开进行。听证的公开进行是听证制度的核心和关键内容，是行政相对人向行政机关陈述意见、递交证据或对证据进行质证、反驳的过程。为了保证听证功能的实现，听证必须公开进行，如美国、日本都规定听证原则上必须公开，除非涉及法律规定不公开的理由，因而听证方式上以采用口头形式为主。[①] 同样，我国《行政处罚法》也规定："除涉及国家秘密、商业秘密或者个人隐私外，听证公开举行。"听证程序的公开化，是我国行政程序公开的一项关键步骤，它有利于形成公民参与行政活动并对行政执法进行监督的良好机制。

（5）制作听证笔录。听证作为一项行政程序，其活动的整个过程应以书面形式加以记载。我国《行政处罚法》规定："听证应当制作笔录；笔录应当交当事人审核无误后签字或者盖章。"听证笔录是整个听证程序如实、全面的书面记载。听证程序笔录的内容会影响到行政决定的作出。行政机关应将笔录交当事人审核，如果当事人认为笔录中关于其陈述、申辩和反驳等内容的记载与自己所述内容不符，应当向行政机关提出，行政机关应当予以纠正；如果当事人经审核认为笔录无误，应当在笔录上签字或者盖章。

（6）决定。决定是行政机关在通过听证所获得的证据材料基础上对行政事项所作出的处理决定。它本不应属听证程序的固有内容，但属听证程序的结果。

---

① 参见章剑生：《行政程序法学原理》，中国政法大学出版社 1994 年版，第 123 页。

我国《行政处罚法》规定,听证结束后,要由行政机关负责人根据听证程序中收集的内容,分不同情况依法作出是否给予行政处罚的决定。

作为行政程序法中的一项重要内容,听证制度的法律价值直接体现了行政公正。行政公正是一切行政程序法的价值目标,行政程序法中各种烦琐的规定,无一不是为了保证这一价值的实现。我国在行政处罚领域中设置听证程序的主要目的,也是着眼于赋予受行政处罚决定影响的当事人为自己权益进行辩护的权利,从而保障行政处罚的公正和合法。同时,可以预计,随着我国法制建设的进一步发展和行政民主的不断完善,听证制度所适用的范围将不断扩大,终将成为我国行政行为程序规范中一个普遍适用的程序制度。

以上听证制度的具体程序说明,即使在一般行政行为之中,程序性要求也是相当高的。当代行政法治的发展使人们逐渐认识到,法律的正义唯有通过正义的程序才能得到真正的实现。公正的程序是正确选择和适用法律的基础,也是体现法律正义的根本保证。通过完善的行政程序制度体现公民参与制度,发展以对公民权利的保障和对行政权力的限制为主要内容的行政民主保障机制,是当代行政法治发展的一项核心要求,也是依法行政原则的一个中心环节。马克思指出,程序是"法律的生命形式,因而也是法律的内部生命的表现"[①]。当代世界各国的有益经验证明,以行政程序的完善来推进国家行政活动的法治化、促进行政行为的实体合法,是建设法治社会的重要标志之一。这也是世界各国将听证制度作为行政程序核心制度的根本原因。

行政复议程序仍属行政程序的一部分,它不但应遵循一般行政行为的程序规则,同时又必须体现其特殊要求。作为一项行政救济制度,行政复议既是对行政机关行政行为的事后监督,又是对公民、法人或者其他组织认为自己合法权利受侵犯以后的法律补救,同时也是行政复议机关的一种裁决行政争议的行为。因此,行政复议的程序性要求理所当然地应比一般行政行为的程序性要求更高。

我国《行政复议法》在立法宗旨上突出了对公民、法人或者其他组织合法权益的保护,同时也突出了对行政机关依法行使职权的监督。在行政复议的具体程序上,它包括申请、受理、审查、决定和决定的履行等制度。应当承认,《行政复议法》在行政复议程序方面作了很多有益的规定,体现了其对原来行政复议制度的新发展。第一,进一步拓宽了行政复议的受案范围,使公民、法人或者其他组织的合法权利受到行政复议的全面保护和救济。这是我国《行政复议法》对原行

① 《马克思恩格斯全集》(第1卷),人民出版社1956年版,第178页。

政复议制度的最重要改革。根据这一法律规定，公民、法人或其他组织的全部合法权益将受到行政复议制度的严格保护，只要公民、法人或者其他组织认为行政机关的具体行政行为侵犯了其合法权益，都可以依法申请行政复议，取得法律救济。第二，将一部分抽象行政行为纳入行政复议的范围，从而使行政机关的行政活动受到较为全面的审查和监督。原有的行政复议制度只限于对涉及人身权、财产权的具体行政行为的监督，而根据现行《行政复议法》，受到行政机关具体行政行为侵害的公民、法人或者其他组织，还可以要求复议机关对具体行政行为所依据的行政规定进行审查。同时，对于违法的行政规定，有权行政机关将根据法定程序在一定期限以内予以撤销。这一规定不仅使更多的行政活动受到法律监督，而且也极大地增加了公民、法人或者其他组织在行政复议中得到有效救济的机会。第三，在一定程度上提高了复议机关的级别，扩大了当事人对复议机关的选择自由权。行政复议是上级对下级的层级监督制度，正确确定复议机关是有效发挥行政复议监督作用的关键。《行政复议法》对复议机关的管辖制度作了两项重大改革：其一，由国务院裁决一部分行政复议案件，将国务院纳入行政复议的管辖机关，使省部级行政机关的行政活动直接受到国务院的监督，提高了行政复议的全面性、权威性和公正性；其二，当事人有权对涉及政府职能部门的复议案件管辖机关进行自由选择，体现了便民原则。第四，在具体复议程序中，更直接地体现了行政复议的宗旨。例如，申请行政复议的期限最短为 60 日这一规定，使公民、法人或其他组织的申请权得到了有效的保护。同时，在受理程序中，规定了“责令受理”和“直接受理”制度，规定行政复议机关若无正当理由不受理相对方的复议申请，上级行政机关应责令其受理，必要时上级行政机关也可以直接受理；规定了复议申请人可以查阅行政机关提交的书面答复以及作出具体行政行为的证据、依据和其他有关材料；在行政复议过程中，规定作为被申请人的行政机关不得自行向申请人和其他有关组织或者个人收集证据；在决定的履行上，规定行政机关必须履行行政复议决定，若不履行或者无正当理由拖延履行行政复议决定的，复议机关或上级行政机关要责令其限期履行等。以上种种有关程序性的规定，无不体现了《行政复议法》的立法宗旨和性质，为行政复议制度的正常开展奠定了较为坚固的法律基础，与《行政复议条例》相比有了前所未有的巨大进步。

但是，与一般行政行为中的听证程序相比，目前的行政复议程序仍有较多的不足，甚至比听证程序更为简单，具体表现在以下四个方面：

首先，自动受理制度忽视了通知程序。《行政复议法》第 17 条规定，行政复议机关对不予受理或不属于本机关受理的行政复议申请,应通知或告知申请人。除此之外,行政复议申请自行政复议机关负责法制工作的机构收到之日起即为受理。这一自动受理制度表面上看似简便,但却忽略了行政复议机关应当履行的通知或告知义务。因为行政复议申请依法被受理,是当事人在行政复议程序中一系列权利义务开始的标志。由于申请人无法得到复议机关的受理通知,因此如果复议机关否认曾收到过复议申请并且在复议期满后也不作任何处理,那么一旦复议时效超过,申请人将丧失复议权利。至于依法必须经复议程序才能提起行政诉讼的案件,申请人甚至还会丧失提起行政诉讼的权利。因为是否收到只有复议机关知道,申请人并无证据证明。

其次,书面审查与公开原则相违背。《行政复议法》第 22 条规定:“行政复议原则上采取书面审查的办法,但是申请人提出要求或者行政复议机关负责法制工作的机构认为有必要时,可以向有关组织和人员调查情况,听取申请人、被申请人和第三人的意见。”由此可见,我国行政复议原则上采取书面审查,即在一般情况下并不要求当事人到行政复议机关陈述主张和理由,仅由行政复议机关依照申请人提交的申请书、被申请人提交的证据和依据等书面材料进行审查。这一做法虽然方便了复议当事人,也提高了行政效率,但与公开原则相违背,也与听证制度中的申辩与质证原则存在较大距离。《行政复议法》第 4 条明确规定了行政复议的基本原则之一就是公开,而公开是现代行政程序的一项基本内容。在一般行政程序中,听证制度的建立就是以行政行为的公开化为主要表现形式,以行政程序的公开和相对人参与并有权要求发表意见为主要内容。公开原则的重要环节之一就是行政行为的过程应当公开,其目的在于增加行政程序的透明度,从而保障行政决定的公正和合法。笔者认为,公正和合法必须通过公开的行政程序才能得到体现,否则将无法达到目的。但是,目前《行政复议法》规定原则上只进行书面审查。这种办法强调行政复议机关只对包括行政复议申请和行政复议答辩材料在内的有关书面材料进行审查,原则上不再向申请人、被申请人、第三人以及其他有关组织和人员进一步调查了解情况。这一规定既使申请人、被申请人、第三人对行政复议的审查过程无法了解,也使申请人与被申请人之间无法展开必要的辩论,复议机关在一般情况下也无法直接听取争议双方的意见,从而使行政复议的审查过程过于简单化,不符合当代行政程序的基本要求。

再次,缺乏有关回避的法律规定。利害关系人必须回避是各国行政程序中普遍采用的一项法律原则,也是实现公正原则的一项重要制度。美国 1946 年《联邦行政程序法》第 556 条中对于主持听证官员的资格、自行回避或申请回避等就有明确规定。同样,我国《行政处罚法》第 37 条明确规定,在行政机关在调查或者进行检查取证时,执法人员与当事人有直接利害关系的,应当回避,第 42 条也规定,当事人认为听证主持人与本案有直接利害关系的,有权申请回避。可见,在一般行政程序中,同行政相对方或行政事项有利害关系的公务员必须回避,避免参与有关行政行为,从而确保行政行为的公正性是一项基本的要求。但是,由于我国《行政复议法》规定对行政复议原则上采取书面审查,客观上使当事人无从知道是谁在具体进行审查,从而使其申请回避的权利受到了限制。缺乏回避制度的行政程序,从法律角度说是不够健全的。

最后,缺乏告知权利程序。正因为没有行政复议被受理后的通知程序和行政复议一般采取书面审查原则,所以行政复议机关无法向申请人告知有关行政复议中的权利。这不但与一般行政行为的听证程序无法相比,甚至与行政处罚中的简易程序都无法相比。[①] 缺乏告知权利程序使申请人可能对自己的权利不甚了解,从而影响其在行政复议中权利的行使,对行政复议应有的公正性也会产生消极的影响。

笔者认为,行政复议作为一项行政救济制度,其程序的完善是非常重要的。它直接关系到行政复议功能的发挥,也直接体现了一个国家行政救济制度的民主性。与听证制度相比,我国《行政复议法》在以上四个方面存在的欠缺,在一定程度上使行政复议程序还存有不完善之处。究其原因,笔者认为,主要是在立法过程中比较多地考虑了行政复议程序与司法程序的区别,着重"体现行政复议作为行政机关内部监督的特点,不宜、也不必搬用司法机关办案的程序,使行政复议'司法'化"。"如果在行政处罚决定与法院判决、裁定之间的行政复议再增加一道复杂的司法程序,势必影响行政效率,增加行政成本,对整个国家权力的有效运作是不利的。"[②]这就导致我国目前行政复议程序不但与司法程序的完备无法相比,而且在某种程度上比一般行政程序还要简便,远远不及听证程序,从而削弱了行政复议这一特殊行政行为的程序所应有的完善性。

三、结语

公正的前提是公开。只有实现程序的公开化,才有可能达到实体的公正化

---

① 《行政处罚法》第 31 条规定,行政机关在作出行政处罚决定之前,应当告知当事人作出行政处罚决定的事实、理由及依据,并告知当事人依法享有的权利。这当然也包括适用简易程序作出的行政处罚。

② 曹康泰主编:《中华人民共和国行政复议法释义》,中国法制出版社 1999 年版,第 3—4 页。

和合法化。民主政治的发展已经不再把对行政行为的公正要求停留在对行政主体的希望和期待上，而是将其深化为行政主体的具体义务和行政相对人的具体权利，具体做法就是排除行政主体可能造成偏见的各种因素。[①]《行政处罚法》已经为我国行政程序的规范化起到很好的示范作用，尤其是听证制度的建立，更是为我国行政程序的完善奠定了良好的基础。行政复议程序固然不能与司法程序完全相同，但考虑到它作为行政机关内部监督的特点，应比司法程序简便易行。但是，也应考虑到行政复议作为行政救济制度所体现出来的特殊性，因为它毕竟不是一般的具体行政行为，如果过分顾及简便和效率，甚至将它的程序设计得比一般行政行为中的听证程序还要简单，那么它在行政行为中的特殊性将无从体现。行政复议固然要讲究效率，但如果没有公正、公开的程序作为前提，这种行政效率就可能带来一定的负面效应，不利于行政复议制度的正常开展。因此，对行政复议来说，它必须拥有比一般行政行为更为完善的行政程序。因为它既不是司法程序，也不是一般意义上的行政程序，而是一种体现其内在特殊要求的行政程序。这应当成为我们认识行政复议程序的一个重要起点。

第四节　我国行政复议听证程序的实践与制度发展[*]

一、引言

在我国，行政复议是指公民、法人或者其他组织认为行政机关的具体行政行为侵犯了自己的合法权益，而向法定的行政机关申请复查，由行政机关对具体行政行为进行审查后作出复议决定的活动。从本质上说，行政复议属于一种行使行政权的活动，是行政活动的重要内容之一，[②]它不但必须遵循行政行为的一般程序要求，而且还应当拥有比其他行政活动更为完善的行政程序。作为现代行政程序核心制度的听证程序，理应是行政复议程序中的重要环节。但是，我国于1999年4月由全国人大常委会颁布的《行政复议法》在行政复议审理程序中并未设立听证制度，而是规定原则上采取书面审查的办法。该法第22条规定："行

---

① 参见应松年主编：《行政法学新论》，中国方正出版社1998年版，第512—513页。

* 原载《江淮论坛》2011年第2期。

② 行政复议属于行政机关所实施的救济活动，既具有对公民权利进行救济的性质，也属于行政机关实施的一种监督活动。既然是由行政机关所实施的活动，它必然具有行政职权行使的性质，因而从广义来说，它必然也属于行政活动。

政复议原则上采取书面审查的办法，但是申请人提出要求或者行政复议机关负责法制工作的机构认为有必要时，可以向有关组织和人员调查情况，听取申请人、被申请人和第三人的意见。”时隔8年之后，2007年5月由国务院颁布的《行政复议法实施条例》第33条规定：“行政复议机构认为必要时，可以实地调查核实证据；对重大、复杂的案件，申请人提出要求或者行政复议机构认为必要时，可以采取听证的方式审理。”这就在制度上确立了行政复议案件在一定条件下的听证审理程序。在我国行政复议程序制度中确立听证程序，是行政活动实践与行政法学理论推动的结果，更是行政活动的正当程序原则在法律制度上得到逐步确认的结果。目前，《行政复议法》修改正在紧张进行中。[①] 笔者认为，在我国行政复议制度的改革进程中，应当将听证程序作为我国行政复议程序的重要内容加以规定，以推动行政复议制度向良性方向发展，积极发挥行政复议制度的功能。

二、从原则上的书面审查方式到有限的听证审理程序的演变

（一）内部监督制度背景下的行政复议书面审查制度缺乏程序正义

我国行政复议制度建立之初，就被确立为是一种行政机关的内部层级监督制度，反映在审理方式上，就是按照内部监督程序进行。1990年12月由国务院颁布的《行政复议条例》第37条规定：“行政复议实行书面复议制度，但复议机关认为有必要时，可以采取其他方式审理复议案件。”但是，对于什么是“其他方式”，却没有作任何规定。从当时来说，《行政复议条例》仅仅是为了与《行政诉讼法》相配套而制定的一个过渡性规则。[②] 1999年4月《行政复议法》的制定，标志着我国行政复议制度进一步走向规范化与法制化。然而，行政复议制度仍然被确定为“行政机关的内部监督制度”。正是在这种理念的支配下，我国行政复议的审查程序强调的是“原则上采取书面审查的办法”，只有在“申请人提出要求或者行政复议机关负责法制工作的机构认为有必要时，可以向有关组织和人员调查情况，听取申请人、被申请人和第三人的意见”，从而排斥了诸如听证等类似于司法程序的规则运用。根据当时国务院对立法草案的说明，《行政复议法》要体现行政复议作为行政机关内部监督的特点，不宜、也不必搬用司法机关办案的程

---

① 参见陈菲：《法制办：行政复议法修改列入国务院立法计划》，载《河南法制报》2010年6月11日。

② 《行政复议条例》于1990年12月24日由国务院颁布，1991年1月1日起施行；《行政复议法》于1999年4月29日由全国人大常委会通过，同年10月1日起施行，《行政复议条例》同时废止。

序，使行政复议"司法"化。行政机关进行行政复议，原则上采取书面审查的办法，根据被申请人提交的当初作出具体行政行为的证据和材料对该具体行政行为进行审查，不再重新取证。[①] 竭力主张行政复议不能有听证等"司法化"的内容，是因为"如果把行政复议'司法'化，将引起三个问题：一是行政复议将失去作为行政权所固有的优势，如简便、廉价和专业化等特点，与司法权趋同。二是行政复议既没有行政权力的特点，也将难以发挥司法权所固有的功能和特性。……行政复议机关与被申请人之间必须是一种领导与被领导、指导与被指导的关系，行政复议就是建立在这种权力联系的基础上的，在这种情况下规定诸如回避等司法性程序是没有任何用处的。三是从整个国家权力过程来看，行政复议司法化将使解决一个特定行政争议的成本增高。以行政处罚为例，行政处罚在作出决定之前，一般要经过调查、听证、决定等程序，不服行政处罚申请行政复议后，若对行政复议仍不服需要向法院提起行政诉讼的，法院对行政案件实行两审终审。如果在行政处罚决定与法院判决、裁定之间的行政复议中再增加一道复杂的司法程序，势必会影响行政效率，增加行政成本，对整个国家权力的有效运作是不利的。基于以上考虑，《行政复议法》规定，行政复议具体事项由行政机关负责法制工作的机构承办，作为它的一项工作任务，不另设独立的、自成系统的复议工作机构；行政机关进行行政复议，原则上采取书面审查的办法，根据被申请人提交的当初作出具体行政行为的证据和材料对该具体行政行为进行审查，不再重新取证"[②]。上述观点反映了当时对行政复议制度的定位。

正是在这样的思想指导下，我国行政复议程序不但与司法程序的完备性无法相比，而且在某种程度上比一般行政程序还要简单，远远不及一般行政行为作出过程中的程序。一些基本的程序公正的要求在行政复议制度中难以寻觅踪迹。这使得行政复议这一特殊行政行为的程序应有的完善性被削弱，应有的制度功能也难以在实践中真正发挥作用。正如媒体所称，行政复议"以书面审查为主"的现行规定，意味着坐在办公室，看看提供的书面材料，案子就办了。如此简单、轻松，能行吗？在 2003 年至 2008 年的 6 年中，全国行政机关行政复议的维持率平均为 59.36％，而同期法院在行政诉讼判决的维持率却只有 17.62％。这

---

① 参见杨景宇：《关于〈中华人民共和国行政复议法（草案）〉的说明——1998 年 10 月 27 日在第九届全国人民代表大会常务委员会第五次会议上》，载《中华人民共和国全国人民代表大会常务委员会公报》1999 年第 3 期。

② 曹康泰主编：《中华人民共和国行政复议法释义》，中国法制出版社 1999 年版，第 3—4 页。

种以书面审查为主的方式，难免有官官相护和暗箱操作之嫌。[①] 在这样的背景下，许多本应可以申请行政复议的当事人纷纷转向其他渠道谋求救济，导致诸如信访之类的非规范性争议解决机制急剧膨胀，反过来又进一步冲击行政复议制度，形成制度渠道虚置、非制度渠道膨胀的恶性循环。[②] 行政复议原则上采取书面审查，即在一般情况下并不要求当事人到行政复议机关陈述主张和理由，仅由行政复议机关依照申请人提交的申请书、被申请人提交的证据和依据等书面材料进行审查。这一做法虽然方便了复议当事人，也在一定程度上提高了行政效率，但却与《行政复议法》中所主张的公开原则相违背，也与一般行政行为听证制度中的申辩与质证规则存在距离。公开是现代行政程序的一项基本内容。在一般行政程序中，听证制度的建立是以行政行为的公开化为主要表现形式的，它以行政程序的公开和相对人参与并有权要求发表意见为主要内容。公开原则的重要环节就是行政行为的过程应当公开，行政活动的内容应当公开，其目的在于增加行政程序的透明度，保证当事人在对有关事实和证据、适用的法律充分了解和知情的前提下展开质证和辩论，从而保障行政决定的公正和合法。但是，《行政复议法》规定原则上只进行书面审查。这一规定既使申请人、被申请人以及第三人无法了解行政复议的审查过程，也使申请人与被申请人之间无法展开必要的辩论，行政复议机关无法直接听取争议双方的意见，从而使行政复议的审查过程过于简单化，不符合当代行政程序的基本要求。不少行政复议机关也认为，这种突出书面审理的做法，其优点是效率可能比较高，但是也明显存在不利于方便群众和公正处理案件的缺陷。尤其对于重大复杂或疑难案件，复议机关不易查明事实真相，认定事实容易出现差错，不利于保护公民、法人或者其他组织的合法权益。所以，在我国执法程序尚不完善、执法行为尚不规范的情况下，将书面审理作为主要制度是不恰当的。[③]

（二）我国行政复议听证程序的探索与实践的推进

应当承认，《行政复议法》对行政复议程序的规定，其立法精神是主张非司法化，追求效率优先，其目的原本是为了体现便民与快捷的原则，免去司法程序的烦琐。然而，一个基于良好愿望所制定的法律，在应对现实问题时，也可能会出

① 参见李立：《行政复议：听证审理不可或缺》，载《法制日报》2010 年 7 月 2 日。

② 参见姜明安主编：《行政程序研究》，北京大学出版社 2006 年版，第 377 页。

③ 参见方军：《我国行政复议制度的实施现状与问题》，载周汉华主编：《行政复议司法化：理论、实践与改革》，北京大学出版社 2005 年版，第 153 页。

现与愿望相违背的状况，尤其是在制度设计还存在一定缺陷的情况下，法律与现实需要的距离就会更明显。《行政复议法》虽然力图以比原《行政复议条例》更为科学、公正和便民的面貌出现，但由于在有关制度的设计以及实践中对行政复议制度的认识还有待于进一步提高，因此这部法律在实施过程中产生了很多问题，极大地影响了行政复议制度功能的有效发挥。其中有较多问题，是与程序中的不足密切相关的。

根据 2009 年 12 月初召开的全国行政复议工作会议传出的信息，有 70％进入行政诉讼的行政案件没有经过行政复议程序。[①] 这表明我国行政复议制度的功能在实践中还没有得到完全的体现，一些程序上的不足和观念上的落后，制约了行政复议制度正常功能的发挥。在申请人不服行政复议而提起行政诉讼的案件中，有相当大比例的案件最终都被法院判决改变。这从一个侧面反映了行政复议案件办案质量的低下。由于经受不住行政诉讼的考验，加之复议维持率的居高不下，行政复议制度本身的公正性受到了极大的损害。与此形成鲜明对比的是，我国行政诉讼案件有了较为明显的增长，同时信访这一具有中国特色的非规范性的纠纷解决方式也备受公众的青睐。在全国，同时期信访案件的数量竟有复议案件的数百倍甚至上千倍之多，其中有相当一部分信访案件是属于行政复议受案范围的。民众宁愿选择行政诉讼这一“迫不得已”的救济方式，甚至格外“钟情”于信访这种多少带点“清官”色彩的制度，也不愿意选择行政复议这种既经济又便利、既彻底又快捷的纠纷解决方式，这种现象的确发人深思。我们的行政复议制度究竟还能在多大程度上和多大范围内取信于民？行政复议立法及制度实施所耗费的大量成本究竟有多少收益？行政复议这一初衷良好的制度安排究竟是否能够承载起及时化解纠纷、减轻法院压力、强化行政监督的历史使命？但毋庸置疑，公正性的缺失是当前行政复议制度实践中的最大隐忧。[②] 更令人不解的是，全国很多地方政府或其法制机构还专门以下发“红头文件”的形式，强制性地要求行政复议机关必须按照层层送审程序办理复议案件。这种方式不仅与行政复议快捷、便民的立法旨趣直接相悖，而且还直接割断了申请人与复议过程之间的联系，为暗箱操作、行政干预甚至官官相护的滋生提供了温床，使行政复议应当具备的高效也化为乌有。行政复议运作效率的低下成为行政复议实

① 参见张音：《为什么 70％行政诉讼远离复议？》，http://opinion.southcn.com/legal/200612050105.htm，2010 年 9 月 9 日访问。

② 参见青锋、张越：《当前行政复议工作存在的问题》，载《行政法学研究》2002 年第 3 期；李炳余：《试论我国行政复议制度的改革》，载《全国依法行政理论研讨会论文汇编之五》2003 年。

践中的又一重大隐忧。[①]

为此，有学者认为，行政复议案件数量的不断下滑，说明行政复议制度的权利救济效果存在问题。造成我国行政复议制度在权利救济的有效性、公正性方面存在问题的原因主要有两个：一是主体方面，行政复议机构的独立性、客观性较差，缺乏作出公正的救济决定的保障；二是程序方面，程序设计过于简化。审理程序中强调书面审理的原则，难以保证准确认定案件事实和正确适用法律。[②]可见，行政复议的程序问题已经成为一个制约行政复议制度正常发挥功能的重要障碍。许多本应是可以通过行政复议解决的行政纠纷没有在现有的程序机制内得到应有的解决，从而导致信访之类的非规范争议解决机制急剧膨胀。一边是年复一年、数以百万计的信访案件和上县城、省城、“京城”讨说法的川流不息的人群，以及各级政府为平息这些诉求而投入巨大人力、物力和心力的情况，另一边是为权利保护而设计的行政复议、行政诉讼等争议解决制度不同程度地出现了闲置甚至萎缩的现象。尤其是行政复议制度，不但没有预期的“门庭若市”，反而案件数量不断下滑，几乎被人们遗忘。这种对比和反差说明，我们的争议解决制度还难以起到定分止争的作用，还无法提供有效的权利救济和保障。这种对比和反差也说明，包括行政复议制度在内的我国行政争议解决制度存在内在的、结构性的缺陷，正是这种结构性的缺陷造成了其功能的紊乱与失调。[③] 为什么会出现行政复议制度被虚置的现象？很大程度的原因就是民众对缺乏公正程序引导下的行政复议功能丧失了信心。这种由于信心的丧失而导致的不断发生的上访和群体性事件等情况，正是我们在构建和谐社会的过程中所要尽力避免的。基于这一考虑，很多学者针对行政复议程序的不足，提出了“行政复议司法化”的改革思路，强调行政复议只有引入“司法化”程序，才能保证其程序的公正。

然而，行政复议程序的完善，不应当过多地纠缠在该制度究竟是否应当“司法化”的问题上。从本质上说，司法程序就是一种程序，在程序的公正和合理方面，行政程序和司法程序并不是截然不同、鸿沟分明的两种程序制度。只要是公正的程序规则，并且是有利于行政复议的合理解决的，就应当加以必要的吸收，而不论它究竟是司法化的程序还是非司法化的程序。严格来说，行政复议“司法化”的表述并不科学。所谓“化”，是指一事物的性质改变成为另一事物的性质，

① 参见杨海坤、章志远：《中国行政法基本理论研究》，北京大学出版社 2004 年版，第 533—536 页。

② 参见姜明安主编：《行政程序研究》，北京大学出版社 2006 年版，第 376 页。

③ 参见周汉华：《行政复议司法化》，载《环球法律评论》2004 年第 1 期。

而行政复议制度无论进行怎么样的“司法化”改革，也不会因此而转变为司法性质，行政复议程序也不会被司法程序同化而丧失其行政性质。简单而直接提出行政复议的“司法化”或“准司法化”，其实并不是科学的态度，这样可能导致行政复议在实践中逐渐丧失自我，沦为司法程序的翻版或附属品。[①] 同理，担心行政复议程序因为“搬用司法机关办案的程序”而会使其“司法化”也是一种简单的思维。一个程序属于何种性质，是与该程序相连的行为性质相联系的。如果将司法活动中的程序运用到行政程序，那它就是行政程序的内容。我国的行政行为程序，如行政处罚、行政许可程序，虽然已经将一些具有一定司法性质的程序移植其中，但谁都认为其本质还是行政程序，也并没有人认为这些程序应当为司法程序所独有。正如有学者指出的，一些带有“司法化”倾向的程序性制度是在长期的纠纷实践中经反复适用而最终形成的，它们早已超出司法的范畴而在更为广阔的法律领域中获得适用。[②] 因此，尽力排斥行政复议制度适用这些程序规则，不但不是一种明智的举措，而且还会与当时的立法初衷相悖。

我国的行政复议实践已经证明了这一点。在我国行政复议实践中，尤其是在《行政复议法实施条例》实施的 2007 年 8 月之前，虽然行政复议制度整体的定位还是“行政机关的内部监督制度”，基本的审理方式还是“原则上采取书面审查的办法”，但是在行政复议实践中，有很多地方已经对行政复议程序进行了重大改革，其改革的主要步骤就是强化行政复议的质证和听证程序。例如，江苏在全省范围内推行了行政复议质证听证制度。复议也可以像在法庭一样，申请人与被申请人拿出各自的证据，唇枪舌剑，辩明是非。“阳光复议”为群众提供了表达意见和诉求的机会，从而推动行政复议这一解决行政争议的渠道更加畅通。[③] 2005 年以来，湖北省在行政复议案件办理中实行查证、听证、论证的“三证”模式，开展对执法主体、程序、事实、法律适用、自由裁量权的“五步审理法”，有效化解了一批行政争议，实实在在地显示了行政复议的公正性。这对湖北省的行政复议工作的推动是相当大的。除少数涉及行政机关不作为的行政复议案件适用书面审查外，对其他 90％以上案件，湖北省行政复议机构都要进行调查和质证。对案件事实或适用依据争议较大、社会关注度高、案情较复杂的案件，一般都要举行听证。据初步统计，湖北各地各部门有近 30％的行政复议案件举行过听

① 参见刘东生：《行政复议制度发展障碍分析》，载罗豪才主编：《行政法论丛》（第 8 卷），法律出版社 2005 年版，第 343 页。

② 参见杨海坤、章志远：《中国行政法基本理论研究》，北京大学出版社 2004 年版，第 539 页。

③ 参见李立：《江苏全面推行行政复议质证听证制度》，载《法制日报》2007 年 1 月 8 日。

证，有些行政案件，在听证阶段就得到了化解。同时，黑龙江省政府法制办直接办理的九百余件行政复议案件，全部进行了公开听证。当事人不服提起行政诉讼的，法院经审查全部予以维持，没有一件败诉。该省要求各市、县级政府在审查涉及公共利益、群体性因素以及其他重大、疑难、复杂的行政复议案件时，应坚持公开听证审查，坚持"阳光"办案。① 不仅是上述地区，全国许多地方政府，如安徽、辽宁、重庆等地，都先后推出了各自的行政复议听证或公开程序，以更加透明的方式，追求层级监督的力度。② 公安系统也普遍推行行政复议案件公开制度，对重大复杂、群众关注的案件，北京、江苏、浙江、四川等地公安机关公开听取申请人和被申请人的意见，组织双方就案件的事实、证据、依据进行质证和辩论，在充分调查和听取各方面意见的基础上作出复议决定，结果"案平理也平，法了事也了"。此外，有些部门所制定的规章中也专门规定了行政复议的听证程序，如海关总署于1999年8月30日颁布、于同年10月1日起实施的《海关实施〈行政复议法〉办法》早已在《行政复议法》实施的同时就对书面审查以外的公开调查、听取意见、听证作了规定，并对听取意见和听证的具体程序作了规定。

笔者认为，各地、各部门对行政复议听证程序进行的探索，应该是在我国行政复议制度未有明确规定的前提下对行政复议程序所进行的一项重大改革。这一改革符合社会对行政复议制度改革和完善的要求，符合社会对行政复议正义性的期盼，也符合我国《行政复议法》公正、公开和有错必纠原则的要求。正是这一系列的改革，推动了我国行政复议听证程序在一定范围内的确立。

三、我国行政复议听证程序在制度上的确立及其局限性分析

（一）观念转变背景下行政复议听证程序在制度上的确立

在《行政复议法》实施8年之后，基于行政复议制度在实践中的问题，以及行政法学理论研究的推动和实践中对行政复议听证程序的探索，我们对行政复议制度的认识已经有了很大的转变，这样的转变体现在2007年5月颁布的《行政复议法实施条例》中。从《行政复议法实施条例》的立法宗旨可以看出行政复议制度功能定位的变化。该条例第1条规定的立法宗旨是"进一步发挥行政复议制度在解决行政争议、建设法治政府、构建社会主义和谐社会中的作用"。将行

① 参见李立：《引领社会通向公平正义和谐》，载《法制日报》2006年12月5日。

② 参见李立：《听证审查与书面审查并举——行政复议加强层级监督力度》，载《法制日报》2006年1月12日。

政复议制度的功能定位为首先是“解决行政争议”，就明确了其化解社会矛盾的功能，而通过化解社会矛盾，可以促进法治政府建设，最终实现构建社会主义和谐社会的目标。这一立法宗旨的确定，反映了我们对行政复议制度的功能在认识上的一个重大转变。这一转变符合了新时期解决纠纷机制的客观需求，也与构建和谐社会的客观需求完全吻合。在社会转型时期，行政争议面广量大，而且遍及各个行政管理领域，尤其集中在公安、土地征收、城镇房屋拆迁、企业改制和重组、劳动和社会保障、工商和税收管理等领域。对于这些行政争议，如果还是仅仅以原来的“行政机关的内部监督制度”的思维模式来对待和解决，很难达到预期的效果。因为“行政争议的处理结果往往直接关系到社会和谐稳定的大局”①。同时，有关统计表明，行政争议主要集中在基层，89.7%的行政复议案件的被申请人是地市级以下行政机关，70%的行政复议案件被申请人是市县两级政府部门。② 笔者认为，基层行政机关依法行政水平的高低直接决定了法治政府建设和构建和谐社会的成败，通过发挥行政复议制度的功能，将大量的行政争议解决在基层，对法治政府建设和构建和谐社会具有决定性的作用。因此，转变对行政复议制度的认识，并通过重新界定行政复议制度的功能，使行政复议制度能够发挥其在解决行政争议过程中应有的积极作用，是我们对待这一制度的一个正确选择。因此，我们不再强调行政复议是一种“行政机关的内部监督制度”，而是着重体现行政复议制度的社会救济功能与争议解决功能。因为行政复议制度“在发挥行政系统内部层级监督功能的同时，具有更加重要的社会救济功能”③。“新形势下行政复议制度的功能和作用，主要表现在化解矛盾、保护权利、纠正错误、教育引导四个方面。”④这一理解说明将行政复议制度仅仅限定为“行政机关的内部监督制度”已经不再符合社会发展的现实，必须承认行政复议制度应当具有多重功能，而其中最主要的应当是化解行政纠纷、实现对公民权利的救济的功能，对行政机关的监督则应当是实现上述功能的必然结果。以上对行政复议制度功能的不同阐述，已经明显地反映了行政复议观念的改变。

尤其引人注目的是，正是在这一观念转变的背景下，《行政复议法实施条例》第 33 条规定：“行政复议机构认为必要时，可以实地调查核实证据；对重大、复杂的案件，申请人提出要求或者行政复议机构认为必要时，可以采取听证的方式审

---

① 曹康泰主编：《中华人民共和国行政复议法实施条例释义》，中国法制出版社 2007 年版，第 3 页。
② 参见李立：《依法行政再加速 市县政府任重道远》，载《法制日报》2007 年 7 月 25 日。
③ 曹康泰主编：《中华人民共和国行政复议法实施条例释义》，中国法制出版社 2007 年版，第 7 页。
④ 同上书，第 8 页。

理。”这就体现了相关部门对司法性质的程序不再一味地排斥,而是强调要在一定程度上吸收司法程序中的有益内容,从而进一步完善行政复议程序。因为“行政复议采取何种方式,应当与行政复议本身的特点相符合,行政复议作为一项准司法行为,既要充分体现、符合行政效率原则,也应当在程序上体现公开、公正、参与的特点,应当适当借鉴司法程序中的合理因素,增强行政复议的公正性,提高行政复议的权威”①。从否定行政复议程序的“司法化”,到承认其应当具有一定的司法程序,并认为行政复议是一种准司法行为,这些都说明我们在对待行政复议制度的态度上的一个重大转变。这也恰恰说明,我们以前对行政复议制度的认识是存在偏差的。这种偏差与社会实践的需求不相适应,与行政复议制度应当具有的功能不相适应。承认行政复议具有一定的司法性质,这实际上已经表明,我们对行政复议制度的认识发生了根本性的变化。

（二）现行制度下的行政复议听证程序的局限

我国行政复议制度长期以来一贯遵循的原则是强化行政复议的内部监督功能,并将其作为制定《行政复议法》的最重要的指导原则。这就不可避免地使行政复议制度的具体运行陷入过度行政化的泥潭,影响行政纠纷解决功能的正常发挥。《行政复议法实施条例》的制定,其目的就是要纠正由于制度的偏差所带来的制度功能的虚无状况,使行政复议制度的纠纷解决功能得到发挥。

《行政复议法实施条例》中的若干制度体现了其已经向“司法化”逼近。从《行政复议法实施条例》的有关规定可以看出,国务院正力图改变《行政复议法》所确立的一系列以“行政机关的内部监督制度”为主旨的行政复议规则,尤其是在有关程序的规定上,着力体现了行政复议解决行政争议的功能,使其具有了一定的“准司法程序”的因素。特别是在审理方式上,该条例吸收了司法程序的有益成分,明确规定“对重大、复杂的案件,申请人提出要求或者行政复议机构认为必要时,可以采取听证的方式审理”,从而在制度上改变了“原则上采取书面审查的办法”的传统做法,使行政复议的审理方式更加符合解决行政争议的目的,凸显了行政复议程序“准司法性”的特征。这说明,在“进一步发挥行政复议制度在解决行政争议、建设法治政府、构建社会主义和谐社会中的作用”这一立法宗旨的指导之下,行政复议制度已经在一定程度上摆脱了完全行政化的倾向,吸收了司法程序中体现公开、公正的有关程序规则。事实也证明,“以书面审查为主”的

---

① 曹康泰主编:《中华人民共和国行政复议法实施条例释义》,中国法制出版社 2007 年版,第 143 页。

规定，既无益于查明事实、明辨是非，又难免有官官相护、暗箱操作之嫌。在近年各地各部门涌动的行政复议创新潮中，“阳光听证”“公开审理”已多次取代书面审查，尤其是在重大、疑难案件的审理中被一再强调，因为仅凭书面审理根本难以作出决定。《贵州省行政复议听证规定》自 2008 年 7 月施行以来，取得了预期的立法效果。行政复议机关举行听证后作出决定的案件，基本上做到了无反复，案结事了。①

然而，我们也应该看到，《行政复议法实施条例》毕竟是一部由国务院制定的行政法规，其性质也属于《行政复议法》的下位法。囿于《行政复议法》的规定，它在制度的完善和创新方面也是有限的，这就不可避免地产生了一些局限。“受立法权限的限制，《行政复议法实施条例》不能与《行政复议法》相抵触。囿于条例本身的层级，只能扮演有限的角色、解决有限的问题。对许多根本性、原则性的问题又无法规定，更不能对行政复议制度进行大而全的修改。只能在它力所能及的范围内，尽可能用足作为下位阶的行政法规的立法时机，在符合《行政复议法》立法原则、立法精神的前提下，根据中国当代依法行政的形势，进行一些制度完善和制度创新。”②在听证程序的规定方面，该条例也仅仅是规定“对重大、复杂的案件，申请人提出要求或者行政复议机构认为必要时，可以采取听证的方式审理”，这就产生了以下几个问题：第一，“重大、复杂案件”的认定标准与认定主体问题。由于《行政复议法实施条例》对“重大、复杂案件”的认定标准与认定主体问题没有作出明确的规定，在实践中容易使申请人与行政复议机关乃至被申请人产生争议，影响听证程序的正常运行。第二，“行政复议机构认为必要”也是一个模糊不清的规定，如果行政复议机构认为没有必要听证，申请人要求听证的权利就会丧失。第三，“可以采取听证的方式审理”实际上是将是否举行听证的决定权给了行政机关，容易使申请人与行政复议机关之间在是否应当举行听证方面产生争议。第四，与听证程序有关的具体规则没有得到确定。例如，关于听证的申请与确定程序，决定与告知听证时间、地点的程序，听证主持人以及其他听证参加人的确定程序，有关的回避制度以及听证开展的具体程序要求等内容，在《行政复议法实施条例》中都缺乏规定。这导致即使复议机关运用听证的方式审理行政复议案件，由于具体要求不明确，各地、各部门只能各行其是。第五，

① 参见李立：《行政复议：听证审理不可或缺》，载《法制日报》2010 年 7 月 2 日。

② 张越：《修订行政复议法正当其时》，载中国法学会行政法学研究会编：《财产权与行政法保护——中国法学会行政法学研究会 2007 年年会论文集》，武汉大学出版社 2008 年版，第 813—814 页。

《行政复议法》“原则上采取书面审查的办法”的规定仍有较大影响力。虽然《行政复议法实施条例》确立了一定条件下的行政复议听证程序，但《行政复议法》“原则上采取书面审查的办法”的法律规定却没有改变。在这样的情况下，《行政复议法实施条例》所确立的听证程序，将难以得到切实的贯彻与实施，仍然是书面审查程序为主之下的一个特殊程序而已。在一些地方的行政复议规定中可以明确地看到这一点，如 2003 年 11 月由山东省人大常委会通过、在《行政复议法实施条例》实施两年以后的 2009 年 7 月又进行过修订的《山东省行政复议条例》第 34 条就规定：“行政复议原则上采取书面审理的方法。对重大、复杂的案件，申请人提出要求或者行政复议机构认为必要时，可以组织听证，或者当面进行质证，听取申请人、被申请人和第三人的意见。”这就非常清楚地表明，“书面审理的办法”依然是一些地方审理行政复议案件的主要程序，听证仅仅是一个补充性质的特殊程序而已。因此，通过修改《行政复议法》进一步完善我国行政复议的听证程序，已经成为我们推进行政复议制度良性化发展的一个重要举措。

四、完善听证制度是我国行政复议审理制度发展的方向

行政复议程序是一种对行政行为进行事后监督的程序，是一种对公民、法人或者其他组织的合法权利进行事后补救的程序，更是一种解决行政争议的程序。与一般行政行为相比，行政复议带有明显的特殊性，而这种特殊性又决定了它必须具有比一般行政行为更高的程序要求。因此，必须树立行政复议应当拥有最完善的行政程序的观念，这既是行政复议制度本身的要求，也是进一步完善民主政治制度、构建和谐社会的重要制度保证之一。

从《行政处罚法》开始，一系列行政法律已经为我国行政程序的规范化起到了很好的示范作用，尤其是听证制度的建立，更是为我国行政程序制度进一步走向完善奠定了良好的基础。行政复议程序自然不能与司法程序完全相同，应考虑它作为行政程序所具有的特点，应比司法程序更加简便易行。但是，我们也应考虑到行政复议作为一种行政救济制度所体现出来的特殊性，因为它毕竟不是一般的具体行政行为，如果过分顾及简便和效率，甚至将它的程序设计得比一般行政行为中的听证程序还要简单，那它在行政行为中的特殊性将无从体现，也不利于行政复议制度的正常开展和其特殊功能的发挥。因此，对于行政复议来说，它必须拥有比一般行政行为更为完善的行政程序，既不是司法程序，也不是一般意义上的行政程序，而是一种体现其内在特殊要求的行政程序。这应当成为我们认识行政复议程序的一个重要起点。就行政复议审理程序而言，完善听证制

度应当是我国行政复议审理制度发展的方向。

笔者认为，在今后的《行政复议法》修改进程中，首先，必须建立以听证为主要审理形式的普通程序与不含听证形式的简易程序制度。鉴于我国行政复议听证程序尚不够完备以及在实践中作用有限的状况，法律应当明确听证程序是行政复议普通程序中的基本审理方式。同时，为了提高解决行政纠纷的效率，必须建立简易程序制度。国务院于 2004 年 3 月发布的《全面推进依法行政实施纲要》提出："要完善行政复议工作制度，积极探索提高行政复议工作质量的新方式、新举措。对事实清楚、争议不大的行政复议案件，要探索建立简易程序解决行政争议。"通过设立以听证为主的普通程序和不含听证的简易程序，以区分各种行政争议案件不同的解决途径和方式，从而既保障行政复议程序的公正与当事人的参与权，又充分发挥行政复议效率优先的特点，体现及时化解行政争议的要求。其次，应当明确普通程序中听证程序的适用标准。在明确普通程序中听证程序的适用标准的前提下，规定行政复议机关应当举行听证的义务。最后，对于行政复议程序中的一些具体程序规则问题，也应当通过法律且以法律的形式来加以规定。前文提到的关于听证的申请与确定程序，决定与告知听证时间、地点的程序，听证主持人以及其他听证参加人的确定程序，有关的回避制度以及听证开展的具体程序要求，乃至听证笔录及其效力等内容，都应当有明确的法律规定。

同时，笔者认为，即使在《行政复议法》尚未修改的现行制度下，也应当最大程度地积极发挥行政听证制度的效能。由于《行政复议法实施条例》第 33 条规定，"对重大、复杂的案件，申请人提出要求或者行政复议机构认为必要时，可以采取听证的方式审理"，因此应当尽量扩大申请人提出要求的范围。为此，应当建立"听证要求告知制度"。这一制度的核心，就是行政复议机构在受理行政复议案件并经初步审查以后，应当告知申请人有要求进行听证的权利，从而让申请人提出听证要求的规则得到充分的发挥，扩大听证审理的范围；只要是申请人提出听证要求的，行政复议机构一概不得拒绝。将告知申请人可以提出听证要求和接到听证要求必须举行听证作为行政复议机关的一项义务来对待，通过对现行行政复议听证制度的切实履行，实现《行政复议法》修改前后的良好过渡。

第五节 对行政复议的司法监督:现实问题与解决构想*

一、我国行政复议功能不能有效发挥的若干表现

根据我国《行政复议法》第1条的规定,行政复议的功能是“防止和纠正违法的或者不当的具体行政行为,保护公民、法人和其他组织的合法权益,保障和监督行政机关依法行使职权”,这一功能定位与《行政复议条例》相比,恰如其分地表明了行政复议制度的宗旨。《行政复议条例》第1条规定的行政复议功能为“维护和监督行政机关依法行使职权,防止和纠正违法或者不当的具体行政行为,保护公民、法人或者其他组织的合法权益”。这一规定将行政复议制度的首要功能定位为“维护和监督行政机关依法行使职权”,而其中的“维护”又成了在“监督”之前的第一位职能,这不能不说是一项违背设立行政复议制度初衷之举。作为一项对行政机关的具体行政行为实行法律监督的行政救济制度和对行政系统实行层级监督的重要制度,其首要功能理应定位为“防止和纠正违法的或者不当的具体行政行为”,从而达到“保护公民、法人和其他组织的合法权益”的立法目的,并通过行政复议对被行政机关侵犯权益的公民、法人或者其他组织给予必要的救济。如果行政复议只是或主要是为了“维护”行政权,这种制度就失去了其存在的意义和价值。① 然而,虽然法律已经对行政复议制度应当实现的功能作了较为明确的表述,但是从具体规定和实践层面来说,我国行政复议这一行政救济制度的特殊功能并未得到有效的发挥。主要表现为:

(一) 目前的行政复议制度无法保证行政复议机构的独立性

根据《行政复议法》第3条的规定,行政复议机关负责法制工作的机构具体办理行政复议事项。作为复议机构的“负责法制工作的机构”分别隶属于各级不同的人民政府和不同的行政职能部门,缺乏相应的独立性。作为行政复议机关的,要么是被申请复议的作出原具体行政行为的行政机关的上一级行政机关,要么是作出原具体行政行为的行政机关自己。在这样的一种格局中,履行行政复议职责的复议机构是很难有自主决定权的。虽然在《行政复议法》制定之前,已

---

* 原载《法学》2003年第12期。

① 参见姜明安主编:《行政法与行政诉讼法》,法律出版社2003年版,第298页。

经有学者提出了建立统一的行政复议机关的建议，[①]但这一建议并未被《行政复议法》所采纳。目前的行政复议机构仅仅是行政复议机关的一个内部机构，有时甚至就是因作出原具体行政行为而被申请复议的行政机关的内部机构，[②]没有自主地位可言。在实践中，各级人民政府和各行政职能部门会根据自己的实际情况设立主管行政复议的工作机构，因此无法形成独立而又统一的行政复议机构体系。由这样的机构来承担行政复议救济的法定职责，是难以实现《行政复议法》所确定的这一制度的宗旨的。

（二）《行政复议法》的基本原则在行政复议过程中难以得到体现

《行政复议法》第 4 条规定了行政复议的基本原则，即"行政复议机关履行行政复议职责，应当遵循合法、公正、公开、及时、便民的原则，坚持有错必纠，保障法律、法规的正确实施"。应该说，一部法律的基本原则，理应是该法律的灵魂所在，依照该法律所进行的所有活动理应不折不扣地遵守基本原则，这样才能使法律的功能得以体现。然而，令人遗憾的是，《行政复议法》的基本原则在立法本身和实践中并未得到真正的遵守，主要体现在以下两个方面：

1. 合法、公正原则难以体现。依照《行政复议法》的规定，行政复议的功能首先就在于"防止和纠正违法或者不当的具体行政行为"，该规定作为法律的宗旨性规定，应当具有法的强制性。但是，在实践中，却有一些承担着监督职能的行政复议机关置这一条法律规定于不顾，或是为了"照顾"上下级关系，或是为了避免成为行政诉讼的被告，对所受理的行政复议案件，不问其是否有违法或不当情形，大都维持了事。实践中一些具体行政行为在行政复议程序中被维持，而在行政诉讼中却被人民法院判决撤销或变更的实例，恰恰证明了行政复议机关未能按照行政复议法的规定"合法""公正"地履行行政复议职责。之所以会出现这样的结果，除了前面提到的原因之外，有学者还分析至少有下列因素制约行政复议机关有效地纠正下级违法或不当的行政行为：第一，"分灶吃饭"的财政体制使不同层级的行政机关有着自身的经济利益，上级行政机关如要改变下级的行政行为，首先要考虑在经济上是否方便、可行。第二，在较重要案件的查处过程中，上级行政机关一般都需要作事先介入，表达意见，进行指导，所以在案件复议中

---

① 参见彭书清：《关于建立统一行政复议机关的思考》，载《行政法学研究》1997 年第 2 期。

② 依照《行政复议法》第 14 条规定，对国务院部门或者省、自治区、直辖市人民政府的具体行政行为不服的，向作出该具体行政行为的国务院部门或者省、自治区、直辖市人民政府申请行政复议。在这种情形之下，行政复议的被申请人就是复议机关自己。

复议机关一要经受能否依法否定自己行为的考验，二要经受承受下级埋怨的考验。第三，目前的行政管理体制大致分为垂直管理、部分垂直管理和地方管理、部门指导几种类型。无论哪种类型，上下级之间均有合作、协调问题。行政复议中的“人情关”也并不好过，因此，行政复议大多以上级行政机关的维持决定为结果，并由此得出结论，“行政复议的救济作用十分有限”。[①] 笔者认为，这样的结果使我国行政复议制度在一定程度上形同虚设，“有错必纠”的法律规定不能得到贯彻实施，从而也就无法从根本上保障法律、法规的正确实施。

2. 公开原则在行政复议程序中难以得到真正体现。“行政复议的公开原则是指行政机关在处理复议案件时，应该以公开的方式来处理之。除非有其他法定理由，例如涉及国家机密、商业机密或个人隐私等外，不能够以暗箱作业的方式来作出复议决定。”[②]但是，《行政复议法》在第 4 条规定“公开原则”的同时，却在第 22 条规定“行政复议原则上采取书面审查的办法，但是申请人提出要求或者行政复议机关负责法制工作的机构认为有必要时，可以向有关组织和人员调查情况，听取申请人、被申请人和第三人的意见”。根据这一规定，无论是简单的复议案件，还是疑难、复杂的复议案件，原则上均采用“书面审理”的办法。就某一个具体复议案件的审理，应该采取何种组织形式（如采用合议制形式还是独任制形式），经过何种审理程序（如采用严格的听证程序还是非正式的听证程序），则没有明确规定。[③] 笔者认为，原则上千篇一律的“书面审理”，极易导致行政复议的“暗箱操作”和内部人为的干扰，尤其是在目前行政复议机关与被申请人之间有着千丝万缕的联系以及行政复议机构本身具有较强的依附性的情况下，这种现象非常容易出现。因此，这种“书面审查”的办法是难以体现行政复议的“公开”原则的，而一个不可能公开的操作程序难以保证结果的公正性。

（三）对不依法履行行政复议职责的行政复议机关及其工作人员缺乏明确的法律责任规定

《行政复议法》专门设立一章规定了法律责任问题，从而使其与《行政复议条例》相比，强化了对行政复议活动的监督力度，在一定程度上保证了行政复议活动的合法进行。但是，虽然该法第 35 条规定了“行政复议机关工作人员在行政复议活动中，徇私舞弊或者有其他渎职、失职行为的，依法给予警告、记过、记大

① 参见王学政：《论我国行政诉讼和行政复议制度之创新》，载《中国法学》2001 年第 4 期。

② 陈新民：《中国行政法学原理》，中国政法大学出版社 2002 年版，第 278 页。

③ 参见姜明安主编：《行政法与行政诉讼法》，法律出版社 2003 年版，第 307 页。

过的行政处分；情节严重的，依法给予降级、撤职、开除的行政处分；构成犯罪的，依法追究刑事责任”，但是对于实践中大量存在的不依法履行行政复议职责、对于被申请复议的具体行政行为不问其是否违法或不当大都维持了事的行为，尚缺乏明确的法律责任规定。上述条文中所规定的“渎职、失职”行为，根据权威解释，是指“除徇私舞弊以外的其他渎职行为，如滥用职权行为、玩忽职守行为等”[①]。该解释仍较为抽象、笼统，缺乏具体界定。对于是否包含上面所述的情形，并无明确的规定或解释加以阐释。这样导致的结果是，即使最后通过行政诉讼证明行政复议维持决定是错误的，也难以追究相关机关和人员的法律责任。而难以追究责任，就可能导致复议机关对行政复议的敷衍了事，从而影响行政复议制度功能的正常发挥。

鉴于以上因素，实践中公民、法人或者其他组织不愿申请行政复议的情况十分普遍。因为从公民寻求法律救济的正常心理来说，是要求法律上的公正。公正的前提首先在于有一个中立的裁判者，而这恰恰是行政救济方式所不具备的。[②] 为此，要使行政复议这一行政救济制度的功能得以正常发挥，有必要进一步完善行政诉讼对行政复议的监督机制，使行政复议的司法监督机制更为完备，以促进行政复议制度的正常实施。

二、行政诉讼对行政复议监督体制的缺陷

在我国，行政复议是否要受到人民法院的司法监督已不成问题。因为行政复议行为从其本质来说，无论是具有行政救济的特征，还是具有司法权的某些特点，抑或是具有监督行政的功能，它仍然是一种行政机关行使行政权的行为，而且是一种对原具体行政行为是否合法或适当作出裁决的具体行政行为，体现了行政复议机关对国家行政权的具体运用。此外，行政权要受司法权的监督，已经成为当代法治国家应普遍遵循的一条公理。因此，《行政复议法》第 5 条规定了“公民、法人或者其他组织对行政复议决定不服的，可以依照行政诉讼法的规定向人民法院提起行政诉讼”，《行政诉讼法》和最高人民法院的相应司法解释也对司法权对行政复议行为的司法监督作出了相应的规定。尽管我国目前已经建立了对行政复议行为的司法监督体制，但是这种监督体制还存在着不协调、不到位

---

① 全国人大常委会法制工作委员会研究室编著：《〈中华人民共和国行政复议法〉条文释义及实用指南》，中国民主法制出版社 1999 年版，第 152 页。

② 参见王学政：《我国行政诉讼和行政复议制度之创新》，载《中国法学》2001 年第 4 期。

的缺陷，使司法权对行政复议权的监督功能无法彻底实现。

（一）审查原则不统一

根据《行政复议法》的规定，行政复议机关依法对具体行政行为是否合法和适当进行审查。《行政诉讼法》则明确规定，人民法院审理行政案件，是对具体行政行为的合法性进行审查，只有是在行政处罚显失公正时，才可以判决变更。由此可见，行政复议中对具体行政行为的审查应当奉行合法性审查与合理性审查并重的原则，而行政诉讼中对具体行政行为的审查则应遵循以合法性审查为主、合理性审查为例外的原则。审查原则的不同，导致在实践中，行政复议实际作用有限，其应有的功能不能正常发挥，而行政诉讼的审查原则又有限制，只能进行合法性审查，原则上不能进行合理性审查，从而使大量行政复议机关属于合理性审查的行政复议案件无法得到人民法院的监督，公民、法人或其他组织的权益往往得不到充分的保护。

（二）审查范围不统一

行政复议法所规定的行政复议审查范围几乎囊括了所有具体行政行为，而且行政复议的审查不仅包括具体行政行为，还包括一部分抽象行政行为（即作为被申请复议的具体行政行为依据的国务院部门的规定、县级以上地方各级人民政府及其工作部门的规定以及乡、镇人民政府的规定的行为）。但《行政诉讼法》规定，人民法院在行政诉讼中的审查范围只能是具体行政行为，并且应当是法律规定的受案范围内的具体行政行为，更不包括抽象行政行为。此外，《行政复议法》和《行政诉讼法》均有部分行政案件属于行政复议终局裁决、法院不得受理的规定。这一状况也使一部分虽然已经过行政复议但当事人仍然不服的行政案件难以进入行政诉讼领域，人民法院对行政复议行为的司法监督无法全面实现。

（三）审查依据不统一

根据《行政复议法》的规定，行政复议机关审理行政复议案件，其依据不仅包括法律、法规和规章，还应包括国务院部门的规定、县级以上地方人民政府及其工作部门的规定和乡、镇人民政府的规定。《行政诉讼法》则规定，人民法院审理行政案件，以法律、法规为依据，参照规章。依据不同，产生的法律后果往往不一致，也就容易导致同一具体行政行为，行政复议与行政诉讼的结果可能不相一致，反过来甚至会有法官去迁就一些与法律、法规不怎么协调一致的行政规范性文件而作出维持判决，从而使法院对行政复议行为的监督大打折扣。

（四）复议决定的不同使被告的确定不统一

根据《行政诉讼法》第25条第2款的规定，经行政复议的案件，复议机关决定维持原具体行政行为的，作出原具体行政行为的行政机关是被告；复议机关改变原具体行政行为的，复议机关是被告。这一规定在实践中的后果，是复议机关一旦作出维持决定，便游离于法律关系之外了，这时的复议机关的法律地位便处于一种真空状态。相应地，它也不需要承担任何的法律责任。复议机关为了避免成为被告，会尽可能地作出维持原具体行政行为的复议决定，以维护其自身利益。[①] 笔者认为，这样的规定不亚于鼓励行政复议机关不依法作出行政复议决定而一味地维持了事，这不仅与我们建立行政复议制度的宗旨背道而驰，而且也使人民法院对行政复议机关不依法履行复议职责、随意作出维持决定的行为完全失去监督。

三、完善行政诉讼对行政复议监督机制的构想

政府的依法行政（包括行政复议机关通过履行行政复议职责所体现出的依法行政）需要司法权强有力的监督，而要真正使我们所建立的行政复议制度发挥其应有的功能，同样必须从法律上消除行政诉讼对行政复议在监督体制方面的缺陷，有效发挥行政救济和司法救济对控制行政权滥用和公民权利保护方面的功能。此外，通过行政诉讼对行政复议行为的有效监督，不但可以促进行政复议机关依法行政水平的提高，重塑行政复议这一重要的法律制度在社会公众中的形象，而且还可以保障行政法治原则的有效实现。

由于目前我国行政复议制度应有的功能不能有效发挥，因此必须进一步完善我国现有的对行政复议的司法监督机制，并通过行政诉讼中人民法院的司法监督使行政复议机关的依法行政得以实现。为此，笔者认为：

（一）凡经过行政复议的案件应一律以复议机关为被告提起行政诉讼

行政复议案件在行政诉讼中的被告确定，是人民法院对行政复议能否实施有效监督的前提。鉴于目前行政机关“怕出庭，怕当被告，怕败诉”的心理还一定程度地存在，《行政诉讼法》第25条第2款关于“复议机关决定维持原具体行政行为的，作出原具体行政行为的行政机关是被告”的规定，已经事实上成为一些行政机关为了避免当被告而对被申请复议的具体行政行为一味地加以维持的一

---

① 参见程雁雷、安扬：《〈行政诉讼法〉新司法解释第53条质疑——兼论行政复议的性质》，载罗豪才主编：《行政法论丛》（第5卷），法律出版社2002年版，第399页。

个重要因素。在这样的一种合法背景之下，一些行政复议机关为了维护自身利益和避免介入行政诉讼，不问青红皂白地尽可能作出维持原具体行政行为的复议决定而无须承担任何法律责任。由此看来，《行政诉讼法》的这一规定就非常有改革的必要了。法律应当确立，凡是经过行政复议的案件，行政复议机关无论是维持原具体行政行为的，还是改变原具体行政行为的，当事人均一律以行政复议机关为被告提起行政诉讼。这样改革的益处，一是为行政复议机关设置了可能因不依法履行行政复议职责而承担不利法律后果的风险，可以极大地促进行政复议机关依法履行其法定职责，二是“由于司法审查的存在对行政人员产生一种心理压力，可以促使他们谨慎行使权力”①。这样就可以将本来企图通过维持原具体行政行为以避免司法审查的行政复议维持决定纳入司法审查的范围，使行政诉讼对行政复议的司法监督得以较为全面的实现，同时也体现“谁行为，谁被告”的司法原则。

（二）建立对行政复议维持决定的审查机制

行政诉讼的合法性审查原则与行政复议的合法性审查和合理性审查并重原则之间的不一致，使得实践中一部分行政复议机关疏于合理性审查的行政复议决定无法受到司法监督。因为从我国行政复议制度和行政诉讼制度实施以来的十多年间形成的观念认为，行政复议过程中对合理性问题的疏于审查仍属于合理性问题，而《行政诉讼法》所确立的“合法性审查”原则制约着法院对合理性问题的审查权。此外，《行政诉讼法》又规定，行政复议维持决定不能作为行政诉讼中的被审查对象。对此，笔者认为，这种观念和制度似乎也有改革的必要。首先，《行政复议法》在第1条就开宗明义地规定行政复议的宗旨是“为了防止和纠正违法的或不当的具体行政行为”。该法第28条第1款第1项还规定，只有在“具体行政行为认定事实清楚，证据确凿，适用依据正确，程序合法，内容适当”的前提下，才能作出维持决定。如果行政复议机关对一个不适当的具体行政行为也加以维持，不但是违反了法律的宗旨性规定，而且也违背了行政复议中维持决定应当具备的条件，理应是一种违反《行政复议法》规定的违法的行政复议决定，而不是一个不合理的问题。其次，行政复议维持决定同样是一种具体行政行为，维持的理由和结论是否符合法律规定，理应由法院对此进行依法审查。因为法院此时所审查的是复议维持决定本身的合法性问题，完全符合《行政诉讼法》规定的审查原则，所以人民法院完全可以运用《行政诉讼法》所确立的合法性审查

① 王名扬：《美国行政法》(下)，中国法制出版社1995年版，第566页。

原则依法进行审查，并作出相应的判决。在具体操作上，应当明确行政复议机关不履行合理性审查职责的行为是一种违法行为，人民法院对这样的维持决定应判决其撤销。同时，由于法院不能代替行政复议机关对合理性问题进行决断，因此法院在撤销违法的行政复议决定的同时，应在判决书中说明行政复议机关不履行合理性审查职责的情况并判决其在一定期限内重新作出行政复议决定。这样可以既使行政复议机关成为行政诉讼的被告、使维持决定成为行政诉讼中的被审查对象，同时也避免了司法权干预行政权现象的出现，促进行政复议机关全面履行行政复议职责，最大限度地保护公民、法人或其他组织的合法权益。

（三）明确司法最终原则

司法机关的存在，正是为了在最后防线上保障社会公正。为了保障行政复议的公正性，西方各国一般都确立了司法最终解决原则。我国《行政复议法》和《行政诉讼法》中均有行政复议终局的规定，这意味着对部分行政复议案件实行司法监督的排斥。这些关于行政复议终局裁决的规定，违背了现代法治关于"司法最终解决"的原则，使一部分行政复议行为逃避司法审查成为一种合法的实然状态。虽然我国目前行政终局决定的范围很小，且《行政诉讼法》第 12 条第 4 项规定只能是"法律规定由行政机关最终裁决的具体行政行为"才不属于行政诉讼的受案范围，但这毕竟与司法最终解决的现代法治原则不合拍，理应加以取消，从制度上保证人民法院对行政争议有最终裁断的权力。

（四）协调行政复议和行政诉讼的审查范围

目前，行政复议的范围明显大于行政诉讼的范围，而且《行政复议法》还明确规定一部分抽象行政行为也可以在行政复议中一并审查。我国行政诉讼的范围比行政复议范围狭窄许多，导致部分行政案件即使能进入行政复议程序，也无法进入行政诉讼程序。这与"司法最终解决"的法治原则不相符合，也使一部分行政相对人的权益得不到最终的司法保障，最终使行政诉讼对行政复议的司法监督无法得到全面实现。因此，应当使行政复议与行政诉讼的受案范围相互协调，使其范围基本一致。同时，也应赋予人民法院对一部分抽象行政行为的司法审查权。因为从法治角度说，对部分抽象行政行为是否合法的判断权不仅应给行政机关，似乎更应给司法机关。行政复议范围和行政诉讼范围的协调一致，可以使一切行政争议最终都诉诸法院作出裁决，从而使人民法院对行政复议活动的司法监督得到全面实现。

第六节 复议机关共同被告制度之检视*

新《行政诉讼法》第26条第2款确立的“经复议的案件,复议机关决定维持原行政行为的,作出原行政行为的行政机关和复议机关是共同被告”制度(简称复议机关共同被告制度),改变了原《行政诉讼法》关于复议机关只要维持了原行政行为就只能由作出原行政行为的行政机关作被告的规定,[①]“复议机关一旦作出维持决定,便游离于法律关系之外”[②]的状况成为历史。复议机关共同被告制度是新《行政诉讼法》中特别引人注目的条款之一,并被认为是一种制度创新而受到赞扬,“在‘新行诉法’的诸多制度创新中,其中一项重要制度创新是增加复议机关做被告的责任和被诉行政机关负责人出庭应诉的责任”[③]。这样一个联结行政复议与行政诉讼的共同被告制度,不仅为我国行政诉讼制度所“独有”,也是一个与一般共同被告制度存在明显差异的制度,其制度的合理性与实践效果如何,值得探讨。

一、复议机关共同被告制度所导致的实践困境

自新《行政诉讼法》实施以来,由于复议机关共同被告制度的建立,复议机关“不是在法庭应诉,就是在去法庭应诉的路上”成为常态,应诉压力巨大,复议机关作为行政机关的正常工作受到了前所未有的严重影响。其原因就在于这一制度严重脱离了实际。

(一)迅猛增长的行政诉讼案件使复议机关难以应对且影响正常工作的开展

在我国,复议机关并非是以应诉为专业的机关,其本身就是一个普通的行政机关。如果从专业性角度考察,行政复议制度与美国专门从事行政裁决的行政法官制度相比,肯定稍逊一筹。因此,从实践效果来看,复议机关共同被告制度这条所谓的“特色条款”脱离了实际。尤其是随着行政案件的不断增多,行政复

---

* 原载《法学》2016年第6期。

① 原《行政诉讼法》第25条第2款规定:“经复议的案件,复议机关决定维持原具体行政行为的,作出原具体行政行为的行政机关是被告;复议机关改变原具体行政行为的,复议机关是被告。”

② 程雁雷、安扬:《〈行政诉讼法〉新司法解释第53条质疑——兼论行政复议的性质》,载罗豪才主编《行政法论丛》(第5卷),法律出版社2002年版,第399页。

③ 姜明安:《论新〈行政诉讼法〉的若干制度创新》,载《行政法学研究》2015年第4期。

议机关疲于应付，客观上也影响了其本职工作的正常进行。从新《行政诉讼法》实施以来的情况看，值得关注的一个重要现象就是案件激增，复议机关难以应对。据最高人民法院 2016 年 3 月发布的统计信息，2015 年行政案件大幅上升，主要表现为：新收行政一审、二审和再审案件 299765 件，上升 55.13%；审结 272882 件，上升 51.46%。其中，新收行政一审案件 220398 件，上升 55.34%；行政二审案件 77988 件，上升 56.03%。[①] 再以北京市第四中级人民法院 2015 年行政审判工作为例，它所呈现特点之一就是该院严格落实立案登记制，行政诉讼救济渠道更加畅通，行政案件数量大幅上升。2015 年该院共受理以区政府为被告的一审行政案件 1397 件，占全院收案总数的 73.80%，是 2014 年全市法院受理的该类行政案件总量 216 件的近 7 倍。[②] 北京市 16 个区县，2015 年每个区县政府成为被告的行政案件平均为 87 件。根据《行政复议法》，区县政府都是行政复议机关，在它成为被告的案件中复议案件应当占有较多比例，成为共同被告出庭应诉的频率肯定不会低。同样，新修改的《行政诉讼法》施行以来，2015 年重庆全市法院新收一审行政案件 9273 件，同比增长 85.2%，成为全市法院受理行政诉讼案件以来年新收案数量及同比增幅的最高值。[③] 行政诉讼案件的迅猛增长，使复议机关应诉工作压力巨大。实际上，政府法制机构的设置和人员配备并没有随着新法的实施而有所改变。新法实施后行政案件激增，复议机关应诉人员远远不能适应案件数量增长的需要。实践中，行政复议机关陷入"诉讼包围圈"，"既当裁判员又当运动员"，刚当完"裁判员"转身就成了被告，不堪重负，难以静下心来仔细研究复议案件的办理，导致复议质量下降，行政复议制度与复议机关在公众心目中的形象大打折扣，而这实际上加重了行政复议制度的生存困境。

同时，行政案件中"非正常"滥诉缠诉的日益增多，也使复议机关共同被告制度的实施"雪上加霜"。《政府信息公开条例》实施以来，以解决拆迁补偿等其他问题为目的的政府信息公开申请在正常的政府信息公开案件不断攀升的同时亦

---

① 参见最高人民法院研究室：《2015 年全国法院审判执行情况》，http://www.court.gov.cn/fabu-xiangqing-18362.html，2016 年 4 月 20 日访问。

② 参见陈良刚、马新建：《四中院发布行政审判白皮书和典型案例》，http://bjgy.chinacourt.org/article/detail/2016/04/id/1833999.shtml，2016 年 4 月 11 日访问。

③ 参见陈小康：《重庆发布行政案件审判白皮书》，载《人民法院报》2016 年 5 月 20 日第 1 版。

日趋增多,《中华人民共和国最高人民法院公报》也已刊登相关案例。① 大多数政府信息公开行政案件都经过行政复议,复议机关成为共同被告已经成为不可避免的趋势,其数量也还在迅猛上升。从实践情况来看,既然针对滥诉问题已经有了司法裁判,说明行政滥诉的客观存在已经在司法领域得到了承认。这些"非正常"的滥诉缠诉使行政复议机关和法院疲于应对,无端地增加了行政成本和司法成本,使复议机关共同被告制度陷于极端的尴尬境地,甚至成了个别人故意嘲弄行政机关和司法机关的工具。

(二)相关管辖制度使行政复议机关应诉和法院审理都面临前所未有的压力

根据新《行政诉讼法》第18条第1款的规定,经复议的案件,既可以由最初作出行政行为的行政机关所在地法院管辖,也可以由复议机关所在地法院管辖。《最高人民法院关于适用〈中华人民共和国行政诉讼法〉若干问题的解释》(以下简称《适用解释》)第8条规定:"作出原行政行为的行政机关和复议机关为共同被告的,以作出原行政行为的行政机关确定案件的级别管辖。"由于这一管辖制度的影响,行政复议机关成为共同被告时的应诉产生了明显的困难。例如,新《行政诉讼法》实施以后,重庆市政府为共同被告身份应诉的地点包括重庆市5个中级人民法院,主城9个区以及30多个郊县的人民法院。其中距离主城较远的县法院有三四百公里,在行政复议及行政诉讼案件数量逐年猛增的态势下,办案人员复议、诉讼两头忙,工作量和工作强度很大。再如,根据天津市和平区人民法院关于行政审判工作情况的调研报告,2015年5月至10月,该区法院受理政府信息公开案件230件,占全部受理案件的50.2%,信息公开案件不仅数量多,而且多数案件以作出原行政行为的行政机关和复议机关为共同被告,其中以国家部委为共同被告的案件有153件,占全部信息公开案件的66.5%。管辖制度也使复议机关穿梭奔波于各地法院应诉。天津市大多数行政机关位于和平区,原告出于趋利避害之考虑,对于无论是市级行政机关作出的行政行为还是经复议的行政行为,多选择和平区人民法院管辖,这一因素也导致了和平区行政案件数量激增,难度加大。② 实践中,由于原告选择向作出原行政行为的行政机关

① 参见任智峰、顾建兵:《行政案件"非正常"滥诉缠诉趋多》,载《人民法院报》2016年4月17日第3版;《陆红霞诉南通市发展和改革委员会政府信息公开答复案》,载《中华人民共和国最高人民法院公报》2015年第11期。

② 参见天津市和平区人民法院课题组:《依法登记立案 规制诉权滥用》,载《人民法院报》2016年1月28日第8版。

所在地法院起诉，因此一些国务院部门作为复议机关必须到全国各地应诉，而我国幅员辽阔，这些部门投入的人力和物质资源之巨大可想而知。同时，也有相当数量的复议申请人选择向作为复议机关的国务院部门所在地的法院起诉，又导致进京诉讼案件增多，不利于将纠纷化解在基层。

（三）一些模糊地带的存在导致复议机关共同被告制度遇上实践难题

虽然《适用解释》第 6 条至第 10 条对复议机关共同被告制度实施的具体规则进行了细化和补充，但毕竟是与此前"复议机关作出维持决定，便不会称为被告"的状况有本质区别，其制度的不确定难题仍然存在。

第一，《适用解释》第 6 条第 2 款将复议机关改变原行政行为限定为"复议机关改变原行政行为的处理结果"，与《最高人民法院关于执行〈中华人民共和国行政诉讼法〉若干问题的解释》中只要改变事实和证据、规范依据或者处理结果中的一项就属于"改变原具体行政行为"的规定有明显不同。那么，复议机关如果在复议决定中改变事实与证据或者规范依据，而结论却是维持决定，应如何处理？这种状况如果按照维持决定处理，就难以依照《适用解释》第 9 条"复议机关决定维持原行政行为的，人民法院应当在审查原行政行为合法性的同时，一并审查复议程序的合法性"的规定处理，因为法院仅仅审查复议程序的合法性是远远不够的，复议机关将事实与证据或者规范依据进行改变的合法性也应当是法院审查的对象。同样，该条中"作出原行政行为的行政机关和复议机关对原行政行为合法性共同承担举证责任，可以由其中一个机关实施举证行为。复议机关对复议程序的合法性承担举证责任"的规定也难以适用，由于复议机关已经改变了原行政行为的事实和证据或规范依据，从法律性质上来说，明显已经是两个具有不同内容的行政行为了，作出原行政行为的行政机关和复议机关如何"对原行政行为合法性共同承担举证责任"？法院对于这样的案件，将如何审理与裁判？

第二，即使按照《适用解释》第 6 条第 2 款的规定，复议机关改变原行政行为仅仅是指"改变原行政行为的处理结果"，也有可能产生作出原行政行为的行政机关和复议机关在诉讼过程中意见不一致的问题。正如媒体报道所提出的，法院审理"复议机关当共同被告的案件发现，存在同一案件要审查两个被告的两个行政行为，工作量和难度均增加；原行为机关与复议机关共同承担举证责任如何具体操作，两者意见不一致如何处理"①。《适用解释》是将原行政行为的行政机关和维持决定的复议机关作为"天然的同盟"或者"共同体"来看待的，忽视了它

① 王春：《地级以上政府被告一把手鲜应诉》，载《法制日报》2015 年 11 月 10 日第 5 版。

们之间可能存在的不一致。据笔者了解，实践中已经出现了诸如两个行政机关之间答辩意见不一致、争议焦点看法不一致、在法庭上的质证意见不一致以及法庭辩论意见不一致等情形，而这些情况如何解决，在《适用解释》中并没有规定。

第三，《适用解释》第6条规定，“复议机关决定维持原行政行为”包括复议机关驳回复议申请或者复议请求的情形，但以复议申请不符合受理条件为由驳回的除外。但是，根据起诉的一般原理，将谁列为被告或者共同被告是原告的一项权利，那么在起诉时如何认定“以复议申请不符合受理条件为由驳回”的复议决定就成为原告的一项重要判断权。如果原告在起诉时坚决要将作出“以复议申请不符合受理条件为由驳回”的复议机关作为共同被告，法院对这样的起诉应当如何处理？如果法院根据原告的起诉通知复议机关作为共同被告应诉，复议机关是否可以有不应诉、不出庭的权利？

第四，作出原行政行为的行政机关与作出复议决定的行政机关，按理说应当共同出庭、共同应诉，但是如果其中有一个不出庭、不应诉怎么办？《适用解释》第9条第2款中“作出原行政行为的行政机关和复议机关对原行政行为合法性共同承担举证责任，可以由其中一个机关实施举证行为。复议机关对复议程序的合法性承担举证责任”的规定如何实施？

（四）复议机关共同被告制度在行政首长出庭应诉制度的相伴下更显尴尬

在审视复议机关共同被告制度的实施效果时，不得不将其与新《行政诉讼法》的另一个特色制度——行政机关负责人出庭应诉制度联系起来。从世界范围来看，无论是行政首长出庭应诉制度，还是复议机关共同被告制度，都具有鲜明的“中国特色”。“这是一条极具中国特色的规定，要求行政机关负责人应当出庭应诉，这在世界上恐怕也是唯一的规定。”①复议机关共同被告与行政机关负责人出庭应诉制度看似并不相关，其实联系非常紧密，因为复议机关维持决定越多，其成为共同被告的几率就高；成为共同被告的几率高了，其负责人出庭应诉的次数就势必增加。实践已经逐步表明，复议机关共同被告制度在《行政诉讼法》第3条第3款规定的行政机关负责人出庭应诉制度的相伴之下更显尴尬。

第一，复议机关的层次相对较高，其负责人出庭的难度也就较高。能够成为复议机关的，一般是国务院各部门，省、自治区、直辖市人民政府及其工作部门，设区的市人民政府及其工作部门，最低一般也是区人民政府。按照新《行政诉讼法》的规定，行政机关负责人出庭应诉是其法定义务，那么严格来说，所有行政案

① 应松年：《行政诉讼法律制度的完善、发展》，载《行政法学研究》2015年第4期。

件中作为被告的行政机关负责人都应当出庭应诉。然而，层次越高的行政机关，其负责人出庭的可能性越低。自新《行政诉讼法》实施以来，到 2016 年 4 月才发生全国首例省级人民政府作为复议机关被诉后由副省长出庭应诉的案件。2016 年 4 月 11 日，一起村民不服贵州省人民政府驳回行政复议申请的行政诉讼案件在贵阳市中级人民法院公开开庭审理，贵州省政府副省长陈鸣明作为行政机关负责人出庭应诉。[①] 根据浙江省法院实施新《行政诉讼法》的情况，尽管行政机关负责人出庭应诉取得较好效果，但从全省情况看，复议机关当共同被告的案件复议机关负责人出庭情况很不理想。[②] 按理说，新《行政诉讼法》实施以后，该法规定的"被诉行政机关负责人应当出庭应诉"就成为一种法定诉讼义务，而现实情况是，行政机关负责人出庭应诉的案件并不多，尤其是作为复议机关的负责人出庭应诉更是十分稀少。新《行政诉讼法》实施一年才出现全国首例副省长作为复议机关负责人出庭应诉的行政案件，就恰恰说明了该制度在实践中的尴尬。

第二，随着行政案件尤其是行政复议案件增多，复议机关负责人出庭的概率也应随之不断提高，但现实可能性却严重不足。自 1989 年《行政诉讼法》颁布以来，由于从国务院到地方各级政府二十多年来的推进和重视，依法行政原则和法治政府建设日益深入人心，行政机关行政行为的合法化、合理化和规范化程度也越来越高，由此会导致更多的行政复议维持决定。在这样的背景之下，复议机关成为共同被告的可能性逐步提高，那么其负责人出庭应诉的次数必然增加。应当说，根据新《行政诉讼法》第 3 条第 3 款的规定，复议机关负责人和原行政行为行政机关负责人对每一个案件都应当出庭应诉。但在我国目前的现实背景之下，这一点根本就无法做到。新《行政诉讼法》实施一年来，以中央国家行政机关为被告的一审行政案件共计 1866 件，同比上升 450.4%；以北京市政府为被告的一审行政案件共计 526 件，同比上升 525%。[③] 其中，中央国家行政机关和北京市政府应当都是以复议机关共同被告的身份被诉，但至今没有闻讯这些机关的负责人出庭应诉。平心而论，如此众多的行政案件，即使按照《适用行政诉讼法解释》规定，复议机关只是"对复议程序的合法性承担举证责任"，中央行政机关负责人针对 1866 件一审行政案件出庭应诉，北京市政府负责人对 526 件一审

① 参见金晶：《贵阳开审全国首例副省长出庭应诉行政案》，载《人民法院报》2016 年 4 月 12 日第 1 版。

② 参见王春：《地级以上政府被告一把手鲜应诉》，载《法制日报》2015 年 11 月 10 日第 5 版。

③ 参见熊琳、肖亚卓：《中央国家行政机关"当被告"案件一年上升 450.4%》，载《法制日报》2016 年 4 月 30 日第 1 版。

行政案件出庭应诉，也完全是没有可能的。北京市现有正副市长 10 人，如果按照规定都“应当出庭应诉”，在这一年中每位市长、副市长要出庭应诉的行政案件平均超过 52 件！这还仅仅是一审，还没有将二审行政案件计算进去。这些案件数量可能已经超过了一些律师在一年中所代理案件的数量。在如此繁忙的行政公务背景之下，简直是难以实现的目标。这一状况也恰恰说明了很多作为复议机关的地级市以上人民政府为被告的案件，其负责人出庭应诉的困难状况。

笔者认为，要求“被诉行政机关负责人应当出庭应诉”，本身就属于“不切实际”之举，而且这种以首长个人的重视、偏好为基础的价值定位，很大程度上带有人治色彩，偏离依法行政本意。此外，从历年数据看，出庭应诉率与依法行政水平之间并不存在统计学意义上的相关性。① 要求行政层级相对较高的复议机关负责人在成为共同被告的前提下出庭应诉，无论是从客观现实性还是从制度必要性角度而言，都属于难以实现的一个目标，仅仅具有宣示性意义而已。

实际上，实践中的问题远不止上述几个方面。但仅仅是以上问题的存在，就使复议机关共同被告制度在具体运行过程中遭遇了现实困境。该制度在实践中所凸显出来的困境与尴尬，恰恰说明了其本身的不切实际。同时，该制度在法理上的不足和制度设计的非理性，又反过来证明了它在具体运行过程中产生现实困境的缘由。

二、一个不合常规的行政诉讼被告制度

（一）复议机关共同被告制度为我国行政诉讼制度所独有

从世界范围来看，复议机关共同被告制度是我国行政诉讼制度的“独创”内容，具有鲜明的“中国特色”，其他国家和地区并没有同样的规定。在德国，“如果诉讼涉及复议决定，原则上，正确的被告就不是复议机关的法定主体，而是作出具体行政行为的原行政机关”②。在我国台湾地区，行政复议被称为诉愿，其诉愿决定并不包括所谓的“维持决定”，而是主要有不受理或驳回、撤销原处分、变更原处分、依职权撤销或变更、命为一定之处分以及情况决定六种，其中“实体上无理由者则应予驳回”。③ 在行政诉讼中，被告机关系指在撤销诉讼及课予义务诉讼中充当被告之各级行政机关，上述诉讼均应先经诉愿程序，则孰为被告机关

---

① 参见高春燕：《行政首长出庭应诉：价值重估与技术改良》，载《行政法学研究》2015 年第 2 期。

② 〔德〕弗里德赫尔穆·胡芬：《行政诉讼法》（第 5 版），莫光华译，法律出版社 2003 年版，第 202 页。

③ 参见吴庚：《行政法之理论与实用》（增订八版），中国人民大学出版社 2005 年版，第 397—399 页。

须以诉愿决定结果为准，我国台湾地区“行政诉讼法”第24条遂规定：驳回诉愿时以原处分机关为被告机关；撤销或变更原处分（或决定）时，被告机关为（最后）撤销或变更之机关。[①] 由于其驳回决定类似于大陆地区的复议维持决定，因此笔者认为台湾地区经诉愿后的被告制度与《行政诉讼法》关于经复议之后的被告制度相似。我国台湾地区关于共同被告的具体规定，强调的是共同处分，如“行政诉讼法”第37条第1项所规定的共同被告为“为诉讼标的之行政处分系二以上机关共同为之者”。所称共同处分，“系指该行政处分系以两个以上行政机关名义作成者始属之。如为书面处分，则指该书面所记载之处分机关，有两个以上者而言”[②]。可见，复议机关作出维持决定后在行政诉讼中与作出原行政行为的行政机关成为共同被告，是我国行政诉讼制度中一道独特的“风景”。正如有学者所言，“复议机关作共同被告制度是具有中国特色的诉讼制度，是解决现实问题的‘中药’”[③]。

《行政诉讼法》之所以要进行这样的修改，根据立法机关的解释，主要是解决实践中行政复议维持率高、纠错率低的问题。“实践中，有些复议机关一味维持原行政行为，该撤销的不撤销，该纠正的不纠正，导致维持率过高，复议制度解决行政争议的作用没有很好地发挥，复议制度的优势没有得到很好的实现，与行政复议作为解决行政争议主渠道的定位相去甚远。为了从制度上促使复议机关监督下级机关的行政行为，新法对现行制度作了修改。”[④]由此可见，新《行政诉讼法》规定复议机关共同被告制度的目的，是企图通过改变原来维持决定状态之下复议机关不做被告的制度，“倒逼”行政复议机关积极履行行政复议职责。因此，立法机关就通过修改《行政诉讼法》造就了这么一个独一无二的制度。

（二）复议机关共同被告制度是一个与常规共同被告制度不一致的制度

复议机关共同被告制度不仅是一个独特的行政诉讼被告制度，而且与一般的共同被告制度也存在明显的区别。共同被告是共同诉讼制度的组成部分。新《行政诉讼法》第27条规定：“当事人一方或者双方为二人以上，因同一行政行为发生的行政案件，或者因同类行政行为发生的行政案件、人民法院认为可以合并审理并经当事人同意的，为共同诉讼。”根据上述规定，共同诉讼分为两类：一类

---

① 吴庚：《行政法之理论与实用》（增订八版），中国人民大学出版社2005年版，第415页。

② 刘宗德：《制度设计型行政法学》，北京大学出版社2013年版，第366页。

③ 童卫东：《进步与妥协：〈行政诉讼法〉修改回顾》，载《行政法学研究》2015年第4期。

④ 信春鹰主编：《中华人民共和国行政诉讼法释义》，法律出版社2014年版，第73页。

是因同一行政行为引起的,另一类是因同类行政行为引起的。其中,因同一行政行为引起的共同诉讼,由于该行政行为不能分割,法院必须一起审理,所以学理上称为必要的共同诉讼。这是一种源于民法的理论和制度。其中共同被告,就是因共同实施行政行为而被起诉至法院的两个以上行政主体。因同类行政行为而发生的共同诉讼,由于不是同一行政行为引起的,当事人之间不存在不可分割的权利义务关系,可以作为不同的案件审理,也可以一起审理,学理上称之为普通的共同诉讼。与同一行政行为引起的共同诉讼不同,同类行政行为引起的共同诉讼,需要人民法院认为可以合并审理并经当事人同意。[①] 因此,行政诉讼意义上的共同被告,是指因作出同一行政行为或者同类行政行为而被提起行政诉讼的两个或者两个以上的行政机关。新《行政诉讼法》第 26 条第 4 款"两个以上行政机关作出同一行政行为的,共同作出行政行为的行政机关是共同被告"的规定,指的就是必要的共同诉讼中的共同被告。

然而,新《行政诉讼法》所确立的复议机关共同被告制度,与常规共同被告制度存在明显的区别。经过行政复议以后,同时存在两个行政行为,一个是被申请复议的原行政行为,另一个则是复议决定。复议机关与原行政机关作共同被告,既不是必要的共同诉讼,因为这里有两个被诉行为而非同一被诉行为,也不是普通的共同诉讼,因为这里是两个被告而非同一被告,被诉行政行为也不是相类似的情形。虽然立法机关认为"维持复议决定与原行政行为虽不是同一行为,也非同类行为,但属于关联度很高的两个行为,维持复议决定强化了原行政行为,又依附于原行政行为的效力状态,因此有必要在一个诉讼中解决"[②],但是这一制度不符合共同被告制度的基本原理却是一个客观事实。可以说,这是我国行政诉讼制度特意创设的一种特殊的共同被告制度。

(三) 复议机关共同被告制度的特殊含义

从诉讼制度的角度而言,作为一种特殊的共同被告制度,复议机关共同被告制度的基本含义为:当依法实施复议职权的行政机关根据《行政复议法》和《行政复议法实施条例》的规定,认为被申请复议的行政行为认定事实清楚、证据确凿、适用依据正确、程序合法、内容适当而作出维持原行政行为的决定后,相对人不服该行政复议决定向法院提起行政诉讼时,由复议机关和原行政行为的行政机关为共同被告。根据《适用解释》第 6 条,"复议机关决定维持原行政行为"包括

① 参见信春鹰主编:《中华人民共和国行政诉讼法释义》,法律出版社 2014 年版,第 76—77 页。

② 袁杰主编:《中华人民共和国行政诉讼法解读》,中国法制出版社 2014 年版,第 215 页。

复议机关驳回复议申请或者复议请求的情形，但以复议申请不符合受理条件为由驳回的除外。由此，笔者认为，复议机关共同被告制度有如下三个方面的特征：第一，被诉行政行为的独立性。在复议机关共同被告制度中，法院虽然要对原行政行为和复议维持决定一并审查，但原行政行为和复议维持决定这两个行政行为并非是"同一行政行为"或"同类行政行为"，而是分别适用独立程序作出的两个独立的行政行为。例如，在诉讼中，复议程序的合法性必须被独立审查，"复议机关作出行政行为时的程序，与原行政行为的程序完全独立，不具有依附性，纯属于自身的程序"①。因此，在诉讼过程中，原行政行为合法性的举证和复议程序合法性的举证是分别进行的。第二，被诉行政行为之间的相互关联性。虽然原行政行为和复议维持决定具有独立性，但两者又是属于相互关联的行政行为。原行政行为是复议机关审查的前提和基础，而复议决定则是对原行政行为合法性与合理性审查的结果。因此，复议行为与原行政行为是审查与被审查的关系，正是因为这一关系的存在，使它们成为虽独立存在但又具有高度关联性的两个行政行为。第三，案件审理诉讼程序的同一性。复议决定与原行政行为必须在同一个诉讼程序中进行审查。《适用解释》关于追加被告、复议程序的合法性与原行政行为合法性一并审查、原行政行为合法性举证责任共同承担以及法院应当对原行政行为和复议决定一并作出裁判等规定中，都体现了将原行政行为和复议决定置于同一个诉讼程序中进行审理的特点。

因此，根据《行政诉讼法》和《适用解释》的相关规定，复议机关共同被告制度是一种特殊的共同被告制度，这一特殊性表明它既不属于必要的共同诉讼中的共同被告，也不属于普通的共同诉讼中的共同被告，而是一种基于特殊目的而设立的一种特殊的共同被告制度。新《行政诉讼法》第 79 条规定："复议机关与作出原行政行为的行政机关为共同被告的案件，人民法院应当对复议决定和原行政行为一并作出裁判。"这就进一步明确了复议维持决定与原行政行为同案审理、同案判决的特殊规则。

三、复议机关共同被告制度合理性批判

一个制度的合理性，既包括其在理论上是否符合法理，也包括其是否合乎制度理性。作为一项具有浓厚中国特色的诉讼制度，复议机关共同被告制度是否

---

① 江必新、梁凤云：《最高人民法院新行政诉讼法司法解释理解与适用》，中国法制出版社 2015 年版，第 88 页。

具有法理依据和制度合理性，是这一制度是否具有生命力的关键。

（一）设立复议机关共同被告制度法理不足

应当承认，复议机关共同被告制度法理不足。对于这一“违背常理”的制度所体现的独特制度设计，有学者批评其“在行政复议维持决定情况下，列行政复议机关与原行政机关为共同被告，欠缺足够的法理支持”。这一被告制度与常规行政诉讼共同被告制度存在明显的差异，在法理上缺乏足够的支持。一方面，复议维持决定仅仅是复议机关作为“中间人”对原行政行为合法性作出一种具有行政监督意义上的“认同”，既不是以复议维持决定效力覆盖原行政行为，也不是以复议维持决定效力代替原行政行为，更不增加或减少申请人既有的权利和义务。[①] 为此，将复议机关列为共同被告没有实际意义。另一方面，从共同被告的原理角度而言，如果将复议机关的维持决定也视为一种行政行为的话，那它只能是一种经过“复审”之后由另一个主体作出的“认同”性质的行政行为，它们之间既不是同一行政行为，也不是同类行政行为，缺乏作为共同被告的客观基础。再者，复议维持决定并没有增加或减少相对人任何权利义务，“复议机关维持原具体行政行为意味着真正的处分机关是原行政机关，行政复议机关没有就此作出独立的意思表示”[②]，与原行政行为是原行为与复审行为之间的关系，绝对不是同一行政行为，而是两个不同层级的行政行为。同时，《适用解释》规定，复议机关决定维持原行政行为的，如果相对人只起诉作出原行政行为的机关，法院应当告知原告将复议机关追加为被告。原告不同意追加的，法院应当将复议机关列为共同被告。这一规定有强制干预原告诉权之嫌，有违当事人诉权的自主性原则。因此，将两个不同层级、相互独立的行政行为主体强行列为共同被告，法理依据明显不足。

（二）我国在制度上缺乏专门的复议机关和复议人员应对超量行政应诉

我国虽有行政复议制度，但行政复议工作却依附于政府的法制工作部门。与英美国家拥有专门独立的行政复议机构和专业人员的体制不同，我国并不存在专门意义上的行政复议机关。在英美国家，行政复议机构和专业人员具有较强的独立性和专业性。无论是英国的行政裁判所还是美国的行政法官体制，它们在机构设置或人员管理上都与司法机关高度类似。英国行政裁判所的裁判官

---

① 参见章剑生：《关于行政复议维持决定情形下共同被告的几个问题》，载《中国法律评论》2014 年第 4 期。

② 江必新、梁凤云：《行政诉讼法理论与实务》（上卷），北京大学出版社 2009 年版，第 382 页。

是由法官遴选机构按照司法官员的选任标准录用和委任的，这使得他们与行政机关的职员有着明显的区别。在美国，行政法官体制改革使越来越多的州和城市设立统一的独立的行政法官机构，行政法官本身的独立地位已经得到法律的保障。[①] 但在我国，复议机关就是一般的行政机关，它在承担行政复议职责时才成为复议机关，平时更多的是从事与其职权相关的其他工作。根据《行政复议法》的规定，该制度是将有限的行政复议资源分散在各个部门之中，难以发挥制度的整体效能。行政复议机构职能的多元化、非专门化分散了它对行政复议工作投入的精力。政府法制机构的职责并非只有行政复议一项，它还承担着监督协调、备案审查、法规规章或规范性文件起草、宣传咨询、法制研究等众多法定事务，因而非复议工作挤占、侵蚀复议工作空间和时间的情况必然大量存在。同时，行政复议人员的非专职化和非专业化也影响了行政复议工作的质量。从事行政复议工作的人员就是行政复议机关中的公务员或者其他工作人员，相关规定对从事复议工作并无任何特殊的资格限制，导致人员素质良莠不齐，更遑论专业性的要求，这严重影响了行政复议工作的质量。[②] 据国务院法制办公室统计，我国 2008 年有行政复议权的机关有 1.8 万多个，但地方三级政府的专职行政复议人员仅有 1532 人，区县级人民政府专职行政复议人员平均仅有 0.2 人，行政复议力量严重不足。[③] 因此，复议机关难以应对共同被告制度的实施。复议机关一方面要完成自己职权范围内的行政事务，另一方面又要应对行政复议，无论复议维持还是改变原行政行为，都要作为被告或者共同被告出庭应诉。事实上，复议机关的非专门化和复议人员的非专业化，就是将适用法律、解决纠纷的行政复议工作与一般行政管理工作同样看待，这导致行政复议的独特要求和应有的特质无法得到体现。实践中，由于缺乏专门而且专业的行政复议机关和行政复议人员，作为普通行政机关的行政复议机关在从事要求日益提高的本机关职权范围内行政工作的同时，又要面对高频率的行政应诉，往往会感到力不从心，捉襟见肘的尴尬状态也就更为突出。

（三）诉讼关系复杂化不符合“解决行政争议”的立法宗旨

1989 年的《行政诉讼法》规定，经复议的案件，复议机关决定维持原具体行

① 参见郜风涛主编：《行政复议法教程》，中国法制出版社 2011 年版，第 31 页。

② 参见刘东生：《行政复议制度发展障碍分析》，载罗豪才主编：《行政法论丛》（第 8 卷），法律出版社 2005 年版，第 345—346 页。

③ 参见《国务院法制办公室关于在部分省、直辖市开展行政复议委员会试点工作的通知》。

政行为的，作出原具体行政行为的行政机关是被告；复议机关改变原具体行政行为的，复议机关是被告。因为复议机关改变原行政行为"意味着行政复议机关就行政法律关系进行了新的处分行为，行为主体已经发生变化，应当以行政复议机关为被告"，这是符合法理的。[①] 但是，新《行政诉讼法》将作出维持决定的复议机关与作出原行政行为的行政机关作为共同被告，并且《适用解释》第 6 条又进一步将"复议机关决定维持原行政行为"的范围从复议维持决定本身，扩展为"包括驳回复议申请或者复议请求的情形"。根据《行政复议法》和《行政复议法实施条例》，维持决定是对行政行为实体与程序合法性和合理性都予以肯定的决定；驳回复议申请是由于行政复议申请不符合法定条件而作出的决定，一般属于对复议申请作出的程序性决定；驳回复议请求是对复议请求合法性的否定。这三种复议决定在法律上具有不同的内容与含义。因此，这一扩展是否符合新《行政诉讼法》第 26 条第 2 款的立法原意，还有待进一步探明。同时，上述规定多出一个诉讼层次，人为地增加了纠纷解决的成本，导致诉讼活动的程序增多与进一步复杂化，不利于及时有效地解决实体问题，与新《行政诉讼法》第 1 条所增加的"解决行政争议"宗旨不符。

（四）设置复议机关共同被告制度的理由不够充分

将行政复议机关与作出原行政行为的行政机关列为共同被告的动因，无非是为了解决行政复议机关不能依法作出撤销、变更被申请的行政行为的行政复议决定，使提出行政复议申请的行政相对人无功而返的问题。这些问题的确应当予以解决，但解决方法不是将它们列为共同被告。因为如果行政复议机关无论作出何种行政复议决定都必须作行政诉讼的被告，那么从各方利益衡量而言作出行政复议的维持决定仍然是一种"最佳"选择。[②] 从复议机关的利益角度而言，根据《适用解释》第 9 条的规定，即使与作出原行政行为的行政机关成了共同被告，复议机关也仅仅只要针对复议程序的合法性承担举证责任就可以了，主要的举证责任即行政行为合法性的举证责任完全可以由作出原行政行为的行政机关承担。复议机关如果改变原行政行为，则要独立承担从实体到程序各个方面的举证责任，还要独立陈述改变原行政行为的理由。这样复议机关在诉讼中承担的责任与风险要比简单地作出维持决定后承担的责任与风险大很多。因此，将复议机关与作出原行政行为的行政机关列为共同被告，实践效果可能不好。

---

① 参见江必新、梁凤云：《行政诉讼法理论与实务》（上卷），北京大学出版社 2009 年版，第 382 页。

② 参见章剑生：《现代行政法基本理论》（第二版·下卷），法律出版社 2014 年版，第 813 页。

行政复议机关如果认为无论如何做都要当被告，选择作出维持决定负担还小一些，那么就有可能致使行政复议渠道仍然不畅，行政复议功能的发挥仍然受到制约。

因为复议机关维持率过高而要将其列为共同被告，笔者觉得理由不够充分。作这一判断的基础是将行政复议的维持决定情况与法院维持判决情况进行对比。“从统计数据反映的情况来看，行政复议机关在履行行政复议法‘防止和纠正违法或者不当的行政行为’的要求方面，与人民群众的期望有一定差距。据统计，行政复议机关维持原行政行为的比例大约在60%左右，而人民法院维持被诉行政行为的比例则是在10%—20%，甚至在10%以下。”[①]而实际情况是，在行政诉讼中，长期以来未进入法院实体审理的案件比例畸高，立案难问题十分突出。2012年，全国法院以裁定不予受理和驳回起诉等程序方式结案的，占到一审行政案件结案总数的7.7%，是民商事案件的7倍以上。另外，行政管理相对人胜诉率逐年下降，司法公信力受到质疑。原告胜诉率已从早期的30%左右降到目前的不足10%。2009年至2012年，原告一审胜诉率逐年下降，分别为12.07%、11.18%、9.89%和9.87%。在2012年，人民法院直接判决被告行政机关败诉的案件仅占全部一审行政案件的9.87%，而江苏法院仅为2.48%，有的地方行政机关败诉的案件甚至为零。如此低的败诉率，与人们对行政机关执法水平的认知有明显差距。原告胜诉率低而作为掌管司法机关人财物的行政机关胜诉率逐年上升的态势，直接引发公众对行政审判司法公正的质疑。同时，行政案件的上诉率、申诉率却不断攀升。2012年，行政案件上诉率为70.06%，分别是刑事、民事案件的6.2倍、2.5倍。2012年行政案件申诉率为8.38%，分别是刑事、民事案件的8.1倍和7.5倍。在部分地区，几乎所有的一审案件都会被提起上诉，所有的二审案件都会被提起申诉。上诉和申诉的一个重要原因就是下级人民法院不能依法裁判和案件质量存在问题。[②] 因此，仅仅以行政复议机关维持决定的比例远远高于法院维持判决的比例为由设置复议机关共同被告制度，理由并不够充分。这样的简单对比，没有考虑到法院实际裁判率低的因素，而且法院除了作出“维持判决”外，还可以作出“驳回诉讼请求的判决”，这同样是一种原告败诉的判决。因此，从法院在新《行政诉讼法》实施以前的行政审判状况，可以看出它在监督行政机关依法行政方面的作为并不优于行政复议机关，仅

---

① 梁凤云：《新行政诉讼法讲义》，人民法院出版社2015年版，第162页。

② 参见江必新：《中国行政审判体制改革研究》，载《行政法学研究》2013年第4期。

仅是根据表面上的复议维持决定率高于法院的维持判决率，就认为能够“反映出行政复议和行政诉讼对于纠正违法行政行为的巨大反差”[①]，并因此特地设置复议机关共同被告制度，对复议机关来说有失公允。

（五）对《行政复议法》的修改将会产生严重制约

照理说，《行政诉讼法》与《行政复议法》这两部具有密切联系的法律修改应当同步进行，以实现两部法律之间的协调。但是，《行政诉讼法》的修改先行了一步。这样一来，《行政复议法》的修改就必然会受到《行政诉讼法》的制约，尤其是复议机关共同被告的规定，实际上就是阻止了行政复议制度向司法化发展的步伐，使其只能朝着高度行政化的方向发展。

然而，就在《行政诉讼法》修改前不久，还曾经有过行政复议机关一律不当被告的观点。[②] 政府法制部门即行政复议机构大多持这一观点。这一问题实际上牵涉到行政复议的定位问题，即行政复议究竟是一种内部的行政化监督制度还是体现具体独立公正品质的纠纷解决制度。“从世界范围看，居中裁决的机关很多都不当被告，法院有一审二审，一审法院都不当被告。美国的行政法官也不当被告。不当被告也许更有利于裁决者的公正办案。或者我们进一步可以这样认为：复议机关当不当被告，取决于复议是监督机制还是居中裁判机制的法律定位。如果是上下级的监督机制，复议程序是行政化的，就应当是被告；如果是裁判化的复议程序设计，复议机关就不应当作被告。”[③]经过多年的行政复议工作实践，一些地方和部门行政复议机构及一些专家学者纷纷要求取消行政复议机关当被告的规定，主要理由有三点：一是与行政复议的行为性质不符。目前理论界与实务部门认为，行政复议是解决行政争议的一种行政救济制度，其性质决定了行政复议机关在行政复议活动中发挥的是居中裁判功能，带有准司法性质。现行的直接将行政复议机关的行为纳入法院司法审查的做法，忽视了行政复议行为与行政诉讼行为同样具有居中裁判的本质属性，与法理不符，与国外的通行做法也不一致。二是实践效果不好。实践中行政复议机关由于怕当被告，对于行政复议申请能不受理就不受理，能维持就维持，致使行政复议渠道不畅，行政复议的公信力受到打击，严重制约了行政复议作用的发挥。三是不利于及时有

---

① 梁凤云：《新行政诉讼法讲义》，人民法院出版社 2015 年版，第 162 页。

② 参见应松年主编：《行政诉讼法与行政复议法的修改和完善》，中国政法大学出版社 2013 年版，第 87 页；青锋、张水海：《行政复议机关在行政诉讼中作被告问题的反思》，载《行政法学研究》2013 年第 1 期。

③ 应松年：《行政诉讼法律制度的完善、发展》，载《行政法学研究》2015 年第 4 期。

效地解决实体问题。行政争议的产生是由原行政行为引起的，争议的解决应当针对原行政行为进行判断和调整。如果司法机关对行政复议决定进行判断和调整，不仅与法理不符，而且不利于及时有效化解原始矛盾和问题，反而增加了行政机关的成本和当事人的诉累。[①] 一个有趣的现象是，无论是复议机关共同被告制度在《行政诉讼法》中的确立，还是在此制度确立之前所讨论的复议机关一律不作被告的观点，其理由都不约而同与行政复议的维持决定率过高有关。如果这样的话，将复议机关列为共同被告的理由是否成立就是一个值得探讨的问题了。其实，国务院从 2008 年开始推行的行政复议委员会制度试点，就是将行政复议制度逐步推向专业化、独立化和中立化并发挥其解决纠纷功能的一种尝试。然而，在行政法学界对行政复议的性质正在积极探索尚未有定论且《行政复议法》尚未修改的前提之下，就急不可耐地在行政诉讼制度中设立复议机关共同被告制度，极有可能会给行政复议制度性质的探索及相关改革带来阻碍，从而对《行政复议法》的修改形成不必要的制约，影响两个制度之间应有的协调。

四、合理对待复议机关共同被告制度

在新《行政诉讼法》已经将复议机关共同被告制度作为一项特殊的制度加以规定的前提之下，积极面对这一制度，并且在对这一制度的合理性和实践难题进行全面认识的基础上，尽可能地改良这一制度，是对法律发展应当持有的认真负责态度。笔者认为，对于这样一个充满“中国特色”的共同被告制度，应当从不同的角度加以合理对待。

第一，依法做好共同被告与依法尽量不做共同被告。在现阶段，由于法律已经对复议机关共同被告制度作出了规定，作为行政机关，理应认真实施已经生效的法律。一是充分挖掘有效资源，积极培养专门的应诉人员。应当承认，出庭应诉是一项专业技术工作，必须要具备专门的法律知识与诉讼技巧。因此，提高复议机关应诉人员的应诉水平和应诉技巧是做好共同被告的前提。有条件的复议机关要建立专门的应诉部门，以适应逐渐增多的复议机关共同被告案件的需要。二是强化行政复议领域的依法行政意识，增强行政复议的责任感，积极强化行政复议决定尤其是复议维持决定的合法性与合理性，避免在诉讼中败诉。同时，有关行政机关也应当加强对行政复议的依法监督。三是复议机关在成为共同被告之后，要积极与作出原行政行为的行政机关加强沟通，在应诉过程中明确各自的

① 参见郜风涛主编：《行政复议法教程》，中国法制出版社 2011 年版，第 374—375 页。

分工和职责，特别是必须统一答辩、举证、辩论、陈述的口径与内容，避免在法庭应诉过程中产生矛盾与冲突。四是利用相关法律规定，尽可能不成为共同被告。笔者认为，复议机关应当以《行政复议法实施条例》第 40 条规定的行政复议和解制度和第 50 条规定的行政复议调解制度为依据，充分利用法律资源，在《行政复议法实施条例》所规定的范围内尽量争取申请人和被申请人之间的和解与调解，避免因作出维持决定而成为共同被告。

第二，通过《行政复议法》的修改设立专门独立的行政复议机关，使行政复议工作专业化。《行政复议法》的修改已经被列入全国人大常委会 2016 年立法工作计划中的预备项目。[①] 因此，应当通过《行政复议法》的修改，明确行政复议机关的专业化发展方向，以改变目前行政复议机关就是一般行政机关，而且较为分散的局面。设立专门的行政复议机关，以专业优势应对复议机关共同被告制度。目前，浙江省义乌市设立行政复议局并由该局统一受理行政复议案件的做法值得借鉴。[②] 笔者认为，一方面要改变目前的行政复议体制，将行政复议权相对集中到专门的行政复议机关，以实现行政复议权的相对集中。另一方面要由专业化的行政复议机关作出行政复议决定，即使与作出原行政行为的行政机关成为共同被告，也能够以专业的优势去出庭和应诉，以避免一般的行政复议机关在从事繁忙的行政管理工作的同时，还要应对众多的行政应诉事项的尴尬局面。

第三，立法机关适时对复议机关共同被告制度进行评估，以确定其制度走向。笔者认为，应该由全国人大常委会在合适的时候开展对《行政诉讼法》的立法后评估或执法调查，重点对“复议机关共同被告”这一特殊规定展开必要的评估，从制度的必要性、合理性以及在实践中的操作状况等方面展开全面的分析，以确定该制度存在的必要性，为进一步修改和完善法律作好必要的准备。为此，笔者从以下两个方面提出建议：

一是由于新《行政诉讼法》刚刚实施一年多，短期内将复议机关共同被告制度通过修改《行政诉讼法》的方式进行改造甚至取消并不现实。因此，目前应当通过司法解释对这一制度进行必要的改良。最为现实的方式是，在新《行政诉讼法》关于复议机关共同被告的原则规定之下，修改《适用解释》关于复议机关共同被告的具体规定，尤其是对第 7 条关于“原告只起诉作出原行政行为的行政机关

① 参见《全国人大常委会 2016 年立法工作计划》，http://www.npc.gov.cn/npc/xinwen/lfgz/lfdt/2016-04/22/content_1987519.htm，2016 年 4 月 30 日访问。

② 义乌市行政复议局成立于 2015 年 9 月，是全国首个专门设立的行政复议局，承揽绝大部分的行政复议管辖权。参见顾春：《义乌首设行政复议局》，载《人民日报》2016 年 3 月 21 日第 1 版。

或者复议机关的，人民法院应当告知原告追加被告。原告不同意追加的，人民法院应当将另一机关列为共同被告”的规定进行修改，明确如果原告只起诉作出原行政行为的行政机关，没有起诉复议机关的，人民法院可以告知原告追加被告。原告不同意追加的，法院不得强行将复议机关列为共同被告，以体现当事人的选择权与诉权的自主行使原则。

二是鉴于复议机关共同被告制度在法理上的欠缺、在制度上的不合理、在实践中导致的行政资源和司法资源的巨大浪费以及对行政复议工作和行政机关正常工作的消极影响，按理应当适时取消这一制度。有学者针对这一制度存在的法理依据欠缺问题，建议在将来修改《行政复议法》时，取消“复议维持决定”，改为“驳回申请决定”，复议机关不作被告；在《行政复议法》未作修改前，暂且依照新《行政诉讼法》的规定执行。[①] 该建议实际上是通过修改《行政复议法》取消“复议维持决定”而架空新《行政诉讼法》关于复议机关共同被告的规定，从而使这一制度有名无实。笔者对这一建议并不赞同。架空一部合法有效的法律中的某一条款，使其成为“一纸空文”，法律的严肃性将会受到影响。更何况，《适用解释》已经将“驳回申请决定”包含在“复议机关决定维持原行政行为”范畴之中。因此，对于这一不切实际且导致社会资源严重浪费的制度，笔者建议在适当的时候，通过修改《行政诉讼法》将其予以取消，恢复原《行政诉讼法》第 25 条第 2 款的规定，明确复议机关作出维持决定后不作被告，由作出原行政行为的行政机关作为被告，从而使复议机关维持决定状态下的被告制度具有科学性和现实可行性。

五、结语

设立复议机关共同被告制度，其目的虽然是为解决复议维持决定率过高的问题，从制度上督促行政复议机关发挥监督下级行政机关行政行为的作用，但其制度的合理性和可行性以及理由是否充分等问题却未能得到充分论证，从而导致制度的合理性不足、实践中可行性缺乏等问题。同时，该制度所导致的行政、司法成本的骤然增加和对行政复议制度带来的冲击，以及对正常行政管理的负面影响，也理应受到足够的重视。新《行政诉讼法》实施一年来，行政复议机关作共同被告的案件逐步上升，这说明复议维持决定的数量并没有因为共同被告制

① 参见章剑生：《关于行政复议维持决定情形下共同被告的几个问题》，载《中国法律评论》2014 年第 4 期。

度的设立而有所下降。因此，共同被告制度本身的针对性和合理性值得怀疑。

因此，立法时应当考虑条文的执法成本和可操作性。《立法法》第6条规定："立法应当从实际出发，适应经济社会发展和全面深化改革的要求，科学合理地规定公民、法人和其他组织的权利与义务、国家机关的权力与责任。法律规范应当明确、具体，具有针对性和可执行性。"立法应当理性，切忌冲动，尤其是涉及相关主体义务履行的法律，更应评估其现实可能性与可操作性。复议机关共同被告制度促进复议机关依法行使复议监督职责的本意无可厚非，但我们不能采取让行政复议机关筋疲力尽的方式来实现行政复议领域的依法行政。在这一方面，立法者应当考虑法律制定之后的成效与实施成本问题。"为了社会正义而塑造社会制度是立法机关的首要任务。"①而浪费社会资源的制度也可能表现为非正义，至少可以说是正义性不足的。这也可以说是复议机关共同被告制度这一立法现象给予我们的启示。

① 〔德〕汉斯·J.沃尔夫、奥托·巴霍夫、罗尔夫·施托贝尔：《行政法》(第一卷)，高家伟译，商务印书馆2002年版，第147页。

第十一章

行政诉讼相关问题研究

第一节　论行政诉讼观念与行政诉讼立法*

行政诉讼是专门处理解决行政争议的法律制度。我国《行政诉讼法》自1990年10月1日开始实施，至今已施行十年。这一法律的颁布和施行，使我国过去只能“官管民”而不能“民告官”的历史传统发生了根本性的变革，表明了我国的行政法制建设开始从以官为本转向以人为本。这对于进一步培养公民的主体意识、权利意识和法治意识，促进行政机关在行政管理活动中重视对公民、法人或其他组织权利的保护，推进依法行政原则的落实，具有十分积极的意义。可以说，《行政诉讼法》的颁布和实施，开创了中国历史上“民告官”的先河。从某种意义上讲，它也标志着我国民主与法制建设的真正开始。但是，行政诉讼制度的诞生毕竟是对传统观念的一次强烈挑战，自然会对社会的政治、经济乃至人们的思想观念产生强大的冲击，各种观点的碰撞无不影响着行政诉讼制度的立法与实践。笔者认为，十年的努力虽然使我国的行政诉讼制度得到了一定的发展，也使这一制度的独特作用得到了一定的展现，但由于一些传统观念的束缚和某些消极观念的影响，行政诉讼制度的立法本身以及实践过程也产生了一些值得探究的问题，其应有的作用未能得到全面的体现。因此，端正关于行政诉讼的观念，加快解决行政诉讼制度立法和实践中出现的问题，不仅是进一步完善我国行政诉讼制度的关键，同时也是进一步加强我国民主与法制建设的重要举措。

---

* 原载华东政法学院法律系编：《2000法学新问题探论》，上海社会科学院出版社2000年版。

一、影响行政诉讼立法与实践的几个主要观念

客观地说,我国行政诉讼法是在理论研究尚不够充分、实践基础也并不丰厚的条件下制定和实施的,所以这一制度的出现,必然会使人们对它产生种种不同的认识。由于数千年封建传统的影响,人们对行政诉讼这一新生事物的出现产生各种各样的想法也属情理之中,关键是如何端正这些观念,从而促使行政诉讼的立法与实践更加符合中国特色社会主义民主与法制建设的需要。当然,这些观念中也有积极的思想,即认为行政诉讼制度的建立是我国改革开放和民主与法制建设的必然要求。有学者进一步认为,行政诉讼在我国的产生不是偶然的。它既不是哪一个决策者的恩赐,也并非单靠专家学者们的极力倡导。我国行政诉讼的产生根源深埋在体制改革之中,实在是我们顺应体制变化所作的一种明智选择。[①] 同时,经过 10 年的行政诉讼实践,行政机关的依法行政水平已经有了很大的提高,公民、法人或其他组织的权利意识也逐渐增强,建立行政诉讼制度的必然性及其重大意义已经在社会中基本形成共识。但是,对行政诉讼仍然存有许多消极的观念,这些观念不但在当时就影响着行政诉讼的立法,甚至至今也影响着行政诉讼实践的发展。归纳起来,这些观念主要是:

第一,认为行政诉讼法脱胎于民事诉讼法,两类诉讼具有共通性。为避免在立法上造成重复,行政诉讼法仅仅需要对行政诉讼与民事诉讼的不同方面作出规定,而行政诉讼与民事诉讼共同的程序规范,则不应在行政诉讼法中作出规定,它可以适用民事诉讼法的规定。这一观点是从行政诉讼立法的简便性角度加以考虑的。由于这一观念的影响,导致我国《行政诉讼法》在立法上过于简单和原则化。这样一部对我国当代社会起重大影响作用且对民主与法制的发展有着重要决定意义的基本诉讼法律规范,连附则部分加在一起总共才 75 条,与《民事诉讼法》(共 270 条)和《刑事诉讼法》(共 225 条)远远不能相比。问题的关键不仅仅在于条文的数量,还在于行政诉讼与民事诉讼所要解决的争议性质、案件审理的对象、诉讼目的、举证规则、法院判决与裁定的作出及执行程序等方面均有重大区别,而且行政诉讼的被告是依法拥有国家行政权的行政机关或者法律、法规授权的组织,其诉讼内容关键在于被告行使国家行政权的行为合法与否。从某种程度上说,进行行政诉讼的难度和复杂程度远远超过了以解决平等主体间的民事权利义务争议为内容的民事诉讼。行政诉讼作为一种解决行政争议的

---

① 参见张树义:《冲突与选择——行政诉讼的理论与实践》,时事出版社 1992 年版,第 3 页。

法律制度的特殊性，决定了其长期套用民事诉讼法理论、原则、制度和一些程序的不可取性。同时，综观《行政诉讼法》条文，并没有关于“本法没有规定的，适用民事诉讼法”的规定，仅仅是在最高人民法院的司法解释中规定了一条“人民法院审理行政案件，除依照行政诉讼法的规定外，对本规定没有规定的，可以参照民事诉讼的有关规定”[①]。笔者认为，由于“行政诉讼法套用民事诉讼法”观点的影响，在目前的作为基本诉讼法典的行政诉讼法中，其诉讼制度的特殊性未能完全得到体现，作为法典应有的全面性和完整性也未能得到充分的展示。由于规定内容较为简单、原则化，因而行政诉讼法在实践中的可操作性也随之降低。

第二，认为行政诉讼的受案范围不宜过宽，而是应当“符合国情，逐步扩大”。其理由有三：一是长期以来，行政机关依法行政的意识不强，而且在行政执法实践中所依据的法律、法规又较滞后。如果行政诉讼的受案范围规定得过宽，将一些法院难以处理的行政争议也纳入行政诉讼的范围，将会干扰或影响行政机关的正常行政管理，既不利于社会的稳定，也不利于对公民、法人或者其他组织权利的切实保护。二是行政诉讼在我国尚属初创，人民法院在审判能力和审判经验上都不能适应较大范围的行政案件审判，否则法院将会因行政案件的增多而超负荷运转，从而影响正常的审判工作。三是行政诉讼制度在我国的出现既无历史的渊源，现实的基础也不够充分，几千年封建思想意识的影响还比较深厚。因此无论对行政机关，还是公民或法人来说，都有一个在实践中逐步适应、在心理上逐步接受的过程。如果行政诉讼范围过于宽泛的话，不但法院的审判力量难以承受，而且可能出现滥诉、乱诉现象。由于这三条理由在立法时被采纳，导致了目前我国行政诉讼受案范围的过于狭窄。其主要表现是：(1) 目前的受案范围仅仅局限于行政机关的具体行政行为所产生的行政争议，而不能对比具体行政行为影响更大的抽象行政行为提起行政诉讼；(2) 目前的受案范围主要是具体行政行为中被认为侵犯了公民、法人或其他组织人身权、财产权方面产生的争议，其他的争议原则上不纳入行政诉讼范围；(3) 行政诉讼法在对可以提起行政诉讼的具体行政行为作出规定时，在立法技术上主要采取列举式加以限制。具体行政行为中只有被列举的 8 种才能提起行政诉讼，未被列举的则被排除在范围之外。虽然《行政诉讼法》规定“法律、法规规定可以提起诉讼的其他行政案件”也属诉讼范围，但是这些规定又是从另一个角度对受案范围作了限制，即涉及人身权、财产权以外的行政争议，法律、法规没有规定可以起诉的，不能提起行

① 《最高人民法院关于贯彻执行〈中华人民共和国行政诉讼法〉若干问题的意见(试行)》第 114 条。

政诉讼。然而在实践中,法律、法规规定可以提起行政诉讼的案件比例很低,由此造成实际上人身权、财产权方面以外的行政争议还是难以跨入行政诉讼受案范围的大门。十年来的行政诉讼实践证明,实施行政诉讼制度并没有干扰行政机关的正常管理,反而使行政机关的依法行政意识有了很大的提高,也没有使法院因行政争议案件过多而穷于应付,相反正因为受案范围过于狭窄使得法院行政审判庭受理案件太少,以至于不得不兼办其他类型的案件以完成工作量。更重要的是,由于受案范围过于狭窄,很多当事人投诉无门,《行政诉讼法》第 1 条所确定的"保护公民、法人和其他组织的合法权益,维护和监督行政机关依法行使行政职权"的立法目的难以得到真正和完整的体现。因此,认为行政诉讼受案范围不宜太宽的理由是有失偏颇和依据不足的,是一种脱离客观实际的主观臆想。

第三,认为人民法院对行政诉讼案件的审判只能适用合议制的普通程序,而不能适用独任制的简易程序。因此,我国行政诉讼法只有普通程序的规定,而无简易程序的规定。其理由如下:一是行政案件的被告是拥有国家行政权的行政机关,被告的地位较为特殊;二是行政案件涉及行政机关行使国家行政权的合法与否,而且起诉到法院的行政案件一般都经过了行政机关的一次或多次处理,如经过行政复议等,案情比较复杂,审理难度较大;三是行政争议所涉及的行政管理专业知识较强,行政法律规范繁多而且分散,以审判人员目前的素质将难以胜任,因而必须依靠集体的智慧,组成合议庭来审理行政案件。以上认识的出现,使人们在主观上自觉或不自觉地淡化了对行政诉讼中实行以独任审判为特征的简易程序可行性、必要性的认识,使行政诉讼立法上出现了空白,也使行政审判的程序上出现了人为的烦琐化,导致实践中一些较为简单的行政争议案件也非得经过比较复杂的普通程序才能得以审结。这一方面使人民法院的行政审判效率难以得到提高,另一方面也使诉讼经济原则无法得到体现。试想,如果某位公民因被行政机关处以罚款 5 元甚至更低的金额而想要提起行政诉讼,当他了解到要预付数倍的诉讼费用,并要经过较为复杂的普通程序的审理,而且可能需要 3 个月才能得到一审判决的情况下,他提起行政诉讼的想法就有可能会动摇。因此,一些对公民、法人或者其他组织权利影响较小,但确属违法的具体行政行为就难以受到司法机关的有效监督。所以,行政审判只能实行合议制而不能实行独任制的现状,必须从立法上加以改革。

第四,认为人民法院对具体行政行为的司法审查,不能拥有或仅仅拥有有限的司法变更权,而不能拥有完全的或较大范围的司法变更权。其理论依据是司法权和行政权的内容不同，互有分工。法院作为司法机关不能代替行政机关行使行政职权，法院主要是从监督角度，审查被诉的具体行政行为是否合法，合法的予以维持，不合法的应予以撤销，没有必要变更具体行政行为。另外，如何行使自由裁量权，最有经验和有发言权的是行政机关，而不是司法机关，否则就侵犯了行政机关的职权，破坏了现代国家机关职能的分工。只有对于极少数具体行政行为，法院才可以判决变更。这样做可以既照顾到行政机关的自由裁量权不受司法职能的过多干预，又考虑到行政管理中的实际需要。[①] 由此决定了我国《行政诉讼法》只赋予人民法院有限的司法变更权，即规定"人民法院审理行政案件，对具体行政行为是否合法进行审查"，明确规定人民法院原则上只审查具体行政行为的合法性，不审查其合理性，法院原则上不拥有司法变更权。该法第54条第4项又规定"行政处罚显失公正的，可以判决变更"，从而使人民法院在合法性审查的原则之下，仅享有极小范围内的司法变更权。这一限定与行政自由裁量权同样应受法律控制的要求极不相称。笔者认为，行政自由裁量权同样是一种行政权力，也具有国家意志性和强制性的特征，而自由裁量权本身所具备的灵活性又成为其可能被滥用的重要条件，这同样是对行政法治原则的一大威胁。因此，目前行政诉讼法将司法变更权限定在极小范围内，将不利于人民法院对行政权实施有效的监督，也与《行政诉讼法》"维护和监督行政机关依法行使行政职权"的立法宗旨相悖。

第五，对于行政诉讼法的实施，各种主体产生了不同的消极情感，从而使行政诉讼实践不尽如人意。首先，公民、法人或其他组织的心理障碍未能得到较为彻底的消除。由于"民不告官"的传统观念根深蒂固，公民不愿告、不敢告和不懂告的状况还较为严重地存在着，而这些畏难心理的产生，很大程度上是因为现实中公民在很多方面还受制于行政机关，对行政机关还存在许多依附之处，独立的人格还没有形成，故而瞻前顾后。其次，行政机关存在抵触情绪。某些行政机关认为行政诉讼碍手碍脚，不利于行政活动顺利进行，所以出现了某种不利于行政诉讼法贯彻实施的行为，[②]如不愿当被告，不应诉，或拒不执行法院裁判。最为严重的是某些地方和部门的党政领导对公民依法提起行政诉讼存有偏见，对于依法敢于"民告官"的公民斥之为"刁民"，并想方设法予以刁难，甚至打击、报复。例如，湖南省衡阳市城北区蒸湘法庭开庭审理原告陈某不服被告衡阳市公安局

① 参见马原主编：《中国行政诉讼法教程》，人民法院出版社1992年版，第49页。
② 参见张树义：《冲突与选择——行政诉讼的理论与实践》，时事出版社1992年版，第4页。

限制人身自由和扣押财产、罚款一案时，法官宣布休庭后，双方当事人进行庭审笔录签字，陈某刚签完字就被市公安局的工作人员当场从法庭抓走。[①] 另外，有的行政机关对于法院判决行政机关胜诉的，则以"法院支持了政府工作"为由进行褒扬，反之则认为是对政府工作的干扰，甚至利用手中的权力阻止法院的依法审理与裁判。这类不正常状况的出现，严重干扰了行政诉讼法的正常实施。此外，某些人民法院不敢大胆审理行政案件，畏首畏尾，左右为难。

笔者认为，上述关于行政诉讼的消极观念，使行政诉讼立法在诸多方面呈现出不完善之处，使其与当今社会对民主与法制的强烈需求不相适应，而在实践中所出现的一些对行政诉讼的畏难、抵触等情绪，又使行政诉讼制度的实施在某些地方变得举步维艰，困难重重。这些状况已经严重地影响了行政诉讼制度的科学建立和正常发展，对民主与法制的建设造成了一定的阻碍。因此，必须从立法上加以完善。

二、完善行政诉讼立法的思考

要解决行政诉讼法及其实施过程中出现的诸多问题，还是必须依靠立法。通过立法来完善制度，并使这一制度得到有效的贯彻实施，是实现法治的重要途径。"制度好可以使坏人无法任意横行，制度不好可以使好人无法充分做好事，甚至会走向反面。"[②]笔者主张，修改现行的《行政诉讼法》，进一步完善行政诉讼的各项制度，使我国行政诉讼的立法与实践更加符合建设社会主义法治国家的客观要求。

第一，根据行政诉讼的特点和特殊要求，全面完整地对行政诉讼活动作出规范，摆脱行政诉讼法长期套用民事诉讼法部分原则、制度和程序的状况。从诉讼制度发展的历史看，行政诉讼的产生要晚于民事诉讼，并且行政诉讼产生的初期适用民事诉讼程序。为适应和推进行政诉讼的发展，许多国家逐渐将行政诉讼制度从民事诉讼法中分离出来，而且随着专门的行政诉讼法的颁布、施行，行政诉讼已成为一项独立的诉讼法律制度。我国在行政诉讼制度建立之初，也适用的是民事诉讼程序，1982 年颁布的《民事诉讼法（试行）》规定："法律规定由人民法院审理的行政案件，适用本法规定。"1989 年 4 月 4 日《行政诉讼法》颁布并于 1990 年 10 月 1 日起施行，表明行政诉讼在我国也已成为一项独立的诉讼法律

---

① 参见张桂辉：《切不可滥用权力》，载《人民日报》1999 年 8 月 25 日。

② 《邓小平文选》（第二卷），人民出版社 1994 年版，第 348 页。

制度,它有自己特殊的规范对象和程序制度。行政诉讼之所以成为一项独立的制度,最本质的原因就在于它和民事诉讼所要解决的争议性质不同,它所解决的是双方当事人在实体行政法律关系中由于不平等地位的权力服从关系而产生的争议。正因为如此,其诉讼活动必然有不同的程序规则和要求。行政诉讼涉及公共权力和公共利益,而民事案件则侧重于对民事主体权利的保护。另外,行政诉讼制度既要体现行政权行使的特殊要求,又要顾及平衡公共利益和公民、法人或者其他组织之间的合法权益。因此,行政诉讼应有其内在的符合其自身规律和性质的诉讼制度和诉讼程序,完整地建立不同于其他诉讼程序的独立的行政诉讼制度既是进一步完善行政诉讼法的需要,也是适应民主政治发展、更好地发挥行政诉讼制度特有作用的一种需求。

第二,通过立法进一步强化人民法院作为国家审判机关对行政案件的独立审判机制,以保证人民法院对行政案件的独立审判真正实现。人民法院独立行使审判权,是我国宪法规定的一项司法原则。《行政诉讼法》第 3 条规定:“人民法院依法对行政案件独立行使审判权,不受行政机关、社会团体和个人的干涉。”这一规定已作为我国行政诉讼法的一项基本原则。但是,由于行政诉讼的被告是国家行政机关,在某种程度上它们对于行政诉讼还存有一定的消极观念。不少行政机关漠视法院的权威,某些行政机关的领导随意地插手行政案件受理与审判的情况也时有出现,使法院的行政审判受到不同程度的干扰。更重要的是体制上的原因,虽然从宪法规定看,人民法院与当地政府应当是同级,但实际上行政机关有时可以通过某些渠道影响法院的行政审判工作,再加上法院的财政也不独立,所以常常会受到当地政府或者其他行政机关的影响。这些状况使人民法院依法独立行使对行政案件审判权的原则在某些地方难以得到实现。笔者认为,应当根据实践中对行政审判工作存在一定干扰的实际情况,通过立法对人民法院独立行使对行政案件的审判权作出制度上的强有力保障,具体内容包括三点:一是规定无论是哪一部门或者个人,非法干预法院行政审判工作的,一律追究相应的法律责任;二是进一步细化各级人大及其常委会对法院独立行使行政审判权的监督制度,各级人大及其常委会有权对行政诉讼案件进行个案审查;三是从体制上保证人民法院的财政独立,保证人民法院独立行使行政审判权。

第三,进一步扩大行政诉讼的受案范围,更为全面地监督行政机关依法行政和保护公民、法人或者其他组织的合法权益。受案范围是行政诉讼中的一个重要问题,对于公民、法人或者其他组织来说,它属于起诉权范围;对行政机关来说,它标志着其作出的行政行为接受司法审查的范围;对于人民法院来说,它确定着其行政审判权的范围。因此,受案范围对于上述三类主体都有着非常重要的意义。但是,长期以来,我国行政诉讼法对于受案范围规定得过于狭窄,公民、法人或者其他组织应受司法保护的权利范围、行政机关行使行政权应受司法监督的范围以及人民法院对行政活动的司法监督范围也变得较为狭小。笔者认为,如果在行政诉讼制度建立之初还有很多谨慎考虑的话,那么在《行政诉讼法》已经实施了十年,我国的民主与法制建设已经大力加强,且国家已经将“依法治国,建设社会主义法治国家”的基本方略载入《宪法》的条件下,再以当初的理由来维持原先的受案范围,已不适应我国社会发展和民主与法制建设的需要。在当今社会,政府行政行为的复杂化和专门化是市场经济发展的必然结果,因而行政诉讼所指向的可诉性行政行为也应当趋于丰富。为此,笔者建议:(1) 与 1999 年 10 月 1 日起施行的《行政复议法》相适应,将一部分抽象行政行为纳入行政诉讼范围之中;(2) 除人身权、财产权以外,公民、法人或者其他组织认为政治权利、受教育权利、宗教信仰权利、劳动休息权利等宪法确认的各项权利受到行政机关侵犯的,都应依法确定一定的范围,赋予其可以依法提起诉讼的权利。通过这些方法全方位地促进行政机关的依法行政,体现社会民主,维护社会稳定。

第四,对行政诉讼的原告资格作出统一界定,更为广泛地保护公民的诉权。在行政诉讼中,原告资格的认定极其重要,它关系着什么样的人有权提起行政诉讼以及行政诉讼法在何种范围内保护公民、法人或其他组织的诉权问题。我国《行政诉讼法》第 2 条规定:“公民、法人或者其他组织认为行政机关和行政机关工作人员的具体行政行为侵犯其合法权益,有权依照本法向人民法院提起诉讼。”第 24 条规定:“依照本法提起诉讼的公民、法人或者其他组织是原告。有权提起诉讼的公民死亡,其近亲属可以提起诉讼。有权提起诉讼的法人或者其他组织终止,承受其权利的法人或者其他组织可以提起诉讼。”第 41 条有关起诉条件的规定更是明确了“原告是认为具体行政行为侵犯其合法权益的公民、法人或者其他组织”。以上规定,实际上已经明确了原告资格。但是,由于理论上的认识偏差,导致法院在实践中做法很不一致。有的法院片面强调原告必须是某一特定行政法律关系的相对人,认为如赋予非行政相对人以原告资格,会使诉权范围过于宽泛,所以对相对人之外的公民、法人或者其他组织提起诉讼,一概以“不是行政管理相对人”为由予以拒绝。但是,也有相当一部分法院依法受理并作出了裁判。对此,笔者认为,行政诉讼的根本目的就在于保护公民、法人或者其他组织的诉权,其制度本身就有着将行政争议纠纷的解决纳入正常有序轨道的功能,当公民、法人或者其他组织的权益受到行政机关的不法侵害时,必须充分考虑对其权益的保护，特别是最具权威的司法保护。过于严格地限制原告资格，会将许多理应受到司法机关监督的行政行为排斥在司法审查之外，这样既使许多行政争议无法得到合法解决，也可能会放纵一些违法行政行为。因此，笔者建议在行政诉讼法中，将原告资格更为明确地界定为“与具体行政行为有直接利害关系的公民、法人或者其他组织”，从而改变司法实践中对原告资格认定不一而产生的司法不统一的状况，更加符合行政诉讼法的特定宗旨和功能。

第五，增设简易程序，使行政诉讼程序符合不同类型行政案件审判的需要。目前行政诉讼法所设定的一律适用普通程序的规定，确属当时立法初期的客观需要。行政审判工作发展的现实情况表明，行政案件中确实有很多审理难度大，作为审查依据的法律、行政法规、地方性法规门类较多且又比较复杂的案件，对这些案件必须组成合议庭进行审理。但是，实践中也出现了许多较为简单的行政案件，其特点是事实较为清楚，具体行政行为所涉及的法律、法规明确而具体，对这些简单的行政案件也坚持适用普通程序进行审理，在人力和时间成本上是一种浪费，与诉讼经济与审判效率原则相悖。另外，从三大诉讼制度的协调来看，我国刑事诉讼法和民事诉讼法都规定了简易程序，并且都是针对较为简单的刑事和民事案件所设立，唯独在行政诉讼法中无简易程序的规定，会使行政诉讼制度与其他诉讼制度显得不协调。笔者认为，随着行政法制的不断完善、行政机关执法水平的不断提高，法院审判行政案件的经验也不断丰富，应当适应实践中简单行政案件审判的需要，在行政诉讼法中增设简易程序，从而在一定程度上发挥行政审判及时、高效的功能。

第六，对不服限制人身自由的行政强制措施的当事人提起行政诉讼作出具体规定，使这类当事人的诉权得到切实保护。限制人身自由的行政强制措施主要包括劳动教养、强制扣留、强制收容教育、强制戒毒、强制治疗、强制约束等，是行政机关在行政管理活动中对公民人身自由的强制性限制。虽然行政诉讼法明确规定不服这类具体行政行为的当事人可以依法提起诉讼，但是实践中当事人行使这方面的诉权却存在一些障碍：(1) 有关这些行政强制措施的法律、法规中没有类似于治安管理处罚条例对行政拘留处罚在复议、诉讼期间暂缓执行的规定，限制人身自由的决定一经作出，便立即予以执行，使当事人在人身自由被限制的情况下行使起诉权存在一定困难；(2) 部分行政机关在作出限制人身自由的行政强制措施决定时，不告知当事人诉权和起诉期限，客观上剥夺了当事人应有的起诉权利；(3) 即使起诉，由于当事人已被限制人身自由，他们实际上很难亲自到庭参加诉讼。因此，为了改变这种当事人诉权变相被剥夺的状况，行政诉讼法应当明确规定被行政强制措施限制人身自由的当事人提起诉讼的具体保障措施,如起诉时效适当延长、行政机关不告知诉权和起诉期限因而导致当事人丧失诉权应承担的法律责任、允许其近亲属代为提起诉讼及行政机关应负责保证当事人按时到庭参加诉讼等,从而使这类当事人的诉权不因某种不正常的阻碍而丧失。

第七,扩大人民法院司法变更权的范围,更为全面地监督行政机关的自由裁量权。行政合法性以及在此基础上的行政合理性都是行政法治的基本原则,行政违法是对行政法治的破坏。此外,失当行政或滥用行政自由裁量权,同样会对行政法治原则构成威胁。目前,我国行政诉讼法将人民法院的司法变更权限定在一个非常狭小的范围之内,仅仅是对"行政处罚显失公正的",才可以判决变更。这一方面限制了人民法院对行政自由裁量权实施监督的权利,另一方面也使实践中许多严重不合理甚至滥用行政自由裁量权的具体行政行为无法得到及时矫正,致使法院因无法变更某些不合理的行政决定,只能维持或撤销判决,如果撤销后再判令被告重新作出具体行政行为,又会发生循环诉讼。笔者认为,行政诉讼制度的内涵本身就是人民法院对行政机关实施的依法监督,那种认为赋予人民法院较大范围的司法变更权是"司法权侵犯行政权"的观点是片面的,它不利于法院司法监督权的有效行使。况且,实践中除了行政处罚有显失公正的情况存在,其他行政行为(如行政强制措施)中也有显失公正的情况存在,人民法院也应当予以必要的变更。实践中大量存在滥用自由裁量权的情况说明,在行政处罚之外进一步扩大人民法院的司法变更权不但必需,而且必要。

第八,完善行政诉讼的执行程序,进一步明确人民法院和行政机关在执行过程中各自的职责。根据《行政诉讼法》第八章的规定,我国行政诉讼执行程序主要有两项内容:一是对人民法院发生法律效力的判决、裁定的执行;二是对行政机关具体行政行为的执行,又称为非讼行政案件的执行。在这两类执行程序中,行政诉讼法都规定了向人民法院申请强制执行,或由行政机关依法强制执行的手段。但是,最高人民法院的司法解释规定,发生法律效力的行政判决、裁定行政赔偿调解书,由第一审人民法院执行,[①]而对非讼行政案件的执行,目前法律、法规的规定有四种情况:(1) 由行政机关强制执行;(2) 由行政机关申请人民法院强制执行;(3) 由行政机关选择,即既可以向人民法院申请强制执行,也可以

① 参见《最高人民法院关于贯彻执行〈中华人民共和国行政诉讼法〉若干问题的意见(试行)》第81条。

由行政机关强制执行；(4) 未作出明确规定。由此可见，目前我国行政机关和人民法院之间对具体行政行为执行权的划分尚无统一的标准，多数是由单项法律、法规作出规定。因此，笔者认为，(1) 在行政诉讼法中应当确立人民法院和行政机关在执行权方面分工的具体标准，应当考虑以向人民法院申请执行为原则，以行政机关自行强制执行为例外，体现人民法院在依法执行方面的权威性，减少或避免过多地由行政机关强制执行而可能产生的行政专横现象。(2) 应当赋予人民法院在行政强制执行中适度的审查权。行政强制执行虽然不属于行政审判的范畴，但却是一种将具体行政行为付诸实施的行为。如果违法的具体行政行为被强制执行，则会产生较大的消极影响。因此，应当规定如果经审查发现被申请执行的具体行政行为确有违法情形的，法院有权决定拒绝执行，并通知申请机关。(3) 申请机关有权对人民法院的拒绝执行决定提请复查。

第九，强化人民检察院的监督功能，使检察机关对行政诉讼活动的监督职能更为具体和充分。人民检察院是国家的法律监督机关，有权对法律的实施情况进行监督。行政诉讼法规定，人民检察院有权对行政诉讼实行法律监督。其具体监督职能体现在，对人民法院已经发生法律效力的判决、裁定，发现违反法律、法规规定的，有权按照审判监督程序提出抗诉。但是，这仅仅是一种事后监督。行政权毕竟属于一种公共权力，它是一种对社会能够产生强大影响的力量，对其实施司法监督，不但要依靠人民法院，也要依靠检察机关。由于现实生活中还存在着诸多制约行政诉讼制度正常发展的消极因素，为保证人民法院行政审判活动的正常开展，笔者认为仅有事后监督还远远不能发挥检察机关的监督职能，应当确立人民检察院参与行政诉讼的制度。当然，并不是全部行政案件的审判都应有检察机关参加，对重大复杂、审理难度较大以及各方面干扰因素较多的行政案件，可以由法院依法要求检察机关参加诉讼，以体现检察机关对行政审判工作的支持和监督，保证行政审判活动的公正、合法，同时也使人民检察院对行政诉讼活动的监督更为全面和充分。

第十，完善行政诉讼强制措施，对妨碍行政诉讼正常进行的行为人实施必要的法律制裁。当前，在行政诉讼活动中，妨碍诉讼的行为时有发生。尤其是一些行政机关工作人员目无法纪，对行政诉讼存有严重的抵触情绪，以暴力、威胁等方法阻碍人民法院行政审判工作的正常进行，或对行政诉讼原告实施殴打、关押等打击报复行为的情况在某些地方时有发生。《行政诉讼法》第 49 条虽然规定了对妨碍诉讼的行为人可以采取强制措施，包括训诫、责令具结悔过、罚款、拘留，构成犯罪的，依法追究刑事责任，但是这一规定的惩罚力度尚不够严厉，加上实践中有些人民法院对妨碍诉讼的行政机关工作人员不敢大胆采取强制措施，导致这类违法行为得不到应有的追究。笔者认为，妨碍行政诉讼是一种严重的违法行为，本质上是对法院审判权的漠视，也是对法律的践踏，理应受到相应的惩罚。因此，建议将《行政诉讼法》第 49 条“可以”采取强制措施改为“应当”，使对妨碍诉讼的行为人依法追究法律责任成为人民法院的一项法定职责。对于放纵妨碍诉讼行为的主体，法律也应规定相应的法律责任。这样就可以从制度上确保人民法院行政审判活动的正常进行，也可以体现法律的权威性和严肃性。

第二节 论行政诉讼司法解释对我国行政法制建设的贡献*

1981 年 6 月 10 日第五届全国人大常委会第十九次会议通过的《全国人民代表大会常务委员会关于加强法律解释工作的决议》第 2 条规定，凡属于法院审判工作中具体应用法律、法令的问题，由最高人民法院进行解释。自从我国《行政诉讼法》颁布并实施以来，最高人民法院运用司法解释权，对我国行政诉讼中的若干重大问题进行了较为详细的解释。尤其是近年来所发布的《最高人民法院关于执行〈中华人民共和国行政诉讼法〉若干问题的解释》（以下简称《若干解释》）、《最高人民法院关于行政诉讼证据若干问题的规定》（以下简称《行政诉讼证据规定》）、《最高人民法院关于审理国际贸易行政案件若干问题的规定》（以下简称《国际贸易行政案件规定》）、《最高人民法院关于审理反倾销行政案件应用法律若干问题的规定》（以下简称《反倾销行政案件规定》）、《最高人民法院关于审理反补贴行政案件应用法律若干问题的规定》（以下简称《反补贴行政案件规定》）等一系列司法解释，不仅对于规范我国行政审判中对法律的具体运用起到了前所未有的重要指导作用，而且对于我国行政法制建设的发展，也做出了卓越的贡献。

一、行政诉讼司法解释丰富了我国的行政主体理论

行政主体是行政法学上的一个理论概念，是我国行政法学界借鉴法国、日本等大陆法系国家或地区的行政法制度并结合我国行政法实践而创设的一个概

---

* 原载华东政法学院法律系编：《2004 法学新问题探论》，上海社会科学院出版社 2004 年版。

念。它是指享有国家行政权，能以自己名义行使行政权，并能独立地承担由此而产生的相应法律责任的组织。[①] 这一理论的创立，不仅对依法行使国家行政权的组织在法律上的独立人格的认定具有重要意义，同时也对行政诉讼中被告的确定意义重大。但是，由于在我国行政主体仅是一个法学概念，而非如法国是一个法律术语，因此没有任何法律规范确定其内涵和外延。《若干解释》通过相关规定，使行政主体理论的内容更加明晰。

（一）通过可诉性行为主体的界定明确行政主体的基本特征

1. 从行为责任主体界定行政主体。《若干解释》第 1 条第 1 款规定："公民、法人或者其他组织对具有国家行政职权的机关和组织及其工作人员的行政行为不服，依法提起诉讼的，属于人民法院行政诉讼的受案范围。"这一规定，从行政行为可诉性的角度，明确了具有国家行政职权的机关和组织作出的行政行为的可诉性。行政主体的特征之一，就是对自己所作的行政行为能够独立承担法律责任。行为的可诉性就是行政主体能够独立承担法律责任的表现形式之一。因此，这一条规定不仅明确了行政诉讼的受案范围，更为重要的是准确地界定了可诉性行为的主体范围，主要包括三个方面：第一，可诉性行为的主体必须是具有国家行政职权的组织，而不是其他任何组织；第二，可诉性行为的主体既包括机关组织，也包括非机关组织，关键是要看其是否具有"国家行政职权"；第三，具有国家行政职权的组织，理应对其作出的行政行为独立承担法律责任，允许公民、法人或者其他组织对其提起行政诉讼。《若干解释》通过对可诉讼性行政行为的界定，明确指出了无论作出行政行为的是行政机关，还是其他非行政机关组织，只要能在具有国家行政职权的情况下采取行政行为，依法就应当是能够独立承担法律责任的行政主体。它为进一步明确我国行政主体概念的范围作出了司法上的说明，同时也从内涵上对行政主体作出了明确的界定。

2. 通过对被告的界定明确行政主体的基本特征。《若干解释》在诉讼参加人一节中，通过对被告的界定，确定了行政主体的其他基本特征。其一，根据《若干解释》第 19 条的规定，当事人不服经上级行政机关批准的具体行政行为，向人民法院提起诉讼的，应当以在对外发生法律效力的文书上署名的机关为被告。这一条规定，明确了"以自己的名义行使行政权"的行政主体特征。其二，《若干解释》第 20 条规定，行政机关组建并赋予行政管理职能但不具有独立承担法律责任能力的机构，以自己的名义作出具体行政行为，当事人不服提起诉讼的，应

① 参见罗豪才主编：《行政法学》（新编本），北京大学出版社 1996 年版，第 48 页。

当以组建该机构的行政机关为被告。行政机关的内设机构或者派出机构在没有法律、法规或者规章授权的情况下，以自己的名义作出具体行政行为，当事人不服提起诉讼的，应当以该行政机关为被告。法律、法规或者规章授权行使行政职权的行政机关内设机构、派出机构或者其他组织，超出法定授权范围实施行政行为，当事人不服提起诉讼的，应当以实施该行为的机构或者组织为被告。同时，第21条规定，行政机关在没有法律、法规或者规章规定的情况下，授权其内设机构、派出机构或者其他组织行使行政职权的，应当视为委托。当事人不服提起诉讼的，应当以该行政机关为被告。上述这些规定，明确揭示了行政主体的特征：第一，作为行政主体，首先必须具备行政管理职能，而要获得行政管理职能，必须由国家的法律、法规授权。没有法律、法规的授权，仅由行政机关自己赋予行政管理职能的，不能成为行政主体，当然也就不能成为行政诉讼的被告。第二，没有法律、法规的授权，这类组织也就缺乏行政法上的独立法律人格，从理论上和法律上来说，当然不能以自己的名义独立对外作出行政行为。即使该组织违反法律已经以自己名义作出行政行为，也应由其所在的行政机关作被告。因为只有其所在的行政机关才具有独立的行政主体资格。第三，没有行政主体资格的组织当然没有独立承担法律责任的能力。第四，行政机关的内设机构、派出机构或者其他组织，在有法定授权的前提下，具有行政主体资格，其超越法定授权范围作出的行政行为，按照"谁行为，谁被告"原则，应由该机构或组织作为被告。第五，行政机关在没有法定依据的情况下，对其内设机构、派出机构或其他组织进行授权，应属行政法上的委托。依行政法学原理，其法律责任应由委托的行政机关承担。

上述内容，明确体现了行政主体"拥有国家行政权，能够以自己名义实施行政权，并能独立承担由此而产生的法律责任"的基本特征。从中也可以看出，是否属于行政机关并不是确定行政主体的标准。确定行政主体的关键是某一机关、机构或组织是否有实施国家行政管理的法律资格并能够独立承担由此发生的法律责任。各级人民政府及其行使行政职权的工作部门，以及法律、法规授予行政权的各种组织或机构等，由于都有法律、法规规定或授予的行政职权，因而都有实施国家行政管理的法律资格。① 这也说明了我国行政法学理论所确立的行政主体理论在行政审判实践中已经找到了落脚点，而《若干解释》的规定则是对行政法学理论的一个回应，是行政主体特征在行政审判实践中得到具体运用

① 参见姜明安主编：《行政法与行政诉讼法》，法律出版社2003年版，第74页。

的一个生动体现。

（二）明确了行政主体与行政诉讼被告在特定情况下的不一致性

上文所引述的《若干解释》第20条和第21条规定，实际在事实上承认了规章授权的行政机关内设机构、派出机构和其他组织的行政诉讼被告资格。这一规定与传统的行政法学理论所认为的行政诉讼主体必须同时是行政法律关系主体，行政诉讼的被告必须是行政主体，如果不是行政主体就不具备行政诉讼被告资格的理论不相一致。另外，我国《行政诉讼法》第25条第4款也规定："由法律、法规授权的组织所作的具体行政行为，该组织是被告。"从行政法学理论和相关的法律、法规规定中，可以看出只有由法律、法规授权的组织才具有行政主体资格，才能成为行政诉讼的被告。所以，规章授权组织在学理上并非一个容易为人接受的概念，因为制定规章本身就是授出之权，规章授权意味着授权的再授权，这是不符合法理的。[①] 但是，《若干解释》的这一规定，却昭示着行政主体与行政诉讼主体在特定情况下可以不完全一致，这不仅是行政诉讼实践的需要，也是对传统行政主体理论的一个突破。这一规定无论在理论上和实践中都有一定的意义：第一，从实践上看，确实有区分行政主体与行政诉讼主体的必要。在现实的行政管理活动中，一些内设机构、派出机构和非政府组织，越权违法行使行政职权的情况比较普遍，如果都让其归属的行政主体作为被告的话，就势必使相当一部分责任由其所在的行政主体承担，而这些违法的组织和机构却逍遥法外。同时，如果在规章授权的前提下将行政机关的授权行为一律视为委托，将会将相当一部分案件集中在制定和发布规章的行政机关所在地的法院，不但影响案件的均衡分配，也造成原告起诉和出庭的难度。第二，从理论上看，这一规定是可以成立的。其一，行政主体与诉讼主体是两种不同的主体，分别适用于不同的阶段和过程，没有必要完全统一；其二，诉讼主体和行政执法主体的合法性主要看其是否有合法授权，而诉讼主体主要解决由谁承担责任和参与诉讼活动并且对于诉讼结果承担责任的问题，所以承认一个机构或组织为合格的诉讼主体并不意味着该机构和组织具有合法的行政主体资格。[②] 笔者认为，《若干解释》的这一规定，既不拘泥于传统的行政主体理论，又应对了实践的需要，使行政主体理

---

① 参见张树义主编：《寻求行政诉讼制度发展的良性循环》，中国政法大学出版社2000年版，第132页。

② 参见江必新：《司法解释对行政法学理论的发展》，载法苑精萃编辑委员会编：《中国行政法学精萃》(2002年卷)，机械工业出版社2002年版，第230—231页。

论在与行政诉讼实践的结合点上具有了新的含义。

二、通过拓宽可诉性行政行为范围使行政活动受到较为广泛的司法监督

《若干解释》的第一部分在行政诉讼法的基础上，对行政诉讼的受案范围又作出了明确的规定。1990 年 10 月 1 日起实施的《行政诉讼法》已经对受案范围作了专章规定，同时为了全面、清晰地界定行政诉讼的范围，不仅从正面列举了人民法院可以受理的案件，而且从反面列举了排除的案件，还概括地规定了确定行政诉讼受案范围的标准。尽管如此，受案范围仍然是《行政诉讼法》实施以来争议最多的一个问题。

为了明确受案范围，最高人民法院曾经作过许多努力。1991 年由最高人民法院颁布的《关于贯彻执行〈中华人民共和国行政诉讼法〉若干问题的意见(试行)》就曾试图对人民法院行政诉讼受案范围中的具体行政行为的概念下一个较为准确的定义，[①]但这一界定不但没有起到预期的效果，反而在实践中引起了新的不必要的争议，从而使受案范围的认定又产生新的困难。《若干解释》不再对具体行政行为做界定，而是通过界定可诉的具体行政行为外延和解释《行政诉讼法》第 12 条的排除条款来解决受案范围问题。[②]

(一)《若干解释》拓宽了可诉性行政行为的范围

《若干解释》除在第 1 条第 1 款中规定“公民、法人或者其他组织对具有国家行政职权的机关和组织及其工作人员的行政行为不服，依法提起诉讼的，属于人民法院行政诉讼的受案范围”外，还在该条第 2 款规定了人民法院受案范围的排除：(1)《行政诉讼法》第 12 条规定的行为；(2) 公安、国家安全机关依照刑事诉讼法的明确授权实施的行为；(3) 调解行为及法律规定的仲裁行为；(4) 不具有强制力的行政指导行为；(5) 驳回当事人对行政行为提起申诉的重复处理行为；(6) 对公民、法人或者其他组织权利义务不产生实际影响的行为。从上述规定可以看出，可诉性行政行为的基本特征为：第一，它是具有国家行政职权的机关

---

① 根据《最高人民法院关于贯彻执行〈中华人民共和国行政诉讼法〉若干问题的意见(试行)》第 1 条，“具体行政行为”是指国家行政机关和行政机关工作人员、法律法规授权的组织、行政机关委托的组织或者个人在行政管理活动中行使行政职权，针对特定的公民、法人或者其他组织，就特定的具体事项，作出的有关该公民、法人或者其他组织权利义务的单方行为。该司法解释于 1991 年 5 月 29 日由最高人民法院审判委员会第 499 次会议讨论通过，同年 7 月 11 日起试行，2000 年 3 月 10 日被废止。

② 参见甘文：《行政诉讼法司法解释之评论——理论、观点与问题》，中国法制出版社 2000 年版，第 14 页。

和组织及其工作人员的行为。其中,具有"国家行政职权"是行为主体的重要因素,而不问其究竟是行政机关还是其他组织。第二,只要是与"国家行政职权"有关的行为,不论其是作为行为,还是不作为行为,都应纳入行政诉讼的受案范围。第三,除了《若干解释》第1条第2款规定的事项以外的行政行为,均属于可诉性的行政行为。从保护公民、法人或者其他组织权益的角度来说,能够提起诉讼应当是普遍的,而不能提起诉讼则是必须加以论证的例外。因此,《若干解释》从反面将排除案件界定清楚,则表明它对行政行为基本上具有可诉性的肯定态度。这一规定顺应了现代社会行政管理活动复杂、多变的要求,将具有国家行政职权的机关和组织已经存在的多样化的行政活动纳入司法审查的范围,有利于通过司法权对行政权的监督,全面推进依法行政原则的落实。

（二）《若干解释》明确了不可诉行为的界定标准

《若干解释》在第2条至第5条对《行政诉讼法》第12条所规定的四种不可诉行为的界定标准作出了准确且具有操作性的规定,其中对国家行为的内涵和外延、抽象行政行为与具体行政行为的界限、内部行为与外部行政行为的划分标准以及行政终局决定的认定标准等都作出了具有操作性的规定,主要包括:(1)明确界定了国家行为是指国务院、中央军事委员会、国防部、外交部等根据宪法和法律的授权,以国家的名义实施的有关国防和外交事务的行为,以及经宪法和法律授权的国家机关宣布紧急状态、实施戒严和总动员等行为。该规定既明确了行为的主体,又明确了行为的内容。(2)明确界定了"具有普遍约束力的决定、命令"是指行政机关针对不特定对象发布的能反复适用的行政规范性文件。这一规定明确了在司法实践中区别抽象行政行为与具体行政行为的方法,一是看对象是否有确定性,二要看行政行为能否反复适用,如不能反复适用,则具备了可诉性行政行为的特征。(3)明确了内部行为中"对行政机关工作人员的奖惩、任免等决定"是指行政机关作出的涉及该行政机关公务员权利义务的决定。该规定明确了行政诉讼这一规定的确切含义。(4)明确了行政机关作出终局裁决的依据必须是严格意义上的法律。通过以上界定,不仅为行政诉讼实践中对可诉性行政行为的判断提供了可行的认知标准,同时也为行政法学中行政行为的分类提供了一定的依据。

三、原告资格的进一步明确使公民的行政诉权得到全面的保护

《若干解释》在"诉讼参加人"一节中对实践中面临困境而争论不休的行政诉讼原告资格问题作出了具体的规定,突破了"行政诉讼原告必须是行政法律关系

相对人”的樊篱，将具有“法律上利害关系”作为确定行政诉讼原告资格的主要标准，从而使公民的行政诉权得到较为全面的保护。

从《若干解释》可以看出，有关原告资格的界定主要是从以下两个方面考虑的：一是作为原告必须与被诉的具体行政行为有法律上的利害关系，二是提起行政诉讼的公民、法人或者其他组织必须具有行为能力和权利能力。《若干解释》明确了与具体行政行为有法律上利害关系的当事人可以提起行政诉讼的规定，对于纠正作为原告必须是行政机关行政管理对象的错误观点具有重要意义。实际上，行政诉讼法并未规定只有相对人才能提起诉讼，过去的理解只是一种认识偏差。而《若干解释》对行政诉讼原告资格的重新界定，既反映了行政诉讼制度本身的发展，也体现了社会发展的必然要求与行政诉讼制度之间的相互协调。[①]

《若干解释》第 12 条对与具体行政行为有法律上利害关系的当事人的诉权作了总的规定，第 13 条至第 18 条则对此项规定作了详细的阐述。第一，对法律上的利害关系作了明确的列举性解释，将相邻权人、公平竞争权人、与被诉的行政复议决定有法律上利害关系或者在复议程序中被追加为第三人的人、要求主管行政机关依法追究加害人法律责任的人、与撤销或者变更具体行政行为有法律上利害关系的人等作为法律上利害关系人的具体表现加以规定。通过这样的具体列举，使“法律上利害关系”的含义在实践中更加明晰。第二，确立了诉讼代表人制度。合伙企业向人民法院提起诉讼的，应当以核准登记的字号为原告，由执行合伙企业事务的合伙人作诉讼代表人；其他合伙组织提起诉讼的，合伙人为共同原告。不具备法人资格的其他组织向人民法院提起诉讼的，由该组织的主要负责人作诉讼代表人；没有主要负责人的，可以由推选的负责人作诉讼代表人。同案原告为 5 人以上的，应当推选 1 至 5 名诉讼代表人参加诉讼；在指定期限内未指定的，人民法院可以依职权指定。上述这些规定，明确承认了集团诉讼制度，也确定了诉讼代表人制度，为保护相应组织和个人的诉权提供了法律操作上的标准。第三，解决了特定情况下的原告资格问题。例如，联营企业、中外合资或者合作企业的联营、合营、合作各方认为联营、合资、合作企业权益或自己一方合法权益受具体行政行为侵害的，均可以自己的名义提起诉讼。该规定解决了长期困扰着有关当事人的“投资者诉权”问题。再如，非国有企业被行政机关注销、撤销、合并、强令兼并、出售、分立或者改变企业隶属关系的，该企业或者其

---

① 参见沈福俊：《论对我国行政诉讼原告资格制度的认识及其发展》，载《华东政法学院学报》2000 年第 5 期。

法定代表人可以提起诉讼;股份制企业的股东大会、股东代表大会、董事会等认为行政机关作出的具体行政行为侵犯企业经营自立权的,可以以企业名义提起诉讼。这些规定不但解决了法律上已被视为不存在的企业的诉权保护问题,也解决了公司的权力机构的诉权问题。应当说,《若干解释》放宽原告资格,既符合行政诉讼法的立法精神,也符合行政诉讼制度和司法审查制度的发展潮流。首先,在行政诉讼问题上,原告一方或提起诉讼的一方滥诉的极为少见,更多的是不敢告、不知告和不愿告,因而立法的关注点应当是如何解决保护当事人的诉权问题,而不是防范行政管理相对人滥诉的问题。其次,行政诉讼法的一个重要功能就是要保障和监督行政机关依法行使行政职权,要完成这个使命,需要行政管理相对人将违法的行政行为起诉到法庭。[①] 因此,《若干解释》对原告资格的具体规定,不仅仅是对原告资格的确认,更重要的是使公民、法人或者其他组织的诉权得到了切实的维护,从而使行政权受司法监督的法治原则通过诉讼程序加以实现的可能性也不断加大。

四、通过对行政诉讼证据制度的规定明确行政证据的一般规则

行政证据在行政活动中的地位和作用至关重要,它是行政主体赖以作出行政行为的基础,也是行政主体依法行政的前提所在。但是,由于一般证据学只侧重于研究诉讼证据,对行政证据研究较少,尤其是我国的行政程序法律制度尚不完善,行政证据目前无法在法律上得到独立的体现和确认。世界上一些行政法治较为发达的国家,都比较重视行政证据问题。例如,美国《联邦行政程序法》第566条专门设立两款,着重规定了行政证据的范围、行政证据责任的分配和行政证明标准;奥地利《普遍行政程序法》专门设立第二编规定调查程序和证据问题;葡萄牙《行政程序法典》共有20个条文详细规定了行政证据的调查、收集和审查判断。[②] 虽然我国尚无统一、完整的行政证据方面的法律规定,但是行政诉讼法对人民法院关于行政行为证据的审查却提出了较高的要求,规定"主要证据不足"将构成撤销判决的理由。由此就形成这样一个问题:人民法院究竟依据什么来审查行政主体的具体行政行为在证据方面的合法性?如何通过人民法院对行政行为证据的审查制度来规范行政证据?

---

① 参见江必新:《司法解释对行政法学理论的发展》,载法苑精萃编辑委员会编:《中国行政法学精萃》(2002年卷),机械工业出版社2002年版,第238页。

② 参见应松年主编:《比较行政程序法》,中国法制出版社1999年版,第295—296页。

《若干解释》和《行政诉讼证据规定》对行政诉讼中的证据问题作了较为明确的规定，尤其是《行政诉讼证据规定》更是对行政审判中行政证据的审查、判断和认定以及举证责任的若干问题作出了详细的规定。这些规定不但为人民法院依法审查证据的合法性提供了充分的司法依据，无疑也对我国行政证据制度的建立具有十分重要的现实意义。

（一）在行政证据规则中确立了"案卷排他性原则"

在行政程序中，案卷排他性规则是一项证据认定和适用规则。这一规定是指：行政行为只能以案卷作为依据，即以经过听证记录在卷的证据为事实根据，不能在案卷之外，以当事人未知悉的和未质证的证据为根据，行政认知除外。首先，这一原则可以为实体真实提供保障。在案卷之外认定事实，没有经过质证和反驳，这样的证据极大可能存在偏见，实体真实的价值难以实现。其次，它可以确保行政程序公正，保障当事人陈述和举证的权利，听取意见的权利，反驳、质问不利于己的证据的权利，相互对质的权利。最后，这一原则有利于法院对行政机关的支持和制约。因为行政行为只能以案卷中的记载为根据，法院容易确定行政行为是否有证据支持，以此确定行政行为的合法性和合理性。[①]

在我国，行政诉讼司法解释已经较为明确地确立了"案卷排他性"规则，主要体现为：(1) 被告的举证期限表明被告应提供其行政案卷记载的证据。根据规定，被告应当在收到起诉状副本之日起 10 日内，提供据以作出被诉具体行政行为的全部证据和所依据的规范性文件。这一规定表明，行政机关在实施行政行为的过程中，应当在充分、全面地掌握证据和弄清事实真相之后，才能对照法律、法规的规定依法作出行政行为，这就决定了行政机关向法院提交的证据应当在作出行政行为之前获得，一旦进入诉讼，就应当及时向法院提供。(2) 被告不能在作出具体行政行为之后再调查收集证据的规定表明，行政案卷之外的证据是"排他"的。例如，《若干解释》和《行政诉讼证据规定》都规定，被告及其诉讼代理人在作出具体行政行为之后自行收集的证据、复议机关在复议过程中收集和补充的证据、行政机关在行政程序中未作为具体行政行为依据的证据等不能作为认定具体行政行为合法的根据。这些规定，都表明了行政证据只有在作出具体行政行为之前的程序中收集并获得的才可能具有合法性。(3) 人民法院对行政证据的审查判断的规定表明了"案卷排他性"原则已经确立。上述规定实际上也表明人民法院审查行政证据，只能以行政案卷中记载的证据为范围进行审查。

① 参见刘善春、毕玉谦、郑旭：《诉讼证据规则研究》，中国法制出版社 2000 版，第 781—782 页。

此外,《反倾销行政案件规定》和《反补贴行政案件规定》均在其第 7 条中和第 8 条中明白无误地规定了“案卷排他性原则”,即人民法院依据被告的案卷记录审查反倾销或反补贴行政行为的合法性。被告在作出被诉反倾销或反补贴行政行为时没有记入案卷的事实材料,不能作为认定该行为合法的根据。被告在反倾销或反补贴行政调查程序中依照法定程序要求原告提供证据,原告无正当理由拒不提供、不如实提供或者以其他方式严重妨碍调查,而在诉讼程序中提供的证据,人民法院不予采纳。这应当视为“案卷排他性原则”在我国行政审判中的完整体现。

（二）确立了行政证据的程序合法性要求

行政证据的程序合法要求行政行为的主体应当遵守法定的步骤、顺序、方法、时限对证据进行收集、审查和采纳,并使之成为事实认定的根据。《若干解释》第 30 条规定行政主体在诉讼期间自行收集的证据和严重违反法定程序收集的证据不能作为人民法院的定案根据,《行政诉讼证据规定》对行政证据的程序合法性问题又作出了更为详细的规定。这些规定表面上是对人民法院审查证据的要求,但实质上却是对行政证据合法性的具体要求,其主要内容为:(1) 符合主体要求。行政证据收集的主体应该是法定的,非法定主体收集的证据不能在行政程序中作为证据使用。(2) 符合法定形式。作为行政证据,不但要符合《行政诉讼法》第 31 条规定的证据种类与形式,还应符合一定的特殊要求,即应履行一定的法律手续或具备一定条件。例如,根据《行政诉讼证据规定》第 15 条,行政主体所制作的现场笔录应当载明时间、地点和事件等内容,并由执法人员和当事人签名。当事人拒绝签名或者不能签名的,应当注明原因;有其他人在现场的,可由其他人签名;法律、法规和规章对现场笔录的制作形式另有规定的,从其规定。再如,证人提供书面证言的,必须由证人签名或盖章;境外调取的证据须经证据来源所在地的外国公证机构公证、我国驻外使领馆认证等。证据形式的合法性是证据真实性的前提,它不仅是诉讼程序对证据法定形式的要求,同时也是行政程序对证据法定形式的要求。(3) 符合行政活动的一般程序规则。《行政诉讼法》第 33 条明确规定了“在诉讼过程中,被告不得自行向原告和证人收集证据”的规则,我国《行政复议法》第 24 条也作出了同样的规定,这实际上确立了行政程序中“先取证,后裁决”的基本程序规则。同时,行政证据的取得还必须符合其他程序性规定,符合法律、法规、司法解释、规章对行政证据的要求。(4) 不得以非法手段收集行政证据。行政证据的收集和取得,同样是一种行政权力的运用。在这一过程中,行政主体不得滥用行政权力采取非法手段收集并取得证据。根据《行政诉讼证据规定》,除了严重违反法定程序收集的证据材料属于非法证据之外,其他如以偷拍、偷录、窃听等手段获取的侵害他人合法权益的证据材料和以利诱、欺诈、胁迫、暴力等不正当手段获取的证据材料,以及以违反法律禁止性规定或者侵害他人合法权益的方法取得的证据,都属于非法证据。通过非法手段获取的证据,虽然可能能够证明案件的真实情况,但由于其手段或方法的非法性,损害了国家利益、社会公共利益和公民、法人或者其他组织的合法权益,损害了政府形象,严重违背了法律的规定,因而是不能作为行政主体的事实依据的。实际上,行政主体从根本上就不应该采取这种非法手段和方法去收集证据。“在行政案件中,有污点的证据是政府违法的产物,不是私人违法的产物。法律不应允许行政机关成为赃物的受益人。”①但是在实践中,个别行政主体及其工作人员采取不正当手段收集证据的现象还在一定程度上存在。以违法手段获取的证据,依法不能作为行政行为的事实依据。(5)收集证据时必须保障当事人在行政程序中的权利。《行政诉讼证据规定》第 60 条第 2 项规定,被告在行政程序中非法剥夺公民、法人或者其他组织依法享有的陈述、申辩或者听证权利所采用的证据,不能作为被诉具体行政行为合法的依据。行政主体在行政程序中,必须尊重并保障当事人应当享有的法定程序权利,非法剥夺当事人的法定权利而获取的证据,同样是不符合法定程序所取得的证据,依法不能作为行政行为合法的证据。

(三)确立了保障行政证据的真实性的要求

证据的真实性是指证据材料所反映的或者所证明的案件的真实情况,即该证据是否真实、可靠。《行政诉讼证据规定》第二部分“提供证据的要求”;第 56 条所规定的审查证据的真实性的几个方面的要求,即审查证据形成的原因,发现证据时的客观环境,证据是否为原件、原物,复制件、复制品与原件、原物是否相符,提供证据的人或者证人与当事人是否具有利害关系,影响证据真实性的其他因素;第 57 条中关于补强证据的规定(当事人无正当理由拒不提供原件、原物,又无其他证据印证,且对方当事人不予认可的证据的复制件或复制品;被当事人或者他人进行技术处理而无法辨明真伪的证据材料以及证人作证能力的审查判断等),都明确规定了保障和审查证据真实性的若干要求,对行政证据的提供和审查也同样适用。因为在行政程序中,行政主体无论是收集证据,还是审查证据,也都必须遵循客观、真实的要求。此外,从广义上说,行政证据是否客观、真

① 〔美〕伯纳德·施瓦茨:《行政法》,徐炳译,群众出版社 1986 年版,第 326 页。

实，是否能够证明案件事实，同样也是判断行政行为是否合法的重要标准之一。

（四）确立了优势证据的规则

《行政诉讼证据规定》第 63 条规定了优势证据规则，即在证明同一事实的多个证据相互矛盾的情况下，法庭按照最可信的证据认定事实的规定。简言之，优势证据规则是一种证据的证明力之间的比较规则。[①] 该条规定：(1) 国家机关以及其他职能部门依职权制作的公文文书优于其他书证；(2) 鉴定结论、现场笔录、勘验笔录、档案材料以及经过公证或者登记的书证优于其他书证、视听资料和证人证言；(3) 原件、原物优于复制件、复制品；(4) 法定鉴定部门的鉴定结论优于其他鉴定部门的鉴定结论；(5) 法庭主持勘验所制作的勘验笔录优于其他部门主持勘验所制作的勘验笔录；(6) 原始证据优于传来证据；(7) 其他证人证言优于与当事人有亲属关系或者其他密切关系的证人提供的对当事人有利的证言；(8) 出庭作证的证人证言优于未出庭作证的证人证言；(9) 数个种类不同、内容一致的证据优于一个孤立的证据。笔者认为，上述规则除第 5 项与第 8 项外，也同样适用于行政程序中行政主体对证据证明效力的认定。随着行政程序的不断完善，行政主体所收集的证据也在不断地增加，而对不断增加的众多证据材料，行政主体如何认定其证明效力，从而合法、有效地作出行政行为，并在行政复议与行政诉讼中经得起行政复议机关和人民法院的审查，是行政机关在行政程序中必须面对和思考的问题。因此，上述内容不但规定了人民法院对证据证明效力的认定标准，也为行政主体在行政程序中运用证据以及正确认定行政证据的证明效力确立了基本的准则和要求。

行政诉讼司法解释所确立的行政诉讼活动中的证据若干规则，虽然是针对行政诉讼活动，但由于我国行政诉讼是对行政主体的具体行政行为进行合法性的审查，如果在行政诉讼中被认为是合法有效的证据，那么它在行政程序中也应是合法有效的，反之亦然。因此，用行政诉讼证据规则来规范行政证据是完全可行的。这不但是现实的需要，也是司法解释本身对行政程序的要求。

五、为适应我国加入世贸组织需要规范我国相应的行政审判

我国加入世贸组织后，针对行政审判中所面临的新情况和新问题，最高人民法院及时颁布了《国际贸易行政案件规定》《反倾销行政案件规定》和《反补贴行

---

① 参见孔祥俊：《最高人民法院〈关于行政诉讼证据若干问题的规定〉的理解与适用》，中国人民公安大学出版社 2002 年版，第 139 页。

政案件规定》等一系列与“入世”有关的司法解释，确立了人民法院对与国际贸易有关的行政行为以及反倾销、反补贴行政行为进行司法审查的基本准则，为行政审判注入了崭新的内容。这些规定确立了下列重要规则：第一，明确了国际贸易行政案件、反补贴、反倾销行政案件的受案范围。第二，确立了较高的法院管辖规则。如第一审国际贸易行政案件由具有管辖权的中级以上人民法院管辖，第一审反倾销、反补贴行政案件由高级人民法院或高级人民法院指定的中级人民法院管辖，从而保证了审判的质量。第三，确立了法律适用规则。明确对这类案件应适用中国法律，即适用我国法律、行政法规及地方立法机关在法定立法权限范围内制定的相关地方性法规，而且确立了在特定情况下的国际条约优先原则。第四，确立了审理涉及港、澳、台地区相关案件在审判规则上的参照原则等。司法解释所确立的这些规则，无疑对我国“入世”以后的行政审判工作起到积极的影响，并为进一步完善我国“入世”以后的行政审判制度奠定了良好的基础。

根据以上分析，行政诉讼司法解释在许多方面对我国行政法律制度进行了阐述和规定。这些规定顺应了时代发展的方向和行政法治发展的水平，对我国行政法制建设所起的巨大推动力是有目共睹的。在本文中，笔者的归纳可能还不全面，但这不是关键。关键的是我们透过这些司法解释，已经听到我国行政法制建设大踏步朝前迈进的脚步声。

第三节　行政诉讼视角下法院与行政机关关系的法律规制

——以行政诉讼管辖制度的变革为分析起点*

一、引言

在行政诉讼中，作为审判者的法院与作为被告的行政机关应当是一种什么样的关系，从《行政诉讼法》第 5 条所规定的“人民法院审理行政案件，对具体行政行为是否合法进行审查”这一角度而言，答案是明确的，即法院通过对具体行政行为合法性的审查，实现司法权对行政权的依法监督，实现对公民合法权益的救济与保护。因此，法院是监督者，而行政机关则是被监督者。但是从行政诉讼

* 原载《法学》2010 年第 4 期。

实践中法院与行政机关关系的现状来看，这一关系并没有被理顺。从最高人民法院到基层人民法院，都在为行政诉讼中建立正常的监督与被监督的关系进行着不懈的努力。尤其是 2008 年 1 月 14 日公布的《最高人民法院关于行政案件管辖若干问题的规定》(以下简称《行政案件管辖规定》)在总结各地法院所进行的行政诉讼管辖制度改革经验的基础上，对行政案件管辖问题作出了具有变革意义的规定。《行政案件管辖规定》所确立的异地交叉管辖、提级管辖与法定管辖相结合的制度，其宗旨就在于，力求在行政诉讼中确立法院与行政机关之间正常的监督与被监督的关系，使审判者真正成为审判者，从而使《行政诉讼法》所确立的"人民法院审理行政案件，对具体行政行为是否合法进行审查""人民法院依法对行政案件独立行使审判权，不受行政机关、社会团体和个人的干涉""人民法院审理行政案件，以事实为根据，以法律为准绳""当事人在行政诉讼中的法律地位平等"等基本原则在行政诉讼实践中真正得到实现，也从司法实践的角度为《行政诉讼法》的修改积累有益的经验。

自 1990 年 10 月 1 日至今，我国《行政诉讼法》已经实施了近 20 年，其修改工作正在进行之中。[①] 值此《行政诉讼法》修改之际，笔者从《行政案件管辖规定》中得到的启示是：这部法律修改的关键应当是依法规制法院与行政机关在行政诉讼中的关系，从而使该部法律应当具有的对行政活动的监督功能得以实现。

二、行政诉讼管辖制度变革的宗旨在于规制法院与行政机关之间的关系

我国行政审判中一个众所周知的现象就是"县法院审不了县政府"。[②] 究其制度原因，主要是我国在设计行政诉讼管辖制度时，片面地强调了它与民事诉讼管辖制度的基本一致性，一是在地域管辖方面，强调"原告就被告"的原则，即以被告所在地法院管辖为原则；二是在级别管辖方面，强调行政案件一般由基层人民法院管辖。这样规定的目的在于便利当事人诉讼，节约法院和当事人的诉讼成本，提高法院的审判效率。但是，正如有关媒体所分析的："由于诉讼双方法律地位的不平衡以及现有体制方面的因素，在一定程度上对于法院独立、公正行使

---

① 从 2005 年开始，包括《行政诉讼法》在内的三大诉讼法的修改工作就已经被列入最高权力机关的立法议程。现在《民事诉讼法》的修改已于 2007 年 10 月 28 日完成，于 2008 年 4 月 1 日起实施。《刑事诉讼法》和《行政诉讼法》的修改工作还在进行之中。参见郭晓宇：《三大诉讼法修改工作将启动》，载《北京日报》2005 年 8 月 29 日。

② 参见袁定波：《改变"县法院审不了县政府"现象》，载《法制日报》2007 年 11 月 26 日。

审判权会产生不利影响。”[①]应当承认，这种制度设计的初衷无疑是正确的。但是在实践中，这一制度却引发了让立法者始料不及的消极后果。一方面，我国法院的行政化和地方化倾向严重，在管理上套用行政级别，地方各级人民法院在级别上比相应的地方行政机关低；在人、财、物等各方面受制于该级地方行政机关。此外，在同级党的组织内，法院的负责人比地方政府的负责人级别低。所以基层人民法院在审理以县级行政机关为被告的行政案件时难度非常大，而且如果判决是行政机关败诉，执行的难度也非常大。另一方面，由于法院的地方化倾向严重，一些地方法院在某种意义上成为“地方的”法院，蜕变为地方保护主义的工具。这些都损害了法院的权威，使法院通过行政诉讼制度对行政机关的监督作用严重弱化，难以有效地防止行政权对公民权的侵犯。[②] 为此，《最高人民法院关于执行〈中华人民共和国行政诉讼法〉若干问题的解释》（以下简称《若干解释》）对行政诉讼管辖制度进行了一定的改革，对《行政诉讼法》第 14 条第 3 项所规定的由中级人民法院管辖的“本辖区内重大、复杂的案件”进行了解释，明确了“被告为县级以上人民政府，且基层人民法院不适宜审理的案件”“社会影响重大的共同诉讼、集团诉讼案件”“重大涉外或者涉及香港特别行政区、澳门特别行政区、台湾地区的案件”以及“其他重大、复杂案件”由中级人民法院管辖。

这一规定虽然将“被告为县级以上人民政府，且基层人民法院不适宜审理的案件”等作为中级人民法院管辖的对象，但是在实践中“基层人民法院不适宜审理”毕竟是一个难以把握的问题，而且这一规定仅仅规定“被告为县级以上人民政府”的案件由中级人民法院管辖，却没有把“县级以上行政机关”包括在内。当时就有学者指出，为了增强法条的操作性，排除行政机关对行政诉讼的干扰，应当删去该条中“且基层人民法院不适宜审理的案件”这一限制性条件。再者，“县级以上人民政府”如改为“县级以上行政机关”更为合适。因为将“人民政府”的所属部门排除在外，是不符合立法原意的。如省级人民政府的工作部门在级别上比县级人民政府还要高，若它成为行政诉讼的被告，由基层人民法院审理难度也很大。[③] 可以说，《若干解释》对于级别管辖的这一规定，在实践中难以真正发

---

① 赵阳：《两个新司法解释有五个共同点》，载《法制日报》2008 年 1 月 17 日。这里的“两个新司法解释”是指 2008 年 1 月 14 日同时发布的《最高人民法院关于行政案件管辖若干问题的规定》和《最高人民法院关于行政诉讼撤诉若干问题的规定》。

② 参见张树义主编：《寻求行政诉讼制度发展的良性循环》，中国政法大学出版社 2000 年版，第 68—69 页。

③ 同上书，第 69 页。

挥作用，行政审判受行政干扰的现象仍然存在。一位法官曾指出，我国行政诉讼困难重重，其中最主要的原因是行政权优越于司法权，司法权威弱。[①]

为了进一步防止行政权对行政审判的不利影响，部分法院实行了"异地交叉管辖"制度。如浙江省台州市中级人民法院从 2002 年 7 月开始试行行政诉讼案件异地交叉审理制度。按照台州中院的规定，应将被告为县级政府的案件和一些在当地影响较大的集团诉讼案件作为重大、复杂行政诉讼案件，由中级人民法院统一行使立案管辖权，再由中级人民法院将这些案件指定给案件所在地以外的基层人民法院审理。据该院的一份统计显示，实行行政案件异地交叉审理一年期间，该市审结生效行政诉讼案件 45 件，其中行政机关败诉 29 起，败诉率 64.4%，而在未实行这一审理方式的上一年度，审理的同类案件中，政府败诉率仅为 13%。异地交叉审理的做法在相当程度上克服了行政干预带来的法院不敢受理、不敢判决的现象，在现行的行政诉讼管辖制度下是一个比较有益的创造。[②] 由于效果明显，台州中院的成功经验也被其他一些地方复制，而最高人民法院显然也注意到了这一制度创新。2006 年 9 月，全国法院系统行政诉讼管辖制度研讨会在吉林抚松召开，2006 年 11 月 28 至 29 日，最高人民法院在浙江省台州市三门县召开研讨会，就行政诉讼异地管辖问题进行了研讨。[③] 在总结实践经验和进行充分的理论探讨的基础上，最高人民法院于 2008 年 1 月 14 日颁布了《行政案件管辖规定》。这一司法解释明确了以下内容：(1) 扩大了中级人民法院管辖第一审行政案件的范围，将被告为县级以上人民政府的案件纳入中级人民法院管辖的范围，但以县级人民政府名义办理不动产物权登记的案件可以除外。(2) 充分利用指定管辖、移转管辖与法定管辖相结合的规则，规定了三种情形，一是当事人以案件重大复杂为由或者认为有管辖权的基层人民法院不宜行使管辖权，可以直接向中级人民法院起诉；二是当事人向有管辖权的基层人民法院起诉，受诉法院在 7 日内未立案也未作出裁定的，当事人可以向中级人民法院起诉；三是基层人民法院对其管辖的第一审行政案件，认为需要由中级人民法院审理或者指定管辖的，可以报请中级人民法院决定。对于上述三种情形，中级人民法院应当根据不同情况在 7 日内分别作出处理，指定本辖区内其他基层人民法院管辖；决定自己审理；书面告知当事人向有管辖权的基层人民法院起

---

① 参见王振宇：《行政审判难在何处》，载《法制日报》2001 年 3 月 24 日。

② 参见何海波编著：《法治的脚步声——中国行政法大事记（1978—2004）》，中国政法大学出版社 2005 年版，第 247—248 页。

③ 参见马怀德主编：《行政诉讼制度的发展历程》，北京大学出版社 2009 年版，第 198—199 页。

诉，或者要求有管辖权的基层人民法院依法处理，或者由报请的法院审理。此外，中级人民法院对基层人民法院管辖的第一审行政案件，根据案件情况，可以决定自己审理，也可以指定本辖区其他基层人民法院管辖。同时，中级人民法院和高级人民法院管辖的第一审行政案件需要由上一级法院审理或者指定管辖的，参照本规定。为了防止这一司法解释在实践中执行走偏，最高人民法院在该司法解释发布之际，还专门对全国法院发出了《最高人民法院关于认真贯彻执行〈关于行政案件管辖若干问题的规定〉的通知》，指出行政案件指定管辖要防止形成法院之间固定对应管辖。中级人民法院在指定管辖法院时，不能形成两个法院之间规律性的固定对应，防止因固定对应产生负面效应，影响指定管辖作用的发挥。该通知还指出，在确定行政案件管辖时要以确保独立公正审判为目标，对于可能存在影响独立审判和公正司法的案件，下级法院应当主动报请上级法院管辖或者指定管辖，上级法院要依照规定及时作出指定管辖或者提级管辖的决定。这一司法解释以及相应的通知，表明了法院通过管辖制度的变革促进司法审判公正独立的决心。因为在实践中，基层人民法院行政庭的法官经常要审查县级人民政府的行政行为。行政级别的过分悬殊很难保证行政审判工作的公平与效率。一些法院案件不能及时审结，违心裁判的现象时有发生。有的基层人民法院所判案件上诉率甚至达到 70%，主要原因是有的行政机关利用行政级别压制和干涉案件。[①]

笔者认为，《行政案件管辖规定》的制定，是对我国在制定《行政诉讼法》时就法院的行政化倾向和地方化倾向估计不足的一个纠正。其目的在于建立符合行政诉讼目的的行政诉讼新秩序，并通过行政诉讼这一救济途径，体现对行政权的依法规制，从而实现对公民、组织合法权利的依法维护。因此，最高人民法院所进行的一系列有关行政诉讼管辖方面的改革，尤其是《行政案件管辖规定》所确立的异地交叉管辖、提级管辖与法定管辖相结合的制度，其意义在于：第一，建立符合行政诉讼制度特殊目的的行政诉讼新秩序。这一新秩序的内容就是，防止和排除地方行政干扰，为法院依法独立公正审理行政案件提供制度保障。最高人民法院于 2005 年 10 月发布的《人民法院第二个五年改革纲要(2004—2008)》就提出："改革和完善行政案件管辖制度，从制度上排除干预行政审判的各种因素。"最高人民法院于 2009 年 3 月发布的《人民法院第三个五年改革纲要

① 参见江必新主编：《中国行政诉讼制度的完善——行政诉讼法修改问题实务研究》，法律出版社 2005 年版，第 8 页。

(2009—2013)》又进一步指出要“推进行政诉讼法的修改进程,促进行政诉讼审判体制和管辖制度的改革和完善”。这些改革的思路,就是要通过制度化的措施,进一步强化人民法院在行政审判中对被诉具体行政行为进行合法性审查的法定职能,使法院的行政审判工作真正体现其应有的独立性和公正性。第二,建立人民法院与行政机关之间的新型关系。在行政诉讼中,要着力克服行政审判法官对行政权力的依附感和畏惧感,而克服这一情绪,仅仅靠思想教育、加强学习是远远不够的,必须通过制度加以保障。以《行政案件管辖规定》为代表的行政诉讼管辖制度的改革,就能够在制度上有效保证法院真正成为独立的裁判者,使作出具体行政行为的行政机关成为真正的被监督者。因为“管辖权如何规定,不只具有引导行政诉讼程序开始的程序意义,更重要的是具有保障裁决公正的实体价值。实行异地管辖就是如此,它可以在一定程度上弱化受诉法院和同级政府的直接、密切的联系,法院的中立地位得以确立,法官的压力得以有效排解,行政审判的公信力得以体现”[①]。因此,使法官回归为审判者,确立其在行政审判中中立者的地位,是行政诉讼管辖制度改革的宗旨所在。

三、行政诉讼实践中法院与行政机关“非正常关系”的几种表现

行政诉讼管辖制度之所以改革,就是因为在行政诉讼实践中,法院与行政机关之间关系还存在一些“非正常化”状况。笔者对行政诉讼实践中法院与行政机关之间的关系进行了研究和观察,发现至少有以下五个方面的问题应当引起关注。

第一,部分法院与行政机关在案件发生之前商量应对行政诉讼之策。在实践中,法院与行政机关之间的非正常关系,有时表现为在行政诉讼案件发生之前的行政执法实践中,有的法院的行政审判法官会应行政机关之邀,对行政机关某些不够合法甚至容易产生争议的举措进行“研讨”和“论证”,法官与行政机关共同探讨发生行政诉讼之后的“应对之策”,其目的在于通过这样的“研讨”和“论证”,使行政机关所采取的合法性尚有争议的执法手段在行政诉讼中得到法院的合法性认定,从而使行政机关在以后可能发生的行政诉讼过程中避免败诉。上级法院有时还会要求一些基层人民法院的法官到会,从而使法官与行政机关之间能够“统一认识”“保持一致”,在以后可能发生的行政诉讼中给予行政机关以

---

① 李广宇:《〈关于行政案件管辖若干问题的规定〉的理解与适用》,载《人民法院报》2008年1月25日。

足够有效的“支持”。[①] 由于事先已经获得了法院的“认可”，行政机关就可以大胆地实施某种可能会产生合法性争议的行政行为。一旦产生诉讼，行政机关不至于落入败诉的境地。这种现象导致的结果是，即使原告有理，其起诉也是屡诉屡败。

第二，有些法院在行政诉讼中忽视被诉行政机关的被告地位。在实践中，有些法院不审被告审原告，甚至与被告联合起来审原告。有些法院违背行政诉讼中被告对具体行政行为的合法性负举证责任的规则和人民法院对具体行政行为的合法性进行审查的宗旨，对于被诉的具体行政行为，不是依法要求被告对合法性承担举证责任，而是要求原告证明自己行为合法，通过对原告行为的审查来判断具体行政行为是否违法。这导致实际上形成了法院与被告联合起来“审原告”的局面，原告依法拥有的行政诉权遭到损害，行政诉讼应当拥有的对具体行政行为的合法性进行审查的宗旨难以得到体现。此外，在实践中不仅是有些法院和作为被告的行政机关联合起来审原告，还表现为个别法院和行政机关之间似乎成了同一个“政府部门”。例如，法官不得单方面接触一方当事人应当是公正审判程序最起码的要求。但是，由于片面认为行政机关与法院都属于国家机关，导致在行政审判实践中，法官单方面接触被告成为行政诉讼过程中时常发生的现象。这具体表现为：(1) 具体行政行为一旦被诉，有些行政机关首先想到的不是按照法律规定积极应诉，而是迫不及待地到法院找法院领导或承办法官打听情况、商量对策。对于行政机关的一些工作人员来说，他们并不以为这是违反规定，而认为这是在诉讼过程中与法院之间作“必要的沟通”；而一些法院领导或者法官好像也并没有意识到这是一种违规行为，对于行政机关的“沟通”来者不拒，而且还会热情接待。(2) 法院遇到对行政机关不利的案件，为了协调或者保全与行政机关的关系，使法院的判决结果取得行政机关的“谅解”，往往也会在判决作出之前，主动地与行政机关“沟通”和“打招呼”。如果能够商量出“两全其美”对策的，法官也会全力以赴地帮助行政机关摆脱困境。

这种状况的出现，不仅使法院忽视了行政机关作为行政诉讼被告的当事人地位，而且实质上使司法权与行政权“混同”，使法院对行政争议的解决过程丧失了最起码的程序公正，偏离了其应有的中立地位，即使在实体上不存在违法审判的结果，也有可能使当事人有理由怀疑法院审判结果的公正性，从而可能在一定

---

① 实践中，有些行政机关与法院共同探讨的结果还会形成具体的“意见”，供法院在行政审判中作为“审判依据”。

程度上激化矛盾，影响社会和谐。

第三，一些法院缺乏对行政机关干扰行政审判的“抗干扰”能力。一是在行政诉讼实践中，作为裁判者的法院却有时“屈尊”成为行政机关的“下属”，一切以行政机关的指示为准，难以正常开展行政审判工作。据相关资料披露，某省高院反映，某县县委、县政府在没有法律授权的情况下，制定了一些处罚决定，造成了有关行政机关的执法行为严重违法，但法院在县委、县政府的授意下，对这类案件一律不予受理。有的高院反映，有两类案件最难立案：(1) 计划生育案件。这类案件受理难、审理难，有些地方政府强调计划生育是基本国策，不理解、不支持法院的审理工作，限制法院受案甚至公开干预人民法院依法受理案件。(2) 涉及农民负担案件。这类案件原告人数众多，有些法院担心受理后会发生连锁反应而不受理。[①] 媒体在介绍浙江省台州市中级人民法院探索行政诉讼“异地交叉管辖”经验时曾经提到一个“刺激神经”的事例，某基层一起行政案件牵涉到某行政单位，开庭之前，市长打电话把基层人民法院院长找去，数落一顿后竟然把传票扔给法院院长说：“拿回去，胡闹！”由于种种原因，台州从 2000 年到 2002 年 3 月间审结的 1763 起一审行政案件，原告撤诉的高达 50.65 %。[②] 二是在实践中，行政审判受到政府部门的干扰、案件无法得到正常审理成为经常出现的一种现象。正如有学者所指出的：“行政审判‘难’在干预，尤其是行政机关对行政审判的非法干预。”[③]有资料反映，某市 156 名出租车司机诉市公路运输管理处征收出租车经营权有偿使用费一案，中级人民法院受理后立即受到该市有关领导指责，不让法院开庭、判决，行政机关的非法干预使这一集团诉讼案件长达一年不能审理。在有的地方，行政机关不愿当被告，不应诉、不出庭、不依法承担败诉责任的问题很突出。个别地方还发生了被诉公安机关在法院门口将原告抓走的事件，严重损害了法律的尊严和法院的权威。[④] 在一些地方，由于法院在行政审判中面对的是拥有强大行政权的行政机关，因而畏缩不前，举步维艰，“县法院审不了县政府”现象由此产生。正是这种状况的存在，导致我国有一些法院在行政诉讼实践中，积极探索“异地交叉管辖制度”，试图采取通过避开当地行政机关的

---

① 参见甘文：《我国行政诉讼制度发展进程调查报告》，载应松年、袁曙宏主编：《走向法治政府——依法行政理论研究与实证调查》，法律出版社 2001 年版，第 466 页。

② 参见章再亮、陈佳：《浙江台州法院五年探索——“异地交叉管辖”破解行政诉讼难》，载《民主与法制时报》2007 年 4 月 2 日。

③ 张树义主编：《寻求行政诉讼制度发展的良性循环》，中国政法大学出版社 2000 年版，第 69 页。

④ 参见甘文：《我国行政诉讼制度发展进程调查报告》，载应松年、袁曙宏主编：《走向法治政府——依法行政理论研究与实证调查》，法律出版社 2001 年版，第 466 页。

方式实现一定范围内的司法公正就成为一种理所当然的改革措施。

第四，部分法院对诉权设置障碍，导致原告维权成本过高。在实践中，法院无原则地迁就行政机关，将原告合法的诉讼请求拒之门外的现象，也是屡有发生。在有些案件中，原告有比较充分的证据证明被诉具体行政行为属于行政诉讼的受案范围，但法院仍然不予受理，从而使原告寻求司法救济的愿望无从实现，被告可能侵犯原告合法权益的行为无法得到应有的审查和监督。同时，即使受理了原告的起诉，有些法院也千方百计地找出理由驳回原告的起诉。在上海金港经贸总公司诉新疆工商行政管理局"打白条收取罚款"违法行政案件中，尽管原告在 1997 年 6 月起诉时已经依法提交了充分的依据证明被告的处罚行为违法，被告在收到诉状以后，也没有在法定时限内向法院提供其作出具体行政行为的事实依据和法律依据，但是该案却被一审、二审法院予以驳回。原告对一审和二审裁定始终不服，一直坚持申诉。最高人民法院在 2005 年 11 月 3 日作出的再审裁定中明确阐述了被告行政行为和原一审、二审裁定的违法之处，决定撤销一审和二审裁定，指令原一审法院按照一审程序对该案进行审理。2006 年 4 月 18 日，原一审法院终于向原告发出了开庭传票。原告自 1998 年 6 月起诉后，历经 8 年时间的不懈诉求，终于在最高人民法院的支持下获得了开庭机会。[①]

此外，一些法院对于原告明显有理的案件，即使最终判决原告胜诉，也要经过漫长的"艰难"历程，原告的合法权益难以得到及时维护。如 1998 年四川一位农民因被精神病患者追杀致残，状告公安机关行政不作为，索赔 364 万元。他历经四载，耗资 40 余万元，56 次上访，最终在最高人民法院作出"由于公安机关不履行法定行政职责，致使公民、法人和其他组织的合法权益遭受损害的，应当承担行政赔偿责任"的"答复"之后讨到说法。[②] 在此案中，固然有当时对于人民警察不履行保护人民群众人身安全的职责是否承担赔偿责任尚不明确的原因存在，但审理过程耗时过长，确实也使当事人维权的成本过于"高昂"。实践中，类似这类状告行政机关的行政诉讼(包括行政赔偿诉讼)要耗时数年的情况并不鲜见。如贵州省纳雍县一村民历经 8 年的艰难诉讼，终于打赢了旷日持久的状告县政府的行政赔偿官司。根据贵州省高级人民法院(2003)黔高行经字第 19 号行政赔偿判决书，纳雍县政府于 2003 年 7 月 27 日向该村民兑现行政赔偿金 21

---

① 参见陈默、丁凌:《最高法院裁定八年告官案终开审》，载《民主与法制时报》2006 年 10 月 30 日。《中华人民共和国最高人民法院公报》2006 年第 4 期也以《上海金港经贸总公司诉新疆维吾尔自治区工商行政管理局行政处罚案》为题专门刊登了最高人民法院对该案进行提审的行政裁定书。

② 参见陈勇、冬妮:《轰动全国的"状告公安不作为"胜诉》，载《法制日报》2001 年 9 月 19 日。

万元。该案的产生是因为该村民于1995年5月4日持合法开采证在纳雍县水东乡洗米沟村开采铅锌矿时,与他人发生矿界纠纷。同年12月10日,纳雍县政府下发文件对此纠纷进行处理。该村民对处理结果不服,向县人民法院提起行政诉讼,法院维持了县政府的具体行政行为,上诉后又被二审法院驳回。随后,该村民向贵州省人民检察院上访,经贵州省人民检察院抗诉,省高级人民法院再审后判决撤销一审、二审判决和县政府的具体行政行为,并判令县政府重新作出具体行政行为。1999年2月6日,县政府对该矿界纠纷重新作出处理决定。同年12月29日,县国土资源局作出决定,吊销该村民的采矿证,该村民不服,向法院提起行政附带赔偿诉讼,随后在四年多的时间里,此案经贵州省高院两次发回重审,地区中院一次一审、两次再审,直到2003年5月初,此案才在贵州省高院的终审中尘埃落定。[①] 同样,内蒙古呼和浩特市一市民的行政赔偿诉讼案件,从2003年8月至2005年8月,历经两年,经过一审、二审和再审,才最终获得了胜诉,得到了应得的赔偿。[②]

由此可见,在实践中原告胜诉的行政案件,往往要经过漫长和艰难的过程,才能得到较为满意的结果。这种现象极大地影响了行政诉讼制度在公众心目中的公信力。

第五,法官违反中立原则为被告"作证"的现象时有发生。根据《行政诉讼法》及其司法解释的规定,被告应当在收到起诉状副本之日起10日内向法院提交答辩状,并提供作出具体行政行为时的证据、依据;被告不提供或者无正当理由逾期提供的,应当认定该具体行政行为没有证据、依据。但是,在行政诉讼实践中,被告究竟是否在法定期限内提供了证据、依据,作为原告的当事人是无从得知的,这就出现了法官为被告作证的不正常现象。当原告或者第三人对于被告是否在法定期限内举证提出疑问时,通常都是由法官"挺身而出"为被告证明。在实践中,经常有原告对法官所作的"证明"提出异议。笔者认为,这种异议是有道理的。因为在行政诉讼中,法官理应是中立者,作为以司法公正为己任的、处于中立地位的法官为一方当事人承担诉讼义务的行为是否合法作证明,不符合法官作为居中裁判者应有的地位。

当然,以上现象并不能概括实践中法院与行政机关不正常关系的全部。然

① 参见钟运龙:《八年诉讼今有果 贵州一村民获国家赔偿21万》,载《法制日报》2003年8月6日。

② 参见汤计、车玲:《呼市一百姓告政府违法拆迁历经两年才结案 法院终判政府赔偿9万》,载《法制日报》2006年1月26日。

而，仅仅是上述现象的出现，已经使我们对我国行政诉讼制度的实际运行及其应有的公信力产生担忧。严格说，法院与政府之间在实践中所反映出来的这种不够“正常”的关系，并不完全是行政诉讼制度所致，相反还与行政诉讼制度通过法院对行政行为的合法性审查所应该体现出来的监督行政机关依法行使行政职权的宗旨相违背。这些现象的出现，说明在我国行政诉讼实践中，作为具体行政行为合法性审查者地位的法院与作为行政诉讼中被审查对象的行政机关，其应有的关系并没有完全被理顺，以致有学者尖锐地指出，我国于 1990 年实施的《行政诉讼法》“曾为我国法学界引以为豪，当今却变成学者和老百姓心中的一个痛”①。一部以民主政治为基础并理应以监督行政权的依法行使和保障公民权利为根本宗旨的现代法律制度，其运行结果为什么会出现如此状况？这其中当然有历史文化渊源问题，也有思想观念问题，而从制度及其运行角度而言，没有能够处理好法院与行政机关在行政诉讼中的关系是一个关键问题。

不可否认，《行政诉讼法》实施以来，对促进行政机关依法行政、推动社会进步起到了前所未有的巨大作用。这一制度的实施已经作为我国法治建设的一个里程碑而载入史册。但是，我们也应当清醒地看到，由于制度的相对不够完善和观念等因素的影响，我国行政诉讼制度在实践中的运行还存在很多与建立这一制度的初衷不相符的地方。正如有学者指出的那样：“现在行政机关公然对抗行政诉讼的例子并不多见了，但是在法庭的背后行政机关与法院之间究竟发生了多少故事，一般人也是可以想象的。”②正因为如此，行政案件上诉率高、改判率高、申诉率高的情况也比较突出，③这已经成为影响社会稳定与和谐的一个很重要因素。因此，通过制度的进一步完善解决我们实践中的问题，就成为完善行政诉讼运行机制、建立法院与行政机关之间正常关系的一个必不可少的选择。

四、司法解释为规制行政诉讼中法院与行政机关关系所作的努力

客观地说，自《行政诉讼法》实施以后，最高人民法院在探索建立法院与行政机关的正常关系方面已经做了很多的努力，除了前面已经提到的《行政案件管辖规定》对行政诉讼管辖制度所进行的变革之外，《若干解释》《最高人民法院关于行政诉讼证据若干问题的规定》（以下简称《行政诉讼证据规定》）在《行政诉讼

---

① 杨伟东：《权力结构中的行政诉讼》，北京大学出版社 2008 年版，第 1 页。

② 章剑生：《现代行政法基本理论》，法律出版社 2008 年版，第 506 页。

③ 参见江必新主编：《中国行政诉讼制度的完善——行政诉讼法修改问题实务研究》，法律出版社 2005 年版，第 10 页。

法》的基础上,也对可能影响行政诉讼中法院与行政机关正常关系的问题做出了很多规定。可以说,在现行行政诉讼制度的框架之内,如何更好地界定与规制法院与行政机关在行政诉讼中的关系,最高人民法院通过司法解释已经进行了不懈的努力。

第一,通过界定改变具体行政行为的复议决定扩大法院对复议决定的司法监督权。《行政诉讼法》第 25 条规定,经复议的案件,复议机关决定维持原具体行政行为的,作出原具体行政行为的行政机关是被告;复议机关改变原具体行政行为的,复议机关是被告。但是,在实践中,很多行政机关将复议机关改变原具体行政行为,仅仅看作是对最后的处理结果的改变。为了扩大行政复议机关成为行政诉讼被告的范围,弥补《行政诉讼法》对复议机关被告问题规定的不足,《若干解释》第 7 条规定:"复议决定有下列情形之一的,属于行政诉讼法规定的'改变原具体行政行为':(一)改变原具体行政行为所认定的主要事实和证据的;(二)改变原具体行政行为所适用的规范依据且对定性产生影响的;(三)撤销、部分撤销或者变更原具体行政行为处理结果的。"这就在客观上使行政复议决定受到司法监督的范围扩大,也使行政复议机关成为被告的可能性加大,从而扩大了法院对行政复议活动的司法监督权。

第二,通过明确原告资格以及起诉期限明确行政诉权和司法监督权的实现。《若干解释》第 12 条规定:"与具体行政行为有法律上利害关系的公民、法人或者其他组织对该行为不服的,可以依法提起行政诉讼。"同时,该解释在"诉讼参加人"一节中对实践中面临困境而争论不休的原告资格问题作出了具体的规定,突破了"行政诉讼原告必须是行政法律关系相对人"的樊篱,将具有"法律上利害关系"作为确定行政诉讼原告资格的主要标准,从而使公民的行政诉权得到较为全面的保护。此外,该解释还对起诉期限所涉及的若干问题进行了明确的规定。因为要实现司法权对行政权的有效监督,其前提是原告诉权的实现。可以说,《若干解释》对原告资格和起诉期限的明确,不仅仅是对原告资格的确认和起诉程序的规范,使公民、法人或者其他组织的诉权得到切实的维护,更为重要的是使行政权受司法监督的法治原则通过诉讼程序加以实现的可能性不断加大。

第三,通过完善证据认定规则强化司法权对行政权的监督力度。《行政诉讼证据规定》中对行政证据的审查、判断和认定以及对举证责任等若干问题的详细规定,为法院依法审查行政行为证据的合法性提供了充分的司法依据,对强化司法权对行政权的监督具有十分重要的现实意义。其一,在行政证据规则中确立了"案卷排他性原则"。在行政诉讼程序中,案卷排他性规则是一项证据认定和适用规则，这一原则有利于法院对行政机关的制约。在我国，行政诉讼司法解释已经较为明确地确立了案卷排他性规则。例如，被告的举证期限表明被告应提供其行政案卷记载的证据；被告不能在作出具体行政行为之后再调查收集证据的规定，表明行政案卷之外的证据是“排他”的；法院对行政证据审查判断的规定表明了“案卷排他性”原则已经确立等。上述规定实际上也明确了法院审查行政证据，只能以行政案卷中记载的证据为范围进行。其二，确立了行政证据的程序合法性要求。行政证据的程序合法性要求行政机关应当遵守法定的步骤、顺序、方法、时限对证据进行收集、审查和采纳，并使之成为事实认定的根据。《若干解释》第30条规定，行政机关在诉讼期间自行收集的证据和严重违反法定程序收集的证据不能作为人民法院的定案依据。《行政诉讼证据规定》对行政证据的程序合法性问题又作出了更为详细的规定。如符合主体要求，行政证据收集的主体应该是法定的，非法定主体收集的证据不能在行政程序中作为证据使用；如符合法定形式，证据收集不但要符合《行政诉讼法》规定的证据种类与形式，还应符合一定的特殊要求，即应履行一定的法律手续或具备一定条件；如符合行政活动的一般程序规则，行政程序中应遵守“先取证，后裁决”的基本程序规则。此外，该规定还明确，不得以非法手段收集行政证据，不得滥用行政权力收集并取得证据；收集证据必须保障当事人在行政程序中的权利，被告在行政程序中非法剥夺公民、法人或者其他组织依法享有的陈述、申辩或者听证权利所采用的证据，不能作为被诉具体行政行为合法的依据等。其三，确立了保障行政证据真实性的要求。《行政诉讼证据规定》通过一系列的规定，明确了审查证据真实性的若干要求。在行政程序中，行政机关无论是收集证据还是审查证据，都必须遵循客观真实的要求。此外，从行政诉讼的角度说，行政证据是否客观、真实，是否能够证明案件事实，也是判断行政行为是否合法的重要标准之一。

第四，通过限制法院取证范围和强化被告举证责任切断法院与行政机关的“不正常联系”。《行政诉讼证据规定》试图通过对法院取证范围的限制和强化被告对具体行政行为合法性的举证责任，杜绝法院与行政机关的“不正常联系”，由此可以看出，司法解释在构建法院与行政机关之间正常关系方面的“良苦用心”。该规定明确的相关内容主要包括以下几点：首先，通过明确法院调取证据的范围确定法院不能随意帮助行政机关取证。在实践中，一些法院违法帮助行政机关取证的现象时有发生。为了杜绝这种现象，《行政诉讼证据规定》规定了只有“涉及国家利益、公共利益或者他人合法权益的事实认定的”和“涉及依职权追加当事人、中止诉讼、终结诉讼、回避等程序性事项的”，法院才有权向有关行政机关以及其他组织、公民调取证据。同时，该规定还进一步明确了"人民法院不得为证明被诉具体行政行为的合法性，调取被告在作出具体行政行为时未收集的证据"。其次，通过强化被告的举证责任杜绝法院与行政机关联合起来审原告的现象。《行政诉讼证据规定》规定，"原告可以提供证明被诉具体行政行为违法的证据。原告提供的证据不成立的，不免除被告对被诉具体行政行为合法性的举证责任"，"原告确有证据证明被告持有的证据对原告有利，被告无正当事由拒不提供的，可以推定原告的主张成立"。针对实践中有些法院片面要求原告对自己的行为是否合法以及被告的行为是否合法进行举证的现象，《行政诉讼证据规定》的上述规定，无疑是对这种违背行政诉讼宗旨而进行的"官官相护"行为的一种否定，同时也是对在行政诉讼中处于弱势地位的原告合法权益的一种较为实在的保护。上述规定是司法解释在行政诉讼中对建立法院与行政机关之间正常关系的最直白的表现。

尤其引人注目的是，最高人民法院于 2009 年 11 月 9 日发布《最高人民法院关于依法保护行政诉讼当事人诉权的意见》。该意见进一步重申要依法保护行政诉讼当事人提起行政诉讼的权利，指出"要坚决抵制非法干预行政案件受理的各种违法行为，彻底废除各种违法限制行政案件受理的'土政策'"，"要建议政府和有关部门正确理解和评价行政诉讼败诉现象"，并强调要"通过不懈努力，使行政案件受理难、审理难、执行难问题得到根本解决，使行政诉讼制度在保护合法权益，促进依法行政，化解行政争议，维护和谐稳定中发挥更加积极的作用"。这应当视为最高人民法院为解决行政案件"告状难""受理难"问题，在起诉和受理阶段进一步规范法院与行政机关关系的又一重要举措。

由此可见，最高人民法院对于行政诉讼实践中法院与行政机关所存在的不正常关系是有所洞察的，它通过司法解释为强化司法权对行政权的监督，构建法院与行政机关之间监督与被监督的关系进行着不懈的努力。司法解释的努力是值得赞许和称道的，因为这些在现行行政诉讼制度框架内所努力的方向，与行政诉讼制度发展的目标是相符合的。但是，司法解释的努力毕竟仅仅是一种法律制约之下的努力，其作用是有限的，既难以突破法律的现有框架，也难以完全破解实践中存在的很多难题，尤其是实践中的行政诉讼状况表明，建立法院与行政机关在行政诉讼中的正常关系，完全靠司法解释的努力并不能"奏效"。从宪治的角度而言，它必须是靠代表全体人民意志的最高权力机关的努力，而这种努力恰恰应当完整地体现在正在进行的《行政诉讼法》的修改之中。

五、《行政诉讼法》修改的关键是依法规制法院与行政机关之间的关系

从法律制度角度而言，司法解释毕竟不是法律，它无法对法律所确立的原则以及一些基本的诉讼制度和规则作出比较大的变通与改革。因此，笔者认为，要实现行政审判中法院对具体行政行为合法性的审查原则，建立法院与行政机关之间正常的监督与被监督关系，在根本上实现行政诉讼制度对公民合法权益的维护，应当以当前我国《行政诉讼法》的修改为契机，从制度上着力构建法院与行政机关的监督与被监督关系。

（一）增强法院行政审判权威并正确确立行政审判权与行政权之间的关系

进一步增强法院在行政审判中的权威，使其能够理直气壮地进行行政审判，而这是行政诉讼制度功能能够正常发挥的前提所在。因此，《行政诉讼法》修改中的一个首要内容就是正确确立行政审判权与行政权的关系。“行政诉讼的特殊之处就在于诉讼程序的设计和诉讼过程的运作无不关涉到行政权与审判权之间的关系，如何协调两者之间的关系是各国行政诉讼皆面临的问题。”[①]在笔者看来，正确确立行政审判权与行政权之间的关系，在我国显得尤为重要。同时，国家之所以设置行政审判权并交由人民法院行使，其目的是为了保障当事人诉权的充分行使和依法实现，[②]而公民诉权的实现，依赖于行政审判权的实现。因此，应当从制度上保证行政机关对法院行政审判权的尊重，让作为被告的行政机关树立“被审查”的观念。为此，要将我国《行政诉讼法》第 1 条中关于“维护和监督行政机关依法行使行政职权”修改为“监督行政机关依法行使行政职权”，从而改变现行《行政诉讼法》“监督与维护”并举的状况。“在国家行政权面前，相对人处于弱势，缺乏权益的自我保障能力，由此而产生的行政纠纷，必须通过另一种国家权力居中裁判才能得以解决。因此，国家进行行政诉讼的目的在于用一种权力监督另一种权力……确立这样的诉讼目的，为具体条文的制定和实施指明了方向。”[③]同时，这一目的的确定，也为今后的行政审判确定了核心内容。将维护行政权作为一项法律的宗旨加以规定，无论如何是与这部法律应当具有的品格相违背的。笔者认为，应当造就一种行政权尊重审判权的氛围，并且通过一系

---

① 马怀德主编：《行政诉讼原理》，法律出版社 2003 年版，第 6 页。

② 同上书，第 9 页。

③ 马怀德主编：《司法改革与行政诉讼制度的完善——〈行政诉讼法〉修改建议稿及理由说明书》，中国政法大学出版社 2004 年版，第 87 页。

列的程序规则的设计，保障这一宗旨的实现。

（二）法院和行政机关应当保持一定距离以杜绝“法庭背后的故事”

实践中法院与行政机关交往过多，尤其是因可能或已经发生的行政诉讼案件所引发的过多交往，影响了法院与行政机关的正常关系，影响了司法公正和法官的中立地位。因此，《行政诉讼法》在修改中，应当从制度设计的角度要求法院与行政机关保持一定的距离，杜绝“法庭背后的故事”，而这其中最主要的是要杜绝法官与被告之间的单方接触。①

在这一方面，应当通过制度明确法院与行政机关之间的关系，使被诉行政机关在行政诉讼中仅仅具有“诉讼当事人”的地位，而不是其他特殊地位。我国《法官法》第 32 条第 12 项将“私自会见当事人及其代理人”规定为“法官不得有”的行为之一。② 最高人民法院颁布的《法官职业道德基本准则》第 8 条也规定：“法官在审判活动中，不得私自单独会见一方当事人。”无论在何种诉讼中，法官不规范接触当事人的行为，都显然是违反上述规定的。因此，应当从制度角度使法院、法官与行政机关保持一定的距离。《行政诉讼法》应当规定在行政诉讼中或者在可能产生行政诉讼的情况下，禁止法院与行政机关单方面接触，尤其是在行政诉讼过程中，更应严格禁止法官与行政机关在正常诉讼程序之外所进行的非正常交往，如所谓的“研讨”“案件论证”以及交流案情、商量审判思路等。

（三）建立各种程序规则履行过程中的公开制度

为防止法院、法官与被告行政机关在行政诉讼中的不正常交往，着力打造公正的司法环境和氛围，笔者建议在各种程序规则的履行过程中，尤其是容易引起争议的某些程序规则的履行中，突出透明度和公开性。笔者曾经对行政诉讼中被告举证规则的进一步优化提出过探讨，③其中就包括被告在法定期限内举证的证明规则。笔者建议，在被告举证时规定原告可以要求法院当场将被告所提供的证据副本发送给原告。同时，将被告举证情况作好笔录，由双方当事人签名认可，从而避免产生被告是否在法定期限内举证的争议，也可以杜绝“法官作证”现象的出现。这既是从程序上完善被告依法定程序举证的制度，促进司法透明

---

① 法官在诉讼中与一方当事人不得单方面接触原则，是诉讼法的一项原则，它是指裁判者不得与任何一方当事人进行任何形式的单方面接触，不能在一方不在场时听取另一方的陈述。

② 《法官法》第 33 条规定，法官有该法第 32 条所列行为之一的，应当给予处分；构成犯罪的，依法追究刑事责任。但实践中从未有闻法官因为在行政诉讼中与被告接触过多而被处分的。

③ 参见沈福俊：《论行政诉讼被告举证规则的优化》，载《法商研究》2006 年第 5 期。

和司法公正，也体现出当事人在诉讼程序中地位的平等性。这种公开性的做法，对于确立和体现法官在行政诉讼中作为审判者的中立地位来说，尤为重要。

（四）明确非法干扰行政审判以及违反法定程序进行审判的法律责任

法律的生命在于责任，责任是法律制度的核心所在。虽然一部诉讼法律规范，应当以规范诉讼程序为己任，以规范诉讼程序为其主体性内容，但是对于违反诉讼程序基本准则、不依法进行诉讼活动的行为进行一定的制裁，也应当是《行政诉讼法》修改中所必须考虑的内容。如禁止法官与当事人不正常接触的规定，不但《法官法》中有规定，最高人民法院的其他规范也有规定，但为什么在行政诉讼中却没有被执行？其关键原因有以下两点：一是很少会有法官认为这是违规甚至是违法行为；二是虽然《法官法》中有关于责任的规定，但是实际上谁都没有也不会因此被追究责任。所以笔者建议，无论对于非法干扰法院行政审判的行政机关工作人员，还是对于不依法律规定进行行政审判，不依法律规定保障当事人诉讼地位平等的法官，都应当为其设置相应的法律责任，并且应当通过严格的制度加以切实的执行。如对于再审确认为原一审或者二审明显属于违法审判的行政案件，尤其是经过当事人多年艰难申诉、信访等过程终于被纠正的案件，一旦被确认为原判违法的，应当追究原审判人员的责任。因为只有强化法律责任，才有可能强化法院审判人员依法审判的责任心，并且自觉地依法履行法律所赋予的审判职责。

因此，笔者认为，《行政诉讼法》虽然从性质上说只是一种诉讼程序法，但这种诉讼程序制度在我国实际运行过程中的特殊表现，促使我们不得不思考其在制度修订过程中的特殊要求。通过《行政诉讼法》的修改进一步理顺法院与行政机关的关系，是促进行政诉讼制度的功能得以正常发挥的重要步骤。因为唯有通过诉讼程序的正当设置和运作，才能给原告提供控告比自己更强大的政府的法律武器，让不平等的双方在一种平等的诉讼法律关系或者在一种正义的程序中进行“控辩”对峙，“攻防”抗衡。① 在《行政诉讼法》这样一部法律中，正义的程序依赖于在正义的理念支配下的各个具体的程序规则的设置。

六、结语

我国《行政诉讼法》已经实施了将近 20 年的时间。实践证明，行政诉讼制度乃是中国建设民主法治社会所必需的。“司法复审是纠正不法行为的基本措施。

① 参见胡肖华：《行政诉讼目的论》，载《中国法学》2001 年第 6 期。

蒙受行政裁决或其他行政行为损害的个人可以就这些行政裁决或行政行为的合法性问题向法院提起诉讼。"[①]但是,"在行政诉讼方面,现行的制度和原则乃至观念,几乎都是在70年代末改革开放以后,在移植外国的经验的基础上建立起来的"[②]。由此导致的"水土不服",需要通过行政诉讼制度的不断完善加以纠正。因此,针对我国行政审判中出现的特殊问题,如何依法规制法院与行政机关的关系,就成为我国《行政诉讼法》修改中必须考虑并着力加以解决的一个关键问题。

第四节 论"穷尽行政救济原则"在我国之适用
——我国提起行政诉讼的前置条件分析*

一、我国行政诉讼的前置条件所存在的问题

关于在提起行政诉讼之前是否应当以经过行政复议为前置条件,我国《行政诉讼法》第37条规定:"对属于人民法院受案范围的行政案件,公民、法人或者其他组织可以先向上一级行政机关或者法律、法规规定的行政机关申请复议,对复议不服的,再向人民法院提起诉讼;也可以直接向人民法院提起诉讼。法律、法规规定应当先向行政机关申请复议,对复议不服再向人民法院起诉的,依照法律、法规的规定。"这一规定,就是通常所说的"复议或者诉讼,由当事人选择为原则,复议前置为例外"的制度。自《行政诉讼法》实施以来的十多年间,这一制度所受到的赞许与肯定远远大于对其的批评和反对,而且这种由当事人对行政诉讼和行政复议自由选择的观点在行政法学界被认为"越来越占主导地位",并且认为这种自由选择"应当是一种原则或主要形式"。[③] 但是,笔者所见到的一个案例,使人不禁对这一制度在我国实施的合理性产生怀疑,而这一怀疑又引发了笔者对这一问题的一些思考。这是一个关于不服房屋拆迁纠纷裁决的行政案件,其基本案情是:一拆迁户,一家三口,老人已70多岁高龄,儿子及媳妇均身有残疾,行动不便,在与拆迁公司协商未果的情况下,房管部门裁决安置该户回迁位于顶楼(六层,无电梯)的一套三居室。该户老少均喊不平:如此楼层,如何居

---

① 〔美〕伯纳德·施瓦茨:《行政法》,徐炳译,群众出版社1986年版,第396页。

② 何勤华:《新时期中国移植西方司法制度反思》,载《法学》2002年第9期。

* 原载《政治与法律》2004年第2期。

③ 参见姜明安主编:《行政法与行政诉讼法》,法律出版社2003年版,第443页。

住？于是诉至法院，要求有个说法。结果令他们很失望，因为法院认为，从法律上来讲，房管部门裁决安置楼层的高低完全在其自由裁量权的范围之内，法院对此也无能为力。[①] 我国行政诉讼法规定，人民法院审理行政案件，是对具体行政行为的合法性进行审查，而对于具体行政行为的合理性，法院原则上无审查的权力。正是这样一种法定因素，导致法院在面对行政机关的自由裁量权是否合理这一问题时，只能是无能为力。这样一起看似简单的案例却折射出我国行政诉讼法在设计行政诉讼前置条件上的明显缺陷。笔者思忖，如果该户居民在这一案件中，不是首先选择提起行政诉讼，而是首先选择申请行政复议的话，那么这一案件所涉及的行政机关行使自由裁量权是否合理的问题就有可能得到较为圆满的解决。[②] 因为《行政复议法》明确规定，行政复议的功能在于"防止和纠正违法的或者不当的具体行政行为，保护公民、法人和其他组织的合法权益，保障和监督行政机关依法行使职权"[③]，行政复议机关的法定职责就是既要审查被申请复议的具体行政行为的合法性，又要审查其合理性。而行政诉讼与行政复议之间一个很重要的区别就在于，行政诉讼原则上只审查具体行政行为的合法性，而不审查其合理性，具体行政行为的合理性问题在行政诉讼中一般是无法得到解决的。由此看来，法院对这一问题的无能为力就完全是"合法之举"了，否则法院将会陷入"违法审判"的泥潭而不得脱身。但是，既然法律明文规定在行政诉讼和行政复议这两种救济途径之间允许进行选择，那么这两种选择为什么又会导致完全不同的结果呢？进一步说，既然如此，这样的选择还有什么意义呢？再进一步说，设立行政救济制度的根本目的究竟是什么？我们将如何走出这样一个两难境地，从而通过行政救济制度更好地维护公民、法人和其他组织的合法权益？这些都是笔者在本文中所要讨论的问题。

二、救济途径选择结果的不同使公民权利的保护陷入两难境地

行政救济制度是国家为保障行政权的正当和合法行使所建立的。从根本上说，这类制度建立的终极目的，是为了保障公民权利免受违法行政和不当行政的侵害，从而在根本上保护公民、法人和其他组织的合法权益。对此，我国行政复

---

① 参见王敏：《自由裁量权，你能释放人性的光芒吗》，载《法制日报》2002 年 11 月 13 日第 8 版。

② 从制度角度来说，如果本案原告选择行政复议的话，行政复议机关理应依照行政复议法的规定，依法对房管部门的房屋拆迁裁决进行合法性和合理性审查。但鉴于目前我国行政复议实践的现状，笔者只能认为，即使提起行政复议，也只是"可能得到较为圆满的解决"。

③ 《行政复议法》第 1 条。

议法和行政诉讼法均作出了明文的规定。因此,从制度功能的角度来说,两者在维护公民权利和对行政实施法律监督方面具有相同的一面。但是,行政复议和行政诉讼毕竟是两种不同的制度,前者为行政上的救济制度,后者则是司法上的救济制度。许多行政法和行政诉讼法学方面的著作对两者的不同都作了较为详细的论述,还有学者更加简洁明了地指出,这两种制度的差异在于:从性质上说,行政复议属于行政救济,行政诉讼属于司法救济,因为前者由行政机关主持,后者由司法机关裁判;从审查标准上说,人民法院在审查行政案件中,是审查具体行政行为是否合法,而在行政复议中,行政复议机关是对被复议的具体行政行为是否适当和合法进行审查。① 由此可见,行政复议和行政诉讼作为两种不同的法律救济途径,其区别也是显而易见的。正是由于存在这样的区别,现行的行政复议和行政诉讼制度在制度的具体设计上必然会产生很多的不同,尤其是两者在审查范围和审查标准上的不同,更是导致其结果在一定情况下必然是不同的。如此看来,究竟是选择行政救济(即行政复议),还是选择司法救济(即行政诉讼),对于当事人来说,是一个摆在其面前的非常值得慎重思考的问题,稍有疏忽,其合法权利的保护就将成为一句空话。此外,《最高人民法院关于执行〈中华人民共和国行政诉讼法〉若干问题的解释》第 56 条明确规定,被诉具体行政行为合法但存在合理性问题的,是人民法院应当判决驳回原告诉讼请求的法定情形之一。如果原告因为合理性问题而选择了司法救济的话,他所选择的必将是对自己不利的结果(当然,行政处罚显失公正的除外)。这样的话,法律必须要求公民都应当是行政法方面的专家,从而使他们在选择救济途径之前,都能够搞清楚所起诉的具体行政行为究竟是存在合法性问题,还是存在合理性问题。但这样的要求,对于刚刚迈入法治社会的公民来说,是不是太苛刻了一些?

当然,法律之所以在行政法上设立复议和诉讼的选择制度,自有其理论基础和一定的内在合理性。首先,行政复议制度既有审查合法性的功能,也有审查合理性的功能,而行政诉讼则主要是审查合法性,两者在对具体行政行为的合法性审查的功能上有重叠的一面。仅就这一重叠来说,允许当事人对复议和诉讼进行选择,不但是可行的,而且是值得提倡的,因为这样可以使公民、法人和其他组织在受到行政权力的违法侵害时多一条救济途径,更主要的是当事人拥有了自主选择救济的权利,这样至少在程序上保障了当事人的选择权。同时,由于两者在解决合法性问题上的同一性,当事人无论选择哪一种救济途径,都将会产生同

① 参见胡建淼主编:《行政诉讼法学》,高等教育出版社 2003 年版,第 5 页。

样的结果。其次,从对公民、法人和其他组织诉权尊重的角度考虑,理应要将选择救济途径的权利给当事人,使之能够选择对自己最为有利和方便的救济途径,从而使其权利得到最为有效的保护,也使救济制度的功能得到最大限度的实现。有些学者在论述主张由当事人自由选择的主要理由时认为:(1) 自由选择有利于当事人行使诉讼权利,可以避免跨地区申请行政复议给当事人带来交通、食宿等困难,避免当事人花费大量的时间和精力,减少程序,使行政案件得到较快的解决;(2) 有些具体行政行为在作出前一般都请示过上级行政机关,再经复议没有多大意义,而且有些上级机关往往偏袒下级机关,人们怀疑其解决问题的公正性;(3) 提起诉讼是宪法赋予当事人的民主权利,不应加以限制,允许当事人选择,有利于当事人行使民主权利;(4) 国外行政诉讼立法也有先行复议和当事人选择两种规定,但目前的发展趋势是直接起诉。[①] 也有学者更加明了地指出,之所以主张复议和诉讼的自由选择,"或多或少与行政复议制度存在的一些缺陷和实际运用中存在的一些问题有关"[②]。上述理由的存在,使得关于我国行政救济制度中复议和诉讼自由选择的观点明显占主导地位,并且在立法中也基本得到了实现。

笔者毫不怀疑上述观点在理论上有一定的积极意义。但是,这一理论和法律规定的相对合理性,并不能掩盖其在实际操作中的缺陷。理论上的合理性,应当是建立在实践的合理性基础之上的。离开了这一基本前提,任何理论和法律规定都会显得苍白无力。应当承认,复议和诉讼由当事人自由选择的法律规定,虽然从表面上看,是对当事人选择救济权利的一种尊重,但从实际效果看,在某些情况之下,这种设置不但起不到保护公民权利的实际作用,反而在一定程度上使公民维护自身合法权利的希望完全落空。上文所引用的案例就说明了这一问题。第一,当事人往往从法律规定的表象上去进行分析,但限于自身的法律水平,不可能像专业法律工作者那样对法律条文的确切含义作仔细的探究并真正领会法律的内涵,往往凭自身的感觉选择法律救济途径。第二,法律规范本身对相关问题的表述不够精确,《行政诉讼法》仅仅是规定"对属于人民法院受案范围的行政案件,公民、法人或者其他组织可以先向上一级行政机关或者法律、法规规定的行政机关申请复议,对复议不服的,再向人民法院提起诉讼;也可以直接

---

① 参见许崇德、皮纯协主编:《新中国行政法学研究综述(1949—1990)》,法律出版社 1991 年版,第 697 页。

② 姜明安主编:《行政法与行政诉讼法》,法律出版社 2003 年版,第 443 页。

向人民法院提起诉讼”。从这一规定来看,法律并未作更为详细的说明,即没有能够表述清楚什么是能够选择的,什么是不应当选择的事项,从而导致公民选择救济途径时,往往因为不得要领而盲目进行,丧失了对自身权利维护的最有利途径。第三,当公民满怀信心地选择司法救济途径时,却又可能因为该案件属于合理性问题而无法得到救济,待到再想去行政复议,已经不可能。这样,法律规定的实效性必然令人失望,同时也与行政诉讼法所确立的“保护公民、法人和其他组织的合法权益”的立法宗旨不相符合。

这种问题发生的原因,就在于行政诉讼法的这一规定,离开了我国法治发展的实际水平,脱离了实际。在我国,虽然已经进行了近 20 年的普法教育,但公民的法律素养从总体上来说还不是很高,尤其是在行政诉讼领域,面对强大的国家行政权,很多公民会觉得无所适从,根本无法在选择救济途径之前去理清自己的案件究竟是属于合法性问题,还是合理性问题,还是两者兼而有之,而且究竟属于哪一类问题,也要在法院审理之后才能见分晓(更何况,即使在目前的行政法学界,对于合法性和合理性问题的界限尚存在不同的争议)。如果从公民角度分析,自由选择救济途径既然是法律所规定的权利,那么依照法律规定选择的救济途径,理应获得相同的结果。因为无论从理论还是从实际效果来说,只要是法律明确规定可以选择的,那么不管请求哪种法律救济,这种救济的质量和意义或者说结果应当是一样的,只不过法律在程序上为公民增加了一条途径而已。但是,现在实际效果上的不一样,非常有可能使公民对法律本身失去信心,从而使某些公民将自己的维权之路转移到其他非制度渠道(如不断的上访、申诉甚至暴力抗法),不但影响了政府的正常工作,也在很大程度上影响了社会稳定。为此,笔者认为,这一制度理应加以改革。

三、实现公民权利的有效途径:在一定范围内确立“穷尽行政救济原则”

笔者认为,要改变目前所存在的这一状况,使行政法中的救济制度真正体现保护公民权利的根本目的,必须对目前所存在的复议和诉讼由当事人自由选择的制度进行改革。改革的有效途径就是,在一定范围内建立“穷尽行政救济原则”,使一部分行政案件必须经过行政复议,才能够向人民法院提起行政诉讼,这样可以使一些在行政诉讼过程中无法解决的案件,尽可能地在行政复议程序中加以解决,从根本上使公民权利得到有效的保护。

“穷尽行政救济原则”即复议前置原则,也就是在提起行政诉讼之前,应当经过行政复议。其基本含义是:当事人在没有利用一切可能的行政救济以前,不能申请法院裁决对他不利的行政决定；当事人在寻求救济时，首先必须利用行政内部存在的、最近的和简便的救济手段，然后才能请求法院救济。[①] 世界上部分国家和地区采取了这一制度，如美国、德国、韩国及我国台湾地区的法律，规定对行政机关的行政行为不服的，必须先提起行政复议，对行政复议决定不服，才能提起行政诉讼，其目的在于尽量将行政争议解决在行政程序中。这一制度存在的目的在于避免司法程序不必要和不合时宜地干预行政程序，其基本作用在于保障行政机关的自主和司法职务的有效执行，避免法院和行政机关之间可能产生的矛盾。[②] 实际上，在我国《行政诉讼法》颁布之初，就有学者已经主张，在提起行政诉讼之前，应当采取这一制度。罗豪才教授在《行政诉讼法》颁布之后主编的第一本行政法学司法部统编教材中就曾经指出，从实践看，复议前置原则更符合我国行政诉讼的实际情况。复议前置原则是由行政诉讼法律关系的特殊性决定的。由于诉讼客体是引起行政争议的行政决定，而作出决定的行政机关是统一行使行政权的行政系统，因此：第一，行政机关有权也有能力解决因自己的管理行为引起的争议；第二，上级行政机关对下级行政机关的行政行为负有监督检查的权利和义务；第三，行政争议通过行政复议途径解决不仅是可能的，也是必须的。如果不经行政复议就直接由法院解决，那么：第一，会使行政机关丧失了纠正自身缺点和错误的必要机会；第二，也将剥夺上级行政机关对下级行政机关的行为进行监督检查的权利和义务，不利于行政权的完整行使；第三，行政诉讼的程序一般较复议程序相比更为繁复，这就必然会拖延行政决定的实施，不利于行政效率的提高；第四，将大大增加人民法院的负担。从各国司法实践看，由行政机关先行处理，穷尽行政救济后再提起诉讼，既有利于提高行政机关的工作效率和质量，保护当事人的合法权益，又有利于解决行政争议，减轻法院的负担。[③] 在此之后，也有学者指出，充分利用行政方法解决行政争议的益处，一是使国家机关的法定职权分工得到彻底的贯彻，二是提高解决行政争议的效率。[④] 但是，《行政诉讼法》实施以来的十多年间，很多学者不但反对在行政诉讼之前必须经过行政复议的提议，而且对目前法律中存在的复议前置规定也颇有微词，如有学者认为复议前置程序实际上限制了当事人对救济程序的选择权，前置的正当性根据不足，而行政复议和行政诉讼的自由选择则“体现了法治的精神，也体现了

① 参见王名扬：《美国行政法》（下），中国法制出版社 1995 年版，第 566、651 页。

② 参见张正钊、韩大元主编：《比较行政法》，中国人民大学出版社 1998 年版，第 757 页。

③ 参见罗豪才主编：《行政法学》（修订本），中国政法大学出版社 1999 年版，第 315—316 页。

④ 参见于安、江必新、郑淑娜编著：《行政诉讼法学》，法律出版社 1997 年版，第 13 页。

对相对人权利的保护”[①]。如果仅仅从程序权利角度来说，多设置一道程序确实给当事人增添了一定的不便，使其不能尽快地从根本上维护自身的合法权利。但是，很多学者在反对复议前置制度时，仅仅是考虑到了当事人程序上的方便（这当然也是十分必要的），而未能注意到行政复议和行政诉讼毕竟存在一定的不同。在我国行政复议法和行政诉讼法所规定的审查范围和审查程度均不相一致的现实情况之下，部分学者一味地强调当事人对行政复议和行政诉讼的自由选择权，表面上看是维护了当事人的权利，实际上当事人在一定情况下真正获得的仅仅是程序上的权利，而失去的恰恰是其从心底里所期盼的实体权利。本文所引述的案例和实际生活中许多相似的案例也恰恰说明了这一点。所以，这种选择对当事人还有多少意义可言？我们不能仅仅关心程序权利的表面，更应关心这一程序权利给当事人带来的是不是真正意义上的实体公正，即它的效果究竟是什么。这应当成为我们设计法律程序或者说程序权利的目的所在。因此，笔者认为，为了从根本上维护当事人的合法权利，改变由于当事人盲目选择救济途径而产生的不利影响，同时也使我国行政救济制度的功能得到真正发挥，在一定范围内确立“穷尽行政救济原则”是完全必要的。

（一）在一定范围内确立“穷尽行政救济原则”符合我国行政复议和行政诉讼制度的功能

在我国，行政复议和行政诉讼在法律救济和法律监督方面具有相同的本质属性，其目的都是为了监督行政权的合法与正当行使，维护公民、法人和其他组织的合法权益。从制度功能的角度来说，根据《行政复议法》第 1 条的规定，行政复议的功能在于防止和纠正违法或者不当的具体行政行为，保护公民、法人和其他组织的合法权益，保障和监督行政机关依法行使职权。根据《行政诉讼法》第 1 条的规定，行政诉讼的功能则在于保证人民法院正确、及时审理行政案件，保护公民、法人和其他组织的合法权益，维护和监督行政机关依法行使行政职权。从两者功能的比较来说，行政复议的功能比行政诉讼更为广泛，不但受案范围比行政诉讼更为广泛，而且更重要的是审查范围也比行政诉讼要广泛得多。在一定范围内建立“穷尽行政救济原则”，使很多虽然依照法律的程序权利可以起诉，但在行政诉讼中实际上并不可能得到解决的行政案件，通过行政复议的途径得到解决（如涉及合理性问题的行政案件等）。当事人如果对行政复议决定不服，仍然可以向人民法院提起行政诉讼，由人民法院对行政复议机关是否依法履行

① 马怀德主编：《行政诉讼原理》，法律出版社 2003 年版，第 355 页。

纠正违法和不当具体行政行为的法定职责进行合法性审查。如果人民法院在对行政复议行为进行司法审查的过程中，发现行政复议机关违反行政复议法规定，未能履行纠正违法或者不当行政行为的职责，应依法对其进行合法性审查并予以纠正，[①]从而使行政复议和行政诉讼的法定功能都能得到充分发挥。在目前行政复议和行政诉讼的功能尚存在一定区别的情况之下，如果所有案件都允许当事人跨越行政复议程序而直接提起行政诉讼，当事人最终得到的，恐怕不是其真正想获得的权利，而仅仅是一种程序上的选择权。那么，我们建立行政法上这两种救济制度的目的又如何体现呢？有学者认为，是否全面而有效地保障公民的基本权利应当成为社会主义法治的最基本标志。社会主义法治的各个环节，包括立法、守法、执法、适法和督法在内的所有活动，都应当体现马克思主义价值观关于人全面而自由发展的目标，而它在法治国家最基本的表现就是公民的基本权利能够得到全面而有效的保障。[②] 应当说，这一要求已经蕴含在我国行政复议法和行政诉讼法的功能之中。

（二）在一定范围内建立“穷尽行政救济原则”符合行政复议制度的特性

行政复议从本质上说，仍旧是一种具体行政行为，但这种具体行政行为和其他行政行为相比，又具有其特殊性，这种特殊性表现在：它不但具有一般行政行为行政性、职权性和程序性的特征，同时也具有监督性、救济性的特征。[③] 可以说，行政复议是具有一定司法特征的具体行政行为，或称行政司法行为。行政复议中有两方当事人，即复议申请人和被申请人。行政复议机关要对发生于行政复议申请人和被申请人之间的行政争议作出明确的裁断。显然，从形式上看，行政复议就是行政机关作为纠纷与争议双方的居中裁判者依法判定是非。如果说一般行政监督与行政执法一样，在形式上是双方关系，那么行政复议就与司法活动一样，是三方关系。[④] 此外，这种准司法性质的行政行为的程序，相对于严格的司法程序，又较为简洁。所以，对于行政机关而言，这种具有一定司法性质的行政救济和作为司法救济的行政诉讼制度的同时存在，使上级行政机关对下级

---

① 关于完善行政诉讼对行政复议的司法监督，笔者认为，行政复议机关未能按照行政复议法的规定履行纠正违法和不当具体行政行为的职责的，应属于违法，法院完全可以根据行政诉讼法的规定对该行政复议行为进行合法性审查。参见沈福俊：《对行政复议的司法监督：现实问题与解决构想》，载《法学》2003 年第 12 期。

② 参见蒋德海：《法治现代化和人的全面而自由的发展》，载《政治与法律》2003 年第 4 期。

③ 参见罗豪才主编：《行政法学》（新编本），北京大学出版社 1996 年版，第 356—357 页。

④ 参见应松年、刘莘主编：《中华人民共和国行政复议法讲话》，中国方正出版社 1999 年版，第 6 页。

行政机关的监督有了确定的渠道，便于及时纠正错误，也符合行政权的层级监督原则，同时又可使行政机关自己纠正错误，取信于民。对于公民而言，由于这两种救济的同时存在，即使行政复议失败，当事人还可以提起行政诉讼，从而使权益得到充分的保障。对于法院而言，“穷尽行政救济原则”在一定范围内的确立，可以使一部分行政争议在行政复议这一准司法程序中得到解决，即使案件被起诉到法院，法院也仅仅是对其进行合法性审查而已，避免了法院对行政管理专业的不熟悉而导致的尴尬，有利于尽快对案件作出裁断。

（三）在一定范围内确立“穷尽行政救济原则”可以促进我国行政复议制度的创新

不可否认，我国的行政复议制度无论是在某些设计上，还是在实际运行过程中，都存在着许多明显的不尽如人意之处，行政复议作为一种行政救济制度的功能并未能够得到发挥，这一情况影响了行政复议在社会公众心目中的形象。很多学者在论及反对将行政复议作为行政诉讼的前置程序时，都无一例外地提到了我国行政复议制度的实际缺陷。[①] 也有学者在论述我国行政复议制度的改革及与行政诉讼关系时，提到我国行政复议制度目前的不合理状况。[②] 诚然，行政复议在制度上的不完善和在实践中的不当操作，已经严重影响了其作为行政救济制度应有的功能，但这并不是从某种程度上否定它作为一项制度本身应具备功能的理由。我们不能一味地抱怨制度设计和制度运行的不公正，而应该发挥自身的能动性，尽量从制度的改革和促进制度合理实施的过程中保证其公正。我们应当关心的是，当某一制度发生偏差时，应如何纠正这一偏差，从而使其制度功能得到发挥。如果主张当事人对复议和诉讼的选择权，而实践中复议又很难发挥作用，就会导致当事人都去选择诉讼，这不但使当事人的一部分权利在客观上无法得到保护，也使我国的行政复议制度逐渐走向萎缩，成为一项名存实亡的制度。这种结果的出现与建立这一制度的初衷背道而驰。因此，笔者认为，应当在一定范围内建立“穷尽行政救济原则”，并以此为契机，进一步完善我国的行政复议制度，促进行政复议制度的创新。要做到这些，第一，应进一步完善行政

---

① 参见许崇德、皮纯协主编：《新中国行政法学研究综述（1949—1990）》，法律出版社 1991 年版，第 697 页；马怀德主编：《行政诉讼原理》，法律出版社 2003 年版，第 355—358 页；姜明安主编：《行政法与行政诉讼法》，法律出版社 2003 年版，第 443 页。

② 参见王学政：《论我国行政诉讼和行政复议制度之创新》，载《中国法学》2001 年第 4 期；沈福俊：《对行政复议的司法监督：现实问题与解决构想》，载《法学》2003 年第 12 期；周汉华：《行政复议制度的司法化改革思路》，载《法制日报》2003 年 9 月 25 日第 9 版。

复议的程序制度，使其具有比一般行政行为更为完善的行政程序，[①]程序的重构上能够更好地体现救济和监督功能。第二，应进一步完善行政复议制度的组织体制，使其能够公正、合法并且相对独立地行使行政复议职能。第三，应进一步强化行政复议机关的法律责任，完善行政复议过程中的法律责任制度，以促使复议机关严格履行行政复议职责。第四，改善在行政诉讼中对行政复议行为的司法监督体制，改变目前相当一部分行政复议案件无法受到司法监督的状况（尤其是复议机关复议维持的案件及复议终局案件），使行政复议这一具体行政行为全面地置于司法监督之下。所以，笔者提出的在一定范围内建立“穷尽行政救济原则”，并不是孤立进行的，它必须与我国行政复议制度和行政诉讼制度的改革相辅相成。应当在对我国行政复议制度进行一系列改革的基础之上，逐步建立这一原则，同时也通过这一原则的建立，促进我国行政复议制度的不断创新，使我国强大的行政资源发挥积极的作用，提高行政效率和行政效益。

鉴于以上分析，笔者认为，在进一步完善我国行政复议制度以及行政诉讼制度的基础上，应当在一定范围内建立“穷尽行政救济原则”。在具体制度的设计上，针对实践中当事人由于不熟悉法律规定所造成的因盲目选择而使其合法权益不能得到有效保护，行政复议的功能难以发挥的现实状况，应当明确以下几个规定：

（1）根据行政复议和行政诉讼在审查范围上的区别，要求当事人对由于行政权的具体运行所产生的不属于行政诉讼受案范围的行政争议案件，应当一律先提起行政复议，并在此基础上，明确规定法院对行政复议行为的合法性有完全的司法审查权（无论是复议机关的维持行为还是改变行为）。当事人对行政复议行为不服的，均可以复议机关为被告向人民法院提起行政诉讼，要求人民法院对行政复议的合法性进行审查。如果法院经审理，发现复议机关未能依法进行行政复议，可判决其重新作出复议决定或判令其履行复议职责。在这里，法院审查的仅仅是复议行为的合法性，与被申请复议的原具体行政行为并不产生直接联系。虽然法院在对行政复议行为进行合法性审查的过程中，必然也会涉及原具体行政行为，但它不是法院审查的直接对象，法院审查的直接对象是复议行为的合法性。这就避免了由于行政诉讼和行政复议的受案范围不同而导致的困境。这样可以既保证复议机关的行政复议权，又使这一权力受到严格的司法监督，也

---

① 参见沈福俊：《行政复议应当拥有最完善的行政程序》，载华东政法学院法律系编：《2001 法学新问题探论》，上海社会科学院出版社 2001 年版，第 223—235 页。

符合行政救济和司法救济不同的受案范围规定。

(2) 原则上对于涉及合理性问题的案件，当事人应当一律先提起行政复议，对行政复议不服的才可以提起行政诉讼，以便于法院在司法程序中对行政复议的合法性以及原具体行政行为本身可能存在的合法性问题进行全面的审查，从而通过行政复议和行政诉讼的双重救济给公民权利以最大保障。

(3) 当事人由于辨别不清属于何种问题而直接向人民法院提起行政诉讼的，法院有责任在被告于法定期限内举证之后对案件所涉及的问题属于何种类型(合法性或合理性)进行初步审查。如经初步审查发现案件属于合理性问题而最终无法作出处理决定，法院有义务告知当事人撤回起诉，向行政复议机关申请行政复议。当事人撤诉后，应视为没有起诉，在行政复议之后，仍然可以向人民法院提起行政诉讼。在这里，当事人申请复议的期限，应从法院告知之日起计算。

通过上述的改革，一方面可以使行政复议制度的监督和救济功能得到发挥，使行政资源得到有效利用。同时，行政复议制度本身也受到了有效的司法监督，通过这种监督与被监督，促使行政复议机关依法行政。另一方面可以使当事人的合法权益得到充分的保护，使其不至于因为盲目选择救济途径而导致权利实际上无法得到救济，从而最大限度地实现行政复议和行政诉讼制度的功能。同时，也使人民法院对行政权的司法监督功能逐步得到充分的实现。笔者在这里要强调的是，主张在一定范围内建立"穷尽行政救济原则"，并不排除行政诉讼对行政行为的司法审查的作用，而是通过在一定范围内对行政救济制度的重视，进一步强化行政复议制度，并且尽力使行政复议制度的合法性得到更广泛的司法审查。因为司法审查不仅在其实际应用时可以保障个人的权益，而且由于司法审查的存在对行政人员产生一种心理压力，可以促使他们谨慎行使权力，[①]而要求行政机关及其工作人员谨慎行使权力的根本目的，就是要使行政权的运作能够维护最广大人民群众的根本利益。

四、结语

"穷尽行政救济原则"在世界上许多国家和地区的适用，有其法理基础和特定的法治背景。不适用这一原则的国家和地区，也有其客观的政治与文化背景。我国的行政复议和行政诉讼制度的发展，同样必须符合我国法治进程的现状和

---

① 参见王名扬：《美国行政法》(下)，中国法制出版社 1995 年版，第 566、651 页。

我国的具体国情。“每个国家依照各自的传统制定自己制度与规范是适当的。但是传统并非老一套的同义语，很多改进可以在别人已有的经验中汲取源泉。”[①]因此，我国的行政复议和行政诉讼制度，必须符合我国现阶段的现实国情，符合公众对法治的认识水平。鉴于公众对我国行政诉讼法中规定的复议、诉讼自由选择的规定尚无法做到准确理解和适用，从某种程度上说，这种自由选择制度确实也在客观上影响到了公民权利的真正实现，所以这种制度就有改革和完善的必要。我国行政法上的很多制度建立的时间不是很长，许多制度都是在改革开放之后逐渐建立并逐步完善起来的，而且借鉴和学习了大量国外和其他地区的经验，“在行政诉讼方面，现行的制度和原则乃至观念，几乎都是在70年代末改革开放以后，在移植外国的经验的基础上建立起来的”[②]。那么，在行政复议和行政诉讼的关系之上，汲取他国之长，在符合本国实际的前提之下，以从根本上维护当事人的合法权益为出发点，以实现行政复议和行政诉讼的功能为目标，在一定范围内建立“穷尽行政救济原则”，就显得非常有必要了。

第五节 基层人民法院行政诉讼管辖制度改革论析

——《行政诉讼法修正案(草案)》相关内容分析[*]

管辖制度的设计而使法院的行政审判举步维艰的情况，是长期以来影响我国行政诉讼制度功能正常发挥的一个突出问题，尤其是“县法院审不了县政府”，甚至也“审不了乡镇政府”的现象，凸显了基层人民法院在行政审判中的困境与尴尬。最高人民法院在地方法院“先行先试”、积极探索的基础上，以司法解释的形式对基层人民法院的行政案件管辖权进行了多次改革，却仍然难以从根本上改变其在行政审判中的困难局面。究其原因，就在于长期以来我国采取的是司法审判区域与行政管理区域相重叠的体制，导致人民法院(尤其是基层人民法院)的行政审判受到地方干扰的现象成为难以克服的“顽疾”。

中国共产党第十八届三中全会通过的《中共中央关于全面深化改革若干重大问题的决定》提出了“探索建立与行政区划适当分离的司法管辖制度”的要求。根据这一要求，2013年12月23日提请第十二届全国人民代表大会常务委员会

---

① 〔法〕勒内·达维德：《当代主要法律体系》，漆竹生译，上海译文出版社1984年版，第2页。

② 何勤华：《新时期中国移植西方司法制度反思》，载《法学》2002年第9期。

* 原名《基层法院行政诉讼管辖制度改革论析——〈行政诉讼法修正案(草案)〉相关内容分析》，载《东方法学》2014年第2期。

第六次会议审议的《行政诉讼法修正案(草案)》进行了一定的探索,在管辖部分延续了现行《行政诉讼法》第13条关于"基层人民法院管辖第一审行政案件"的规定之后,又增加一款,规定"高级人民法院可以确定若干基层人民法院跨行政区域管辖第一审行政案件";同时,又进一步明确"对县级以上地方人民政府所作的具体行政行为提起诉讼的案件,由中级人民法院管辖"①。《行政诉讼法修正案(草案)》试图以这些改革,破解实践中基层人民法院由于体制问题所产生的困境,促进和保障行政诉讼领域的司法公正。从这一角度而言,上述修改内容的积极意义不言而喻。但是,实施上述条文所带来的诸如增加法院和当事人诉讼成本、基层人民法院审判力量严重不均、各地政府机关互相帮忙干扰法院审判以及基层人民法院与中级人民法院管辖范围之间的不够协调等问题,也应当引起我们的足够重视。因此,有必要对该修正案中关于管辖的条文进行必要的审思。

一、"基层人民法院管辖第一审行政案件"使行政审判陷入困境

应当承认,我国《行政诉讼法》对基层人民法院是寄予厚望的。该法第13条关于级别管辖的首条规定就非常明确,"基层人民法院管辖第一审行政案件"。这一规定表明,除法律特别规定应由中级人民法院、高级人民法院、最高人民法院管辖的案件外,其余所有第一审行政案件都由基层人民法院管辖。同时,《行政诉讼法》关于地域管辖制度的设计,也是延续了《民事诉讼法》中关于被告所在地法院管辖为主的原则,"行政案件由最初作出具体行政行为的行政机关所在地人民法院管辖"。因此,将级别管辖和地域管辖结合起来理解,就是这样一条规则:大多数第一审行政案件由被诉行政机关所在地的基层人民法院管辖。如此规定的目的在于便利当事人诉讼,便于法院审理案件,节约法院和当事人的诉讼成本,提高诉讼效率。但是,现实中基层人民法院管辖权运行的结果却完全出乎立法者的预料,"从行政诉讼实践经验看,由于基层人民法院在地方党政机关中的地位不高,而且在人、财、物方面均受制于地方政府。因此,基层人民法院审理以县政府或县级行政机关为被告的行政诉讼案件,受到干扰的可能性非常大。这是《行政诉讼法》立法之初所没有考虑到的"②。长期以来,由于实行司法审判区域与行政管理区域相重叠的体制,加上《行政诉讼法》将大部分第一审行政案

① 《行政诉讼法修正案(草案)》,http://www.npc.gov.cn/npc/xinwen/lfgz/flca/2013-12/31/content_1822050.htm,2014年1月1日访问。

② 甘文:《行政诉讼法司法解释之评论》,中国法制出版社2000年版,第54—55页。

件的管辖权交由基层人民法院，特别是被告所在地的基层人民法院，因此形成甚至加剧了基层人民法院的行政审判受到地方干扰的可能性和程度，"导致在现实中行政审判往往受地方行政干预影响，司法活动受到制约，法院难以严格司法审查标准，甚至丧失中立、公正的立场"①，基层人民法院在行政诉讼中的困境，直接导致行政诉讼上诉率、申诉率以及上访率均居高不下。在基层，行政案件受理难、审理难、执行难的状况一直难以改变，尤其是涉及集体土地征收、房屋拆迁等行政案件，基层人民法院从受理到审判压力都很大。案件受理、判决以及执行过程中来自各个方面的阻力，使基层人民法院的行政审判长期处于一种难以言说的压抑状态。这种状况的持续存在，使得我国的行政审判制度至少在基层这一层面没有达到立法预期效果，即使有为数不多的几起诉讼案件的审理，对民众来说也没有太多意义，反而留下了负面的回忆。

从实践来看，虽然《行政诉讼法》已经实施了二十多年，行政诉讼制度也已经在我国存在了三十年以上，②但正如最高人民法院所指出的，必须看到当前行政审判工作还面临许多困难和障碍，行政诉讼立法目的尚未完全实现，行政诉讼功能还没有充分发挥，行政审判持续、健康发展仍然面临不少问题，有些问题还十分的突出，主要表现是：(1) 案件数量仍然在低位徘徊。作为有 13 亿多人口的大国，一审行政案件每万人仅为 1.02 件，远远低于民事的 49.6 件，与其他国家和地区相比更是存在很大差异。一审不予受理和驳回起诉的案件占结案总数的 7.8%，是民商事案件的 7.8 倍。(2) 在审结的案件中普遍存在"两高四低"的现象，即上诉率高、申诉率高，实体裁判率低、被告败诉率低、发回重审和改判率低、原告服判息诉率低。2011 年人民法院以判决形式结案的案件，仅占结案总数的 27.21%；一审裁判上诉率高达 69.31%，分别是刑事和民事案件的 6 倍和 2.4 倍；申诉率为 8.5%，分别是刑事和民事案件的 6 倍和 6.3 倍。部分地区除成功协调的案件外，几乎所有一审案件都提起上诉，所有二审案件都提起申诉。与高上诉率、高申诉率形成鲜明对比的是，行政机关直接败诉率逐年走低，从 2003 年的 25%已经下降到 2011 年的 8.1%。上级法院发回重审率和改判率不断下降，而赴省进京上访数量持续走高。2011 年行政一审收案数量仅占各类一审案件总数的 1.8%，但当年到最高人民法院登记申诉上访的案件达 6785 件，占全部

---

① 浙江省高级人民法院：《浙江行政案件管辖改革试点的调研报告》，载中华人民共和国最高人民法院行政审判庭编：《行政执法与行政审判》(2012 年第 3 集)，中国法制出版社 2012 年版，第 156 页。

② 1982 年 10 月 1 日起试行的《民事诉讼法(试行)》第 3 条第 2 款规定："法律规定由人民法院审理的行政案件，适用本法规定。"该条款被认为是新中国行政诉讼制度产生的标志。

登记案件的 18.5%。上下级法院收案数量上的“倒金字塔”格局十分明显。个别省份受理的一审行政案件中，到最高人民法院上访的占 20%。行政审判的“两高四低”现象，直接影响了行政诉讼目的的实现和作用的发挥，影响了人民法院的司法权威和司法公信力，需要引起高度重视并认真加以解决。[①] 另有数据表明，在 2012 年，人民法院直接判决被告行政机关败诉的案件仅占全部一审行政案件的 9.87%，其中，江苏法院仅为 2.48%，有的地方行政机关败诉的案件甚至为零。如此低的败诉率，与人们对行政机关执法水平的认知有明显差距。原告胜诉率低而作为掌管司法机关人财物的行政机关胜诉率逐年上升的态势，直接引发公众对行政审判司法公正的质疑。[②] 很多对行政行为不服的公民、法人或者其他组织对行政诉讼制度失去信心，纷纷转向信访，这就导致一审行政案件出现逐年下降的反常趋势。以近两年为例，2011 年全国法院受理一审行政案件 136353 件；2012 年审理一审行政案件 129583 件，同比下降 4.97%；而 2013 年 1—9 月，法院审理一审行政案件为 85474 件，同比下降达 7.77%。[③] 在其他各类诉讼案件都逐年增长的情况下，一审行政案件却反而逐年下降。由于案件稀少，很多基层人民法院行政审判庭存在的主要功能就是帮政府“强制执行”拆迁、拆违等具体行政行为，理应具有的对行政权的司法监督功能逐渐萎缩。这种状况不得不令人反思是否是制度（尤其是管辖制度）出了问题！

这些状况表明，《行政诉讼法》关于基层人民法院管辖权的规定，并没有能够发挥其应有的功能，反而是背离了其原有的价值轨道。由于“体制缺陷与目前的管辖制度相结合，就使得司法环境加倍恶化”[④]，基层人民法院的行政审判已经逐步丧失其公信力。在司法实践中，行政诉讼成了人民群众最难感受到公平正义的一种诉讼活动。可见，“基层人民法院管辖第一审行政案件”的良好立法初衷并未产生良好的结果，反而使行政审判陷入难以言说的困境。

---

① 参见沈德咏：《积极回应人民群众司法需求 着力解决行政审判突出问题——在全国法院行政审判工作视频会议上的讲话》，载中华人民共和国最高人民法院行政审判庭编：《行政执法与行政审判》（2012 年第 4 集），中国法制出版社 2012 年版，第 7 页。

② 参见江必新：《中国行政审判体制改革研究》，载《行政法学研究》2013 年第 4 期。

③ 参见《2011 年全国法院审理行政一审案件情况》《2012 年人民法院审理一审案件情况》《2013 年 1—9 月人民法院审理一审案件情况》，http://www.court.gov.cn/qwfb/sfsj/index_2.html，2014 年 2 月 7 日访问。

④ 王振宇：《行政诉讼制度研究》，中国人民大学出版社 2012 年版，第 94 页。

二、基层人民法院因管辖制度产生的行政审判困境需特殊制度治理

（一）近十多年来最高人民法院对基层人民法院行政案件管辖权的关注与改革

“按照现行法，地域管辖以‘就被告’为一般原则，级别管辖以基层人民法院管辖为一般原则，因此，绝大多数案件都是由被告所在地的基层人民法院管辖，而基层人民法院的抗压能力是司法最弱的一环。”[①]因此，要改善行政审判的现状，就必须进行行政诉讼管辖制度的改革，而行政诉讼管辖制度的改革，首先是基层人民法院管辖体制的改革。近十多年来由法院自身所主导的行政诉讼管辖制度改革，也都基本上是基层人民法院行政案件管辖权的改革。

从2000年开始，最高人民法院以司法解释、司法文件的形式进行了多次行政诉讼管辖制度方面的改革，特别是针对基层行政审判实践中“县法院审不了县政府”这一我国行政诉讼实践中的一个特殊现象，对《行政诉讼法》中基层人民法院行政案件管辖权方面的不足进行了多次“修补”，其目的在于逐渐减弱乃至消除由于现行《行政诉讼法》中关于基层人民法院的管辖制度与行政审判实践之间不够协调所面临的尴尬状况。

最早注意到由于管辖制度的设计而使基层人民法院行政审判的公正性受到严重影响的，是最高人民法院于2000年3月8日公布的《最高人民法院关于执行〈中华人民共和国行政诉讼法〉若干问题的解释》。该司法解释因为将“被告为县级以上人民政府，且基层人民法院不适宜审理的案件”等规定为由中级人民法院管辖，从而被认为是“旨在提高法院管辖级别的解释”。[②] 因为根据《行政诉讼法》，以县级政府为被告的案件应由被告所在地的基层人民法院管辖，该解释已经将这一管辖制度进行了大幅度的改变。但是，该解释的出台，客观上并没有使基层人民法院行政审判公正性受到困扰的现象产生较明显的改变。为此，最高人民法院于2007年4月印发《最高人民法院关于加强和改进行政审判工作的意见》，其中在谈到管辖问题时特别指出，“要积极推进行政案件管辖制度的改革和完善，通过加大指定管辖、异地审理的力度，防止和排除地方非法干预”，“对于由当地基层人民法院管辖可能会影响公正审理的案件，中级人民法院要根据当事人的申请，决定指定管辖或者提级管辖，以确保案件审理的公正性”。2008年1

---

① 王振宇：《行政诉讼制度研究》，中国人民大学出版社2012年版，第94页。

② 参见甘文：《行政诉讼法司法解释之评论》，中国法制出版社2000年版，第54页。

月，最高人民法院在总结浙江省台州市中级人民法院探索“异地交叉管辖”体制经验的基础上，发布了《最高人民法院关于行政案件管辖若干问题的规定》。这一司法解释对基层人民法院的行政案件管辖体制又进行了一定的调整，扩大了中级人民法院管辖第一审行政案件的范围，将被告为县级以上人民政府的案件基本纳入中级人民法院管辖的范围，但规定“以县级人民政府名义办理不动产物权登记的案件可以除外”。同时，充分利用指定管辖、移转管辖与法定管辖相结合的规则，规定了下列三种情形：一是当事人以案件重大复杂为由或者认为有管辖权的基层人民法院不宜行使管辖权，可以直接向中级人民法院起诉；二是当事人向有管辖权的基层人民法院起诉，受诉法院在 7 日内未立案也未作出裁定，当事人可以向中级人民法院起诉；三是基层人民法院对其管辖的第一审行政案件，认为需要由中级人民法院审理或者指定管辖的，可以报请中级人民法院决定。对于上述三种情形，中级人民法院应当根据不同情况在 7 日内分别作出处理：指定本辖区内其他基层人民法院管辖；决定自己审理；书面告知当事人向有管辖权的基层人民法院起诉，或者要求有管辖权的基层人民法院依法处理，或者由报请的法院审理。此外，中级人民法院对基层人民法院管辖的第一审行政案件，根据案件情况，可以决定自己审理，也可以指定本辖区其他基层人民法院管辖。[①] 这一司法解释看似针对整体意义上的“行政案件管辖问题”，但其实际内容则主要针对基层人民法院的行政案件管辖权变革，且赋予了中级人民法院在管辖方面更多的裁量权。2013 年 1 月，最高人民法院又在浙江省丽水市法院系统试点探索的基础上，发布《最高人民法院关于开展行政案件相对集中管辖试点工作的通知》(以下简称《集中管辖通知》)，决定“将部分基层人民法院管辖的一审行政案件，通过上级人民法院统一指定的方式，交由其他基层人民法院集中管辖”，并要求：“各高级人民法院应当结合本地实际，确定 1—2 个中级人民法院进行试点。试点中级人民法院要根据本辖区具体情况，确定 2—3 个基层人民法院为集中管辖法院，集中管辖辖区内其他基层人民法院管辖的行政诉讼案件；集中管辖法院不宜审理的本地行政机关为被告的案件，可以将原由其管辖的部分或者全部案件交由其他集中管辖法院审理。”[②]由此可见，基层人民法院管辖权已经成为最高人民法院推进行政诉讼管辖制度改革的重点内容，而《行政诉讼法修正案(草

① 参见沈福俊：《行政诉讼视角下法院与行政机关关系的法律规制》，载《法学》2010 年第 4 期。

② 《最高人民法院关于开展行政案件相对集中管辖试点工作的通知》，http://www.chinacourt.org/law/detail/2013/01/id/146079.shtml，2014 年 1 月 10 日访问。

案)》中有关“高级人民法院可以确定若干基层人民法院跨行政区域管辖第一审行政案件”的内容，正是对目前正在进行的相对集中管辖试点的肯定。

(二) 对基层人民法院管辖权产生的困境应当运用特殊的制度进行解决

我国《行政诉讼法》实施以来，来自各个方面的不正当干预以及司法对行政的过度依附而导致的法官不能或不愿依法公正地进行审判等情况，一直是阻碍行政诉讼制度健康发展的重要原因。同时，把法院看成是自己下属的一个部门甚至仅仅是个“维稳”工具的地方党委、政府也并非个别，这更加剧了法院尤其是基层人民法院审理行政案件的艰难。正如最高人民法院在《集中管辖通知》中所指出的：“有的地方司法环境欠佳，案件的受理和审理往往受到不当干预；有的地区行政案件不均衡，有的法院受案不多甚至无案可办；有的法院因怕惹麻烦而不愿意受理行政案件。人民法院不能依法受理行政案件，并独立公正地行使审判权，不仅损害司法的权威，最终也将损害法律和国家的权威，动摇党的执政基础。”①

早在十年前就有学者十分尖锐地指出，我国现行的行政审判体制面临的是全面性危机。问题突出表现为：行政审判的独立性不强，法院在行政审判中的权威性严重缺乏，行政诉讼案件执行难；从深层次看，由于涉及司法的地方化、司法的行政化、法官的官僚化等问题，行政审判中的司法公正难以实现。② 因此，总结我国《行政诉讼法》实施以来的经验得失，尤其是关于基层人民法院管辖制度在实践中的运行状况，正视“县法院不仅审不了县政府，而且也审不了县政府的部门”的现实情况，对基层人民法院的行政诉讼管辖权进行改革，从逐渐推进司法公正的角度而言，是非常有必要的。但是，要在行政诉讼领域实现司法公正，让人民群众在每一个行政案件中都感受到公平正义，必须充分认识到我国行政诉讼制度，尤其基层人民法院管辖制度实施的特殊环境，以及由这一特殊环境所产生的特殊的制度需求。

第一，民事诉讼管辖模式与行政诉讼并不相适。由于我国《行政诉讼法》制定于《民事诉讼法》之后，因此其中关于基层人民法院管辖第一审案件和“原告就被告”的管辖模式，均与《民事诉讼法》所确立的管辖制度相似。但行政诉讼与民事诉讼所要解决的案件在争议性质、案件审理的对象、诉讼目的等方面均有重大

---

① 《最高人民法院关于开展行政案件相对集中管辖试点工作的通知》，http://www.chinacourt.org/law/detail/2013/01/id/146079.shtml，2014 年 1 月 10 日访问。

② 参见马怀德主编：《行政诉讼原理》，法律出版社 2003 年版，第 309 页。

区别，而且行政诉讼的被告是依法拥有国家行政权的行政机关或者是法律、法规授权的组织，其诉讼内容关键在于被告行使行政权的行为合法与否。更关键的是，行政机关长期以来的强势地位使得基层人民法院在行政审判方面难以有所作为。从某种程度说，进行行政诉讼的难度和复杂程度远远超过了以解决平等主体间民事权利义务争议为内容的民事诉讼。正因为如此，二者的诉讼活动必然有不同的程序规则和要求。因此，行政诉讼作为一种解决行政争议的法律制度的特殊性，决定了其长期以来套用民事诉讼管辖制度的不可取性。

第二，基层人民法院在行政审判中困难重重。正是由于长期以来套用解决民事争议的司法管辖模式解决行政争议，导致基层人民法院在审判工作中面对的是在人财物各方面均对自己有控制力的政府及掌管重要职权的政府部门，其行政审判的艰难可想而知。在一些地方，由于法院在行政审判中面对的是拥有强大行政权的行政机关，因此会在审判中畏缩不前，举步艰难，"县法院审不了县政府"现象由此产生。[①] 不可否认，虽然经过二十多年的历练，行政机关对行政诉讼活动也逐渐从陌生到熟悉，从不习惯到逐渐适应，但传统的"强势政府"理念并没有随着《行政诉讼法》的实施而彻底消除，尤其是在基层人民法院辖区之内，行政审判受到党政机关干扰的现象以及由此导致的法院立案、审理、判决以及执行方面的困难与障碍依然存在。面对强势且对法院的人财物都有实际控制力的行政权，基层人民法院常常在严肃执法与其自身利益之间左右为难。

第三，解决基层人民法院管辖权问题的关键是要对其管辖制度进行必要的改革。法律的作用是解决社会问题、满足社会需求，因而首先要面对社会现实并解决实际问题。"法律是实践的，是要解决问题的，是要解决我们的问题的，是要解决我们眼下的问题的。"[②]行政诉讼管辖在整个行政诉讼制度中看似一个小问题，但却是行政审判过程中首先必须解决的问题，且是行政审判活动得以顺利展开的前提所在。经过二十多年的实践证明，《行政诉讼法》所规定的基层人民法院行政诉讼管辖制度并不适合具体的行政审判实践，基层人民法院运用该制度进行行政审判难以正常进行。这就提醒我们，必须对这一制度进行改革，设计出有效改变目前基层人民法院行政审判困境的新制度，解决由于现行管辖制度设计不合理而产生的问题。

---

① 参见沈福俊：《行政诉讼视角下法院与行政机关关系的法律规制》，载《法学》2010 年第 4 期。

② 苏力：《送法下乡——中国基层司法制度研究》，中国政法大学出版社 2000 年版，第 12 页。

三、《行政诉讼法修正案(草案)》有关基层人民法院管辖权的规定评说

全国人大常委会关于《行政诉讼法修正案(草案)》的说明指出:"为了解决行政案件审理难问题,减少地方政府对行政审判的干预,在总结现行做法的基础上,根据党的十八届三中全会关于探索建立与行政区划适当分离的司法管辖制度的精神,建议增加规定:一是高级人民法院可以确定若干基层人民法院跨行政区域管辖第一审行政案件。二是对县级以上地方人民政府所作的具体行政行为提起诉讼的案件,由中级人民法院管辖。"①从上述说明可以看出,立法机关已经注意到了基层人民法院行政案件审理难和地方政府对行政审判的干预问题,将通过有限的跨区域管辖和提级管辖制度来实现基层人民法院行政诉讼管辖权的变革。值得注意的是,这两项改革都是针对基层人民法院的管辖权而言。② 但是,笔者认为,这一改革虽然具有积极意义,但也存在一些现实问题,而且与中级人民法院管辖权之间存在一定的不协调之处。

(一)跨区域管辖制度的积极意义与产生的现实问题

"高级人民法院可以确定若干基层人民法院跨行政区域管辖第一审行政案件",这一表述可以说是《行政诉讼法修正案(草案)》对近年来相对集中管辖探索所进行的肯定。浙江省丽水市中级人民法院自 2007 年 9 月开始,将全市九个基层人民法院的行政诉讼案件相对集中地指定由其中的三个基层人民法院跨区域管辖。③ 相对集中管辖不是简单的对应式的"异地交叉管辖",而是有选择地将一个中级人民法院辖区内本应由各个基层人民法院各自管辖的行政案件,集中到其中的一个或几个法院统一管辖。这就形成了跨地区管辖的局面。试点后的直接效果是"基层人民法院普遍认为审理外县案件,由于外地政府不能施加压力,行政干预因素骤减,政府败诉率有所上升"④。相对集中管辖使被告离开了

---

① 信春鹰:《关于〈中华人民共和国行政诉讼法修正案(草案)〉的说明——2013 年 12 月 23 日在第十二届全国人民代表大会常务委员会第六次会议上》。http://www.npc.gov.cn/npc/xinwen/lfgz/flca/2013-12/31/content_1822050.htm,2014 年 1 月 12 日访问。

② "对县级以上地方人民政府所作的具体行政行为提起诉讼的案件,由中级人民法院管辖"的内容虽然是明确中级人民法院对相关案件的管辖,但实际上对基层人民法院管辖范围的排除,因此同样也属于基层人民法院管辖权改革的范畴。

③ 参见危辉星、马良骥:《探索管辖制度改革 杜绝地方行政干预——浙江高院关于行政案件管辖改革试点的调研报告》,载《人民法院报》2012 年 7 月 26 日第 8 版。

④ 浙江省高级人民法院:《浙江行政案件管辖改革试点的调研报告》,载中华人民共和国最高人民法院行政审判庭编:《行政执法与行政审判》(2012 年第 3 集),中国法制出版社 2012 年版,第 156 页。

自己的"地盘"接受司法审查,实际上就可能阻断被告或其上级以及其他与其有关系的组织、部门对法院行政审判工作进行干预的途径,从而可以在一定程度上实现司法公正。可以说,这一探索在一定范围内实现了司法审判区域与行政管理区域的分离,减少了被告对行政审判的不正当干预,同时也提高了行政审判的效率,对提高行政审判公正性具有积极意义。这也是最高人民法院通过发布《集中管辖通知》将集中管辖体制向全国推广的目的所在。

但是,任何制度都有其两面性。实施跨地域的相对集中管辖之后,也产生了一些对基层人民法院行政审判权的正常行使,尤其对其行政审判司法公正有负面影响的问题。"客观地讲,在一定程度上特别是在试行初期都取得了一些成效。但是,管辖改革实施一段时间之后,'试行效应'逐渐递减,甚至出现了试行法院指标低于非试行法院的反常情况。究其原因,相对集中管辖这种方式无法避免行政机关相互之间帮忙打招呼的问题。"[①]这些问题也应当引起重视与关注。

第一,跨地域集中管辖必然增加当事人和基层人民法院的诉讼成本。由于管辖法院由高级人民法院指定,其所在位置很有可能离当事人的住所地有一定距离,当事人将为此花费本来无须支出的交通费、食宿费,还有时间、精力等成本也必然会增加许多。同时,对基层人民法院而言,诉讼文书的送达、宣判乃至执行等司法活动也将存在困难,尤其是山区等一些偏远地区,更会加剧当事人和法院的诉讼困难,不符合诉讼便利原则。

第二,跨地域集中管辖导致受案法院工作量过大,审判力量不均衡。一般而言,各个基层人民法院在自己的辖区内各自管辖自己的案件,但由高级人民法院指定由某些法院集中管辖后,整个辖区内的行政案件都集中到了个别法院。一方面,这客观上取消了大部分基层人民法院依照《行政诉讼法》"基层人民法院管辖第一审行政案件"的规定所拥有的行政审判权,导致大部分基层人民法院行政审判职能萎缩。刑事、民事和行政审判,是我国法院的基本审判职能,但是实施相对集中管辖,已经或将导致部分基层人民法院行政审判队伍、审判能力的萎缩和消失,行政审判功能丧失,会致使法院的地位和社会影响力下降。另一方面,被确定为跨地域集中管辖的法院可能由于审判压力过大、难以应对而产生畏难情绪,甚至出现不愿受理案件的情况。

第三,更为重要的是,相对集中管辖造成了新的行政干预。试点的实践表

---

① 江必新:《中国行政审判体制改革研究》,载《行政法学研究》2013年第4期。

明,随着集中指定管辖案件的增多,平级政府之间互相帮忙逐渐成为趋势,被告所在地的行政机关通过集中管辖地的行政机关向集中管辖地的法院施加影响,干预集中管辖的案件的裁判,有些当地行政机关直接指令本地法院到集中管辖地法院施加影响。[①] 如果行政机关都通过相互帮忙打招呼的方式来应对新制度,跨地区的集中管辖就难以真正实现维护和促进基层人民法院行政审判公正的目的。如果这样,即使通过《行政诉讼法》的修改推进这一制度也将难以具有真正的积极意义。

笔者认为,行政案件相对集中管辖的探索以及最高人民法院对这一探索的肯定与推广,体现了人民法院对行政审判公正和独立的一种强烈追求,而且近十多年来一次又一次地对基层人民法院的行政案件管辖制度进行探索与改革,其维护行政审判领域司法公正的良好愿望值得充分肯定。但是,实践过程中的一些不足和消极因素,也应该客观地加以正视,并继续通过制度的修正来实现基层人民法院行政诉讼管辖制度改良的目的。

(二)《行政诉讼法修正案(草案)》关于基层人民法院管辖权的规定分析

笔者认为,《行政诉讼法修正案(草案)》对相对集中管辖试点实践,仅仅看到了它在试点过程中积极的一面,忽视了试点过程中所产生的消极问题,并对如何避免这些问题也没有作出具体的制度规范。同时,如果在《行政诉讼法》的修改中确立了这次《行政诉讼法修正案(草案)》所建议增加的两项内容,那么不仅在具体实施过程中会产生一定的障碍,而且在逻辑上也会存在一定矛盾。

1. 跨区域的集中管辖规定属于任意性条款。"高级人民法院可以确定若干基层人民法院跨行政区域管辖第一审行政案件"仅仅是个任意性规定,不具有制度的刚性效能。该条款中的"可以"两字,表明《行政诉讼法修正案(草案)》仅仅赋予了高级人民法院对是否实施相对集中管辖制度的一种裁量权,即高级人民法院既可以实施这一制度,也可以不实施。在实践中,有可能会发生高级人民法院为和政府部门保持良好关系,不采取"确定若干基层人民法院跨行政区域管辖第一审行政案件"的措施,而这样也并不违法。某些高级人民法院完全可以认为该条款的规定可以执行,也可以不执行,从而导致该条款规定在实际上被虚

① 参见浙江省高级人民法院:《浙江行政案件管辖改革试点的调研报告》,载中华人民共和国最高人民法院行政审判庭编:《行政执法与行政审判》(2012 年第 3 集),中国法制出版社 2012 年版,第 160 页。

置。[①] 那么,基层人民法院的行政审判困境还是难以得到改观。更重要的是,既然属于自由裁量性质的条款就有可能导致各地执行不一,有的地方可以执行,有的地方可以不执行,这将会导致公民的权利难以得到有效、平等的保护,同时也导致法律在不同的地区的执行效果大相径庭,不利于法律的统一性和严肃性。

2. 基层人民法院的管辖权范围与中级人民法院管辖权范围之间存在不协调之处。“基层人民法院管辖第一审行政案件”表明除了《行政诉讼法》特别规定的案件以外,一般的行政案件由基层人民法院管辖。“对县级以上地方人民政府所作的具体行政行为提起诉讼的案件,由中级人民法院管辖”的规定,在修正后的建议条文中的全文是“对国务院各部门或者县级以上地方人民政府所作的具体行政行为提起诉讼的案件,由中级人民法院管辖”。这样看来,这两者就存在严重的不协调。首先,将“国务院部门”与“县级人民政府”并列,在逻辑上有不够协调之处。其次,如果对这两类行政机关产生的具体行政行为不服起诉的案件,都由中级人民法院管辖,那么只能是省、自治区、直辖市人民政府工作部门和设区的市人民政府工作部门以及乡镇人民政府为被告的案件,由基层人民法院管辖了。既然“县法院审不了县政府”甚至也“审不了乡政府”,那么基层人民法院肯定也审理不了以省政府和市政府的工作部门为被告的案件。何况,省级人民政府工作部门的行政级别比县级人民政府要高出许多,若它成为行政诉讼被告,由基层人民法院管辖,审判工作不但同样非常艰难,而且会出现逻辑上的“倒挂”现象。

综合以上分析,笔者认为,《行政诉讼法修正案(草案)》关于基层人民法院管辖权的规定,对实践中的管辖权探索进行了充分肯定,也具有积极的意义。但对于实践探索过程中所产生的问题没有能够作出制度上的应对,对规定本身的问题也未能给予足够的注意。应当在“努力让人民群众在每一个司法案件中都感受到公平正义”的目标之下,根据“探索建立与行政区划适当分离的司法管辖制度”的要求,积极探索基层人民法院行政案件管辖权的路径。

四、基层人民法院行政诉讼管辖权改革的路径探索

行政诉讼管辖问题是多年来行政诉讼制度发展的一个最重要的“瓶颈”。

① 虽然最高人民法院在2008年1月发布的《最高人民法院关于行政案件管辖若干问题的规定》中规定可以采取“异地交叉管辖”的方式,但至今有地方法院从未采取过这类措施。这说明,任意性的管辖制度改革模式在实践中难以被全面贯彻。

从诉讼程序角度而言,“管辖”是具体的行政诉讼案件开始就遇到的一个最为实际的法律问题,即原告应当向哪里的法院起诉,或者说该案件由哪一个法院受理和审判。它既涉及原告诉权的实现,又牵涉到法院审判权能的实现。因此,对人民法院的行政案件管辖权,尤其是基层人民法院管辖权进行必要的改革,是从源头上破解对行政审判不当干预的一个重要举措。《行政诉讼法》的修改工作应当担当起这一重任。

(一)对几种改革设想的简要评析

近年来,有关行政审判体制改革或者行政诉讼管辖体制改革的观点不绝于耳。例如:第一,设立行政法院;第二,取消基层人民法院受理一审行政案件的管辖权,由中级人民法院管辖第一审行政案件;第三,在《行政诉讼法》尚未修改的情况下,采取适当集中的模式或根据管辖权转移的规定,形成异地审理行政案件的状态。[①] 学界认为,最优方案就是设立行政法院。除了设立行政法院这一最优方案之外,次优方案就是在维持现行行政审判体制基本不变的基础上改革行政案件的管辖制度,其主要方式是修改《人民法院组织法》,通过划分司法区的方式设置法院。[②] 笔者以为,上述观点都有一定道理,但未必完全适合我国国情或者行政审判的实际。

首先,建立相对独立的行政法院审理行政案件,确实是行政审判体制改革的最理想方案。其总体思路是取消地方各级人民法院的行政审判庭,建立相对独立的行政法院系统,直接隶属于最高人民法院,统一管辖行政案件。[③] 但是,这一改革涉及重大的司法体制改革,难以实现。因为“建立人财物相对独立并垂直于最高人民法院的行政法院系统,必将改变当前行政诉讼立案难、审理难、执行难的局面,而且也可能成为整个司法体制乃至整个政治体制改革的切入点。尽管优势很多,但是建立行政法院似有‘三权分立、分权制衡’的嫌疑,一些人会忧心忡忡,决策者下决心也因此顾虑重重,修改《宪法》或者《人民法院组织法》难度很大,此乃最高人民法院不可能实现的方案”[④]。此外,笔者也认为,从实际情

① 参见王振清主编:《行政诉讼前沿实务问题研究》,中国方正出版社 2004 年版,第 32—33 页。

② 参见江必新、梁凤云:《行政诉讼法理论与实务》(上卷),北京大学出版社 2009 年版,第 297—303 页。

③ 参见马怀德主编:《司法改革与行政诉讼制度的完善》,中国政法大学出版社 2004 年版,第 176 页。

④ 王达:《解读〈关于行政案件管辖若干问题的规定〉》,载江必新主编:《解读最高人民法院司法解释之行政·国家赔偿·综合卷》,人民法院出版社 2011 年版,第 133 页。

况来看,全面设立行政法院的需求也并不迫切。根据权威统计数据,全国法院2011年受理刑事、民商事、行政一审案件7596116件,其中行政收案136353件,该年行政案件在整个诉讼案件中所占的比例,仅占整个收案数的1.79%;而2012年人民法院受理所有一审案件8442657件,行政案件在其中仅有129583件,才占整个一审案件的1.5%多一点。[①] 如果为了如此稀少的案件量在全国范围内全面设立相对独立的行政法院,不仅与要求的精简机构原则相违背,而且也确实没有必要,因为有些地区的基层人民法院长期几乎没有行政案件可办也是一个客观的事实。

其次,最高人民法院所推出的异地交叉管辖及相对集中管辖的改革等措施,在实践中虽然取得了一些成效,在现行法律框架下实现了司法审判区域与行政管理区域的有限分离,但是从实际情况看,这些改革措施并没有从根本上解决实践中行政审判所面临的司法环境逐渐恶化的问题,而且也存在一些自身的不足。

最后,最高人民法院除了在2008年年初发布了《最高人民法院关于行政案件管辖若干问题的规定》外,在此前后又不断地发布《最高人民法院关于加强和改进行政审判工作的意见》(2007年4月)、《最高人民法院关于充分发挥行政审判职能作用为保障和改善民生提供有力司法保障的通知》(2008年3月)、《最高人民法院关于当前形势下做好行政审判工作的若干意见》(2009年6月)、《最高人民法院关于依法保护行政诉讼当事人诉权的意见》(2009年11月)等,且又在2013年年初发出《最高人民法院关于开展行政案件相对集中管辖试点工作的通知》。以上情况一方面说明行政审判(尤其是基层人民法院的行政审判)在实践中所面临的困难局面是何其严峻,另一方面也表明一次又一次的重申与改革并没有起到为行政审判营造良好司法环境的根本性作用。

(二)本文关于基层人民法院行政诉讼管辖权的改革设想

最高人民法院最近几年来在地方法院进行管辖制度改革的基础上,以司法解释或司法文件所进行的行政诉讼管辖制度改革,虽然在动机方面是出于维护行政审判公正的善意,但不可否认的是,这一系列的改革在实际上已经使得行政诉讼管辖制度呈现出"支离破碎"的局面,使管辖制度本身所应具有的稳定性和法律制度所应具有的安定性受到了冲击,同时也扭曲了上下级法院之间的关系,

---

① 参见《2011年全国法院审理各类案件情况》《2012年人民法院审理一审案件情况》,http://www.court.gov.cn/qwfb/sfsj/201206/t20120628_177547.htm,2014年2月10日访问。

加剧了上下级法院之间行政化的关系倾向，增加了当事人的诉讼成本。[①] 笔者主张，针对行政审判领域地方干扰严重、基层人民法院难以依法公正审判这一严峻的现实，一是应当将“建立与行政区划适当分离的司法管辖制度”作为一项刚性制度在《行政诉讼法》中确立下来，而不是仅将其作为一项任意性制度；二是在确立这一制度时，应当尽量考虑减少当事人的诉讼成本和法院的司法成本；三是也要考虑法院行政审判力量的均衡，避免个别法院行政审判任务过重，压力过大。因此，笔者所主张的对基层人民法院行政案件管辖权进行改革的基本思路，是在《行政诉讼法》的修改稿中，取消所有基层人民法院对行政案件的管辖权，规定第一审行政案件由中级人民法院管辖。同时，为解决法院和当事人的诉讼成本问题，通过修改《人民法院组织法》，明确中级人民法院可以在基层人民法院辖区内设立行政审判巡回法庭，将目前各地基层人民法院的行政审判庭都改造成中级人民法院的行政审判巡回法庭，负责审理原来由各个基层人民法院管辖的第一审行政案件。这样改革的优势，是可以将原来各个基层人民法院的行政审判力量，都整合到中级人民法院，从而最大限度地利用行政审判资源，最大限度地维护司法公正。

笔者所主张的观点既达到了“建立与行政区划适当分离的司法管辖制度”的目的，又是改革成本最小的一个举措，具有可行性。其具体意义为：

第一，改革制度成本较低，易于实现。从成本效益角度而言，设立行政法院是成本最“昂贵”的改革，涉及司法体制的重大变革，近期内难以实现，而笔者所主张的这一观点，只要将《行政诉讼法》第 13 条中第一审行政案件的管辖权由“基层人民法院”调整为“中级人民法院”，并在《人民法院组织法》中增加关于“中级人民法院可以设立巡回法庭”的规定，就可以从制度角度实现基层人民法院行政案件管辖权的改革。

第二，改革制度实践成本也较低。只要在组织机构和编制方面稍作变动，将原基层人民法院的行政审判庭改造为中级人民法院驻该地的巡回法庭，再将原来隶属于基层人民法院行政审判庭的法官的编制全部从基层人民法院改为中级人民法院，即可以从机构建设的角度实现改革目标。

第三，可以更好地将行政审判资源予以集中。取消基层人民法院的行政审判权，由中级人民法院行使第一审行政案件的管辖权，可以改变现行制度中基层人民法院受理行政案件多少不均，甚至个别基层人民法院无案可办以致出现闲

① 参见章志远：《行政诉讼法前沿问题研究》，山东人民出版社 2008 年版，第 98—102 页。

置与浪费司法资源的现象，[①]最大限度地将原来分散在各个基层人民法院的行政审判资源集中到各个中级人民法院，有利于促进行政审判资源的有效使用，使司法资源的功效实现最大化和最优化。当然，根据笔者的这一主张，同样也有可能出现巡回法庭案件少甚至无案可办的状况，那么只要中级人民法院在必要的时候，适当调整与平衡各个巡回法庭的案件数量即可解决。因为都属于中级人民法院，只要在法院内部协调即可解决这一问题。

第四，有利于实现中央关于“探索建立与行政区划适当分离的司法管辖制度”的要求，避免地方党政机关可能存在的干预，实现行政诉讼领域的司法公正。根据笔者的改革思路，由于将取消基层人民法院的管辖权，地方行政干预至少在基层这一层面失去了对象。同时，由于中级人民法院实际上已经脱离基层地方政府的制约，审理案件的法官其组织关系已经不再属于基层人民法院而属于中级人民法院，与基层人民法院不再具有隶属关系，因此可以大胆地依法进行审判，不再受到地方的干预与制约。这样改革可以从较大程度上防止行政案件的审理受到非正常的干预，从而抵御地方保护，改善司法环境，维护司法公正。

第五，可以消除当前行政诉讼管辖制度改革中所出现的问题与不足。根据前面的分析，无论是异地管辖，还是相对集中管辖，这些近年来由法院系统所推出的改革或是使原来法律所规定的管辖制度支离破碎，不再具有整体性和稳定性，或是使大部分基层人民法院的行政审判资源闲置，导致新的、更大范围的司法资源浪费，或是增加当事人的诉讼成本等。而根据笔者所主张的这一改革措施，除了由高级人民法院、最高人民法院所管辖的第一审行政案件之外，其余大多数第一审行政案件都由中级人民法院统一管辖，使管辖制度更为稳定，司法资源更为集中。同时，当事人只要在中级人民法院于本地设立的巡回法庭起诉、举证、出庭就可以完成诉讼，并不额外增加诉讼成本。当然，如果当事人认为设立在本地的巡回法庭不能公正审理案件，或者由于特殊原因设立在本地的巡回法庭无法正常审理案件的，可以申请由中级人民法院安排到其他巡回法庭审理。

五、并不多余的余论

1989 年 4 月 4 日我国《行政诉讼法》颁布，并于 1990 年 10 月 1 日实施，这标志着当代人治时代的终结和法治时代的开始，意味着一场“静悄悄的革命”，具有

---

① 实事求是地说，有的基层人民法院行政审判庭一年才办几个最多十几个案件，有的甚至多年都没有一个行政案件可办。在这样的基层人民法院也要组织一个行政审判庭，实在是一种司法资源的浪费。

划时代的里程碑意义。[①] 然而,多年来的行政诉讼实践证明,一个具有重大历史意义的制度,并不必然能够在运行的过程中取得令人满意的效果。运行效果的关键在于实践和参与这一制度运作的实践者和参与者的理念是否准确与先进,以及该制度所处环境是否优良与适宜,我国行政诉讼管辖制度的文本意义及其具体运作情况就是如此。围绕基层人民法院在行政审判中的困境与艰难,从地方各级人民法院到最高人民法院已经为此作出多项改革,但仍难以消除其在行政审判过程中的举步维艰局面,即县法院不但审不了县政府,而且也审不了县政府的部门,甚至还审不了乡政府、镇政府。针对这样一种极其尴尬的状况,笔者主张"取消基层人民法院的行政案件管辖权,由中级人民法院统一管辖,并将原来基层人民法院的行政审判庭改造成中级人民法院内的若干个巡回行政审判庭,分别管辖原由各个基层人民法院管辖的行政案件"的观点,应当说是当前成本最低廉的改革,也切实符合制度的良性化发展,又节约了成本,也不会增加当事人和法院的诉讼成本,更是避免了《行政诉讼法修正案(草案)》中建议条款之间的不够协调问题,与其他改革建议相比,具有明显的制度优势和实践的可操作性。

同时,由中级人民法院提级管辖第一审行政案件,也是近年来行政诉讼管辖制度改革过程中最高人民法院所主张的改革措施之一,具有一定的基础。在实践中,一些地方法院所实施的由中级人民法院管辖第一审行政案件的探索,也取得了积极的效果。例如,为破除地方政府干预行政诉讼的瓶颈性难题,实现"官民平等对决",广东省高级人民法院于两年前开始在全国率先推行行政诉讼案件提级管辖——以县区级人民政府、省直厅局级行政机关、中直驻粤厅局级行政机关三类部门为被告的一审行政案件,上提一级至中级人民法院管辖。2012 年,提级管辖所涉案件行政机关败诉率 15.3%,较全省一审行政机关败诉率高出 5.4 个百分点;2013 年 1 月至 10 月,提级管辖所涉行政案件败诉率 12.8%。统计数据表明,提级管辖能够切实有效的减少地方行政权力对行政审判的干预,保障官、民在法律面前以平等身份对决,从而在更高层面上打破"民告官难"的瓶颈。至于由中级人民法院管辖一审案件而使高级人民法院二审案件增多的问题,广东省高级人民法院认为,培养一支责任心强,精通政府政策规定,法律专业知识过硬的法官队伍,成为当前广东深化行政审判改革的重中之重。2013 年 1 月至 3 月,广东省高级人民法院陆续为行政庭增配 7 名工作人员,目前全庭人员

---

① 参见龚祥瑞主编:《法治的理想与现实》,中国政法大学出版社 1993 年版,第 148 页。

达到 27 名。各中级人民法院也根据工作量的增长情况，为行政庭增配了审判力量。[①] 此外，从本文前面的分析与论述中也可以看出，行政案件本身占整个法院一审诉讼案件中的比例就非常低，由中级人民法院管辖一审案件、高级人民法院管辖二审案件，并不会给整个法院的行政审判工作带来多少困难和不利。更何况，高级人民法院正好可以通过审理二审行政案件，了解行政审判的具体情况，及时掌握行政审判信息。同时，这也可以视为针对行政诉讼这个特殊领域所采取的特殊制度安排。

行政审判是对行政执法进行司法监督的活动，而行政执法又是将法律直接运用于社会实践的过程，是最经常的公共事务治理活动。据有关统计，在我国，80％以上的法律、90％以上的法规和规章是由行政机关负责执行的。行政执法与公民、法人和其他组织的权利和利益联系最经常、最广泛、最直接、最紧密，稍有不当，极易对有关合法权益造成损害。[②] 因此，必须通过行政审判活动对行政执法活动进行严格的司法监督，实现建设法治政府的目标。要达到这一目的，就必须要有完善的包括管辖制度在内的行政诉讼程序制度。笔者始终认为，良好的行政诉讼管辖制度，是实现“让人民群众在每一个行政案件中都能感受到公平正义”的目标的第一步。也许，撰写本文的目的与意义，就在于此。

第六节　论对我国行政诉讼原告资格制度的认识及其发展[*]

行政诉讼的原告资格问题，是关系到什么样的人能够提起行政诉讼并启动对行政行为的司法审查程序的一个关键问题。自我国行政诉讼制度建立以来，原告资格问题一直是理论上争论不休、实践中把握不一的一个问题。这一状况的存在，一方面说明我国行政诉讼的诉权保护范围不够明确，另一方面也使行政诉讼制度的特有功能难以得到正常发挥。笔者认为，准确界定行政诉讼原告资格，关系到国家保护公民合法权益、监督行政机关依法行政，关系到行政诉讼这一特定制度发展的水平，同时也是民主政治发展的体现。2000 年 3 月 8 日，最高人民法院发布了《最高人民法院关于执行〈中华人民共和国行政诉讼法〉若干

① 参见《官民平等让群众说“咱法庭见”》，载《法制日报》2013 年 12 月 3 日第 5 版。

② 参见姜明安主编：《行政执法研究》，北京大学出版社 2004 年版，第 156 页。

* 原载《华东政法学院学报》2000 年第 5 期。

问题的解释》,[①]对原告资格问题又作出了进一步的明确界定,这应当视为对我国行政诉讼原告资格制度认识的一个新发展,在理论和实践上均具有重要的指导意义。

一、我国“相对人原告资格论”的缺陷

自我国行政诉讼制度建立以来,关于行政诉讼原告资格问题在理论和实践上的突出表现就是:只有“具体行政行为的相对人”才具有原告资格,除相对人之外的其他人即使与具体政行为有一定利害关系,也不具有原告资格。这一观点认为,行政诉讼产生于行政活动中发生的行政纠纷,行政纠纷是作为行政管理者的行政机关和被管理的相对人之间的一种纠纷。在这种纠纷中,行政机关是享有行政职权的一方,拥有实现自己意志的全部手段,因而无须以诉讼手段实现自己的意志;而行政相对人则处于服从的地位,只有通过诉讼来维护自己合法权益。所以,行政诉讼的原告恒定为行政相对人。[②] 同时,由于从司法实践角度来说,“相对人原告资格论”更易于把握,实践中是否应予受理的标准也比较明确,因此在理论上和实践中都将是否为被诉具体行政行为的特定相对人作为理解原告资格的出发点。我国一些较具权威性的行政法学教材和著作在阐释行政诉讼的原告资格条件时,其中一点就是“必须是作为行政管理相对一方的公民、法人和其他组织”,认为“对于作出具体行政行为的行政机关,并不是任何一个公民、法人或者其他组织都有原告资格。必须是承担该行为法律后果的、已经进入该行政法律关系,成为该关系中的行政管理相对一方的公民、法人或者其他组织才具有原告资格”。[③] 最近新出版的一部司法部统编教材在论述原告资格时也认为“原告是行政管理中的相对人”[④]。理论上认识的这种偏差,导致在司法实践中,很多法院片面强调只有某一具体行政行为的相对人才能具有原告资格提起行政诉讼。这些法院认为如果赋予非相对人以原告资格,则会使诉权范围过于宽泛,所以对相对人之外的公民、法人或者其他组织提起的诉讼,一概以“不是行政管理相对人”为由予以拒绝,或不予受理,或者虽然受理,却又裁定“驳回起诉”。正因为“相对人原告资格论”对司法实践的影响如此重大,所以有必要分析

---

① 最高人民法院曾于 1991 年发布《最高人民法院关于贯彻执行〈中华人民共和国行政诉讼法〉若干问题的意见(试行)》,现已被废止。

② 参见张尚鷟主编:《走出低谷的中国行政法学》,中国政法大学出版社 1991 年版,第 437 页。

③ 参见罗豪才、应松年主编:《行政诉讼法学》,中国政法大学出版社 1990 年版,第 145 页。

④ 方世荣主编:《行政法与行政诉讼法》,中国政法大学出版社 1999 年版,第 363 页。

一下这一理论是否具有合法性和科学性。

第一,“相对人原告资格论”不符合《行政诉讼法》的规定。我国《行政诉讼法》涉及原告资格问题的一共有3个规定:其一,该法第2条规定:“公民、法人或者其他组织认为行政机关和行政机关工作人员的具体行政行为侵犯其合法权益,有权依照本法向人民法院提起诉讼。”其二,该法第24条规定:“依照本法提起诉讼的公民、法人或者其他组织是原告。有权提起诉讼的公民死亡,其近亲属可以提起诉讼。有权提起诉讼的法人或者其他组织终止,承受其权利的法人或者其他组织可以提起诉讼。”其三,该法第41条有关起诉条件的规定更是明确了“原告是认为具体行政行为侵权其合法权益的公民、法人或者其他组织”。以上规定,均未出现过行政管理相对人才能作为原告进行起诉的内容,最高人民法院的司法解释也从未限定过只有相对人才能提起诉讼。实际上,《行政诉讼法》对原告资格问题已经作了明确规定,关键是如何正确理解。笔者认为,认识《行政诉讼法》关于原告资格的规定,重点在于如何认识“认为具体行政行为侵犯自己合法权益”这一核心内容。因为对于提起行政诉讼的原告来说,必须首先证明自己的合法权益受到了被诉具体行政行为的侵害,而要证明这一点,就必须说明自己与该具体行政行为之间存有一定的利害关系,如不能证明则不具备原告资格。但是,能够与被诉具体行政行为有利害关系的,只能是相对人和相对人之外的法定权益受被诉具体行政行为影响的公民、法人或者其他组织。因此,《行政诉讼法》实际上肯定了相对人和相对人之外的利害关系人均有权提起行政诉讼的原告资格,并未将原告资格仅仅赋予相对人,所以认为仅仅是行政相对人才有权提起行政诉讼的规定与法相悖。何况,《行政诉讼法》作为一部基本的诉讼法律规范,立法者在制定时,不可能不考虑体现我国行政诉讼诉权保护的原告资格问题。法律之所以会作出这样规定,正是基于社会生活中相对人和利害关系人均有可能提起行政诉讼这一客观现实需要。

第二,行政诉讼的原告资格与行政法学中的相对人概念不能等同。行政管理相对人是行政法学中的一个概念,它是指在特定的行政管理活动中,受行政机关管理的公民、法人或者其他组织,是行政法学中为了说明与行使行政职权的主体相对应一方主体的一个理论概念,它并不是一个法律专用名词。① 行政诉讼的原告资格是诉讼程序法中的一个概念,属于诉讼法的范畴。由于行政诉讼法律关系不同于一般行政关系,在行政诉讼法律关系中,原告是以具体行政行为

① 参见应松年主编:《行政法学新论》,中国方正出版社1998年版,第67页。

“侵犯自己合法权益”为条件，而相对人则以在行政关系中“作为被管理一方”为基础，两者成立的前提不同。同时，行政机关作出的行政行为涉及公共利益，具有国家意志的先定力，非依法定程序不能撤销和变更，无论是直接针对的对象还是非直接针对的对象均应服从和遵守。因此，只要是确实受到被诉具体行政行为侵犯的公民、法人或者其他组织，均可以作为行政诉讼法律关系的主体参加诉讼，而无须以是否是行政法律关系中的相对人为限。

第三，只有相对人才能提起行政诉讼不利于行政诉讼价值的体现。我国《行政诉讼法》第 1 条规定：“为保证人民法院正确、及时审理行政案件，保护公民、法人或者其他组织的合法权益，维护和监督行政机关依法行使行政职权，根据宪法制定本法。”法律的这一规定，已经明确地说明了行政诉讼制度的价值在于保护公民、法人或其他组织的合法权益，维护和监督行政机关依法行使行政职权。这一价值的实现，是以公民、法人或其他组织的诉权范围和人民法院充分行使其司法监督权为标志的。因此，原告资格与诉权的保护以及人民法院的司法监督权之间关系极为密切。行政机关在行政管理活动中拥有强大的行政权，对公民、法人或其他组织的权利有着重大影响。《行政诉讼法》明确将起诉权赋予认为具体行政行为侵犯自己合法权益的公民、法人或其他组织，使他们可以请求人民法院运用国家审判权对自己的合法权益予以司法保护，从而以法律手段对抗行政机关可能存在的不法侵害。这既是行政法制建设的需要，同时又是民主政治的真正体现。但是，“相对人原告资格论”在实践中的体现客观上缩小了行政诉讼诉权的范围，相对人之外的公民、法人或者其他组织在受到行政机关具体行政行为的不法侵害时，就无法获得有效的司法救济，既不利于社会的稳定，也不利于对行政管理的有效监督，阻碍了行政诉讼价值与功能的真正实现，从一定程度上削弱了对公民、法人或者其他组织合法权利的保护，也不利于人民法院行政审判权的完整实现。

笔者认为，“相对人原告资格论”既不符合现行《行政诉讼法》的规定，又不利于公民诉权的保护和人民法院行政审判权的正确行使，更不利于对行政行为的依法监督。因此，必须对行政诉讼原告资格进行科学认定，从而保证行政诉讼功能的真正实现。

二、行政诉讼原告资格制度认识的发展

近年来，随着民主政治制度的进一步完善和依法行政原则的推进，更由于行政活动对社会生活干预的深度和广度不断加强，人们逐渐认识到仅仅主张相对

人有原告资格的理论不能适应我国行政诉讼制度发展的需求，一些学者根据我国行政诉讼实践的客观要求，提出了行政诉讼的原告资格不但应赋予相对人，也应赋予与具体行政行为有一定利害关系的非行政管理相对人。在设定权利义务的具体行政行为与其他的公民、法人或者其他组织存在法律上的利害关系的情况下，或者是以损害其他公民、法人或者其他组织合法权益而为行政管理相对人设定权利的，在该具体行政行为引起的行政法律关系中，合法权益受损害的是非行政管理相对人。为实现行政诉讼的目的起见，非行政管理相对人应成为行政诉讼法律关系主体，故设定的行政诉讼原告资格应包括非行政管理相对人。此外，笔者还进一步认为主张"行政管理相对人（狭义）"为原告资格者，理论上是对《行政诉讼法》条文作了过窄的理解，实践上则囿于《行政诉讼法》颁行前的行政诉讼制度的影响。按《民事诉讼法（试行）》第 3 条第 2 款规定，受理案件只要法律、法规规定受处罚人可以起诉的，法院就受理，而其他人的合法权益受到侵犯，没有原告资格。《行政诉讼法》虽对原告资格作了规定，但旧的观念没有及时更新。另外，《行政诉讼法》颁布后，行政案件受案范围相对颁布前由单行法规确定的受案范围要宽得多，因此行政诉讼原告资格的扩大也是必然。①

对行政诉讼原告资格认识范围的扩大，既反映了行政诉讼制度本身的发展，也体现了社会发展的必然要求与行政诉讼制度之间的相互协调。在我国，已经有部分地区的人民法院在行政审判实践中，突破了"相对人原告资格论"的理论束缚，对行政相对人之外的公民、法人或者其他组织提起的行政诉讼，只要能证明原告与被诉具体行政行为之间有利害关系，法院就大胆受理并依法作出裁判。例如，某一住宅小区的居民认为规划部门核发的建筑规划许可证侵犯了他们的相邻权以及其他权利，因而以原告身份提起诉讼，这些作为原告的居民并不是核发建筑规划许可证这一行政行为的相对人，但由于核发建筑规划许可证这一行为对居民相邻权等权利造成的影响，使这些居民与该具体行政行为之间存有法律上的利害关系。再如，某行政机关误将某甲的财产认定为某乙的财产而加以没收或采取行政强制措施，某甲虽然不是具体行政行为所指向的对象，但他却可以以行政机关具体行政行为侵犯了其财产权为由，作为原告向法院起诉。司法实践中这类案件被依法受理和裁判，说明了"相对人原告资格论"已经不合时宜，也说明一些司法实践部门已从对某一理论的简单盲从转向了对法律的正确理

---

① 参见刘峥：《试论设定行政诉讼原告资格与行政诉讼受案范围的互动逻辑关系》，载第八届学术讨论会论文评选委员会编：《行政审判疑难问题新论》，人民法院出版社 1996 年版，第 85 页。

解，这对我国行政诉讼制度的健康发展无疑会产生积极的推动作用。

实际上，在世界其他国家，行政诉讼的原告资格也并不局限于行政行为所指向的直接相对人。美国《联邦行政程序法》第702条规定："因行政行为而致使其法定权利受到不法侵害的人，或受到有关法律规定之行政行为的不利影响或损害的人，均有权诉诸司法复审。"美国《联邦行政程序法》所确定的原告资格范围，已远远大于以前。在该程序法制定以前，最高法院仅把"法定权利"作为认定原告资格的标准，而按照新的标准，受行政行为损害的当事人，即使法定权利未遭损害，也有权请求复审行政行为，从而大大拓宽了原告的资格范围。① 从美国法律这一规定来看，原先所持的"法定权利"受到损害这一原告资格标准已经远远大于相对人这一范围，取而代之的"不利影响和损害"标准又在原先的原告资格基础上进行了大大的拓展，并且还有进一步扩大的趋向。而我国行政诉讼中的原告资格，如果继续局限在"行政管理相对人"这一范围内，一方面与世界各国行政诉讼制度发展的大趋势极不适应，另一方面也使行政机关的行政行为无法得到实际而有效的监督。因此，对行政诉讼原告资格的认识必须随时代的变化而有所发展。

首先，行政诉讼制度本身就是民主政治在某一诉讼领域的具体反映。赋予什么样的人可以依法提起行政诉讼的权利，不仅仅是一个诉讼程序问题，更重要的是可以通过行政诉讼这一特定的诉讼制度体现一个国家对公民权利保护的程度。而从行政诉讼制度监督行政职权的依法行使这一特定角度来说，原告起诉权资格的赋予就是其民主权利的一个表现。

其次，在认识上进一步拓展行政诉讼原告资格享有者的范围，是行政诉讼立法宗旨的体现。行政权是一种强大的权力体系。在行政管理过程中，公民、法人或者其他组织始终处于被动的服从地位，当他们受到行政行为的不法侵害时，仅靠自己的力量是无法自我保护的，因此必须充分考虑保护公民、法人或者其他组织的合法权益，尤其是请求司法保护中起诉权的保护。如果过于严格地限定原告资格的范围，会将许多理应受到司法监督的行政争议案件排除在行政诉讼之外，从而使相当一部分行政争议得不到法律途径的公正合理解决，也必然会放纵一部分违法行政行为，使其继续以合法的形式存在。这样不但损害某一个体的利益，对国家行政权应有的严肃性和权威性也将产生不利的影响。

最近，最高人民法院颁布的《最高人民法院关于执行〈中华人民共和国行政

---

① 参见胡建淼：《十国行政法——比较研究》，中国政法大学出版社1993年版，第86页。

诉讼法〉若干问题的解释》根据司法实践中行政审判工作的需要，对行政诉讼原告资格问题作出了较为明确的界定，明确赋予了利害关系人提起行政诉讼的原告资格，并对相应案件的原告资格问题作了较为明确的列举规定，使"相对人原告资格论"在我国行政审判制度中没有继续存在的空间，从而使我国行政诉讼原告资格制度有了新的发展，为公民、法人或者其他组织在受到行政机关具体行政行为侵害时依法行使起诉权和人民法院行使行政审判权奠定了良好的基础。

根据这一司法解释的规定，与具体行政行为有法律上利害关系的公民、法人或者其他组织对该行为不服的，可以依法提起行政诉讼。此外，被诉的具体行政行为涉及相邻权或者公平竞争权的、与被诉的行政复议决定有法律上利害关系或者在复议程序中被追加为第三人的、要求主管行政机关依法追究加害人法律责任的、与撤销或者变更具体行政行为有法律上利害关系的，公民、法人或者其他组织均可以依法提起行政诉讼。同时，该司法解释又规定，联营企业、中外合资或合作企业的联营、合资、合作各方，认为联营、合资、合作企业权益或者自己一方合法权益受具体行政行为侵害的，都可以自己的名义提起诉讼。司法解释的上述规定，明确赋予了与具体行政行为有法律上利害关系的主体提起行政诉讼的原告资格。对这一"法律上利害关系"的理解，笔者认为应把握以下三个方面：(1) 这种利害关系应当限于法律上的利害关系，而不能泛指一切利害关系，即由于某一具体行政行为的作出使原告法律上的权利、义务受到了影响。(2) 这种法律上的影响是由于行政机关行使行政职权、作出某一特定的具体行政行为所导致的，是行政权运作的结果。这种状况的存在，通过民事诉讼的途径无法加以解决，只有通过行政诉讼才能加以解决。(3) 被诉具体行政行为对原告应享有的合法权利的影响是必然的，而不是一种可能性。因此，司法解释将相对人之外的公民、法人或者其他组织提起行政诉讼的资格限定为"法律上利害关系"的人，这一规定既排除了只有行政管理相对人才有权提起行政诉讼从而使诉权范围过窄的状况，也避免了将行政诉讼原告资格规定得过于宽泛而不利于行政审判工作正常开展状况的出现，不失为符合我国目前行政诉讼制度实际发展情况的一个明智之举，对于健全我国行政诉讼制度，进一步完善我国行政诉讼的立法起到明显的推进作用。

有损害必有救济，受损害者即应享有申请救济的权利和资格。我国行政诉讼理论和实践中的原告资格从"相对人资格论"到"法律上利害关系人资格论"的转变，不但是我国行政诉讼制度在某一环节上的变化，更体现了一种观念上的飞跃和发展。

第七节 论行政证据中的若干法律问题*

行政证据在行政活动中的地位和作用至关重要，它是行政主体赖以作出行政行为的基础，也是行政主体依法行政的前提所在。然而，由于一般证据学只侧重研究诉讼证据问题，①对行政证据则研究较少，加上我国的行政程序法律制度不完善，行政证据目前无法在法律上得到独立的体现和确认，因此在理论上和实践中，对行政行为中的证据把握尚存有一定的困难和障碍，从而在一定程度上影响了依法行政的实施。笔者认为，在目前的情况下，通过其他相应的法律规范来研究和探索行政证据的理论和实践问题，厘清行政证据在法律上的特殊要求和规则，不但是可行的，也是必要的。这对于促进行政证据方面立法的完善，积极推进依法行政，均具有重要的现实意义。

一、行政证据的意义

对于什么是行政证据，我国法律未作明确规定。从一般理解来看，行政证据也可以被称为行政程序证据。对此，有学者认为，行政程序证据是指行政机关在行政程序中，用以证明待证事实的证据。② 也有学者认为，行政证据是指行政机关在行政程序中收集或由当事人向行政机关提供，行政机关据以作出行政行为的事实和材料。③ 还有学者更进一步地认为，行政证据是在行政程序中，由行政主体、相对人、代理人等依照法定程序收集或提供的具有法定形式、能够证明案件真实情况并经行政主体查证属实的一切事实。④ 以上对行政证据基本含义的表述，明确了行政证据的基本要义：第一，主体的确定性。行政证据收集和提供的主体是行政主体、相对人，即在行政法律关系中具有主体地位的组织或个人。第二，程序的确定性。行政证据只能在行政程序中被收集和提供，离开特定的行政法律程序，就无所谓行政证据。第三，形式的特定性。行政证据作为法定的证

---

* 原载《法商研究》2004 年第 1 期。

① 如陈一云认为："证据学或诉讼证据学，是研究诉讼过程中如何运用证据认定案件事实和有关法律规范的学科，所以又称为证据法学。"这一表述将证据学的研究对象限定在诉讼证据领域。参见陈一云主编：《证据学》(第二版)，中国人民大学出版社 2000 年版，第 1 页。

② 参见孔祥俊：《最高人民法院〈关于行政诉讼证据若干问题的规定〉的理解与适用》，中国人民公安大学出版社 2002 年版，第 5 页。

③ 参见应松年主编：《行政诉讼法学》(修订本)，中国政法大学出版社 2000 年版，第 128 页。

④ 参见胡建淼主编：《行政违法问题研究》，法律出版社 2000 年版，第 310 页。

据范畴,必须具备特定的法定形式。第四,用途的确定性。行政证据是行政程序中行政主体证明行政行为事实所依据的事实和材料。

由此可见,行政证据作为行政主体赖以作出行政行为的事实依据,是依法行政的重要内容之一。因为证据是行政行为合法的基础,任何行政行为的作出,都是行政主体将某一法律规范适用于具体事件的结果。在这一过程中,如果没有相应的行政证据证明相关事实,行政行为必将丧失合法的基础。同时,行政主体收集、审查证据也必须符合法律规定,这也是依法定程序行政的原则在行政证据领域的具体体现。只有经合法证据证明的事实才能够成为行政行为依据的事实。离开行政证据的合法性,就谈不上适用法律和执行程序的正确,也就无法正确地推进依法行政。《行政诉讼法》和《行政复议法》都将证据是否确凿、是否充分明确规定作为衡量和判断行政行为是否合法的重要条件之一,可见行政证据在行政行为中的重要意义。

因此,世界上一些行政法治较为发达的国家,都比较重视行政程序中的证据问题。例如,美国《联邦行政程序法》第 566 条专门设立两款,着重规定了行政证据的范围、行政证据责任的分配和行政证明标准;奥地利《普通行政程序法》专门设立一篇规定了调查程序和证据问题;葡萄牙《行政程序法典》共有 20 个条文详细规定了行政证据的调查、收集和审查判断。[①] 而在我国,至今尚无较为完整、统一的行政程序法,有关行政证据的相关规定也仅散见于一些法律和部分法规及规章当中,这些规定尚无法构成我国完整的行政证据体系。有学者非常明确地指出,可能是由于行政程序法欠发达的原因,或者是行政法律关系固有的特殊性,行政主体适用法律过程中的证据制度的发展在我国至今仍不尽成熟,或者可以说是无章可循。[②] 尽管如此,我们对行政证据在行政活动中重要意义的认识也不能因此而减弱。可以说,正确认识行政证据是完善行政证据制度的前提。

二、从行政诉讼证据认识行政证据

行政诉讼证据,是指在行政诉讼中用来证明行政争议案件事实的一切材料。根据《行政诉讼法》第 5 条的规定,在我国,行政诉讼的核心是由人民法院对行政主体的具体行政行为进行合法性审查,从而达到运用国家司法权保护公民、法人或其他组织合法权益,维护和监督行政机关依法行政的目的。人民法院在行政

① 参见应松年主编:《比较行政程序法》,中国法制出版社 1999 年版,第 295—296 页。

② 参见章剑生:《行政行为说明理由判解》,武汉大学出版社 2000 年版,第 61 页。

诉讼活动中对具体行政行为合法性进行审查的主要内容之一，就是具体行政行为的证据是否确凿、充分的问题。《行政诉讼法》第54条第1项规定："具体行政行为证据确凿，适用法律、法规正确，符合法定程序的，判决维持。"该条第2项规定，具体行政行为主要证据不足的，判决撤销或部分撤销。这就表明，行政诉讼中一项很重要的内容，是审查被告作出具体行政行为时认定的事实和所依据的证据。也就是说，行政诉讼中法院所审查的证据，主要是行政主体在特定的行政程序中已经作为实施具体行政行为事实根据的证据，具有很强的"案卷主义"色彩。《行政诉讼法》第32条规定，被告对作出的具体行政行为负有举证责任，应当提供作出具体行政行为的证据和所依据的规范性文件。法律规定作为被告的行政主体向人民法院提供证据的目的，是为了接受审判机关的审查，并由审判机关通过审查确定行政主体具体行政行为的证据是否确凿、充分和可靠。从这一角度说，"行政诉讼或司法审查也事实上成为行政程序的'上诉审'"①。为此，笔者认为，在行政诉讼中，原则上并不存在来源于行政诉讼程序中的"行政诉讼证据"。所谓的行政诉讼证据，实际上是在行政程序中所产生的证据材料在行政诉讼这一特定程序中作为被审查的对象而已。正如有学者指出的，所谓的行政诉讼无非是对因发生争议而进入诉讼领域的具体行政行为由司法机关再认识、再评价、再确定罢了。② 按照《行政诉讼法》第5条的规定，就是"人民法院审理行政案件，对具体行政行为是否合法进行审查"。很显然，行政案件的基础是具体行政行为，没有具体行政行为就不会发生行政相对人与行政机关之间的争议。行政机关作出具体行政行为时应该以可靠的证据为根据，而人民法院对具体行政行为的合法性进行审查的必要内容正是审查被告作出具体行政行为的证据。不管行政证据与行政诉讼证据有多少个不同点，它们既然作为证据，总是应该有共同的地方，有其同一性的。③ 基于此，笔者认为，在我国目前尚无单独和完备的行政证据法律制度的情况下，通过行政诉讼法律规范所规定的行政诉讼证据来认识行政证据是必要且可行的。

（一）从行政诉讼证据的来源认识行政证据

行政诉讼中，作为证据的材料主要来源于行政程序。行政主体在行政程序中，必须首先收集能够证明案件事实的证据材料，之后才能作出相应的具体行政

① 刘善春、毕玉谦、郑旭：《诉讼证据规则研究》，中国法制出版社2000年版，第674页。

② 参见罗豪才主编：《中国司法审查制度》，北京大学出版社1993年版，第344页。

③ 同上。

行为。一旦进入行政诉讼阶段,作为被告的行政主体就应依照法律规定,将在行政程序中掌握和收集的证据提供给人民法院,从而使行政证据转化为相应的行政诉讼证据。因此,行政诉讼证据中的核心部分,是作为被告的行政主体在行政程序中的具体行政行为作出之前即已获得并在行政诉讼中向人民法院提供的事实和材料。从证据的来源角度说,行政证据与行政诉讼证据具有同一性。

(二)从行政诉讼中对证据的审查认识行政证据

在行政诉讼中,人民法院对具体行政行为合法性审查的内容之一就是证据是否确凿、充分,而这里的证据指的就是行政证据。由于行政证据在行政诉讼中成为人民法院审查的对象,因此在行政诉讼中人民法院运用行政诉讼证据规则所进行的事实认定是以行政主体在行政程序中所收集的行政证据为基础的,是对行政主体在行政程序中获取和处理的行政证据以及得出的事实结论是否符合法律的相应规定所进行的审查。在行政诉讼中,被依法审查的行政证据就成为行政诉讼证据。因此,从行政诉讼中人民法院对行政证据的再审查角度来说,行政诉讼证据中的主要部分为行政证据。

(三)从行政诉讼证据与行政证据共有的属性认识行政证据

证据必须具有关联性、合法性和真实性。行政诉讼和行政程序中的可定案证据都必须具备上述"三性"。同时,无论是作为行政诉讼证据,还是作为行政证据,对上述"三性"的要求完全相同。第一,证据的关联性要求证据与案件的待证事实具有一定的联系,这样才能起到证明案件事实的作用。无论是行政诉讼中的证据,还是行政程序中的证据,其相关性都表明要与具体行政行为所认定的事实具有联系。第二,证据的合法性要求行政主体在行政程序中收集、取得证据的手段、方式以及形式等必须合法。到了行政诉讼阶段,行政证据的合法性就成为人民法院审查的内容之一。只有具备合法性要求的行政证据才有可能被人民法院作为行政诉讼中认定案件事实的根据,即行政证据的合法性才能被人民法院所确认。所以,行政诉讼证据的合法性基本上是指行政证据的合法性。第三,证据的真实性是指作为证据证明的事实必须是客观存在的真实事实。从行政诉讼角度来说,作为定案证据的事实必须是能够证明行政行为中行政法律关系发生、变更、消灭的事实,也即在行政程序中由行政主体获取的行政证据是否真实地反映了行政主体作出具体行政行为的事实依据。这不仅是人民法院在行政诉讼中运用行政诉讼证据所追求的目标,也是行政主体在行政程序中运用行政证据所追求的目标。

由上可见,行政证据与行政诉讼证据具有相当程度上的同一性。这种同一性对于我们理解行政证据,充分发挥行政证据在行政执法中的作用,积极推进依法行政具有十分积极的作用。值得指出的是,《行政诉讼法》和《最高人民法院关于执行〈中华人民共和国行政诉讼法〉若干问题的解释》(以下简称《若干解释》)、《最高人民法院关于行政诉讼证据若干问题的规定》(以下简称《行政诉讼证据规定》)以及其他司法解释对于行政诉讼证据的若干问题已经作出了较为完整的规定,其中有相当一部分规定实际上就是针对行政证据而言的,这些规定应当成为理解行政证据的法律基础和逻辑起点。

三、行政诉讼规范对行政证据方面的有关规定

以上所述的《行政诉讼法》《若干解释》《行政诉讼证据规定》可统称为行政诉讼规范。在这些规范当中,包含很多对行政证据的规定。笔者认为,在目前我国尚缺乏统一的行政程序法,行政证据制度尚不完备的情况下,通过行政诉讼规范来认识行政证据,不失为一条捷径。通过这样的途径,可以找出行政证据的若干规律性的内容,从而归纳出行政证据的共性,以指导行政主体的行政执法活动,促使行政主体依法行政。

(一) 关于行政证据的种类

《行政诉讼法》第 31 条规定,行政诉讼证据有书证、物证、视听资料、证人证言、当事人的陈述、鉴定结论、勘验笔录和现场笔录。以上证据经法庭查证属实,才能成为定案的根据。这一关于行政诉讼证据种类的规定同样适用于行政证据。换句话说,这实际上就是法律对行政证据种类的规定。可以说,《行政诉讼法》之所以如此规定,就是考虑了行政程序中证据的特殊要求,如关于现场笔录的规定,就是考虑了行政执法行为的需要而作出的。近年来,有些行政规章对行政证据的种类也作出了与《行政诉讼法》一致的规定,如国家工商行政管理局公布的《工商行政管理机关行政处罚程序暂行规定》第 18 条规定:“办案机关对案件进行调查,应当收集以下证据:(一) 书证;(二) 物证;(三) 证人证言;(四) 视听资料;(五) 当事人陈述;(六) 鉴定结论;(七) 勘验笔录和现场笔录。上述证据,必须查证属实,才能作为认定事实的依据。”这说明,行政诉讼证据与行政证据在法定种类上是完全一致的。这种一致性既体现了行政诉讼证据是行政证据在特定领域的转化,同时也明确了法律对两者在法定种类上的一致要求。

(二) 关于行政证据收集的程序

《行政诉讼法》《若干解释》和《行政诉讼证据规定》均对行政证据收集的程序

作了规定。这些规定解决了行政证据的合法性问题。收集证据的程序合法，要求行政主体应当遵守法定的步骤、顺序、方式、时限对证据进行收集、审查和采纳，并使之成为事实认定的根据。证据的收集、审查和采纳不能违反法定程序是证据合法性要求的体现。《若干解释》第30条规定行政主体在诉讼期间自行收集的证据和严重违反法定程序收集的证据不能作为人民法院的定案根据，《行政诉讼证据规定》对行政证据的程序合法性问题又进行了更为详细的规定。这些规定虽然是对人民法院审查证据的要求，但实质上却是对行政证据程序合法的具体要求。

行政证据的取得首先必须符合法定程序。现代行政法治的基本要求是行政活动必须符合法定程序，这一要求同样适用于行政主体取得行政证据的活动。严重违反法定程序收集的证据属于非法证据。非法证据不但在行政诉讼中要被排除，在行政活动中同样应予以排除。有学者明确指出，非法证据是否应当排除或采纳，取决于我们在发现实体真实与保障人权、实现程序正当性发生冲突时的价值选择。如果采纳非法证据，虽然能够发现实体真实，但它是以牺牲程序的公正、侵犯公民的人权为代价的。在现代社会，比发现真实更重要的是公民的自由和权利。排除非法证据规则之适用有利于保障公民的自由和权利，并且保障程序的公正性。[①] 在实践中，行政证据的收集不符合法定程序的情形还在一定程度上存在，比如采取刑讯逼供、非法强行搜查等手段和方式取得证据。根据有关行政诉讼规范的规定，符合法定程序的行政证据应当是：

1. 符合主体要求。行政证据收集的主体应该是法定的，非法定主体收集的证据，尽管证据材料本身可能具有一定的客观性和关联性，有时可能对证明案件主要事实有重大意义，但由于其收集主体不合法，也不能在行政程序中作为证据使用。

2. 符合法定形式。作为行政证据，不但要符合《行政诉讼法》第31条所规定的证据种类与形式，即书证、物证、证人证言、当事人陈述、视听资料、鉴定结论、勘验笔录和现场笔录7种证据形式，还应符合法律对其形式的特殊要求，即必须履行一定的法律手续或具备一定的条件。例如，根据《行政诉讼证据规定》第15条之规定，行政主体所制作的现场笔录，应当载明时间、地点和事件等内容，并由执法人员和当事人签名；当事人拒绝签名或者不能签名的，应当注明原

① 参见张树义主编：《最高人民法院〈关于行政诉讼证据若干问题的规定〉释评》，中国法制出版社2002年版，第245、255页。

因;有其他人在现场的,可由其他人签名;法律、法规和规章对现场笔录的制作形式另有规定的,从其规定。再如,证人提供书面证言的,必须由证人签名或盖章;境外调取的证据须经证据来源所在地的外国公证机构公证、我国驻外使、领馆认证等。证据形式的合法性是证据真实性的前提,它不仅是诉讼程序对证据法定形式的要求,同时也是行政程序对证据法定形式的要求。

3. 符合行政活动的一般程序规则。(1)《行政诉讼法》第 33 条明确规定了“在诉讼过程中,被告不得自行向原告和证人收集证据”的规则,《行政复议法》第 24 条也作出了同样的规定,司法解释也明确规定了对行政主体在行政行为作出后所获取证据合法性的排除。如最高人民法院发布并于 2003 年 1 月 1 日起实施的《最高人民法院关于审理反倾销行政案件应用法律若干问题的规定》和《最高人民法院关于审理反补贴行政案件应用法律若干问题的规定》都明确规定,人民法院依据被告的案卷记录审查被诉反倾销和反补贴行政行为的合法性。被告在作出被诉反倾销和反补贴行政行为时没有记入案卷的事实材料,不能作为认定该行为合法的根据。这实际上确立了行政程序中的“先取证,后裁决”和“案卷排他性”的基本程序规则。在行政程序中,行政主体只有在充分掌握大量的证据之后,才能作出行政行为。如果在行政行为作出之后,再允许行政主体重新收集证据,那是对行政程序的严重违反,而严重违反行政程序所收集的证据不能作为定案的根据,这一规定已被法律和司法解释所明确规定。(2)行政证据的取得还必须符合其他程序性规定,符合法律、法规、司法解释、规章对行政证据的要求。《行政处罚法》第 37 条第 1 款规定:“行政机关在调查或者进行检查时,执法人员不得少于两人,并应向当事人或者有关人员出示证件。当事人或者有关人员应当如实回答询问,并协助调查或者检查,不得阻挠。询问或者检查应当制作笔录。”第 2 款规定:“行政机关在收集证据时,可以采取抽样取证的方法;在证据可能灭失或者以后难以取得的情况下,经行政机关负责人批准,可以先行登记保存,并应当在七日内及时作出处理决定,在此期间,当事人或者有关人员不得销毁或者转移证据。”第 3 款规定:“执法人员与当事人有直接利害关系的,应当回避。”《工商行政管理机关行政处罚程序暂行规定》对工商行政管理机关调查、收集证据的程序也作了详细的规定。其第 19 条规定:“办案人员可以询问当事人及证明人。询问应当个别进行。询问前应当告知其如实陈述事实、提供证据。询问应当制作笔录,询问笔录应当交被询问人核对;对没有阅读能力的,应当向其宣读。笔录如有差错、遗漏,应当允许其更正或者补充。经核对无误后,由被询问人逐页在笔录上签名或者盖章。办案人员亦应在笔录上签名。被询问人拒绝签名或者盖章的,应当在笔录上注明。"同时,《行政诉讼证据规定》明确规定了行政证据的取得不仅要符合法律、法规和规章,还必须符合司法解释的要求,进一步体现了司法解释对行政证据的规范作用。

4. 不得以非法手段收集行政证据。行政证据的收集和取得,同样是一种行政权力的运用。在这一过程中,行政主体不得滥用行政权力采取非法手段收集并取得证据。根据《行政诉讼证据规定》,除了严重违反法定程序收集的证据材料属于非法证据之外,其他如以偷拍、偷录、窃听等手段获取侵害他人合法权益的证据材料和以利诱、欺诈、胁迫、暴力等不正当手段获取的证据材料,以及以违反法律禁止性规定或者侵犯他人合法权益的方法取得的证据,都属于非法证据。通过非法手段获取的证据,虽然有可能能够证明案件真实情况,但由于其手段或方法的非法性,损害了国家利益、社会公共利益和公民、法人或者其他组织的合法权益,损害了政府形象,严重违背了法律的规定,因而是不能作为行政主体行政行为的事实依据的。实际上,行政主体从根本上就不应该采取这种非法手段和方法去收集证据。"在行政案件中,有污点的证据是政府违法的产物,不是私人违法的产物。法律不应允许行政机关成为赃物的受益人。"①但在实践中,个别行政主体及其工作人员采取不正当手段收集证据的现象还在一定程度上存在。如有些执法人员用"放倒钩"(即引诱违法)的方式,引诱当事人上钩,从而获取所谓的违法证据,并进行处罚。以这种方法取得的"证据",明显是一种以违法手段获取的证据,依法不能作为行政处罚的事实根据。

5. 收集行政证据必须保障当事人在行政程序中的权利。《行政诉讼证据规定》第 60 条第 2 项规定,被告在行政程序中非法剥夺公民、法人或者其他组织依法享有的陈述、申辩或者听证权利所采用的证据,不能作为认定被诉具体行政行为合法的依据。行政主体在行政程序中,必须尊重并保障当事人应当享有的法定程序权利,非法剥夺当事人的法定权利而获取的证据,同样是不符合法定程序所取得的证据,依法不能作为行政行为合法的依据。例如,在行政处罚程序中,行政主体对应予听证的而未予听证,或者在听证之后又收集新的证据,并将其直接作为行政处罚的事实依据,此时就应视为剥夺了当事人的听证权利。听证的要求之一就是当事人有权对证据进行质证和反驳,未经质证的证据不能成为行政程序中的证据。因此,行政证据的采用必须以保障当事人法定的程序权利为前提。

---

① 〔美〕伯纳德·施瓦茨:《行政法》,徐炳译,群众出版社 1986 年版,第 326 页。

（三）关于保障行政证据的真实性的要求

证据的真实性是指证据材料所反映的或者所证明的案件的真实情况，即该证据是否真实、可靠。在行政程序中，行政主体所收集的证据，由于受行政法制的不完善、执法人员的法律业务素质有待进一步提高等因素的影响，在保证真实性方面还存在许多问题。《行政诉讼证据规定》第 56 条所规定的审查证据的真实性的几个方面的要求（即审查证据形成的原因；发现证据时的客观环境，证据是否为原件、原物，复制件、复制品与原件、原物是否相符；提供证据的人或者证人与当事人是否具有利害关系；影响证据真实性的其他因素）、第 57 条中关于补充证据的规定（当事人无正当理由由拒不提供原件、原物，又无其他证据印证，且对方当事人不予认可的证据的复制件或复制品；被当事人或者他人进行技术处理而无法辨明真伪的证据材料以及证人作证能力的审查判断等）都明确规定了保障和审查证据真实性的若干要求，这些要求对行政证据的提供和审查也同样适用。因为在行政程序中，行政主体无论是收集证据，还是审查证据，也都必须遵循客观真实的要求。此外，从广义上说，行政证据是否客观、真实，是否能够证明案件事实，同样也是判断行政行为是否合法的重要标准之一。《行政处罚法》第 30 条规定："公民、法人或者其他组织违反行政管理秩序的行为，依法应当给予行政处罚的，行政机关必须查明事实；违法事实不清的，不得给予行政处罚。"这里的"事实"就是指经行政主体合法收集并能证明案件真实情况的客观事实。

（四）关于行政证据的证明效力

《行政诉讼证据规定》第 63 条规定了优势证据规则，即在证明同一事实的多个证据相互矛盾的情况下，法庭按照最可信的证据认定事实的规则。简言之，优势证据规则是一种证据的证明力之间的比较规则。[①] 该条规定：(1) 国家机关以及其他职能部门依职权制作的公文文书优于其他书证；(2) 鉴定结论、现场笔录、勘验笔录、档案材料以及经过公证或者登记的书证优于其他书证、视听资料和证人证言；(3) 原件、原物优于复制件、复制品；(4) 法定鉴定部门的鉴定结论优于其他鉴定部门的鉴定结论；(5) 法庭主持勘验所制作的勘验笔录优于其他部门主持勘验所制作的勘验笔录；(6) 原始证据优于传来证据；(7) 其他证人证言优于与当事人有亲属关系或者其他密切关系的证人提供的对当事人有利的证

---

① 参见孔祥俊：《最高人民法院〈关于行政诉讼证据若干问题的规定〉的理解与适用》，中国人民公安大学出版社 2002 年版，第 139 页。

言;(8) 出庭作证的证人证言优于未出庭作证的证人证言;(9) 数个种类不同、内容一致的证据优于一个孤立的证据。笔者认为,上述规则除第(5)项与第(8)项外,都同样适用于行政程序中行政主体对证据证明效力的认定。在行政程序中,随着行政程序的不断推进,行政主体所收集的证据也在不断增加。对不断增加的一大堆证据材料,行政主体如何认定其证明效力,从而合法、有效地作出行政行为,并在行政复议与行政诉讼中经得起行政复议机关和人民法院的审查,是行政主体在行政程序中必须面对和思考的问题。因此,上述内容不仅规定了人民法院对证据证明效力的认定方法,同时也为行政主体在行政程序中运用证据,正确认定行政证据的证明效力确立了基本的准则和要求。

行政诉讼规范所确立的行政诉讼活动中的若干证据规则,虽然是针对行政诉讼活动的,但由于我国行政诉讼是对行政主体的具体行政行为进行合法性审查,如果在行政诉讼中被认为是合法有效的证据,那么它在行政程序中也应是合法有效的,反之亦然。因此,用行政诉讼证据规则来规范行政证据是完全可行的。这不仅是现实的需要,也是司法解释本身对行政程序的要求。

四、我国在行政证据制度中应进一步确立的规则

行政诉讼中的证据规范虽然对行政证据有较强的指导作用,但其毕竟属于行政诉讼中的证据规则,这些证据规则无法包括行政程序中对证据的所有要求。因此,笔者认为,应当尽快将行政诉讼中的证据规范通过立法确定为行政程序中的证据规则,同时还应当确立以下行政证据的规则:

(一) 确立行政程序中的"谁主张,谁举证"规则

在诉讼法中,举证责任是个被经常讨论的问题。该问题在行政程序领域也是讨论的重点,因为每一个具体行政行为都以事实结论为前提,这个事实结论究竟应由谁提供证据加以证明,显然是每个作出行政行为的人都必须关心的问题。行政程序中举证责任的本质含义与诉讼中举证责任的本质含义应该没有太大区别。鉴于行政程序的某些特性,行政程序中的举证责任是指在行政程序中,当事人有提供证据证明其主张的义务。当某种影响法律效果的事实无法确定时,对当事人将产生其所主张的法律诉求不被承认的后果。这里的当事人是指行政主体和行政相对人。这里的"不被承认的后果"是法律规范设定的某种事实成立后

将产生的法律效果。[①] 因此,行政程序中理应遵循“谁主张,谁举证”的举证规则。在一些国家的行政程序法律制度中,也明确规定了举证责任的分配,如美国《联邦行政程序法》规定的就是“谁主张,谁举证”的原则。该法第556条第4款规定:“除非法律另有规定,规章或者裁决令的提议人承担举证责任”。在我国,由于没有统一的行政程序法,行政程序中的举证责任分配应依法律、法规和规章确立,但一般都应体现“谁主张,谁举证”的基本规则。例如,在以解决特定的民事争议为目的的行政司法活动(如行政调解、行政仲裁、行政裁决)中,由于这类行政行为的特点是解决民事纠纷,确立民事权利和义务,解决民事侵权问题,故应适用民事诉讼中的“当事人对自己提出的主张,有责任提供证据”,即“谁主张,谁举证”规则。再如,在依申请的行政行为(如登记、许可、行政物质帮助等)中,由于这类行为的起因是相对人欲获得某种权利或资格,故应由相对人对自己提出申请的主张承担举证责任。又如,在行政处罚等依职权的行政行为中,由于是由行政主体主动发起的,故应由行政主体承担举证责任。行政机关主动的执法行为主要是给相对人设定义务,而行政相对人究竟是否应当承担义务,则应由行政主体提供证据加以证明。虽然从行政行为的性质可以判断出举证责任的归属,但由于未能在行政程序法律制度中确立统一的规则,致使在实践中不恰当的“举证责任倒置”现象时有发生,这不仅颠倒了行政主体和当事人应当承担的义务,而且与举证责任的法定要求明显不符。

(二)应当确立行政证据调查、取证的期限

期限是行政程序中的一项重要内容,它对于保证行政效率具有重要作用。但是,在我国目前的法律、法规和规章中,对行政证据调查、取证(尤其是对依职权行政行为的调查、取证)的期限未能作出明确规定。例如,《行政处罚法》第29条虽然规定“违法行为在二年内未被发现的,不再给予行政处罚”,但行政主体在发现违法行为之后,究竟应在多长期限内完成调查取证,法律并未作出明确规定。按照这样的逻辑,行政主体查上多少年都不违法。因此,必须确立行政证据的调查、取证期限,以提高行政效率。

(三)进一步确立案卷排他性规则

在行政程序中,案卷排他性规则是一项证据认定和适用规则。这一规则是

① 参见胡建淼主编:《行政违法问题研究》,法律出版社2000年版,第318—319页。

指行政行为只能以案卷作为依据，即以经过听证并记录在卷的证据为事实根据，不能在案卷之外，以当事人未知悉的和未质证的证据为根据，行政认知除外。首先，这一原则可以保障实体真实，如果在案卷之外认定事实，没有经过质证和反驳，极大可能存在偏见，实体真实的价值难以实现。其次，这一原则可以确保行政程序公正，保障当事人陈述和举证的权利、听取意见的权利、反驳、质问不利于己的证据的权利、相互对质的权利。最后，这一原则有利于法院对行政机关的支持和制约。因为行政行为只能以案卷中的记载为根据，法院很容易确定行政行为是否有证据支持，并以此确定行政行为的合法性和合理性。[①] 美国《联邦行政程序法》非常典型地规定了这一规则，该法第 556 条第 5 款规定："证言、物证，连同程序中提出的文书和申请书，构成本编第 557 条规定的作为裁决依据的唯一案卷。当事人只要交付费用，即可以得到该案卷的副本。"[②]在我国，行政诉讼规范已经初步确立了案卷排他性规则，如行政主体在行政程序中未作为具体行政行为依据的证据不能作为认定被诉具体行政行为合法的依据等规定就体现了这一规则的要求。但是，这毕竟是诉讼证据规则的要求，也即"救济程序"中的要求，并不等于在行政程序中已经确立了这一规则。笔者认为，在行政程序中进一步确立这一规则是非常必要的。之所以这样，是因为我国目前尚没有在行政程序中明确建立案卷排他性规则，加上行政主体部分执法人员的素质不高，而且行政公开制度尚没有全面建立和得到贯彻（即使在行政处罚领域，《行政处罚法》规定行政主体在作出行政处罚决定之前，应当告知当事人作出行政处罚决定的事实、理由和依据，但这仍无法真正保障案卷排他性原则的实现）。同时，由于行政权的强大，相当一部分证据保存在行政主体手里，相对人更是无从真正知晓行政主体作出行政行为究竟是依据哪些证据。在这种情况下，行政主体事后补证的可能性就无法降低和排除。鉴于此，笔者建议：第一，在行政程序中真正确立行政公开制度，包括行政证据的公开制度。行政主体作为行政行为事实根据的并已依法公开了的行政证据，应当通过相应的法律手续使其固定化。第二，借鉴美国等国家的做法，相对人在支付法定的费用之后，有权得到行政证据的副本。这样做不仅使相对人对行政证据的知情权真正得到保障，也使案卷排他性规则在行政程序中真正得到实现，从而使行政法制约行政权的功能不仅在制度上得到

---

① 参见刘善春、毕玉谦、郑旭：《诉讼证据规则研究》，中国法制出版社 2000 年版，第 781—782 页。

② 转引自应松年主编：《比较行政程序法》，中国法制出版社 1999 年版，第 305—308 页。

实现，在实践中也能够落到实处。

五、结语

法治的实现依赖于法律制度的健全和实现。在这一进程中，行政的法治化是不可或缺的一环。在中国，随着市场经济体制的建立、依法治国基本方略的提出并载入宪法以及中国加入世界贸易组织，行政的法治化已成为实现法制进程中最为重要的环节之一。在实现行政法治、推进依法行政的过程中，行政主体所作出的行政行为必须做到证据确凿又成为实现实体公正与程序公正相统一的重要基础。基于此，我们需要行政程序法，更需要行政程序法对行政证据问题作出明确、科学而详细的规定，以更好地规范行政主体的行政行为，实现行政法治。有关行政诉讼的规范虽然已经在一定程度上为行政证据的合法、有效奠定了一定的基础，但还需要从行政程序法本身的角度对行政证据问题作出规定，以进一步完善我国的行政证据法律制度。因为事后的补救固然重要，但事前、事中的控制更能体现法治的初衷，也更能较好地实现法治。

第八节　论行政诉讼被告举证规则的优化*

《行政诉讼法》的修改工作已经被第十届全国人大常委会列入立法议程。[①]学者们对这部关系着我国民主政治进程的重要法律的修改倾注了很大的热情，提出了许多富有建设性的观点。但是，讨论似乎较多地关注了《行政诉讼法》中一些较为宏观的重要制度的修改和完善，如立法宗旨和法律功能的准确定位、受案范围的扩大、行政审判体制的改革、公益行政诉讼制度的建立以及当事人制度的进一步完善等。[②] 这些建设性观点对于我们成功地修改《行政诉讼法》，促进我国行政诉讼制度功能的正常发挥无疑是非常重要的。但是，笔者认为，作为一部完整的法律，《行政诉讼法》的完善不仅仅在于其中一些重要制度的确立和修改，还应当包括为实现这些制度的特殊功能而设立的具体诉讼程序规则的进一步完善，尤其是被告行政机关承担举证责任制度所应遵循的相关规则的优化。

---

* 原载《法商研究》2006 年第 5 期。

① 参见吴坤：《社会各界呼声强烈 三大诉讼法的老面孔即将手术》，载《法制日报》2006 年 1 月 5 日。

② 参见马怀德：《修改行政诉讼法需重点解决的几个问题》，载《江苏社会科学》2005 年第 6 期。

一、被告举证规则在行政诉讼制度中的特殊地位

行政诉讼的核心原则，是人民法院对行政机关的行政行为进行合法性审查。由这一核心原则所衍生的被告对被诉具体行政行为的合法性承担举证责任的制度，是《行政诉讼法》的中心内容。同时，作为诉讼程序法，《行政诉讼法》为实现被告的举证责任所必需的举证规则设计又是该内容的重中之重，这主要是由行政诉讼的特点所决定的。由于行政诉讼是作为被管理者的公民、法人和其他组织对行使行政权的行政机关所作出的行政行为不服而请求法院对被诉的具体行政行为运用国家审判权进行司法审查的活动，因此行政诉讼或司法审查也事实上成为行政程序的"上诉审"，并受"上诉审"规则的制约。[①] 正因为行政诉讼具有这种特殊性，所以在行政诉讼中，法院对被诉的具体行政行为所行使的是审查权。从这一审查权出发，行政诉讼的证据及证据运用也具有其独特性。行政诉讼中被告所提供的证据材料是其赖以作出行政行为的依据。在行政诉讼中，之所以要对被告的举证责任作相对于原告来说更为严格的规定和约束，是因为行政诉讼证据所具有的特点。此外，我国行政诉讼中被告承担的举证责任属于结果意义上的举证责任。一般意义上的举证责任包括两方面的含义：行为意义上的举证责任（又称主观的举证责任、推进责任）和结果意义上的举证责任（又称客观的举证责任、说服责任、主张责任）。前者是指诉讼当事人应该为自己提出的主张提供证据加以证明，以推进诉讼的进行；后者则是指当待证事实真伪不明时，由依法负有举证责任的人承担不利的法律后果。《行政诉讼法》和相关司法解释之所以规定被告承担结果意义上的责任，是出于以下考虑：一是行政程序的基本规则是先取证后裁决，即行政机关应当在充分调查收集证据的基础上，根据所查清的事实，依据相关法律作出行政行为。因此，当行政机关作出的行政行为被诉至法院时，应当能够有充分的事实材料证明其行政行为的合法性。这是被告承担说服责任的基础。二是在行政法律关系中，行政机关居于主动地位，实施行为时无须征得公民、法人或其他组织的同意，而公民、法人或其他组织则处于被动地位。为了在诉讼中体现双方当事人之间地位的平等性，就应当要求被告证明其行为的合法性，否则应当承担败诉的后果，而当原告不能证明自己的主张时，由其承担败诉后果则有失公允。三是行政机关的举证能力要比原告强。在一些特殊的情况下，原告几乎没有举证能力，因而要求原告举证是超出其能力

① 参见刘善春、毕玉谦、郑旭：《诉讼证据规则研究》，中国法制出版社2000年版，第674页。

的。我国行政法理论与实务界一般认为，要求被告承担说服责任体现了行政诉讼的目的，即有利于促进依法行政和保护原告的合法权益。当被告不能证明其行政行为合法时，法院不能放弃审判，应当作出有利于原告的判决，防止公民、法人或其他组织的合法权益遭受不法行政行为的侵害。[①] 行政诉讼的一般证据规则是行政机关对作出的行政行为承担举证责任。在行政诉讼中，由人民法院通过行使国家审判权，采取一种法律行为对另一种业已形成的法律行为的合法性进行审查。这就决定了在行政诉讼中被告必须承担较之原告更为严格的举证责任，而这种严格的举证责任必须靠严格的程序规则加以体现。

二、行政诉讼被告举证规则的现状分析

（一）《行政诉讼法》的不足与司法解释的努力

《行政诉讼法》实施以后，无论是行政法学界，还是司法实际部门，对于被告必须在行政诉讼中承担行政行为合法性的举证责任的认识是一致的。《行政诉讼法》第 32 条规定："被告对作出的具体行政行为负有举证责任，应当提供作出该具体行政行为的证据和所依据的规范性文件依据。"第 33 条规定："在诉讼过程中，被告不得自行向原告和证人收集证据。"这些规定明确了作为行政行为的作出者——被告——应当在行政诉讼中对其所作的行政行为的合法性承担举证责任，而且不得在行政程序已经结束之后的诉讼程序中再"自行"收集证据。行政诉讼是发生在行政程序之后的一种司法活动，更确切地说，是对行政程序中的活动是否合法的判断与审查。既然如此，由被告对行政行为的合法性进行举证，就显得顺理成章且必要，这是由行政诉讼的特点所决定的。同时，为了使这一规定得到落实，《行政诉讼法》还规定，被告应当在收到起诉状副本之日起 10 日内向法院提交作出具体行政行为的有关材料，并提出答辩状。但是，《行政诉讼法》的这些规定仍显得过于简单和粗疏：一是被告提供证据的范围不明确，二是在诉讼中不得自行收集证据的"自行"两字意思含糊，三是提交证据的法定形式没有规定。也就是说，《行政诉讼法》实际上仅仅规定了被告的举证责任和举证时间，而对于被告应当如何通过具体的举证规则来承担举证责任则基本上没有涉及。

为了弥补《行政诉讼法》的不足，最高人民法院积极发挥司法解释的职能，通过司法解释对相应规则予以完善。最高人民法院发布的《最高人民法院关于执

---

① 参见张树义主编：《最高人民法院〈关于行政诉讼证据若干问题的规定〉释评》，中国法制出版社 2002 年版，第 7—8 页。

行〈中华人民共和国行政诉讼法〉若干问题的解释》(以下简称《若干解释》)在《行政诉讼法》对被告举证问题所作规定的基础上作了更进一步的规定。该解释除了在第26条第1款中重申了《行政诉讼法》第32条的规定外,还在该条中规定了被告在法定举证期限内不提供或无正当理由逾期提供证据、依据的,应当认定该具体行政行为没有证据、依据。同时,《若干解释》第28条还对于《行政诉讼法》第34条第1款所规定的"人民法院有权要求当事人提供或者补充证据"的内容进行了具体化,规定了只有在两种情况下,被告经人民法院准许可以补充相关的证据:一是被告在作出具体行政行为时已经收集证据,但因不可抗力等正当事由不能提供的;二是原告或第三人在诉讼过程中,提出了其在被告实施行政行为过程中没有提出的反驳理由或者证据的。这就解决了《行政诉讼法》第33条规定中"自行"一词含义不清的问题。此外,《若干解释》还在第31条第3款规定了被告在二审过程中向法院提交在一审过程中没有提交的证据,不能作为二审法院撤销或者变更一审裁判的根据,从而明确了被告只有在一审过程的法定期限内提交的证据才可能被视为合法有效。最高人民法院发布的《最高人民法院关于行政诉讼证据若干问题的规定》(以下简称《行政诉讼证据规定》)又在《若干解释》的基础之上,对被告的举证问题作了更为详细的规定。该规定第1条在进一步重申《行政诉讼法》关于被告对所作出的具体行政行为负有举证责任的同时,再一次明确规定了被告应当在收到起诉状副本之日起10日内,提供据以作出被诉具体行政行为的全部证据和所依据的规范性文件。被告不提供或者无正当理由逾期提供证据的,视为被诉具体行政行为没有相应的证据。为了解决被告确因正当事由逾期提供证据的问题,体现司法的实事求是精神,该条第2款规定了被告因不可抗力或者客观上不能控制的其他正当事由,不能在法定期限内提供证据的,应当在收到起诉状副本之日起10日内向人民法院提出延期提供证据的书面申请。人民法院准许延期提供的,被告应当在正当事由消除后10日内提供证据。同时,《行政诉讼证据规定》又在第2条中规定了原告或第三人提出其在行政程序中没有提出的反驳理由或证据的,被告可以在一审程序中补充相应的证据。另外,《行政诉讼证据规定》最引人注目之处在于其根据《行政诉讼法》关于证据种类的规定,用整整一章规定了包括被告在内的当事人所举证据的形式要求,明确了证据的形式要件,如提供书证、物证、视听资料的要求,证人证言的形式要求,鉴定结论的法定要求,现场笔录的法定形式要件以及在我国领域之外所形成的证据材料的认证、证明手续和外文书证或者外国语视听资料的翻译问题等。这也理应是对行政诉讼被告举证程序的规定,甚至可以说,是基本上针对被告而言的举证规则，对规范被告的举证行为具有很强的实际意义。

由此可见，《行政诉讼法》对于证据的规定尤其是被告举证规则的规定是比较原则性的，而《若干解释》和《行政诉讼证据规定》则在《行政诉讼法》的基础上有了较大的发展和进步，具体而言：第一，明确了被告举证的期限以及在法定期限内不提供证据或逾期提供证据的法律后果；第二，明确了被告举证的范围是据以作出行政行为的全部证据，解决了当事人对被告举证范围的疑惑；第三，在要求被告依照法定期限举证的基础上，从法定情形和法定程序上对被告补充证据的行为加以必要的限制；第四，从被告提供证据的诉讼程序阶段进行控制，即规定被告必须在一审程序的法定期限内提供证据，从而保证了一审合法裁判的严肃性；第五，明确了被告因具有法定正当事由而延期举证的程序规则；第六，明确规定了包括被告在内的当事人举证的形式、手续等具体要件，从而规范了当事人尤其是作为被告的行政机关在行政诉讼甚至在行政执法过程中收集证据的具体要求，也体现了法律对于证据形式合法性的具体要求。

（二）我国目前行政诉讼被告举证规则的不足

虽然最高人民法院已经以司法解释的形式对行政诉讼被告的举证规则作了一定的完善，然而从规则完整性的要求来看，尚缺乏从行政诉讼被告举证责任特点的角度对其举证程序的进一步规范，在具体的规则上还有明显的不严密之处。根据笔者的分析，至少有以下几处涉及被告举证责任规则方面的问题有待进一步通过程序规则的优化加以规范。

1. 缺乏相应的“落实性规则”。有的规则“有头无尾”，缺乏进一步保障其实施的“落实性规则”。例如，要求被告提供据以作出被诉具体行政行为的全部证据，但又缺乏对被告是否提供全部证据的认定规则；要求被告在收到起诉状副本之日起 10 日内提供据以作出被诉具体行政行为的全部证据，但又没有认定被告是否在法定期限内举证的具体证明规则；规定被告因不可抗力或者客观上不能控制的其他正当事由可以逾期举证，但又没有关于对正当事由的判断规则；被告在管辖权异议后如何依法定程序履行举证责任，同样也缺乏相应程序规则的规定；等等。

2. 对被告某些举证事实的认定缺乏具体规则，从而使得被告的举证行为缺乏有效的约束。有的规定要求法院对某些事实的出现作出某种结果性裁定，但却缺乏对认定该事实程序规则的具体规定。例如，《行政诉讼证据规定》第 61 条规定，行政复议机关在复议程序中收集和补充的证据或者作出原具体行政行为的行政机关在复议程序中未向复议机关提供的证据，都不能作为人民法院认定原具体行政行为合法的依据。但这一条规定却缺乏对这种事实认定的具体规则,从而很可能使这样一种费尽心思制定出来的规定在实践中陷于“落空”的境地。

笔者认为,上述程序规则上的缺陷很有可能会在一定程度上影响我国通过行政诉讼制度对行政权力司法监督功能的完整实现。因此,在《行政诉讼法》的修改过程中,理应从完善行政诉讼程序制度的角度,对其予以足够的重视。

三、我国行政诉讼被告举证程序规则的优化

我国行政诉讼规范尤其是最高人民法院的相关司法解释已经从总体上完成了被告举证规则体系的创建工作,这对于强化司法权对行政权的监督作用,具有明显的实际意义。但是,也应该看到,在我国,司法权对行政权的监督并不是一帆风顺的。《行政诉讼法》所确立的人民法院对行政案件的独立审判原则并未完全在实际中得到贯彻实施。因此,有些从表面上看已经确立起来的规则如果没有更为有效和严格的配套规则加以保障,很可能会使制度所确立的这些规则流于形式,导致行政诉讼监督行政权的合法行使和维护公民合法权益的目的无法实现。只有通过完善的程序规则,才能在行政诉讼中使法院对行政权行使的合法性作出准确的判断,达到我们设立这一制度的根本目的。“司法复审是纠正不法行为的基本措施。蒙受行政裁决或其他行政行为损害的个人可以就这些行政裁决或行政行为的合法性问题向法院提起诉讼。”①但是,若要实现行政诉讼纠正违法的具体行政行为的目的,则必须通过严密的程序规则。由于体制、意识和其他相关原因,我国行政诉讼的实际情况尚不尽如人意,行政机关干涉行政审判和法院不依法审判的现象还时有出现。因此,就更有必要在制度和规则上设置更为严密的防线,以防止行政诉讼制度在实践中演变为一种“虚设”的制度。笔者认为,在我国行政诉讼被告的举证规则中,至少还有五个方面的问题值得进一步探究。

(一)关于被告提供“全部证据”之判断规则

对于被告在行政诉讼中向法院提供的证据,是否应当是全部证据,理论上和实际中都曾经有过争议。有的学者认为,要求行政机关提供主要证据即可。其主要理由是:《行政诉讼法》第54条第2项确立的证据审查标准是具体行政行为的主要证据不足。行政机关只要向法院提供据以作出具体行政行为的主要证

---

① 〔美〕伯纳德·施瓦茨:《行政法》,徐炳译,群众出版社1986年版,第396页。

据，法院便可以对具体行政行为是否构成主要证据不足进行审查。[①] 但是，也有学者认为，从行政诉讼证据的特殊功能来说，应当要求被告提供全部证据，理由是：第一，从理论上讲，行政机关在作出具体行政行为时，应当已经收集到足以认定案件事实的所有证据。既然行政机关已经收集到这些证据，就应当提供给法院，由法院对其行为的合法性进行审查。第二，《行政诉讼法》第 43 条要求被告提供作出具体行政行为的"有关材料"，应当理解为有关被诉具体行政行为的所有材料，即行政机关据以作出具体行政行为的全部证据材料和所依据的规范性文件。第三，被诉具体行政行为是否构成"主要证据不足"，其审查的主体是法院而不是行政机关。如果规定被告可以只提供主要证据，则意味着允许被告在提交答辩状的时候，对其作出具体行政行为所依据的证据进行筛选，将何为主要证据、何为次要证据的判断权力交由行政机关行使。若行政机关经过筛选向法院提供了主要证据，而法院却认为其提供的证据不是主要证据，则要求其补充证据。这会带来一系列的问题，将会导致诉讼程序和举证责任负担上的混乱。[②]

为了消除这种由于认识上的不同而导致的实际操作上的差异，更主要的是体现行政诉讼证据的特点，《行政诉讼证据规定》第 1 条第 1 款已经确立了被告应当向法院提供全部证据的制度。同时，最高人民法院发布并于 2003 年 1 月 1 日起实施的《最高人民法院关于审理反倾销行政案件应用法律若干问题的规定》和《最高人民法院关于审理反补贴行政案件应用法律若干问题的规定》都明确规定，人民法院依据被告的案卷记录审查被诉反倾销和反补贴行政行为的合法性。被告在作出被诉反倾销和反补贴行政行为时没有记入案卷的事实材料，不能作为认定该行为合法性的根据。这实际上确立了行政程序中"先取证，后裁决"和"案卷排他性"的基本程序规则。"案卷排他性"规则是指在行政程序中，行政行为只能以案卷作为依据，即以经过听证记录在卷的证据为事实根据，不能在案卷之外，以当事人未知悉的和未质证的证据为根据。在行政诉讼中，作为被告的行政机关向法院提供的据以作出具体行政行为的证据材料，同样应当是它在行政行为作出过程中形成的案卷所记载的证据材料。美国《联邦行政程序法》非常典型地规定了这一规则，该法第 556 条第 5 款规定："证言、物证，连同程序中提出的文书和申请书，构成本编第 557 条规定的作为裁决依据的唯一案卷。当事人

① 参见胡建淼主编：《行政诉讼法学》，高等教育出版社 2003 年版，第 149 页。
② 同上。

只要交付费用,即可以得到该案卷的副本。”[①]但是,由于我国的行政程序事实上并未真正建立起证据展示制度,当事人在一般情况下根本无法获得行政机关在行政程序中所收集的所有证据,即使通过行政机关的告知或者通过听证程序对行政机关所采用的证据有所知晓,但由于在法律上没有确立起当事人有权获得行政程序证据的制度,并且相当一部分证据保存在行政机关手里,因而相对人根本无从知晓行政机关作出具体行政行为究竟依据了哪些事实证据。在这种情形之下,行政机关在作出行政行为之后,甚至在收到起诉状之后进行事后补证的可能性就不能排除。到了诉讼阶段,虽然最高人民法院规定被告应当提供作出具体行政行为的全部证据,行政机关也可能信誓旦旦地称其所提供的是“全部证据”,但如何通过法定的程序或规则来判断其所提供的确实是在行政程序中收集并采用的“全部证据”呢？如果无法判断,仅凭行政机关说了算,那么在行政诉讼阶段要求行政机关提供全部证据的规则就会成为“一纸空文”。在行政诉讼中,法院只能对已经发生效力的具体行政行为进行审查,同时法官也不是行政程序的亲历者,而且如果是利害关系人所提起的行政诉讼,由于原告本身可能也未参加过行政程序,更是无法知晓行政机关究竟依据了哪些证据来作出行政行为。因此,如何保证和判断行政机关所提供的证据确实属于全部证据,就成为法院在行政诉讼中对被告作出具体行政行为的事实依据进行审查的首要问题。

笔者认为,解决这一问题的关键是应当在行政程序中真正确立行政证据的公开和固定制度,具体而言:第一,在行政程序中真正确立行政公开制度。对作为具体行政行为事实根据的证据材料,不仅应当依法公开,而且还应通过相应的法律手续使其固定化。一旦依法固定,便不能有任何变动,从而在根本上杜绝行政机关在作出行政行为之后、提交证据之前可能出现的事后补证行为。第二,借鉴美国等国家的做法,确立相对人或利害关系人在支付了法定费用之后,有权获得行政证据副本的制度。第三,被告在行政诉讼中所提供的证据与已经依法公开和固定了的证据不一致的,应当认定其所提供的证据不合法,法院应判决其败诉。这样做不仅使相对人或利害关系人对行政程序证据的知情权得到保障,更为关键的是使法院在行政诉讼中对具体行政行为合法性的审查,尤其是对被告所依据的证据的合法性有了明确的判断标准。

(二) 关于被告在法定期限内举证之证明规则

《行政诉讼法》和相关司法解释都明确规定了被告应当在收到起诉状副本之

---

① 转引自应松年主编:《比较行政程序法》,中国法制出版社1999年版,第308页。

日起10日内向法院提供作出具体行政行为时的证据。司法解释还明确规定了被告不提供或无正当理由逾期提供的,视为被诉具体行政行为没有相应的证据,法院应依法判决其败诉。这一规定,固然是依照行政诉讼特点作出的符合行政诉讼规律的规则,体现了对被告举证期限的严格限制。但是,由于法律和司法解释均没有规定在被告举证时应有原告在场并履行相应的法定手续,因此非常容易使这一问题成为行政诉讼中的一个争议,而且争议的主体不仅是原告和被告,还很可能扩展到理应作为司法审判中立者的法院。

从微观角度讲,虽然法律和司法解释明确规定了被告应在法定期限内举证,但如何确认被告确实是在法定期限内提供了证据,实践中确实有很多原告对此提出过质疑。同时,在我国,由于体制、观念等各方面的原因,行政审判中的不尽如人意之处还大量存在,人们对法院是否会对行政机关的行政行为进行依法审判产生了不同程度的怀疑。我们不能说这种质疑没有一点道理,相反我们应当认为这种质疑对于我们进一步完善被告举证的程序规则,从而进一步促进司法公正具有相当程度的积极意义。在司法实践中,一般都是由法官在早已超过举证期限之后的开庭审理过程中宣布被告已经在法定期限内向法院提供了作出行政行为的证据。对此,从法理上说,原告是有权提出质疑的。因为法官是纠纷的裁判者,理应居于中立地位,在法庭审判中,由其单方面地宣布在纠纷的一方当事人并不参与的情形下另一方当事人已经履行了法定的举证义务,且没有任何法定手续加以证明,这种宣布实际上是缺乏依据的,至少有"不透明"之嫌,也在一定程度上违背了司法的公正性。有些原告提出质疑是完全有道理的,因为被告是否在法定期限内举证,关系着诉讼的结果,原告对其关注,是对自身合法权益的维护。对此,原告要求法院出示证据证明被告在法定期限内举证的事实,是符合法治原则的。

笔者认为,既然法律和司法解释均规定被告应在法定期限内举证,且这种举证行为是被告不可免除的法定义务,那么就应该设置严格的程序规则加以保证和公开。这种设置也可以体现法院的中立性和司法活动的公正性,因为"法律程序有助于从心理层面上和行动层面上解决争执。法律程序的诸多内容无助于判决之准确但有助于解决争执"①。为此,笔者建议,《行政诉讼法》应该规定,在被告举证之时,规定原告可以要求到场,并由法院当场将被告所提供的证据副本发

① 〔美〕迈克尔·D.贝勒斯:《法律的原则——一个规范的分析》,张文显等译,中国大百科全书出版社1996年版,第34页。

送给原告。同时，将被告举证情况作好笔录，由双方当事人签名认可，从而避免相关争议。这也是从程序上完善被告依法定程序举证的制度，促进司法透明和司法公正，同时也体现当事人在诉讼程序中地位的平等性。

（三）关于延期举证的正当事由之判断规则

根据《行政诉讼证据规定》第 1 条第 2 款的规定，被告因不可抗力或者客观上不能控制的其他正当事由，不能在法定举证期限内提供证据的，应当在收到起诉状副本之日起 10 日内向人民法院提出延期提供证据的书面申请。人民法院准许延期提供的，被告应当在正当事由消除后 10 日内提供证据。逾期提供的，视为被诉具体行政行为没有相应的证据。这一规定体现了法律的实事求是和原则性与灵活性相结合的精神实质。但是，这里同样存在该条所指的正当事由应如何认定的问题。

根据这一条款的规定，应当由法院对被告的申请进行审查，并依法作出是否准许延期举证的决定。然而，由于行政诉讼被告举证期限严格的法律限定性以及这一问题在司法实践中的敏感性，仅由法院单方面进行审查而无原告的意见参与同样有所不妥。

笔者认为，为体现双方在诉讼中的平等地位和防止法院在审查这一问题的过程中“暗箱操作”，应当规定在出现这一情况时，法院应当将被告提出申请的情况及时告知原告，原告可以对被告提出的申请提出意见，并可以要求法院将查明的情况告知原告，然后再作出是否准许的决定，从而保障原告的知情权，也保证司法审查过程的公正性。同时，建议在《行政诉讼法》的修改过程中对正当事由的内涵和外延作出比较明确的界定，以便在司法实践中准确把握和判断。

（四）管辖权异议出现时的举证期限之规则

根据《若干解释》第 10 条的规定，当事人提出管辖权异议，应当在接到人民法院应诉通知之日起 10 日内以书面形式提出。对当事人提出的管辖异议，人民法院应当进行审查。异议成立的，裁定将案件移送有管辖权的人民法院；异议不成立的，裁定驳回。在实践中，当管辖权异议问题出现时，被告的举证期限究竟应当从接到起诉状之日起计算，还是从法院对管辖权异议作出裁定之后计算？

对此，司法实践中有不同的看法。有一种看法认为，既然当事人已经提出了管辖权异议，而在法院对管辖权异议的审查阶段，案件的审理一般都是中止的，那么被告的举证期限可以从法院对管辖权异议审查作出裁定之后计算。尤其是在管辖法院有变更的情况之下，应当允许被告在管辖法院重新确定之后再重新确定举证期限，履行举证义务。[①]

笔者认为，这一观点违背行政诉讼的被告举证规则。被告在行政诉讼中所举之证据，是其在行政程序中已经收集并作为具体行政行为的事实依据的材料，与管辖权问题没有必然联系。同时，管辖权异议问题也并不影响被告依照法定程序所规定的举证期限依法履行举证义务，被告仍然应当依照法定期限向法院提供作出具体行政行为的证据，具体理由则是：第一，法律和司法解释明确规定了被告应当在收到起诉状之日起 10 日内举证，受诉法院已经向被告发送了起诉状副本，被告就应按法定程序所规定的期限举证；第二，管辖权异议仅涉及法院的管辖是否合法的问题，并不涉及被告的举证是否可以延期的问题，无论哪一法院管辖，被告都必须严格依照法定期限履行自己的举证义务，即使管辖法院有所变更，受移送的人民法院也不应当重新接受举证；第三，如果允许被告可以在管辖权异议确定之后再重新确定举证期限，就可能会使行政机关利用管辖权异议这一程序上的权利故意拖延举证，或者违背法律的程序规定再次进行取证，将违法取得的证据经过装饰、打扮之后以合法的面目提供给人民法院。这不但给人民法院的依法审判带来消极影响，而且从根本上违背了行政诉讼的宗旨。

（五）复议程序中收集和补充的证据以及复议程序中不提交证据行为之认定规则

《行政诉讼证据规定》第 61 条规定："复议机关在复议程序中收集和补充的证据，或者作出原具体行政行为的行政机关在复议程序中未向复议机关提交的证据，不能作为人民法院认定原具体行政行为合法的依据。"根据这一规定，如果被告在行政诉讼中提交的是复议机关在行政复议程序中由复议机关收集和补充的证据，由于复议程序在行政行为程序之后，该证据不但严重违背行政程序规则，而且证据收集和补充的主体也不合法，这类证据就不能作为法院认定被诉行政行为合法的依据。而被告在复议程序中没有向复议机关提交证据，却在诉讼中提交了相关证据，即使该证据能够证明行政行为的合法性，但由于被告在行政复议程序中没有履行法定的举证义务，因此极有可能导致证据在证明行政行为合法性问题上失效。

笔者认为，这一规定是完全符合行政诉讼特点的。但问题是我国的行政诉

① 这一观点由笔者从法院的审判实践中所了解。

讼和行政复议在法律上尚不存在程序上的明显衔接，法律和司法解释也没有明确规定要求被告应当在诉讼中向法院提交在行政复议程序中的所有证据并说明其来源，这就产生了法院在司法审判中究竟将通过怎样的途径获悉被告所提交证据的来源的问题。在这一条规定中，并没有相应的程序规则规定法院将如何获取这样的信息。不能获取这样的信息，法院将不可能根据该条作出正确的判断，从而使该条的规定完全“落空”。尤其是根据《行政复议法》第 14 条的规定，在被告是省、自治区、直辖市人民政府或者国务院部门的情况下，被告既是作出行政行为的行政机关，又是对自己作出的行政行为依法履行复议职能的机关。如果被告不向法院明确说明所提交的证据来源或证据在复议程序中没有提交而仅是在诉讼程序中提交，法院将难以区分被告的证据究竟是在行政行为作出过程中收集的，还是在复议程序中收集和补充的，是在复议过程中自己提供给自己的，还是仅仅是在诉讼中提供的。笔者认为，法院对这一条款的执行与否，关系着被诉行政行为在司法认定上的合法性，同时更关系着原告以及第三人的利益，如果没有配套的程序规则，法院将很难加以认定。因此，笔者建议在《行政诉讼法》的修改中将法院认定这一问题的规则加以明确。

四、结语

行政诉讼被告举证规则的正义性是司法审查正当性的前提，也是实现行政诉讼目的之“桥梁”。行政诉讼制度或者说司法权对行政权的司法审查制度的根本目的是通过完善的司法程序规则实现对行政权的监督，而在这一体系中，程序规则的合理性和科学性又是最为重要的。《行政诉讼法》和《若干解释》《行政诉讼证据规定》已经根据行政诉讼证据制度的特殊性，从制度上基本确立了行政诉讼被告的举证程序规则体系。但是，这一体系所确立的规则有些还只是原则性的，难以真正落实，从而在一定程度上影响了行政诉讼应有功能的正常发挥。我们要以《行政诉讼法》的修改为契机，从制度上对被告的举证规则进行全面和严密的规范，以体现我们建立行政诉讼制度的真正目的。走向程序正义的道路是由一个个具体的程序规则“铺”成的，但愿我们在《行政诉讼法》的修改过程中能够齐心协力，共同“铺”好这条“通向正义之道”。

第九节 行政诉讼简易程序构建的法治化路径

——《最高人民法院关于开展行政诉讼简易程序试点工作的通知》评析*

一、问题的提出

《行政诉讼法》没有设置简易程序。最高人民法院于 2010 年 11 月 17 日发布了《最高人民法院关于开展行政诉讼简易程序试点工作的通知》(以下简称《通知》)①,就在部分基层人民法院开展行政诉讼简易程序的试点工作进行了部署。

《通知》明确以下主要内容:(1) 规定了行政诉讼简易程序试点的案件范围。一部分基本事实清楚、法律关系简单、权利义务明确的第一审行政案件,可以适用简易程序审理,具体为三类案件:第一,涉及财产金额较小,或者属于行政机关当场作出决定的行政征收、行政处罚、行政给付、行政许可、行政强制等案件;第二,行政不作为案件;第三,当事人各方自愿选择适用简易程序,经人民法院审查同意的案件。(2) 对适用简易程序的案件起诉、应诉以及传唤的相关规则作了规定。如适用简易程序审理的案件,被告应当在收到起诉状副本或者口头起诉笔录副本之日起 10 日内提交答辩状,并提供作出行政行为时的证据、依据。被告在期限届满前提交上述材料的,人民法院可以提前安排开庭日期;人民法院可以采取电话、传真、电子邮件、委托他人转达等简便方式传唤当事人。经人民法院合法传唤,原告无正当理由拒不到庭的,视为撤诉;被告无正当理由拒不到庭的,可以缺席审判。但前述传唤方式,没有证据证明或者未经当事人确认已经收到传唤内容的,不得按撤诉处理或者缺席审判。(3) 规定了独任审判形式并对诉讼程序进行了简易化的规定,具体规定如下:一是适用简易程序审理的案件,经当事人同意,人民法院可以实行独任审理。二是适用简易程序审理的案件,一般应当一次开庭并当庭宣判。法庭调查和辩论可以围绕主要争议问题进行,庭审环节可以适当简化或者合并。三是适用简易程序审理的行政案件,应当在立案之日起 45 日内结案。《通知》同时规定,当事人就适用简易程序提出异议且理由成立的,或者人民法院认为不宜继续适用简易程序的,应当转入普通程序审

---

* 原载《法学》2011 年第 4 期。

① 参见《最高人民法院关于开展行政诉讼简易程序试点工作的通知》,http://www.court.gov.cn/qwfh/sfwj/tz/201012/t20101213-12089.htm,2010 年 12 月 17 日访问。

理。(4) 规定了试点法院的范围。例如,最高人民法院确定的行政审判联系点法院(不包括中级人民法院)可以开展行政诉讼简易程序试点,同时要求各高级人民法院可以选择法治环境较好、行政审判力量较强和行政案件数量较多的基层人民法院开展行政诉讼简易程序试点,并报最高人民法院备案。

根据媒体报道,最高人民法院在《通知》发布之前,就已经确定国内部分基层人民法院开展行政诉讼简易程序的试点工作。例如,浙江省温州市鹿城区人民法院于 2010 年 7 月 1 日起就开始试行以简易程序审理行政案件。该院在接到最高人民法院的通知后,"立即组织力量,制订出台了试用简易程序审理行政案件的若干规定。今后,一些事实清楚、案情简单的案件,在双方当事人自愿选择的前提下,均可适用简易程序审理"。试用简易程序审理的行政案件,一般由审判员一人独任审理,可采取捎口信、发短信、传真等方式送达,可简化或省略开庭例行程序,简化或省略当事人宣读起诉状、上诉状,还可简化法庭调查、当事人举证、质证、辩论等程序。① 2010 年 8 月 3 日,一起出租车司机不服温州市公共运输管理处对其罚款 1500 元的行政处罚案件,在温州市鹿城区人民法院开庭审理。此案是浙江省第一起适用简易程序审理的行政诉讼案件。当年 7 月 13 日,鹿城区人民法院受理此案,承办法官了解到此案行政法律关系简单、权利义务明确,可以适用简易程序审理。在征得双方当事人同意后,法院立即启动快立快审的程序,从立案到开庭共 15 个工作日,简化了相关程序,提高了工作效率。在开庭审理中,法庭简化了法庭陈述、举证、质证、辩论、最后陈述等一系列环节,庭审不受顺序限制,当事人有意见,经审判人员同意即可发表。②

然而,我们注意到,作为行政审判基本法律依据的《行政诉讼法》并没有规定简易程序,而是在其第 6 条明确规定人民法院审理行政案件,依法实行合议制度,同时该法第 46 条又规定"人民法院审理行政案件,由审判员组成合议庭,或者由审判员、陪审员组成合议庭。合议庭的成员,应当是三人以上的单数"。正因为没有简易程序的规定,《行政诉讼法》也没有简化诉讼程序和缩短审判期限的规定,相反在其第 57 条明确规定"人民法院应当在立案之日起三个月内作出第一审判决"。由此可见,必须一律组成合议庭并适用普通程序审理行政案件,是我国行政诉讼的基本程序制度。因此,最高人民法院以《通知》的形式改变这

---

① 参见陈东升:《温州鹿城法院试行简易程序审理行政案件 民告官案当天开庭当天判》,载《法制日报》2010 年 7 月 12 日。

② 参见马岳君、陈东升:《浙"民告官"案首用简易程序》,载《法制日报》2010 年 8 月 4 日。

一基本程序制度，其合法性值得商榷。同时，《通知》的内容与我国《宪法》《立法法》所规定的关于诉讼程序的基本立法制度之间的矛盾也是显而易见的。虽然从实践来说，简化行政诉讼程序、提高行政诉讼效率已经成为社会的一种需求，但行政诉讼简易程序构建的路径，仍应当循法而行。

二、行政诉讼简易程序需求的正当性与简易程序试点的违法性之间的矛盾

应当承认，在我国行政诉讼制度中设置简易程序，确实符合我国行政诉讼制度发展的实际，也体现了当今社会提高诉讼效率、合理有效地配置司法资源以及通过司法手段迅速解决行政争议，及时维护公民、法人或者其他组织合法权益的要求，具有正当性与合理性。但最高人民法院通过一份通知就将行政诉讼简易程序在部分基层人民法院推行，从诉讼制度以及司法制度的法律保留角度而言，则具有明显的违法性。

（一）设置行政诉讼简易程序是合理配置司法资源的正当需求

自《行政诉讼法》实施以来，我国行政诉讼一直由人民法院组成合议庭、按照普通程序进行。这一做法与我国传统文化心理有关，也是当时立法背景的反映。在我国行政诉讼制度建立之初，由于受两千多年文化传统中某些特性的影响，行政机关对于成为行政诉讼的被告在传统心理上还存在着较重的抵触情绪，甚至还可能施加压力干扰正常的行政审判。在这一状况下，以合议庭的形式并适用普通程序审理行政案件，显然更能抵御和防止这种干扰的发生。同时，从当时的实际情况而言，由于公民对提起行政诉讼还存在这样那样的畏惧心理，以致行政诉讼案件数量畸少。因此，所有的行政案件都一律适用普通程序进行审理，从实际操作的角度来说也是可行的。从另一角度而言，我国行政诉讼制度中简易程序的缺失也与当时的立法背景有关。1989 年《行政诉讼法》颁布时，我国的行政诉讼制度尚不健全，基础薄弱，行政审判经验又很缺乏，司法独立不够，为了保证行政诉讼的顺利实施，法律规定了行政诉讼案件无论繁简难易一律组成合议庭并适用普通程序进行审理。① 同时，根据当时司法部门较为权威和流行的观点，认为行政案件的一方当事人是国家行政机关，一般来说行政案件都经过行政机关的一次或多次（如行政复议）处理，案情比较复杂，因此不能适用独任审判。审理行政案件都要组成合议庭，依靠集体的智慧，以保证案件的正确审理，也防止

① 参见杨海坤、章志远主编：《行政诉讼法专题研究述评》，中国民主法制出版社 2006 年版，第 466 页。

极个别人徇私舞弊。[①] 确实,行政审判开创之初面临的最大难题就是经过专业训练、熟练掌握法律知识的法律人才严重匮乏。这一状况使得合议制愈显重要和不可或缺,因为相对于独任制,合议制毕竟集中了多个人的智慧。这样,利用普通程序的合议机制,就使一些重大疑难案件可以在集体智慧下得以解决。[②]为此,行政法学界也持赞同态度,认为"行政案件的复杂性和特殊性决定了人民法院审理行政案件,必须采取由审判员组成合议庭的方式进行审理,而不能由审判员独任审理。《行政诉讼法》明确规定人民法院审理行政案件实行合议制度,有利于人民法院查明案情,充分考虑各种因素,正确适用法律,以确保人民法院能客观、公正地审理行政案件"[③]。同时,当时立法机关对《行政诉讼法(草案)》的说明也同样是认为由于"行政案件审理难度较大",因此不适用独任审判。[④]不仅《行政诉讼法》强调一律组成合议庭、适用普通程序审理行政案件,最高人民法院的司法解释还进一步重申与强化了这一诉讼体制。[⑤] 虽然从目前我国法治建设发展的眼光来看,上述理由也许并不十分充分和具有非常强的说服力,但就当时的历史背景而言,还是具有相当的合理性。可以说,当时我国行政诉讼制度采取完全的合议制度、适用完全的普通程序,是基于保障行政审判的公正性与合法性,其目的在于保证行政审判的质量。

然而,我国《行政诉讼法》没有简易程序的规定,所有的行政案件都必须按照普通程序、一律由审判人员组成合议庭进行审理,毕竟有浪费司法资源、加重人民法院和诉讼当事人诉讼成本之嫌。一些较为简单的行政案件,虽然其基本事实清楚、法律关系较为简单、当事人之间争议不大,甚至是一些涉及金额较小的行政处罚,或者本身就是由行政机关适用行政简易程序作出的行政行为等案件,但一旦被起诉,都必须经过较为复杂的普通程序、由人民法院组成合议庭才能得以审判。从提高诉讼效率、及时解决行政争议的角度考虑,这确实没有必要,而且也将在一定程度上影响行政诉讼作为解决行政争议的基本制度以及公民权利救济制度功能的真正发挥。有学者曾经提出质疑,人民法院审理行政案件要求特别慎重是必要的,但慎重是否就必须"一律实行合议制"则是可以商榷的,对于

---

① 参见马原主编:《中国行政诉讼法讲义》,人民法院出版社 1990 年版,第 32 页。

② 参见王振清主编:《行政诉讼前沿实务问题研究》,中国方正出版社 2004 年版,第 307—308 页。

③ 张尚鷟主编:《走出低谷的中国行政法学》,中国政法大学出版社 1991 年版,第 411 页。

④ 参见王汉斌:《关于〈中华人民共和国行政诉讼法(草案)〉的说明》,载《中国法律年鉴 1990》,中国法律年鉴社 1990 年版,第 160 页。

⑤ 《最高人民法院关于执行〈中华人民共和国行政诉讼法〉若干问题的解释》第 32 条进一步重申"人民法院应当组成合议庭对原告的起诉进行审查"。

特别简单的案件，实行合议制可能不符合公正与效率统一的原则。[①] 尤其是在实践中，由于行政审判人员编制不到位，在许多基层人民法院很难实现每一起行政案件都依法组成合议庭进行审理。为了在形式上保证法律规定的有效性，有些法院不得不采取了"变相组成合议庭"的措施。其典型表现就是在实践中随意、临时从其他庭室"借"人员组成合议庭合议案件，有些被"借"人员甚至不具备审判人员资格。这种与审判实际相脱节的法律规定，不仅未达到法律规定所追求的目的，而且还耗费了本来就稀缺的审判资源。[②] 正是缘于现行《行政诉讼法》中无论什么行政案件一律适用普通程序、一律应当组成合议庭审理的规定，行政审判实践中部分行政审判活动的合议形式化、表面化现象严重，"合而不议""陪而不审"现象时有发生。这不能不说是对我国行政诉讼程序制度的一种扭曲，明显是对现有司法资源的浪费，也是对法律和当事人诉讼权利的不尊重。可以设想，如果一个公民获得行政救济花费的成本远远大于其获得的利益，那么他提起行政诉讼，企求通过行政诉讼维护其合法权益的愿望就有可能因为烦琐的程序而动摇甚至消失，其结果就会使一些确实违法的具体行政行为无法受到司法机关的监督，公民的合法权益难以得到有效的保障，《行政诉讼法》第1条所规定的监督行政机关依法行使行政职权，保护公民、法人或者其他组织合法权益的制度功能就不能得到真正的实现。[③] 正如有学者指出的，从司法实践看，公民要求快捷审理行政案件与《行政诉讼法》欠缺简易程序形成了尖锐矛盾。对于原告而言，如果考虑到行政诉讼漫长的诉讼过程，他可能就会选择忍耐违法行政行为，这实际上就会形成违法行政行为长期存在、公民权益受损害状态长期存在的状况，实际上有可能使行政诉讼制度虚置。[④] 因此，无论是处于行政审判第一线的实务工作者，还是行政法学界的学者，都曾提出了在行政诉讼制度中建立简易程序的构想。

在行政诉讼中设立简易程序，其必要性不仅在于体现诉讼经济、降低当事人成本以及提高行政诉讼效率，还是行政行为类型化的结果。行政行为之所以会引发争议，有的是由于案件事实本身存在争议，而有的虽然案件事实不存在争

---

① 参见姜明安：《行政诉讼法》(第二版)，法律出版社2007年版，第96页。

② 参见江必新主编：《中国行政诉讼制度的完善——行政诉讼法修改问题实务研究》，法律出版社2005年版，第213页。

③ 如果该公民还想维护自己的合法权益，其途径只能是走信访之路。这样的话，我国行政诉讼数量与信访数量之间过于悬殊的比例就不难理解了。

④ 参见江必新、梁凤云：《行政诉讼法理论与实务》(下卷)，北京大学出版社2009年版，第784—785页。

议，但是对法律适用存在争议；有的行政行为是根据简易程序作出的，有的行政行为是根据一般程序甚至听证程序作出的；有的行政行为是常见的，人民法院已经有成熟做法，有的行政行为则是新类型的，人民法院没有受理过；有的是给付类的行政行为，有的是课以义务类的行政行为；有的涉及的仅仅是个别公民的权益，有的涉及的则是较大范围内公民的合法权益等。对于上述行政行为中案情比较简单、争议不大的、法院已经有成熟经验的，可以考虑通过简易程序解决。诉讼法学上的"费用相当性原理"就是要求当事人利用诉讼程序的过程或者法院指挥诉讼的过程应当注意平衡诉讼标的和司法资源的合理配置。诉讼标的繁简不同，但适用的诉讼程序相同，实际上就是没有考虑到行政行为的多样性和灵活性。因此，必须根据行政行为的具体情况设置繁简程度不同的诉讼程序。[①]可以说，现代社会所要求的公民权利的快速实现以及与之相适应的简便高效的诉讼过程，与我国行政诉讼缺乏简易程序的现实规定之间形成了鲜明的对比和尖锐的矛盾。所以，根据行政案件繁简有别的特点，从提高行政审判效率、节约司法资源以及及时有效地解决行政争议的角度考虑，在一定范围内设立我国行政诉讼简易程序，具有十分明显的必要性。

由此可见，在我国行政诉讼制度中构建简易程序有其充分的合理性以及客观的社会需求。建立在特定范围内的行政案件可以适用简易程序、由审判员进行独任审判以及可以适当缩短审理期限的制度，是在行政诉讼领域平衡司法公正与司法效率之间关系的必然要求，也是行政诉讼程序作为现代行政救济程序及时有效地化解行政纠纷、促进社会和谐的必然要求。"实现行政诉讼程序现代化，这必然要求司法运作和司法组织与之相适应，彰显公正与效率的价值取向。由此，在公正与效率的架构下，我们目前禁设行政诉讼简易程序的立法，无论在理论上还是在实践上都显得过于固执，在某种意义上成为行政诉讼功能作用发挥的桎梏。显然，立足公正与效率的现代司法理念，积极顺应司法现代化的潮流，重构现行行政诉讼程序设计，创建相应的行政诉讼简易程序，无疑具有划时代的深远的积极意义。"[②]历经二十多年行政审判实践的磨炼，我国行政审判工作已经积累了一定的经验，人民法院行政审判法官的法律素质和业务水平已经有了很大的提高，多年的审判经验使其完全有能力驾驭行政诉讼实践中的简易程序操作。原先在行政诉讼审判程序方面的那些顾虑和担忧，随着社会的发展、

---

① 江必新、梁凤云：《行政诉讼法理论与实务》（下卷），北京大学出版社 2009 年版，第 785 页。

② 王振清主编：《行政诉讼前沿实务问题研究》，中国方正出版社 2004 年版，第 301 页。

我国民主政治的不断完善、行政审判工作的不断加强所带来的行政审判环境的逐步改善、行政机关依法行政水平的逐年提高和对司法监督的逐步适应以及公民权利意识的进一步增强,已经渐渐地不再成为主要问题。因此,在一定范围内建立简易程序就成为完善行政诉讼制度的一个正当需求。从这一角度而言,最高人民法院决定在一部分基层人民法院进行行政诉讼简易程序的试点,规定一部分基本事实清楚、法律关系简单、权利义务明确的第一审行政案件,可以适用简易程序审理,这一举措本身就符合当代法治合理配置司法资源、降低诉讼成本的司法理念。

(二)以通知形式推行行政诉讼简易程序试点违背诉讼制度的法律保留原则

虽然在一定范围内设置行政诉讼的简易程序符合行政案件繁简分流的社会需求,也符合我国行政诉讼程序制度良性化发展的趋势与潮流。但是,笔者并不主张由最高人民法院通过发布这样一个通知的形式,就能够在全国一定范围内实行行政诉讼简易程序的试点。同时,我们注意到,《通知》中所规定的相关内容与我国现行《行政诉讼法》关于行政诉讼程序的规定存在着诸多不相一致之处。更何况,最高人民法院在 2010 年 12 月的《通知》发布之前的同年 7 月 1 日,就决定个别基层人民法院着手实施行政诉讼简易程序的试点,这些做法明显与诉讼制度的法律保留原则之间存在不相符合之处。

最高人民法院的《通知》所涉及的一个最为关键的问题是,它与我国《宪法》《立法法》规定的诉讼制度或司法制度实行法律保留的原则相抵触。在行政诉讼中,对行政案件无论是适用普通程序进行审理,还是适用简易程序进行审理,都是诉讼程序法律制度在司法实践中的具体运用和体现,它们构成了我国诉讼制度的具体内容。同样,人民法院无论是组成合议庭审理案件,还是由审判员一人对案件进行独任审判,都是一种司法行为的体现,在总体上理应属于司法活动的组成部分,是司法制度的基本范畴之一。因此,无论是规范行政诉讼程序的诉讼制度的确立与修改,还是规范人民法院通过一定的审判组织执行《行政诉讼法》、行使对行政案件审判权的司法制度的确立与修改,都应当遵循《宪法》和《立法法》规定的确立诉讼制度以及与此相关的司法制度的基本原则与规范。

根据《宪法》第 62 条的规定,诉讼法律规范属于基本法律,应当由全国人大行使立法权和修改权。同样,根据《宪法》第 67 条的规定,全国人大常委会的职权之一是"在全国人民代表大会闭会期间,对全国人民代表大会制定的法律进行部分补充和修改,但是不得同该法律的基本原则相抵触"。这就从《宪法》的层面明确了诉讼法律制度的立法以及对其进行补充、修改的基本权限，尤其是规范我国基本立法制度的《立法法》，更是在其第 8 条和第 9 条明确规定了诉讼制度和司法制度属于法律保留的范围，即只能由全国人大及其常委会以制定法律的形式来加以规范。[①] 因此，任何诉讼制度的产生与变革，或者一项司法制度的建立与改革，乃至一个具体诉讼程序的变动或者审判组织的增减，都属于全国人大或者全国人大常委会的专属立法权涉及的事项，包括最高人民法院在内的所有人民法院不应该、也根本没有任何权力对法律已经确定的诉讼体制、诉讼程序以及审判组织方面的制度加以修订、改变或者改革。

此外，《人民法院组织法》第 9 条规定："人民法院审判案件，实行合议制。人民法院审判第一审案件，由审判员组成合议庭或者由审判员和人民陪审员组成合议庭进行；简单的民事案件、轻微的刑事案件和法律另有规定的案件，可以由审判员一人独任审判。"根据笔者的理解，该条法律是从同样的角度明确了人民法院若要在简单的民事案件、轻微的刑事案件之外的案件（当然就只能是行政案件了）中实行由审判员一人独任审判，应当依据"法律另有规定"。最高人民法院的《通知》，既不是立法，也不是司法解释，而仅仅是一个司法文件。通过一个"通知"形式的司法文件"创建"一个诉讼制度或者司法制度不仅违法，而且闻所未闻。

我们也注意到，尽管最高人民法院的《通知》所明确的仅仅是在"部分基层人民法院开展行政诉讼简易程序试点工作"，并不是在全国所有的基层人民法院"全面、正式地实施"，但这一做法也已经在一定程度上改变了我国《行政诉讼法》规定的审判程序与审判体制，特别是对于已经被确定为试点单位的人民法院来说，已经在特定案件范围内改变了其法定的诉讼程序和审判组织。因此，完全有理由断定，最高人民法院的这一通知，已经违反了我国《行政诉讼法》所规定的诉讼程序以及审判体制。

其一，《通知》违反了《行政诉讼法》第 6 条"人民法院审理行政案件，依法实行合议"的基本原则。法律的基本原则是一部法律最基本精神的概括与提炼，这是该部法律最为根本的规则。行政诉讼的基本原则，同样是人民法院和诉讼当事人在行政诉讼中实施诉讼法律行为、履行诉讼程序、作出裁判的最基本规范。正是基于我国行政诉讼"依法实行合议"的基本原则，《行政诉讼法》第 46 条明确

---

① 《立法法》第 8 条规定："下列事项只能制定法律：……（九）诉讼和仲裁制度；……"第 9 条规定："本法第八条规定的事项尚未制定法律的，全国人民代表大会及其常务委员会有权作出决定，授权国务院可以根据实际需要，对其中的部分事项先制定行政法规，但是有关犯罪和刑罚、对公民政治权利的剥夺和限制人身自由的强制措施和处罚、司法制度等事项除外。"

规定人民法院审理行政案件，一律组成合议庭进行。应当说，在现行行政诉讼体制下，并没有可以采取简易程序、由审判员进行独任审判的余地存在，哪怕是"试点"性质的"改革"。最高人民法院的《通知》虽然将适用简易程序的案件界定在"基本事实清楚、法律关系简单、权利义务明确的"的范围之内，并对相关案件进行了具体列举，同时还规定适用简易程序审理的案件，人民法院可以实行独任审理的前提应当是"经当事人同意"，但也明显是对《行政诉讼法》所确立的"依法实行合议"这一基本原则的违反。

其二，《通知》改变了我国行政诉讼程序的部分规则。根据《通知》，适用简易程序审理的案件，"人民法院可以采取电话、传真、电子邮件、委托他人转达等简便方式传唤当事人。经人民法院合法传唤，原告无正当理由拒不到庭的，视为撤诉；被告无正当理由拒不到庭的，可以缺席审判"。而《行政诉讼法》并没有可以采用上述"简便方式"传唤当事人的规定。此外，《行政诉讼法》第 48 条明确规定"原告无正当理由拒不到庭，视为申请撤诉；被告无正当理由拒不到庭，可以缺席审判"的前提是"经人民法院两次合法传唤"，并没有因为人民法院采取"简便方式"传唤当事人"无正当理由拒不到庭"就应当被"视为申请撤诉"或者"可以缺席审判"的规定。

其三，《通知》缩短了我国行政诉讼的审判期限。《通知》规定"适用简易程序审理的行政案件，应当在立案之日起 45 日内结案"，而《行政诉讼法》第 57 条规定，人民法院应当在立案之日起三个月内作出第一审判决。虽然《通知》的这一规定有利于行政争议的及时解决，但它与现行《行政诉讼法》相关规定的冲突却是十分明显。

其四，《通知》增设了简易程序的异议制度和普通程序的转入制度。《通知》规定"当事人就适用简易程序提出异议且理由成立的，或者人民法院认为不宜继续适用简易程序的，应当转入普通程序审理"，而《行政诉讼法》正因为没有简易程序的规定，因而并无这一程序制度。

由此可见，《通知》在很多方面与现行《行政诉讼法》所规定的诉讼程序制度产生了冲突，其根本之处是在行政诉讼的法定程序之外增设了简易程序的规定。目前，对已经实施了二十余年的《行政诉讼法》进行修改的呼声日渐高涨。[①] 同

---

① 1989 年 4 月 4 日颁布并于 1990 年 10 月 1 日起施行的《行政诉讼法》，囿于当时的立法背景与法治环境，还难以解决目前现实社会生活中行政审判的诸多困难和问题。因此，修改《行政诉讼法》已经成为包括学界和司法实践部门在内的社会各界的普遍呼声。参见张维：《150 万民告官案件推动中国法治进程》，载《法制日报》2010 年 9 月 30 日。

时，最高人民法院于 2009 年 3 月发布的《人民法院第三个五年改革纲要(2009—2013)》也明确提出要“推进《行政诉讼法》的修改进程，促进行政诉讼审判体制的改革和完善”。因此，虽然可以断定，最高人民法院开展行政诉讼简易程序的试点，是其为推动《行政诉讼法》的修改、促进行政诉讼审判体制的改革和完善所实施的一个“前奏曲”，但其违法性也是显而易见的。

不可否认，制定于 20 世纪 80 年代末的《行政诉讼法》存在许多不符合现代社会法治发展的制度与规则，尤其是规定所有的行政案件均适用普通程序、一律由人民法院组成合议庭进行审理，确实与当今社会快速发展的进程不相符合，也与人民群众对司法机关快速、及时地解决行政争议、保障其合法权益的需求不相适应。但是，在现行法律尚未修改的前提下，由最高人民法院颁布一个通知，在法律规定之外实行另一套程序，明显是一个违法之举。任何人民法院包括最高人民法院在遵守法律现有制度和规定的前提下，可以进行某些司法机制的探索和创新，却不能进行诉讼程序和司法体制的改革，更不能违背《宪法》和《立法法》所确立的诉讼制度和司法制度的法律保留原则，以“突破法律规定”的方式去自行创立或更改现有的诉讼制度与审判体制。任何超越现有法律而进行的所谓“创新”“改革”，都应当立即停止和纠正。

三、行政诉讼简易程序的构建应通过修改《行政诉讼法》实现

“作为法律学家主要研究对象之一的审判制度，其首要任务就是纠纷的解决。”[①]诉讼法律规范最基本的任务，就是如何合理、经济地解决纠纷。因此，在行政诉讼中建立简易程序制度，确实是一种符合社会发展规律的正当性需求。最高人民法院基于我国行政诉讼制度立法与实践中的客观情况，通过行政诉讼简易程序的试点试图逐步解决行政审判实践中效率与公正之间的突出问题，其出发点具有合理性，也与社会的这一正当需求相契合。然而，究竟是通过法律，还是仅仅通过一份司法文件来构建这一制度，却是值得认真对待的问题。笔者认为，从诉讼制度的性质而言，理应通过全国人大及其常委会以法律的形式来构建行政诉讼的简易程序制度。

首先，民事、刑事、行政诉讼的简易程序制度都必须是在法律的统一规范下建立的制度。我国《民事诉讼法》《刑事诉讼法》都有关于简易程序的规定。《民事诉讼法》第 142 条规定，基层人民法院和它的派出法庭审理事实清楚、权利义

① 〔日〕棚濑孝雄：《纠纷的解决与审判制度》，王亚新译，中国政法大学出版社 1994 年版，第 1 页。

务关系明确、争议不大的简单的民事案件,适用简易程序。《刑事诉讼法》第174条也规定,人民法院对于“依法可能判处三年以下有期徒刑、拘役、管制、单处罚金的公诉案件,事实清楚、证据充分,人民检察院建议或者同意适用简易程序的”“告诉才处理的案件”和“被害人起诉的有证据证明的轻微刑事案件”,可以适用简易程序,由审判员一人独任审判。民事诉讼和刑事诉讼中简易程序的实践,体现了简便、高效的特点,极大地提高了司法效率,尽可能多地化解了社会矛盾,在以公正保证效率的同时也以效率促进了正义,实践证明这是一项行之有效的审判制度。[①]多年来我国民事诉讼和刑事诉讼简易程序的司法实践,为构建行政诉讼简易程序制度提供了丰富的经验。同时,在民事诉讼和刑事诉讼简易程序制度和实践的基础上,建立我国行政诉讼的简易程序,也是我国诉讼法律制度统一性的需要。

其次,以法律的形式规范行政诉讼简易程序也是其他国家和地区诉讼制度的共识。从一些国家和地区的立法经验来看,在特定范围内适用简易程序审理行政案件同样必须依据以法律的形式建立的制度。例如,德国在1997年通过修改《行政法院法》引进“法院裁决”之判决方式,以“诉讼事件在事实上或法律上并无特别困难,或事实之内容已臻明确”为适用要件,法院于第一审诉讼程序,得不经言词辩论,以法院裁决为裁判。我国台湾地区也在“行政诉讼法”中规定了简易程序制度,其中如“关于税捐课征事件涉讼,所核课之税额在新台币三万元以下者”“因不服行政机关所为新台币三万元以下罚款处分而涉讼者”“其他关于公法上财产关系之诉讼,其标的之金额或价额在新台币三万元以下者”、因不服行政机关所为告诫、警告等“轻微处分而涉讼者”以及“依法律之规定应适用简易诉讼程序者”,可以适用简易程序。同时,明确规定简易诉讼程序由独任法官进行审理,“判决书之事实、理由,得不分项记载,并得仅记载其要领”等。[②] 这些做法与经验为我们建立行政诉讼简易程序提供了借鉴。

根据学者的解释,“简易诉讼程序是为加速诉讼事件之进行,减轻法院工作负担而订定的简易起诉、审查、裁判方式,以达到迅速处理轻微事件,争取时间处理重大事件,使司法功能所要求的‘有效法律保护’,在质量上和时效上得以提高的目标”[③]。行政诉讼中简易程序的构建,是我国诉讼制度或者司法制度改革的

---

① 参见胡建淼主编:《行政诉讼法修改研究》,浙江大学出版社2007年版,第436页。

② 参见翁岳生编:《行政法2000》(下册),中国法制出版社2002年版,第1471—1473页。

③ 同上书,第1470页。

重要组成部分，其理应由全国人大或者全国人大常委会依据《宪法》所规定的立法体制和《立法法》所确立的立法权限进行，而不能仅仅由最高人民法院以发布一个通知的形式进行。人民法院作为司法机关，应当以执行法律的明文规定为宗旨。同时，从行政诉讼角度而言，人民法院是依法行使对具体行政行为合法性审查的司法监督职能的，如果法院本身不守法，在现行法律规定之外另行规定诉讼制度，那将会危及法治的根基，也会使其对行政行为进行司法监督的功能和作用大打折扣。因此，从立法与法院司法的关系而言，只有全国人大或者全国人大常委会的立法，才是解决我国行政诉讼制度中简易程序构建的根本路径，也是唯一路径。

笔者认为，实现我国行政诉讼简易程序法治化的具体途径，是严格遵循《宪法》与《立法法》所规定的法律保留原则。具体做法可以是：第一，由全国人大在对《行政诉讼法》的修改进程中，增加行政诉讼简易程序的规定，以符合《宪法》第62条关于基本法律的立法权属于全国人大的规定，同时也使建立行政诉讼简易程序的需求在法律上得以实现。第二，在《行政诉讼法》暂时还没有得到全面修改的情况下，可以由全国人大常委会根据《宪法》第67条的规定，先对《行政诉讼法》中关于诉讼程序的部分条文进行修改，将《行政诉讼法》中规定行政诉讼中一律适用普通程序、由审判人员组成合议庭进行审理的制度，修改为在一定范围内可以适用简易程序、由审判员进行独任审判的制度，并明确简易程序的范围与具体规则，使普通程序与一定范围内适用简易程序的制度同时存在于我国行政诉讼制度中，以应对当前行政审判实践的客观需要。同时，最高人民法院应当进一步促进《行政诉讼法》的修改进程，积极推动行政诉讼审判程序与审判体制改革的立法进程，以争取行政诉讼简易程序制度尽快实现法律化。

四、结语

最高人民法院以通知的形式规定，在部分基层人民法院开展行政诉讼简易程序试点工作，既不符合《宪法》和《立法法》，也不符合《人民法院组织法》，更是与《行政诉讼法》的现行规定产生了明显的冲突。建立行政诉讼简易程序制度，确实为我国社会发展和行政诉讼实践所必需，但其构建必须符合《宪法》和法律规定的立法体制与立法权限，符合法律保留原则的基本要求。因此，由全国人大或者全国人大常委会通过修改《行政诉讼法》，增加行政诉讼简易程序的规定，才是构建我国行政诉讼简易程序制度的唯一法治化途径。

第十节 和谐统一的行政诉讼协调和解机制*

以协调和解的方式解决行政争议，已成为法院行政审判工作的中心任务。最高人民法院要求各级人民法院“探索行政诉讼和解制度”。① 各地法院也纷纷出台了行政诉讼协调和解的相关意见。② 同时，协调和解工作也正在全国法院的行政审判系统“如火如荼”地开展。

在现实生活中，行政争议的增多确实给社会和谐造成了不利的影响。尤其是在行政争议不能得到及时有效的化解的情况之下，更是使政府与行政相对人之间的关系处于一种紧张的状态之下，影响了政府与民众之间和谐的信任关系的建立。然而，不可否认的是，现在所提倡的这一机制中理念倡导的成分多于制度的建设。此外，由于没有统一的制度规定，各地法院在实践中的做法也不完全一致。一个与我国民主法治建设有重大关联的救济制度的确立，仅仅靠一种认识的统一和理念的支撑是不行的。更何况，作为一种诉讼机制，由最高人民法院积极倡导并由各地法院自行“探索”也不符合“法律保留”原则的要求。从完善民主法治的角度而言，应当由法律制度来加以必要的规制。

一、行政诉讼协调和解机制与我国行政诉讼制度中的有关规定

笔者认为，目前在实践中大力提倡的行政争议协调和解的机制，虽然从大局角度值得肯定，但是其中凸现出来的制度缺失问题应当引起我们的重视。

（一）“协调和解”与行政诉讼的“禁止调解”规则之间的矛盾

《行政诉讼法》第 50 条规定：“人民法院审理行政案件，不适用调解。”这就明确地在行政诉讼领域排除了调解手段的运用。在这一规范之下，人民法院审理行政案件，只能以判决的形式确定被诉行政行为的合法与违法，以及原告诉讼请

---

* 原载《华东政法大学学报》2007 年第 6 期。

① 最高人民法院在 2007 年 1 月发布的《最高人民法院关于为构建社会主义和谐社会提供司法保障的若干意见》中提出了“探索行政诉讼和解制度”的要求，在同年 3 月发布的《最高人民法院关于进一步发挥诉讼调解在构建社会主义和谐社会中积极作用的若干意见》中又进一步指出，对行政诉讼案件，人民法院可以根据案件实际情况，参照民事调解的原则和程序，尝试推动当事人和解。人民法院要通过行政诉讼案件的和解实践，不断探索有助于和谐社会建设的多种结案方式，不断创新诉讼和解的方法，及时总结经验，不断完善行政诉讼案件和解工作机制。

② 如上海市、广东省、重庆市、山东省等地的高级人民法院，一些地方的中级人民法院，甚至一些基层人民法院都已经制定了行政诉讼协调和解的规定。

求的合法性。有学者认为，行政纠纷的和解，在我国经历了一个从肯定走向否定的过程。早在行政诉讼制度建立之前，行政案件一直由人民法院的民事庭和经济庭审理，行政审判规则主要由当时的《民事诉讼法》规定，如《民事诉讼法（试行）》第 3 条规定："法律规定由人民法院审理的行政案件，适用本法规定。"据此，该法关于和解及调解的规定当然也适用于人民法院审理行政案件，有学者认为，"当时我们对行政诉讼中的和解是持肯定态度的"[①]。但是，实际上这一观点与事实不符。其实，在《行政诉讼法》颁布之前，即在适用民事诉讼程序审理行政案件期间，行政诉讼同样不得调解。1985 年最高人民法院发布的《最高人民法院关于人民法院审理经济行政案件不应进行调解的通知》就明确指出："人民法院审理这种行政案件，不同于解决原被告之间的民事权利义务关系问题，而是要以事实为依据，以法律为准绳，审查和确认主管行政机关依据职权所作的行政处罚或者其他行政处理决定是否合法、正确。因此，人民法院不应进行调解，而应在查明情况的基础上做出公正的判决。"1987 年最高人民法院在《最高人民法院关于审理经济纠纷案件具体适用〈民事诉讼法（试行）〉的若干问题的解答》中，再次就行政案件不适用调解明确作了规定。1989 年颁布的《行政诉讼法》更加明确地作出行政案件不适用调解的规定。唯一的例外是《行政诉讼法》第 67 条规定，行政赔偿案件可适用调解。由此可见，除行政赔偿案件之外的行政案件不适用调解是我国行政诉讼制度的一贯性规定。应当指出的是，这一规则的确定，与我国当时建立行政诉讼制度的宗旨是相适应的。《行政诉讼法》所规定的立法宗旨是"保证人民法院正确、及时审理行政案件，保护公民、法人或者其他组织的合法权益，维护和监督行政机关依法行使行政职权"。《行政诉讼法》同时还规定："人民法院审理行政案件，对具体行政行为是否合法进行审查。"行政诉讼是一种司法审查制度，是对既存的行政行为是否合法的审查和判断，因而是一种以司法权监督行政权的制度。在这一诉讼活动中，法院的根本任务，就是依照行政法律规范审查被诉行政行为的合法性，从而达到保护公民、法人或者其他组织的合法权益，监督行政机关依法行政的目的。所以，行政诉讼中"不适用调解"的禁止性规则为行政诉讼中的根本原则——人民法院对具体行政行为进行合法性审查原则的确立，奠定了坚实的基础。[②] 此外，当时我们之所以建立行政诉讼制度，是力图尽快建立起一种对行政权行使进行司法监督的制度，并希望通过这一制度，

① 蔺耀昌：《行政争讼中的和解与调解》，载《行政法学研究》2006 年第 3 期。

② 参见于安等编：《行政诉讼法学》，法律出版社 1997 年版，第 210 页。

促进行政机关的依法行政，建立对公民权利进行保护和救济的体制。因此，“审理行政案件不适用调解”就成为行政诉讼不同于民事诉讼的一个重要规则被规定在法律当中。然而，对调解方式的禁止使用并没有阻止实践中以“变通”的方式进行“和解”。实际上，在《行政诉讼法》的实施过程中，各地的人民法院在行政审判中早已运用协调和解的方式处理了大量的行政案件。为了避免与“不适用调解”的法律规定相抵触，这种方式通常被称为“行政审判协调”，并且也正是由于在法律明文规定上的“名不正”，使得法院的这一做法显得非常“言不顺”，虽然实际开展已久，却很少有法院公开宣扬这一做法，而是在一种“静悄悄”的状态下进行。

笔者认为，目前最高人民法院大力提倡的行政诉讼协调和解机制，以及在行政审判中积极进行的行政诉讼协调和解方式的实践，其实质是一种调解。只不过由于《行政诉讼法》明确禁止在行政诉讼中适用调解，才改变了提法，将实际具有调解特征的活动用“协调和解”的语言来进行表达。正如有学者指出的，“将这种解决行政争议的新方法称为‘协调和解’，实际上与人们耳熟能详的诉讼法专用语‘调解’没有什么区别”①。同时，最高人民法院在其于 2007 年 3 月发布的《最高人民法院关于进一步发挥诉讼调解在构建社会主义和谐社会中积极作用的若干意见》中明确将行政诉讼和解机制纳入了诉讼调解制度的范围，并明确要求对行政诉讼案件，“人民法院可以根据案件实际情况，参照民事调解的原则和程序，尝试推动当事人和解”。可见，最高人民法院实际上也是将行政诉讼的和解制度作为诉讼调解制度的一个方面来看待的。实践中各地人民法院所进行的以法院为主导并积极推动的所谓“行政诉讼的协调和解”也明显具有调解的性质，实质上就是一种诉讼调解活动，其最终所形成的协调和解的结果实际上是没有调解书的调解。这种状况，与我国现行《行政诉讼法》第 50 条关于“不适用调解”的规定是不相符合的。

（二）我国行政诉讼制度关于撤诉的规定并不是行政诉讼“协调和解”的依据

《行政诉讼法》第 51 条规定：“人民法院对行政案件宣告判决或者裁定前，原告申请撤诉的，或者被告改变其所作的具体行政行为，原告同意并申请撤诉的，是否准许，由人民法院裁定。”这一规定，现在成了法院对行政案件进行协调和解的主要法律依据。最高人民法院所提倡的行政诉讼协调和解，就是要求法院最大限度地利用这一法律条文规定的内容，尽可能地促使原告以撤诉的方式结案，

① 姜明安：《“协调和解”：还需完善法律依据》，载《法制日报》2007 年 4 月 4 日第 3 版。

以达到“协调和解”的目标。

然而,《行政诉讼法》第 51 条规定的立法本意,并不是为了“协调和解”,相反,它是为了限制原告的撤诉、强化法院对撤诉申请的审查、监督。从《行政诉讼法》颁布之后,在由最高人民法院主编的一部行政诉讼法学教材中关于撤诉条件的阐述内,可以明显地看出当时立法的这种意图,其中除了申请撤诉者必须是原告和申请撤诉必须在宣告判决或者裁定前提出两个形式条件外,还专门提出了两个实质性条件:一是“申请撤诉必须自愿。撤诉是原告无条件放弃诉讼的请求,不得强行动员原告撤诉,更不得强迫原告撤诉。原告附条件的撤诉请求,也不得准许”。二是“申请撤诉必须符合法律规定。原告自愿放弃权利不能影响和侵犯国家、集体和他人的合法权益,不得规避法律”。在上述条件之后,该教材还强调,“为了防止发生违法行为侵害行政管理正常秩序、侵害当事人以及其他人的合法权益,根据《行政诉讼法》的规定,原告撤诉,要经过人民法院的审查,只有符合上述四个条件的情况,才能裁定准予原告撤诉。否则,人民法院应裁定不准予撤诉”。[①] 此外,《最高人民法院关于执行〈中华人民共和国行政诉讼法〉若干问题的解释》(以下简称《若干解释》)第 49 条第 2 款关于“原告或者上诉人申请撤诉,人民法院裁定不予准许的,原告或者上诉人经合法传唤无正当理由拒不到庭,或者未经法庭许可而中途退庭的,人民法院可以缺席判决”的规定,则更加强调了撤诉活动中法院干预的强制性。

所以,无论是原告自动申请撤诉,还是由于被告改变被诉具体行政行为原告同意而申请撤诉,或者是由于原告拒不到庭或者未经法庭许可中途退庭而被视为申请撤诉,都必须接受法院的严格审查,这明显体现了对撤诉行为进行必要的司法控制的意图。其根据在于,行政诉讼的目的不仅仅是保护原告的合法权益,还包括通过对具体行政行为的合法性审查、监督,保障行政机关依法行政。对于有明显违法的具体行政行为原告却申请撤诉,以及被告明显违法或失当地撤销、变更本来合法的原具体行政行为而原告同意撤诉等不正常现象,如果法院一概听之任之,就完全背离了行政诉讼制度设立的本来目的。[②] 在《若干解释》的起草过程中,就有学者针对“只要原告申请撤诉,都应当准许”的观点提出了不同意见,认为在行政诉讼中有必要规定法院对撤诉申请进行审查,理由是:首先,原告处分诉权应当遵循自愿原则。在行政诉讼中,经常出现被告在诉讼过程中通过

---

① 参见马原主编:《中国行政诉讼法教程》,人民法院出版社 1992 年版,第 220 页。

② 参见马怀德主编:《中国行政诉讼法》,中国政法大学出版社 1997 年版,第 129 页。

各种方式对原告施加压力，进行威逼利诱的情况。因此，有必要审查原告的撤诉行为是否自愿。其次，原告的撤诉行为可能导致公共利益的损害，这一点在行政诉讼中比在民事诉讼中体现得更加突出。行政诉讼制度更应当考虑公共利益。[①] 因此，无论是《行政诉讼法》，还是《若干解释》，在强调对原告撤诉行为进行必要司法干预方面的立场是一致的。在《行政诉讼法》颁布之初，有学者就用"三个由于"归纳了设立这一制度的理由："行政诉讼法上的撤诉与民事诉讼法上的撤诉略有不同。由于行政诉讼解决的中心问题是行政行为的合法性问题，由于行政机关不能处分国家的职权，由于原告处分自己的起诉权不能消除行政行为的违法状态，因此，行政诉讼中原告的撤诉权受到更多的限制。"[②]

从本质上说，在行政诉讼中规定法院对撤诉行为进行一定的干预，体现了我国行政诉讼制度对行政权力进行严格监督，并从防止无原则的或者违法的撤诉行为来维护公共利益、保证行政权依法行使的立法本意。例如，由于被告改变具体行政行为，原告申请撤诉的，对于被告改变被诉具体行政行为的动机、原因以及改变以后的具体行政行为是否合法，是否侵犯公共利益和他人合法权益，是否以放弃法律原则的方式和内容换取原告的撤诉，从而使自己尽快摆脱"被告"的境地，理应受到法院的司法监控。从另一个角度说，这种限制也是法定的诉讼程序严肃性的体现，既反映了对法院行政审判权的维护，同时也体现了对被告诉讼权利的尊重。一个行政行为被起诉到法院，法院就依法拥有对该行政行为的审查权，被诉的行政行为也就已经成为行政诉讼法律关系的客体。同时，如果对原告的撤诉申请不加分析、不加审查、不加限制地准许，对被告的诉讼权利也是一种无视。在行政诉讼中，原被告双方当事人的诉权是平等而独立的，双方都有追求胜诉判决的权利。对于被告来讲，在诉讼中能动地、积极地反映和证明其所作出的行政行为的合法性，就是为了获得利己的判决，这也是被告参与诉讼的唯一目的。然而，如果一味地准许原告撤诉，就可能使被告积极追求胜诉判决的努力也随之化为泡影。[③] 这对被告应诉的积极性也是一个打击，更使其通过胜诉判决展示依法行政良好形象的愿望也随之破灭。因此，从诉讼程序的严肃性以及维护法院对行政案件的审判权的角度出发，不允许随意撤诉也是我国行政诉讼制度对撤诉行为进行限制的立法目的所在。

---

① 参见甘文：《行政诉讼司法解释之评论》，中国法制出版社 2000 年版，第 109 页。

② 罗豪才、应松年主编：《行政诉讼法学》，中国政法大学出版社 1990 年版，第 219—220 页。

③ 参见江必新主编：《中国行政诉讼制度的完善——行政诉讼法修改问题实务研究》，法律出版社 2005 年版，第 195 页。

但是，从《行政诉讼法》实施以来，法律对行政诉讼中撤诉行为的限制并没有在实践中起到应有的作用，撤诉率一直居高不下，法院对撤诉申请几乎不作任何审查地都予以准许。曾有学者针对《行政诉讼法》颁布以来，实践中行政案件的撤诉率一直稳步上升、居高不下（有个别地区居然一度高达 81.7%）的现状（几乎没有哪个法院在审查撤诉申请后作出过不准许撤诉的裁定）感叹，“实在看不出法律规定起了什么实际作用”[①]。此外，高层司法机关的领导也曾经针对行政案件撤诉率偏高的情况提出，在原则同意“协调解决”的同时，强调“该判决的要大胆判决，不能无原则动员撤诉”。一些法院和法官也曾经将“撤诉率偏高”作为行政审判中的一个问题来看待，把“解决撤诉率偏高”的工作作为经验加以介绍。但是，隐藏在撤诉率偏高背后的深层次的原因，是行政机关与原告地位的不平衡以及法院的力不从心。“法院不仅容忍原告撤诉，甚至动员原告撤诉。法院可能劝说行政机关做些让步，作为原告撤诉的条件；也可能在行政机关没有任何让步的情况下，陈明利害，告以‘不撤诉也只能败诉’的结果，诱劝原告撤诉。更有甚者还向原告许诺‘只要你肯撤诉，我把全部诉讼费退还给你’……为了规避‘行政诉讼不适用调解’的规定，法院内部通常称之为‘协调处理’，实质是没有调解书的调解。”该学者认为，我国行政诉讼中撤诉率高的真正原因在于当前行政诉讼缺乏良好的制度环境，行政权缺乏制约，原告缺乏基本的安全保障，法院缺乏独立性和权威性。撤诉是原告、被告和法院“合谋”中止诉讼，其结果是作为原告的公民、法人或者其他组织的权利无法通过行政诉讼得到理想的保护，限制撤诉的法律规定被弃置或规避。[②]有学者认为，《行政诉讼法》第 50 条“不适用调解”的规定，与第 51 条的规定有着内在的逻辑关系，也是在避免对第 50 条的错误理解。[③] 其言下之意，就是行政诉讼禁止调解，但并不禁止和解。笔者却认为，第 51 条规定恰恰是对第 50 条规定的强化，即行政诉讼不适用调解，但即使是和解后的撤诉，也应当由法院进行严格的监督和审查，以防止用“和解”的假象掩盖违法目的的实现。若将这两条结合起来理解，该内容真正的含义就是：在行政诉讼中不但禁止调解，同样也禁止无原则的撤诉与和解！因此，笔者认为，根据《行政诉讼法》第 51 条规定的立法本意，其根本目的是限制撤诉，而不是鼓励撤诉，将其作为人民法院“协调和解”的法律依据来理解是对该法条立法本意的一种误

---

① 何海波：《行政诉讼撤诉考》，载《中外法学》2001 年第 2 期。

② 参见何海波：《行政诉讼撤诉考》，载《中外法学》2001 年第 2 期。

③ 参见梁凤云：《行政诉讼和解并未遭遇制度瓶颈》，载《法制日报》2007 年 5 月 13 日第 2 版。

解，至少是对该条文不够准确的一种理解。目前在行政诉讼中，法院所积极推进的以各种协调的方式促使当事人达成和解，并以原告撤诉为最终诉讼结果的审理方式，并没有明确的法律依据。以和解的名义所进行的"协调"，实际上与诉讼调解的方式无异，这种做法与我国行政诉讼制度的相关规定以及立法的本意还有抵触之嫌。

二、由法院"积极探索"行政诉讼协调和解机制有违"法律保留"原则

在行政审判实践中所进行的"协调和解"，基本上都以法院主导的方式积极主动进行的，如由法官"积极主动地"与原告和被告进行联系，在行政机关与行政相对人之间做大量的沟通、说服、教育、解释、普法等工作，最终促使案件和解结案。此外，法院在诉讼的各个阶段都会进行协调，在立案阶段协调、在庭审前协调、在庭审中协调、在宣判前协调，在一审、二审甚至再审和执行过程中都会进行协调。可以说，这种协调工作已经与民事诉讼调解"贯穿于诉讼的整个过程"的情况没有任何区别，唯一的区别就是法院最后不能出具调解书。尤其要指出的是，各地法院都在行政诉讼中根据自己的理解进行"积极探索"，对于"协调和解"的范围、程序、规则，以及"和解"结果的法律效力，各个法院的认识和做法并不完全一致，只要原被告之间达成"和解"，最终使原告在诉讼程序上撤诉，就达到了"协调和解"的目的。法院这种"积极探索"的合法性实在是值得探究。

在诉讼中，无论是以判决、裁定的形式处理案件，还是以"调解"或者"和解"的方式处理案件，都是诉讼程序法律制度在司法实践中的运用和体现。行政诉讼制度是一种诉讼制度，法院执行《行政诉讼法》、行使对行政案件的审判权是一种司法行为的体现，它应当遵循诉讼制度以及与此相关的司法制度所确立的原则和规范。同样，由法院在行政诉讼中所实施的"协调和解"是行使行政审判权的方式之一，也理应属于司法活动的组成部分。

既然如此，按照我国《宪法》第 62 条、第 67 条的规定，特别是《立法法》第 8 条和第 9 条的规定，诉讼制度也好，司法制度也好，都属于法律保留原则的范畴，即只能由全国人大及其常委会以法律的形式来加以规范。任何诉讼制度的变革，或者司法制度的改革，都应当是全国人大及其常委会的专属立法事项，人民法院不应该，也根本没有权力去"积极探索"，更不应当在全国人大及其常委会对法律没有作出进一步的规定和修改之前，就以文件或者讲话的形式提倡或者"号召"各级人民法院去"积极探索"这种"新机制"。"人民法院工作的一切出发点和归属，都是依照法律的规定从实体和程序两个方面独立行使审判权，它绝对没有

任何对法院体制和诉讼制度等事项进行改革的权力。”[①]同样，对于人民法院大张旗鼓地进行的“协调和解”，也有学者明确地指出：“根据《行政诉讼法》第50条的规定，法院确实不能在审理行政案件时调解和以调解方式结案。法院如果这样做，确实违法，至少在形式上是违法的。但是这种违法并不是以变换一种表述，用‘协调和解’取代‘调解’就能合法的。如果这样做，那是很危险的。法院如果带这个头将危及整个法治的大厦。因为法治首先是‘形式法治’。”[②]

笔者认为，提倡人民法院对行政案件的“协调和解”进行“积极探索”，只会助长法院不依法办事的倾向，更严重的是，法院可以将法律抛弃在一边，为了所谓的“社会效果”，而积极地去进行“协调和解”，从而达到让原告撤诉的目的。比如，根据各地法院的“协调和解”实践的情况和一些法院“协调和解”的规定，法院在诉讼的任何程序、任何阶段都可以“协调和解”，那么相应的已经发生法律效力的行政裁判应当如何对待？《广东省高级人民法院关于行政案件协调和解工作若干问题的意见》出台时，该院有关负责人指出：“《意见》设计了许多具有突破性意义的制度，是一个全新的尝试……此次出台的《意见》的核心内容有二：一是关于协调结案的方式。行政案件除了单独提起的行政赔偿案件以外，人民法院不得制作调解书并以调解的方式结案，而且，二审或者再审程序中，通过协调，原告申请撤诉，应如何结案，目前法律没有作出相应规定。《意见》规定，法院可用裁定撤销原审裁判，以准许一审原告撤回起诉的方式结案，既符合相关法律的规定，也方便了当事人。据悉，近年来省法院对于二审行政案件协调和解的，均采用这种方式结案，取得了良好的效果。二是关于和解协议的落实。由于行政案件通过协调达成的协议无法像民事审判一样，用调解书的形式将协议的内容以法律文书的形式确定下来，因而和解协议主要靠各方自觉履行，目前并不具有法律约束力。一旦当事人任何一方反悔不履行和解协议，法院不能强制执行，容易形成尴尬局面。”所以，“《意见》强调各级法院在送达裁定书之前要慎重考虑协议的履行情况，尽可能促使协议各方在送达裁定书之前履行完毕各自的义务，以实现协调的最终成效”。对于上述这段介绍，笔者不禁产生疑问。第一，一个理应依法由最高国家权力机关进行规范的诉讼制度，一个高级人民法院有必要进行“全新的尝试”吗？它设计“许多具有突破性意义的制度”的权力来自何处？第二，《行政诉讼法》和《若干解释》明确规定，申请撤诉以及审查撤诉申请并作出是

---

① 刘松山：《再论人民法院的“司法改革”之非》，载《法学》2006年第1期。

② 姜明安：《“协调和解”：还需完善法律依据》，载《法制日报》2007年4月4日第3版。

否准予撤诉的裁定，应当是在“人民法院对行政案件宣告判决或者裁定前”，当判决已经作出甚至生效(如在再审程序中)，对原审起诉行为的撤诉就不可能存在，而广东高院却规定“法院可用裁定撤销原审裁判，以准许一审原告撤回起诉的方式结案”，还认为“既符合相关法律的规定，也方便了当事人”，这种规定和认识的法律依据何在？第三，对和解协议的执行问题，由于和解协议不具有法律约束力，“一旦当事人任何一方反悔不履行和解协议，法院不能强制执行，容易形成尴尬局面”。这是“协调和解”面临的最关键的尴尬问题，也反映了目前的协调和解由于缺乏法律依据而处于矛盾的境地。然而，《山东省高级人民法院行政诉讼和解暂行规定》已经“积极探索”了这一问题。该规定将行政争议已经得到妥善解决作为法院和解结案的前提条件，对当事人之间达成了和解协议，但在法定审限内无法履行完毕的，法院可以裁定中止案件，给予一定的履行期限，使当事人力争在诉讼阶段履行完毕，到期仍然无法履行的，法院恢复诉讼，及时作出裁判。对于行政诉讼和解结案的方式，《山东省高级人民法院行政诉讼和解暂行规定》规定，和解结案的方式一般采用裁定准予撤诉或撤回再审申请的形式，同时可以根据案件具体情况，在裁定理由部分载明和解协议的内容，明确被诉行政行为不再执行。同时规定，对于和解协议已经履行完毕，原告坚持不撤诉或撤回再审申请的，法院可以裁定终结诉讼，并在裁定理由部分载明和解协议的内容，明确原裁判意见不再执行。笔者同样质疑上述规定的法律依据，因为《若干解释》第52条所规定的终结诉讼的情形并不包括上述情况，更不存在可以“在裁定理由部分载明和解协议的内容，明确原裁判意见不再执行”的终结诉讼裁定。以上内容足以说明各地法院在“协调和解”问题上是各行其是，有很多与法律不相符合的情形存在。究其原因，就是最高人民法院要求各地法院“积极探索”的结果。我国是法制统一的国家，诉讼制度是国家重要的法律制度，如果允许各地的法院根据自己的理解去对诉讼制度“积极探索”，法律的统一性和严肃性何在？此外，自人民法院强调“积极探索”行政案件的“协调和解”机制至今，全国人大常委会对此依然没有任何说法。笔者还想指出的是，虽然《行政诉讼法》对“不适用调解”有明确的规定，但现在提倡的行政诉讼的“协调和解”做法实际上在各地的行政审判实践中已经“悄悄地”存在了多年。如果这一做法是合法的话，为什么没有看到过大张旗鼓的宣传和提倡？正是因为法院“静悄悄”地进行，法官和学者都还曾为由此导致的撤诉率过高产生过忧虑。《行政诉讼法》虽然已经被全国人大列入修订议程，但在至今还“一字未改”的情况下，为什么会得到大力提倡并得到大张旗鼓地宣传？这些现象，本身就说明法院的“积极探索”不具有充分的合法性。

在国外和一些地区，行政争议的和解和调解已经在法律中得到了承认并被运用到行政争议解决的实践当中，如联邦德国《行政法院法》第106条对行政争议在法庭上的和解程序作了规定。应当承认，这些经验和制度对我国行政诉讼制度的进一步完善与发展确实具有一定的借鉴意义。然而，在我们的法律对“人民法院审理行政案件，不适用调解”的规定还没有修改，以及对“协调和解”还没有作出明确的制度安排的前提之下，就由法院在没有统一规则的情况下自行“积极探索”行政诉讼的和解协调机制是不符合相关规定的，并且法院所积极进行的“协调和解”工作，犹如展开了一场“劳动竞赛”，竞相争比谁“和解协调”的案件最多，原告的撤诉率最高，更是与我国《行政诉讼法》对行政案件必须依法审判的要求不相符合。这种状况的出现，不但不能对法治建设有所帮助，反而会动摇我们刚刚建立起来的法治根基，尤其在我国行政诉讼的实践还没有完全被公众信任的情况下，贸然在法律之外进行“协调和解”的探索，以撤诉比例为衡量办案质量的标准，[①]只能更增加公民对行政诉讼制度的不信任感，也会增加对法院实施这一举措动机的怀疑。在我国人民代表大会制度的体制之下，一切司法活动都必须置于法律之下。人民法院的职权只能由法律规定。“对法规的理解不应按法官们认为最好的见解，而应按照实际上通过法律的立法者们的意图。”[②]所以，任何在法律之外所进行的司法工作的“探索”，都不应当具有合法性。

三、行政诉讼的“协调和解”必须以完善法律制度为前提

（一）行政诉讼协调和解现象的现实存在

上述分析，并不代表笔者反对建立行政诉讼的协调和解制度，也不表明笔者对实践中“协调和解”所起作用的一概否定。相反，笔者提倡在修改和完善现行行政诉讼制度的基础上，在法律制度中建立统一和谐的行政诉讼协调和解制度。

虽然我国《行政诉讼法》有“不得调解”的硬性规定，但是实践中协调和解解决的行政案件的数量已经远远超过了以判决形式所解决的行政案件数量。说明现行立法对行政诉讼调解所采取的排斥态度并没有阻止事实上的和解在实践中

---

① 据统计，自1996年至2006年10月，山东全省法院共审结行政案件144513件，其中撤诉案件有70757件，撤诉率高达49%。相关负责人表示：“如此高的撤诉率就是因为法院在原被告间做一些建议、动员、协商的工作，促使双方做出让步，达成和解，原告才会申请撤诉，从而有效地化解了官民矛盾，彻底解决行政纠纷。”实践中原告撤诉率对行政案件办案质量的重要衡量作用可见一斑。参见何海波：《行政诉讼撤诉考》，载《中外法学》2001年第2期。

② 〔美〕德沃金：《法律帝国》，李常青译，中国大百科全书出版社1996年版，第280页。

的大量存在。"我们看到的是,法院对撤诉申请几乎一律'绿灯放行',面对几十万起撤诉申请,极少有不准许的。不许调解的规定被悄然规避,名存实亡。调解结案的现实需求,不是一个法条所能够禁得住的。"①与其让协调和解长期游离于法治之外,遮遮掩掩,不如顺应实践的客观需要,承认其合法性,并用法律加以明确的规范,使行政诉讼的协调和解在法律的范围内运行,也使随意进行协调和解,片面追求社会效果,甚至假借"协调和解"之名侵犯公共利益、他人合法权益的现象得到有效的防止和遏止。这也是构建和谐社会对于制度建设的要求。

然而,如何从制度角度建立行政诉讼的协调和解机制,却是一个值得思考的问题。虽然最高人民法院表示"要抓紧制定有关行政诉讼协调和解问题的司法解释,为妥善处理行政争议提供有效依据"②,但司法解释的作用与效力毕竟有限。根据第五届全国人大常委会第十九次会议通过的《全国人民代表大会常务委员会关于加强法律解释工作的决议》的规定,最高人民法院司法解释的权限范围是"属于法院审判工作中具体应用法律、法令的问题",最高人民法院发布的《最高人民法院关于司法解释工作的规定》中也明确"人民法院在审判工作中具体应用法律的问题,由最高人民法院作出司法解释"。虽然该规定第 5 条中称"最高人民法院发布的司法解释,具有法律效力",但其法律效力与全国人大或者全国人大常委会制定的法律不可相比是一个客观的事实。此外,司法解释不能违背法律,更不能在法律之外创制规则也是众所周知的原则。

有学者提出,一件利国利民、建设和谐社会的好事,为什么要以违法的方式去做呢?全国人大及其常委会修法,并非"难于上青天",如果全面修改一部法律工程太大,难度太大,我们完全可以先修改其中迫切需要修改的一个或两个条款。"为了保证行政审判中的法治统一,我们必须协调行诉法第 50 条和第 1 条的矛盾。怎么协调呢?无疑应该修改行诉法第 50 条,变'人民法院审理行政案件,不适用调解'为'人民法院审理行政案件,可适用调解,可调解的行政案件的范围和调解程序由最高人民法院以司法解释的方式确定'。"③笔者认为,这一见解应当是符合客观实际的一种思路。应当在对《行政诉讼法》实施情况进行全面分析和评价的基础上,由全国人大常委会根据《宪法》和《立法法》所规定的职权,对《行政诉讼法》第 50 条的规定进行必要的修改,赋予法院对一定范围内的行政案件进行调解的权利。通过这一修改,可以将实践中实际存在的以"协调和解"

① 王学辉主编:《行政诉讼制度比较研究》,中国检察出版社 2004 年版,第 370—371 页。

② 王斗斗:《肖扬:抓紧制定行政诉讼协调和解司法解释》,载《法制日报》2007 年 3 月 29 日第 8 版。

③ 姜明安:《"协调和解":还需完善法律依据》,载《法制日报》2007 年 4 月 4 日第 3 版。

的名义所进行的行政案件的调解、协调纳入法治的轨道。之后，在正在进行的《行政诉讼法》的修改过程中，明确规定人民法院在不违反法律、不违背公共利益或不侵犯他人合法权益的前提下，可以对行政案件进行调解的规则，并对行政诉讼调解的具体程序规则作出规定。

（二）行政诉讼协调和解必须在完善法律规范的前提下进行

同样，对于以原告撤诉为最终诉讼结果的行政诉讼案件的协调和解机制，也必须在完善法律规范的前提下进行。协调和解与调解的最根本的区别，就是在诉讼结果上原告是否撤回起诉。由于行政诉讼的相对复杂性及行政机关地位和职权的特殊性，对行政诉讼和解，不必拘泥于法院是否应当参与以及是否主动积极地提出和解建议的问题。充分运用法官的专业地位和依法拥有的释明权，促使和解的合法达成，才是及时化解纠纷、定分止争、最大化地实现案结事了所必需的。既然和解机制已经成为司法实务界基本的共识，与其由各地法院纷纷制定不统一的行政诉讼协调和解规则和意见，不如以法律的形式将其统一，以体现法律对诉讼制度的统一规范。笔者就该问题提出以下几点建议：

1. 应当明确行政诉讼协调和解所遵循的原则。最高人民法院提出了“要在查清事实，分清是非，不损害国家利益、公共利益和其他合法权益的前提下”促使当事人达成和解，而各地法院所制定的协调和解规则中也规定了一些原则。由于各地法院都是从自己对行政案件协调和解机制的理解角度来制定规则，因此有必要统一相应的基本原则。笔者认为，合法原则、有限协调原则、程序规范原则以及和解的实效性原则等应当作为协调和解的原则加以明确的规定。其中最主要的是协调和解的合法原则，该原则应当包括对被诉行政行为进行合法性审查的要求，以避免有些法院因为片面追求和解所以在对行政行为不作任何审查的前提下就进行协调和解的情况出现，从而使行政诉讼的协调和解符合《行政诉讼法》的宗旨和基本原则的要求。同时，合法原则中还应当包括当事人自愿和查清事实，分清是非，不损害国家利益、公共利益和其他合法权益的内容。

2. 应当通过具体的法律规定明确行政诉讼协调和解机制适用的范围。针对实践中有些法院不分范围地对行政案件进行协调和解、片面追求高撤诉率的状况，应当对可以进行协调和解的案件范围进行规定。

第一，行政裁量行为是行政诉讼协调和解的主要范围。在行政裁量中，行政机关在法定范围内享有一定的选择权，确实可以为协调和解的成立奠定基础。法院可以通过协调，使行政机关选择既符合公共利益和其法定职权的合理行使要求，又能够为当事人所接受的和解方案，从而促使原告撤诉。例如，根据《若干解释》第56条第2项规定，被诉具体行政行为合法但存在合理性问题的，法院应当判决驳回原告的诉讼请求。笔者一直对该条的规定持有异议。因为被诉行政行为合法但不合理，说明被诉行政行为还是存在问题的，原告的起诉至少在情理上有一定的合理性，如果简单地适用驳回诉讼请求的判决至少对原告提起行政诉讼的信心是一个打击。虽然行政诉讼是对被诉行政行为的合法性进行审查，对合理性问题原则上不予审查，但是简单地驳回诉讼请求，案件是可以了结，原告所要请求法院解决的问题却还是没有得到解决。这可能会导致原告的上诉、申诉乃至不断上访、信访。案结事未了，不利于社会的和谐。如果将其纳入和解协调的范围，在法院的指导下，由被告对自己不合理的行政行为作符合合理性要求的适当修正，从而促使在原告认可的前提下撤诉。这样既彻底解决了案件，也使原告受到行政机关合理、公正对待的权益得到了充分的保护，同时还可以使行政机关对行政行为的合法性与合理性要求有全面的认识。

第二，在行政裁量之外的领域，同样可以在不违背合法性的前提之下进行必要的协调和解。行政诉讼中的协调和解其实并不局限于促使原被告双方在与被诉行政行为有关的行政裁量权范围内达成合意。很多时候，被诉行政决定的确违法，并且相关法律并未授予被告有关的裁量权。只是在争议中，被告可能并未发现自己的行政行为违法或者已经发现但未能及时改正。这时，法院就可出面协调，与被告协调，令被告及时履行撤销或改变被诉行政决定的法定义务，以换得原告的自愿撤诉。此外，行政诉讼发生有可能仅仅是因为原告对法律或事实存在错误认识。这时，法院如果做出解释、澄清或指导等协调方式让原告认识到自己的错误并“自愿”撤诉，就不需要被告方作出“让步”和“妥协”，也不涉及公权力能否处分的问题。[①] 笔者认为，除上述情况外，被告不履行法定职责的案件同样可以适用和解。法院经过审查，认为被告不履行法定职责的行为确实客观存在的，也可以通过与被告沟通，指出其行为的违法性，并促使其尽快履行法定职责。在被告履行职责行为已经完成的情况下，由原告撤诉。笔者认为，上述范围内的和解，既维护了行政权必须依法、充分行使的法律原则，也维护了原告和被告的权利。更主要的是，原告、被告在不伤和气和避免对立的情况下达成了和解，解决了争议，也会在一定程度上促进社会的和谐。

因此，对协调和解的范围作出一定的界定，可以在法律制度上明确可以协调和解的案件范围。目前一些地方法院在各自的规定中对协调和解所适用的案件

---

① 参见金自宁：《“协调和解”需先明确其合法性条件》，载《法制日报》2007年4月22日第2版。

作了规定，但从统一法律适用的角度说，应当以法律规定来加以统一。

3. 应当明确协调和解的程序规则。合法、合理的程序规则是协调和解是否有效的重要标准之一，也是法院协调工作公正性的具体体现。同时，程序的严谨也可以提高法院和解协调工作的公信力。因此，笔者建议：

第一，对在什么程序中进行和解应当有所规定。一般在法院对具体行政行为的合法性进行审查以后再协调和解比较妥当。只有这样，才能在查清事实、分清是非的基础上进行和解协调，也符合"人民法院审理行政案件，对具体行政行为是否合法进行审查"的行政诉讼基本原则。在实践中，有些法院在对被诉具体行政行为不作任何审查的情况下就进行协调和解（如在立案阶段就进行协调和解），这样的做法值得商榷。在不审查具体行政行为是否合法的情况下进行协调和解，就难以做到"查清事实，分清是非"，也难以分辨最终所达成的和解协调协议是否符合"不损害国家利益、公共利益和其他合法权益"的要求。行政主体与相对人的法律地位虽然在理论上是平等的，但不容否认的是，公民、法人或者其他组织要与行政机关在"公堂"上对峙至今仍需要相当大的勇气，所以法院启动协调程序应当以"原告申请"为条件，避免原告被迫选择和解。"为避免原告在或明或暗的胁迫之下与被告'和解'，行政诉讼中的'和解协调'应当在司法机关经过实质审查、对行政行为合法性有了明确判断的前提下进行。当原告在被诉行政行为合法的情况下提出撤诉，可以比较合理的推定原告的自愿是真实；或者虽然被诉行政行为不合法，但被告已经改变或撤销了原行政行为，原告因此而提出撤诉，法院也有合理理由推定原告的自愿是真实的。但是，假如已经确认被诉行政行为违法并且被告未采取合法合理的补救措施，而原告申请撤诉的，法院就应当考虑原告是否受到胁迫，并可基于保护公民合法权利以及公共利益的需要而裁定不允许撤诉。并且，如果原告不申请撤诉，就应当视为'协调和解'并未成功，法院应当依法作出判决。"[①]此外，在一审程序中进行和解协调，促使原告撤诉，至少可以在文字表述上遵循《行政诉讼法》第51条的规定，但在二审或者再审中，通过人民法院的协调和解，使一审原告撤回原来起诉的，尚没有明确的法律依据。因此，可以在总结各地经验的基础上，对二审和再审程序中的协调和解程序从法律上作出明确的规定。

第二，和解协调的参加人问题。协调由哪些人员参加，同样也是一个重要的程序问题，必须在法律中有明确的规定。如果仅仅是由原被告双方参加和解，这

---

① 金自宁：《"协调和解"需先明确其合法性条件》，载《法制日报》2007年4月22日第2版。

一程序是不完整的。因为可能会涉及第三人对和解协议不予认可的问题。如果这样，纠纷不但不会彻底解决，甚至还会因此而产生新的纠纷。毕竟，是否“侵犯他人合法权益”，除了客观标准之外，还有主观标准。如果第三人不同意这个和解协议，认为这个和解协议侵犯了其合法权益，那行政争议就不可能得到最终解决。法律设立第三人制度的理由，就在于第三人与被起诉的具体行政行为存在法律上的利害关系。所以，明确所有与案件有关的人都参加协调和解，并对和解协议的达成进行共同协商，对达成的和解协议进行共同认可，是和解能否真正成功的重要前提。

第三，和解过程中的程序规则。法院在和解过程中的中立地位、具体作用以及协调和解的公开原则应当如何体现以及法院对和解协议的审查程序、和解协议的履行程序、案件的结案程序等相关问题，都必须有统一的制度规范。尤其是如何解决一些法院片面追求办案效率以及片面追求高和解比例、高撤诉比例而使案件久调不判的问题。这些问题都应当通过制度得到明确的程序规范。

四、并不多余的余论

行政诉讼的协调和解机制虽然并不是一个新生事物，但却是值得研究的新课题，更是一个必须由统一的法律制度加以规范的新问题，它不是一个仅仅由法院进行“积极探索”就能建立起来的制度。因为“司法部门既无强制，又无意志，而只有判断”[①]。法院作为审判机关，没有创制法律规范的权力，只有严格按照法律的规范进行审判的职责。因此，要建立和健全我国行政诉讼的协调和解制度，并使其能够在构建社会主义和谐社会的进程中发挥应有的积极作用，就应当由法律作出明确的规定，使其能够以一种与我国行政诉讼的整个制度相协调的方式健康运行，使行政诉讼制度能够真正成为适应我国社会结构和利益格局的发展变化的、科学有效的利益协调机制、诉求表达机制、矛盾处理机制、权益保障机制。

同时，在对行政诉讼的协调和解机制进行统一规范的过程中，诸如调解或者和解与行政案件依法审判的关系如何协调；针对由于调解与和解的成立而使行政判决（尤其是典型案例司法判决）减少，从而使司法活动对行政活动司法监督的规范力度相对减弱，是否应当在调解或者协调和解的同时强化法院的司法建议制度，从而既使行政案件得到妥善处理，又使法院对行政权依法监督的职能不因调解或者协调和解而弱化等问题，都应当在和谐统一的法律机制中得到有效的解决。

---

① 〔美〕汉密尔顿等：《联邦党人文集》，程逢如等译，商务印书馆 1980 年版，第 391 页。

后　记

看到自己多年的成果能够付梓，内心还是充满喜悦的。

这二十几年来，作为一名行政法与行政诉讼法学的教师和科研工作者，在教学之余，我一直在不断地思考和写作，渐渐地积累了几十篇研究作品。但相比于我认识或者不认识的一些学者，自我感觉确实不是一个勤奋的人。这些年来，我基本上保持在核心期刊每年发表一至两篇论文的水平。只有2011年有点特殊，为了尽快完成学校“韬奋学者”岗的研究任务，我在这一年中发表了五篇核心期刊论文，达到了年论文发表量的“顶峰”。惭愧的是，后来再也没有这样的记录了。

本书的编辑出版，得益于这些未必成熟的成果在此之前的顺利“面世”。在此，我对发表这些拙文的《法学》《华东政法大学学报》《法商研究》《政治与法律》《社会科学》《江淮论坛》《东方法学》《行政法学研究》《上海财经大学学报》等刊物的编辑和转载其中部分论文的《中国人民大学复印报刊资料》的编辑所表现出来的厚爱之情表示衷心的感谢！同时，也对每年组织编写出版“法学新问题探论”系列的原华东政法学院法律系（现华东政法大学法律学院）主任、华东政法大学原副校长王立民教授表示由衷的谢意！

本书的编辑出版，得到了华东政法大学法律学院和行政法学科的大力支持，在此表示真诚的谢意！同时，我的博士研究生崔梦豪承担了本书所选论文的整理和编排工作，我的硕士研究生王由海、陈嘉琪、蔡晓雨、顾定邦承担了书稿的校对工作，对他们为本书付出的辛勤劳动，我在此一并表示衷心的感谢！

还要特别感谢的是为本书的出版提供帮助和支持的北京大学出版社王业龙老师和李小舟、姚沁钰编辑，对他们的辛勤付出，我将铭记在心。

沈福俊
2019年5月